Claudia Obermeier
Seniorinnen und Senioren im Kontext der digitalen Revolution

Mit dem untenstehenden Download-Code erhalten Sie die PDF-Version dieses Buches.

So laden Sie Ihr E-Book inside herunter:

1. Öffnen Sie die Website: http://www.beltz.de/ebookinside
2. Geben Sie den untenstehenden Download-Code ein und füllen Sie das Formular aus.
3. Mit dem Klick auf den Button am Ende des Formulars erhalten Sie Ihren persönlichen Download-Link.
   [Für den Einsatz des E-Books in einer Institution fragen Sie bitte nach einem individuellen Angebot unseres Vertriebs: buchservice@beltz.de. Nennen Sie uns dazu die Zahl der Nutzer, für die das E-Book zur Verfügung gestellt werden soll.]
4. Der Code ist nur einmal gültig. Bitte speichern Sie die Datei auf Ihrem Computer.
5. Beachten Sie bitte, dass es sich bei Ihrem Download um eine Einzelnutzerlizenz handelt. Das E-Book ist für Ihren persönlichen Gebrauch bestimmt.

Download-Code

RLZ6L-SW9S6-TUHKK

Claudia Obermeier

Seniorinnen und Senioren im Kontext der digitalen Revolution

Eine qualitative Untersuchung der Internetnutzung von Seniorinnen und Senioren

Mit E-Book inside

Die Autorin

Dr. Claudia Obermeier ist wissenschaftliche Mitarbeiterin im Fachbereich Soziologie an der Christian-Albrechts-Universität zu Kiel.

Das Werk einschließlich aller seiner Teile ist urheberrechtlich geschützt. Jede Verwertung ist ohne Zustimmung des Verlags unzulässig. Das gilt insbesondere für Vervielfältigungen, Übersetzungen, Mikroverfilmungen und die Einspeicherung und Verarbeitung in elektronische Systeme.

Dieses Buch ist erhältlich als:
ISBN 978-3-7799-6157-4 Print
ISBN 978-3-7799-5459-0 E-Book (PDF)

1. Auflage 2020

© 2020 Beltz Juventa
in der Verlagsgruppe Beltz · Weinheim Basel
Werderstraße 10, 69469 Weinheim
Alle Rechte vorbehalten

Herstellung: Ulrike Poppel
Satz: Helmut Rohde, Euskirchen
Druck und Bindung: Beltz Grafische Betriebe, Bad Langensalza
Printed in Germany

Weitere Informationen zu unseren Autor_innen und Titeln finden Sie unter: www.beltz.de

Danksagung

Ich bedanke mich bei allen Interviewpartnerinnen und -partnern für ihre Bereitschaft, an der Befragung teilzunehmen, und für das Vertrauen in meine Arbeit.

Das Verfassen einer Dissertation, ja das gesamte Promotionsprojekt, ist eine Reise, auf der es Weggefährten und Unterstützerinnen braucht. Von Herzen dankbar bin ich Falco und Nicky, die mir geduldig und aufmunternd in jeder Phase dieses Projektes mit voller Unterstützung zur Seite standen. Meine Familie hatte auch immer dann motivierende Worte für mich parat, wenn der Seegang besonders schwer wurde und gaben den Glauben in mich und meine Arbeit niemals auf – herzlichen Dank für euren Zuspruch. Meinen lieben Freunden möchte ich sagen: danke, dass ihr so viel Zuversicht, Beistand und Geduld hattet und immer an meiner Seite geblieben seid. Auf meine liebe Kollegin und meinen lieben Kollegen konnte ich mich auch bei rauer See immer verlassen – ich danke euch!

Ein besonderer Dank gilt meiner Doktormutter Professorin Dr. Barbara Hölscher für die Betreuung und Begleitung meines Promotionsprojektes.

Das vorliegende Werk ist im Juli 2018 von der Philosophischen Fakultät der Christian-Albrechts-Universität zu Kiel unter dem Titel „Seniorinnen und Senioren im Kontext der Digitalen Revolution. Eine qualitative Untersuchung der Internetnutzung von Seniorinnen und Senioren" als Dissertation angenommen worden.

Inhalt

1	**Einleitung und Problemskizze**	13
1.1	Ziele dieser Arbeit	21
1.2	Forschungsrelevante Fragestellungen	24
1.3	Untersuchungsdesign und empirische Datengenese	25
2	**Stand der Forschung: Internetnutzung durch Senior*innen**	30
3	**Lagebild für Deutschland: Internetnutzung und Internet-Nichtnutzung**	47
3.1	Internetnutzung in Deutschland	47
3.2	Deutschlands Internetnutzung: Ergebnisse des Deutschen Instituts für Vertrauen und Sicherheit im Internet	55
3.3	Internetnutzung: Personen über 60 Lebensjahre	59
3.4	Ü60-Studie des DIVSI	61
4	**Alter(n), Ältere und Senior*innen: begriffliche und konzeptionelle Einblicke**	63
5	**Begriffe: Grundlegungen und Konzeptionen**	79
5.1	Internet und Digitalisierung	79
	5.1.1 Das Internet	80
	5.1.2 Die Digitalisierung	90
5.2	Kommunikation und Interaktion	92
5.3	Mediatisierung und Mediensozialisation	98
6	**Digitale Revolution**	106
7	**Von Wissen, Informationen und Gesellschaft**	120
7.1	Information	123
7.2	Informationsgesellschaft	129
7.3	Wissen und informiertes Wissen	131
7.4	Wissensgesellschaft	137
7.5	Zusammenfassung: Relevanz des Wissens	141

8	**Das Konzept der Lebenschancen**	143
8.1	Das Konzept der Lebenschancen im Diskurs um soziale Ungleichheit(en)	146
8.2	Die Ursprünge des Terminus' der Lebenschancen bei Max Weber	152
8.3	Annäherungen an das Lebenschancen-Konzept von Ralf Dahrendorf	155
8.4	Ralf Dahrendorf: Von Lebenschancen, Optionen und Ligaturen	158
8.5	Zusammenfassung: Relevanz des Dahrendorf'schen Lebenschancen-Konzeptes	168

9	**Wissenschafts- und erkenntnistheoretische Betrachtungen und Fundierungen des methodischen Vorgehens**	171
9.1	Gedanken zur empirischen Untersuchung: phänomenologische Subjektbetrachtung	173
9.2	Der Beitrag der Biografieforschung	178
9.3	Die Befragung als Methode der Datengenese	182
9.4	Das qualitative Design der Datenerhebung	190
9.5	Gütekriterien qualitativer Forschung	198
	9.5.1 Validität	202
	9.5.2 Reliabilität	204
	9.5.3 Objektivität. Subjektivität.	207
	9.5.4 Resümee: Gütekriterien qualitativer Forschung und deren Bedeutung	213
9.6	Die Interviewsituation	216
9.7	Der Leitfaden als Erhebungsinstrument	220

10	**Feldzugang und Fallauswahl**	224
10.1	Fallauswahl	226
10.2	Realisiertes Sample: Vom Gewinnen – und Verlieren – der Interviewpartnerinnen und Interviewpartner	231
	10.2.1 Seniorenvertretungen	237
	10.2.1.1 Zentralwohlfahrtstelle der Juden in Deutschland	240
	10.2.1.2 Diakonie Deutschland	240
	10.2.1.3 Deutsches Rotes Kreuz	241
	10.2.1.4 Der Paritätische Gesamtverband	242
	10.2.1.5 Deutscher Caritasverband (DCV)	243
	10.2.1.6 Arbeiterwohlfahrt (AWO)	244
	10.2.2 Interessenvereinigungen	249
	10.2.3 Flyer-Akquise	249
	10.2.4 Schnellball-Akquise	249
	10.2.5 Zusammenfassung: Realisierte Fallauswahl	250
10.3	Datenerfassung	254

11	**Methode der Datenauswertung:**	
	Qualitative Inhaltsanalyse nach Mayring	**256**
11.1	Von der Audio- zur Textdatei: Die Transkription und ihre Regeln	261
11.2	Inhaltsanalytisches Vorgehen: Genese des Kategoriensystems	265
	11.2.1 Entstehung des Datenmaterials und Festlegung des Analysematerials	268
	11.2.2 Richtung der Analyse	268
	11.2.3 Systematik der Kategoriengenese	270
11.3	Interpretatives Vorgehen	276
11.4	Biografisch orientierte Auswertungspraktik	277
12	**Ergebnisse der Interviewanalyse –**	
	Untersuchungsgruppe Senior*innen	**280**
12.1	Beschreibung der Interviewpartnerinnen und -partner	281
12.2	Das Kategoriensystem der Untersuchungsgruppe der Senior*innen	286
12.3	Nutzung und Schwierigkeiten: mobile Technik und mobile Geräte	288
12.4	Nutzung: Zweck und Funktion des Internets	291
	12.4.1 Funktion des Internets: Kommunikation	292
	12.4.2 Funktion des Internets: Information	297
	12.4.3 Funktion des Internets: Organisation	301
12.5	Wissensgenese durch das Internet	302
12.6	Werte und Wertesystem	305
12.7	Vorzüge des Internets und der Digitalisierung	309
12.8	Unterschiede Internetnutzung: resultierende Ungleichheiten zwischen Offliner*innen und Onliner*innen	313
12.9	Gesellschaftlicher Wandel allgemein	315
12.10	Internetbasierte Kommunikation zwischen Generationen	318
12.11	(Selbst)Einschätzung: Internetnutzung durch Senior*innen	321
12.12	Nutzung anderer/analoger Medien	324
12.13	Prognose: Gesellschaftliche Folgen aus dem Einfluss des Internets	327
12.14	Kritik am Internet	329
12.15	Ansprechpartner*innen bei Fragen zu Computertechnik und Internet	333
12.16	Intensität der Internetnutzung	335
12.17	Gründe gegen die Internetnutzung	337
12.18	Zwischenfazit: Ergebnisse der Untersuchungsgruppe der Senior*innen	339

13	**Ergebnisse der Interviewanalyse – Untersuchungsgruppe der Kinder**	**344**
13.1	Bewertung aus Sicht der Kinder: Senior*innen und das Internet	348
	13.1.1 Relevanz des Internets/der Internetnutzung für den Alltag der Senior*innen	349
	13.1.2 Positive Attribute der Internetnutzung für Senior*innen	353
	13.1.3 Herausforderungen für Senior*innen im Zuge der Internetnutzung	355
	13.1.4 Vergleich: Einstellungen der Senior*innen und deren Kinder in Bezug auf die Relevanz des Internets für den Alltag der Senior*innen	357
	13.1.5 Lösungsstrategien bei Fragen zu Computertechnik und Internetnutzung	359
	13.1.6 Kinder: eigene Strategien zur Problemlösung	359
	13.1.7 Aus Perspektive der Kinder: Problemlösungsstrategien der Senior*innen	361
	13.1.8 Neue Aufgaben(gebiete) und Herausforderungen im Kontext des Internets	363
	13.1.9 Internetnutzung: allgemeinere Schwierigkeiten und Herausforderungen	363
	13.1.10 Internetnutzung: Aufgaben und Herausforderungen in der Kindererziehung	367
	13.1.11 Vergleich der Untersuchungsgruppen: Herausforderungen durch das Internet	369
13.2	Digitalisierung: positive und negative Aspekte	370
	13.2.1 Positive Attribute und positive Entwicklungen im Zuge der Digitalisierung	370
	13.2.2 Negative Aspekte/Sachverhalte und negative Entwicklungen im Zuge der Digitalisierung	372
	13.2.3 Vergleich Senior*innen und Kinder: Einschätzung digitaler Entwicklungen	375
13.3	Analoge Strategien	376
13.4	Wissen über die Welt – Wahrnehmung der Umwelt	379
13.5	Rolle des Internets im Alltag der Befragten	381
13.6	Funktionen des Internets im privaten Alltag	383
	13.6.1 Funktion des Internets: Informationen / Informationsbeschaffung	384
	13.6.2 Funktion: Kommunikation mit der Familie	387
	13.6.3 Funktion: Kommunikation	389
	13.6.4 Funktion: Nachrichtenmedium	391
	13.6.5 Funktion: Planen, Buchen, Banking	392
	13.6.6 Funktion: Organisieren und Ordnen	394

13.7	Nutzungsintensität des Internets im beruflichen Kontext	395
13.8	Zwischenfazit: Ergebnisse der Untersuchungsgruppe der Kinder	398

14 Ergebnisse: Zusammenfassung und Schlussfolgerungen — 400
14.1 Lebenschancen im Kontext der Internetnutzung — 400
    14.1.1 Optionen und Ligaturen: Onlinerinnen und Onliner — 412
    14.1.2 Zusammenfassung: Optionen und Ligaturen im Lichte der Internetnutzung — 425
    14.1.3 Optionen und Ligaturen: Offlinerinnen und Offliner — 428
    14.1.4 Zusammenfassung: Optionen und Ligaturen in der nicht-digitalen Lebensgestaltung — 433
    14.1.5 Lebenschancen im Kontext der Internetnutzung und der Nicht-Nutzung — 434
14.2 Lebenschancen im Vergleich: Kinder und Senior*innen — 439
14.3 Der Prozess der Digitalisierung: Einschätzungen der Offliner*innen und Onliner*innen — 443
14.4 Informationsbeschaffung und Wissensgenese im Kontext der Internetnutzung — 449

15 Abschluss — 457

Literatur- und Quellennachweise — 463

Anhang — 483

„*Das Internet ist keine Technologie.*
Das Internet ist eine Weltanschauung."
Joi Ilto, Direktor des MIT Media Labs[1].

---

1   Veröffentlicht wurde diese Aussage von Joi Ilto (Direktor des MIT Media Labs) von Saul Klein am 05. August 2014 in der Financial Times in dem Artikel „Memo to Boards: The Internet Is Staying".

1 Einleitung und Problemskizze

Digitalisierung und Vernetzung, Mediatisierung, Technisierung, Internet – dass *Medien* und die damit zusammenhängende Technik das Leben der Menschen, ja, die gesamte Menschheit, nachhaltig und radikal beeinflussen und verändern, ist seit der Existenz der Schrift und seit der Erfindung des Buchdrucks durch Johannes Gutenberg klar. Dass die Erfindung des Internets und die damit eingeläutete Digitalisierung aller Lebensbereiche zu einem ebenso epochalen und alles verändernden Ereignis wie die Erfindung des Buchdruckes reifen könne, geistert bereits jetzt durch die Feuilletons großer Tages- und Wochenzeitungen und durch die Weiten des World Wide Webs. In jedem Falle ist das Internet respektive dessen Technologie äußerst bemerkenswert. Erfunden für die schnelle und problemlose Vernetzung, Kommunikation und Verbreitung von Inhalten und Nachrichten für Militär und Wissenschaft, hat das Internet seinen Siegeszug angetreten und alle Bereiche der Gesellschaft erfasst. Kaum einer kann sich dem alles umspannenden Schlagwort *Digitalisierung* entziehen. Verwaltung, Politik, Wirtschaft, Wissenschaft, Zivilgesellschaft: alle sind konfrontiert mit dem, was Digitalisierung bedeutet und mit dem, was sie an Herausforderungen mit sich bringt. Doch ist nicht mehr nur von Digitalisierung die Rede: vielmehr wird bereits der „digitale Wandel" (bmwi 2016) thematisiert, welcher impliziert, dass zukünftig einiges anders wird und wenig so bleiben wird, wie es bisher war. Das Bundesministerium für Wirtschaft und Energie (bmwi) widmet sich zielstrebig und energisch diesen Themen. Die aktuelle Situation der Digitalisierung wird vom BMWI folgendermaßen umrissen:

> „Der digitale Wandel betrifft jeden: Arbeitgeber wie Arbeitnehmer, Studierende, Familien, junge und alte Menschen. Auf dem Land und in der Stadt. In der Werkstatt nebenan wie im Großbetrieb. Das birgt große Chancen – aber auch Herausforderungen. Digitale Infrastruktur, vernetzte Fabriken, Datensouveränität, eine an den neuen Anforderungen ausgerichtete Bildung, neue Geschäftsmodelle und Technologien" (bmwi 2016).

Was anklingt, ist, dass Digitalisierung zum Selbstverständnis Deutschlands werden soll und dadurch viele Gesellschaftsbereiche einem Wandel unterworfen werden und sich Prozesse in allen Winkeln gesellschaftlichen Wirtschaftens, Lebens, Lernens und Regierens neu konstituieren müssen. Damit umschrieben sind Veränderungen, die alle Bereiche ergreifen und die jeden und jede betreffen. Damit verbunden sind Herausforderungen, die, das sei vorweggeschickt, für den einen größer und für den anderen kleiner ausfallen werden. Die Bundesregierung hat, um auf diese sich wandelnden Anforderungen zu reagieren, die „Digitale Strategie 2025" (bmwi 2016) auf den Plan gerufen. Zentrales Anliegen dieses Strategiepapieres ist, „ein digitales Deutschland möglich [zu] machen" (bmwi 2016). Im Rahmen dieser *Digitalen Strategie 2025* sollen die notwendigen Kompetenzen entwickelt und die relevanten Schritte identifiziert und begangen werden, die Digitalisierung deutschlandweit über alle Bereiche hinweg ermöglicht. Dass Digitalisierung insbesondere für die Wirtschaft zuvorderst Vernetzung bedeutet und ermöglicht, macht die „Charta digitale Vernetzung" (2014) deutlich. Bei dem Verein Charta digitale Vernetzung e.V. handelt es sich um eine Vereinigung, die aus einer Unternehmens-Initiative hervorgegangen ist. Den Ursprung nahm diese Initiative im Jahre 2014 bei dem Nationalen IT-Gipfel, welcher jetzt als Digital-Gipfel lanciert wird. Die Idee dieser Initiative ist folgende:

> „Als übergeordnete Initiative verkörpert die Charta eine positive Grundhaltung zu den Themen der digitalen Vernetzung. [...] Die Zukunft unseres Landes hängt zunehmend davon ab, wie wir digitale Technologien einsetzen und in Wirtschaft und Gesellschaft integrieren. [...] Es geht dabei nicht allein um die Nutzung von Internet, Computer oder Smartphone, sondern um eine stark wachsende Anzahl vernetzter Geräte, die mit anderen Geräten, Maschinen oder Personen digital vernetzt kommunizieren – etwa im Haushalt, in einer Windkraftanlage, in einem Fahrzeug oder in einer Straßenlaterne. [...] Deutschland kann nur dann wirtschaftlich erfolgreich bleiben, wenn wir die Potenziale der digitalen Vernetzung gezielt erschließen" (Charta digitale Vernetzung 2017).

Der Initiative geht es folglich um die Steuerung der fortschreitenden Digitalisierung. Insgesamt beinhalten die Darstellungen dieser Ziele und Grundsätze auch den Bias, die Digitalisierung durch kontrollierte und *kontrollierende* Maßnahmen zu gestalten; man kann sich als aufmerksamer Leser dieser Zeilen nicht in Gänze des Eindrucks erwehren, dass sowohl aus den Darstellungen des Bundesministeriums für Wirtschaft und Energie als auch aus den Ausführungen des Vereins Charta Digitale Vernetzung e.V. eine gewisse Unsicherheit herauszulesen ist, wie die Digitalisierung zu händeln ist. Diesem Wandel sind, das ist unbestritten, mannigfaltige Herausforderungen immanent, deren Einflüsse insbesondere für die Zivilgesellschaft bislang noch nicht zu ermessen sind. Folglich sind Schlussfolgerungen und vermeintliche Ausblicke und Prognosen Resultat theoretischer Überlegungen oder fußen auf *gegenwärtig* gewonnenen Ergebnissen empirischer Praxis. Trotzdem müssen eben diese Aspekte ernst genommen und in die Überlegungen einer aktiven Gestaltung des Digitalisierungsprozesses eingeflochten werden. Dass sich im Zuge der benannten Prozesse besondere Herausforderungen für die Zivilgesellschaft ergeben, lässt sich unter anderem daran ablesen, dass es gar eine Forderung nach digitalen Grundrechten gibt. Die Initiatorinnen und Initiatoren der „Charta der Digitalen

Grundrechte der Europäischen Union" (digitalcharta.eu 2016), initiiert durch die ZEIT-Stiftung, vertreten die Auffassung, dass die Grundrechte einer neuen Diskussion im Rahmen der Herausforderung der Digitalisierung unterworfen werden müssen. Dazu gehört die zentrale Forderung, dass es Digitale Grundrechte auf EU-Ebene geben muss, die der Besonderheit der neuen Situation Ausdruck verleihen (vgl. digitalcharta.eu 2016). Wenn sich prominente Persönlichkeiten aus Politik, Wissenschaft, Datenschutz und Verlagswesen[2] dafür aussprechen, dass die Persönlichkeitsrechte der Bürgerinnen und Bürger neu definiert und neu ausgekleidet werden müssen, erscheint die Digitalisierung in einem ganz anderen Lichte. Dann verblasst der postulierte Glanz der Vernetzung vieler Arbeitsfelder und Gesellschaftsbereich und die als positiv konnotiert dargestellten Aspekte der Vernetzung (potenziell) aller Geräte unter sich erhält eher einen kritikwürdigen Kontext. Wenn also digitale Grundrechte notwendig werden, kann das, was quasi *im* Internet und *durch das* Internet passiert, geschieht, bewerkstelligt wird, nicht mehr als von uns als Individuen abgrenzbar wahrgenommen werden. Das *Durchdringen* aller Lebensbereiche durch die digitalen Medien muss dann wortwörtlich begriffen werden. Bürgerinnen und Bürger sollen durch digitale Grundrechte vor dem, von Menschen gemachten, Wandelungsprozessen der Digitalisierung geschützt werden[3]. Was im Zuge der fortschreitenden Digitalisierung tatsächlich im Hinblick auf positive oder auch negative Veränderungen auf die Zivilgesellschaft zudrängt, kann erst nach und nach erfasst werden. Jedoch fällt auf, dass sich aktuell eher führende Wissenschafts-, Wirtschafts- und Politikeliten mit diesem Themenfeld befassen[4]. Für viele Bürgerinnen und Bürger ist das Internet mit Herausforde-

---

2   Zu den Unterzeichnern der Charta der Digitalen Grundrechte der Europäischen Union gehören beispielsweise prominente Wissenschaftler wie der Soziologe Heinz Bude, Jeanette Hofmann und Wolfgang Wächter. Aus politischen Kreisen sind als Initiatoren (überblickshafte Auswahl) folgende Personen aktiv: Martin Schulz, Jan Philipp Albrecht. Der Datenschutz ist repräsentiert durch Prof. Johannes Caspar, dem Hamburgischen Beauftragten für Datenschutz. Die ZEIT-Stiftung gehört mit Daniel Opper ebenso zu diesem Kreis wie Giovanni di Lorenzo. Das Verlagswesen wird zudem repräsentiert von Christoph Keese (Springer). Neben dem Kreis der Initiator*innen gibt es eine lange Liste von Unterstützerinnen und Unterstützern (vgl. Digitalcharta.eu).

3   Im Zuge der Digitalisierung müssen die Diskussionen um das, was Privatheit noch ist und wo und wie sie zu schützen ist, immer wieder neu geführt werden. Insbesondere der von vielen Netzaktivisten als obsolet erklärte Datenschutz muss hier stärker Gehör finden – insbesondere dann, wenn es darum geht, Globalplayer wie Facebook, Google u. a. im deutschen Rechtsraum unternehmerisch tätig werden zu lassen. Dass Datenschutz dabei weniger Daten schützt, als vielmehr Persönlichkeitsrechte versucht zu wahren, ist leicht einzusehen.

4   Dass das Thema Digitalisierung für weite Bereiche der Gesellschaft eher Neuland oder noch zu erkundendes Terrain ist, zeigt sich insbesondere anhand der aktuellen Ergebnisse einer Studie Bertelsmann-Stiftung aus dem Jahre 2017, die sich mit der Nutzung digitaler

rungen assoziiert und mit Unüberblickbarem verbunden (vgl. Initiative D21 2016: 51). Somit *muss* sich für die voranschreitende Digitalisierung eben diese Diskussion ergeben, *die bereits für die Internetnutzung geführt wurde*: Werden nicht – insbesondere durch die Mechanismen der fortschreitenden Digitalisierung – immer mehr Menschen *abgehängt*? Hinweise darauf, dass Digitalisierung mitnichten für jede und jeden eine Selbstverständlichkeit im alltäglichen Leben ist, zeigen die Ergebnisse des Digital-Index der Initiative D21 aus dem Jahr 2014: demnach gehören 63 Prozent der deutschen Bevölkerung zu den digital weniger Erreichten (vgl. Initiative D21 2014: 16; Initiative D21 2016: 28 f.). Diese Personengruppe konstituiert sich mehrheitlich aus Personen in der dritten Lebensphase ab einem Alter von 66 Jahren (Außenstehender Skeptiker (ebd.)) und wird zudem geformt aus Personen um die 50 Jahre, die wenig vertraut sind mit den neuen Technologien, sie werden als „[h]äusliche Gelegenheitsnutzer" (Initiative D21 2014: 17) bezeichnet. Insbesondere anhand dieser Gruppe der Gelegenheitsnutzer zeigt sich, dass auch eine hohe Internet-Nutzerquote, dieselbe liegt hier bei rund 97 Prozent, nicht gleichzusetzen ist mit einer hohen Versiertheit im Umgang mit dem Internet und den damit zusammenhängenden Technologien (vgl. Initiative D21 2014: 16). Vor allem ältere Bürgerinnen und Bürger finden nur zaghaft den Weg in einen digitalisierten Alltag. Wenngleich das Deutsche Institut für Vertrauen und Sicherheit im Internet (DIVSI) in der Ü60-Studie aus dem Jahr 2016 aufzeigt, dass 52 Prozent der Personen über 60 Jahre online agieren, sprich, zumindest regelmäßig mit dem Internet umgehen, gehören lediglich 15 Prozent dieser Altersgruppe zu den Nutzerinnen und Nutzern, die das Internet intensiv und souverän nutzen (vgl. DIVSI 2016: 75).

Aufgrund dessen darf die Nutzungsquote nicht als Dammbruchargument für die Etablierung des Internets in gesamtgesellschaftlichen Zusammenhängen gesehen werden. Zu betonen ist an dieser Stelle, dass eine flächendeckende Internetnutzung nicht in direkter Konsequenz in der Form gedeutet werden darf, dass damit gleichsam Kompetenzen und Mündigkeit einhergehen, die dazu befähigen, das Internet in (hohem Maße) vorteilig zu nutzen, womit er-

---

Medien im Schulunterricht befasst hat (vgl. bertelsmann-stiftung 2017). Problemfelder tun sich mannigfaltige auf: so empfinden Lehrerinnen und Lehrer zwar mehrheitlich den Einsatz digitaler Medien im Schulunterricht als sehr wichtig, wenden diese Hilfsmittel und Unterrichts unterstützenden Maßnahmen jedoch nur sehr verhalten an. Überdies steht die Ausstattung der Schulen in der Kritik. Neben schlechter oder nicht vorhandener WLAN-Abdeckung erzielt die Ausstattung mit Hard- und Software allenfalls minder ausreichende Beurteilungen (vgl. bertelsmann-stiftung 2017). Wenn also Wirtschaft, Politik, Wissenschaft und Zivilgesellschaft nicht nur von der Digitalisierung profizieren sollen, sondern zuvorderst erst einmal mitgenommen werden sollen, muss berücksichtigt werden, dass das Internet und damit verbundene Technologien nicht zum Repertoire eines jeden Bürgers und einer jeden Bürgerin zählen.

neut der Hinweis auf die Diskussion der Internetnutzung als neue Determinante im Kontext sozialer Ungleichheit zu formulieren ist. Obwohl die jährlichen Fortschreibungen des D21-Digital-Indizies aufzeigen, dass sich behutsam die Gruppe der „Digital Außenstehenden" (Initiative D21 2016: 29) verkleinert, zeigt sich im Gegensatz dazu, dass die Gruppe der *Digital Vorreitenden* ebenfalls schrumpft. Diejenigen, die bei der Digitalisierung mithalten, gewinnen gerade in den letzten vier Jahren nur marginale Anteile (vgl. Initiative D21 2016: 35). Die Initiative D21 erklärt die Ergebnisse folgendermaßen:

> „Immer mehr Bereiche werden durch die Digitalisierung durchdrungen. Schon lange ist diese Entwicklung bemerkbar, zunehmend scheint sie auch jedem einzelnen bewusst zu werden. Gerade die, die einen hohen Digital-Index aufweisen, verlieren […] Punkte bei Offenheit und Kompetenz. Die Digitalisierung verändert unsere Welt fundamental und ist unüberschaubar komplex. Dass ein dafür steigendes Bewusstsein die Werte bei Offenheit und Kompetenz sinken lässt, ist nicht verwunderlich. Große Umwälzungen, damit einhergehende Verunsicherungen und die teils negative mediale Begleitung – die wenig chancenorientiert verläuft – können Offenheit und Experimentierfreude behindern und die [sic!] eigenen Kompetenz und Fähigkeit in Relation geringer wirken lassen. Die Gesellschaft befindet sich in einem Lern- und Entwicklungsprozess." (Initiative D21 2016: 51).

Im Kontext der neusten Entwicklungen und der sich weiter ausdifferenzierenden Prozesse der Digitalisierung müssen beinahe schon *klassische* Fragen der sozialen Ungleichheit und der Lebenschancen neu gestellt werden.

Insbesondere der Arbeitsmarkt muss sich im Zuge der Digitalisierung auf neue Herausforderungen und explizit auf Umstrukturierungen einstellen. Dies ergibt sich aus der Notwendigkeit neuer Berufsbilder, die aus den Anforderungen heraus entstehen, die die Digitalisierung mit sich bringt[5] (vgl. Eichhorst et

---

5   Wenn von neuen Herausforderungen am Arbeitsmarkt die Rede ist, dann sind dabei verschiedene Ebenen zu betrachten. Zum einen handelt es sich um Herausforderungen, welche sich direkt auf die Inhalte spezieller Berufe/Berufsbilder beziehen und hier Neuausrichtungen der bisher geltenden Expertise notwendig machen. Überdies zeigen Prognosen, dass sich langfristig weitere Berufsbilder konstituieren werden, die direkt auf die steigenden wissensbasierten Anforderungen der Digitalisierung antworten. Dazu gehören hochspezialisierte Berufe, welche die digitalisierten Bereiche und Prozesse steuern und überwachen, aber auch ausgestalten und weiter etablieren können. Neben diesen benannten Herausforderungen auf der Ebene der Berufsprofilierungen ergeben sich gesellschaftliche Herausforderungen, welche als Konsequenzen der Neujustierungen der Anforderungen am Arbeitsmarkt begriffen werden können. Mit der Automatisierung und dem Wegfall verschiedener Berufszweige, mit den wachsenden Anforderungen digitalorientierter Berufe und der Nachfrage nach hochspezialisierten Arbeitskräften müssen alte Themen gesellschaftlich neu verhandelt werden. Dazu zählen explizit für den Bereich des Arbeitsmarktes neu ent-

al. 2016: 1). Jedoch werden nicht nur neue Berufsbilder notwendigerweise entstehen müssen: bisher etablierte Berufe werden durch die Automatisierung, die den Möglichkeiten der Digitalisierung immanent ist, verdrängt respektive durch maschinelle Lösungen und digitale Arbeitsabläufe übernommen werden, so jedenfalls gestalten sich die prognostizierten Entwicklungen nach Frey und Osborne (2013: 36 ff.). Das Resümee einer umfassenden Untersuchung ist, dass mit hoher Wahrscheinlichkeit einzelne Berufe bzw. Branchen durch Automatisierungsprozesse zu Ungunsten von Arbeitnehmerinnen und Arbeitnehmern Arbeitsleistungen Umstrukturierungen erfahren.

Branchen, die von einem geringen Risiko für das Ablösen menschlicher Arbeitsleistungen durch digital organisierte Lösungen gezeichnet sind, sind solche wie das Gesundheitswesen, Finanzdienstleistungen und (Unternehmens)Management. Darüber hinaus scheinen Berufsfelder mit dem Schwerpunkt auf Serviceleistungen, Erziehung und Lehre einer eher geringeren Wahrscheinlichkeit der Ablösung durch digitale Organisation unterworfen zu sein (vgl. Frey/Osborne 2013: 37). Stark betroffen sein könnten von den prognostizierten Entwicklungen nach Frey und Osborne verschiedene Berufsfelder im Einzelhandel, zudem solche Berufe im Bereich Büroorganisation und Verwaltung, darüber hinaus Tätigkeiten in Logistik und Transport, aber auch spezifische Serviceangebote. Wenngleich die Autoren hier auf den US-amerikanischen Arbeitsmarkt rekurrieren, lassen sich die sichtbar werdenden Trends auch für europäische Zusammenhänge übertragen. Die Ergebnisse zeigen auf, dass von der Digitalisierung mehr oder weniger konkret bestimmte Berufsfelder bedroht sein werden. Die Untersuchungsergebnisse offenbaren, dass es sich bei den Berufsfeldern um mehrheitlich solche handelt, die einen eher geringen formalen Bildungsstand implizieren. Dies bedeutet, dass eher hochqualifizierte Tätigkeiten erhalten bleiben und weniger spezialisierte Berufsbilder der Automatisierung unterworfen werden könnten.[6]

---

stehende respektive weiter ausdifferenzierte soziale Ungleichheiten (vgl. Eichhorst et al. 2016: 1).

6 Im Gegensatz dazu hat sich insbesondere in den letzten zehn Jahren ein soziales Phänomen ausgebreitet, welches sich darin zeigt, dass insbesondere der Niedriglohnsektor einen erheblichen Zuwachs erhalten und sich gar neue Formen der Prekarisierung etablieren (vgl. Hepp 2016: 1 ff.). Bude spricht gar vom neuen Proletariat (vgl. Bude 2008; vgl. taz 2017; siehe dazu auch Spiegel Online: Steingart 2006). Dieser Umstand ist somit äußerst beachtenswert: wenn sich eine steigende Zahl an Tätigkeiten ausbildet, die charakterisiert ist durch ein geringes Lohnniveau und ein geringes Qualifikationsniveau auf Seiten der Arbeitnehmerinnen und Arbeitnehmer, läuft diese Entwicklung den Tendenzen der Automatisierung entgegen und die Folgen der Digitalisierung führen die Mechanismen der Ausgrenzungen weiter. Die Gruppe derjenigen, die als prekär lebend beschrieben wird, wird sich zukünftig weiter ausdehnen und sich neu konstituieren (vgl. Bauman 2005: 23).

Veränderungen am Arbeitsmarkt benötigen Veränderungen in der Ausbildung der zukünftigen Arbeitnehmerinnen und Arbeitnehmer. Mit der Digitalisierung steigt der Bedarf weitergehend spezialisierter Arbeitskräfte. Diese Spezialisierung impliziert eine Kumulation hochkomplexen Wissens. Die Debatte um Digitalisierung wird also auch eine solche sein, die sich um Wissenstransfern, Ausbildung und Qualifikation drehen muss. Ausgehend von diesem skizzierten Szenario und basierend auf den Ausblicken von Bude (2008), Hepp (2016) und anderen, werden die Diskussionen um soziale Ungleichheiten und die dominierende Determinante neu entfacht. Gesamtgesellschaftlich zeigen sich für Deutschland also gleich mehrere Herausforderungen, die in Zukunft auf breiter Front gemeistert werden sollen. Neben der Digitalisierung und der nicht abebbenden Thematisierung von sozialen Ungleichheiten und damit verbundenen Folgeerscheinungen wie Prekarisierung und Armut ist ein dritter Aspekt gewichtiger Faktor im Kontext gesellschaftlicher Herausforderungen: die Rede ist vom demografischen Wandel. Die Überalterung der Gesellschaft und die zahlenmäßige Überrepräsentation von Personen in der dritten Lebensphase birgt die vielzitierten und mannigfaltig verhandelten Folgen: Pflegenotstand im Alter, Kollabieren der sozialen Sicherungssysteme, Fachkräftemangel.

Der Aspekt des wachsenden Anteils Älterer ist nicht nur vor dem Hintergrund der benannten Folgen von immenser Bedeutung. Denn: aktuelle Studien zeigen, dass das Alter eine *der* prägenden Determinanten der Internetnutzung oder der Nicht-Nutzung ist und insbesondere im Zusammenhang mit (neuen) Technologien eine tragende Rolle spielt. So sind es vor allem die Seniorinnen und Senioren, die zum einen ein bestimmtes Lebensalter erreicht haben und zum anderen von den Pflichten der Erwerbstätigkeit entbunden sind, die eher als Nachzügler*innen gelten, wenn es darum geht, neue Technologien (und damit neue Medien) in ihren Alltag einzubinden (vgl. DIVSI[7] 2017: 9). Dies liegt vor allem daran, dass eine steigende Komplexität auf die betreffenden Personen zukommt, die aufgrund verschiedener Faktoren nicht leicht überwunden werden kann. Digitalisierung wirkt nur dann befruchtend, wenn sie sich etablieren und Einzug in den Alltag der Zivilgesellschaft finden kann. Bereits heute ist offenkundig, dass sich die Zivilgesellschaft hinsichtlich ihrer Einstellung gegenüber der digitalen Entwicklung sehr heterogen zeigt:

> „Eine deutliche Mehrheit der Deutschen steht der Digitalisierung positiv gegenüber. Rund sieben von zehn Befragten gehen davon aus, dass die Digitalisierung

---

[7] Das DIVSI ist das Deutsche Institut für Vertrauen und Sicherheit im Internet und hat seinen Sitz in Hamburg. Das „DIVSI ist eine gemeinnützige Initiative der Deutschen Post AG, gegründet im Jahr 2011" (DIVSI 2017).

viele Vorteile für sie bietet. Diese Meinung vertreten Jüngere eher als Ältere und formal höher Gebildete eher als formal niedrig Gebildete" (DIVSI 2017: 10).

Der Ergebnisdarstellung des Deutschen Instituts für Vertrauen und Sicherheit im Internet (DIVSI) ist dieser oben bereits aufgegriffene Aspekt immanent: die Digitalisierung diffundiert langsam in alle Teile der Gesellschaft und längst nicht jeder oder jede ist dieser neuen Entwicklung gegenüber positiv eingestellt. Denn es gibt Personen, die weniger positive Assoziationen mit den aktuellen Entwicklungen haben: so fühlt sich ein Drittel der Menschen „durch die Digitalisierung verunsichert" (DIVSI 2017: 10). Besonders deutlich betrifft dies die älteren Menschen: „Von denjenigen, die 65 Jahre oder älter sind, fühlen sich 42 Prozent durch die Digitalisierung verunsichert. […] Die Digitalisierung löst vor allem bei Menschen, die das Internet nicht nutzen, Verunsicherung aus" (ebd.). Weiter ausdifferenziert zeigt sich, dass auch junge Erwachsene unter 25 Jahren nicht gänzlich frei von Verunsicherung bezüglich der Digitalisierung sind. Immerhin ein Viertel der internetaffinen Personengruppe zeigt sich verunsichert ob der digitalen Entwicklungen (vgl. ebd.). Neben der Einstellung zum Prozess der Digitalisierung spielt das tatsächliche Ausmaß der Digitalisierung eine wichtige Rolle. Interessante Ergebnisse zu diesem Aspekt entstammen den Untersuchungen der Initiative D21: wenngleich der Anteil derjenigen, die einen niedrigen Digitalisierungsgrad aufweisen, zaghaft sinkt (3 Prozent) und dafür der Anteil derjenigen, die als vorsichtige Pragmatiker und häusliche Gelegenheitsnutzer beschrieben werden, um fünf Prozent innerhalb von drei Jahren steigt, verzeichnet auch die Gruppe mit hohem Digitalisierungsgrad einen Rückgang (zwei Prozent innerhalb von drei Jahren). An dieser Stelle sei noch einmal betont: die Ziele, die das *Bundesministerium für Wirtschaft und Energie* und *die Initiator*innen der Charta digitale Vernetzung* in Sachen digitale Entwicklung kommunizieren, können aktuell von nur einem Drittel der deutschen Bevölkerung mitgetragen werden. Diese neue Entwicklung vollzieht sich also für einige Bevölkerungsgruppen schneller – andere stehen dem Internet und der Digitalisierung eher verunsichert gegenüber. Diese verunsicherte Personengruppe ist diejenige, die am ehesten von den Konsequenzen dieses digital turns tangiert wird. Wenn Digitalisierung ein für alle Personen vorteilhafter Aspekt des täglichen Lebens sein soll, müssen insbesondere diejenigen Akteurinnen und Akteure Beachtung finden, die als nicht oder wenig im Internetzeitalter etabliert gelten. Dabei rückt vor allem die Gruppe der Seniorinnen und Senioren in den Blick. Bei ihnen zeigt sich die Verunsicherung am meisten: sie sind diejenigen, die am wenigsten aktiv mit dem Internet umgehen. Daher soll das Interesse der vorliegenden Arbeit darin liegen, diese Personengruppe einer genaueren Betrachtung zu unterziehen. Die großen Schlagworte, die den aktuellen Diskurs und damit zusammenhängend die gesellschaftlichen Herausforderungen umreißen, sind benannt: ausgehend von einer die Gesamtgesellschaft umspannenden Herausforderung wird einer Berücksichtigung unterworfen, dass die Internetnutzung und die Digitalisierung nicht per se für jede und jeden vorteilig wirken, sondern eher mit besonderen Herausforderungen verbunden sind. Einige Personengruppen sind qua der spezifischen Merkmalskumulation (Alter, Bildung, Beruf) eher chancenreich, wenn es um das wortwörtliche Schritthalten mit dem Voranschreiten der Digitalisierung geht (vgl. DIVSI 2017: 10). Andere Personengruppen sind dabei aufgrund eben anders gelagerter Ausprägung der betreffenden Merkmale eher benachteiligt, wenn es darum geht, der Entwicklung mit großen Schritten zu folgen. Die Personengruppe, die als eher internetfern gilt, ist die der Seniorinnen und Senioren. Dabei verhält es sich in Bezug auf Seniorinnen und Senioren nicht nur so, dass ihre Internetnutzung statistisch gesehen eher unterdurchschnittlich ausgeprägt ist. Vielmehr umfasst die gegenwärtige Senior*innengeneration die einzige Personengruppe, die eine quantifizierbare Dichotomie im Hinblick auf die Internetnutzung aufweist (siehe dazu auch: DIVSI 2016). In dieser Personengruppe gibt es (noch) vollkommen offline agierende Personen, die wiederum auf sehr mündige Onliner treffen. Anhand dieser Personengruppe lässt sich also eruieren, wie Digitalisierungsprozesse und veränderte gesellschaftliche Mechanismen wahrgenommen werden[8].

1.1 Ziele dieser Arbeit

Nachdem sich die einleitenden Abschnitte einer eher überblickshaften Auseinandersetzung mit der Digitalisierung und den darüber hinaus zu identifizierenden gesellschaftlichen Herausforderungen gewidmet haben, sollen in diesen nachfolgenden Ausführungen die Ziele dieser Arbeit extrahiert werden. Wie in einem ersten Zugang anhand der Ergebnisdarstellung aus dem D21-Digital-Index gezeigt werden konnte, gestaltet sich der Grad der Digitalisierung inner-

---

8   Die Gruppe der Personen in der Dritten Lebensphase (ab ca. 60 Jahren) ist im Hinblick auf das Themenfeld Internetnutzung und Digitalisierung wissenschaftlich bisher unzureichend betrachtet worden. Die Intention dieser Arbeit ist, das Erleben der Digitalisierung durch diese Personengruppe in den Mittelpunkt des Forschungsinteresses zu stellen und damit die bisher ausgebliebenen Bemühungen anzufachen. Neben dieser Arbeit hat sich jüngst eine Forscher*innengruppe des Deutschen Instituts für Vertrauen und Sicherheit im Internet (DIVSI) – quasi zeitgleich und doch unabhängig – mit dieser Forschungslücke auseinandergesetzt und die Personen ab 60 Jahren zum Forschungsgegenstand erhoben. Im Hinblick auf einige Aspekte gibt es Berührungspunkte beider Forschungen und gewisse Parallelen. Im Kern wirken beide Untersuchungen, die meinige und die des DIVSI, jedoch aus dieser Perspektive ergänzend und fruchtbar für das Vorhaben, den Rückstand der Forschung auszugleichen. Aufgrund dessen wird die Ü60-Studie des DIVSI in diese Arbeit immer wieder ergänzend eingeflochten.

halb der Gesellschaft höchst unterschiedlich. Je nachdem, welchen Parameter man heranzieht, zeigen sich auf horizontaler und auf vertikaler Ebene Nutzungsunterschiede für das Medium Internet. Erneut auf die Ergebnisse des (N)Onliner Atlas'/D21-Digital-Indexes rekurrierend, offenbaren sich die Merkmale *Alter*, *Bildung* und *Geschlecht* (in geringerem Maße ebenfalls der Wohnort; dabei differenziert in Stadt oder Land) (vgl. Initiative D21 2014: 31 ff.) als Einfluss auf die Intensität und die Art der Internetnutzung nehmend. Am deutlichsten lassen sich Nutzungsunterschiede für das Merkmal *Alter* aufzeigen und nachvollziehen: die Personen jenseits der 65 Jahre (Renteneintritt) gelten aufgrund ihrer Mediensozialisation als *„Digital Immigrants"* (Wang/Myers/Sundaram 2013: 409; Schirrmacher 2010: 11) oder als Außenstehende oder Abgehängte (vgl. Initiative D21 2014: 31 ff.). Weniger als jede zweite Seniorin oder jeder zweite Senior nutzt das Internet – damit stellen die Senior*innen die Bevölkerungsgruppe mit dem geringsten Nutzer*innenanteil. Während Jugendliche und junge Erwachsene einen beinahe einhundertprozentigen Nutzungsgrad aufweisen, werden die Nutzungsanteile immer geringer, je älter die betrachteten Personen sind. Die *Digital Natives* (Initiative D21 2014: 32; Wang/Myers/Sundaram 2013: 409; Schirrmacher 2010: 11) sind quasi von Kindertagen an mit dem Internet und den internetfähigen Geräten vertraut und nutzen diese Technologie, wie der Begriff verdeutlicht, wie selbstverständlich. Ihnen ist das Gefühl, mit einer *neuen* Technik konfrontiert zu sein, *fremd*. Dieser Aspekt jedoch ist für die Gruppe der Seniorinnen und Senioren eindeutig identifizierbar. Anhand dieser Seniorengeneration lässt sich erfassen, was es bedeutet, wenn ein die Gesamtgesellschaft durchdringendes Medium Teil des individuellen Lebens werden *soll*. Aufgrund der Tatsache, dass die Digitalisierung weiter voranschreitet und sich augenscheinlich auch die Technisierung in Zukunft weiterentwickeln wird, kann anhand der gegenwärtigen Seniorengeneration eruiert werden, welche Schwierigkeiten und Herausforderungen sich im Kontext der Etablierung der neuen Medien ergeben. Damit lassen sich nicht nur aktuell relevante Erkenntnisse gewinnen: Vor dem Hintergrund, dass das Alter einen besonderen Einfluss auf die Nutzung von Technik/Technologien hat und dieser Faktor als Schließungsmechanismus fungieren kann, können ausgehend von der gegenwärtig beobachtbaren Situation Rückschlüsse für zukünftige Entwicklungen gezogen werden. Dieses Argument muss insbesondere dann gelten, wenn davon ausgegangen wird, dass die Digitalisierung alle Lebensbereiche durchdringen wird und es aktuell durchaus deutlich identifizierbare Personengruppen gibt, die noch immer nicht gänzlich vertraut sind mit dem Internet und dessen Nutzung. Im Zuge der Automatisierung, Technisierung und Digitalisierung wird die fortwährende Konfrontation mit dem Neuen zum Lebensalltag insbesondere für Ältere dazu gehören. Wenn nun aber langfristig zum einen der Grad der Digitalisierung steigt und zum anderen der Anteil der Älteren an der Gesamtgesellschaft größer wird, ist es mehr als lohnend, sich zu vergegenwärtigen, wie sich Personen der aktuellen Seniorengeneration eingedenk der Etablierung des Internet fühlen, wie sie die sich verändernden Gegebenheiten wahrnehmen und sich selbst in dieser Neuausrichtung gesellschaftlicher Organisationsprinzipien verorten. Die Anstrengungen der im Rahmen dieser Arbeit realisierten empirischen Untersuchung sollen dabei über eine Ermittlung dessen, wie und wann die Seniorinnen und Senioren das Internet nutzen, hinausgehen. Es soll erfasst werden, welche Rolle das Internet im Leben der Älteren spielt, ob sich wahrnehmbare Nachteile aus der Nicht-Nutzung ergeben und wie Informationen und Wissen generiert werden. Kurzum, es soll erhoben werden, ob die Versprechungen des Internets und der Digitalisierung auch als vorteilig in der Gruppe der Senior*innen antizipiert werden. Die Ziele diese Arbeit sind also, mit einem Brennglas die Herausforderungen einzufangen, die die Internetnutzung gegenwärtig für die Seniorinnen und Senioren mit sich bringt. Anhand der identifizierten Untersuchungsgruppe lassen sich markante Unterschiede zwischen Nutzer*innen und Nicht-Nutzenden herausarbeiten – und dies im direkten Vergleich mit Personen in ähnlichen Lebenslagen. Überdies wird ein generationaler Vergleich angestrebt, welcher vergegenwärtigt, wie sich die Internetnutzung in der Seniorengeneration und in der Generation derer Kinder darstellt. Diesem Vorgehen ist der Gedanke immanent, Unterschiede zwischen digital Souveränen und digitalen Einwanderern herauszuarbeiten.

Methodisch wird ein qualitatives Design gewählt, um die gesteckten Ziele zu realisieren. Eine eigene empirische, qualitativ orientierte Untersuchung soll eine Ergänzung zu bereits geleisteter Forschung bieten, welche sich bisher schwerpunktmäßig anhand *quantitativer* Vorgehensweisen der Internetnutzung von Senior*innen genähert haben. Obschon es eine Vielzahl an quantitativen Untersuchungen gibt, die die Nutzung des Internets durch die Personengruppe der Älteren (mit)berücksichtigt, gibt es nur wenige Untersuchungen, die sich diesem Sachverhalt mit mehr Tiefgang und auf der Sinnebene nähern (vgl. Pelizäus-Hoffmeister 2013: 159 ff.). Es liegt zum gegenwärtigen Stand der Arbeiten an dieser Dissertation *nur eine weitere qualitative* Untersuchung zu dieser Personengruppe vor, die zudem *parallel* zu den Anstrengungen dieser Arbeit durch das *Institut für Vertrauen und Sicherheit im Internet* (DIVSI) im Jahre 2016 publiziert wurde.

Digitalisierung, das wurde weiter oben gezeigt, scheint den Trend sozialer Spaltungsprozesse weiter zu verschärfen. Somit geht es bei der Betrachtung der Internetnutzung nicht ausschließlich um eine Identifikation von Nutzungsmotivationen. Vielmehr wird die Internetnutzung im Kontext von relevanten Elementen für die Lebenschancen der Befragten beleuchtet. Insbesondere vor dem Hintergrund der neu arrangierten Gewichtung von Wissen und Bildung im Zuge der Digitalisierung muss auch der Gedanke an die Digitale Spaltung, die nichts Anderes ausweist als die Übertragung sozialer Ungleichheit in die Sphäre der Internetnutzung, aktiv genährt werden. Hergeleitet wurde, dass im Zuge der Digitalisierung spezialisierte Berufsbilder entstehen werden. Das Internet und die damit zusammenhängenden Prozesse und Entwicklungen stellen andere Anforderungen an den Menschen, als es bisher im analogen Kontext der Fall war.

Aufgrund der Tatsache, dass sich in diesem Untersuchungsfeld und für diese Untersuchungsgruppe derart viele Aspekte (Digitalisierung, Relevanz von Wissen, Technisierung usw.) eng verflochten zeigen, möchte die vorliegende Arbeit all diese benannten Bereiche mitdenken und im Durchgang offenlegen.

Aufgrund der Tatsache, dass sich gerade die Gruppe der Seniorinnen und Senioren mit mannigfaltigen, sich veränderten Anforderungen und Neuausrichtungen eigener Rollenbilder, aber auch zugeschriebener Rollenerwartungen konfrontiert sieht, möchte diese Arbeit trotz der Fokussierung auf die Internetnutzung oder Nicht-Nutzung durch die Seniorinnen und Senioren offen bleiben für diese Aspekte.

1.2 Forschungsrelevante Fragestellungen

Relevanz für die Untersuchung besitzt vor allem die für eine ähnliche Lebenslage sehr unterschiedliche Art der Internetnutzung für die Gruppe der Senior*innen. So lassen sich Seniorinnen und Senioren anhand des Merkmals Internetnutzung in zwei Gruppen aufteilen: die eine Gruppe wird besetzt durch Personen, die das Internet nicht nutzen, also offline ihren Lebensalltag bewerkstelligen – dies sind die Offliner*innen. Die zweite Personengruppe konstituiert sich aus den online agierenden Seniorinnen und Senioren, den Onliner*innen. Skizziert wurde bereits in den vorangegangenen Abschnitten, dass sich für diese Personengruppe die Gegensätzlichkeit zwischen analoger und digitaler Lebensgestaltung und das Neu-Konfrontiert-Sein mit einer neuen Technik und damit veränderten Handlungsoptionen in direkter Form erfassen lässt. Im Zuge sich weiterentwickelnder Techniken und Technologien können hier Einblicke in das Erleben der betreffenden Personen(gruppe) aufgezeigt werden. Dass in dieser Untersuchung Seniorinnen und Senioren im Mittelpunkt der Betrachtung stehen, ist eine Konsequenz der Entwicklungen, die sich im Zuge des demografischen Wandels ergeben. Der Anteil der Älteren an der Gesamtbevölkerung wird immer größer, zudem ist es mehr als angezeigt, sich wissenschaftlich mit einer Personengruppe auseinander zu setzen, deren Selbstbild einer Veränderung unterworfen ist und eine Neujustierung des Fremdbildes nach sich ziehen sollte. Überdies werden diese Auseinandersetzungen von der These genährt, dass die Gruppe der Älteren im Zuge der flächendeckenden Internetnutzung und Digitalisierung mit anderen Aspekten konfrontiert und andere Anforderungen an sie gestellt werden, als dies bisher offenkundig war.

Entlang der skizzierten Eckpfeiler dieser Arbeit, welche nachfolgend jeweils einer dezidierten Darlegung unterzogen werden sollen, expliziert sich die *leitende Fragestellung* dieser Dissertation: *Wie wirken sich die Internetnutzung und die Internet-Nicht-Nutzung auf die Lebensgestaltung von Seniorinnen und Senioren aus?*

Ausgehend von dieser leitenden Fragestellung formieren sich weitere forschungsrelevante Fragen:

I: Wie gestalten sich die Lebenschancen der beiden Senior*innengruppen (online und offline) und welche Unterschiede ergeben sich?
II: Welche Unterschiede hinsichtlich der Lebenschancen zeigen sich zwischen der Gruppe der Senior*innen und deren Kinder?
III: Wie nehmen Senior*innen den Prozess der Digitalisierung wahr und welche Unterschiede lassen sich hier für Nutzer*innen und Nicht-Nutzer*innen aufdecken?
IV: Welche Bedeutung hat die Internetnutzung für die Gruppe der Senior*innen im Hinblick auf die Informationsbeschaffung und die Wissensgenese?

1.3 Untersuchungsdesign und empirische Datengenese

Aus dem Forschungsstand und den Forschungslücken (siehe dazu dezidiert Kapitel 2) wird deutlich, dass die bisherige Auseinandersetzung mit der referierten Problemlage auf der Basis hauptsächlich *quantitativer* Designs vollzogen wurde. Der Gewinn dieser Arbeit soll darin liegen, tieferliegende Sinnzusammenhänge auf Grundlage *qualitativ* orientierter Interviews zu extrahieren. Zentral ist das Bestreben, eine Hinwendung zu dem *Subjekt* zu vollziehen und dasselbe in phänomenologischer Tradition als Experte/Expertin der jeweiligen Lebenswelt zu verstehen. Damit ist ein Bezug zu der phänomenologischen Soziologie herzustellen, dessen prominentester Vertreter Alfred Schütz ist, der gleichsam die Grundlegung der theoretischen Überlegungen zu der Wissensgesellschaft liefert und von Berger und Luckmann weitergeführt wird.

Die theoretische Rahmung besteht im Wesentlichen aus drei Konzepten, die ineinander überleiten: auf der Metaebene zu verorten ist das Konzept der Digitale Revolution. Die theoretische Erörterung der voranschreitenden Digitalisierung scheint deshalb geboten, weil sich Digitalisierung (stets verstanden in der Verquickung mit der Internetnutzung) sowohl auf der Mikro- als auch auf der Meso- und der Makroebene vollzieht. Operationalisiert wird Digitalisierung für die Mikroebene anhand der Internetnutzung. Dabei wird die Internetnutzung als Instrument respektive Strategie verstanden, anhand derer sich die Befragten in ihrer Lebenswelt bewegen bzw. sich ein neues Handlungsrepertoire aneignen. Da es nicht um die Deskription der Internetnutzung an sich geht, sondern ermittelt werden soll, wie Senior*innen die sich verändernden Prozesse gesellschaftlicher Organisation und zwischenmenschlicher Interaktion und Kommunikation wahrnehmen und welche Optionen sich für die eigene Lebensgestaltung ergeben, schwingen theoretische Aspekte der Digitalisierung zwar in den Untersuchungen mit, fungieren hier aber nicht als grundlegende Theorie. Das Internet verstanden als Instrument im Kontext der Lebensgestaltung ist eingebettet in die Frage danach, wie sich Lebenswelt an sich konstituiert. Lebenswelt wird fundamental durch Wissen gestaltet – überdies kommt dem Wissen im Sinne einer qualifizierenden und auszubauenden Ressource im Kontext berufsrelevanter Attributionen eine besondere Rolle zu. Die makrosoziologisch relevante Klammer ist in der Wissensgesellschaft zu suchen. Der Zugang zu und der Umgang mit Informationen und die Genese von Wissen bestimmen den lebensweltlichen Referenzrahmen. Wenngleich das Konzept der Wissensgesellschaft den makrosoziologischen Rahmen spannt, ergibt sich ein Link zu mikrosoziologischen Betrachtungen, die darin aufgehen, wie sich die Befragten Informationen suchen und die Wissensbestände nähren. Es ergibt sich ein immerwährender Bezug zwischen Mikro- und Makroebene. Das Nachdenken darüber, wie sich Informationen erfassen und aufnehmen lassen und wie sich Wissen konstituiert, ist im Zuge der Internetnutzung nur konsequent: noch nie waren so viele Informationen zugänglich wie heute, noch nie wurden jedoch so viele Anforderungen an die Rezipierenden gestellt wie in der Gegenwart. Mit dem Zugang zu mannigfaltigen Informationen geht auch eine Optionenvielfalt einher, die sich (vermeintlich) für den Einzelnen eröffnet. Vorhandene Inhalte im Internet können also von bestimmten Personengruppen vorteilig eingesetzt werden. Dieser Umstand verweist wiederum auf Folgendes: Wissen wird zur relevanten Ressource im Kontext gesellschaftlich gefragter Güter. Anhand der Untersuchungsgruppe der offline und online lebenden Senior*innen sollen nicht in direkter Weise Dimensionen und/oder Auswirkungen sozialer Ungleichheit abgebildet werden: diesem Anspruch kann aufgrund von Aspekten der Operationalisierung nicht entsprochen werden. Dennoch soll dieser Aspekt, dass Internetnutzung (an sich und die Art und Weise des spezifischen Gebrauchs) vorteilig wirkt und in der Konsequenz einer Nicht-Nutzung Nachteile einbringen kann, aufgegriffen werden. Dafür wird Dahrendorfs Konzept der Lebenschancen herangezogen. Die Lebenschancen eines Individuums sind von den sich bietenden Optionen und den damit verknüpften Ligaturen, sinnstiftende Elemente der sich bietenden Möglichkeiten, abhängig. Für die Untersuchungsgruppe soll gefragt werden, wie es um die Lebenschancen von offline und von online lebenden Senior*innen bestellt ist, ob Unterschiede für die Betreffenden spürbar sind und welche Vor- oder aber Nachteile sich entsprechend ergeben. Optionen und Ligaturen sollen als in enger Verbindung stehend mit den über das Internet (v)ermittelten Informationen und daraus möglicherweise resultierendem Wissen verstanden werden. Daran knüpft sich die Vermutung an, dass online lebende Senior*innen bessere Lebenschancen haben als offline lebende Senior*innen, weil sie Zugriff auf eine Mehrzahl an Informationen und dargebotenen Optionen haben. Auch Dahrendorfs Lebenschancen-Konzept lässt sich als ein Mikro-Makro-Link verstehen, der sich auf der Ebene der Befragten expliziert, sich aber konzeptionell auch für die gesamtgesellschaftliche Ebene mitdenken lässt.

Der Frage nach dem Erleben der Digitalisierung, der sich stellenden Herausforderungen, aber auch Chancen durch die Internetnutzung für die Gruppe der Senior*innen soll im Zuge einer qualitativen Befragung nachgegangen werden. Das qualitative Interview rekurriert auf einen Leitfaden als Rahmen gebendes Element, welches sich an die fruchtbaren Aspekte der Biografieforschung anlehnt. Das Erhebungsdesign benennt zwei Untersuchungsgruppen: neben den Seniorinnen und Senioren, die im Zentrum der empirischen Betrachtung stehen und im Wesentlichen in Offliner*innen und Onliner*innen unterschieden werden, werden deren Kinder in die Befragung aufgenommen. Dabei orientiert sich die Fallauswahl beider Senior*innengruppen an theoretischen Vorüberlegungen, die sich im Kern an die Ergebnisse des (N)Onliner Atlas' von 2014 anlehnen. Basierend auf den dort identifizierten, determinierend auf die Internetnutzung wirkenden Parametern wurde eine Systematik der Fallauswahl erstellt, welche im Wesentlichen die Unterscheidung nach Nutzung und Nicht-Nutzung des Internets, Geschlecht, Hochschulabschluss (ja/nein) und Kinder (ja/nein) differenziert. Die Kinder der befragten Seniorinnen und Senioren sind somit anteilig berücksichtigt und bieten einen Einblick in die Einschätzungen des Internets durch diese Generation. Möglich werden damit zentral die nachfolgend explizierten Aspekte: zum einen kann ermittelt werden, welche *Einstellungen* sich im Hinblick auf das Internet in beiden Generationen ergeben, zum anderen, wie Senior*innen von ihren Kindern im Hinblick auf die *Kenntnisse* und *Fertigkeiten* in *Sachen Internet* bewertet werden. Dabei können insbesondere die Alterseffekte und der Effekt der Erwerbstätigkeit zumindest in gewisser Weise aufgeweicht werden, als dass mit zwei Generationen im Sample eine große Heterogenität in Sachen Alter berücksichtigt werden kann und die Kinder im Hinblick auf die Internetnutzung im Erwerbsleben betrachtet werden können. Die qualitativen Leitfadeninterviews wurden im Bundesland Schleswig-Holstein realisiert. Dokumentiert wurden die Interviews mittels Audioaufzeichnung. Die Datenauswertung mit dem Ziel der Genese eines Kategoriensystems aus dem Material heraus ist in Anlehnung an Mayring gestaltet und computergestützt realisiert. Zum Einsatz kommt das Auswertungsprogramm MAXQDA.

Die vorliegende Untersuchung ist bestrebt, den Fortgang der empirischen Datenerhebung in Einklang mit den Gütekriterien qualitativer Forschung zu bewerkstelligen. Um diesen Zielsetzungen adäquat nachzukommen, werden per se neben der Methodenauswahl, der theoretischen Fundierung der Fallauswahl und der Leitfadenkonstruktion auch alle weiteren Schritte und Gedanken zu der Datenerhebung, Datendokumentation und -auswertung in höchst transparenter Art und Weise dargelegt und aufbereitet. Die Autorin fühlt sich den Maximen der guten wissenschaftlichen Praxis in hohem Maße verpflichtet, so dass die Kapitel, die die Methodenauswahl begründen, einen weiteren Bogen spannen und wissenschafts- und erkenntnistheoretische Betrachtungen diskutieren und ausbreiten – und zudem deutlich auf Fallstricke eingehen und methodische Herausforderungen nachvollziehbar machen. Der leitende Gedanke ist, die tatsächlich beschrittenen Wege der Datenerhebung offen zu legen. Das Untersuchungsdesign wird dabei zunächst anhand der gängigen Phasen des Forschungsprozesses entwickelt. Dabei impliziert das qualitative Vorgehen einen als *zirkulär* beschreibbaren Prozess, welcher sich selbst dazu verpflichtet, immer wieder überprüfend und reflektierend das empirische Vorgehen zu betrachten. Die im Feld vorfindlichen Gegebenheiten bilden dabei stets den ausschlaggebenden Referenzpunkt: die theoretisch explizierten Schritte des Forschungsdesigns und der Fallauswahl gelten somit als Orientierung. Jedoch müssen sich diese theoretischen Konzeptionen *per se* an dem orientieren und nach dem *ausrichten*, was das Feld, was die Praxis, offenbart. Etwaige Diskrepanzen innerhalb der einzelnen Etappen, wie sie hier bereits angedeutet werden, werden offengelegt und diskutiert.

Bevor die empirische Untersuchung in Form der hier stattfindenden Auseinandersetzung in medias res geführt wird, ist es angezeigt, zunächst einen Blick auf den Stand der Forschung (Kapitel 2) zum Untersuchungsfeld der Internetnutzung durch die Senior*innen zu werfen. Die Vergegenwärtigung bisheriger Forschungsanstrengungen offenbaren neben den zu füllenden Lücken auch Anregungen zu untersuchungsrelevanten Konzepten und Begrifflichkeiten. Davon ausgehend soll in Kapitel 3 die Datenlage zu der Internetnutzung in Deutschland im Allgemeinen und für die Gruppe der Senior*innen im Speziellen dargelegt werden. Als Referenzen werden dafür die Studien der Initiative D21 ((N)Onliner Atlas 2014) und des Deutschen Instituts für Vertrauen und Sicherheit im Internet (DIVSI) herangezogen und deren zentrale Befunde nachgezeichnet. Ausgehend von diesen Studienergebnissen, die gleichsam dazu dienen, das Forschungsinteresse weiter zu verdichten und in seiner Relevanz zu begründen, wird das vierte Kapitel die Untersuchungsgruppe der Senior*innen konzeptionell und definitorisch charakterisieren. Extrahiert werden dabei die besonderen Merkmale, welche dieser Untersuchungsgruppe gesellschaftlich, aber vor allem in wissenschaftlicher Hinsicht zugeschrieben werden. Im Durchgang durch die Kapitel Forschungsstand, Datenlage zur Internetnutzung und Abgrenzung des Untersuchungsgegenstandes, offenbaren sich für die Arbeit relevante Begrifflichkeiten, die in Kapitel fünf erörtert werden. Im Fokus stehen dort vor allem das Internet und die Digitalisierung, Kommunikation und Interaktion, Mediatisierung und Mediensozialisation. Mit diesem fünften Kapitel werden die forschungseinleitenden Grundlagen beschlossen. Das sechste, siebte und achte Kapitel widmen sich der dreigliedrigen theoretischen Rahmung dieser Untersuchung. Allerdings gilt es hier zu unterscheiden: Kapitel sechs vergegenwärtigt anhand der Darstellungen zur *Digitalen Revolution* die metatheoretisch wirksam werdende Konzeption. Dieselbe wird bei der Untersuchung mitgedacht, umschließt jedoch die Untersuchungsergebnisse eher, als dass es dieselben fundiert. In die Metaebene *Digitale Revolution* fügt sich in Kapitel sieben die als Makrotheorie zu verstehende Konzeption der *Wissensgesellschaft* ein. Im Rahmen dieses Kapitels werden grundlegend die Termini *Information* und *Wissen* expliziert, welche im Zuge der Analyse Relevanz für die Beantwortung der vierten Forschungsfrage entfalten. Die dritte Komponente des Theoriegerüsts wird durch das *Lebenschancen-Konzept* von *Dahrendorf* gestellt, welches im achten Kapitel die Grundlegung für die empirische Analyse erfährt. Auf den theoretischen Vorbau folgen die *wissenschafts- und erkenntnistheoretischen Fundierungen* der empirischen Untersuchung. Kapitel neun bietet dazu den Auftakt und arbeitet die Grundgedanken der *qualitativen Forschung* heraus, welche in dieser Arbeit in Form des qualitativen Leitfadeninterviews seine konkrete Explikation findet. Dazu gehören auch die Darstellung der *Gütekriterien qualitativer Forschung* und die Beschreibung der *Interviewsituation* aus methodologischer Sicht. Das zehnte Kapitel trägt im Kern den *Feldzugang* und stellt dar, auf welche Weise die Akquise der *Interviewpartnerinnen und -partner* vollzogen wurde. Damit ist die Darstellung der Datenerhebung erörtert, worauf sich in Kapitel elf die Grundlegung der Methode der *Datenauswertung* anschließt. Hier werden die Analyseschritte in Anlehnung an *Mayring* dargestellt und die relevanten Aspekte ausgewiesen. Kapitel zwölf markiert den Auftakt der *Ergebnisauswertung*, welche sich zunächst der Gruppe der *Senior*innen* widmet. Das darauffolgende 13. Kapitel vergegenwärtigt die *Untersuchungsergebnisse* der Gruppe der *Kinder*. Theoretisch eingebettet und entlang der *Forschungsfragen* expliziert werden die Untersuchungsergebnisse beider Gruppen in Kapitel 14. Dasselbe dient der *Darstellung der zentralen Befunde der Untersuchung* und der daraus resultierenden *Konklusionen*. Abgerundet wird die Arbeit mit einem *Fazit*.

Überblickshaft skizziert wurden in diesem einleitenden Kapitel das Forschungsinteresse, die Relevanz der Untersuchung und der Forschungsgegenstand dieser Dissertation, dargelegt wurden zudem die leitende Fragestellung und die daraus abgeleiteten Forschungsfragen. Darüber hinaus wurde expliziert, welches die Etappen sind, die diesem Forschungsprojekt den Weg zum Ziel geleiten. Damit sind alle relevanten Dinge zum Auftakt benannt und die Expedition kann beginnen.

2 Stand der Forschung: Internetnutzung durch Senior*innen

Für Seniorinnen und Senioren gehört eine mehr oder minder regelmäßige Nutzung eines breiten Medienangebotes zur Alltagsroutine. Neben Printmedien, dem Fernsehen, dem Hören von Musik und Nachrichten über das Radio und neben dem Telefon, gehört das Internet verstärkt zum Nutzungsrepertoire dieser Personengruppe. Dass das Internet als Medium per se in dieser Aufzählung der Medien geführt wird, ist minder selbstverständlich, als man antizipieren würde. Denn: was für die Digital Natives zur kaum erwähnenswerten Alltagsroutine gehört, ist für die Gruppe der Senior*innen bisweilen ein neues Element in ihrem Umfeld. Wenn wir von dem Internet als Medium sprechen, müssen wir notwendigerweise die Transmitter erwähnen, durch derer wir demselben habhaft werden. Hierbei handelt es sich um Endgeräte, die den Weg frei machen für die Internetnutzung[9]. Mittlerweile gibt es eine mannigfaltige Angebotspalette an internetfähigen Geräten: Tower-PCs (stationäre Personal-Computer; Desktop-Computer), Notebooks (tragbare und aufklappbare Personal-Computer), Tablet-Computer (tragbare Minicomputer ohne fest installiertes Tastaturelement (ohne Hardware-Tastatur); verfügt über Betriebssystem, organisiert die Funktionen über Zusatzprogramme, also Applikationen (Apps), die variabel installiert oder deinstalliert werden können; Bedienung über berührungsempfindlichen Bildschirm (Touchscreen))[10] (vgl. Siepermann 2016: Wirt-

---

9 Im aktuellen Gebrauch ist es langläufig (noch) so, dass Nutzerinnen und Nutzer das Internet über ein Endgerät anwählen und nutzen. Das Internet der Dinge – auch: the internet of things – wird langfristig diesen Umweg über die gesteuerte Direkteinwahl durch den User oder die Userin nicht mehr benötigen. Vielmehr wird es so sein, dass Geräte und im weitesten Sinne Dinge direkt über das Internet miteinander verbunden sind und Informationen austauschen werden. Die Steuerung und auch die Entscheidung in gewissen Zusammenhängen werden dem User, der Userin abgenommen und obliegen dann den Kommunikationskanälen, die zwischen den Geräten oder Dingen bestehen. Das Internet der Dinge wird für die Betrachtungen im Rahmen dieser Arbeit lediglich am Rande herangezogen und wird stets mit einer expliziten Benennung angeführt, um keine Uneindeutigkeiten entstehen zu lassen.

10 Wenngleich es sich bei einem Tablet-Computer um eine speziell gebaute Variante eines Personal-Computers handelt, sind die ursprünglich für einen Personal-Computer gedachten Nutzungen, wie etwa das Erzeugen größerer Textbausteine, mit einem Tablet-Computer nur schwerlich zu bewerkstelligen. Der Grund liegt insbesondere in der fehlenden Hardware einer Tastatur. Der Tablet-Computer ist konzipiert als ein Handheld-Gerät, welches sich bequem in den Händen halten lässt und es grundsätzlich keiner Auflage- oder Ablagefläche bedarf, um dasselbe zu bedienen. Gesteuert wird das Gerät in der Weise wie

schaftslexikon Gabler, Onlineressource; Bendel 2016: Wirtschaftslexikon Gabler, Onlineressource), Smartphone (internetfähiges Mobiltelefon, welches in der Regel über ein Touchscreen bedient wird).

Der Umstand, dass das Internet nur durch die Verwendung eines speziellen Gerätes genutzt werden kann, eröffnet für die Betrachtung der Internetnutzung durch Seniorinnen und Senioren gleich zwei Analysepunkte: zum einen die Bedeutung der Technik für diese Personengruppe und zum anderen die Nutzung und die Relevanz des Internets an sich. Der Umstand, dass es Publikationen, wie beispielsweise die von Andreas Reichert mit dem Titel „Neue Determinanten sozialer Ungleichheit. Eine soziologische Analyse zur Bedeutung technischer Kompetenz in einer alternden Gesellschaft" (2001) gibt, vergegenwärtigt die *Bedeutung der Technik* für Personen in einem höheren Lebensalter. Zudem macht die intensive wissenschaftliche Auseinandersetzung mit diesem Themenkomplex deutlich, dass es nicht nur darum gehen muss, die Bedeutung der Technik im Leben der Älteren zu ermitteln und Kenntnis über die betreffenden Einstellungen und Haltungen dieser Personengruppe zu erlangen, sondern, dass es überaus angezeigt ist, wahrzunehmen, dass Technik und deren Nutzung nicht für alle Gesellschaftsgruppen mit gleicher Mühelosigkeit verbunden ist. Der Umstand, dass Reichert technische Kompetenz für ältere Gesellschaftsmitglieder determinierend in Bezug auf Teilhabe an vielschichtigen Prozessen herausstellt (vgl. Reichert 2001: 58), macht deutlich, dass insbesondere in der Auseinandersetzung mit der Nutzung des Internets dieser Aspekt mitgedacht und berücksichtigt werden muss. Würde man per se die Analysen erst bei der Internetnutzung selbst beginnen lassen, ließe man diesen wichtigen Aspekt der Technikkompetenz außeracht. Neben der Prämisse, dass ältere Gesellschaftsmitglieder aus verschiedentlichen Gründen über geringere Technikkompetenzen verfügen als jüngere (vgl. Reichert 2001: 5), müssen die daraus resultierenden Folgen Beachtung finden. Zentral bestehen diese nach den Ausführungen von Reichert in der mit weniger großen Chancen behafteten Teilhabe an gesellschaftlichen Prozessen. Im Umkehrschluss kann man den Ergebnissen von Reicherts Untersuchungen resümierend die Aussage entlocken, dass eine geringe Technikkompetenz mit einem geringen Ressourcenzugang verbunden ist. Eindeutig zeigt sich, dass die Kompetenz in Sachen Technik determinierend hinsichtlich der Mechanismen sozialer Ungleichheit wirkt. Reichert streift in seiner Arbeit auch das Themenfeld Internet. Dies geschieht in der Weise, als dass er annimmt, dass das Internet in der „virtuellen Gesellschaft" (Reichert 2001: 32) *das* Medium der Stunde ist und der Zukunft sein wird und

---

ein modernes Smartphone und bedient damit intuitive Elemente: das Tablet wird durch tippen, wischen oder ziehen mit den Fingern bedient. Das Tablet hat vielfältige Einsatzgebiete und wird vor allem zu Hause zum Einsatz gebracht (vgl. bitkom 2015).

zwangsläufig in enger Verbindung mit der Etablierung der Informationsgesellschaft steht. Die Erarbeitung der Ergebnisse erfolgt auf der Grundlage qualitativer Interviews, die durch eine kleinere, standardisierte Befragung ergänzt werden. Somit ist die Beherrschung der Technik zweifelsohne die notwendige Voraussetzung, um sich dieses Kommunikations- und Informationsmedium habhaft zu machen. Reicherts Untersuchungen liefern fruchtbare Anhaltspunkte im Hinblick auf die Haltung und Einstellung der Älteren gegenüber Technik, welche im Verlaufe dieser Arbeit immer wieder Beachtung finden werden.

Eine ähnliche Forschungsrichtung verarbeiten Jakobs, Lehnen und Ziefle im Rahmen des Projektes „TEKLA: Technik – Kultur – Alter" (Jakobs/Lehnen/Ziefle 2008: 5), aus welchem unter anderem die Publikation „Alter und Technik. Studie zu Technikkonzepten, Techniknutzung und Technikbewertung älterer Menschen" entstanden ist. „Sie erhebt, ob, wann und wie sich Alter, Geschlecht, Lebensgeschichte und Generationenzugehörigkeit auf die Einstellung zu Technik, ihre Nutzung und Bewertung auswirken" (ebd.: 1). Im Fokus stehen Alltagtechniken wie Informations- und Kommunikationstechnologien, das Automobil, Fahrassistenzsysteme und Medizintechnik (vgl. Jakobs/Lehnen/Ziefle 2008: 1). Die im Rahmen dieser Studie geführten leitfadengestützten Interviews verdeutlichen, dass der Umgang mit Technik durch weitaus mehr Aspekte und Faktoren beeinflusst wird, als dies womöglich in einem ersten Zugang erscheint. Neben dem Alter, welches als einflussnehmend nicht abzustreiten ist, spielt das Geschlecht ebenso eine Rolle wie lebens- und generationenbezogene Faktoren (vgl. Jakobs/Lehnen/Ziefle 2008: 1). Zentral ist überdies die Aussage, dass die Akzeptanz der Technik vom Techniktyp abhängig ist (ebd.). Auch diese Studie folgt einem qualitativ angelegten Design, um „empirisch gesicherte Aussagen zu Technikkonzepten und Technikakzeptanz älterer Menschen" (Jakobs/Lehnen/Ziefle 2008: 6) treffen zu können. Einstellungen zu Techniken des Alltags werden in dieser Studie nicht nur deskriptiv erhoben, sondern in den Kontext benannter, divergierender Faktoren gesetzt und zudem vor dem Hintergrund der jeweiligen Techniksozialisation beleuchtet. Resultat der Aufdeckung mannigfaltiger Einstellungen und Haltungen zu Alltagstechniken ist auch die Bejahung, Ablehnung von oder ein Interesse für Technik. Die Informations- und Kommunikationstechnologien werden als Alltagstechnik ebenfalls dezidiert beleuchtet, indem das Mobiltelefon als eigenständige Technik neben dem Computer und dem Internet betrachtet wird (vgl. Jakobs/Lehnen/Ziefle 2008: 65 ff.). Hinsichtlich der Nutzung von Mobiltelefon, Computer und Internet zeigt sich, dass die Älteren ihre eigene Nutzung als im Gegensatz zu der durch jüngere Menschen anders gelagert empfinden. Die Nutzung erfolgt selektiv, sehr zielgerichtet, auf die Basiselemente fokussiert und vergleichsweise selten. Während die Nutzung dieser Technologien auf wenige Gründe zusammenführbar ist – Kommunikation an erster Stelle und Information an zweiter – ist die Bandbreite der Gegenargumente weitaus größer. Die in der Studie befragten Älteren benennen eine Fülle an Hinderungsgründen: in erster Linie handelt es sich dabei um Bedienungs- und Verständlichkeitsaspekte, zudem wurden Kostengründe angeführt (vgl. Jakobs/Lehnen/Ziefle 2008: 65 ff.). Jakobs, Lehnen und Ziefle fördern umfangreiche Ergebnisse zu Tage, die die Technikkonzepte, die Nutzung von und die Bewertung der Technik durch ältere Menschen transparenter werden lässt und aufzeigt, dass aufgrund mangelnder Datengrundlage viele Aspekte bisher fälschlich interpretiert oder gar übersehen wurden. Resümierend kann jedoch auch hier extrahiert werden, dass Technik selbst bisweilen eine enorme Hürde darstellt und ältere Menschen zum einen mit großen Herausforderungen konfrontiert und zum anderen gewisse Lebens- und Gesellschaftsbereiche verschlossen lässt, wenn die Technikkompetenz nicht ausreicht.

Im Rahmen der Reihe Alter(n) und Gesellschaft, welche von Gertrud M. Backes und Wolfgang Clemens herausgegeben wird, widmet Helga Pelizäus-Hoffmeister der *Bedeutung von Technik im Alltag Älterer* (2013) eine umfassende wissenschaftliche Auseinandersetzung. Dabei beschränkt Pelizäus-Hoffmeister ihre Ausführungen nicht bloß auf technische Geräte der Medienübertragung. Vielmehr beleuchtet sie die Relevanz der Technik im Alltag älterer Menschen vor dem Hintergrund des demografischen Wandels, welche durch technische Unterstützungen die Mobilität von Älteren erhalten oder unterstützen, aber auch eine Ergänzung zu Pflege- und Betreuungsmaßnahmen darstellen kann. Die Wichtigkeit technischer Systeme für die Unterstützung im Alltag wurde bis zum Jahre 2013, bis zu der Publikation von Pelizäus-Hoffmeister nur sehr marginal beleuchtet (vgl. Pelizäus-Hoffmeister 2013: 5). So verortet sie die Bedeutung der Technik im Alltag älterer Menschen in einem sozialwissenschaftlichen Diskurs. Bisherige Analysen fanden bislang hauptsächlich im Kanon technikwissenschaftlicher Forschung statt. Diesen bis dato vorherrschenden blinden Fleck in den sozialwissenschaftlichen Disziplinen aktiviert Pelizäus-Hoffmeister. Notwendig ist eine Verquickung von theoretischen und empirischen Aufarbeitungen dieses Themas sowie die Einbeziehung technischer Dimensionen, um dieses komplexe Thema durchdringen zu können (vgl. Pelizäus-Hoffmeister 2013: 5). Die Publikation „Zur Bedeutung von Technik im Alltag Älterer" stellt ein wichtiges Grundlagenwerk dar, welches den Blick dafür öffnet, wie notwendig und wichtig die sozialwissenschaftliche Auseinandersetzung mit dem Thema Technik im Lebensalltag älterer Menschen ist. Dies ist unumgänglich, wenn man insbesondere die demografischen Entwicklungen in den Blick nimmt und die Chancen bemerkt, die technische Systeme für die Älteren bereithalten (können). Zentral ist insbesondere das Ergebnis der Untersuchung, das aufzeigt, dass Ältere durchaus sehr aufgeschlossen gegenüber (neuen) Techniken sind und Bereitschaft zeigen, sich mit denselben auseinander zu setzen und sie in den eigenen Alltag zu integrieren. Zu bemerken ist überdies jedoch der Aspekt, dass die Hürden sehr gering, die Angebote also niedrigschwellig ausfallen müssen. Technik kann älteren Menschen immer dann helfen, wenn die Möglichkeit offeriert wird, die Umwelt zu kontrollieren. Unbehagen hingegen provozieren technische Systeme immer dann, wenn sie scheinbar allzu selbstständig agieren und der (ältere) Mensch sich daneben hilflos fühlt (vgl. ebd.: 389). Pelizäus-Hoffmeisters Arbeit nähert sich diesem Themenfeld in voller Breite und greift technische Systeme und Technik per se auf. Es werden Fragen beleuchtet wie die, welche Rolle Technik an sich spielt, wie sind die Älteren in ihrer Jugend dahingehend sozialisiert worden (vgl. ebd.)? Dabei findet keine Fokussierung auf Kommunikationsmedien statt. Bedeutsam sind jedoch die Erkenntnisse, die Pelizäus-Hoffmeister ganz an den Anfang ihrer Arbeit stellt und, die ebenfalls in dieser Arbeit weiter oben thematisiert wurden: die Auseinandersetzung mit dem Lebensalltag von Älteren in Bezug auf Technik, technische Systeme und technische Geräte steht im sozialwissenschaftlichen Diskurs noch ganz am Anfang. Dass es sich lohnt, hier dezidiertere Bemühungen anzustreben, liegt in mindestens zwei Argumenten begründet: zum einen erfahren wir eine Technisierung und Mediatisierung der Lebenswelt(en) und sind konfrontiert mit einer steten Überalterung der Gesellschaft. Diese Gruppe der Gesellschaft wird zu derjenigen, die das Bild derselben bestimmt. Eine Hinwendung ist nicht nur lohnend, sondern überaus notwendig.

Diese drei vorgestellten Untersuchungen machen deutlich, wie unumgänglich die Auseinandersetzung mit dem Thema Technik ist, wenn man die zwei prägnantesten Gründe anführt: 1) der demografische Wandel, welcher aufgrund der Prognose für das Jahr 2015 erwarten lässt, dass mehr als ein Drittel der Gesellschaft in einem höheren Lebensalter (65 Jahre und älter) sein wird, führt dazu, dass dem Thema Technik im Alltag Älterer eine höhere Relevanz beigemessen wird. Dies zeigt sich vor allem vor dem Hintergrund der durch technische Systeme aufrechtzuerhaltenden Mobilität und Unterstützung in der eigenen Häuslichkeit. Die Untersuchungen intensivieren sich in diesem Forschungsfeld. Die drei genannten Publikationen greifen dieses Thema (wenn auch in anderen Schwerpunkten) auf. 2) wird der technische Fortschritt immerwährende Anpassungen des Menschen an die Technologie fordern, so dass es immerzu Generationen geben wird, die sich ob einer neuen Technik hilflos oder abgehängt fühlen. Zum gegenwärtigen Zeitpunkt betriebene Forschung ist also auch immer solche, die zukünftigen Generationen dienen wird.

Grundlagenforschung in Sachen Technik im Lebensalltag älterer Menschen hat allerdings im Vorwege dieser benannten Untersuchungen eine andere Studie betrieben und damit maßgeblich zur Sensibilisierung für den Einsatz von Technik im Alltag Älterer zur Unterstützung häuslicher Tätigkeiten geleistet.

Somit kann die nachfolgend beschriebene Langzeituntersuchung als Pionierleistung beschrieben werden: die Rede ist von dem Forschungsprojekt „sentha" (Mollenkopf et al. 2000: 155)[11]. *Sentha* bezeichnet eine „interdisziplinäre Forschergruppe" und bedeutet „[sic!] Seniorengerechte Technik im häuslichen Alltag" (ebd.). Im Zentrum dieses Forschungsprojektes steht die „Technik im Haushalt zur Unterstützung der selbstständigen Lebensführung älterer Menschen" (ebd.). Verfolgt werden soll das Ziel, seniorengerechte Techniken und Modelle zu generieren, welche es den Seniorinnen und Senioren ermöglichen, auf lange Zeit ein selbstbestimmtes Leben zu führen (vgl. ebd.). Auch *sentha* reagiert damit auf die stetig fortschreitende technische Entwicklung. Dass dieser Umstand allzu oft ambivalente Auswirkungen auf die Lebensführung der Älteren hat, wurde bereits ausgeführt: Technik im Alltag kann auf der einen Seite Unterstützung bieten und zu Erleichterung führen, aber ebenso häufig zu einem Hindernis oder Hemmnis werden, was wiederum in Hilflosigkeit und Ausgrenzung mündet. Das Projekt *sentha* deckt federführend in einer groß angelegten, interdisziplinären Untersuchung auf, welche Hemmnisse es im Alltag mit Technik für ältere Menschen gibt und wie diese Hindernisse behoben und gar ins Gegenteil verkehrt werden können. Dabei ist die Betrachtung des häuslichen Alltags ganzheitlich im Hinblick auf die verwendeten oder eben nicht verwendeten Techniken angelegt. Die Arbeit geht weit über deskriptive Eruierungen in der Häuslichkeit der Älteren befindlicher Techniksysteme hinaus. Eng verknüpft mit denselben ist die Lebensführung zu sehen und in Relation zu den Techniken zu bringen und zu verstehen (vgl. Mollenkopf et al. 2000: 166). Zentral ist das Bestreben, langfristige Strategien zu entwickeln, wie Ältere Techniken in ihren Alltag integrieren und akzeptieren lernen (vgl. Mollenkopf et al. 2000: 156 f.).

Die vier genannten Publikationen, die sich mit der Nutzung von verschiedenster Technik durch ältere Menschen beschäftigen, öffnen selbstverständlich nur einen kleinen Blick auf die Forschungsaktivitäten in diesem Kontext Alter und Technik. Zentral ist die Feststellung, dass insbesondere das Team um Mollenkopf Grundlagenforschung auf diesem Gebiet geleistet und damit viele, weiterführende Untersuchungen angeregt hat. Ende der 1990er Jahre intensive-

---

11 Seit dem Jahr 1996 intensiviert die Fachzeitschrift Gerontol Geriat die Auseinandersetzung mit dem Thema „Technologien im Alltag Älterer" (Mollenkopf/Wahl/Reichert 2000b: 153). Bei Gerontol Geriat handelt es sich um die Zeitschrift für Gerontologie und Geriatrie, welche von der Deutschen Gesellschaft für Gerontologie und Geriatrie e.V. (DGGG e.V.) herausgegeben wird (vgl. DGGG e.V. 2016). Wie zuvorderst ausgeführt, ist eine intensive Auseinandersetzung mit der Technik im Alltag Älterer unumgänglich, da die Technisierung des Alltags immer weiter voranschreitet und „[k]aum ein Bereich menschlichen Handelns […] mehr ohne technische Unterstützung oder Vermittlung vorstellbar" (Mollenkopf/Wahl/Reichert 2000b: 153) ist.

ren sich die Forschungen vor dem Hintergrund der fortschreitenden technischen Entwicklung. Allen voran Techniksysteme zur Unterstützung des Lebensalltags in der eigenen Häuslichkeit rücken ins das Zentrum des Interesses. So lässt sich durch technische Unterstützung die eigene Häuslichkeit der Seniorinnen und Senioren für einen längeren Zeitraum bewahren und vorzeitige Vollzeitbetreuung und pflegerische Unterstützung herauszögern. Deutlich wird, dass der Technik im Alltag der Älteren eine viel größere Bedeutung beigemessen werden muss, als dies bis zum Eintritt in das 21. Jahrhundert erfolgt ist. Die Ergebnisse der Studien zeigen, dass auf Seiten der Älteren eine Bereitschaft und sogar Neugierde vorhanden ist, Technik als Unterstützung in das eigene Leben zu integrieren, dadurch Prozesse am Laufen zu erhalten und vermeintliche Hindernisse im Alltag abzubauen. Nichtsdestotrotz braucht es umfängliche Konzepte, wie diese komplexe Integration gelingen kann, denn Technik wirkt nicht nur in positiver Weise. Technik im Alltag hat, wenn sie als Hemmnis wahrgenommen wird, determinierende Wirkung und schließt dann eher aus, als zu integrieren. Insbesondere vor diesem Hintergrund kommt den (neuen) Informations- und Kommunikationstechnologien ein immenser Stellenwert zu, der verstärkt im Kontext der Betrachtung der Technik im Alltag Älterer reflektiert wird. Allerdings drängt die Untersuchung der Internetnutzung durch Seniorinnen und Senioren erst allmählich in den Diskurs. Dies liegt womöglich auch daran, dass Untersuchungen entweder in der Kernintension die technische Komponente untersuchen, *oder* aber die Mediennutzung beleuchten. Deutlich wurde bereits, dass bei einer Untersuchung der Mediennutzung älteren Menschen auch die technische Komponente mitgedacht werden muss. Denn Seniorinnen und Senioren, für die das Internet ein *völlig neues* Themenfeld bedeutet, stehen zwei Hürden gegenüber: die eine Hürde wird durch das technische Gerät gebildet, welches erst den Weg in das Internet ermöglicht, die andere Hürde stellt das Zurechtfinden und das Bedienen des Internets selbst dar. Die Ergebnisse der vorgenannten Publikationen zu Technik im Alltag von älteren Menschen werden insbesondere in dem Kapitel aufgegriffen, welches sich zentral mit der Internetnutzung durch Seniorinnen und Senioren beschäftigt und dabei insbesondere deren Kompetenzen und auftretende Problemstellungen erörtert.

Ebenso intensiv wie das Thema Technik im Alltag älterer Menschen ist das der Mediennutzung durch Ältere erforscht. Die Herausgeber*innen Schorb, Hartung und Reißmann widmen dem Thema *Medien und höheres Lebensalter* (2009) einen umfassenden Sammelband. Zusammengetragen werden hier Beiträge aus Theorie, Forschung und Praxis, wenngleich hier ein großes Themenspektrum offeriert wird. Das Internet erscheint immer wieder auf der Agenda, wird aber nicht exklusiv behandelt.

Mit *Die Alten und das Netz* (2012) stellen Kampmann, Keller, Knippelmeyer und Wagner einen Sammelband bereit, der das Internet im Leben der Älteren auf sehr unterschiedliche Weise aufgreift. So liegt der Fokus auf den Angeboten und der Nutzung des Internets jenseits des Jugendkults und betrachtet dezidiert Angebote für Senior*innen im World Wide Web. Motiviert durch das Postulat der Pluralität präsentieren die Herausgeber*innen ein breites Portfolio an Themenfelder, Sichtweisen und Lesarten des Themenspektrums. So ist in diesem Sammelband das Internet im Leben der Älteren von unterschiedlichsten Seiten beleuchtet und aufgezeigt, wie vielfältig und vielschichtig das Internet wahrgenommen und überdies genutzt wird (vgl. Kampmann et al 2012: 6).

Grundsätzlich sind die Mediennutzungsformen *aller Gruppen der Gesellschaft* in großer Tiefe und großem Umfang *statistisch* erforscht. So gibt es gleich mehrere Forschungseinrichtungen und Institutionen, die sich in ihrer Forschung schwerpunktmäßig mit dem Internet, dessen Gebrauch und Nicht-Gebrauch, der Art der Nutzung und der Verbreitung auseinandersetzen, um hier nur einige Schlagworte zu bemühen, die die Grundelemente der Medien(nutzungs)forschung abbilden. Quantifizierend erforscht ist dieses Themenfeld also bestens: wie Deutschland das Internet nutzt, wann und zu welchem Zwecke, ist durch verschiedene Studien hinreichend deskriptiv aufbereitet.

Allen voran erhebt und sammelt das Statistische Bundesamt (Onlineportal DESTATIS) Daten zur Medien- und Internetnutzung in Deutschland. Die Ergebnisse entstehen aus Repräsentativerhebungen und sind mittels standardisierter Verfahren erhoben. Hier liegen somit deskriptive Daten zu der Internetnutzung der Userinnen und User vor und es wird abgebildet, wie groß der Personenkreis derjenigen ist, die bislang zu den Nicht-User*innen, also den Offliner*innen zählen. Gewichtet nach den Merkmalen Geschlecht und Alter kann Einsicht genommen werden, wer wie oft das Internet nutzt und welche Inhalte respektive Formate hier die präferierten sind (vgl. destatis 2016). So bieten darüber hinaus die öffentlich-rechtlichen Sender ARD[12] und ZDF[13] eigene Erhebungen an (ard-zdf-onlinestudie; vgl. ARD/ZDF-Onlinestudie 2016). Die Onlinestudie der ARD und des ZDF wird seit 1997 jährlich aufs Neue durchgeführt. Zentral ist, dass diese Studien umfänglich dokumentiert, wer das Internet, mit welchen Angeboten wann und wie lange nutzt. Somit schaffen diese Studien eine breite Ergebnisbasis, welche detailliert beleuchtet, wie es um die Nutzung des Internets in Deutschland bestellt ist. Es werden prägnante Veränderungen bestehender Aspekte ebenso berücksichtigt wie neue Phänomene. Im

---

12   ARD = Arbeitsgemeinschaft der öffentlich-rechtlichen Rundfunkanstalten der Bundesrepublik Deutschland. Die ARD ist ein Zusammenschluss öffentlich-rechtlicher Rundfunkanstalten. Oftmals wird im umgangssprachlichen Gebrauch mit ARD das Hauptprogramm bezeichnet, das allerdings *Das Erste* heißt (vgl. ARD 2016).
13   ZDF = Zweite Deutsche Fernsehen; es handelt sich um das zweite öffentlich-rechtliche Fernsehprogramm.

Durchgang durch die Ergebnisse der Jahre 1997 bis 2016 zeigt sich deutlich die Veränderung, die die Internetnutzung in der Bundesrepublik vollzogen hat. Der Beitrag dieser ARD/ZDF-Onlinestudie in Gänze ist die große Breite der deskriptiven Datenaufbereitung. Besondere Merkmale werden allerdings nur dann fokussiert, wenn sich statistische Auffälligkeiten ergeben. Überdies werden hier alle Gesellschaftsgruppen Deutschlands in gleicher Intensität berücksichtigt. Auf der eigenen Internetpräsenz der Studie, auf „ard-zdf-onlinestudie.de", können die prägnantesten Ergebnisse der aktuellsten Erhebung gesichtet sowie die Ergebnisse der Vorjahre studiert werden[14].

Die Ergebnisse, die für das Erhebungsjahr 2014 zur Verfügung stehen, decken sich mit den Ergebnissen, die in dem sich weiter unten anknüpfenden Kapitel zur gesamtgesellschaftlichen Mediennutzung auf Grundlage des (N)ONLINER Atlas' expliziert werden. So kommt die Onlinestudie der ARD und des ZDF zu dem Ergebnis, dass sich der Anteil der Onliner auf 79,1 Prozent erhöht, das Wachstum bisweilen einen nur noch moderaten Trend aufweist. Die rasanten Entwicklungsquoten der vorangegangenen Jahre sind nicht mehr empirisch nachweisbar (vgl. ARD 2016). Die vermeintlichen Gründe, die dazu führen, dass sich die stark wachsenden Nutzungszahlen abflachen, sollen weiter unten diskutiert werden. Die ARD-ZDF-Onlinestudie beschäftigt sich dabei lediglich mit der quantitativ aufbereiteten Nutzung des Internets. Hier wird zudem eruiert, welche Medien (Fernsehen, Radio, Internet) genutzt werden und über welche Geräte (Mobile Internetnutzung usw.).

Eine große Studie, die aus der Wirtschaft zum Thema „Netzgesellschaft" (BITKOM 2011) durchgeführt wurde, beleuchtet ebenfalls die großen Themenfelder Internetnutzung, Handynutzung, Informationsverhalten und -management und Vernetzte Arbeitswelt (vgl. BITKOM 2011: 6 f.). Hier wird sehr umfangreich dargelegt, wie sich die Internetnutzung auf verschiedenen Endgeräten zeigt. Zu betonen ist an dieser Stelle, dass es sich bei dem Auftrag- und Herausgeber der Studien und der Studienergebnisse um den Bundesverband Informationswirtschaft, Telekommunikation und neue Medien e.V. handelt, der diese Studie neben der allgemeinen Informationsgewinnung zur verbesserten Markteinschätzung nutzt, um Zielgruppenpotenziale auszuloten. Nichtsdestoweniger präsentiert die BITKOM eine umfängliche Studie mit mannigfaltigen Informationen und Ergebnissen. Detaillierter mit der Internetnutzung

---

14 Im Menüpunkt „Methodensteckbrief" (http://www.ard-zdf-onlinestudie.de/index.php?id=480) kann nachvollzogen werden, wie das Erhebungsdesign der durch das Institut für Medien- und Marketingforschung Enigma-GfK durchgeführten Studie angelegt ist. Es handelt sich um Repräsentativerhebungen, die eine Grundgesamtheit aller deutschen Bundesbürger über 14 Jahren annehmen. Erhoben wird standardisiert mittels Telefoninterviews. Die Auswertungen erfolgen gewichtet nach den Merkmalen Geschlecht, Alter, Bildung und Bundesland (vgl. http://www.ard-zdf-onlinestudie.de/index.php?id=480).

befassen sich die Studien, die sich Social Media widmen und von Forschungsinstituten oder wirtschaftsnahen Interessenverbänden in Auftrag gegeben wurden/werden. Soziale Online-Netzwerke und Social-Media-Formate im Allgemeinen sind von größtem Interesse für die Medienforschung, da sie insbesondere für die Generationen der Jugendlichen, Heranwachsenden und (jungen) Erwachsenen eine prominente Rolle in ihrer regelmäßigen Internetnutzung spielen, das bestätigen unter anderem die Ergebnisse des (N)Onliner Atlas' 2014 und die der ARD-ZDF-Onlinestudie. Vor dem Hintergrund, dass die junge Generation diejenige mit einer nahezu 100 prozentigen Internetnutzung ist, konzentrieren sich beispielsweise die Shell Jugendstudie 2015 (vgl. Shell 2015) und die KIM- und JIM-Studien mit der Internet- und Mediennutzung durch Kinder und Jugendliche. Initiiert, begleitet und präsentiert werden die KIM- und JIM-Studie durch den Medienpädagogischen Forschungsverbund Südwest. Auf der Homepage www.mpfs.de sind dem interessierten Nutzer die Studien der vergangenen Jahre zugänglich gemacht. Darüber hinaus gibt es eine Vielzahl an Studien, die sich mit den Marketing- und Kundenbindungspotenzialen von Social Media-Formaten beschäftigen. Eine sehr gut recherchierte und prägnant dargestellte Übersicht der Studien zu Social Media und Internetnutzung präsentiert das SocialMedia Institut[15] online (2015).

Das Deutsche Institut für Vertrauen und Sicherheit im Internet – kurz DIVSI – existiert als „eine gemeinnützige Gesellschaft" (DIVSI 2015), die das Ziel verfolgt, den Diskurs um das Vertrauen in das und die Sicherheit im Internet mit neuen Impulsen zu befruchten und diesem Themenfeld mehr Diskussionsgrundlage zu verschaffen, indem das Institut eine breite Datenbasis durch empirische Forschungstätigkeiten generiert. Basierend auf fünf Maximen richtet das Institut seine Aktivitäten aus: dazu gehören insbesondere die Annahmen, dass das Internet eine Kulturleistung ist und damit weitreichende, geschichtsträchtige und geschichtsbildende Bedeutung hat. Überdies, dass Kommunikation und Organisation zukünftig nur noch im Kontext des Internets zu denken sind, das Internet Möglichkeiten der Partizipation und Gestaltung auf allen Ebenen der Gesellschaft und Staatlichkeit offeriert, das Internet in seiner Handhabung einer besonderen Aufmerksamkeit und Sicherheit bedarf und Grundrechte zentraler Gegenstand des Internets als Aktionsraum sind (vgl. DIVSI 2015). So blickt das Institut in seiner bislang recht kurzen Lebensdauer (Gründungsjahr 2011; Urheber des Instituts: Deutsche Post) auf bereits eine ganze Reihe verschiedener Publikationen zurück, die insbesondere die Kenntnisse um die Internetnutzung befruchten. 2013, als Aktualisierung der im Jahr

---

15 „Das SocialMedia Institute (SMI) ist ein global agierendes, unabhängiges Beratungs- und Dienstleistungsunternehmen mit Tätigkeitsfokus im Bereich der Umsetzung von Social Media in und für Unternehmen und Institutionen" (http://socialmedia-institute.com/).

2012 erstmals veröffentlichten Version, wurde die Studie „DIVSI Milieu-Studie zu Vertrauen und Sicherheit im Internet" (DIVSI 2013) publiziert. Diese Studie versteht sich als ein Beitrag zur Grundlagenforschung hinsichtlich der Lebenswelten im Kontext der Internetnutzung.

> „Damit ist dieser ganzheitliche Ansatz weit mehr als eine reine Nutzertypologie, die lediglich erfassen würde, wer wie häufig wo im Netz unterwegs ist. Als in dieser Form einzigartige Segmentierung sollen die DIVSI Internet-Milieus als Zielgruppenwährung im digitalen Kontext etabliert werden." (DIVSI 2013: 1).

In der klassischen Systematik der SINUS-Milieus erstellt das DIVSI auf Grundlage der Datenerhebung Internet-Milieus, die sieben Milieus im Spannungsfeld der sozialen Lage und der Grundorientierung hervorbringen (vgl. DIVSI 2013: 3). Die Weiterführung dieser Milieu-Studie bringt auch für 2016 neue Erkenntnisse hervor. In „DIVSI Internet-Milieus 2016. Die digitalisierte Gesellschaft in Bewegung" (DIVSI 2016) werden neben den Themenfeldern der Veränderungen in Einstellungen und Verhaltensmustern, die jeder Milieu-Studie immanent sind, neue Forschungsfragen aufgeworfen: „Digitalisierungslevel", „Chancen und Risiken in der digitalen Welt", „Einstellungen zu Vertrauen und Sicherheit im Internet" und „Privatsphäre und Personal Data Economy" (DIVSI 2016: 10). Die DIVSI-Studie bietet damit einen intensiven und bislang in dieser Tiefe nicht gewährten Einblick in die Einstellungen gegenüber dem Internet. Dies gelingt vor allem deshalb, weil qualitative Tiefeninterviews zum Einsatz kommen.

„Deutschlands größte Studie zur Internetnutzung" (Initiative D21 e.V. 2016) ist der (N)Onliner Atlas der Initiative D21 in Zusammenarbeit mit TNS Infratest. Seit 2001 forscht die Initiative D21, die sich als gemeinnütziger Verband bestehend aus Mitgliedern wie Unternehmen, Medienanstalten und Vertreter*innen verschiedener Branchen als „Sparringpartner der Regierung bei der Ausgestaltung der Digitalen Agenda" (Initiative D21 e.V. 2016) versteht, zu verschiedenen Aspekten der Mediennutzung in Deutschland. Die „Strukturbefragung zur Ermittlung der Internet- und Breitbandnutzung und zur Erstellung des »(N)ONLINER Atlas«" (Initiative D21 2014: 5) umfasst rund 30.000 Interviews (vgl. ebd.). Zusätzlich wurden für die „Vertiefungsbefragung zur Ermittlung des »D21-Digital-Index« und der Typologie »Digitale Gesellschaft«" (ebd.) knapp 3.000 Interviews in der Bundesrepublik Deutschland durchgeführt (vgl. ebd.). Während die ARD-ZDF-Onlinestudie die Frequentierung des Internets nach Inhalten und Rezipienten deskriptiv in großer Breite abbildet, inkludieren die Studien des (N)Onliner Atlas' eine weitere Ebene in das Untersuchungsdesign.

„Gesamtziel der Studie ist es, den Grad der Digitalisierung in der Bevölkerung in ihrer Vielschichtigkeit zwischen Leben und Arbeiten aus der Perspektive der Bürgerinnen und Bürger zu messen und deren Entwicklung im Zeitverlauf zu begleiten. Damit ist der D21-Digital-Index die einzige Studie, die das Phänomen »Digitalisierung in Deutschland« gesamt und zugleich in ihrer Vielfalt misst." (Initiative D21 2014: 7).

Die Studieninitiatoren berücksichtigen eine deutliche Differenzierung: sie setzen eine zeitintensive Internetnutzung nicht mit einer souveränen Nutzung des Mediums gleich. Sie brechen demnach die vermeintliche Linearität auf, dass der- oder diejenige, der/die das Internet hinsichtlich der zeitlichen Dimension in großem Umfang nutzen auch gleichzeitig besonders informiert, aufgeklärt und mündig im Umgang mit demselben sind. Nicht nur die Frage *ob* jemand das Internet nutzt, ist alleinig relevant – es muss zwingend das *Wie* mitgedacht und in dem Design aufgegriffen werden (vgl. Initiative D21 2014: 8). Neben diesen Aspekten beleuchtet der (N)Onliner Atlas auch die Nutzertypen und analysiert, wer es überhaupt ist, der das Internet nutzt. Das Ergebnis, das die Studie aus 2014 hier zutage fördert, ist frappierend. So lassen sich die Nutzerinnen und Nutzer, die 76,8 Prozent der Deutschen ab 14 Jahre ausmachen (vgl. Initiative D21 2014: 4), in zwei übergeordnete Typen unterscheiden. Auf der einen Seite stehen die „Digital Souveräne[n]" (Initiative D21 2014: 15). Von allen Nutzerinnen und Nutzern gehören 37 Prozent zu dieser Gruppe. 63 Prozent hingegen zählen zu den „Digital weniger Erreichte[n]" (ebd.). Beide Gruppen lassen sich in jeweils drei Nutzertypen unterteilen. Für diejenigen, die als digital souverän gelten, sind es die Typen „Reflektierter Profi", „Passionierter Profi" und „Smarter Mobilist" (Initiative D21 2014: 15). Die andere Gruppe, zu der diejenigen gehören, die als digital weniger erreicht charakterisiert werden, spaltet sich in die folgenden drei Nutzertypen auf: „Außenstehender Skeptiker", „Häuslicher Gelegenheitsnutzer" und „Vorsichtiger Pragmatiker" (ebd.). Diese Nutzerinnen und Nutzer weisen einen jeweils sehr geringen bis mittleren Digitalisierungsgrad auf. Die Gruppe der Senior*innen findet sich hinsichtlich der Altersparameter in der Gruppe der außenstehenden Skeptiker*innen wieder. Charakteristisch für diesen Nutzertyp ist, dass Nutzerinnen und Nutzer dieses Typs „[k]aum Zugänge zu digitalen Medien" (Initiative D21 2014: 18) aufweisen und sich die „Nutzungsvielfalt auf geringem Niveau" (ebd.) befindet. Überdies zeigen sich die „Kompetenzen wenig ausgeprägt" (Initiative D21 2014: 19), jedoch werden die digitalen Kompetenzen von Offenheit überragt (vgl. ebd.). Neben der Repräsentanz in diesem Nutzertypus der „Außenstehenden Skeptiker" werden Seniorinnen und Senioren in einem anderen Ergebnisteil der Studie berücksichtigt. Nämlich dort, wo die Ergebnisse strukturelle Benachteiligungen aufdecken und aufzeigen, dass das Alter zu den Determinanten der Internetnutzung zählt (vgl. Initiative D21 2014: 31 f.). Hinsichtlich des Nutzungsverhaltet der Seniorinnen und Senioren bietet der (N)Onliner Atlas 2014 eine große Ergebnisbasis an. Neben den Daten zur Nutzungsintensität und den Nutzungsarten und -inhalten eröffnet die Studie eine weitere Ebene zum Thema der Untersuchung und verortet die Nutzerinnen und Nutzer innerhalb eines Typensystems und identifiziert charakteristische Merkmale. So lassen sich nicht nur die Nutzungszeiten extrahieren, sondern auch aufdecken, wie in diesem Falle Seniorinnen und Senioren hinsichtlich ihrer Haltung gegenüber dem für sie neuen Medium zu charakterisieren sind. Somit lässt sich auf Grundlage der Studie der Initiative D21 herausarbeiten, welche Befürchtungen Seniorinnen und Senioren als typologisierte Skeptiker*innen mit dem Internet verbinden, wozu sie es verwenden und wie oft sie online aktiv sind. Aufgrund dieser detaillierten und facettenreichen Mehrebenenanalysen und der hohen Nutzerrepräsentativität, welche in der umfangreichen Stichprobe begründet ist, bietet der (N)Onliner Atlas eine geeignete Basis, um von dort die in dieser Arbeit angestrebten Tiefeninterviews zu realisieren. Der (N)Onliner Atlas wird als diejenige Untersuchung identifiziert, die im Rahmen der quantitativen Analysewege die treffendste Datenbasis bildet.

Bis zum Jahre 2016 zeigten sich in der Forschungslandschaft bisher nur sehr wenige Versuche, das Internetverhalten von Seniorinnen und Senioren in der Tiefe zu ergründen. So wurde, diesen Umstand vergegenwärtigt zudem die vorangegangene Präsentation ausgewählter Untersuchungen, diese Personengruppe immerzu im Gleichklang mit den Analysen der Internetnutzung Deutschlands betrachtet, tiefergehendere Analysen blieben bislang aus. Allerdings zeigt sich, dass diese Personengruppe diejenige ist, deren Nutzungsverhalten in hohem Maße disparat ist und sich in seiner Heterogenität deutlich von dem abhebt, was sich für andere Nutzungsgruppen/-typen zeigt. Diese Gruppe ist diejenige, die das Internet bisher in geringster Form hinsichtlich Anteil und Frequentierung nutzt, jedoch auch die stärksten Zuwächse zu verzeichnen hat. Bisherige Untersuchungen haben jedoch die Gruppe der Senior*innen als eine homogene Nutzerschaft erhoben und damit nicht berücksichtigt, welch große Unterschiede sich in dieser Gruppe aufzeigen lassen. So wird deutlich, dass es mittlerweile umfangreiche Daten zu der Art der Internetnutzung durch Senior*innen gibt, Hemmnisse für die Nicht-Nutzung identifiziert sind und ebenfalls erhoben ist, was die Senioren tun, wenn sie online sind. Anhand dieser Daten kann die Gruppe der Senior*innen hinsichtlich der Internetnutzung detailliert beschrieben werden. Woran es fehlt, sind tiefergehende Analysen, die der Heterogenität dieser Nutzer*innengruppe gerecht werden und dem auf den Grund gehen, was Seniorinnen und Senioren mit dem Internet verbinden, wie es denjenigen geht, die selbst nicht online sind, aber auf immer mehr Onliner treffen. Untersuchungen, die die Senior*innen betreffen, waren im Gros bisher quantitativ angelegt (vgl. Mollenkopf/Doh 2002: 391 ff.). Resümierend lässt sich aber festhalten, dass die großangelegten Studien, dazu zählen auch die Sonderauswertungen des (N)Onliner Atlas (vgl. Schwarze 2005), die unter anderem die Personengruppe über 50 Jahre in den Blick nehmen, die Seniorinnen und Senioren in ihrer gesamtgesellschaftlichen Auseinandersetzung mit der Internetnutzung zwar mitdenken, es aber zu keiner umfangreichen, vertiefenden Auseinandersetzung mit dieser Personengruppe kommt. Dies erscheint insbesondere vor dem Hintergrund frappierend, als dass sich gerade diese Gruppe als wenig souverän und bisweilen gering orientiert in Sachen Internet charakterisieren lässt. Die bekannten Studien zur Internetnutzung können als beachtliche Grundlage gelten und weisen einen umfangreichen Datenfundus auf. Allerdings beschränkt sich derselbe auf eher deskriptive Daten, die zwar charakterisieren und benennen können, aber auf drüber hinausgehende Fragen keine Antworten liefern können. Aus dem Gesagten leitet sich notwendigerweise der Schluss ab, dass übergeordnete Ergebnisse für die Gruppe der Seniorinnen und Senioren in breitem Umfang vorliegen und als gesicherte Erkenntnisse abgefragt werden können. Tiefenanalytisch wurden mit der Internetnutzung zusammenhängende lebensweltliche Erkenntnisse der Senior*innen bisher nicht extrahiert. Insbesondere die bereits benannte Heterogenität dieser Gruppe wird bislang beinahe völlig vernachlässigt. Dazu gehört auch, in den Blick zu nehmen, welche vermeintlichen Disparitäten sich im Alltag auftun, wenn Onliner*innen mit Offliner*innen zusammentreffen und zusammen Leben und/oder ihre Freizeit gemeinsam verbringen. Überdies bleiben übergenerationale Effekte bislang unberücksichtigt. Die Gruppe der Seniorinnen und Senioren bietet zum einen ein spannendes Forschungsfeld, weil sich immense Veränderungen im Nutzungsverhalten empirisch nachweisen lassen und damit die Gruppe hinsichtlich ihrer Einstellungen und Meinungen zum Thema Internet aktuell höchst heterogen ist. Anhand der Gruppe der Senior*innen kann womöglich nachgezeichnet werden, welche Auswirkungen neue Technologien auf eine etablierte Generation haben und welche Auswirkungen dieselben auf die Gruppe an sich haben und welche Wirkungen sich innerhalb der Gruppe zeigen. Zum anderen sind alle Forschungsaktivitäten, die *anhand* dieser Gruppe und *für* diese Gruppe unternommen werden, gleichsam Erkenntnisgenese für nachfolgende Generationen und damit Forschung für die Zukunft.

Allerdings kommt jüngst, *parallel* zu den Forschungsaktivitäten dieses Dissertationsprojektes, Bewegung in die Forschungsaktivitäten. Im November 2016 publizierte das Deutsche Institut für Vertrauen und Sicherheit im Internet die „DIVSI Ü60-Studie. Die digitalen Lebenswelten der über 60-Jährigen in Deutschland" und greift damit die kontrastierten Erkenntnislücken auf (vgl. DIVSI 2016: 6), die ebenfalls zentrale Motivation für diese vorliegende Dissertationsschrift sind. So kommt auch diese Studie in einer Bestandsaufnahme der bis dato vorliegenden Untersuchungen in diesem Themenfeld zu dem Ergebnis, dass „es jenseits der Unterscheidung zwischen Onliner*innen und Offliner*innen nur vage Vermutungen" (DIVSI 2016: 6) gibt. So weisen beide Untersuchungen, gemeint sind die Ü60-Studie des DIVSI und meine Dissertationsschrift, in einzelnen Punkten Ähnlichkeiten in Zielsetzung und Untersuchungsdesign auf. Zentral ist jedoch allem voran die gleichgelagerte Identifikation der Versäumnisse der bisherigen Forschung. Dazu gehört die Kritik der bisherigen Bemessung der Altersspanne, welche für die Älteren gelten soll. Begriffskritik und Kritik an den Abgrenzungen der Untersuchungsgruppen, wie sie in bisherigen Untersuchungskontexten für die Gruppe der Älteren stattfanden, werden im weiteren Verlauf der Arbeit zu explizierenden sein. Bisherige Forschungen zu der Internetnutzung älterer Personen verwenden einen sehr weiten Begriff für die Gruppe der Älteren. Dass diese Einteilung deutlich zu grob ist und überdies den Eintritt in den Ruhestand als prägendes Lebensereignis nicht ausreichend berücksichtigt, wurde umfangreich diskutiert. Zu eben diesem Kritikpunkt kommt das DIVSI und identifiziert aufgrund dessen das Alter ab 60 Lebensjahren als Eintrittsschwelle in die dritte Lebensphase (vgl. DIVSI 2016: 6). Um dezidierte und detaillierte Erkenntnisse erzielen zu können, ist es unerlässlich, die Untersuchungsgruppe hinsichtlich des Alters genau zu bestimmen, da die Ergebnisse anderenfalls die Lebenswelten allzu heterogener Personen versuchen in Einklang zu bringen – der Referenzrahmen ist dann nicht stimmig. Die vorliegende Arbeit geht dabei noch dezidierter vor und nutzt als erstes Paradigma für die Referenzgruppe das Alter von 65 Jahren – oder aber die feste Größe der Pensionierung. Für die zu betrachtende Altersgruppe liegt das Renteneintrittsalter, dies wurde bereits ausgeführt, bei 65 Lebensjahren. Das Primat liegt jedoch auf dem Umstand des Eintritts in den Ruhestand, weshalb das Alter von 65 Jahren nicht als dogmatischer Parameter anzusehen ist. Dieses Kriterium ist zentral für diese Arbeit, da es um die Rekonstruktion und Erhebung einer Nutzer*innenbiografie geht, die im Verhältnis zu den Kindern der betreffenden Seniorinnen und Senioren steht, und damit ein Rückblick auf die Phase der Erwerbstätigkeit darstellt, die anhand des aktuellen Erlebens des Ruhestandes bewertet und verortet werden soll. Diese Differenzierung wird für die DIVSI-Ü60-Studie nicht dezidiert getroffen.

> „Ziel der Studie ist es, Einstellungen und Verhaltensmuster der Menschen über 60 Jahre im Kontext Internet in der Tiefe zu verstehen. Dabei geht es darum, detailliert zu erfassen, ob und inwiefern ältere Menschen am digitalen Leben teilnehmen, was Teilhabe dabei genau ausmacht und was die jeweiligen Treiber und Barrieren sind." (DIVSI 2016: 6 f.).

Resümierend muss hinsichtlich der Gemeinsamkeiten und Unterscheidungen beider Untersuchungen in Sachen Zielsetzung und Methodik zu folgendem Urteil gekommen werden:

Beide Untersuchungen haben, wie bereits angeführt, erheblichen Forschungsbedarf herausgestellt, der dort beginnen muss, wo bisherige Anstrengungen enden: Studien, die die Gruppe der älteren Nutzerinnen und Nutzer in einer enger umrissenen Altersspanne wahrnehmen und damit fokussierter den besonderen Bedürfnissen und Lebensumständen in der dritten Lebensphase gerecht werden, fehlen bisher. Die Personengruppe wird bislang in großangelegten Studien zur gesamtgesellschaftlichen Internetnutzung mitgedacht, wenngleich sich bereits eine aussagekräftige Datenbasis hinsichtlich Nutzungsverhalten, Nutzungstypologie und Nutzertypenbeschreibung herausgebildet hat. Wie die Älteren ihre Kompetenzen in Sachen Internet einschätzen, wie sie Digitalisierung im Alltag und im Hinblick auf weiterführende Nutzungsdimensionen in Zukunft bewerten, welche Vor- und welche Nachteile sie hier erkennen und wie sich Offliner in einer digitalisierten Umwelt zurecht finden, wurde bislang allenfalls marginal angeschnitten: diesen aufgeworfenen Fragestellungen geht die Ü60-Studie nach (vgl. DIVSI 2016: 7) und strebt damit „erstmals ein umfassendes Bild der über 60-Jährigen in der digitalen Welt" (ebd.) an. Bewerkstelligt wird dieses Unternehmen durch die Durchführung von 34 leitfadengestützten Tiefeninterviews. Diese Tiefeninterviews bildet die Vorstufe zu der quantitativen Repräsentativbefragung (vgl. DIVSI 2016: 8). Das DIVSI verfolgt damit ein zweistufiges Forschungsdesign (vgl. DIVSI 2016: 7). Damit ist insbesondere die Repräsentativbefragung eingebettet in die bisherigen Studien des DIVSI, welche im Kontext dieses Kapitels zum Forschungsstand ebenfalls Erwähnung fanden. Anhand des Instrumentes des SINUS-Milieu-Konzeptes werden die Ergebnisse der Digitalisierungsstudien immer weiter fortgesetzt und ermöglichen somit, Veränderungen in der Milieu-Struktur und -zusammensetzung aufzudecken. Damit entsteht ein transparentes Bild über die Veränderungen im Digitalisierungsgrad Deutschlands und damit verbundener Wertekonstellationen, wie die SINUS-Milieus sie versuchen abzubilden. Kurzum: die Ü60-Studie möchte aktuelle Einstellungen zum Thema Internet für die Gruppe der über 60-Jährigen einfangen und ist bestrebt, über den Zeitverlauf mögliche Veränderungen im Denken und Handeln abzubilden (vgl. DIVSI 2016: 8).

Dem Kern nach geht es also darum, in die Gruppe der älteren Nutzerinnen und Nutzer einzutauchen und zu erfahren, wie sie das Internet erleben, was sie damit verbinden und wie sie sich mit der neuen Technologie – auch auf lange Sicht – fühlen: in dieser Intention sind beide Untersuchungen gleichgelagert. Das leitfadengestützte Interview ist auch in dieser Dissertationsschrift die Methode der Wahl. Allerdings verfolgen die hier relevanten Interviews die Intention, anhand einer nach der Nutzungsbiografie ausgerichteten Struktur, nachzuvollziehen und nachzuverfolgen, wie die Nutzerinnen und Nutzer ihren Weg in das Internet gefunden haben, wann dies geschah und welche Rolle dabei die Erwerbstätigkeit und die Hilfestellung von Kindern gespielt haben. Um Einstellungen der Onliner zu erfassen und mit denen der Offliner vergleichen zu können, nimmt die Untersuchung beide Personengruppen in den Blick. Überdies geht das Dissertationsprojekt noch einen Schritt weiter: neben den Senior*innen und Senioren werden deren Kinder ebenfalls in Interviews zu der Biografie der Internetnutzung der Eltern befragt und überdies um Auskunft zu deren eigener Nutzungsgewohnheit befragt. Ziel der Analysen ist es, zum einen Aussagen über die Gruppe der Senior*innen hinsichtlich der Einstellungen zum Internet und deren Nutzungsbiografie treffen zu können. Auf diesem Wege kann extrahiert werden, welche Motivationen sich hinter der Nutzungsintention verbergen und welche vermeintlichen (negativen) Konsequenzen sich für Senior*innen ohne Internetnutzung zeigen. Im Zentrum stehen die Überlegungen dazu, dass das Internet im Kontext sozialer Ungleichheiten eine determinierende Wirkung einnimmt. Zum anderen sollen diese Aussagen ebenfalls für die Gruppe der Kinder extrahiert werden. Zentral ist, dass neben der Differenzierung in Onliner und Offliner in der Gruppe der Senior*innen auch die getroffen wird, dass sowohl Senior*innen mit und Senior*innen ohne Kinder in die Fallauswahl einbezogen werden. Neben der methodisch hinsichtlich der Schwerpunktsetzung anders gelagerten Ausrichtung der Dissertation bietet dieselbe eine weitergehende Analyseebene: aufgrund der Betrachtung zweier Generationen können Unterschiede in Werten und Kommunikations- und Interaktionskonzepten aufgedeckt werden. Eingebettet in die große Rahmung der Wissensgesellschaft wird die Internetnutzung insbesondere vor dem Hintergrund der Wissensgenese beleuchtet und fragt danach, wie sehr das Internet den Drang zur Informiertheit befeuert. Wenngleich die Untersuchungen am Beispiel der Gruppe der Senior*innen explizit werden und dabei die Gruppe der Kinder kontrastieren, soll immerzu der gesamtgesellschaftliche Kontext der Wissensgesellschaft mitgedacht werden.

Die Bestrebungen der Ü60-Studie spiegeln sich in der vorliegenden Dissertationsschrift insbesondere für die Aussagen über die Einstellungen der Senior*innen hinsichtlich der Internetnutzung wieder. Aufgrund der Tatsache, dass diese Studie ebenfalls versucht, die bestehende Forschungslücke zu verkleinern und in kleinen Teilen dieselbe Intention verfolgt wie diese Arbeit, wird im Verlauf der Dissertationsschrift immer wieder auf diese Studie rekurriert werden, da sie in einzelnen Abschnitten ergänzende Beiträge zu den hier offerierten Bestrebungen leisten kann.

Nachdem umfänglich dargelegt wurde, wie der Stand der Forschung beschaffen ist und welche Lücken im Erkenntnisstand zu schließen sind, führt der Weg dieser Arbeit hin zu der großen Klammer dieser Untersuchung: dem Konzept der Wissensgesellschaft, welches als Zustandsbeschreibung vergegenwärtigt, welches Element dieser Gesellschaft immanent ist und sie prägnant kennzeichnet.

3 Lagebild für Deutschland: Internetnutzung und Internet-Nichtnutzung

Der Forschungsstand zu dem Themenfeld und explizit zu der leitenden Fragestellung dieser Arbeit wurde ausführlich dargelegt. Deutlich wurde in besagten Abschnitten, dass die Internet- und Mediennutzung in Deutschland anhand umfänglicher und aussagekräftiger Studien erforscht wurde und damit die Betrachtungen auf weitläufigen Ergebnissen fußen. Um zu eruieren, wie das Internet in Deutschland genutzt wird, soll im Kern auf die zwei großen Studien rekurriert werden, die bereits zur Sprache gebracht wurden und sich aufgrund der sich unterscheidenden Vorgehensweisen und der sehr umfangreichen Analysen gut ergänzen. Damit kann ein Bild gezeichnet werden, welcher Status quo für die Internetnutzung in Deutschland festgestellt werden kann. Dabei sollen die nachfolgenden Kapitel in die Zahlen einführen und einen Überblick darüber geben, wer das Internet wie oft und zu welchem Zwecke nutzt und welche Nutzertypen sich differenzieren lassen. Dies geschieht zum einen für die Gesamtgesellschaft und erfolgt auf der Grundlage der Ergebnisse der quantitativen Analyse und der dabei generierten Deskriptivdaten. Im zweiten Schritt wird die Datenlage für die Gruppe der Seniorinnen und Senioren erörtert. Zentral ist die Identifikation der Nutzungsweisen und -intensitäten des Internets durch die Senior*innen. Um stichhaltig darzulegen, welche Besonderheiten diese Personengruppe hinsichtlich dieses für sie in Teilen neuen Mediums insbesondere in Abgrenzung zu in diesem Sachverhalt souveräner agierenden Gesellschaftsmitgliedern aufweist, ist es notwendig, zunächst zu betrachten, wie die Internetnutzung gesamtgesellschaftlich zu beschreiben ist und sich dann den Senior*innen zuzuwenden. Die Ergebnisse und Nutzungsprofile werden dem (N)Onliner Atlas aus dem Jahr 2014 und den Milieu-Studien des Deutschen Instituts für Vertrauen und Sicherheit im Internet (DIVSI) aus den Jahren 2013 und 2016 entnommen.

3.1 Internetnutzung in Deutschland

Der (N)ONLINER Atlas liefert seit 2001 „die deutschlandweit umfassendste empirische Basis zur Internetnutzung" (Schwaderer/Wieland 2014: 4). Dabei stellt der D21-Digital-Index die Fortschreibung des (N)ONLINER Atlas' dar, der das Ziel verfolgt, die Veränderungsprozesse der Gesellschaft im Hinblick auf digitale Entwicklungen aufzuzeigen, abzubilden und verstehend transparent zu machen. Durch den seit 2013 implementierten Index lässt sich der Grad der Digitalisierung der Bevölkerung noch genauer aufdecken (vgl. ebd.). Der D21-Digital-Index stellt als Grundgesamtheit die deutschsprachige Wohnbevölkerung fest, die einen Festnetz-Telefonanschluss vorzuweisen hat. Erhebungsinstrument ist in diesem Zusammenhang das computergestützte Telefoninterview. Es handelt sich um eine repräsentative Erhebung, die Fallzahl (n) liegt hier bei rund 33.000 befragten Personen und ist auf die Grundgesamtheit (N = 70,3 Millionen) hochzurechnen. Die Stichprobenziehung erfolgt mittels standardisiertem Zufallsverfahren. Dabei fußt die Erhebung zum D21-Digital-Index auf der Strukturbefragung zum „(N)ONLINER Atlas", welcher die Ermittlung der Internet- und Breitbandnutzung zum Ziel hat. Im Rahmen des D21-Digital-Index' wird anhand einer Vertiefungsbefragung von 2995 Interviews der benannte Index und überdies eine Typologie der digitalen Gesellschaft in Deutschland generiert (vgl. Initiative D21 e.V./TNS Infratest 2014: 5). Ein besonders herausragendes Charakteristikum dieser Studie ist nicht nur die aussagekräftige Stichprobengröße – insbesondere die vielfältigen Verquickungen der Medien mit dem Alltag der Bevölkerung und aller anderen Lebensbereiche werden in der Studie der Initiative D21 fokussiert. Während andere Studien bisher recht eindimensional und selektiv Aspekte der Digitalisierung erhoben und abgebildet haben, gewährt die Studie der Initiative D21 umfassenden Einblick in die Rolle der Medien für den Alltag der Menschen. „Die Entstehung des D21-Digital-Index, der sich aus dem über viele Jahre so wichtigen (N)ONLINER Atlas entwickelt hat, zeichnet die Bedeutung des Übergangs von Einzelbetrachtungen hin zur vernetzten Untersuchung nach" (ebd.: S. 7). So formulieren die Initiatoren das Ziel der Studie folgendermaßen: „Gesamtziel der Studie ist es, den Grad der Digitalisierung in der Bevölkerung in ihrer Vielschichtigkeit zwischen Leben und Arbeiten aus der Perspektive der Bürgerinnen und Bürger zu messen und deren Entwicklung im Zeitverlauf zu messen" (Initiative D21 e.V./TNS Infratest 2014: 7)[16]. Besonders interessant ist, dass die

---

16 Die Datengrundlage für die Argumentation und die Fallauswahl dieser Untersuchung ist durch die Ergebnisse des (N)Onliner Atlas' aus dem Jahr 2014 generiert worden. Die Initiative D21 hat den D21-Digital-Index seit dem Jahr 2014 weitergeführt und Ergebnisse für die Jahre 2016 und 2017/2018 hervorgebracht. Im Hinblick auf die Onliner*innenquote in Deutschland zeigt sich für die aktuellen Ergebnisse (2017/2018) ein Zuwachs von vier Prozent gegenüber der Datengrundlage aus dem Jahr 2014 – so lag der Anteil der Onliner*innen in 2014 bei 77 Prozent und beläuft sich für 2017 auf 81 Prozent. Wenngleich sich hier leichte Verschiebungen der Nutzungszahlen zeigen, bleibt die Kernaussage der Ergebnisse aus dem Jahr 2017/2018 di gleichen wie aus dem Jahr 2014: es sind längst nicht alle Bevölkerungsgruppen Teilnehmende an der Digitalisierung. Für die Untersuchungsdokumentation und die Darlegung des Untersuchungsvorgehens wird darauf verzichtet, die Datenlage auf die aktuellen Ergebnisse anzupassen. Die Relevanz der Forschungsunter-

Studie sich der Frage annimmt, wie souverän die deutsche Bevölkerung mit dem Internet und dessen Inhalten umgeht. So kommt die Studie zu dem Ergebnis, dass der aktuelle Anteil der Internetnutzer in Deutschland bei 77 Prozent liegt (vgl. Initiative D21 e.V./TNS Infratest 2014: 8). Dieser Wert scheint zu überraschen, so müsste sich laut der Alltagerfahrung der Wert bei mindestens 90 Prozent einpendeln. Betrachtet man mithin diesen bloßen Zahlenwert, muss man auf quantitativ argumentierendem Wege zu der Erkenntnis kommen, dass gut zwei Drittel der deutschen Bevölkerung das Internet nutzen. Abgebildet werden kann dabei ebenso, *mit welchen Inhalten* sich die Onliner auseinandersetzen. Was bisher jedoch allenfalls randständig verhandelt wurde, war die Frage, wie versiert und souverän die Onliner mit dem Internet und den Inhalten des World Wide Webs umgehen. Dies nun, versucht der D21-Digital-Index transparent zu machen. Die Initiative D21 e.V. spricht davon, „den Digitalisierungsgrad Deutschlands in über 200 Einzelinformationen, die sich in vier große Themenbereiche zusammenfassen lassen: Zugang, Nutzungsvielfalt, Kompetenz und Offenheit" (Initiative D21 e.V./TNS Infratest 2014: 9) abzubilden. Interessant ist die Betrachtung dieser vier Säulen im Hinblick auf die Frage, ob sich die Determinante *neue Medien* eher als generationsspezifisches Phänomen betrachten lässt, oder ob man davon sprechen kann oder gar muss, dass das Internet und dessen Nutzung trotz intensiver Frequentierung neben Einkommen und Bildung eine der Determinanten sozialer Ungleichheit ausmacht. Würde man der Prognose folgen, dass für Deutschland eine nahezu 100%ige Nutzungsquote des Internets erreicht wird, so wäre die Frage höchst diskutabel, dass Selbiges als Ungleichheit verstärkender, zumindest aber manifestierender Faktor aktiv ist. Dieses Argument mag zweifelsohne gelten, wenn man davon ausgeht, dass es nicht die bloße Internetnutzung ist, die wirksam wird, sondern dass dem vielmehr vorgelagert das Argument der Hürde des technischen Zugangs vergegenwärtigt werden muss. Neben diesem Argument ist es zwingend erforderlich, dass ein zweites Argument Gültigkeit erhält und diesem verleiht der D21-Digital-Index Ausdruck: Es muss um *die Qualität* der Internetnutzung gehen (vgl. ebd.: 46 ff.). Beachtung muss insbesondere das erfahren, was der Nutzer oder was die Nutzerin als Output aus der Internutzung mitnimmt. Es ist verpflichtend zu betrachten, was in der hier kontrastierten Studie als *Kompetenz* – im Besonderen – angesprochen wird. Hier gilt das simple Kredo: Internetnutzung ist nicht gleich Internetnutzung. Dies wird gerade vor dem Hintergrund deutlich, wenn der Gebrauch des Internets als Dimension des Zugangs zu gesellschaftlich relevanten Ressourcen Beachtung findet. Nur, weil eine Per-

---

nehmung bleibt bestehen: auch nach aktueller Datenlage lässt sich eindeutig eine Bevölkerungsgruppe identifizieren, die weitergehend als abseitsstehend im Hinblick auf Digitalisierungsprozesse beschrieben werden muss.

son die technischen Fähigkeiten beherrscht, auf dem eigenen Tablet-Computer das World Wide Web zu öffnen und womöglich sich in ein soziales Netzwerk einzuloggen, wurde per se kein Mehrwert in Richtung informelle Bildung generiert (vgl. ebd.: 48 f.). Es darf in dieser Auseinandersetzung nicht ausschließlich um den quantifizierbaren Umgang mit dem Internet gehen, vielmehr muss der Fokus auf dem *Wie* des Gebrauchs liegen.

Fragt man nach den determinierenden Faktoren, die die Internetnutzung beeinflussen, ist festzustellen, dass das *Alter* nach wie vor eine immense Rolle spielt. Dies ist jedoch insbesondere vor dem Hintergrund der digitalen Sozialisation der aktuell nebeneinander bestehenden Generationen zu sehen. Neben die Gruppe der Digital Natives, die die Jugendlichen und jungen Erwachsenen umfasst, wird die Gruppe derjenigen gestellt, die mit analogen Techniken aufgewachsen ist und sich nunmehr als klassisch anmutende Alltagsroutinen angewöhnt haben. Die Nutzung der *neuen* Medien durch die eine Gruppe ist schwerlich mit der Nutzung durch die zweite zu vergleichen. Zudem in diesem Punkt nicht nur die andersgeartete Sozialisation relevant: es greift das viel beachtete Argument des Alters, welches, abgelöst von dem Argument der divergierenden Sozialisationen, das bedenken muss, was man als *Einschränkungen* motorischer und sensorischer Fähig- und Fertigkeiten bezeichnet. Gleichwohl spielen hier selbst geübtesten Onlinern die Schriftgrößen so mancher Nutzungsoberflächen einen Streich und lassen die Nutzungsqualität aufgrund veränderter körperlicher Fertigkeiten schwinden. Fragt man nach Differenzierungen innerhalb der Altersgruppe der Älteren so sind es die weiblichen *Senioren*[17], die die am schwächsten vertretene Gruppe der Onliner und damit die größte Gruppe der Offliner ausmachen. Auch hier schwingt die Frage mit, ob, wenn die Generation der analog Agierenden im Zeitverlauf einer nächsten Generation der Ältesten Platz macht, diese Gruppe – Senioren und (überwiegend) weiblich – auch dann diejenige sein wird, die hinsichtlich des Digitalisierungsgrades in Relation zur Gesamtgesellschaft unterrepräsentiert sein wird. Es gibt zumindest Hinweise, die darauf hindeuten, dass sich die Quote der Offliner*in-

---

17 In Verlauf der Arbeit wird bewusst die begriffliche Differenzierung zwischen *Senioren* und *Älteren* vollzogen. Dem Kern nach soll hier dem Status in Bezug auf das Erwerbsleben Ausdruck verliehen werden. Während die Gruppe der Älteren auch die Senioren umfasst und sich mehr oder weniger an dem Überschreiten einer bestimmten Anzahl an Lebensjahrzehnten orientiert (zumeist „50 plus"), bezieht sich der Gebrauch des Begriffes „Seniorinnen und Senioren" auf die Personengruppe, die aufgrund des Alters aus dem Erwerbsleben ausgeschieden sind, sich also jenseits der Pensionierung/Verrentung und somit im Ruhestand befinden. Hier ist weniger per se das Alter ausschlaggebend, sondern vielmehr das Argument greifend, dass keiner Erwerbsarbeit *mehr* zum Erwirtschaften des Lebensunterhaltes nachgegangen wird und diese Personen auch nicht *mehr* dem Arbeitsmarkt zur Verfügung stehen. Detaillierter ist diese begriffliche Unterscheidung im Abschnitt der Begriffsdiskussionen bzw. -darlegungen aufbereitet.

nen nicht vollends gen Null bewegt und die Nutzungsdifferenzen, die aktuell noch bestehen, *nicht* nivelliert werden.

Die Gruppe der Älteren wird im Rahmen der Schriftenreihe des (N)Onliner Atlas' in einer Sonderauswertung, die den Titel *Internetnutzung von Frauen und Männern ab 50 Jahren in Deutschland 2005* trägt, genauer beleuchtet. Federführend für die Auswertung der Basisdaten des (N)ONLINER Atlas' 2005 für diese Personengruppe war das Kompetenzzentrum Technik, Diversity und Chancengleichheit – kurz TeDiC (vgl. www.50plus-ans-netz.de/nonliner). Neben der Sonderauswertung des (N)ONLINER Atlas' 2005 hat die Initiative D21 keine tiefer gehenden Analysen zu der Bevölkerungsgruppe der Personen über 50 Jahre durchgeführt (vgl. Initiative D21 2014). Somit schwingt die Internetnutzung der Seniorinnen und Senioren in den Analysen der Initiative D21 zwar mit, wirklich tiefer gehende Auseinandersetzungen finden *nicht* statt. So kann die Sonderauswertung aus dem Jahre 2005, die sich als Datenbasis den (N)ONLINER Atlas 2005 heranzieht, eine breit gefächerte quantitative Datenauswertung bieten, tiefer liegende Sinnanalysen und dergleichen bleiben jedoch aus. Sehr positiv zu bewerten ist im Rahmen der Sonderauswertung, dass die Initiative D21 in ihrem (N)ONLINER Atlas einen beträchtlichen Stichprobenumfang vorzuweisen hat, der dem Anspruch der Repräsentativität nachzukommen vermag, und auch hier gewinnbringend die Ergebnisse der Analysen stützt. Der Sonderauswertung ist in sehr detaillierter Form, die Frequentierung der neuen Medien durch die Gruppe der Älteren zu entnehmen. Als weniger vorteilig ist in diesem Kontext anzusehen, dass die Sonderauswertung zum gegenwärtigen Zeitpunkt bereits mehr als zehn Jahre alt ist und eine dezidiertere Auseinandersetzung wünschenswert wäre, um aufzudecken, welches die Hürden sind, die die älteren Menschen in noch sehr großen Teilen vom Internet fernhalten. Die Datenlücke, die durch die Daten des (N)Onliner Atlas' bisher nicht geschlossen werden konnte, wird nun in Teilen durch die Ergebnisse der Studie des DIVSI aus dem November 2016 reduziert. Diese Studie wurde bereits im Kapitel zum Stand der Forschung aufgegriffen und wird erneut für aktuellere Ergebnisse für die Gruppe der Älteren im Verlauf dieses Kapitels konsultiert.

Anhand der Datenlage des (N)Onliner Atlas' lässt sich eine Zeitreihe der Internetnutzung darstellen: Während im Jahre 2001, dem ersten Erhebungsjahr, der Anteil der Onliner*innen bei lediglich 37 Prozent lag, hat sich der Anteil bis zum Jahr 2012 auf 75,6 Prozent erhöht. Den Ergebnissen ist überdies zu entnehmen, dass sich die prozentualen Zuwächse im Zeitverlauf reduzieren. Das Stagnieren des Nutzungszuwachses wird insbesondere in den beiden letzten Erhebungsjahren deutlich. Im Jahr 2012 lässt sich ein Onliner*innen-Anteil von 75,6 Prozent ausmachen (vgl. Initiative D21 2012: 4). Dieser Anteil erhöht sich im Jahr 2013 um nur 0,9 Prozent auf 76,5 Prozent und zeigt für das Erhebungsjahr 2012 sogar einen noch geringen Zuwachs. Der Anteil der Onlinerinnen und Onliner erhöht sich von 76,5 Prozent in 2013 auf 76,8 Prozent im Jahr 2014 (vgl. Initiative D21 e.V./TNS Infratest 2014: 56 ff.). Überdies sinkt der Anteil der Nutzungsplanenden, der Anteil der offline Lebenden sinkt weniger stark, als der Anteil der online Agierenden steigt. Eine nahezu 100 prozentige Nutzungsquote wird innerhalb der Gruppe der 14- bis 19-Jährigen erreicht. Ebenso stark vertreten ist die Gruppe der 20- bis 29-Jährigen. Insgesamt lässt sich feststellen, dass alle Altersgruppen bis 49 Jahre im Erhebungsjahr eine Nutzungsquote zwischen 90 bis 98 Prozent aufweisen. Einen Knick erhält diese Quote ab der Altersgruppe der über 50-Jährigen. Hier sinkt der Anteil rapide auf lediglich 79 Prozent. Je älter die befragten Personen werden, desto geringer wird der Anteil der Internetnutzerinnen und -nutzer. Während es bei den 60- bis 69-Jährigen noch 64 Prozent Onliner*innen sind, liegt der Anteil der Internetnutzenden bei Personen über 70 Jahre bei nur noch 29 Prozent (vgl. Initiative D21 e.V./TNS Infratest 2014: 60 f.). Gründe für diesen rapiden Abfall der Nutzungsquote für den gegenwärtigen Erhebungszeitraum gibt es verschiedene. Zum einen wurde bereits weiter oben das Argument beleuchtet, dass die Personen im Alter ab 70 Jahre zu einer Generation gehören, die in einer analogen Welt aufgewachsen sind und auch im Berufsleben nicht mehr viel Kontakt zu dem Internet hatten. Dieses Argument wird ebenfalls durch die Ergebnisse des (N)ONLINER Atlas' 2014 genährt: Berufstätigkeit hat einen immensen Einfluss auf die Internetnutzung: Berufstätige weisen eine 90-prozentige Nutzungsquote auf, während es bei den Nichtberufstätigen nur 60 Prozent sind – dieser Anteil ist von Jahr 2013 zu 2014 um ein Prozent gesunken. Wer also im Berufsleben Kontakt mit dem Internet hatte, der hat auch im Privatleben, vor allem nach der Verrentung, eher Kontakt mit dem Internet als solche Personen, die während ihrer Erwerbszeit zu den Offliner*innen zählten (vgl. Initiative D21 e.V./ TNS Infratest 2014: 61 f.). Zudem unterscheiden sich die Nutzerquoten hinsichtlich des *Geschlechts*: der Anteil der weiblichen Internetnutzer liegt mit knapp 72 Prozent rund 10 Prozent unter dem Nutzungsanteil der Männer – sie weisen eine Nutzungsquote von rund 82 Prozent auf. Herauszustellen ist bis hierhin, dass das *Alter* (hier offerieren sich mehrere Argumente, die es im weiteren Verlauf der Ausführungen zu extrahieren gilt), der *Status der Erwerbstätigkeit* und auch das *Geschlecht* einen determinierenden Einfluss auf die Internetnutzung ausüben und nicht nur entscheidend wirksam werden in Bezug auf die Nutzungsinhalte, sondern auch auf die Tatsache, *ob* das Internet genutzt wird oder nicht. Neben diesen drei benannten Determinanten hat der Faktor *Bildung* den wohl größten Einfluss auf die Internetnutzung und die hier stattfindende Unterteilung in Onliner*innen und Offliner*innen. Der (N)ONLINER Atlas 2014 fördert gravierende Unterschiede zu Tage. Unterteilt wird der Faktor Bildung in fünf Items: Schüler, Volksschule/Hauptschule, weiterbildende Schule ohne Abitur, Abitur/Fachhochschulreife, abgeschlossenes Studium. Interessant ist folgender Aspekt: Beleuchtet man die Gruppe der Schüler*innen, ergibt sich ein Onliner*innen-Anteil im Jahr 2014 von 97,7 Prozent (ein leichter Rückgang ist im Gegensatz zum Erhebungsjahr 2013 zu verzeichnen. Hier lag der Anteil der Onliner*innen unter den Schüler*innen bei noch 98,4 Prozent). Schlüsselt man jedoch die verschiedenen formalen Bildungsabschlüsse hinsichtlich der Internetnutzung auf, zeigt sich ein disparates Ergebnis: Personen mit geringer formaler Bildung (Volksschule/Hauptschule) zeigen einen deutlich unterdurchschnittlichen Nutzer*inne-Anteil von rund 60 Prozent (vgl. ebd.: 61). Personen mit einem mittleren formalen Bildungsabschluss weisen mit rund 80 Prozent einen deutlich höheren Nutzungsanteil auf. Eine Nutzungsquote von über 90 Prozent erzielen die Personen mit hohem Bildungsniveau (Abitur/Fachhochschulreife und abgeschlossenes Studium).

Fasst man kurz zusammen, treten die für die Intensität der Internetnutzung relevanten Determinanten deutlich hervor. Dies sind die Faktoren *Geschlecht*, *Alter* und – ganz zentral – *Bildung*. Vor dem Hintergrund der referierten Ergebnisse handelt es sich bei der Bildung um den am stärksten Wirkung entfaltenden Faktor. Das *Einkommen* (pro Kopf und Haushaltseinkommen) liefert in logischer Konsequenz der soeben beschriebenen Erkenntnisse ebenfalls ein disparates Ergebnis in Bezug auf die Nutzung oder Nichtnutzung des Internets.

Die Auswertung des (N)ONLINER Atlas' aus 2014 zu diesem Merkmal belegt die Hypothese, dass der Anteil der Nutzer mit dem Haushaltsnettoeinkommen steigt. Ein knapp 94 prozentiger Nutzungsanteil wird für ein Haushaltsnettoeinkommen ab Euro 3000,00 pro Monat erzielt. Im krassen Gegensatz dazu stehen 54 Prozent Onliner*innen-Anteil für ein Haushaltsnettoeinkommen von weniger als Euro 1000,00. Haushalte mit einem Nettoeinkommen von mehr als Euro 1000,00, aber weniger als Euro 2000,00, liegen bei einer Nutzungsquote von knapp 66 Prozent. 85 Prozent aller Haushalte mit einem Nettoeinkommen von mehr als Euro 2000,00 bis Euro 3000,00 nutzen das Internet (vgl. Initiative D21 e.V./TNS Infratest 2014: 61).

Prägnant sticht in der Auswertung des (N)ONLINER Atlas 2014' die Internetnutzung in Abhängigkeit von der Haushaltsgröße heraus. So kommen die Analysen zu dem Ergebnis, dass die Ein-Personen-Haushalte einen Nutzungsanteil von unter 60 Prozent haben (vgl. ebd.).

Eine Erklärung für dieses Ergebnis kann sein, dass ein großer Anteil älterer Personen alleinstehend und überdies alleinlebend im eigenen Haushalt ist. Den größten Onliner*innen-Anteil weisen Haushalte mit vier oder mehr Personen auf (über 90 Prozent). Hier handelt es sich in der Regel um Zwei-Generationen-Haushalte mit Kindern und/oder Jugendlichen, die, das wurde weiter oben konstatiert, den höchsten Nutzungsanteil aufweisen.

Möchte man den/die typische/n Offliner/in charakterisieren, kommt man zu dem Schluss, dass diese Person weiblichen Geschlechts ist, einen geringen bis mittleren formalen Bildungsabschluss aufweist, zudem zu der Personengruppe der über 60-jährigen gehört und aufgrund der Verrentung keiner Erwerbsarbeit (mehr) nachgeht (Seniorinnen und Senioren). Die Gruppe der Senior*innen ist also die, die nach aktueller Datenlage die größte Gruppe der offline Lebenden darstellt. Demgegenüber steht die Gruppe der Personen, die ein geringes formales Bildungsniveau aufweisen. Während Schüler*innen – dieses Ergebnis wurde bereits dargestellt – einen Nutzungsanteil von knapp 98 Prozent aufweisen, liegt der Anteil derjenigen Nutzer*innen, die einen geringen formalen Bildungsabschluss erworben haben, bei 60 Prozent. Die Erklärung dafür, warum hier ein deutlicher Unterschied der Nutzungsanteile erkennbar ist, liegt womöglich darin, dass das Internet in der Institution Schule zum Bildungsalltag gehört und die Personen, egal welcher Schulform, regelmäßigen Kontakt zum Internet und dessen Nutzung haben. Dies könnte sich mit dem Verlassen der Institution Schule anders gestalten, da Berufsfelder, zu denen Personen mit geringem formalem Bildungsniveau Zugang haben, eher weniger Internetnutzung erfordern, als das in Berufsfelder der Fall ist, die einen hohen formalen Bildungsabschluss bedürfen. Jedoch stellt sich die Frage, wie lange dieser Aspekt noch Bestand hat oder Bestand haben kann. Denn das bisherige Bild, das aufzeigt, dass es Berufsfelder mit geringerer Nutzungsintensität und solche mit intensivem Gebrauch gibt, ist eines, das den Status quo einfängt, der einen Zustand beschreibt, in dem das Internet zwar in der Gesellschaft angekommen ist, aber eben noch nicht alle Personen, gar präzise benennbare Gruppen, erreicht hat. Das Internet ist in der aktuellen Entwicklung jedoch erst auf dem Weg, das Leben der Menschen zu verändern. Die Kommunikation hat das Internet bereits revolutioniert. In absehbarer Zeit wird das Internet jedoch losgelöst von dem operieren, wie es bisher der Fall war, in dem man, um das Internet, das World Wide Web, zu nutzen, sich eines Gerätes bediente und mit Selbigem über das Internet eine Vielzahl von Aktivitäten ausüben kann. In Zukunft wird das Internet der Dinge den Menschen als Operator im weitesten Sinne übergehen und Dinge, Aktivitäten usw. selbstständig regeln können (vgl. Weiser/Brown 2015: 59 ff.). Zukünftig wird sich, nicht sofort, wohl aber in zehn, 15 Jahren, auch hier das Anforderungsprofil an die jungen, sich in Ausbildung befindenden Menschen ändern. So formulieren Andreas Streim, Pressesprecher von Bitkom[18] e.V., und Dr. Stephan Pfisterer, Bereichsleiter Bildungspolitik & Arbeitsmarkt Bitkom e.V., in einer auf der Homepage von Bitkom zugänglichen Pressemitteilung, dass die Digitalisierung (hier insbesondere in Verbindung mit dem Schlagwort *Internet der Dinge* (vgl. Sprenger/Enge-

---

18 Bitkom ist der 1999 gegründete Digitalverband Deutschlands. Zunächst als Zusammenschluss einzelner Branchenverbände in Berlin gegründet, vertritt Bitkom mittlerweile „mehr als 2.300 Unternehmen der digitalen Wirtschaft, unter ihnen 1.000 Mittelständler, 300 Start-ups und nahezu alle Global Player" (https://www.bitkom.org/Bitkom/Ueber-uns/). Ziele von Bitkom sind eine innovative Wirtschaftspolitik, ein modernisiertes Bildungssystem und eine zukunftsorientierte Netzpolitik (vgl. ebd.).

mann 2015)) eine Palette neuer Ausbildungsberufe auf den Plan rufen muss, um mit dem Schritt zu halten und das ver- und bearbeiten zu können, was der technische Fortschritt anbietet und dem Menschen abverlangt (vgl. Bitkom 2016). Diese Entwicklung ist nur konsequent und logisch, will der Mensch nicht fortwährend mit seinen Fähigkeiten die Bedienung und das Verstehen betreffend mehrere Schritte hinter dem hereilen, was das Internet bereits jetzt schon zu leisten vermag.

Der (N)ONLINER Atlas 2014 liefert die aktuellen Zahlen zu der Internetnutzung der deutschen Bevölkerung und zu den Determinanten, die die Internetnutzung begünstigen oder eher erschweren. Mit Hilfe dieser Datenbasis wurde grob skizziert, wer in Deutschland zu den Viel- und wer zu den Wenignutzer*innen gehört. Zudem kann identifiziert werden, welche Merkmalsbündel dazu führen, dass bestimmte Personengruppen größere Anteile an Offliner*innen darstellen und andere eine nahezu 100 prozentige Onlinequote aufweisen. Die vorliegende Arbeit interessiert sich im Besonderen für die Gruppe der Älteren und hier konkret für die Gruppe der Seniorinnen und Senioren. Aus diesem Grund sollen aus den Auswertungen zum (N)ONLINER Atlas 2014 und dem D21-Digital-Index Ergebnisse für die Seniorinnen und Senioren expliziert werden. So werden die determinierend wirkenden Faktoren herangezogen, um die Begründung für die Fallauswahl der Tiefeninterviews zu stellen. Maßgeblich werden die Merkmale formaler Bildungsabschluss und Geschlecht sein. Dieser Punkt wird in Kapitel sieben erneut thematisiert: dort geht es um die Argumentation für die Fallauswahl.

3.2 Deutschlands Internetnutzung: Ergebnisse des Deutschen Instituts für Vertrauen und Sicherheit im Internet

Das Deutsche Institut für Vertrauen und Sicherheit im Internet (DIVSI) verfolgt eine etwas anders gelagerte Intention mit der Milieu-Studie als die Initiative D21 mit dem (N)Onliner Atlas respektive mit dem Digital-Index – dieser Umstand wurde in dem Kapitel zum Forschungsstand bereits herausgearbeitet. Bei der Studie des DIVSI aus dem Jahr 2013 handelt es sich um eine Grundlagenstudie des SINUS-Instituts Heidelberg. Der ausführliche Ergebnisbericht erschien als Onlinepublikation im Jahre 2012 und erfuhr ein Jahr später in 2013 eine Aktualisierung. Die Studie fußt auf einer Repräsentativbefragung für die Bevölkerung mit Wohnsitz in Deutschland ab einem Alter von 14 Jahren (vgl. DIVSI 2013: 4). Der Bericht basiert auf dem Konzept der SINUS-Milieus und expliziert die Internetnutzung entlang der etablierten Milieustruktur. Damit geht diese Studie über die quantitativen Deskriptivdarstellungen hinaus und arbeitet im Zuge des Ergebnisberichts einen umfangreichen Fragenkatalog ab. Es geht um eine qualitative Auseinandersetzung mit dem Thema Internet vor dem Hintergrund der SINUS-Milieu-Struktur. Die Forschungsfragen umfassen Themen der Wahrnehmung von Vertrauen und Sicherheit im Internet und heben beispielsweise den Stellenwert des Themas Sicherheit und die Bedeutung der Privatsphäre in den Vordergrund des Forschungsinteresses. Darüber hinaus werden neben den Einstellungen zu diesen Themenfeldern auch die konkreten Verhaltensweisen dieselben betreffend abgefragt. Zudem finden Wünsche und Anforderungen, die durch die Interviewten kommuniziert werden, Gehör (vgl. DIVSI 2012: 11 f.). Die Anforderung dieser Studie ist die Beantwortung der Fragen, „wie die neuen interaktiven Möglichkeiten des Netzes heute verstanden und gelebt werden, wie mit Daten und den damit verbundenen Risiken umgegangen wird und wie sich verschiedene Gruppen der Bevölkerung darin unterscheiden" (DIVSI 2012: 12). In der Ergänzungsschrift aus dem Jahre 2013 ist zu lesen, dass das DIVSI „erstmals die Landschaft der digitalen Lebenswelten in Deutschland ermittelt und beschrieben" (DVISI 2013: 4) habe. Es handele sich nach Aussage des DIVSI um einen ganzheitlichen Ansatz, der mehr sei als eine reine Nutzertypologie. Das Forschungsvorhaben ist als langfristige Untersuchung abgelegt und hat zum Ziel, mehr über die digitalen Lebensweisen der deutschen Bevölkerung herauszufinden, als die Angaben darüber, wer wie oft das Internet nutzt und welche Inhalte quantifizierbar am häufigsten bedient werden (vgl. ebd.). Die in 2013 veröffentlichte Aktualisierung bezieht sich auf eine Neuerhebung im selben Jahr, die darauf abzielt, im Paneldesign Unterschiede in Bezug auf das Basisjahr 2011 heraus zu arbeiten. Grundsätzlich haben die Autoren der Studie drei Haupttypologien generiert, die sich wiederum in zwei bis drei Subtypologien aufspalten. Unterschieden wird in die „Digital Outsiders" (DIVSI 2013: 5). Unter dem Titel dieser Haupttypologie subsummieren sich vor allem Personen höheren Alters. Es handelt sich um die als „Internetferne Verunsicherte" bezeichnete Personen, die entweder überforderte Offliner oder aber Internet-Gelegenheitsnutzer sind. Neben den internetfernen Verunsicherten bilden die „Ordnungsfordernde(n) Internet-Laien" (ebd.) die zweite Typologie der „Digital Outsiders". Hier wird das Bild, was sich bereits in den anderen vorgestellten Studien zeigt, bestätigt: diejenigen, die (bislang noch) vom Internet ausgeschlossen sind oder als abgehängt wahrgenommen werden, sind vorwiegend ältere Menschen. Konträr zu dieser soeben präsentierten Typologie steht die Haupttypologie, die mit „Digital Natives" (DIVSI 2013: 5) benannt ist. Diese Personengruppe vereint auch die Menschen im jungen Erwachsenenalter. Hier zeigt sich einmal mehr das Verhältnis: je jünger, desto mehr Internetnutzung (qualitativ und quantitativ); je älter, desto weniger Internetnutzung (qualitativ und quantitativ). Dies gilt zumindest statistisch überprüfbar für die betreffenden Personengruppen – hier korrelieren Alter und Internetnutzung in hohem Maße. Auch diese Haupttypologie der *Digital Nati-*

ves spaltet sich in weitere Subtypologien auf, die dann die Internetnutzung ins Verhältnis zu Lebensstilen und Wertorientierungen setzt. Wer sind also die *Digital Natives*, also diejenigen, die das Internet gleichsam in beinahe selbstverständlicher Weise erlernt haben, wie die Muttersprache? Digital Natives, das „Unbekümmerte Hedonisten", „Effizienzorientierte Performer" und „Digital Souveräne" (DIVSI 2013: 5). Zwischen den sich aufspannenden Extrempolen, die auf der einen Seite Internetsouveränität und intensive Internetnutzung und auf der anderen Seite Internetabstinenz, also der *bewusste Verzicht* auf das Internet, abbilden, befinden sich die „Digital Immigrants", welche sich ebenso entlang des Lebensstil- und Wertekanons der SINUS-Milieus explizieren. Hier gehören zwei Milieus zu der benannten Hauptkategorie. Es sind zum einen die verantwortungsbedachten Etablierten und zum anderen die postmateriellen Skeptiker (vgl. DIVSI 2013: 5). Hinsichtlich der Altersvariable rangieren die dort verorteten Personen im mittleren Bereich; sprich, hier handelt es sich um Personen, die dem jungen Erwachsenenalter entwachsen sind, beruflich tätig sind und sich dort etabliert haben.

Die in aller Kürze umrissenen Internet-Milieus haben ihre Differenzierungen hinsichtlich des lebensweltlichen Hintergrundes, die „Einstellungen zu Sicherheit und Datenschutz im Internet" (DIVSI 2013: 6) betreffend und im Hinblick auf das tatsächliche Nutzerverhalten (vgl. ebd.).

Die Ergebnisse, die in der Aktualisierung aus dem Jahre 2013 im Vergleich auf die Ersterhebung in 2011 dargestellt werden, fallen beinahe erwartungsgemäß aus, wenn man die Repräsentativstudien zu der Internetnutzung in Deutschland vor Augen hat. Der Anteil der Digital Natives steigt von 41 auf 44 Prozent. Dieses Ergebnis sei „bedingt durch leichte Zuwächse bei den Digital Souveränen und den Effizienzorientierten Performern" (DIVSI 2013: 8). Der Anteil der Digital Outsiders sinkt von 39 auf 37 Prozent. Jedoch muss auch an dieser Stelle das Ergebnis differenziert betrachtet werden. Hier kann nicht pauschalisierend festgestellt werden, dass der Anteil der Offliner zugunsten der Onliner sinkt. Vielmehr ist es so, dass die Veränderungen nur für die Gruppe der „Ordnungsfordernden Internet-Laien" festzustellen sind. „(D)ie Internetfernen Verunsicherten bleiben mit 27 Prozent konstant" (DIVSI 2013: 8). Interessant wird es sein zu sehen, wenn die nachfolgenden Erhebungsjahre betrachtete werden können, da sich im allgemeinen Nutzungsverhalten zeigt, dass der prozentuale *Anstieg* der Onliner nicht mehr derart prägnant ausfällt wie noch vor fünf Jahren. Zu klären sein wird, ob es einen Sättigungspunkt gibt, an dem die prozentual maximale Nutzungsquote erreicht ist, die dann womöglich nicht bei 100 Prozent liegen wird. Zu beachten ist an der Stelle der Ergebnisinterpretation der Daten der DIVSI-Studie, dass es sich nicht um eine bloße Gegenüberstellung von Onliner*innen und Offliner*innen handelt, sondern die Internetnutzung vielmehr in die SINUS-Milieus eingebettet betrachtet wird (vgl. ebd.: 7). Deutlich wird aus den Untersuchungen aus den Jahren 2011 und

2013, dass sich Einstellungen zu Vertrauen und Sicherheit im Internet nur auf lange Sicht ändern können und, dass eine Erweiterung von digitalen Nutzungsmustern nicht gleich dazu führt, dass sich im Zuge dessen auch digitale Denkweisen modifizieren (vgl. ebd.: 8). Sehr gehaltvoll zeigen sich die abschließenden Ergebnisse der beiden Vergleichsstudien. So interpretieren die Autoren der Studie, dass die Internet-Milieus von 2011 auf 2013 relativ stabil bleiben – „trotz der rasanten digitalen Entwicklung" (ebd.: 9). Zudem konstatieren die Autoren einen zentralen Punkt:

> „So wird häufig davon ausgegangen, dass der rasante technologische Fortschritt unablässig neue „digitale Generationen" hervorbringt (...). Die vorliegenden Ergebnisse zeigen allerdings, dass die Einstellungsmuster hinsichtlich digitaler Themenfelder relativ konstant bleiben. Die Entwicklungen in der digitalen Gesellschaft lassen sich nicht allein von technischen Innovationen beeinflussen" (DIVSI 2013: 9).

Zentral ist die Erkenntnis, dass die Gründe, die dafür gelten, dass eine Person das Internet nutzt oder eben nicht nutzt, nicht nur darin zu suchen sind, dass vermeintliche Sozialisationsdifferenzen alleinig ausschlaggebend darauf wirken. So ist es nicht nur das Alter per se, das Erklärungskraft dahingehend entfaltet, dass Personen qua ihrer technischen Sozialisation eher den Weg in das Internet finden oder nicht. Neben diesen Aspekten, die zweifelsfrei ebenfalls ihren Wahrheitsgehalt haben, stellt die vorliegende Studie fest, dass sich die Gründe für oder gegen eine Internetnutzung ebenfalls aus den, den Menschen eigenen Einstellungen, aus ihren Wertvorstellungen und -orientierungen und deren Lebensweisen speisen. Wichtige Punkte, die hier erneute Bestätigung finden, sind die Wirkmächtigkeit von Bildungsgrad und sozialer Lage (vgl. ebd.: 9). So ist technische Innovation nicht per se ein Garant dafür, dass in regelmäßigen Abständen das technische Equipment durch die Nutzerinnen und Nutzer erneuert wird. Ausschlaggebend sind eher Lebensstil und digitale Denkweise der betreffenden Personen (vgl. DIVSI 2013: 9). Bis gegebenenfalls Veränderungen messbar werden und empirisch abgebildet werden können, wird es, nach Einschätzungen der Autoren der Studie, rund zehn Jahre dauern (vgl. DIVSI 2013: 9). Aktuell liegen lediglich zwei Messpunkte vor, die noch nicht zu kritikfreien Ergebnissen führen. So sind, das wird auch bei der eigenen Methodenkritik der Studienverantwortlichen deutlich, Ergebnisse erst dann belastbar, wenn ein drittes Erhebungsjahr kontrastiert werden kann (vgl. ebd.). Allerdings sind an den bereits vorliegenden Ergebnissen in jedem Falle Trends und mögliche Entwicklungen ablesbar, die in den kommenden Jahren zu verifizieren oder eben zu falsifizieren sind.

Neben der Milieu-Studie zu Vertrauen und Sicherheit im Internet (2013) hat sich das Deutsche Institut für Vertrauen und Sicherheit im Internet in einer an die Milieu-Studie angelehnten Untersuchung im Jahr 2016 dezidiert mit den älteren (Nicht-)Nutzerinnen und (Nicht-)Nutzern befasst. Diese Studie liefert zum einen detaillierte, auf statistischen Auswertungen beruhende Aussagen über das *Wie, Wann* und *Was* der Internetnutzung und eröffnet zum anderen Einblicke in die tiefer liegenden Nutzungsintentionen und die Einstellungen, die die Älteren mit dem Internet verbinden. Die Ergebnisse, die in dieser Tiefer bisher in keiner anderen Studie dargelegt wurden, sollen zum besseren Verständnis der Gruppe der älteren Onliner und Offliner in einem gesonderten Abschnitt zur Sprache gebracht werden. Dieses Vorgehen eröffnet dezidiert, welche Aspekte in Sachen Internetnutzung bereits bekannt sind und zeigen, an welcher Stelle die Ergebnisse der Dissertationsschrift vertiefen, ergänzen und weiterführen.

3.3 Internetnutzung: Personen über 60 Lebensjahre

Das Bild, was sich von der Internetnutzung der älteren Bevölkerung in der Bundesrepublik zeichnen lässt, ist ebenso heterogen, wie die Bevölkerungsgruppe selbst. Insbesondere die Generali Altersstudie aus 2012 zeigt, dass sich für die Gruppe der Älteren mannigfaltige Lebensgestaltungen identifizieren lassen und damit die Älteren keineswegs als *eine Zielgruppe* wahrgenommen werden dürfen. So plural die Lebensweisen sind, so heterogen sind auch die Auseinandersetzungen und Auffassungen der Rolle des Internets für den eigenen Alltag. So lassen sich in der Hauptsache drei Parameter identifizieren, die die Internetnutzung ursächlich prägen und als Resultat die heterogenen Nutzungsarten im Zuge von Milieus abbilden. Die Internetnutzung oder die Nicht-Nutzung prägen die Determinanten „Alter, formaler Bildungsgrad und Einkommen" (DIVSI 2016: 10). Die Nutzungstypen, die sich hinsichtlich der Internetnutzung abbilden lassen, dividert das DIVSI unter Anwendung der SINUS-Milieus auseinander.

Überblickshaft lassen sich zunächst drei Segmente identifizieren, die sich wiederum in verschiedene Milieus aufgliedern: 15 Prozent der Personen über 60 Jahre gelten als solche, die das Internet sehr souverän und intensiv nutzen. Für sie ist „das Internet nicht nur selbstverständliche Infrastruktur, sondern der digitale Lebensstil [fungiert als] ein Abgrenzungsmerkmal gegenüber Gleichaltrigen" (DIVSI 2016: 11). 47 Prozent der Altersgruppe bestehen aus offline lebenden Personen, „die dem Internet eher distanziert gegenüberstehen" (ebd.). Diese als internetfern charakterisierten Personen empfinden sich als nicht souverän und hegen Besorgnisse gegenüber dem digitalen Wandel. Da sie sich selbst den Digitalisierungsprozessen nicht gewachsen sehen, behalten sie eine distanzierte Haltung bei. Diese 47 Prozent gelten als „Internetferne Verunsicherte" (ebd.). Zwischen diesen beiden skizzierten Segmenten sind diejenigen

Personen einzuordnen, welche das Internet gerne intensiver/mehr nutzen würden, sich jedoch aus Sicherheitsgründen und Unsicherheit ob der eigenen Kompetenzen zurückhalten. Das DIVSI bewertet diese Gruppe (38 Prozent) als diejenige mit einem hohen Teilhabepotenzial.

Zu erkennen ist, „dass [d]ie digitalen Lebenswelten der über 60-Jährigen" (ebd.) äußerst heterogen ausgeprägt sind und sich „der Grad der digitalen Teilhabe" (ebd.) damit entsprechend divers darstellt. Trotz aller Unterschiede der Lebensgestaltung und der Zunahme der Teilhabe respektive der Internet-Interessierten: in den letzten vier Jahren (2012–2016) hat sich der Anteil der Onliner*innen in der Gruppe der Über-60-Jährigen *nicht erhöht*. 2012 und 2016 liegt der Anteil der Offliner*innen bei knapp 50 Prozent. Dabei markiert das Alter um die 70 Jahre eine deutliche Schwelle. In der Gruppe der Über-70-Jähringen gibt es mehr Offliner*innen als Onliner*innen – hier kippt also das Verhältnis der beiden Gruppen. Grundsätzlich lässt sich festhalten: je älter die Befragten sind, desto eher leben sie offline (vgl. DIVSI 2016: 15). Neben dem Alter (83 Prozent der Offliner sind über 70 Jahre alt, 17 Prozent jünger) spielen die Faktoren formaler Bildungsgrad und das Einkommen eine wichtige Rolle. Das Geschlecht bedarf ebenfalls einer Berücksichtigung, wenngleich dessen Einfluss hinter den beiden zuvor genannten Faktoren rangiert. So zeigt sich, dass die Gruppe der Offliner zu 54 Prozent weiblich und zu 46 Prozent männlich ist. Die Ergebnisse im Hinblick auf Bildung sind frappierend: Offliner*innen weisen zu 81 Prozent eine niedrigere Bildung auf. Nur 7 Prozent der offline lebenden Älteren haben einen hohen formalen Bildungsabschluss. Die Ergebnisse im Kontext des Nettohaushaltseinkommens zeigen ähnlich deutliche Verteilungen. So weisen 71 Prozent der Offliner*innen ein Nettohaushaltseinkommen von weniger als 2000 Euro auf (vgl. DIVSI 2016: 16).

Genutzt wird das Internet auf Seiten der Onliner*innen für die gleichen Zwecke, die auch für andere Altersgruppen gelten. Die wichtigsten Aspekte sind die E-Mail-Kommunikation und die Suche nach Informationen. An zweiter Stelle der Nutzungsfavoriten rangieren das Lesen von Online-Nachrichten und das Online-Shopping. Weniger populär als für die anderen Gesellschaftsmitglieder ist für die Älteren das Nutzen von Instant Messaging-Diensten und das Online-Banking. Auch Entertainment im Sinne von Musikhören und dem Anschauen von Videos und Filmen und das Nutzen von Onlinespielen sind von nachrangiger Bedeutung für die Über-60-Jährigen (vgl. DIVSI 2016: 14).

Die Nutzungsintentionen ähneln sich also sehr denen anderer Altersgruppen. Das prägnante Merkmal dieser Personengruppe ist der Graben, der sich durch diese Personengruppe zieht. Aufgrund der Heterogenität, die sich für die Gruppe der Älteren erheben lässt, ist dieser Aspekt womöglich weitaus weniger verwunderlich, als es zunächst scheinen mag. Den als vorteilig erlebten mannigfaltigen Möglichkeiten, die die Internetnutzung bietet, stehen viele als hinderlich erlebte Faktoren entgegen, die dazu führen, dass knapp 50 Prozent dieser Altersgruppe auf Distanz zu dem Internet bleiben. Allerdings muss für diese Gruppe auch mitgedacht werden, dass dieselbe durch erhebliche Unterschiede im Hinblick auf den Gesundheitszustand und die Einbindung in soziale Netzwerke geprägt ist. Während sich die Selbstwahrnehmung der Älteren insbesondere im noch recht jungen Alter der dritten Lebensphase deutlich in Richtung Aktivität und Unabhängigkeit bewegt und man sich deutlich jünger fühlt, als das biologische Alter aussagt, ist das Erleben derjenigen, die um die 80 Jahre alt sind, ein deutlich anderes. In dieser Lebensphase empfinden sich Personen als alt und nehmen deutlich Einschränkungen aufgrund körperlicher Gebrechen wahr. Die dritte Lebensphase ist also eine, in der diejenigen, die noch als relativ jung gelten, die aktiv den Ruhestand gestalten, mit denjenigen in einer Kategorie zusammengefasst werden, die als hochaltrig gelten und deren Lebensalltag von Passivität und Abhängigkeit geprägt ist. Innerhalb dieser Gruppe, deren Altersspanne nicht weniger als 25 oder mehr Jahre umfassen kann, gibt es derart vielfältig ausgestaltete Lebenswelten, dass es nicht verwundert, dass auch das Internet und dessen Nutzung eine derart heterogene Bewertung erhält.

3.4 Ü60-Studie des DIVSI

Zu erkennen ist, dass sich auch in der Gruppe der Älteren immer mehr Onliner*innen finden und hier die Quote der Nutzerinnen und Nutzer im Verlauf der vergangenen Jahre (seit 2001) immer weiter zugenommen hat. Allerdings lassen sich innerhalb der Gruppe der Senioren erhebliche Unterschiede im Hinblick auf die Internetnutzung feststellen. Der Anteil derjenigen, die das Internet (regelmäßig) nutzen, fällt ab einem Alter von 70 Lebensjahren rapide ab. Diese Bild zeigt sich bereits seit den Anfängen der Erhebungen zum (N)Onliner Atlas (vgl. 2014).

Parallel zu der tiefenanalytisch ausgerichteten Untersuchung dieser Dissertation hat das Institut für Vertrauen und Sicherheit im Internet (DIVSI) im November 2016 die *Ü60-Studie – Die digitalen Lebenswelten der über 60-Jährigen in Deutschland* veröffentlicht. Das DIVSI formuliert das Anliegen dieser Studie wie folgt:

> „Ziel der Studie ist es, Einstellungen und Verhaltensmuster der Menschen über 60 Jahren im Kontext Internet in der Tiefe zu verstehen. Dabei geht es darum, detailliert zu erfassen, ob und inwiefern ältere Menschen am digitalen Leben teilnehmen, was Teilhabe dabei genau ausmacht und was die jeweiligen Treiber und Barrieren sind" (DIVSI 2016: 6).

Auch das DIVSI kommt zu dem gleichen Ergebnis, das bereits die Auseinandersetzung mit der Forschungsliteratur im Kontext dieser Untersuchungen (Kapitel 2) zu Tage gefördert hat: bis dato gibt und gab es keine umfassende Auseinandersetzung mit dem Thema Internetnutzung durch Ältere (vgl. DIVSI

2016: 6 f.). Insbesondere die vertiefte Betrachtung der Internetnutzung der über 60-Jährigen gleicht beinahe einem blinden Fleck in der Forschungslandschaft, so dass die Studie (2016) des DIVSI und diese vorliegende Unternehmung die Forschungslücke zu reduzieren gedenken. Im Wesentlichen fußt die Ü60-Studie auf den vier Säulen 1) Digitalisierungslevel, 2) Chancen und Risiken in der digitalen Welt, 3) Einstellungen zu Vertrauen und Sicherheit im Internet und 4) Privatsphäre und Personal Data Economy (DIVSI 2016: 7).

Das Design der Ü60-Studie ist ein zweistufiges Mixed-Methods-Vorgehen, bei dem die qualitative Untersuchung die Vorstufe bildet und sich daran eine quantitative Repräsentativbefragung anschließt. Von Interesse sind an dieser Stelle die Ergebnisse der qualitativen Befragung. Die Fallauswahl wird anhand der SINUS-Milieus organisiert, so dass in der qualitativen Erhebung alle Milieus repräsentiert sind. Es handelt sich um „34 ethnografische In-Home-Interviews" (ebd.: 8). Die zentralen Befunde der DIVSI-Studie vergegenwärtigen die besondere Bedeutung, die die Auseinandersetzung mit der Lebenswelt der Offliner*innen und der Onliner*innen in der Gruppe der Senior*innen hat. Was im Zuge der theoretischen Hinleitung bereits dezidiert dargelegt wurde, wird nunmehr anhand der Befunde der Ü60-Studie des DIVSI deutlich: „48 Prozent der über 60-Jährigen sind Offliner – das sind ca. 10 Millionen Menschen in Deutschland. Der Graben zwischen Onlinern und Offlinern ist in dieser Bevölkerungsgruppe somit deutlich existent." (DIVSI 2016: 9). Besonders frappierend wirkt der Umstand, dass die Vorbehalte gegenüber dem Internet in dieser Personengruppe im Vergleich zu dem Erhebungszeitraum 2012 nicht weniger geworden sind – im Gegenteil: die Distanz zu dem Medium Internet hat sich sogar verstärkt. Dies ist vor allem aus zwei Perspektiven zu beleuchten: zum einen ist es hinsichtlich der Ergebnisse hoch interessant, die Befunde zu vergleichen, aber auch zu ergänzen und weiterzuführen; kommt es zu ähnlichen Ergebnissen, zeigen sich Unterschiede – diese und weitere Fragen lassen sich dadurch umfangreich reflektieren und können so dazu beitragen, das Bild der Senior*innengruppe im Hinblick auf die Internetnutzung deutlicher werden zu lassen. Überdies handelt es sich aus methodologischer Perspektive um eine sehr interessante Gegebenheit: wenngleich es sich um zwei voneinander völlig unabhängige Untersuchungen handelt, die überdies voneinander deutlich unterscheidbare Fragestellungen verfolgen, gibt es doch Parallelen. Insbesondere der Aspekt der lebensweltlichen Erfahrung mit dem Internet und die treibenden Faktoren der Nutzung oder die hindernden Aspekte sind diesen beiden Untersuchungen gemeinsam. Obgleich den Untersuchungen unterschiedliche Erhebungsinstrumente zugrunde liegen, eint die beiden Unternehmungen doch das qualitative Vorgehen. Wenn sich also zu Kernaspekten in beiden Untersuchungen ähnliche Befunde extrahieren lassen, zeigt dies erneut die Relevanz der qualitativen Forschung und die Wirksamkeit der Gütekriterien, die an qualitative Forschungen anzulegen sind und angelegt werden.

4 Alter(n), Ältere und Senior*innen: begriffliche und konzeptionelle Einblicke

„Bisher habe ich vom Alter gesprochen, als ob dieses Wort eine genau definierte Realität umfasste. In Wahrheit kann man es, wenn es um unsere Spezies geht, nicht leicht abgrenzen. Es ist ein biologisches Phänomen: Der Organismus des alten Menschen weist bestimmte Besonderheiten auf. Das Altwerden zieht psychologische Konsequenzen nach sich: Manche Verhaltensweisen werden zu Recht als charakteristisch für das hohe Alter angesehen. Wie alle menschlichen Situationen hat es eine existenzielle Dimension: Es verändert die Beziehung des Einzelnen zur Zeit, also seine Beziehung zur Welt und zu seiner eigenen Geschichte. Andererseits lebt der Mensch niemals im Naturzustand; im Alter wird ihm, wie in jeder Lebensphase, sein Status von jener Gesellschaft aufgezwungen, zu der er gehört." (Beauvoir 2000: Vorwort).

Um aus soziologischer Perspektive die Gruppe der Personen zu beschreiben, die von jungen Erwachsenen abzugrenzen sind und, um zu vergegenwärtigen, dass Menschen ab einem Alter um die 50 Lebensjahre andere Bedürfnisse haben und andere Lebensphasen durchleben und erleben, ist der Gebrauch des Begriffes *die Alten* üblich. Zunächst soll in diesem Unterkapitel die begriffsgeschichtliche Grundlegung erfolgen und überdies eine Kritik an der weiterhin Gültigkeit entfaltenden Verwendung dieses Begriffes angeführt werden. In einem weiteren Abschnitt dieses Kapitels der Begriffsdiskussion soll erörtert werden, worin die Differenzierung der Begriffe *die Alten* und *Senior*innen* besteht, da im Verlauf dieser Arbeit immer wieder der Rekurs auf den Senior*innen-Begriff erfolgen wird.

Konsultiert man die einschlägigen Lexika, Hand- und Wörterbücher diverser Jahrgänge der Soziologie, so findet man zuverlässig in jedem Werk einen Beitrag zum Begriff *Alter*. Dass dieser Begriff per se mehrere Konnotationen beherbergt, ist leicht einzusehen. So wird derselbe begriffen als Lebensabschnitt, als Nomination für Personengruppen und als Facette der Alter-Ego-Dichotomie nach Cicero (vgl. Billerbeck 1892: 90; Regenbogen/Meyer 2005: 30 f.), wobei hier die lateinische Begrifflichkeit in anderer Weise Verwendung findet.

So bezeichnet man, ganz basal gesprochen, als Alter „zunächst die Zeitspanne im Leben eines Menschen, die seit seiner Geburt vergangen ist" (Gukenbiehl 1986: 15). Weiter ausdifferenziert wird dieser Begriff auch als das kalendarische Alter (vgl. ebd.) bezeichnet. Gukenbiehl führt präzise die Übersicht der verschiedenen Verständnisse des Altersbegriffes aus:

„Die Analyse unterscheidet weiter das biol[ogische] A[lter] anhand des Organismuszustandes, das psychische A[lter] anhand geistiger Funktionen und Einstellungen und das soziale A[lter] anhand sozialer Rollen und Verhaltensweisen. Außerdem wird neben dem statischen Aspekt des A[lter]s der dynamische des Alterns hervorgehoben" (Gukenbiehl 186: 15).

Die dem Altersbegriff immanente Ad-hoc-Zuschreibung von Rollenbildern und Rollenerwartungen wird hier durch Gukenbiehl deutlich pointiert als Erfassung des gegenwärtigen Status' begriffen. Das Alter wird neben der Zuschreibung von gewissen Erwartungen auf der Interaktionsebene auch stigmatisiert (vgl. Saake 2006: 120) und auf organisationaler Ebene etikettiert (vgl. Saake 2006: 121). Wenn Gesellschaftsmitglieder aufgrund spezifischer Merkmale, in diesem Falle aufgrund des Lebensalters, stigmatisiert (vgl. Goffman 1970 [1963]) und etikettiert (vgl. Sack 1968) werden, bedeutet dies, dass beispielsweise jüngere Personen gewisse Erwartungen in dem Sinne hegen, die mit dem Alter als solchem einhergehen. Resümieren lässt sich an dieser Stelle leicht, dass das kalendarische Alter einer Person, die also tatsächlich messbare Anzahl an Lebensjahren, mit gesellschaftlichen Erwartungen und Zuschreibungen zusammenfällt (die bisweilen mehrheitlich negativ konnotiert und defizitär orientiert zu sein scheinen (vgl. Saake 2006: 7 f.)). Das kalendarisch überprüfbare Alter muss somit in eine andere Begriffsdifferenzierung überführt werden, die eine Konnotation anderer Couleur mit sich bringt. Zu bezeichnen ist diese Ausdifferenzierung als soziales Alter. Hier schwingt das mit, was bereits zur Sprache gebracht wurde: die Zuschreibung von Rollen und die damit einhergehenden Erwartungshaltungen durch andere Gesellschaftsmitglieder. Für bestimmte Altersschichten, so die gröbere Einteilung, hält die Gesellschaft unterschiedliche Erwartungen und auch Zuschreibungen parat. Dieser Umstand ist es auch, der aktuell zu Spannungsfeldern zwischen der vielfach als *neue Alte* beschriebenen Personengruppe im dritten Lebensabschnitt und den Jüngeren führt. Selbstbild und Fremdzuschreibung lösen Kontroversen aus. Gemeinhin existiert ein ungeschriebener Erwartungskanon, den die Gesellschaft, egal welcher Altersgruppe, entgegenbringt. Derartiges äußert sich in der Form, dass gewisse Fertigkeiten (*noch nicht*) beherrscht werden müssen, denke man an Kleinkinder, Kinder und Jugendliche oder aber *nicht mehr* beherrscht werden müssen – hier hat man die Hochbetagten und Pflegebedürftigen im Blick. All diese Erwartungen haben per se etwas mit dem kalendarischen Alter zu tun, werden jedoch in dem sozialen Analogon vergegenwärtigt. Das, was im gesellschaftlichen Miteinander verhandelt wird, ist nicht vordergründig das kalendarische Alter, sondern das, was aus demselben folgt: nämlich Fertigkeiten, Fähigkeiten, Wissen usw. Diesem Aspekt immanent ist, dass die Konnotation, die das *Alter* als dritte Lebensphase mit sich trägt, gleichsam eine Funktionszuschreibung in sich trägt, die ihre Begründung in tradierten Prozessen findet.

Argumentiert man mit Parsons, um der Ordnung der Gesellschaft auf den Grund zu gehen, tangiert man schnell die Begrifflichkeiten der Funktion und der Struktur (vgl. Parsons 1964 [1945]: 36 ff.). „Eine Gesellschaft existiert als Ganzheit, [sic!] *weil* Funktionen dies sicherstellen." (Saake 2006: 28). Um zu vergegenwärtigen, warum Ältere als derart defizitär etikettiert werden, kann man Parsons' Strukturfunktionalismus nach seiner Lesart auf das hohe Lebensalter anwenden. So fragt Parsons vor dem Hintergrund der Verortung des Individuums in der modernen Gesellschaft danach, welche Funktion *Alter* mit sich führt (vgl. Saake 2006: 30). So kommt Parsons über Umwege zu dem Schluss, dass das Alter als eine Phase der Funktionslosigkeit verstanden werden müsse, wenn dies vor der Schablone der Leistungsgesellschaft geschieht. Ausschlaggebend ist also der Referenzrahmen: geht man wie Parsons in einem ersten Zugang von einer Leistungsgesellschaft aus und fragt dann nach der Funktion des Alters, kommt man zu dem Urteil einer Funktionslosigkeit. Jedoch wendet Parsons das vermeintliche „Dilemma einer funktionslosen Differenzierung des Lebenszyklus" (Saake 2006: 42) zumindest in Form einer Zukunftsprognose ab. Die Auflösung der Wahrnehmung der Funktionslosigkeit älterer Menschen funktioniert dann, wenn sich der meritokratische Ansatz abschwächt und die speziellen Fähigkeiten der älteren Menschen in den Fokus rücken, also eine Abkehr von der Defizitorientierung hin zu Kompetenzorientierung stattfindet (vgl. Parsons 1962: 28 ff.)[19].

Das soziale Alter ist die Summe aus Zuschreibungen all dieser Charakterisierungen, die der einzelnen Person durch die Gesellschaft auferlegt werden. Im Diskurs sozialer Ungleichheiten wird das Alter als eine erworbene Determinante beschrieben, die eine Person erwirbt und nicht von derselben verändert werden kann. Dieser Umstand ist in Gänze einzusehen und zu bedenken ist dabei der Nebenaspekt, dass nicht nur das Alter als das, was nummerisch in Jahren abgefragt werden kann, nicht beeinflussbar ist. Dem eigenen Wirken der Individuen entzieht sich also nicht nur die Anzahl der Jahre, die bereits seit der Geburt vergangen sind. Was ebenfalls determinierend hinzunehmen ist, sind die gesellschaftlich wirksamen Erwartungen und Zuschreibungen, die an eine Person gestellt werden – und dies bereits im ersten Schritt nur auf der Grundlage des kalendarisch bestehenden Alters. So entscheidet das biologische Alter darüber, bis zu welchem Alter beispielsweise in etwa gesellschaftlich akzeptiert Frauen Kinder gebären sollten und wann ein Studierender in etwa seine univer-

---

19 Himmelsbach widmet sich in ihrer Dissertationsschrift dem Spannungsfeld Altern, welches sich zwischen den Polen Kompetenz und Defizit aufspannt. Dabei steht im Fokus, wie es gelingen kann, trotz eingeschränkter Handlungsfähigkeit eine Kompetenzorientierung zu bewahren und nicht dem Defizit-Modell anhängig zu werden – insbesondere vor dem sich verstärkt aufdrängenden Überwiegen der Defizite. Explizit wird dieses Spannungsfeld insbesondere an dem Paradigma des lebenslangen Lernens (vgl. Himmelsbach 2009).

sitäre Ausbildung beendet haben sollte. Individuelles Handeln wird auf diese Weise aufgrund gesellschaftlicher Konventionen normiert. Aufgezeigt werden hier verschiedene Grade der Reifung, die Eisenstadt (1966) unter Bezug auf Erikson (1965 [1950]) beschreibt. Während Parsons den Lebensverlauf – insbesondere in seinen frühen Argumentationen – als eine Kurve mit abnehmender Leistungsfähigkeit denkt, versteht Eisenstadt den Verlauf des Lebensalters als eine an Kompetenzen und Fähigkeiten orientierter, aufsteigender Treppe, deren Stufen die benannten unterschiedlichen Grade der Reifung bedeuten. Jedoch rekurriert dieses Stufenmodell nicht nur auf erworbene Kompetenzen: zentral geht es um die Persönlichkeitsentwicklung, die ein Mensch im Laufe seines Lebens durchschreitet (vgl. Saake 2006: 43 f.). Dabei verkehrt sich Eisenstadts Wahrnehmung des hohen Alters genau in das Gegenteil von der durch Parsons vertretenen Lesart: Parsons begreift das hohe Alter als einen Abbauprozess, der insbesondere in seiner Organismus-Metapher vom Versagen der Organe geprägt ist. Eisenstadt definiert das hohe Alter als den „Höhepunkt der menschlichen Entwicklung" (Saake 2006: 44). So ist das Alter mit einer gänzlich anderen Konnotation verflochten, als dies bei Parsons der Fall ist. Während Leistungsfähigkeit in dessen Ausformung des Strukturfunktionalismus' das dominante Argument ist, welches an Struktur und Funktion gebunden Wirksamkeit entfaltet, orientiert sich Eisenstadt an der Autorität, die Gesellschaftsmitglieder aushalten oder ausüben müssen. „Man kann sie in drei Hauptkategorien unterteilen: die Fähigkeit, Autoritätspersonen zu gehorchen; die Fähigkeit, mit gleichen zu kooperieren; die Bereitschaft, Verantwortung und Autorität gegenüber anderen auf sich zu nehmen." (Eisenstadt 1966: 21). Den Alten kommt in diesem Kontext also eine gänzlich andere Aufgabe zu, als dies bei Parsons beschrieben wurde. Die Alten bilden das Oberhaupt der Gesellschaft, sind Instanz für Autorität, Lebenserfahrung – sie gelten als weise und gelassen. Anhand dessen zeigt sich, dass Personen im höheren Lebensalter mit speziellen Rollenerwartungen konfrontiert sind, die höchst disparat sind. Je nach konzeptueller Verankerung sind sie mal die Gruppe, die als defizitär wahrgenommen wird, und dann wieder diejenigen, die die Autorität einer ganzen Gesellschaft bilden. Was hier offenkundig konträr läuft, sind die Merkmale, die als Ausgangspunkt der Deklination herangezogen werden. Es zeigt sich das, was Eisenstadt als charakteristisch für das Stufenmodell erachtet: die einzelnen Stufen haben immer nur dann eine Bedeutung, wenn sie im Verhältnis mit den anderen Stufen gesehen werden (vgl. Saake 2006: 45), was bedeutet, dass es stets auch um das Gesellschaftsgefüge mit den divergierenden Erwartungen und Anforderungen an die jeweiligen Stufen geht. Zentral ist im Zuge des Erklimmens der Altersstufen eine fortschreitende Inkorporation von Wissen. Saake bringt Eisenstadts Überlegungen präzise zusammen:

> „Die Qualifizierung von Wissen ergibt sich bei ihm nicht über das Argument der Funktionalität, sondern über das der persönlichen Reife. Erst in einem zweiten Schritt begründet er dann, dass persönliche Entwicklung auch gesellschaftliche Funktionen übernimmt. Mit der Diagnose, dass alte Menschen als Wissensvermittler einen besonderen Status haben, illustriert er seine Präferenz für eine den Menschen in den Mittelpunkt der Analyse positionierende Soziologie." (Saake 2006: 46).

Deutlich ist, dass Eisenstadt eine andere Ausformung des Strukturfunktionalismus' verfolgt, als dies Parsons tut. Interessant ist der Punkt der Tradierung des Wissens im Zuge des fortschreitenden Alters dahingehend, dass damit eine beinahe notwendigerweise stattfindende Kumulation des Wissens beschrieben wird und zum Ausdruck kommt, dass die Alten der Gesellschaft beinahe ein Monopol des Wissens besitzen und ihnen eine *wissensvermittelnde* Funktion immanent ist, wenngleich Eisenstadt den Aspekt der Funktionalität nicht vordergründig betont und eher den Reifungsprozess der Persönlichkeit forciert. Die Verknüpfung zu der Auffassung, ältere Menschen seien besonders wissend und weise, ist hier schnell gemacht. Jedoch sieht sich dieser Ansatz einer Aushöhlung unterworfen, welche zum einen durch defizitorientierte Ansätze genährt und zudem durch die Entwicklungen der neuen Kommunikations- und Informationstechnologien befeuert wird. Dieser von Eisenstadt aufgeworfene Aspekt des Wissensvorsprunges der Alten wird in einem späteren Kapitel erneut aufgegriffen und vor dem Hintergrund der Entwicklung des Internets reflektiert.

Wenngleich mannigfaltige Zugänge zu Ressourcen gesetzlich an ein konkretes Alter gebunden sind, wird die Mehrzahl der in einer menschlichen Biografie stattfindenden Ereignisse gesellschaftlich bestimmten Altersabschnitten zugeordnet. Von diesen Konventionen abweichende Verhaltensweisen oder Lebensentwürfe rufen Irritationen, Kritik und Befindlichkeiten auf Seiten anderer Gesellschaftsmitglieder hervor. Die Gesellschaft wirkt hier dem Normierungsgrad entsprechend sanktionierend. Diese Sanktionen reichen von einem einfachen, abschätzig gemeinten Kopfschütteln bis hin zum Ausschluss aus sozialen Gruppen. So ergibt sich eine Triangulation aus kalendarischem, sozialem und biologischem Alter. Durch das kalendarische Alter wird manifestiert, was biologisch womöglich für eine Person noch nicht oder aber nicht mehr möglich ist oder sein könnte. Das biologische Alter, so sagt es bereits die Nomination, stellt auf das Alter, die Reife- und Entwicklungsprozesse des Körpers ab und berücksichtigt dabei insbesondere auch die geistige Entwicklung. So gilt als belegt, dass der geistige Reifungsprozess weniger zügig vollzogen ist als die körperliche Entwicklung von Organen, Muskeln, Knochen und Nerven usw. Mit einer am kalendarischen Alter explizierten, gesetzlich geregelten Zugangsbarriere versucht der Staat beispielsweise junge Menschen zu schützen, indem

Geschlechtsverkehr und der Konsum von Rauschmitteln sanktioniert sind. Dies geschieht insbesondere vor dem Hintergrund der Annahme, dass sich Kinder und Jugendliche aufgrund ihres geistigen Alters (noch) nicht ausreichend in der Position befinden, selbstfürsorglich zu agieren und stets bedacht und risikominimierend ihre Handlungen zu wählen. Auch für dieses Beispiel wird deutlich, dass das kalendarische und im Zuge dessen auch das biologische Alter in sozialen Aushandlungsprozessen gewahr werden. Konstruiert wird für die jüngsten und jüngeren der Gesellschaft eine Art Schonraum, in dem sie sich entfalten können, lernen und Fehler machen dürfen. Diese endet um das 18. Lebensjahr herum. Das Erwachsenenalter ist das, in dem der Mensch mit den höchsten von der Gesellschaft explizit und implizit gestellten Erwartungen, Forderungen und Zuschreibungen konfrontiert wird (vgl. Majerus 2008: 63 f.). Diese Phase korreliert mit der, in der der Mensch biologisch, aber vor allem geistig am stabilsten ist bzw. als am belastbarsten, gesündesten und leistungsfähigsten gilt. Dies legt sich erst, wenn das biologische Alter verrät, dass der Mensch qua seiner biologischen Konstitution nicht mehr so leistungsfähig ist, wie ein erwachsener Mensch um die 40 Lebensjahre. Aus dem „das kann XY *noch nicht*" und dem „das *muss* XY können" wird ein „das kann XY *nicht mehr*". Deutlich wird, dass mit dem biologischen respektive dem kalendarischen Alter eine Leistungszuschreibung einhergeht, die sich am Maximum der Leistungsfähigkeit orientiert. Zu diesem Maximum gibt es ein Korrelat, das in dem soeben referierten Bereich des kalendarischen Alters liegt. Dasselbe wird expliziert für die Personengruppe, die sich im jungen und mittleren Erwachsenenalter befindet. Dass diese an das Individuum gestellten Erwartungen und die hundertprozentige Leistungsfähigkeit ein Trugschluss sind, zeigen die Zahlen der Gesundheitsstatistiken, die immer größere Burnout- und Depressionsraten ausweisen und einen Anstieg der Krankentage vermerken (vgl. Barmer GEK 2014). Überspitzt wird diese überzeichnete Leistungsabfrage dann, wenn man sich die Gruppe der älteren Arbeitnehmer anschaut. Hier scheint (auch gesellschaftlich) von den Arbeitgebern ein Korrelat zwischen dem Alter (kalendarisch) und der (körperlichen und geistigen) Leistungsfähigkeit in überdimensionierter Form angenommen zu werden. Dann verkehren sich die gesellschaftlichen Fremdzuschreibungen schnell zu einem Stigma. Es wird deutlich, was bereits zum Spannungsfeld zwischen Fremdzuschreibung und Selbstwahrnehmung geschrieben wurde: dem älteren Arbeiternehmer wird in überspitzer Art eine Leistungsreduktion unterstellt, obwohl dies nicht annähernd gelten muss. Dies jedenfalls ist die eine Seite der Argumentation. Insbesondere vor dem Hintergrund demografischer Entwicklungen (vgl. Barmer GEK 2015; vgl. Mortsiefer 2008: 57 f.) zeigen sich jedoch immer mehr Unternehmen von einer anderen Denkweise inspiriert, die den älteren Arbeitnehmer als auf der einen Seite womöglich körperlich leistungsvermindert einschätzen, aber hinsichtlich der Kompetenzen, Erfahrungen und eingedenk des inkorporierten Fachwissens auf der anderen Seite als jüngeren Kollegen überlegen ansehen. In jedem Falle aber werden älteren Arbeitnehmerinnen und Arbeitnehmer im Zuge dieses Umdenkens als wertvolle Mitarbeiter*innen wahrgenommen, die es im Unternehmen zu halten gilt (vgl. Mortsiefer 2008: 57 f.). Festzuhalten ist an dieser Stelle Folgendes: tatsächlich messbar ist zweifelsfrei trotz der mannigfaltigen Ausdifferenzierungen des Altersbegriffes das kalendarische Alter. Damit korrelierend gibt es eine Vielzahl an körperlicher – und auch geistiger – Vorgänge, die den Menschen dazu befähigen Dinge zu tun oder aber nicht. Körperliche Befindlichkeiten determinieren natürlich bis zu einem gewissen Grad die Leistungsfähigkeit des Menschen und die Fähigkeit, Aufgaben zu bewerkstelligen oder nicht. Diese Annahmen sind unstrittig. Jedoch muss kritisch angemerkt werden, dass vielerlei Einschränkungen, die insbesondere ältere Menschen wahrnehmen oder kommunizieren, sicherlich aus dem resultieren, was gesellschaftlich auf diese Personengruppe projiziert wird. All das, was aus dem messbaren Alter resultiert, sind gesellschaftlich konstruierte und normativ besetzte Erwartungen. Gültigkeit entfalten hier die Gedanken von Herbert Mead und George Herbert Blumer, die mit ihrem Symbolischen Interaktionismus eine treffende Untermauerung darbieten (vgl. Backes/Clemens 2008: 144; vgl. Münch 2002: 259 ff.; vgl. Blumer 1969). Eisenstadts Explikationen eines Stufenmodells der Lebensalter, in dem jede Stufe und deren Implikationen stets in Relation zu den anderen Stufen gesehen werden *muss*, können hier an Blumers Symbolischen Interaktionismus angebunden werden. Gesellschaft entsteht nur durch die Interaktion der Mitglieder. Erst ein gegenseitiges Auf-einander-bezogen-Sein schafft Struktur und „ein Geflecht von Akteuren, die in sozialen Interaktionen involviert sind" (Münch 2002: 264). Dies lässt sich auf die Determination der Altersstruktur übertragen und auf das anwenden, was in diesem Abschnitt bereits weiter oben expliziert wurde: Erwartungen an eine Altersstufe und die Erfüllungen dieser Erwartungen lassen sich in der Lesart der Symbolischen Interaktionismus auf die soziale Interaktion zurückführen, welche strukturgenerierend wirkt. Verkürzt lässt sich resümieren: Die älteren Menschen fügen sich ein in ein Geflecht aus Zuschreibungen, nähren dieselben jedoch wechselseitig durch stete Reproduktion gewisser Handlungsweisen (vgl. Mead 1978: 121).

Gesellschaftliche Erwartungen und Zuschreibungen determinieren an dieser Stelle ganz deutlich das (Arbeits-/Leistungs-)Vermögen einer Person und diskriminieren aufgrund von Zuschreibungstendenzen. Will man einen milderen Duktus wählen und nicht per se von Diskriminierung sprechen, muss aber doch das gelten, was intensiv im Ungleichheitsdiskurs verhandelt wird: der verknappte und beschränkte Zugang zu gesellschaftlich relevanten Ressourcen aufgrund des Alters. Wurde eingangs das Postulat weitergeformt, dass es sich bei dem Alter (kalendarisch und in aller Konsequenz damit auch in der sozialen Konnotation) um eine erworbene Determinante handelt (vgl. Solga/Powell/Berger 2009: 18 f.), muss aus der Perspektive des Merkmalsträgers Selbiges ohne Zweifel Bestand haben: Das, was nummerisch aufsummiert zu dem, was man Lebensalter nennt, wird, ist genauso wenig abänderbar, wie das, was mit dem kalendarischen Alter einher geht, nämlich die gesellschaftlichen Erwartungen und Zuschreibungen. Doch genau an diesem Punkt muss kritisch hingehört werden. Folgt man der vorangegangenen Argumentation kommt man womöglich zu dem Schluss, dass das Alter zwar nicht von dem Individuum veränderbar ist, es aber gleichsam als zugeschrieben angenommen werden muss. Denn wie kann eindeutig gezeigt werden, dass das, was gesellschaftlich bestimmten Altersschichten oder Altersabschnitten eines Lebens zugeschrieben, ja beinahe oktroyiert wird, *tatsächlich* dem Ist-Zustand entspricht? Bleiben dem Individuum also nicht eher aufgrund der gesellschaftlichen Determination, aufgrund der Erwartungshorizonte jeweils wirksame Veränderungen verborgen? Das Alter wird gesamtgesellschaftlich keineswegs werturteilsfrei verhandelt. Woher weiß das Gros der Bevölkerung, wie man sich in einem bestimmten Alter zu kleiden hat, wie man sich zu benehmen hat, was als lebenswert gilt? Dies alles wird in der Sekundärsozialisation immerzu aufs Neue reproduziert, bestätigt, verworfen und überprüft (vgl. Generali Zukunftsfonds 2012: 19 f.). Somit muss gesellschaftliche Altersbewertung als Schließungsmechanismus für das Individuum wirken. Das führt dazu, dass das Alter per se der Bewertung und der Beeinflussung durch gesellschaftliche Konventionen unterliegt.[20] So kommt man zu dem Urteil, dass das Schicksal der Menschen in verschiedenen Altersschichten kein angeborenes ist, sondern eines, das zugeschrieben wird (vgl. Backes/Clemens 2008: 145). In der Tradition des Symbolischen Interaktionismus kann man also zu der Erläuterung der Prozesse kommen, die dazu führen, dass Personen sich in einer bestimmten Altersschicht so verhalten, wie sie es nun einmal tun: weil es selbsterfüllende Prophezeiung ist und in dieser Form erwartet wird (vgl. Backes/Clemens 2008: 145). Das hiervon ausgehend der Weg hin zur Stigmatisierungen nicht weit ist, ist nachvollzieh-

---

20 Jedoch scheint zunehmend Bewegung in das verklärte Bild zu kommen, dass die Gesellschaft von *den Alten* zeichnet. In der Literatur liest mal – als ob es die Form eines Korrektivs annehmen würde – von dem Begriff der „Neuen Alten". Zu verstehen ist dies gleichsam als Wahrnehmung einer Renaissance der älteren Personen, die sich von dem abheben, was gesellschaftlich gemeinhin als Rollenerwartung definiert wird. Anders agierend, weitaus mobiler und weltoffener erscheinend, brechen die „Neuen Alten" mit dem, was gemeinhin Gültigkeit *hatte*. Insbesondere die Ergebnisse der Generali Altersstudie 2013 offeriert Neuigkeiten über die Älteren der Gesellschaft. Dass diese Erkenntnisse als derart bemerkenswert wahrgenommen werden, hängt überdies mit dem zusammen, was bereits anhand der Argumentation von Eisenstadt und Mead und Blumer aufgezeigt wurde. Denn nicht nur die Tatsache, dass sich die Älteren verändern, erscheint bemerkens- und erwähnenswert. Auch, dass dieser Umstand thematisiert wird, ist mehr als die Kommunikation wissenschaftlicher Erkenntnis. So stellen vielerorts Angehörige verblüfft fest, wie sehr Mutter oder Vater in der Phase des Ruhestandes aufblühen.

bar. So wird das Alter als Lebensphase und als biologischer Zustand oftmals als Stigma erlebt. Zu defizitär ausgerichteten Konzepten wurde in diesem Abschnitt bereits einige gesagt, so dass hier der erneute Rekurs genügen soll.

Altern hingegen wird als Prozess dargestellt, der soziologisch betrachtet in direkter Form nicht beachtet wird, sondern auch hier immer wieder der Rekurs auf das aktuelle Alter stattfindet, woraufhin die spezifischen Rollenerwartungen die Altersstufe betreffend reproduziert werden.

Die Betrachtung des Alters als chronologische Erfassung des biologischen Alters in Lebensjahren hat nicht nur den Grund aus soziologischer Perspektive heraus zu erfassen, wie viele Menschen quantitativ im Hinblick auf eine Gesamtbevölkerung bspw. einer Altersgruppe[21] zugehörig sind, sondern es dient auch dazu, zu begreifen, dass das Lebensalter per se Sozialkategorie im Kontext sozialer Ungleichheit ist. So schreibt Friedrich Keiter 1956 in dem Handbuch der Soziologie:

> „Auch die Altersunterschiede wirken soziologisch weitgehend unmittelbar physiognomisch: Menschen werden ja nach dem Alter, das man ihnen gibt, verschieden behandelt. Auch als gesellschaftliches Gliederungsprinzip sind Altersstufungen weiter verbreitet" (Keiter 1956: 257).

Was umfassend aus dem etablierten Forschungsdiskurs der Ungleichheitsthematik bekannt ist, wird hier erneut gegenwärtig. Man kommt nicht umhin, wenn man von dem Alter aus dem Blickwinkel soziologischer Auseinandersetzung spricht, auch mitzudenken, dass Alter als Sozialkategorie Determinante im Hinblick auf die Zugangschancen zu gesellschaftlichen relevanten, aber knappen Gütern ist. Dieser Umstand soll weiter unten detaillierter aufgegriffen werden, als es an dieser Stelle im Zuge der Begriffsklärung erfolgen kann. Deutlich wird aus dem Gesagten, dass das Alter und das Altern nicht nur genuin gerontosoziologische Begriffe sind, sondern ebenfalls prägnante Rollen in den Theorien und Analysen sozialer Ungleichheit spielen. Wenn das Alter (in Lebensjahren und als Prozesskategorie) als relevante Sozialkategorie im Kontext der Determination von Ressourcenzugängen begriffen wird, muss der Umkehrschluss gelten, dass dem Alter (als Prozesskategorie oder Lebensstufe) bestimmte Zuschreibungen immanent sind, die gesamtgesellschaftlich verifiziert werden. So ist einzusehen, dass das Alter als allgemein begriffene Lebensstufe ohne konkreten biologischen Bezug (in diesem Kontext ist das konkrete Alter einer Person in Lebensjahren unerheblich, es geht im Allgemeinen um das Alter

---

21 Eine „Altersgruppe" ist nach der Definition von Werner Fuchs eine „Bezeichnung für altersgleiche Gruppen in der Generationenabfolge, die in einem bestimmten Lebensabschnitt gemeinsame Erfahrungen haben" (Fuchs 1978: 34).

als Lebensabschnitt) sozialen Wertvorstellungen unterworfen ist, die dann wiederum in Konkretion davon bestimmt sind, auf welcher Altersstufe sich eine Person befindet. Die mit bestimmten Altersstufen und an gewisse Lebensabschnitte ver- und geknüpften Wertvorstellungen bergen gewisse Erwartungen, die die Gesellschaft an eine Person hat, die zu einer bestimmten Altersstufe gehörend erklärt wird. Begriffen werden kann der Altersbegriff mit dieser Konnotation als das soziale Alter (vgl. Emge 1982: 18). So ergibt sich, dass das soziale Alter auch einer sozialen Organisationsstruktur entspricht, welcher „bestimmte Rollen u[nd] Verhaltensweisen zugeordnet werden" (ebd.). So hat die Gesellschaft an einen Jugendlichen im Alter von 14 Jahren ganz andere Erwartungen an einen jungen Erwachsenen von 18 Jahren. Das Alter ist mit sozialen Erwartungen und Zuschreibungen besetzt. Demnach übernimmt eine Person auch die dem Alter und der Altersstufe immanente Rolle, die durch die Gesellschaft konstituiert wird. Dazu gehört beispielsweise, wie groß der Altersabstand zwischen Eheleuten gemäß des gesellschaftlichen Geschmackempfindens sein darf oder ab welchem Alter, welcher Altersstufe, das Elternwerden akzeptabel ist (vgl. Fuchs-Heinritz 2007: 29).

So ausführlich die Auseinandersetzung mit den Begriffen Alter und Altern in diesem Abschnitt vollzogen wurde, so wenig konkret wurden Aussagen hinsichtlich der Altersgrenzen getätigt, die den Übergang markieren, an dem eine Person beispielsweise zu den Alten der Gesellschaft gehört (vgl. Backes/Clemens 2008: 21). So dringend ob der definitorischen Abgrenzung und Gegenstandsbeschreibung markante Argumente und Merkmale herangezogen werden sollen und wollen, so schwierig erscheint dies trotz der hier verhandelten Begrifflichkeiten. Augenscheinlich ist der Versuch verlockend, ein bestimmtes Alter als Eintritt in diese gewisse Stufe zu identifizieren. Einschlägige Publikationen rekurrieren auf ein Alter von 50 oder aber 55 Jahren (vgl. Otten 2008; van Dyk/Lessenich 2009), um den Übergang in die Gruppe der Älteren zu markieren. Diese Grenzziehung erscheint jedoch eingedenk verschiedener Aspekte nicht mehr vertretbar zu sein. Zum einen muss im Zuge dieser Definitionsversuche stets im Blick behalten werden, wie es um die Entwicklung der Lebenserwartung steht. Vor dem Lebenshorizont von statistisch ermittelten 87 Lebensjahren erscheint es höchst fraglich, 50 oder 55 Jahre als Übergang anzusehen. Überdies ist dieser Umstand insbesondere vor dem hinausgezögerten gesetzlichen Renteneintrittsalter von nunmehr 67 Jahren, stetig wachsender Gesundheit und sich immer weiter ausdifferenzierender Lebensformen zu diskutieren. Dass generell die Zuschreibung gewisser Merkmale in Bezug auf ältere Menschen überdacht werden muss, wurde weiter oben bereits argumentiert. Wenn nämlich grundsätzlich auf der einen Seite von den Alten gesprochen wird, die, an tradierten Leistungsmaximen gemessen, weniger stark belastbar sind, und auf der anderen Seite der Begriff der „neuen Alten"[22] (vgl. Karl 2012; Aner/Karl/Rosenmayr 2007) in den Diskurs Einzug hält, müssen womöglich Merkmalszuschreibungen überprüft werden und darf nicht eine definitorische Ausdifferenzierung die Folge sein. Die „neuen Alten" sind mithin durch Aktivität charakterisiert, sie partizipieren, anstatt sich zurück zu ziehen, nutzen Freiräume und erschließen sich neue Wirkungsräume (vgl. von Dyk/Lessenich 2012: 11 f.).

So postuliert auch das Bundesministerium für Familie, Senioren, Frauen und Jugend (BMFSFJ 2017), dass es an der Zeit sei, ein neues Bild der Alten in der Gesellschaft zu verankern. Das „Programm „Altersbilder" soll ein neues und realistisches Bild vom Alter" (BMFSFJ 2017) vermitteln. So konstatiert das Bundesministerium weiter: „Für die Bewältigung der demografischen Herausforderungen sind die Potenziale der älteren Menschen in unserer Gesellschaft unverzichtbar. Die in der Gesellschaft vorherrschenden Altersbilder entsprechen oft nicht den vielfältigen Lebensentwürfen und Stärken der älteren Menschen von heute" (BMFSFJ 2017).[23] Demnach scheinen sich traditionelle Begriffsdefinitionen an dem zu reiben, was jüngst empirisch zu Tage gefördert werden konnte. So zeigt sich im Rahmen der Analysen der Generali Altersstudie (2013), dass sich die Älteren generell nicht als alt wahrnehmen/fühlen respektive sich deutlich jünger wahrnehmen, als dies in Relation zu dem kalendarischen Alter sein könnte (vgl. Tews 1993: 233 ff.) – erst in einem Alter ab 80 Jahren ändert sich die Einschätzung des subjektiven Altersempfindens (vgl. Generali Zukunftsfonds 2012: 33 ff.). Zuschreibung und Selbstwahrnehmung

---

22 Ursprünglich hatte der Begriff seinen Eintritt in den Diskurs an ganz anderer Stelle, als er in aktuellen Debatten geführt wird. Während derselbe gegenwärtig beinahe schon eine Rückführung erlebt hat, in dem man das Adjektiv „neue" weglässt und von den Alten in dem Gedanken veränderter Lebensführung und Lebenshaltung spricht, die Alten von einigen als höchst heterogene Gruppe mit Kompetenzen benannt werden, entstammt der Begriff „neue Alte" aus den Folgen einer politischen Reform. „Entdeckt" wurde die Gruppe der „neuen" Alten ziemlich genau zu dem Zeitpunkt, als in der Bundesrepublik das [sic!] sog. Vorruhestandsgesetz [...] eingeführt wurde, das von 1984 bis Ende 1988 einen vorzeitigen Eintritt in den Ruhestand mit 59 Jahren möglich machte." (Tokarski/Karl 2012: 17). Im Zuge dieser Umstände ergab sich eine Gruppe von jungen Alten, die die Phase des Ruhestandes vorzogen. Auch hier war der Duktus anfänglich deutlich negativ konnotiert, weil die Orientierung auf die Erwerbstätigkeit als prägende Lebenshaltung galt. Das Ausscheiden aus dem Berufsleben wurde also eher negativ denn positiv antizipiert. Auch diese veränderte Sicht etablierte sich erst deutlich später (vgl. Tobarski/Karl 2012: 17 f.).

23 Die „Initiative „Alter neu denken – Altersbilder" will [...] neue, differenzierte und realistische Bilder vom Alter(n) verbreiten und fördern. [...] Dadurch sollen die Vorstellungen vom Leben im Alter erneuert und ältere Menschen ermutigt werden, ihre Fähigkeiten selbstbestimmt in die Gesellschaft einzubringen. Aber auch junge Menschen sollen angeregt werden, ihr Bild vom Alter zu überprüfen." (BMFSFJ 2017).

weisen also erhebliche Unterschiede auf.[24] Überdies sind die Älteren heute deutlich moderner eingestellt, offener gegenüber Veränderungen, neugierig im Hinblick auf neue Technologien und überaus mobil und reisefreudig (vgl. Generali Zukunftsfonds 2012: 38). Was sich zudem zeigt, und damit erneut die Grenzziehung in Frage stellt, ist die erhebliche Pluralität der Lebensformen dieser Gruppe und die damit einhergehende Heterogenität (vgl. Backes/ Clemens 2008: 21). Diese Heterogenität muss zwangsläufig immer größer werden, je weiter man die Untersuchungsgruppe im Hinblick auf das Lebensalter fasst:

> „Das insgesamt überwiegend positive Lebensgefühl der älteren Generation lasst sich auch darauf zurückführen, dass sich die Altersschwellen, ab denen die Vitalität nachlässt, sich das Aktivitätsniveau verringert und das Interessenspektrum verengt, in den letzten zwei Jahrzehnten erheblich verschoben haben. Die Gesellschaft ist demografisch zwar älter, von der Mentalität und der Verhaltensweise her gesehen jedoch gleichzeitig in vieler Hinsicht jünger geworden. Dies ist zu einem wesentlichen Anteil auf die Verjüngung der heutigen 65-Jähringen und Älteren im Vergleich zu den 65-Jährigen und Älteren vor 20, 30 Jahren zurückzuführen." (Generali Zukunftsfonds 2012: 47).

---

24 Der Umstand der subjektiven „Verjüngung des Alters" (Tews 1993: 23) führt divergierende Facetten für das Erleben durch die Älteren mit sich. Positiv besetzt ist der Aspekt, dass sich die älteren Damen und Herren im Verhältnis zu ihrem kalendarischen Alter als jünger empfinden und sich vital und gesund fühlen. Damit einhergehen die Motivationen insbesondere die neu gewonnenen Freiheiten im Ruhestand mit vielfältigen Aktivitäten zu füllen, den Druck und den Stress des Erwerbslebens hinter sich zu lassen und mehr Zeit für die Familie zu finden (vgl. Generali Zukunftsfonds 2012: 44). Dass sich diese als überaus positiv erlebt Verjüngung auch ins Gegenteil verkehren kann, erleben insbesondere diejenigen, die vergleichsweise früh aus der Erwerbstätigkeit ausscheiden, weil sie nach einer späten Phase der Erwerbslosigkeit keine Rückführung in den Arbeitsmarkt erleben konnten. In diesen und ähnlichen Fällen kommt es zu überaus disparaten Wahrnehmungen: die Person selbst fühlt sich jünger (und damit oftmals leistungsfähiger), als das kalendarisch vermeintlich ausweist. Viele Unternehmen verzichten trotz der Folgen des demografischen Wandels auf die Einstellung älterer Arbeitnehmerinnen und Arbeitnehmer oder erwirken Umstrukturierungen, die zu Freisetzungen der betreffenden Personen führen. Das bedeutet, dass diese Unternehmen diese Arbeitnehmerinnen und Arbeitnehmer aufgrund ihres Alters nicht (mehr) einstellen oder im Unternehmen halten. Dies führt eingedenk der subjektiven Wahrnehmung auf Seiten der Arbeitssuchenden zu erheblichem Unverständnis und Frustrationen (vgl. Backes/Clemens 2008: 21). Backes und Clemens bringen den Grund für dieses äußerst heterogene Erleben der beschriebenen Szenarien auf den Punkt: „Eine zentrale gesellschaftliche Zuschreibung von „alt" bzw. „Alter" ist in unserer „Leistungsgesellschaft" mit der Einschätzung von vorhandener oder nachlassender körperlicher und psychischer Leistungsfähigkeit in der Arbeitswelt verbunden. Zwar werden in empirischen Untersuchungen keine oder nur geringe Einbußen in der Arbeitsproduktivität älterer Arbeitnehmer festgestellt. Trotzdem verbinden weiterhin viele Arbeitgeber mit älteren Arbeitnehmern einen schlechteren Gesundheitszustand […]" (Backes/Clemens 2008: 55).

Möchte man also Personen im Alter von 55 bis 87 Jahren (statistisch generierter Werk für die Lebenserwartung; absolute Messwerte bewegen sich deutlich über dem Alter von 87 Jahren; Lebensalter von über 100 Jahren sind keine Seltenheit mehr) (vgl. Backes/Clemens 2008: 21) untersuchen, kann man zu keiner belastbaren Aussage über die Bedürfnisse und Merkmale dieser Gruppe kommen – zu groß ist die in der Analyse berücksichtigte Spannweite der Lebensalter. Das Plädoyer besteht also darin, die für eine Begriffsabgrenzung und Definitionssicherheit gewünschte Altersangabe deutlich nach oben zu korrigieren. Aufgrund der Tatsache, dass sich keine zufriedenstellende Lösung in dieser Angelegenheit abzeichnet und es bislang allenfalls Vorschläge gibt, die sich bislang noch nicht haben im Wissenschaftsdiskurs etablieren können, wird der Rekurs auf ein fixes Datum als Identifikationsmerkmal der Zugehörigkeit zu der Gruppe der Älteren/Alten in dieser Untersuchung verzichtet. Vorschläge im Hinblick auf die Anpassungen der hinter dem Altersbegriff und der damit umrissenen Lebensphase stehenden Altersgrenzen gehen dahin, zu fordern, dass das Alter per se nicht als dritte, und damit letzte, Lebensphase begriffen werden soll und damit alle Personen subsummiert, die jenseits der 50 Jahre liegen. Laslett plädiert dafür, eine vierte Lebensphase in dieses Konzept zu implementieren und die dritte Lebensphase in ihrer Spannweite deutlich zu reduzieren. Demzufolge läge die dritte Phase zwischen 50 und 74 Jahren, die vier würden sich daran anschließen und alle Personen umfassen, die 75 Jahre oder älter sind (vgl. Laslett 1995: 277). Damit wären einige Kritikpunkte aufgenommen, die als Gegenargumente zu dem bisherigen Konzept angeführt wurden. Trotz der kleinteiligeren Aufarbeitung der Lebensalter und der darin berücksichtigten Besonderheit der sich ausweitenden Lebensspanne der Menschen bleibt der Aspekt des Eintritts in den Ruhestand als erheblicher Einschnitt im Leben der Menschen in großen Teilen unberücksichtigt. Natürlich schwingt dieser Faktor in der Betrachtung stets auch mit, aber die Orientierung an den Lebensaltern entspricht eher einer Beruksichtigung physischer und psychischer Merkmale, welche den Alternsprozess im Blick haben. Überdies muss betont werden, dass die Unterschiede für Personen um die 50 Jahre und für solche um die 75 Jahre erheblich sind und sein können (vgl. Backes/Clemens 2008: 55). Generell zeigen sich Tendenzen, das Alter durch andere Merkmale zu charakterisieren, als dessen Bestimmung über die kalendarische Entsprechung herzuleiten – die dabei aufkeimenden Schwierigkeiten sind transparent. Somit gereicht die Identifikation dessen, was Alter ist und bedeuten soll bisweilen einem unbefriedigenden Unterfangen:

> „Im Zuge der Entwicklung hin zu einer ergrauten Gesellschaft (*DZA* 1987) oder lebensweltlich gefärbten „bunten Gesellschaft" (*Rosenmayr*) fällt es zunehmend schwer, eindeutige, abgrenzende Bestimmungsfaktoren für „Alter" zu benennen. Außerdem wirken die Abkehr vom „kalendarischen Alter" hin zum „funktionalen Al-

ter" sowie fortschreitende Individualisierung und zunehmende Pluralisierung von Lebensformen in der Gesellschaft auf eine „neue Unübersichtlichkeit" (*Habermas*) hin, die neben der Analyse der Sozialstruktur allgemein auch die Abgrenzung von Alter als soziologischem Strukturmerkmal erschweren. So sprechen manche statt von „altersloser" oder „alternder Gesellschaft" perspektivisch von einem „System pluraler Lebenswelten mit pluralen Alterskulturen" und sehen im Alten den „Prototyp des modernen Menschen" (vgl. *Mader* 1995)." (Backes/Clemens 2008: 55).

Die Autoren Kampmann et al. widmen den Alten einen Sammelband, der sich neben der Rolle des Internets in deren Lebensalltag auch zentral mit dem Bewusstsein auseinandersetzt, dass zwar all jene über 50 als Ältere tituliert werden, diese Zuschreibung jedoch nicht einmal annähern zu umreißen vermag, was sich für die 50- bis 100-Jährigen zeigt: nämlich Lebensentwürfe, die unterschiedlicher nicht sein könnten. So formulieren Kampmann et al. pointiert:

> „Die Bezeichnungen Best Ager oder die Alten enthüllen unser aller Unvermögen, aus der fragmentierten Gesellschaft über 50 Jahre griffige Bezeichnungen zu gestalten: Bezeichnungen, die einwandfrei, also ohne inhaltliche Überlappungen und Grauzonen, die vielen Segmente an Vitalität und Geisteskraft, an Mobilität und Flexibilität, aber auch an deren Einschränkungen ohne Schubladen erfassen." (Kampmann et al. 2012: 5).

Aufgrund dieser bisweilen nicht gänzlich zufriedenstellenden Versuche, das Alter als Lebensphase angemessen zu umreißen, soll für die vorliegende Arbeit Abstand davon genommen werden, gewisse Altersangaben aufzurufen, um die älteren Menschen als geeignet für die Untersuchungsgruppe zu umschreiben. Überdies soll es nicht darum gehen, eine geeignete Umschreibung dieser Lebensphase zu finden – im Fokus steht ein geeignetes Merkmal, welches die Untersuchungsgruppe eindeutig charakterisieren kann und als Auswahlkriterium dient. Insbesondere vor dem Hintergrund der nutzungsbiografisch orientierten Datenerhebung soll auf ein Lebensereignis und *nicht* auf eine Altersangabe rekurriert werden. Gemeint ist an dieser Stelle der Eintritt in die Phase der Pensionierung, also der Schritt aus der Erwerbsphase hinein in den Ruhestand. Der Ruhestand ist die prägende Erfahrung in dieser dritten Lebensphase und markiert einen zentralen Wendepunkt im Leben der älteren Menschen. Dies trifft vor allem auf die subjektive Wahrnehmung zu und dehnt sich auf die Zuschreibungsprozesse der Mitmenschen aus: Der Ruhestand und damit der Austritt aus dem Erwerbsleben „gilt noch immer [als] die stärkste gesellschaftliche Zuschreibung von „Alter"" (Backes/Clemens 2008: 60). Somit fungiert der Ruhestand auch als Organisationsmerkmal des modernen Lebens, indem er die Phase im Leben bedeutet, in der der Mensch selbstbestimmt agieren und leben kann, ohne dem Determinismus der Erwerbstätigkeit unterworfen zu sein. Der Ruhestand ist zudem zu begreifen als „eine zentrale Statuspassage" (Backes/

Clemens 2008: 60). Immanent ist dieser Statuspassage eine Art Funktionsverlust vor dem Hintergrund des Arbeitsmarktes. Überlegungen zu der Funktionalität bestimmter Altersstufen wurden bereits angedacht. Vor dem Hintergrund der lebensleitenden und lebensprägenden Einflussnahme der Erwerbstätigkeit wird deutlich, dass mit dem Eintritt in den Ruhestand für die betroffenen Personen zunächst eine völlige Umorientierung einhergeht. So bedeutet diese „biografische Zäsur" (Backes/Clemens 2008: 60) für einige eine Leere, die erst neu und mit viel Engagement verbunden gefüllt werden muss. Für die Mehrzahl der Personen an diesem lebensverändernden Punkt ist die starke Umstrukturierung und das veränderte Eingebunden-Sein zunächst eine Irritation. Allerdings wird das Entlassen-Werden aus dem Arbeitsdienst zu großen Teilen eben mit dem verknüpft, was es klassischerweise bedeutet: eine Reduktion von Pflichten, Abhängigkeiten und Druck (vgl. Generali Zukunftsfonds 2012: 44). Überdies darf nicht unberücksichtigt bleiben, dass der Ruhestand für Viele den Übergang in die letzte Phase des Lebens bedeutet, die schlussendlich im Tod mündet und dabei quasi die letzte Etappe eingeläutet zu sein scheint (vgl. Göckenjan/Hansen 1993: 725 f.). Dass es hier notwendig ist, durch geeignete Umformulierungen der zentralen Begrifflichkeiten auch ein Umdenken respektive eine andere Sicht auf diese Thematik zu bewegen, zeigt sich anhand dieses prägnanten Umstandes.

Zentral ist die Auffassung, dass der Ruhestand auch bedeutet, dass diese Phase mit einem bestimmten Lebensalter zusammenfällt und impliziert, dass Ältere von diesem Lebenswandel *betroffen* sind. Ruhestand ist aber nicht ausschließlich gleichzusetzen mit der schlichten Bezeichnung *alt* oder per se hohem Lebensalter (vgl. Saake 2006: 209 ff.).

Somit ist diese Phase des Ruhestandes dadurch geprägt, dass Umstrukturierungen vorzunehmen sind und eine Neuausrichtung des Lebensmittelpunktes auszuloten ist; was von den Seniorinnen und Senioren äußerst unterschiedlich erlebt und ausgedeutet wird. Damit einhergehen auch Veränderungen von Handlungen und Routinen, die zuvorderst durch die Erwerbstätigkeit Einzug in den Alltag der nunmehr älteren Personen gehalten haben (vgl. Backes/Clemens 2008: 61). In Verbindung damit kann die Auseinandersetzung mit bestimmten Technologien und der Gebrauch bestimmter Geräte als relevant ermittelt werden. Dabei spielt auch eine Rolle, ob und wie intensiv die (neuen) Kommunikations- und Informationstechnologien genutzt wurden und ob sich in diesem Zusammenhang ein neues Tätigkeitsfeld für den Ruhestand extrahieren lässt. Aufgrund der prägenden Eigenschaften des Ruhestandes für die Älteren ist es überaus angezeigt, dies als das heraustragende Argument für die Identifikation geeigneter Interviewpartnerinnen und Interviewpartner zu nutzen. Der Eintritt in den Ruhestand ist wohl einer der bedeutsamsten Einschnitte in das Leben einer Person und kennzeichnet nunmehr den Abschluss einer langen Lebensphase. Insbesondere für die Gruppe der Älteren wird dieser Punkt als sehr markant gedeutet – sowohl von der Umwelt als auch von den Seniorinnen und Senioren selbst. Aufgrund des Rekurs' auf Personen, die sich im Ruhestand befinden, also das Ende der Lebensarbeitszeit hinter sich gelassen haben, soll im Rahmen dieser Untersuchung der Begriff Senior beziehungsweise Senioren gebraucht werden, der diesen Aspekt deutlicher aufgreift als der Duktus Ältere. Aufgrund dieser Argumentation ergibt sich daraus das Lebensalter, welches die Interviewpartnerinnen und Partner (mindestens) haben.

Bis zum Jahr 2011 lag das Renteneintrittsalter bei 65 Jahren. Seit 2012 wird das Renteneintrittsalter schrittweise erhöht, bis es im Jahre 2029 schließlich bei 67 Jahren liegen wird. Das Renteneintrittsalter mit vollendeten 67 Lebensjahren betrifft alldiejenigen, die nach 1964 geboren sind. Das bedeutet, dass die Interviewpartnerinnen und -partner dieser Untersuchung ein Renteneintrittsalter von 65 Jahren hatten (vgl. Bundesministerium für Arbeit und Soziales 2017).

Während also der Begriff *Ältere* bisweilen eine sehr große Spanne an Lebensaltern umfasst und, das wurde weiter oben gezeigt und diskutiert, Personen ab 55 Jahren in den Blick nimmt, hat sich der Begriff der Senioren und Seniorinnen für Personen etabliert, die mit dem Ruhestand die Lebensphase der Erwerbsfreiheit erlangt haben. Überdies erscheint die Verwendung des Begriffes Senior*innen weniger anfällig für negative Semantiken zu sein – bliebe man bei der Verwendung des Begriffs *die Alten* würden die negativen Konnotationen mittransportiert. Insbesondere bei allen Bestrebungen, die Dienstleistungscharakter haben und Beratung und Vertretung bedeuten, erscheint der Begriff Senior/Seniorin deutlich angenehmer konnotiert zu sein als Alter/Alte oder Älterer/Ältere. Grundsätzlich jedoch weist die etymologische Auseinandersetzung darauf hin, dass dem lateinischen *senior = älter* immerzu auch ein mehr an Erfahrungen mitschwingt, dass es sich bei dem Senior um denjenigen handelt, der das meiste Wissen in sich vereint und aufgrund dessen ein hohes Prestige genießt. Dieser Umstand vergegenwärtigt sich beispielsweise auch in Unternehmen, in denen gehobene Positionen mit dem Zusatz *senior* (oftmals englischsprachig) versehen werden.

Für die Untersuchung bedeutet dies: Die Fallauswahl wird geprägt sein von dem Kriterium des Ruhestandes. In die Untersuchungsgruppe werden Senior*innen aufgenommen, die die Phase der Erwerbstätigkeit hinter sich gelassen und damit ein Lebensalter von rund 65 Jahren erreicht haben (Personen, die einen früheren Renteneintritt vollzogen haben, können ebenfalls in die Fallauswahl einbezogen werden). Gebräuchlich sind die Begriffe *Seniorin und Senior*.

5 Begriffe: Grundlegungen und Konzeptionen

Im Folgenden ist es notwendig, die zentralen Begrifflichkeiten, die neben den theoretischen Konzepten in dieser Arbeit ihre Verwendung finden, dezidiert einer Grundlegung zu unterziehen und so die in diesem Kontext immanenten Bedeutungen darzulegen. Da die Begrifflichkeiten im Durchgang dieser Arbeit immerzu in enger Verquickung mit theoretischen Ansätzen stehen, kann die Darlegung derselben im Zuge dieser ersten Annäherung in keiner Weise erschöpfend stattfinden. So soll in diesem Kapitel eine erste Perspektive auf die Begrifflichkeiten eröffnet und ein Abriss zentraler Bedeutungen bewerkstelligt werden. Dieses Kapitel umfasst die Termini *Internet* und *Digitalisierung* (5.1), *Kommunikation und Interaktion* (5.2), *Mediatisierung und Mediensozialisation* (5.3). Weiterhin entfaltet der Begriff der Lebenschancen eine umfassende Bedeutung für diese Arbeit. Um dieser Relevanz Rechnung zu tragen, wird demselben eine eigene theoretische Fundierung in Anlehnung an Dahrendorf zuteil, weshalb der Terminus *Lebenschancen* in dieser Begriffsgrundlegung fehlen und im Verlauf der Arbeit dabei umso prägnanter behandelt werden wird.

5.1 Internet und Digitalisierung

Im Rahmen dieser grundlegenden Begriffsdarstellung dürfen die Termini Internet und Digitalisierung keinesfalls ausgelassen werden. Somit soll nachfolgend dargelegt werden, welches die genuinen Merkmalsattribute sind, die sich in diesen für die Arbeit überaus relevanten Begrifflichkeiten vereinen. Dabei ist es weniger notwendig, Definitionen auf ihre Passfähigkeit hin zu überprüfen oder Abgrenzungen der einen Begrifflichkeit von der anderen zu unternehmen. Bei dem Internet und der Digitalisierung handelt es sich um gesellschaftlich relevante Phänomene, denen bestimmte Charakteristika immanent sind, welche hier dargestellt werden sollen – mithin wird herausgearbeitet, welche Aspekte für die Verwendung der Termini im Durchgang durch diese Arbeit als besonders relevant erscheinen. Somit wird zunächst das Internet einer Beschreibung unterzogen und danach der Fokus auf die Digitalisierung gelegt.

5.1.1 Das Internet

„Das Internet ist das Gewebe, auf dem unser Leben beruht. Wenn die Informationstechnologie für unsere Zeit das ist, was die Elektrizität im Industriezeitalter war, so lässt sich das Internet sowohl mit dem Stromnetz oder dem Elektromotor vergleichen, denn es besitzt die Fähigkeit, die Kraft der Information über den gesamten Bereich menschlicher Tätigkeit zu verbreiten. Und genauso, wie die neuen Technologien der Energiegewinnung und -verteilung die Fabrik und den Großkonzern als die organisatorische Grundlage der Industriegesellschaft möglich macht, bildet das Internet die technologische Basis für die Organisationsform des Informationszeitalters: das Netzwerk." (Castells 2005: 9).

Die Menschen, die am Beginn des 21. Jahrhunderts leben, befinden sich in einer Phase des gesellschaftlichen Wandels, welcher historische und denkwürdige Umbrüche mit sich führt. Wir leben in der Zeit der Digitalen Revolution und das taktgebende Element, die prägende Größe ist, wie Castells eindrucksvoll räsoniert hat, das Internet. Das gesellschaftliche Leben ist durchdrungen davon, das Internet ist „das Gewebe, auf dem unser Leben beruht" (Castells 2005: 9), wir befinden uns in einer Internet-Galaxie (Castells 2005). Was genau das Internet ist, was es umfasst und wie es funktioniert, ist bisweilen etwas diffus. Soll es eine Technologie sein? Wird es als Medium betrachtet? Ersteres: eher nicht, Zweiteres: ja, ein bisschen – so müssten die Antworten auf die beiden Fragen lauten. Da das Internet in seiner noch recht jungen und doch schon etwas länger anhaltenden Existenz einige Entwicklungen durchlebt hat, sind die Antworten auf die Fragen immerzu perspektivisch bedingt. Die Betrachtung soll sich an dieser Stelle jedoch auf das konzentrieren, was sich das Gros der Gesellschaft für die tagtägliche Nutzung vergegenwärtigt. Da die Entstehungsgeschichte des Internets eine ist, die bereits in verschiedensten Kontexten und zu diversen Anlässen reproduziert, gehört und gelesen wurde, soll der historische Abriss hier äußerst überblickshaft und damit recht knappgehalten werden.

Ausgangspunkt für die Entwicklung des Internets, wie wir es heute kennen, waren „militärische Überlegungen in den USA in den 1960er Jahren [.]", die das Anliegen hatten, „ein dezentrales Kommunikationsnetz für den Katastrophenfall zu schaffen" (Hans-Bredow-Institut für Medienforschung 2006: 160). Diese neue Technologie wurde im Zuge des Kalten Krieges erdacht und sollte für die US-amerikanischen Streitkräfte auch dann noch Kommunikation ermöglichen, wenn im Falle einer Katastrophe große Teile der Kommunikationswege ausfielen. Ziel war es, ein Computer-Netzwerk zu installieren, welches systemimmanente Ressourcen teilt.

„Dabei werden alle Daten, die zwischen zwei Geräten verschickt werden, in kleine Pakete oder Blöcke zerlegt. Das erste Netzwerk mit dieser Technologie hieß Advanced Research Projects Agency Network (ARPANET) und begann

1969 zu arbeiten." (Chatfield 2013: 4). Zunächst verband das Netzwerk nur eine kleine Anzahl von Standorten an der Ostküste der Vereinigten Staaten von Amerika, doch bereits wenige Jahre später war das Netzwerk auf Knotenpunkte im ganzen Land angewachsen. Deutlich wird, dass es sich bei dem Internet zuvorderst um eine Kommunikationstechnologie handelt, welche es technikunterstützt durch Computer ermöglicht, Botschaften auszutauschen. Nach der in den Anfängen militärisch orientierten Verwendung wurde das Internet zum Instrument von Wissenschaft und Forschung und schließlich: „Ende der 1980er Jahre setzte die Internationalisierung und zudem die kommerzielle Nutzung des Internets ein" (Hans-Bredow-Institut für Medienforschung 2006: 160). Das Internet wird als „das weltweit größte Computernetzwerk bezeichnet, das aus vielen miteinander verbundenen Netzwerken und Computern besteht und vielfältige Kommunikationsmöglichkeiten eröffnet" (ebd.: 158). Der Begriff *Internet* leitet sich von dieser bis dato neuartigen Entwicklung ab, welche auf innovative Weise die Vernetzung und Kommunikation völlig neu denkt und bisher nie dagewesene Chancen und Möglichkeiten eröffnet. Die Entstehung des Terminus fasst Chatfield prägnant zusammen:

> „Der Begriff [sic!] „Internet" selbst findet sich zum ersten Mal 1974 in einem Aufsatz von Vinton Cerf, Yogen Dalal und Carl Sunshine, die ihn als Abkürzung für [sic!] „Internetworking" verwendeten. Damit war der Name geboren und jede revolutionäre Idee: ein globales Meta-Netzwerk für Kommunikation, das selbst aus der Kombination vieler Netzwerke von Computern besteht, die alle das gleiche [sic!] Protokoll verwenden, um Informationspakete auszutauschen. Ein solches [sic!] „Netzwerk der Netzwerke" ist die Grundidee hinter dem modernen Internet." (Chatfield 2013: 5).

Vergegenwärtigt ist damit unter anderem, dass das Internet als *Infrastruktur* begriffen werden kann, welche wiederum die Grundlage, die Basistechnologie für verschiedene Dienste darstellt. Derlei Dienste sind die E-Mail, „das [sic!] *World Wide Web (WWW)* als ein nutzerfreundliches Dokumentensystem, das *Usenet* mit einer Vielzahl themenspezifischer Diskussionsforen, FTP und P2P-Netzwerke zur Übertragung von Daten sowie das [sic!] *Internet Relay Chat (IRC)* für schriftliche Echtzeitkommunikation" (Hans-Bredow-Institut für Medienforschung 2006: 159). Die hier skizzierten Dienste können als Teilsysteme oder Teilnetze verstanden werden. So fungiert das World Wide Web als Plattform, welche es den Nutzerinnen und -nutzern ermöglicht, quasi konsumierend an Informationen und andere Inhalte (Musik, Videos, Texte, Bilder etc.) zu gelangen, aber darüber hinaus auch selbsttätig derlei Inhalte bereitzustellen und damit für andere über das Netzwerk zugänglich zu machen.

Das Internet bietet etablierten „Massenmedien wie Zeitungen oder Rundfunksender[n] […] [eine] [sic!] *zusätzliche Verbreitungsplattform* für ihre Inhalte" (Hans-Bredow-Institut für Medienforschung 2006: 163). Auch andere Anbieter*innen wie etwa Dienstleister*innen, Institutionen, Unternehmen, verschiedenste Organisationen etc. nutzen das Internet für ihre Online-Repräsentanz – bisweilen sind Anbieter*innen gar ausschließlich im Internet repräsentiert (Onlinehandel, Banken etc. (vgl. Vitt 2010: 238 f.)). Des Weiteren etablieren sich ganz eigene, „speziell für das Internet konzipierte Informations- und Unterhaltungsangebote, interaktiv nutzbare Orientierungs- und Serviceangebote [und] Formen der Individual- und Gruppenkommunikation" (ebd.). Anhand des umfangreichen, im Internet dargebotenen Portfolios an Angeboten, Dienstleistungen, Informationen, Entertainment und Kommunikationskanälen etc. wird die vielschichtige Funktionsweise des Internets gewahr, wodurch ebenfalls deutlich wird, weshalb das Internet als Infrastruktur beschrieben werden kann. Räsonierend muss festgehalten werden, dass es sich bei dem Internet, auf welches aus Nutzer*innensicht rekurriert wird, um das World Wide Web handelt, also eine Differenzierung nötig wird:

> „Das World Wide Web ist nicht mit dem Internet identisch, obwohl das viele glauben. Vielmehr ist das WWW nur einer von vielen Diensten, die das Internet nutzen. […] Das Web ist allerdings der wohl wichtigste Dienst in unserer modernen digitalen Kultur, weil es auf dem Grundsatz beruht, dass sich jeder, der eine Internet-Verbindung hat, frei zwischen den Websites bewegen und auch eigene erschaffen kann, wenn er das möchte. Das World Wide Web ist also sowohl [sic!] eine Sammlung von Prinzipien als auch eine Technologie." (Chatfield 2013: 8).

Der Urheber des WWWs ist Tim Berner-Lee, welcher 1989 die Idee dieses Konzeptes erschuf, in welchem er die Vision eines Informationssystems ersann, das universell, verknüpfend und referenzierend arbeiten könne. Ins Leben gerufen wurde die Urform des WWWs in der Zusammenarbeit von Berner-Lee und Cailliau am Forschungsinstitut CERN in Genf (vgl. ebd.).

> „Dabei handelte es sich im Wesentlichen um drei Komponenten: (1) die weltweit erste Webpage mit digitalen Informationen (sodass man etwas anschauen konnte), (2) ein erstes Browser-Programm, das es anderen Usern erlaubte, auf ihren Computer-Bildschirmen die Informationen dieser Webpage zu sehen, und (3) der erste Webserver, d. h. ein Computer, auf dem die Webpage untergebracht oder [sic!] „gehostet" war." (Chatfield 2013: 8 f.).

Das Internet, in der Form, in der es im alltäglichen Sprachgebrauch gehandelt wird, ist damit nicht existent, jedoch gereicht der Begriff *Internet* als Pars pro Toto für oben skizzierte Vielzahl an Möglichkeiten, Optionen und Angeboten unterschiedlichster Art und denkt damit das World Wide Web mit (vgl. Pürer 2015: 147). Diese begriffliche Ungenauigkeit vergegenwärtigt sich auch am Beispiel der E-Mail, der elektronischen Post: dieselbe wird mit dem Internet in synonymer Weise assoziiert. Das Internet ist die Infrastruktur für all diese unterschiedlichen Dienste, die jeweils für sich eine Infrastruktur darstellen. Diese differenzierte Auseinandersetzung, die diese verschiedenen Aspekte betonen würden, findet im Alltäglichen nicht statt.

Dies bedeutet auch, dass Personen auf die Frage, was das Internet ist und welche Rolle es für den eigenen Alltag expliziert, zu unterschiedlich ausgeprägten Antworten kommen. Je nachdem, welche Funktion die am stärksten präferierte ist, wird der oder die Befragte dieselbe mit dem Internet assoziieren und als Internet identifizieren. Die einige Abschnitte zuvor dargestellte Rolle des Internets für etablierte, traditionelle Massenmedien zeigt, dass beispielsweise Zeitungen ihre in Artikel-, Kommentar- oder Berichtform vorliegenden Inhalte im Internet zugänglich machen (beispielsweise via Open Access, dem freien Zugang, oder über Abonnements und dergleichen). Das Internet wird in diesem Zusammenhang als Medium angesehen und mit diesem Duktus beschrieben. Genau genommen handelt es sich bei dem beispielhaft herangezogenen Zeitschriftenartikel um digital aufbereitete Daten, die damit unabhängig von bestimmten Speicherformen sind: die Printzeitung nutzt für das gedruckte Wort das Speichermedium des Druckerzeugnisses, also das Papier (vgl. Faulstich 2004: 42). Die genuinen Merkmale eines Mediums werden hier in Einklang mit dem Verständnis von Krotz expliziert:

> „[E]in Medium [ist] eine Einrichtung zum Ermöglichen und Gestalten von Kommunikation (komplexer Inhalte), die erstens strukturell und zweitens situativ bestimmt ist: Strukturell ist ein Medium einerseits an soziale Institution und an Organisationen gebunden und damit z. B. auch gesellschaftlicher Akteur, andererseits auch Technologie, die bestimmte Kommunikationspotenziale und -bedingungen konstituiert. Situativ ist ein Medium einerseits eine Einrichtung zur Inszenierung und zum Angebot von Inhalten, andererseits ein Erfahrungsraum für Nutzerinnen und Nutzer." (Krotz 2014: 11).

Die Metamorphosen, die Medien durchlaufen, weisen auf Dreierlei hin: 1) alte, traditionelle Medien verschwinden nicht per se, wenn sich eine neues, innovatives Medium etabliert – sie verändern sich und erscheinen in neuer Form, dies lässt sich an dem benannten Beispiel der Zeitung nachvollziehen, dies verweist wiederum auf das Riepl'sche Gesetz, welches weiter unten Betrachtung findet, 2) die originären Funktionen eines Mediums bleiben bestehen, es sind eher die Erscheinungsformen, die sich ändern, 3) Medien, je nach Ausgangspunkt, durchlaufen verschiedene Stadien der Art der Vermittlung. Diese Stadien der Vermittlung bedeuten auch eine gewisse Abstraktion: während *„Primäre Medien"* (Höflich 2016: 40) für die Botschaftsübermittlung keine, im Besonderen technische, Hilfsmittel benötigen, ist es für *„Sekundäre Medien"* (ebd.: 41) unerlässlich, dass der/die Empfangende ohne ein Gerät auskommt, um die Botschaft zu rezipieren, während die Senderseite ein Gerät benötigt, um die Botschaft zu entsenden. Beispiele für sekundäre Medien sind Druckerzeugnisse und die Fotografie. „*Tertiäre Medien*" (ebd.) schließlich sind solche, die auf beiden Seiten der am Kommunikationsprozess Beteiligten ein technisches Gerät notwendig machen. Hier sind zuvorderst technische Geräte gemeint. Diese technischen Hilfsmittel, die für die Übertragung einer Botschaft unerlässlich sind, sind umfassenden Transformationen unterworfen: ihren Anfang nahmen derlei Medien bei dem Telegraphen, gingen weiter über das Fernsehen bis hin zu digitalen Medien (vgl. Höflich 2016: 41). Mit jeder hier skizzierten Ebene steigt der Grad der Vermittlungsleistung und es sinkt der Grad der Komplexität vermittelter Botschaftsvielfalt. Die übermittelte Botschaft wird mit zunehmendem Grad der Vermittlung immer weiter von dem Gehalt, welcher der Botschaft immanent ist, abstrahiert. Der/Die Empfangende benötigt einen höheren Aufwand, um die Botschaft zu decodieren, also den der Botschaft inhärenten Gedanken/Gehalt zu extrahieren, denselben in den Deutungszusammenhang zu verorten, den die/der Sendende sich erdacht hat. In einem Face-to-Face-Gespräch ist es für die Gesprächsbeteiligten weniger komplex, das Gesagte/das Kommunizierte zu decodieren (wenn die Gesprächsbeteiligten auf denselben kulturellen Hintergrund und damit auf die durch Sozialisation erprobten Deutungsmuster referenzieren können), weil neben dem gesprochenen Wort auch solche Informationen wie Betonungen, Lautstärke, Sprachtempo, aber auch Gestik, Mimik, Körperhaltung und dergleichen transportiert werden. Diese zusätzlichen Informationen werden mit zunehmendem Vermittlungsgrad immer weiter reduziert. Andererseits findet hier der Aspekt der Generativität des Mediums Anwendung: wenngleich sich explizieren lässt, dass die Kommunikation um immer mehr Bestandteile reduziert wird, je weiter der Grad der Vermittlung der Botschaft ansteigt, kommen gewissen Teile im Zuge der medial vermittelten Übertragung der Botschaft hinzu.

> „Generativität meint [..], dass Medien Botschaften nicht einfach neutral übertragen, sondern Teil des Prozesses der Informationsvermittlung sind und die Botschaften auf spezifische Weise prägen. Medien sind also keine neutralen Vermittler, sondern Prägeinstanzen, sie fügen ihren Botschaften etwas hinzu." (Wagner 2014: 19 f.).

Daran anknüpfend lässt sich erneut auf McLuhan rekurrieren, der in seinem Werk „The Medium is the Message" (1967) die Wichtigkeit der Medien für das alltägliche Leben einer jeden Person betont. Dabei fokussiert er nicht nur die eigentliche Wirkung der medial übermittelten Botschaften, sondern wendet sich den Medien selbst zu. Die Materialität des Mediums an sich ist von Bedeutung für die Übermittlung der Botschaft, weil diversen Medien unterschiedliche Bedienpraktiken immanent sind (vgl. Wagner 2014: 30). McLuhan weist damit Medien unterschiedliche Qualitäten zu, die sich in divergierenden Graden der Teilnahme ausdrücken, die dieselben jeweils von den Nutzerinnen und Nutzern einfordern. Dafür führt McLuhan im Zuge seiner Ausführungen in „Understanding Media" (1964) die Unterscheidung in heiße und in kühle Medien ein (vgl. McLuhan 1986 [1964]: 29 f.), um den unterschiedlichen Aufwendungen der Rezipientinnen und Rezipienten zum Kontext der Mediennutzung Ausdruck zu verleihen. McLuhan formuliert dazu:

> „Es gibt ein Grundprinzip, nach dem sich ein [sic!] »heißes« Medium, wie etwa das Radio, von einem »kühlen«, wie es das Telefon ist, oder ein »heißes«, wie etwa der Film, von einem »kühlen«, wie dem Fernsehen, unterscheidet. Ein »heißes« Medium ist eines, das nur einen der Sinne allein erweitert, und zwar bis etwas »detailreich« ist. Detailreichtum ist der Zustand, viele Daten oder Einzelheiten aufzuweisen. [...] Das Telefon ist ein kühles Medium oder ein detailarmes, weil das Ohr nur eine dürftige Summe an Informationen bekommt. Und die Sprache ist ein kühles, in geringem Maße definiertes Medium, weil so wenig geboten wird und so viel vom Zuhörer ergänzt werden [sic!] muß. Andererseits fordern heiße Medien vom Publikum eine geringe Beteiligung oder Vervollständigung. Heiße Medien verlangen daher nur in geringerem Maße persönliche Beteiligung oder Vervollständigung durch das Publikum. [...] Jedes heiße Medium [sic!] läßt weniger persönliche Beteiligung zu als ein kühles, wie ja eine Vorlesung weniger zum Mitmachen anregt als ein Seminar und ein Buch weniger als ein Zwiegespräch." (McLuhan 1968: 29 f.).

McLuhans Ausdifferenzierungen vergegenwärtigen die Anforderungen, welche an die Nutzerinnen und Nutzer im Lichte verschiedener Medien gestellt werden. Dabei kann nicht per se für technisch vermittelte Medien bescheinigt werden, dass dieselben einen nach McLuhan heißen oder kühlen Charakter haben. Das Ausmaß der Teilnahme ist abhängig von dem tatsächlichen Medium. Während das Radio als heißes Medium bezeichnet wird, wird diese Attribution auch dann Gültigkeit entfalten, wenn die Radiosendung keine Radiosendung im ursprünglichen Sinne mehr ist, sondern als Hörerlebnis in Form eines Podcasts über das Internet gestreamt wird. Der Aufwand, den der oder die Nutzende betreiben muss, um den übermittelten Inhalten folgen zu müssen, ist ähnlich dem Hören einer Radiosendung. Wenn sich aber ein virtuell expliziertes Gespräch über einen Instant Messenger entwickelt, wird das Internet zum Träger eines kalten Mediums. Es bedarf nicht nur der Differenzierung zwischen verschiedenen Vermittlungsgraden, die sich durch das Maß der an dem Übermittlungsprozess beteiligten Technik zeigen (primäre, sekundäre und tertiäre Medien), sondern auch die Unterscheidung darin, wie vorsetzungsvoll der Gebrauch der jeweiligen Medien ist. McLuhans Unterscheidung in heiße und kühle Medien gibt einen Hinweis darauf, wie stark die Aktivität der Nutzenden gefordert ist, um sich Zugang zu der übermittelten Botschaft zu verschaffen (vgl. Schröter 2008: 305). Dabei kann für das Internet, respektive für das World

Wide Web, keine umfassende und eindeutig treffende Charakterisierung expliziert werden. Da das Internet als Infrastruktur erfasst wird, ist dasselbe jeweils in die Medien zu differenzieren, die sich durch dasselbe ausdrücken.

Es zeigt sich darüber hinaus, dass nicht nur der Inhalt dessen relevant ist, der über das Medium transportiert wird. Es ist von Bedeutung, dass die Übertragungsverhältnisse im Zuge der medial initiierten Übermittlung trotz zunehmender Technisierung nicht den technik- und medienimmanenten Attributen unausgesetzt bleiben. Insbesondere vor dem Hintergrund formuliert Pross, dass die Abgrenzungen der verschiedenen Medienarten von großer Relevanz sind, „weil mit zunehmender technischer Komplizierung eine immer größer werdende Zahl meist unsichtbarer und unbekannter Kräfte, die an diesen Medien mitwirken, die Übertragung ermöglicht" (Pross 1970: 128). Medien, hauptsächlich solche, die in dem tertiären Sektor zu verorten sind, haben sich gewandelt, so dass die genuinen Charaktere der jeweiligen Medien ebenfalls eine Metamorphose durchlaufen.

> „Wenn man an die hybriden Eigenschaften neuerer Medien denkt, so wird es ferner notwendig, nicht nur unterschiedliche Ebenen von Medien, sondern unterschiedliche Ebenen innerhalb eines Mediums mitzudenken. Mit dem Computer kann man nicht nur Texte schreiben, sondern auch E-Mails verschicken, Spiele spielen, neue Lebenspartner finden, mit dem Smartphone nicht nur telefonieren, sondern unter anderem auch fotografieren" (Höflich 2016: 41).

Digital verwaltete Produkte sind nicht an ein Medium gebunden, welches dieselben sichtbar macht, sie benötigen lediglich ein Gerät, welches den binären Code, durch welches eine Datei digitalisiert wird, entschlüsseln kann und damit den Zeitungsartikel lesbar macht. Das Internet wird hier als Medium wahrgenommen, weil erst das Internet als Infrastruktur den Zugriff auf digital verwaltete Daten möglich macht. Per se könnte man argumentieren, dass es sich bei der Online-Repräsentanz einer Zeitung um das Medium Zeitung handelt, welches man in dem betreffenden Augenblick nutzt – es handelt sich dabei eben lediglich um eine andere Form, das digitale Pendant. Versteht man das Internet ausschließlich als Infrastruktur, welche es verschiedenen Diensten und Angeboten ermöglicht zu existieren, zu operieren, zu interagieren, dann umfasst das Internet eine Fülle verschiedener, differenzierter Medien, wenn der weitgefasste Begriff des Mediums als Träger*in von Botschaften verstanden wird. Dann sind die Blogs, die Foren, die Zeitungen etc. die Medien. Diese These kann durch das Riepl'sche (1913) Gesetz unterstützt werden. Das Riepl'sche Gesetz hat seinen Ursprung in der Monografie „*Das Nachrichtenwesen im Altertum*", welche von Wolfgang Riepl 1913 ausgefertigt wurde. Dass aus seinen Ausführungen ein Gesetz entspringen würde, welches für die Medienwissenschaften immer wieder neu verhandelt, verortet und diskutiert bis heute Relevanz entfaltet, konnte

Riepl selbst nicht vorherahnen. Denn nicht er selbst erhob die Ausdeutung einer Passage seiner Publikation in den Rang des Geltenden. Bei dem Riepl'schen Gesetz handelt es sich um das Resultat wissenschaftlicher Auseinandersetzung, Ausdeutung und Anwendung als grundlegend erachteter Erkenntnisse (vgl. Meier 2014: 11). Die Textpassage, aus der das betreffende Gesetz geformt wurde, ist die nachfolgend explizierte:

> „Andererseits ergibt sich gewissermaßen als ein Grundgesetz der Entwicklung des Nachrichtenwesens, [sic!] daß die einfachsten Mittel, Formen und Methoden, wenn sie einmal eingebürgert und brauchbar befunden worden sind, auch von den vollkommensten und höchste entwickelten niemals wieder gänzlich und dauernd verdrängt und [sic!] ausser Gebrauch gesetzt werden können, sondern sich neben diesen erhalten, nur [sic!] daß sie genötigt werden, andere Aufgaben und Verwertungsgebiete aufzusuchen." (Riepl 1913: 5).

Das aus dieser Passage entlehnte Riepl'sche Gesetz besagt, dass in der Entwicklungsgeschichte kein Medium verloren geht: demnach werden bestehende, traditionelle Medien nicht durch neuaufkommende verdrängt oder ersetzt. Vielmehr kommt es zu Umdeutungen bestehender Medien. Die Folge voranschreitender Entwicklungen ist eine Medienpluralität, da traditionelle Medien nicht von jüngeren überschrieben oder substituiert werden. Es kommt eher zu einer Koexistenz und zudem zu einer Neuorientierung bis dato etablierter Medien (vgl. Meier 2014: 12 f.). Dies vergegenwärtigt sich anhand der Medien Zeitung und Buch: zum einen bestehen beide Medien auch im Kontext sich ausweitender Digitalisierung in ihrer Urform weiter (Druckerzeugnisse), zum anderen verschwinden sie nicht in den Weiten des World Wide Webs: sie etablieren sich in Form der Online-Zeitungen neu. Auch das Buch hat quasi einen Relaunch erlebt, indem es in elektronischer Form bereitgestellt wird[25]. Dieser

---

25 Faulstich argumentiert in seiner Publikation „Das Buch im Zeitalter der digitalen Medien" (2004), dass das Buch „für lange Zeit [...] als kulturelles Leitmedium" (2004: 44) fungiert und demselben im Zuge der Digitalisierung drohe, „hinter den digitalen Medien zu verschwinden, wie so viele vor ihm oder als Medium in alter bzw. modifizierter Gestalt und Funktion neben den digitalen Medien weiterzubestehen. Die Geschichte des Buchs lässt sich als Veränderung und Verfall dieser kultischen Bedeutungsdimension sowie seines Speicherpotentials für Langtexte begreifen und gibt darin Auskunft über seine Zukunft in der heraufziehenden Medienkultur" (Faulstich 2004: 44 f.). Es zeigt sich, dass auch Faulstich auf Aspekte rekurriert, die dem Riepl'schen Gesetz immanent sind: das Fortbestehen eines Mediums in der originären oder aber in einer modifizierten Form. Darüber hinaus rekurriert er auf den Aspekt, dass entgegen der Riepl'schen Annahme Medien eben doch verschwinden können – wobei Faulstich in diesem Zusammenhang so gelesen werden kann, dass eine Modifikation eines Mediums, welche mit der Überführung in die digitalisierte Version zusammenfällt, den Niedergang des betreffenden Mediums meint. Allerdings formuliert er auch: „Selbstverständlich verdrängen Medien einander, wenn die

Umstand macht deutlich, dass die Kernideen der jeweiligen Medien erhalten bleiben, die Erscheinungsform sich allerdings verändert. Gerade diese Veränderung weg vom gedruckten, analog aufbereiteten Medium hin zum digital bereitgestellten Inhalt führt zu Befürchtungen, die zentral das Verschwinden dieser besonderen Erscheinung des Druckerzeugnisses zum Inhalt haben (vgl. Faulstich 2004: 44 f.). Wenn nun aber der Zeitungsartikel seine bis dato für die Nutzer*innen bekannte Form verlässt und über das Internet quasi sichtbar wird, liegt die Assoziation nahe, dass das Internet als Medium wahrgenommen wird, was Träger der Botschaft, nämlich des digital aufbereiteten Artikels ist. Wenn die Zeitung, das Printexemplar, das Medium ist, welches die Botschaft in sich trägt, und nicht auf den Artikel als Medium der darin enthaltenen Botschaft rekurriert wird, dann kann diese Logik ebenso auf das Internet übertragen werden. Denn in Analogie zu dem Internet als Infrastruktur für die Bereitstellung der Online-Zeitung, kann auch das Papier, welches eine Zeitung wird, als Infrastruktur gedeutet werden. Diese Argumentation erschließt sich für derlei leicht abgrenzbare Referenzen wie eine Zeitung recht schnell. Hier kann die Betitelung des Internets als Medium gelten. Schwieriger kann es sein, wenn man sich andere Dienste und Angebote vor Augen führt, für welche das Internet die Infrastruktur bietet. Jedoch: wenn man sich vergegenwärtigt, dass das Internet quasi der Ersatz für Papier, für Vinyl, für Tonträger anderer Art etc. ist, kann das Internet auch als Medium begriffen werden, welches Informationen zugänglich und austauschbar werden lässt (vgl. Höflich 2016: 41). Mithin benötigt die Internetnutzung den Gebrauch eines internetfähigen Endgerätes, welches im Stande ist, den binären Code der digitalen Botschaft zu entschlüsseln, weshalb die Frage nach dem Medium erneut gestellt werden kann, wenn man nach der Position der Endgeräte in dieser Argumentation fragt. Erst die technischen Geräte sind es, die es ermöglichen, die Botschaften, Inhalte, Angebote, die das Internet offeriert, zu erfassen und für sich habhaft zu machen. In Analogie zu der Zeitung könnte argumentiert werden, dass beispielsweise der Computer dem Papier gleich wäre, das Internet dem gedruckten Wort. Weiter reduziert könnte man sagen, dass das Wort das eigentliche Medium sei und alles andere lediglich die Infrastruktur. Schlussendlich zeigt sich, dass das Kernelement dieser Argumentation darin liegt, dass man es bei der Auseinandersetzung mit dem Internet mit einem technischen Verbreitungs- respektive Massenmedium zu tun hat. Damit ist die Ebene der tertiären Medien erreicht, wel-

---

Funktionen alter Medien von neuen übernommen oder optimiert werden und die alten Funktionen hinfällig geworden sind. Insofern besteht eine potentielle Konkurrenz von Medien innerhalb einer gegebenen Medienkultur und im mediengeschichtlichen Wandel." (Faulstich 2004: 42). Faulstich fokussiert hier die Funktionsweise und identifiziert dieselbe als maßgeblich für das Bestehen oder Vergehen spezifischer Medien im Kontext historischer Gegebenheiten und Entwicklungen.

cher immanent ist, dass das Medium der Sprache von der/dem Sendenden abstrahiert und an eine/einen Empfangenden übermittelt wird. Sowohl das gedruckte Wort als auch das elektronisch übermittelte stellen damit eine Abstraktionsebene dar. Die Instanzen, die dazu verwendet werden, die durch Zeichen, Symbole und damit Worte konstituierte Botschaft, sind ihrerseits Medien, die sich in der Art der Vermittlung und in der Art und Weise des Empfanges unterscheiden (vgl. Wagner 2014: 18). Der Computer, das Smartphone, das Tablet können als Instrumente verstanden werden, die es ermöglichen, die digital übermittelten Botschaften zu decodieren und damit empfangbar und potenziell verwertbar zu machen – diese technischen Hilfsmittel können jedoch gleichsam ebenfalls als Medium aufgefasst werden (vgl. Wagner 2014: 17 f.). Die Auffassungen dessen, ob das Internet ein Medium ist oder nicht, können somit äußerst disparat und damit überaus kontrovers sein. Wenngleich das Internet ausgehend von dem grundlegenden definitorischen Verständnis eher Infrastruktur und Netzwerk ist, erscheint auch die Verwendung des Medien-Begriffes zulässig, insbesondere dann, wenn man einen medialen Prozess als Übertragungsverhältnis wahrnimmt (vgl. Krämer 2008: 20 ff.). Das Internet eröffnet den Nutzerinnen und Nutzer ein mannigfaltiges Repertoire verschiedener Angebote: Zum Beispiel bietet es „Onlineangebote, die auf klassische Einweg-Kommunikation beschränkt bleiben (publishing)" (Pürer 2015). Dabei handelt es sich um Onlinerepräsentanzen als traditionell und etabliert bekannter Medien wie (Online)Zeitungen, Rundfunk, Fernsehen (Film- und Streamingdienste) und verschiedene Informationsangebote. Diese Form des WWWs, welches gleichsam eine bestimmte Kommunikationsweise impliziert, zeichnet sich durch eine nicht reaktionäre Sender*innen-Empfänger*innen-Kommunikation aus, in der die Empfangenden nicht auf die Sender*innen reagieren bzw. direkt einwirken. Dieses Web 1.0 unterscheidet sich von der durch O'Reilly 2005 propagierten Variante Web 2.0: Das Web 2.0 ermöglicht interaktive Kommunikation, also Teilnahme und Partizipation, Austausch und das Konsumieren *und* Produzieren (vgl. Pürer 2015: 150).

Wenngleich die vorliegende wissenschaftliche Untersuchung ohne Umschweife anerkennt, dass das Internet den Charakter eines Netzwerkes und damit gleichsam einer Infrastruktur hat, soll das Internet auch als Medium begriffen werden dürfen: dann nämlich, wenn die im Zuge der Untersuchung Befragten es dafür nutzen, sich Zugang zu Inhalten verschiedenster Couleur zu verschaffen. Gleichwohl zeigt sich, dass das Internet keiner stichhaltigen Definition im Sinne eines Mediums unterzogen werden kann, da es sich je nach Nutzung in einem anderen Kontext, in einer anderen Ausformung, in einer anderen Funktion vergegenwärtigt. Mithin ist festzuhalten, dass das Internet als Massen- und auch als Verbreitungsmedium angesehen werden kann, sich hierüber aber kontrovers debattieren lässt. Aufgrund dessen möchte diese Begriffsgrundlegung, wie eingangs dargestellt, eher einen Einblick in die Merkmale geben, die das Internet in sich vereinen kann und welche Verortungen respektive Anknüpfungspunkte es in der Auseinandersetzung damit gibt. Das Internet gehört zweifelsohne in die Riege der tertiären Medien und ist damit notwendigerweise an die Nutzung von technischem Gerät gebunden – dies gleichsam bei dem Vorgang des Sendens *und* des Empfanges einer Botschaft. Hier bereits definitorisch verengend, den einen oder anderen Medienbegriff anzulegen oder dem Internet explizite Funktionen zuzuweisen, läuft der Offenheit der Interviewdesigns zuwider. Per se wird in diesem Fall das Medienverständnis weit gefasst, aber darauf fokussiert, dass das Internet mit den betreffenden Geräten als Medium gelten soll, welches sich in der technisch vermittelten und damit indirekten Kommunikation verdingt. Resümierend kann Castells' Verständnis von dem Internet als das gelten, was hier angenommen wird: „Das Internet ist ein Kommunikationsmedium, das erstmals die Kommunikation vieler mit vielen zu einem Zeitpunkt ihrer Wahl und im globalen Maßstab erlaubt." (Castells 2005: 10).

Das Internet als solches ist Gegenstand der Auseinandersetzungen – die Auswertung und Interpretation der Interviews erfolgen entlang der durch die Befragten explizierten Wahrnehmungen und Einstellungen. Damit obliegt dieser Untersuchung nicht, die Einschätzungen der Senior*innen und deren Kinder dahingehend zu korrigieren oder richtigzustellen, dass sie, wenn sie von dem Internet sprechen, womöglich eher auf das World Wide Web (WWW) rekurrieren, und dass es sich bei demselben eher um eine Infrastruktur denn um ein Medium handelt. Die hier zu den Begrifflichkeiten Internet und Digitalisierung dargelegten Ausführungen dienen dazu, zu verdeutlichen, welchen Gebrauch diese Termini in dieser Arbeit haben (können) und welche Ausdeutungen bisweilen mitgedacht werden.

5.1.2   Die Digitalisierung

Der Terminus Digitalisierung soll im Zuge dieser Begriffsgrundlegung lediglich überblickshaft behandelt werden, da sich Digitalisierung eher als ein überaus komplexes soziales Phänomen darstellt, welches gesellschaftsumspannend Relevanz entfaltet und im Zuge dessen aus verschiedenen Perspektiven beleuchtet werden sollte, um eine dezidierte Eingrenzung vorzunehmen. Überdies stellt sich Digitalisierung als etwas dar, was recht eingängig beschreibbar ist – komplex gestalten sich vielmehr die daraus resultierenden Folgen für die Gesellschaft und ihre Teilsysteme. Die Wichtigkeit und Brisanz der Digitalisierung für gesellschaftliche Prozesse wird unter anderem in Kapitel sechs behandelt, wenn es darum geht, die theoretische Metaebene dieser Arbeit zu skizzieren und im Zuge dessen die Konsequenzen einer digitalisierten Gesellschaftsordnung zu explizieren. Damit obliegt diesem Unterkapitel, die Definition der

Begrifflichkeit offen zu legen, welche für den Verlauf dieser Arbeit relevant sein wird.

Digitalisierung ist zunächst eine veränderte Speicherform für Informationen, die bislang einen bestimmten Trägertypen benötigten, um zum einen gespeichert und zum anderen zugänglich gemacht zu werden. So war die Speicherung von Tönen beispielsweise an Vinyl oder an andere Tonträger wie Kassetten gebunden, die Schrift wurde in Form von Druckerzeugnissen konserviert. Digitalisierte Informationen wandeln Töne, Bilder oder Texte in Zahlencodes um. Durch die binäre Codierung wird es möglich, derlei Medien in ihr elektronisches Äquivalent umzuformen. Digitalisierung bedeutet also

„die Umwandlung von Informationen [...] in Zahlenwerte zum Zwecke ihrer elektronischen Bearbeitung, Speicherung oder Übertragung [.]. Während für die analoge Informationsübertragung je nach Informationstyp unterschiedliche Übertragungswege und Datenträger eingesetzt werden, ermöglicht die Digitalisierung eine Vereinheitlichung. Darüber hinaus können digitalisierte Informationen ohne Qualitätsverlust übertragen und reproduziert werden." (Hans-Bredow-Institut für Medienforschung 2006: 95).

Dieser Prozess der Umformung von Informationen in ein einheitliches Codesystem und damit das Aufkommen elektronischer Speichermedien, welche auch für ein breites Publikum zugänglich waren, nahm seinen Anfang in den 1980er Jahren, als die CD ihren Weg in die CD-Spieler Vieler fand. Sie war ein kleines und preislich erschwingliches Speichermedium für Töne. „1987 begann die Digitalisierung des Telefonnetzes. Mit dem integrierten schmalbandigen Datennetz ISDN wurde gegen Aufpreis die Übertragung im Telefonnetz so geändert, dass Sprache digitalisiert" (ebd.) wird. Neben der digitalen Umwandlung verschiedener Medien und den damit einhergehenden pluralen Verarbeitungsmöglichkeiten entwickelt sich das Internet, welches es ermöglicht, Informationen auszutauschen. Die Verquickung von beidem, von der Überführung analoger Informationen in digitale, also elektronisch übermittelbare Daten, und von der Erfindung internetbasierter Datenübermittlungssysteme, führte zu dem, was heute ganze Gesellschaften nachhaltig beeinflusst. Die über das Internet bereitgestellten digitalen Daten haben eine neue Form der Verarbeitung hervorgebracht: nicht nur, dass diese Informationen unabhängig von einem spezifischen Speicherort konserviert werden können, sie können nutzungsbezogen konsultiert, versendet und auf vielerlei Arten aufbereitet werden.

„Digitale Rechenleistung und komplexe Algorithmen potenzieren die menschliche Denkleistung um ein Vielfaches. Hier liegen Chancen für Deutschland – ein Mehr an Informationen und Wissen, ein Mehr an Kommunikation, ein Mehr an Mitsprache und Demokratie, ein Mehr an Transparenz, Effizienz und Wirtschaftsleistung. [...] Es ist elementar wichtig, den Digitalisierungsgrad durch weiteres Aufzeigen der

Vorteile und Aufklärung hinsichtlich der Chancen und Risiken zu fördern." (Initiative D21 2014: 13).

Welche Konsequenzen aus dieser neuen Form der Datenaufbereitung und Datenvernetzung entstehen und wie die Digitalisierung die Welt formt, in der wir leben, wird überblickshaft, wie bereits angedeutet, in einem nachfolgenden Kapitel dargelegt.

5.2 Kommunikation und Interaktion

"Ohne Kommunikation gibt es keine menschlichen Beziehungen, ja kein menschliches Leben." (Luhmann 1981: 25).

Kommunikation ist das Band, was sich zwischen Individuen spannt, sie ist „ein Phänomen des Alltags" (Blanz 2014: 13) und vergegenwärtigt sich als einen Prozess, welcher nicht habhaft gemacht werden kann. Kommunikation, verbal, nonverbal oder (technisch) vermittelt, nimmt die „zentrale Rolle im Sozialverhalten des Menschen ein" (Argyle 2013 [1975]: 11). Die nonverbale Kommunikation umfasst beinahe alle Kanäle des Kommunikationsrepertoires, derer sich ein Mensch bedienen kann: darunter fallen nach Argyle „Mimik (Gesichtsausdrücke), Blickverhalten, Gestik und andere Körperbewegungen, Körperhaltung, Körperkontakt, Raumverhalten (Proxemik), Kleidung und andere Aspekte des Aussehens, nonverbale Vokalisierung (lautliche Äußerungen), Geruch" (ebd.). Nonverbale Kommunikation findet, dies zeigte schon Watzlawick, bewusst oder unbewusst statt. Sozialisationsbedingt sind im Besonderen die Mimiken einer Person sozial bedeutungsvoll und zudem mit der Emotion der betreffenden Person verknüpft. Wenn jemand sich unbeobachtet fühlt und die Emotion Freude in sich trägt, wird er oder sie eher aufrechte, schwunghafte und dynamische Bewegungen vollziehen, wird einen entspannten bis lächelnden Gesichtsausdruck haben und die Offenheit ausstrahlen. Emotionen sind eng mit nonverbalen also körperlichen Signalen verknüpft, die per se vorhanden sind und nicht bloß intentional verkörpert werden, wenn eine Person einer anderen begegnet – nonverbal kommunizierte Emotionen können als Fassade verwendet und hierdurch eine bewusste Täuschung des Gegenübers vorgenommen werden. Der Ausdruck real empfundener Emotionen und die damit verknüpften körperlichen Signale und die wiederum bewusst andersartige Darstellung einer anderen als der gefühlten Emotion ist nur deshalb möglich, weil sozial agierende Individuen gelernt und internalisiert haben, welche nonverbalen Zeichen zu welcher Emotion gehören. Diese bewusste Kontrolle der über nonverbale Kommunikation in eine Situation eingebrachten Botschaften wird bei Goffman (1969) umfassend thematisiert. Sein Werk „Wir alle spielen Theater" thematisiert den gezielten Einsatz nonverbaler Ausdrucksformen. Die Kernthese seines Werkes vergegenwärtigt, „dass ein Einzelner, wenn er vor anderen erscheint, zahlreiche Motive dafür hat, den Eindruck, den sie von der Situation empfangen, unter Kontrolle zu bringen" (Goffman 1969: 17). Kommunikationssituationen stellen sich Goffmans Ausführungen zur Folge als komplexe Angelegenheiten dar, die dadurch geprägt sind, dass sich die in der Situation befindlichen Personen damit befassen, Botschaften auf bestimmte Arten zu encodieren (vgl. Argyle 2013: 12), sie also in einer entsprechend des Deutungshorizontes als gültig verstandenen Form zu übermitteln. Dabei handelt es sich um einen Aushandlungsprozess, welcher abwägt, was kommuniziert werden soll und was nicht (vgl. Abels/König 2010: 129). Nonverbale Kommunikation findet immer statt und kann, sobald eine weitere Person anwesend ist, Grundlage für verschiedene Ausdeutungen und Zuschreibungen sein. Dadurch kann nonverbale Kommunikation von einer anderen Person interpretiert werden, ohne, dass sich eine bewusst initiierte Interaktion ergibt. Die Steuerung nonverbaler Signale ist damit eine der Auslegungsformen bestimmter Rollenverständnisse. Soziale Rollen sind mit diffizilen, aber sozial kommunizierten Erwartungen und Zuschreibungen verknüpft: ein rollenkonformes Verhalten ist eng verbunden mit nonverbaler Kommunikation, was die Notwendigkeit der Kontrolle über die eigenen, nonverbalen Signale vergegenwärtigt und damit in Verbindung mit der Situationskontrolle nach Goffman steht. Soziale Kommunikation und soziale Interaktion stellen eine Inszenierung mitsamt verschiedener Protagonist*innen und den ihnen und ihrer eigenen Intention und Zielsetzung dar, wenngleich die Theatermetapher hier lediglich als Verdeutlichung behilflich ist und nicht als programmatische Aufarbeitung des Kommunikationsbegriffes dienen soll, da sich Goffman im Laufe seines wissenschaftlichen Schaffens immer stärker von dem Theater- und Dramaturgieduktus entfernte (vgl. Knoblauch 2001: 11).

Zeichen und Signale werden quasi als Verweise, als Repräsentanzen, als eine Vermittlung einer Botschaft verstanden. So wird beispielsweise das Lächeln der oben beschriebenen Person als Signal für eine fröhliche, positive Stimmung gelesen, während eine zusammengesunkene Körperhaltung auf einen weniger dynamischen inneren Zustand verweist. In Anlehnung an Argyle findet zwischen der einen Person, die nonverbale Zeichen aussendet, und der anderen Person, welche die nonverbalen Äußerungen wahrnimmt, ein Codierungsprozess statt, in welchem die Botschaften encodiert und decodiert, also ausgesendet und entschlüsselt werden. Die En- und Dekodierung geschieht auf Grundlage eines gemeinsamen, kulturell geprägten und durch Sozialisation eingeübten und verfestigten Deutungsrahmens. Mimiken sind interkulturell versteh- und deutbar – anders verhält es sich mit Gesten: diese unterliegen weitaus stärker den kulturspezifischen Prägungen. Kommunikation funktioniert aus einem Zusammenspiel von Entsendetem und Gedeutetem, wobei beide Seiten mitnichten störungsfrei sind. Wie bereits angedeutet wurde, kann die Ausprägung der nonverbalen Kommunikation von dem/der Initiierenden bewusst eingesetzt werden und damit als Fassade wirken, was dazu führt, bestimmte Intentionen, die über die nonverbalen Signale mitgeteilt werden, zu unterstützen, oder Realemotionen zu verbergen. Mithin ist der gezielt eingesetzten Kommunikation der Gedanke immanent, dass bestimmte Botschaften übermittelt und andere gezielt nicht übermittelt werden. Darüber hinaus obliegt der Seite des/der Dekodierenden die Aufgabe der Deutung der nonverbal übermittelten Botschaft (vgl. Argyle 2013: 12 f.). Nonverbale Kommunikation subsumiert zwei verschiedene Funktionen, welche zum einen die individuelle und zum anderen die soziale Ebene tangieren. Diese Funktionsebenen lassen sich ebenfalls auf die verbale Kommunikation ausweiten.

Die vorliegende Untersuchung zielt eher auf die verbale denn auf die nonverbale Kommunikation ab, da Kommunikation im Kontext der Internetnutzung auch – und vor allem – (technisch) vermittelte Kommunikation meint. Die Kommunikation über das Internet ist überaus vielfältig und bietet die Möglichkeit, verschiedene Kommunikationsweisen miteinander zu verbinden. Im Wesentlichen werden die Medien *Sprache* und *Schrift* technisch übermittelt (vgl. Argyle 2013: 13). In Anlehnung an Lage (2007) kann expliziert werden, dass die Funktionen der Kommunikation individueller oder sozialer Natur sind und innerhalb dieser Funktionsfelder wiederum bestimmte Funktionen übernehmen und sich zudem gegenseitig bedingen. Als individuell geltende Funktionen identifiziert Lage die nachfolgenden: „Aufmerksamkeit und Kontakt, Aufforderungen, Erklärungen und Kommentare, Erlebnisse und Ereignisse, Wünsche und Bedürfnisse, Fragen, Gefühle und Befindlichkeiten, Einverständnis oder Widerspruch" (2007: 6). Individuell konnotierte Kommunikation ist nicht selbstreferentiell – Kommunikation ist gleichsam ein Akt der Interaktion, in welchem das Individuum auf ein anderes verweist, Bezug nimmt und bewusst Botschaften entsendet. Diese verbalisierten Botschaften haben die von Lage explizierten Funktionen. Dieser Darstellung ist immanent, dass es *ein/e Andere/r* oder *ein Anderes* ist, die/der mit den als individuell konnotierten Aspekten in Verbindung stehen (vgl. Blanz 2014: 13). Das Andere muss hier im Kontext der Internetnutzung mitgedacht werden, da das Internet als Adressat von Fragen verstanden werden kann und zudem Interaktionsmöglichkeiten bietet, die in hohem Maße von zwischenmenschlicher Interaktion abstrahiert sind. Das Internet bietet mit seinen vielfältigen Angeboten und Möglichkeiten auch eine Plattform für die Befriedigung von Wünschen und Bedürfnissen. Per se lassen sich all die von Lage aufgeworfenen Funktionen auf die internetbasierte Kommunikation übertragen – wobei mithin die Eindeutigkeit der Mensch-Mensch-Interaktion im Internet in Frage zu stellen ist, weil Algorithmen Steuerungsfunktionen übernehmen. Kommunikation intendiert ein Gegenüber, dieselbe besteht nur aufgrund der Notwendigkeit einer Interaktion mit einem anderen Individuum. Aus den individuellen Funktionen lassen sich gleichsam die sozialen Funktionen ableiten, welche die Implikation eines/r Anderen unterstreicht: „Beziehungen aufbauen und pflegen, [s]oziale Etikette einhalten, Informationen austauschen, Wissen und Erfahrungen teilen, Andere beeinflussen" (Lage 2007: 6). Daraus folgernd lässt sich formulieren, dass man mittels „Kommunikation Wirkungen erzielen kann" (Merten 2013: 11). Dabei ist das System der Kommunikation denkbar komplex, vieldeutig und bietet mannigfaltige Herausforderungen. Erinnert sei an Watzlawick: auch das Nicht-Kommunizierte ist Bestandteil der Interaktion. Dies gilt auch für verbale Kommunikation, in welcher sich das Nicht-Gesagte, also das Stillschweigen, das Auslassen eines Kommentares, das Verzichten auf einen Gruß usw. auf die Situation auswirkt.

Verbaler und nonverbaler Kommunikation sind verschiedene, situationsabhängige Funktionen eigen, welche per se das mitdenken, was ein Individuum an Intentionen mit sich führt, aber auch das vergegenwärtigen, was für einen sozialen Kontext relevant ist. Wenngleich sich Mertens Kommunikationskonzepte in erster Linie auf ein strategisches Design im Organisationskontext beziehen, lassen sich daraus Eckpunkte entleihen, die das soeben Explizierte systematisieren. Die erste Ebene umfasst die „Situationsanalyse" (Merten 2013: 16 f.), welche sich auf eine soziale Interaktion übertragen lässt: in dieser Situationsanalyse wird eine Fokussierung auf die von Lage dargestellten Funktionen vorgenommen und die Frage dahingehend beantwortet, welche Funktion der Kommunikationssituation immanent ist. Exemplarisch kann die nachfolgende Situation herangezogen werden: Studierender A sitzt in einem überfüllten Hörsaal in der letzten Reihe und kann die Dozierende, welche sich am anderen Ende des Raumes am Vortragspult befindet, nur mit großer Anstrengung verstehen. Im Zuge der Situationsanalyse tritt sogleich die Problemanalyse in den Fokus, welche sich für den Studierenden A ergibt, da das akustische Signal der Sprecherin nicht deutlich von ihm wahrgenommen werden kann. Die Ursachen dafür sind vielfältig: 1) die Sitznachbarn von A unterhalten sich und bieten eine Geräuschkulisse, 2) die Dozierende nutzt nur sehr gelegentlich das Mikrofon – dies sind externe Faktoren, interne Faktoren lassen sich für den Studierenden nicht erschließen. An die „Ist-Analyse" (Merten 2013: 16) dieser für den Studierenden A verzwickten Situation schließt sich die Eruierung der Problemlösung an. Die Problemlösung offeriert die Möglichkeiten und wägt ab, wie aussichtsreich die jeweiligen Lösungsansätze versprechen zu sein. Davon ausgehend wird die am ehesten zu verwirklichen erscheinende Lösung des Problems als Strategie erwählt, welche den Kern der Kommunikationssituation darstellt und gleichsam mehrere Funktionen in sich birgt – diesem Aspekt ist der des Instruments immanent: der Studierende A wird seinen Mut zusammennehmen und für die Problemlösung das Instrument der Kommunikation anlegen (vgl. ebd.). Die exemplarisch dargestellte Begebenheit geht nun also in die nächste

Phase, der Studierende ringt sich eine Lösungsvariante ab, die ihm am ehesten zielführend erscheint: er spricht die Sitznachbarn an, in der Hoffnung, dass sie sich weniger intensiv austauschen und er eher dem Wort der Dozierenden folgen kann. Die Kommunikation mit dem Ziel der Wirkung ist eröffnet und geprägt von den Funktionen der Kontaktaufnahme (Studierender A spricht die Sitznachbarn an und macht auf sich aufmerksam, stellt Kontakt her), der Aufforderung (die Unterhaltung abzubrechen oder weniger lautstark zu gestalten), der Erklärung (er formuliert den Grund seiner Kontaktaufnahme und der Aufforderung, des Wunsches dem Lehrstoff zu folgen). Jeder Kommunikation sind bestimmte Funktionen eigen, welche von der Individualebene auf die Ebene des Sozialen umleiten. Weiterhin an Lage orientiert, ist die durch den Studierenden A initiierte Kommunikationssituation geprägt durch die soziale Funktion der Beeinflussung Anderer: die durch die Kommunikation intendierte Wirkung liegt in einem veränderten Verhalten der Anderen. Deutlich geworden ist anhand des Beispiels, dass eine nicht-unternehmensgebundene Kommunikation ebenfalls Merkmale strategisch gestalteter Kommunikation aufweist und sich die Phasen der strategischen Kommunikation übertragen lassen. In Anlehnung an Lage wurde exemplarisch dargelegt, welche Kommunikationsfunktionen innerhalb einer spezifischen Situation offenkundig werden – deutlich wurde zudem, dass eine Kommunikationssituation mehrere Funktionen in sich tragen kann. Individuelle und soziale Funktionen bedingen sich dabei gegenseitig, leiten ineinander über und gehen ineinander auf. Anhand der beispielhaft gewählten Situation des Studierenden A, der der Dozierenden während der Vorlesung durch den Lehrstoff folgen möchte, kann ein weiterer Aspekt vergegenwärtigt werden. Die Situation ist also die: der Studierende A dreht sich nach links und spricht seinen Sitznachbarn an: daraus ergeben sich zwei mögliche Optionen – 1) der Sitznachbar wendet sich dem Studierenden A zu und *reagiert* auf seine Kontaktaufnahme, er wendet sich ihm zu, schaut ihn an, äußert gegebenenfalls ein Grußwort; 2) der Sitznachbar *reagiert nicht* auf die Ansprache des Studierenden A und bleibt in seinem Verhalten unbeeindruckt. An diesem Punkt kann der Aspekt der Interaktion verdeutlicht werden. In beiden Szenarien zeigt sich eine Kommunikationssituation: es gibt eine/n Akteur*in, welche/r eine Botschaft sendet. Je nachdem, um welche Art der Kommunikation es sich handelt, wird direkt ein/e empfangende/r Akteur*in mit der Botschaft konfrontiert, bei massenmedial übermittelten Botschaften sind bisweilen die Empfänger*innen unbekannt und die Rezeption nicht vollumfänglich gewiss. Kommunikation bedeutet also die Entsendung einer Botschaft – egal, *ob* diese (direkt) empfangen wird oder nicht (damit einher geht überdies der Aspekt des Zeitpunktes des Empfangens und der Ort). Dieser als fraglich zu bezeichnende Faktor fehlt der Interaktion. Dieselbe ergibt sich aus einem bewussten Aufeinander-Bezogen-Sein wenigstens zweier Interaktionspartner*innen. In einer Interaktion richten die Beteiligten ihre Aufmerksamkeit auf das

Gegenüber und setzen sich bewusst miteinander auseinander. Im Falle der Kontaktaufnahme des Studierenden A mit dem Sitznachbarn bleibt der Moment des Interagierens aus, wenn der Sitznachbar keine Notiz von der kommunizierten Kontaktaufnahme nimmt. Im Falle des Abgewandt-Bleibens des Sitznachbarn findet trotz ausbleibender Interaktion eine Kommunikation statt, welche der Studierende A interpretieren kann, also decodiert. Da in dem mikrosoziologischen Zugang dieser Arbeit per se intentionalisierte und medial vermittelte Kommunikation[26] eine Rolle spielt und damit vor allem das Gerichtet-Sein auf Interaktionspartner und Interaktionspartnerinnen gemeint ist, also das Soziale im Vordergrund steht, können und sollen die Termini Interaktion und Kommunikation zusammengedacht werden[27], wenngleich mit Deutlichkeit vorgebracht wird, dass es sich mitnichten um Synonyme handelt. Der Ausgangspunkt des Sozialen, welcher sich per se durch die bewusste Auseinandersetzung mit einem Gegenüber darstellt, ist die Grundlage soziologischer Betrachtungen, weshalb alles, was nicht Interaktion ist, per se ein Apriori sein könnte. „Interaktion wird selten als ein eigenständiges Phänomen und als Ausgangspunkt einer Untersuchung verstanden. In den meisten Fällen bilden eine konkrete Situation, in der sich Individuen befinden, und die verschiedenen Strategien, derer sie sich bedienen, um mit ihr umzugehen, den Startpunkt." (Scannell 2011: 198). Merten leitet in seiner Untersuchung (1977) ab, dass Kommunikation bisweilen einen einseitigen Prozess meint, welchem im Wesentlichen die Übertragung einer Information immanent ist. Darüber hinaus vergegenwärtigt Merten, dass es einen zweiseitig gerichteten Kommunikationsprozess gibt, der im Wesentlichen die hier verdeutlichte Interaktion meint. Dieser zweiseitig intendierte Prozess ist grundlegend der *soziale Austausch*.

Sozialwissenschaftlich orientierte Forschung begibt sich demnach mitten in die bestehende Situation hinein. Unnütz ist diese Unterscheidung zwischen Kommunikation und Interaktion allerdings keinesfalls: insbesondere für mediensoziologische Betrachtungen wird diese Differenzierung relevant. Vor allem Unternehmungen der Rezeptionsforschung nehmen die Wirkung medial übermittelter Botschaften in den Blick, welche einen Kommunikationsprozess abbilden, aber keine Interaktionen darstellen. Dieser Umstand kann jedoch

---

26 „Kommunikation zwischen Menschen mittels Medien ist im Prinzip der gleiche Typus von Kommunikation wie ohne Medien – aber unter spezifischen Zusatzbedingungen." (Krotz 2001: 74 f.).
27 Diese Verschmelzung beider Termini und damit das Denken des Ineinander-Verflochten-Seins von Kommunikation und Interaktion zeigen sich explizit bei dem hier bereits konsultierten Erving Goffman und zudem bei Garfinkel. Vor allem bei Goffman ist die Suche nach dem Prinzip angelegt, welches das Soziale ermöglicht und konstituiert. Daran anknüpfend erkennt er die Frage danach als grundlegend an, wie sinnhafte Interaktion zwischen Gesellschaftsmitgliedern möglich wird (vgl. Scannell 2011: 198).

Gültigkeit entfalten, wenn sich um ein interaktives Sendeformat handelt, welches zwar ein disperses Publikum adressiert, aber direkte Reaktionen ermöglicht. Hier kann es zu einer Interaktion kommen, die tatsächlich die Kriterien des Aufeinander-Bezogen-Seins und des bewussten Aufeinander-Reagierens erfüllen. Für die nachfolgenden Ausführungen im Lichte dieser Untersuchung wird die Unterscheidung der beiden Termini keine allzu große Relevanz entwickeln. Trotzdem sei angemerkt, dass die Interaktion in ihrer Abgrenzung zur Kommunikation vergegenwärtigt wird und die Verwendung der beiden Termini absichtsvoll und damit eingedenk der hier angedeuteten Nuancen als differenzierend vollzogen wird.

5.3 Mediatisierung und Mediensozialisation

„Mediatisierung als Metaprozess sozialen und kulturellen Wandels beinhaltet eine Vielfalt von übergreifenden, zum Teil bereits Jahrhunderte dauernden Entwicklungen, die schon vor der Erfindung der Schrift begonnen haben und mit der Erfindung der heute vorhandenen Medien noch lange nicht beendet sind. Seine Konsequenzen berühren den Menschen als Individuum in Alltag, Identität und Beziehungen, aber auch Kultur und Gesellschaft. [...] Mediatisierung ist damit ein Konstrukt, unter dem wir diese Vielfalt von Phänomenen zusammenfassen, um uns die Welt zu erklären" (Krotz 2007: 11).

Der Terminus Mediatisierung kann, ungeachtet pluraler Ausdeutungen, Lesarten und konzeptioneller Verortungen, auf ein, allen Explikationen gemeinsames Extrakt komprimiert werden: „Der Begriff der Mediatisierung [...] gründet auf der Annahme, dass sich die Verwendung von Medien und damit auch mediatisierte Interaktion in modernen Gesellschaften sowohl quantitativ als auch qualitativ verändern" (Einspänner-Pflock/Reichmann 2014: 53). Eine Ausdifferenzierung erhalten der Begriff und damit auch das demselben vorgelagerte theoretische Konzept aufgrund zweier als unterschiedlich ausgedeuteter Ausgangsperspektiven. Ein Verständnis von Mediatisierung rekurriert auf die den traditionellen, also analogen, und den digitalen Medien innewohnenden Systematiken. Damit diffundieren mediatisierte Logiken in gesellschaftliche Funktionssysteme und entfalten dort ihre Wirkung (vgl. Finnemann 2011: 70 ff.; Einspänner-Pflock/Reichmann 2014: 53). Die andere Perspektive versteht unter Mediatisierung eine die Gesellschaft umspannende Einflussgröße, „einen Metaprozess, der Gesellschaften als Ganzes verändert und eine reflexive Beziehung zwischen Sozialität und Medien unterstellt" (Einspänner-Pflock/Reichmann 2014: 53). Die Auseinandersetzung mit dem Mediatisierungsbegriff im Rahmen dieser Arbeit bezieht sich dabei auf das letztgenannte Begriffsverständnis. Implikation des zuletzt angeführten Ansatzes ist, dass Gesellschaft an sich, dabei differenziert in Teilsysteme, in umfassender Art und Weise durch die jeweils prägenden Medien beeinflusst werden. Damit bezieht sich dieses Verständnis von Mediatisierung nicht bloß auf die Frage, welche Medien genutzt werden, wann und wofür, sondern forcieren die Beschäftigung mit den Wirkungsmechanismen, die gesellschaftlich durch den Einfluss bestimmter Medien eruierbar sind, neue Handlungspraktiken generieren und sich damit von dem abgrenzen, was als bis dato etablierte Handlungspraxis galt. Die These der Wirkung von Medien und deren Nutzung auf die Gesellschaft generiert die Implikation, dass Medien einen integralen, konstituierenden Bestandteil darstellen und sich daraus, beinahe schon notwendigerweise, die Konzeption der „mediatisierten Welten" (Hepp/Krotz 2012) ergibt.

Der Mediatisierungsbegriff wird bereits über einen sich weiter ausdehnenden Zeitraum in den Kommunikationswissenschaften verhandelt. Eingedenk historischer Entwicklungen zeigt sich die Relevanz dieses Begriffes dann besonders stark, wenn man sich die dominante Einflussnahme der Medientechnologien vergegenwärtigt. Ströhl betont hierbei vor allem die Besonderheit *technischer* Verbreitungsmedien und die voranschreitende Etablierung digitalisierter Prozesse im Zuge einer „mediale[n] Wende" (Ströhl 2014: 180). Mitgedacht wird im Hinblick auf die steigende Etablierung digitaler Medien im neuen Lichte die These Luhmanns: „Was wir über unsere Gesellschaft, ja, über die Welt, in der wir leben, wissen, wissen wir durch die Massenmedien." (Luhmann 2017: 9). Die Darstellung, dass die Rezipient*innen, um Informationen über die Mitwelt, über all das, was nicht direkt für sie erfahrbar ist, erhalten zu können, auf die mediale Vermittlung angewiesen sind, wird immer prägnanter, je größer die Medienvielfalt und die Medienpräsenz sind. Insbesondere digitale Medien, das Web 2.0, welches den Konsumierenden ermöglicht, Produzierende zu sein, Botschaften selbst zu kreieren, öffnet neue Räume für die Frage nach der Abstraktion medial vermittelter Realität(en). Nicht nur die Nutzung digitaler Medien, sondern auch deren Einfluss auf die Informationsgenese, auf die Adaption verschiedener Wissensbestände und die Wirkung auf zwischenmenschliche Handlungsrepertoires entfalten Relevanz für die Mediatisierungsforschung. Ströhl umreißt prägnant die umfassenden Veränderungsprozesse:

> „Die psychischen, kulturellen, sozialen und politischen Effekte dieses revolutionären, geradezu eruptiven Prozesses sind noch weitgehend unerforscht. Doch der [sic!] *Mediatic Turn* erzeugt ein Bewusstsein für die möglicherweise sehr tiefgehenden Folgen dieses Wandels. Unsere Mediennutzung formt und kontrolliert auf eine uns selbst weitgehend unbewusste Weise unsere Subjektivität, unsere Identität und unser Empfinden der eigenen Freiheit und Selbstverantwortung. Wir nehmen den Umgang mit Medien als so selbstverständlich hin, dass wir uns nicht immer in angemessenem Umfang ihrer prägenden Wirkung bewusst sind." (Ströhl 2014: 180).

Ströhl verdeutlicht die Durchdringung jedweder Lebensbereiche durch Medien und verweist damit auf die Programmatik des Mediatisierungsbegriffes, wobei er von einem „mediale[n] Apriori" (ebd.) ausgeht. Das Verständnis, dass Medien als Apriori gelten, lehnt Ströhl hier an die Ausführungen von Kittler an. Kittler bezeichnet Medien und Medienbedingungen gar als technisches Apriori (vgl. Kittler 1986) und vergegenwärtigt damit die Relevanz medialer Vermittlungsleistungen für die menschliche Erkenntnis. Wenngleich Kittlers Terminus auf die Dominanz technisch vermittelnder Medien hinweist, umfassen seine Betrachtungen alle Medien. In seinem Werk *Aufschreibesysteme 1800/1900* (1985) rekurriert Kittel dezidiert auf die Relevanz handgeschriebener Botschaften. Dabei erfährt das Schreiben an sich eine Beachtung als zweifach wirksame Vermittlungsinstanz, die auf die/den Schreibende/n ebenso wirkt wie auf die/den Botschaftempfangende/n. Der Terminus des Apriori geht auf Kant (1787)[28] zurück und bedeutet in der Auseinandersetzung mit Medien folgendes:

> „Philosophiegeschichtlich sind [sic!] *Aprioris* Erkenntnisse, die nicht empirisch, das heißt durch Erfahrung gewonnen werden, sondern schon vor jeder Erfahrung unser Denken bestimmen oder aber logisch, allein mithilfe der Vernunft, abgeleitet werden. Alles, was wir wissen oder zu wissen glauben, können wir demnach nur deshalb wissen oder zu wissen glauben, weil wir dieses Wissen oder dieser Glaube von unseren Kulturtechniken unterstützt oder [sic!] nachgerade produziert wird. Kittlers brennendstes Anliegen ist es, immer wieder herauszustreichen, dass auch den Geisteswissenschaften dieses medientechnische Apriori stillschweigend und bis dato unerkannt zugrunde liegt. [...] Wenn die Mediennutzung, also die Kulturtechniken das Menschsein bestimmen, dann ist es für Menschen unmöglich, sich über diese Bedingungen ihrer selbst hinwegzusetzen. Sie können sich dann nicht reflektierend-distanziert über sie als Gegenstand erheben" (Ströhl 2014: 212).

Damit ist die Implikation verbunden, dass der Mediengebrauch und der Medieneinsatz menschliche Wahrnehmungs- und Erkenntnisprozesse nicht nur determinieren, sondern fundamental strukturieren, sie formen und im Kant'schen Verständnis gar erst ermöglichen. Wobei sich nicht die konstruktivistischen Aspekte vergegenwärtigen, sondern eher zum Ausdruck gebracht werden soll, dass Wahrnehmung in dieser Betrachtung erst durch die Medien möglich wird. Medien nehmen damit den Stellenwert eines konstitutiven Elements ein: „Mit dem [sic!] *Mediatic Turn* hören die Medien auf, als Sonderfall

---

28 Kant expliziert in seiner Vorrede zur Kritik der reinen Vernunft den Weg zu einer Erkenntnis: „Denn das kündigt eine jede Erkenntnis, die a priori feststehen soll, selbst an: [sic!] daß sie vor [sic!] schlechthinnotwendig gehalten werden will, und eine Bestimmung aller reinen Erkenntnisse a priori noch viel mehr, die das Richtmaß, mithin selbst das Beispiel aller apodiktischen (philosophischen [sic!] Gewißheit sein soll." (Kant 1998 [1787]: 10).

des Kommunizierens oder Denkens zu gelten" (ebd.: 181). Der *Turn*, hier auch als Wende verstanden, markiert einen Umbruch gesellschaftlicher Dynamiken im Kontext veränderter Parameter innerhalb eines Referenzrahmens. Besonders prägende kulturelle Begebenheiten formieren andersgelagerte Handlungsfelder respektive verschaffen neue, gesellschaftlich relevante Einflüsse. Reflektiert werden derlei Entwicklungen im Zuge wissenschaftlicher Auseinandersetzungen. Diese wissenschaftliche Reflexion trägt weitergehend zu der Herausbildung dieses Turns bei, weil erst durch diese Betrachtung die Veränderung vergegenwärtigt wird, welche sich gesellschaftlich formiert. Der Begriff ist damit ein wissenschaftliches Konstrukt, welches Transformationsprozesse retrospektiv erfasst. Definitorisch umreißt Bachmann-Medick diesen Terminus wie folgt:

> „Von einem [sic!] *turn* kann man erst sprechen, wenn der neue Forschungsfokus von der Gegenstandsebene neuartiger Untersuchungsfelder auf die Ebene von Analysekategorien und Konzepten [sic!] ‚umschlägt', wenn er also nicht mehr nur neue Erkenntnis*objekte* ausweist, sondern selbst zum Erkenntnis*mittel* und *-medium* wird." (Bachmann-Medick 2006: 26).

Deutlich wird erneut: die Reflexion der Bedeutung der Medien ist für die Lebensgestaltung der Individuen keinesfalls auf die Art der Nutzung beschränkt – diese Sichtweise würde im Zuge der Beschäftigung mit dem Begriff der Mediatisierung entschieden zu kurz greifen. Mit dem Terminus ist ein gesellschaftlicher Wandel umrissen, welcher sich zum einen aufgrund der Relevanz und der Einbettung der Medien in die Alltagsroutinen des Individuums, aber auch bei jedweder Organisation, Institution, Unternehmung darstellt, und sich zum anderen durch die veränderten Handlungsroutinen und Prozessstrukturierungen vergegenwärtigt. Nicht nur die Tatsache der veränderten Quantität der Mediennutzung ist von Bedeutung, sondern auch die damit verbundene Art der Mediennutzung und daraus Resultierendes. Gesellschaft ändert sind hinsichtlich der Art der Mediennutzung und der Nutzungsroutinen und *durch* die Art der Mediennutzung.

Die beschleunigte Entwicklung der Medien und die beschleunigte Einbettung in die Handlungsrepertoires der Nutzerinnen und Nutzer hat beinahe parallel dazu verlaufend die Mediatisierungsforschung intensiviert, welche sich insbesondere in den 1990er Jahren weitergehend etablierte (vgl. Krotz 2014: 7). Die Grundlegung der hier verwendeten Ausdeutung des Mediatisierungsbegriffes geht auf die Beschreibungen von „Schulz (2004) sowie Mazzoleni und Schulz (1999)" (Krotz 2014: 9) zurück, „die im Wesentlichen Anpassungsprozesse der handelnden Akteure an die Medienentwicklung beschreiben" (ebd.). Weitgehend orientieren sich Anhänger*innen dieser Tradition an McLuhan (2001), welcher in den 1960er Jahren die rasante Medienentwicklung wissenschaftlich sowie kritisch verfolgte, einschätzte und einordnete und bereits zu

Beginn der Etablierung der Fernsehgeräte in jedermanns Wohnzimmer die Wirkung der Medien auf die Menschen beobachtete und analysierte[29]. Seit Anbeginn des vertieften Forschungsinteresses an dem Begriff der Mediatisierung bis in die heutige wissenschaftliche Auseinandersetzung bleiben die Kerngedanken des Terminus beständig: Mediatisierung wird verstanden als ein andauernder Prozess, der sich stetig neuformierenden und neuausrichtenden Lebensführungen und Lebensumständen widmet, welche „durch den Wandel von Kommunikationsmedien und kommunikativen Infrastrukturen" (Hoffmann/Krotz/Reißmann 2017: 3) beeinflusst werden. Der Begriff ist damit schwerlich in einer einschlägigen und alles umfassenden Definition zu fassen. Vielmehr verbirgt sich hinter dem Terminus Mediatisierung ein theoretisches Konzept, welches den Zusammenhang zwischen Medienwandel und gesellschaftlichem Wandel zu erfassen und erforschen gedenkt. Dieses Forschungsvorhaben und Erkenntnisinteresse versucht in einer Ist-Analyse die gegenwärtige Einflussnahme digitaler Medien zu begreifen und sich daraus ergebende Entwicklungen und Veränderungen abzuleiten. Per se fokussieren Mediatisierungsforschungen den Medienwandel und differenzieren hier in „das Aufkommen einzelner Medien bzw. [den] [.] Wandel vorhandener Medien" auf der eine Seiten und in den „[sic!] *Wandel eines Mediensystems* einer Gesellschaft" (Krotz 2017: 22) auf der anderen Seite.

Der Terminus der Mediatisierung ist für diese Untersuchung überaus interessant: Die Seniorinnen und Senioren befinden sich in ihrem eigenen Prozess des Mediatic Turns, wie ihn Ströhl beschrieben hat. Während jüngere Generationen bereits den Sprung in die Digitalisierung (Digital Turn) vollzogen und damit eine neue Ebene nach dem Wandel erreicht haben, befinden sich die Senior*innen (zumindest ein beträchtlicher Teil von ihnen) noch immer auf einer Ebene, die quasi vor der Wende liegt. Ströhl weist darauf hin, dass sich an diese unablässige Aufeinanderfolge von Turns eine Metawende (vgl. Ströhl 2014: 181) anschließen müsste. Die Frage ist, ob die Digitalisierung jedweder gesellschaftlichen Lebensbereiche diese Metawende bedeutet, oder ob dieselbe sich erst im Anschluss daran realisiert, dann nämlich, wenn diese in sich zusammenfällt, weil keine neue Wende möglich wird. Vor allem die offline lebenden Senior*innen gehen quasi der Entwicklung hinterher, sie sind Nachzügler*innen in einer sich bereits vollzogenen Entwicklung. Mehrheitlich hat sich für die Gesellschaftsmitglieder eine weitere Ebene des Mediatic Turns vollzogen, die Senior*innen jedoch wollen dieser Entwicklung nicht folgen, weil sie die Internetnutzung für sich ablehnen, sich dadurch bewusst nicht an der Di-

---

29 Zu benennen sind dabei vor allem die Werke „The Medium is the Massage: An Inventory of Effects" (2008), „Die Gutenberg-Galaxis: Die Entstehung des topografischen Menschen" (2011) und „Understanding Media" (2001).

gitalisierung beteiligen, respektive nicht die Voraussetzungen erfüllen (wollen), um ebenfalls an dem Prozess der Digitalisierung zu partizipieren. Doch nicht nur für die Offlinerinnen und Offliner unten den Senior*innen ergeben sich besondere Umstände: auch diejenigen, die sich schrittweise und eher zaghaft mit dem Internet auseinandersetzen und anfreunden, sind sinnbildlich dafür anzusehen, eine Medienwende zu vollziehen. Durch das weniger prozesshafte Aneignen des Internets als vielmehr durch die bewusst intendierte Zuwendung der Senior*innen zu dem für sie neuen Medium kann das Ausmaß der Einwirkung des neuen Mediums auf das Individuum eruiert werden. Aufgrund der Differenzierung, die die Senior*innen für sich im Hinblick auf die analogen und auf die digitalen Medien vollziehen können, kann das eruiert werden, was Mediatisierung bedeutet: die Wirkung von Medien auf die Lebensgestaltung von Menschen.

Eng mit dem Begriff der Mediatisierung ist der der *Mediensozialisation* verknüpft, da sie sich argumentativ aufeinander beziehen und konzeptionelle Interdependenzen aufweisen, die sich im Forschungsfeld explizieren lassen und vergegenwärtigen.

> „Mediatisierung verstanden als fortwährender Prozess der Restrukturierung von Lebensbedingungen durch den Wandel von Kommunikationsmedien und kommunikativen Infrastrukturen versorgt die Mediensozialisationsforschung mit neuen Themen, Gegenständen, Problematiken und Fragen." (Hoffmann/Krotz/Reißmann 2014: 3).

Die Autoren Hoffmann, Krotz und Reißmann geben mit Blick auf die jeweiligen Forschungsaktivitäten und -entwicklungen zu bedenken, dass die verschiedenen theoretischen Zugänge und Forschungsbestrebungen in nur marginalem Umfang in einer Verquickung gedacht oder in Bezug zueinander gesetzt werden (vgl. ebd.). Die Schwerpunkte der Mediensozialisationsforschung beziehen sich verstärkt auf die Frage, des *Was* und des *Wies* der Mediennutzung unterschiedlicher Gesellschaftsgruppen. Mediensozialisation hat, das könnte man grob umrissen darlegen, eher genuin mikrosoziologische Forschungsinteressen, während die Mediatisierungsforschung stärker auf makrosoziologische Aspekte rekurriert. Der Mediensozialisationsforschung ist „eine [sic!] *Prozessperspektive*" (Hoffmann/Krotz/Reißmann 2014: 4) immanent, da sie sich eng an den theoretischen Grundlagen der Sozialisationsforschung orientiert, welche in der Sozialisation einen Entstehungs- und Entwicklungsprozess sieht, der mehrere Lebensabschnitte eines Individuums umfasst und durch verschiedene Einflüsse geprägt ist. „Entsprechend geht Mediensozialisationsforschung in der Regel von einem [sic!] *Wechselverhältnis von Subjekt bzw. Individuum und Medien(-umwelt)* aus" (ebd.). Somit lautet eine der Kernfragen des Forschungsprogramms: *Welchen Beitrag leisten (welche) Medien zu der Entwicklung eines Individuums?*

Auf dem Weg zu der Frage, wie der Begriff der Mediensozialisation definitorisch zu fassen ist, begegnet man notwendigerweise dem Konzept der Sozialisation, welches mithin, aus verschiedenen Perspektiven betrachtet, einen gemeinsamen Kern freilegt, dennoch durch unterschiedliche Ansätze geformt ist Dem Bestreben, diese verschiedenen Betrachtungsweisen des Begriffes freizulegen, wird in dieser hier stattfinden Auseinandersetzung nicht gefolgt. Allerdings sei angemerkt, dass die Konzeptionen, die die Sozialisation der Gesellschaftsmitglieder verstehend und erklären nachzeichnen, der Frage nachgehen, wie genau die Beeinflussung eines Individuums vonstattengeht. Forschungsbemühungen der Sozialisationsforschung umkreisen die Frage, wie das Individuum zu dem wird, was es wird. Dabei spielt die Beantwortung der Frage, welchen Einfluss andere Gesellschaftsmitglieder auf dasselbe haben, ebenso eine Rolle, wie die Frage nach dem Einfluss der Medien auf das Individuum und dessen Entwicklung. Hurrelmann formuliert prägnant eine Definition zu dem Begriff der Sozialisation: die Sozialisation ist ein „Prozess, in dessen Verlauf sich der mit einer biologischen Ausstattung versehene menschliche Organismus zu einer sozial handlungsfähigen Persönlichkeit bildet, die sich über den Lebenslauf hinweg in Auseinandersetzung mit den Lebensbedingungen weiterentwickelt" (Hurrelmann 2002: 15). Eingedenk dieser Ausführungen ist leicht einzusehen, dass auch der Prozess der Mediensozialisation als überaus diffizil und komplex angesehen werden muss. Mediensozialisation ist folglich geprägt durch eine Anbindung an die eher allgemeinen Charakteristika des Sozialisationsprozesses, aber auch gebunden an „die spezifische Situation einer von Medien geprägten Lebenswelt" (Aufenanger 2008: 87).

Die Paradigmen der Mediensozialisationsforschung gehen davon aus, dass Menschen in einem bestimmten Verhältnis zu Medien stehen, dass Medien und Menschen bisweilen aufeinander bezogen sind und dabei Medien auf den Menschen einwirken. Dies geschieht unter anderem dadurch, dass Individuen auf (auf mehrere; oder gezielt auf einzelne) Individuen einwirken. Kernannahme der Mediensozialisation ist, dass die Verwendung von Medien – allen voran die Verwendung elektronischer Medien wie Fernsehen oder Computer (das Internet hier mitgedacht) – Einfluss auf die Entwicklung des Individuums nimmt. Dieser Einfluss kann überaus vielgestaltig sein, wenn man Medien nicht als ein Konglomerat versteht, sondern bisweilen nach der Art des Mediums differenziert. Unterschiedliche Medien prägen die Entwicklung der Individuen auf verschiedenste Weise und wirken damit auf divergierende Weise (zurück) auf die Gesellschaft. Der Begriff der Mediensozialisation wird im Durchgang durch diese Arbeit eher rudimentär verwendet, kommt aber gelegentlich zur Anwendung, wenn die Mediensozialisation der Senior*innen tangiert wird. Dabei werden explizit die mit verschiedenen Medien verbundenen unterschiedlichen Nutzungsroutinen mitgedacht. Einflüsse, die beispielsweise von einem primär analogen Mediengebrauch ausgehen, werden nicht tiefgreifender eruiert. Das

Ziel dieser Arbeit besteht nicht darin, medienwirkungsforschend die Gruppe der Senior*innen zu beleuchten und dezidiert aufzudecken, welche Medien wie genau auf die Untersuchungsgruppe wirken. Zweifelsohne schwingen diese Aspekte ein Stück weit mit. Der Begriff der Mediensozialisation soll allerdings in seiner reicht weit gefassten Grundlegung ausreichend sein, um darzustellen, dass es für die Nutzungsroutinen einen Unterschied deklariert, ob ein betreffendes Medium sehr früh im Lebensverlauf kennengelernt und dessen Nutzung habitualisiert worden[30] ist, oder ob die Auseinandersetzung mit beispielsweise dem Internet erst zu einer späteren Lebensphase Teil des Lebensalltages der Befragten wurde.

---

30 Eng verknüpft ist damit zudem der Begriff der *Medienkompetenz*, welcher an dieser Stelle jedoch nicht weiter Gegenstand der Auseinandersetzung sein soll, aber bei Auseinandersetzungen mit Fragestellungen, die dezidiert auf Aspekte der Mediensozialisation rekurrieren, keinesfalls fehlen darf.

6 Digitale Revolution

„In zwanzig Jahren werden wir auf diese Zeit zu Beginn des 21. Jahrhunderts zurückblicken und einen entscheidenden Wendepunkt in der Geschichte unserer Wirtschaft und Gesellschaft darin erkennen. Wir werden verstehen, dass wir in ein neues Zeitalter eingetreten sind, das auf neuen Prinzipien, Ansichten und Geschäftsmodellen beruht, wie die Spielregeln sich geändert haben." (Tapscott/ Williams 2007: 19).

Die (westlichen) Gesellschaften erleben einen Paradigmenwechsel, einen Wendepunkt, sie erleben den Digital Turn. Tapscott und Williams rekurrieren auf nichts weniger als die Digitalisierung jedweder Lebensbereiche. Dass damit weitaus mehr gemeint ist, als eine umfassende Speicherung, Aufbewahrung und Steuerung von Informationen, ist schnell nachvollzogen. Es geht um eine neue Gesellschaftsbeschreibung, eine neue Art, wie sich Gesellschaft verwaltet, wie sie sich organisiert. Im Zuge dieser Entwicklung sind Neujustierungen und Neuausrichtungen bestehender Werte- und Normverständnisse möglich. Mit der seit 2005 anhaltenden, sich ausbreitenden, sich im Kontext des *Internet of Things* (vgl. Müller 2016; Vermesan/Friess 2011) verselbstständigenden Digitalisierung müssen Prozesse neu betrachtet werden, die Rolle der Medien ist zu einem solchen geworden, die beinahe die Beschreibung als Interdependenz verdient. Medien sind nicht mehr nur Instrument, ausführendes Objekt – sie sind Bezugspunkt und notwendiges Attribut des Menschen, durch welches erst ein Partizipieren an der Entwicklung, die Digitalisierung heißt, ermöglicht. Dem Objekt Medium kommt eine neu zu verortende Attribution zu. Die Bezeichnung der angebrochenen Epoche als Revolution weist darauf hin, dass es sich bei den sich bereits vollzogenen und bei den noch immer anhaltenden Entwicklungen nicht um nur graduelle Veränderungen handelt, es sind Veränderungen prinzipieller Art, die die Charakterisierung der Zweiten Moderne als Digitale Revolution mit sich führen. Der Digital Turn (vgl. Kossek/Peschl 2012) vergegenwärtigt eine Wende, einen Umbruch hin zu etwas Neuem, aber auch die Abkehr von etwas Altem, welchem man entwachsen ist, was man zurückgelassen hat. Stengel, van Looy und Wallaschkowski stellen die hier postulierte Annahme des radikalen Einschnitts pointiert dar: „[..] [D]ie hier vertretene These [besagt], dass die industrialisierten Gesellschaften in eine Übergangsphase eingetreten sind, deren Ende zugleich das Ende des Industriezeitalters und der Beginn einer neuen Epoche der Menschheitsgeschichte ist" (2017: 1).

Digitalisierung meint mithin einen gesellschaftlichen Wandel, welcher sich nicht nur in einem bestimmten Aspekt darstellt und dabei beispielsweise die Einführung und Etablierung von nur einer neuen Technologie oder Folge einer bahnbrechenden, revolutionären Erfindung bedeutet (vgl. Stengel/van Looy/ Wallaschkowski 2017: 1). Digitalisierung impliziert einen *gesellschaftsumspannenden Transformationsprozess*, der tatsächlich bestehende Handlungspraktiken umfassend beeinflusst und nachhaltig verändert und damit grundlegend auf der internetbasierten digitalen Vernetzung mit Computern und neuartiger Technik beruht. Die Verwendung des Terminus Transformation macht deutlich: die Gesellschaft befindet sich auf einem Weg in ein Neues, in ein Anderes. Das Analoge wird durch das Digitale ersetzt, was weitaus mehr umfasst, als die Anpassung eines Strukturelementes. Ausgehend von dieser Auffassung lässt sich annehmen, dass sich der Prozess der Digitalisierung bereits seit den Anfängen der digitalen Datenspeicherung und dem Aufkommen der Internettechnologie vollzieht. Die Arbeitsgruppe Ethik der Initiative D21 postuliert gar mehrere Wellen der Digitalisierung, welche sich durch eben genannte Etappen auszeichnen (vgl. Andersen/Müller 2017).

Digitalisierung fordert das Neudenken von Interaktion und Kommunikation – und das nicht nur zwischen Menschen, sondern auch und vor allem mit Maschinen (und komplexer Robotik). Diese umfassenden Wandelungsprozesse werden in dem Terminus der *Digitalen Revolution* erfasst. Dabei soll in dem Verweis auf die umfassenden Veränderungen weniger einem Kulturpessimismus anheimgefallen werden, eher soll die wage Einschätzung gegeben werden, dass diese Veränderungen einige Herausforderungen mit sich führen. Schirrmacher hat in dem Vorwort zu Carrs „Wer bin ich, wenn ich online bin […]" (2010) prägnant eben diesen Aspekt umrissen:

„Die Digitale Revolution verändert das Denken und den Denkapparat. […] Das neunzehnte Jahrhundert hat die Industrialisierung dessen erlebt, was menschliche Hände machen können. Das zwanzigste Jahrhundert hat die Industrialisierung der menschlichen Fortbewegungsorgane vollzogen. Jetzt erleben wir die Industrialisierung des Gehirns. Mühsam und unter enormen Opfern musste der Mensch die Kommunikation mit den Maschinen des Industriezeitalters lernen. Er musste seine Muskeln, seine Ernährung, seine Ausbildung an die neuen Gegebenheiten anpassen, Familienstrukturen und soziale Milieus wurden von den neuen Arbeitsplätzen verändert, Zeit- und Raumempfinden revolutionierte sich innerhalb einer einzigen Generation und jahrhundertealte Erfahrungskontingente versanken, weil man sie nicht mehr benötigte. Was geschieht nun, da es um unser Hirn geht, und welche kognitiven und psychologischen Folgen hat die Kommunikation mit intelligenten Maschinen?" (Schirrmacher 2010: 9).

Worauf Schirrmancher hinweist, sind völlig neue Anforderungen, mit denen der Mensch im Zuge der Digitalisierung konfrontiert ist. Diese Anforderungen betreffen vor allem kognitive Fähigkeiten – der Mensch sieht sich einer neu gearteten Interaktionsweise mit technischen Maschinen gegenübergestellt. Die Komplexität fordert keine körperlichen Attribute des Menschen – dieselben spielten in anderen, vorangegangenen Entwicklungsphasen eine große Rolle, derlei Einsatz wurde jedoch mit dem immer intensiver und umfassender werdenden Technikeinsatz zu einer Größe von schwindend geringer Relevanz.

Überdies vergegenwärtigt sich in der Darlegung von Schirrmacher ein gewisser Duktus der Radikalität, welcher sich vermutlich immer dann aufdrängt, wenn man sich des Begriffes der Revolution bedient. Bedeutungsschwanger trägt derselbe die Assoziation der abrupten Umwälzung in sich, verweist auf ein gänzlich Neues. Beide Aspekte, der sich schnell vollziehende Umwandelungsprozess und die neue Gestalt dessen, was nach der Wandelung zum Vorschein kommt, wohnen der Digitalisierung inne:

> „99 Prozent der Menschheitsgeschichte hindurch veränderte sich das Alte nur sehr langsam. Es dauerte Hundertausende von Jahren, ehe es eine Veränderung in der Technologie oder dem Stil von Steinwerkzeugen gab. Und dann, in den letzten 12.000 Jahren fand eine weitere Beschleunigung statt; denn in den letzten 300 Jahren, also seit der Industriellen Revolution, wandelten sich Technik, Gesellschaft und Alltagsleben mehr als in den 11.000 Jahren davor. Nun, am Beginn der Digitalgesellschaft, scheint es so zu sein, dass sich die Technologie und das Leben der meisten Menschen in den kommenden drei oder vier Jahrzehnten – innerhalb nur zweier Generationen – einschneidender wandeln werden, als in den letzten 300 Jahren." (Stengel 2017: 35 f.).

Bemerkenswert ist die immense Geschwindigkeit, mit der die Digitalisierung um sich greift – und wie tiefgreifend die Veränderungen sind. Davon betroffen sind zuvorderst zweierlei Aspekte: der erste, dies wurde bereits angeschnitten, betrifft den im Zuge der Digitalisierung gleichsam intensivierten Technikeinsatz. Der Gebrauch von Technik spielte auch in den Epochen vor dieser neuen Zeitrechnung der Digitalisierung eine überaus wichtige Rolle: während der Epoche der Agrargesellschaften und während der Industriegesellschaft bot der gezielte und landläufige Einsatz von Technik den Nährboden für weiten Fortschritt. Erst die Erfindungen von Mechanik und später Dampfmaschinen und Elektronik machten weiteren Fortschritt möglich (vgl. Stengel 2017: 2). Im Zuge der Digitalen Revolution allerdings sind die Fragestellungen, die die Mensch-Maschine-Interaktion betreffen, weitläufiger und komplexer, die Betrachtung der Bedeutung der Technik im Alltag der Menschen immer drängender. Dieser Aspekt vergegenwärtigt sich nicht nur anhand des Umstandes, dass Digitalisierung vermittelnde Technik benötigt, es zeigt sich anhand der fortschreitenden Innovationen auf dem Feld der Robotik, in welcher die Digitalisierung quasi die nächste Stufe ihres Potenzials sichtbar werden lässt. Die Etablierung von Robotern könnte eine neue, weitere Wende in „einer neuen Epoche der Menschheitsgeschichte" (ebd.) markieren und nach dem Mediatic und dem Digital Turn in die Phase des *Robotic Turns* überleiten, der die Menschen vor gänzlich neue Herausforderungen stellt. Derlei Herausforderungen sind mithin nicht nur in der Frage zu suchen, welche Auswirkungen Mensch-Roboter-Interaktionen beispielsweise auf Kommunikations- und Interaktionssystematiken haben, wie sich der Arbeitsmarkt von Morgen konstituiert und ob Roboter-Robben als Therapiemethode eingesetzt werden können und sollten. Vielmehr müssen Fragen nach Werten und ethischen Grundsätzen umfassender Diskussionen unterzogen werden: wo und wann dürfen Roboter zwischenmenschliche Interaktion ersetzen, werden wir durch Roboter im Alltag einsamer (vgl. Turkle 2011) und: in was für einer Gesellschaft wollen wir leben. Bevor solche Fragen auf die zivilgesellschaftliche, politische und wirtschaftliche Agenda drängen dürfen, müssen die sich gegenwärtig stellenden und auch zukünftig relevanten Herausforderungen im Zuge der Digitalisierung gemeistert werden, denn, das wurde im ersten Kapitel dieser Arbeit gezeigt, es befinden sich noch längst nicht alle Personen in der Position, den neuen digitalisierten Strukturen zu folgen und Schritt zu halten.

Die gesellschaftlich relevanten Veränderungen respektive Einflüsse, die es erlauben, von revolutionären Zuständen, umfassenden Umwälzungen und ganz neuen Herausforderungen und Möglichkeiten zu sprechen, legen sich allesamt im Lichte der Digitalisierung dar. Bereits im Zuge der Begriffsgrundlegung wurde angedeutet, dass die Überführung verschiedener Informationen in binäre Zahlencodes, welche digitale Daten generiert, die für verschiedene Nutzungsintentionen quasi unabhängig von einem speziellen Datenträger zur Vergegenwärtigung von Tönen, Schrift und Bildern bereitstehen (Digitalität), nur einer von mehreren epochalen Schritten ist, der diese Entwicklung, die wir Digitalisierung nennen, in Gang gesetzt hat. Erst das Internet hat diesen fluiden Datenaustausch, den orts- und zeitunabhängigen Datenzugriff, ermöglicht. „Die gewaltige Ausweitung des Internets wird zum Motor einer der aufregendsten gesellschaftlichen, kulturellen und politischen Revolutionen der Geschichte, und anders als in früheren Epochen wirken die Veränderungen diesmal weltweit" (Schmidt/Cohen 2013: 14).

Ohne das Internet gäbe es zwar die Möglichkeit Informationen, welche originär in Form von Bildern, Tönen und Zeichen vorliegen, digital aufzubereiten und auf entsprechenden Speichermedien zu verwahren (als Beispiel dient hier die CD), aber die alles durchdringende und die alles umspannende Vernetzung, wie wir sie heute kennen und wie sie sich immer weiter vollzieht, wäre ohne die Etablierung des World Wide Webs als virtuelle Infrastruktur für den breiten Nutzer*innenkreis undenkbar. Die Darstellungen zu dem Terminus Internet haben gezeigt, dass *der Begriff des Mediums* in diesem Zusammenhang zwar nicht dogmatisch abgelehnt wird, aber die Anwendung desselben mithin diskutierbar ist. Die Tatsache, dass das Internet eine virtuelle Infrastruktur darstellt, die wiederum ein (weiteres) Medium benötigt, um die digitalen Daten zugänglich zu machen, verdeutlich, dass neben dem Akt der digitalen Umwandlung von Informationen und neben dem Internet als Infrastruktur ein weiteres Element fundamental den digitalen Wandel mitgestaltet und gar ursächlich determiniert: die Technik. Erst die internetfähigen Endgeräte ermöglichen eine Partizipation an den digitalen über das Internet bereitgestellten Medien. Selbstverständlich muss der digitalen Informationsaufbereitung zugestanden werden, dass dieselbe per se in einer Abhängigkeit zu elektronischen Medien steht und mithin ist die Digitale Revolution nicht gar spontan oder vermeintlich plötzlich entstanden: die lange Vorhut bildete die Computertechnologie, welche sich bereits in den 1960er und 1970er Jahren so präsent darstellte, dass bisweilen von einer „Computerisierung der Gesellschaft" (Stengel 2017: 4) die Rede war. Der Vormarsch der Apparate und Maschinen sorgte bereits zu damaligen Zeiten für erhebliche Verunsicherung – Debatten um drohende Massenarbeitslosigkeit aufgrund des Technikeinsatzes, welcher zum Ersatz menschlicher Arbeitskräfte gereicht, sind damit nicht neu. Im Jahr 1964 verfasste gar das Ad hoc Committee[31] on the Triple Revolution ein Manifest an den damaligen Präsidenten der Vereinigten Staaten von Amerika, Johnson, um auf die möglichen Folgen des umfassenden Computereinsatzes für das gesellschaftliche Gefüge hinzuweisen:

> „We enclose a memorandum, The Triple Revolution, for your consideration. This memorandum was prepared out of a feeling of foreboding about the nation's future. The men and women whose names are signed to it think neither Americas nor their leaders are aware of the magnitude and acceleration of the changes going on around them. These changes, economic, military, and social, comprise The Triple Revolution. We believe that these changes will compel, in the very near future and whether we like it or not, public measures that move radically beyond any steps now proposed or contemplated" (The Committee on the Triple Revolution 1964).

Die Computertechnologie vereint somit bereits seit Anbeginn ihres Dienstes für die Menschheit negative Assoziationen und Krisenszenarien, aber auch überaus positive Attribute. Erst der Einsatz von Computern hat weiteren Innovationen und wissenschaftlichem Fortschritt Vortrieb geleistet. Die Nutzung von Technik wird im Zuge der Digitalisierung, wie auch schon in verschiedenen Phasen zuvor, auf den Prüfstand gestellt und bisweilen mit Unbehagen betrachtet. Diskussionen um die zunehmende Automatisierung in verschiedenen Branchen drehen sich auch heute, knapp sechzig Jahre nach dem schriftlichen Appell des Committee on the Triple Revolution, wieder um die Frage, welche Auswirkungen die Digitalisierung und damit auch die Technisierung auf den

---

31 Das Komitee besteht aus 26 Personen. Stellvertretend für diese Gruppe seien hier die nachfolgenden prominenten Namen genannt: Dr. Donald B. Armstrong, Linus Pauling, Ben B. Seligman und Alice Mary Hilton genannt.

Arbeitsmarkt hat. Dass sich eine Veränderung ergeben wird, scheint dabei unstrittig zu sein: Klarheit herrscht hingegen noch nicht in der Frage, ob sich Automatisierung per se in verstärkter Arbeitslosigkeit für Personen mit geringerem Bildungsniveau darstellen wird. Festzuhalten ist: die Digitalisierung führt notwendigerweise einen umfangreichen Einsatz von Technologien mit sich. Digital aufbereitete Informationen sind auf der Ebene der tertiären Medien zu verorten, weil der Zugang zu digitalen Daten *notwendigerweise* technische Transformatoren benötigt, die den binären Code wieder in den ursprünglichen Merkmalszustand (rück)überführen. Es braucht also technische Geräte, um die digitalen Daten zugänglich zu machen: damit werden die technischen Apparaturen zu Instrumenten und zu elektronischen Medien. Digitalisierung stellt sich als Triangulation aus einem interdependent gestalteten Zusammenspiel aus der Digitalität von Informationen, der internetbasierten Verfügbarmachung von Daten und der technikunterstützten Partizipation dar.

Während unter Digitalisierung in den Anfängen der Datenumwandlung per se die Umgestaltung verschiedener Informationen in das nummerische Äquivalent verstanden wurde, umfasst der Terminus mithin einen Prozess, der die gesamte Gesellschaft umspannt und auch in diesem Kontext als Umwandlung verstanden werden kann. Die mit der zuvorderst technologischen Entwicklung der Digitalität und des Internets einhergehenden (technischen) Innovationen haben Auswirkungen auf gesellschaftliche Teilsysteme, in denen sich neue Handlungspraktiken etablieren, welche fundamental ihren Ursprung in digitalisierten Prozessen und Strukturierungen finden. Die (neuen) technischen Möglichkeiten diffundieren in Sozialgefüge: Technik, Internet und Digitalität sind nicht mehr nur Themen für hochspezialisierte Anwendungsfelder, sie existieren nicht mehr parallel, sie *durchdringen* jeden Lebensbereich eines jeden Gesellschaftsmitglieds (vgl. Stengel 2017: 17). Dabei vergegenwärtigen sich in den drei genannten Systemen – Technik, Digitalität und Internet – immer weiter voranschreitende Entwicklungen. Verschiedene Handlungsrepertoires, die in Zusammenhang mit digitalisierten Prozessen stehen, sind bereits für viele Personengruppen westlicher Gesellschaften etablierte Handlungspraxis. Stengel forciert den Dualismus zwischen Mensch und Technik auf überaus prägnante Art:

> „Auch im Digitalzeitalter ist vom Neuen Menschen bzw. vom Homo sapiens 2.0 die Rede. Dieses Mal soll er durch Technik erschaffen werden. Und dieses Mal geht es um körperliche und geistige Augmentierungen, die alle bisherigen Vorstellungen davon in den Schatten stellen könnten." (2017: 63).

Technik avanciert, folgt man den Ausführungen von Stengel, zu einem System, welches den Menschen auf unterschiedlichste Art tangiert. Während der Computer bislang Instrument und Steuerungsapparatur war, qua welcher Menschen

Neues kreieren und bewältigen konnten, scheint die Differenz zwischen Mensch und Maschine seit dem Jahre 1989, in welchem das World Wide Web erfunden wurde, zu zerschmelzen. Im Zuge der Digitalen Revolution haben sich verschiedene Aspekte gegenüber der vorangegangenen Epoche gewandelt. In einer Gegenüberstellung von Stengel, van Looy und Wallaschkowski wird deutlich, dass in einer „Digitalgesellschaft" (2017) Netzwerke das dominante Merkmal der Sozialstruktur sind und das Weltbild vor allem durch wissenschaftliche Erkenntnis konstituiert wird. Der Computer ist *die* Instanz der „primäre[n] Informationsweitergabe" (ebd.: 246) und die Elemente der Technik im Digitalzeitalter sind geprägt von Künstlicher Intelligenz und Robotik (vgl. ebd.). Zur Verdeutlichung dieser epochalen Entwicklungsstufen wird auf die von Stengel, van Looy und Wallaschkowski erstellte tabellarische Darstellung (vgl. Tab. 1) verwiesen.

Tab. 1.: Elementare Transformationen, die sich in Gesellschaften der jeweiligen Entwicklungsstufe vollzogen haben (oder sich wahrscheinlich vollziehen werden)

	Jäger/ Sammler	Agrargesellschaften	Industriegesellschaften	Digitalgesellschaften
Sozialstruktur	nomadische Gemeinschaften, segmentär organisiert	Gesellschaften (Städte, Reiche), stratifikatorisch differenziert (in Schichten, Kasten, Klassen)	Gesellschaften (Nationen), funktional differenziert	Netzwerke
dominantes Weltbild	Magie	Religion	Religion, Wissenschaft	Wissenschaft
primäre Energiequelle	Holz (Feuer), menschliche Muskelkraft	tierische Muskelkraft, Wind, Wasser	fossile Energieträger, Atom (Spaltung)	erneuerbare Energieträger, Atom (Fusion)
Primäre Informationsweitergabe	Sprache	Schrift	Funk (Radio, Fernsehen)	Computer
Technik	Faustkeile, Holzwaffen	Metallurgie, Mechanik	Dampfmaschinen, Elektronik	Roboter, Künstliche Intelligenz, Nano- und Biotech
Ökonomie	Subsistenzwirtschaft	Subsistenzwirtschaft	Sozialismus, Kapitalismus	Postkapitalismus
Raum (menschlicher Aktivitäten)	lokal	regional	global	Intrastellar, virtuell
Lebensspanne	20 Jahre (Durchschnitt)	30 Jahre (Durchschnitt)	70 Jahre (Durchschnitt)	100+ Jahre (Durchschnitt)

Quelle: Stengel/van Looy/Wallaschkowski 2017: 246.

Digitalisierung ist ein Prozess mit vielen Facetten, welche sich daraus ergeben, dass Digitalisierung für unterschiedliche gesellschaftliche Teilsysteme bis dato in unterschiedlicher Gestalt und Ausprägung in Erscheinung getreten ist oder realisiert wurde. Der Prozess der Digitalisierung ist einer, der sich phasenweise vollzieht – wenngleich diese Phasen eher einem sprunghaften, treppenartigen Davoneilen, als einem gemächlichen Anstieg gleichen – und bislang kein definitorisch umrissenes Ende kennt. Die digitale Entwicklung vollzieht sich nicht für alle Teile einer Gesellschaft in gleicher Geschwindigkeit oder gleicher Ausgestaltung: Der Grad der Digitalisierung ist für verschiedene Bevölkerungsgruppen unterschiedlich stark ausgeprägt. Für den Referenzrahmen der Bevölkerung in Deutschland zeigt sich, dass es Personen gibt, die in keiner Weise an der Digitalisierung partizipieren – hier handelt es sich um die Gruppe der Offliner*innen, welche vor allem durch Senior*innen konstituiert wird – zum anderen gibt es Personen, die im privaten Kontext bereits das Internet partiell nutzen, sich jedoch aus digitalen Angeboten, die über die Informationssuche und den E-Mail-Kontext hinaus gehen, heraushalten (vgl. Initiative D21 2016: 24 f.). Diese Staffelung kann man weiterführen und für die private Nutzung so aufbereiten, dass erkenntlich wird, dass von Personen, die bislang von der Digitalisierung ausgeschlossen sind, bis hin zu solchen Personen, die als Digitalsouveräne gelten, alle Nutzungs- respektive Partizipationsvarianten vertreten sind (vgl. ebd.: 28 f.). Ein wiederum anders gelagertes Bild lässt sich für den industriellen Zweig zeichnen: hier bedeutet Digitalisierung insbesondere im Kontext der Produktion und Fertigung allem voran Automatisierung, welche durch digitale Steuerungsprozesse und durch den Einsatz von Robotern realisiert wird. Der Aspekt der weiter vorandrängenden Etablierung von Robotern als Instrument für menschlich initiierte Präzisions-, aber auch Schwer- und Gefahrentätigkeiten ist ein weiteres Indiz dafür, dass dem Feld der Technik gegenwärtig und auch zukünftig eine immer größer werdende Rolle zukommt. Mit dieser immensen Spreizung der Möglichkeiten auf der einen Seite und der ausgeschöpften oder eben nicht realisierten Potenziale auf der anderen Seite gehen überaus kontroverse Fragestellungen einher. Derlei Fragen sind hochspezialisiert, wie die nach dem Einsatz des Roboters im Kontext zwischenmenschlicher Interaktion (vgl. Obermeier 2018: 149 ff.) und nach dem Ersatz von Robotern in der Altenpflege, dem autonomen Fahren oder maschinengesteuerter Dienstleistungsangebote. Sie sind es, die zum einen auf einen erheblichen technischen Fortschritt rekurrieren und eingedenk der sich bietenden Möglichkeiten auch neue, gesellschaftlich relevante Fragestellungen eröffnen. Jedoch beziehen sich diese soeben explizierten Aspekte auf eine weitere Ebene der Digitalisierung: das Internet der Dinge (vgl. Stengel/van Looy/Wallaschkowski 2017: 1). Forschungsbestrebungen für die digital führenden Branchen gehen bereits gänzlich neue Wege und erkunden, wie sich Gegenstände, Fahrzeuge, Häuser usw. miteinander vernetzen und unabhängig von der menschlichen Einwirkung steuern lassen – das „Internet und in Objekte integrierte Mikrocomputer [läuten] das [sic!] „Internet der Dinge" bzw. die vierte Industrialisierung ein" (ebd.). Diese Unterfangen sind jedoch vom gesellschaftlichen Status quo der Digitalisierung weit entfernt, sind doch viele Bürgerinnen und Bürger damit befasst, digital gestaltete Prozesse der gewöhnlichen Organisation für den eigenen Alltag zu realisieren. Auch für Unternehmen stellen sich neue Herausforderungen: sie sind damit beschäftigt, die Prozesse der digitalen Verwaltung und Strukturierung der Arbeitsabläufe umzugestalten. Digitalisierung bedeutet damit auch für jede Personengruppe einer Gesellschaft eine etwas anders gelagerte Ausdifferenzierung und Ausdeutung: für die eigene Lebenswirklichkeit und für die gesellschaftlichen Zusammenhänge, welche für den oder die Einzelne/n beobachtbar sind. So divers sich die Digitalisierung für die Individuen vergegenwärtigt, so unterschiedlich sind auch die Einstellungen und Meinungen, die die Betreffenden zu diesem Wandelungsprozess haben. Es zeigt sich, dass die Anknüpfungspunkte für wissenschaftliche Auseinandersetzungen in dem großen Themen- und Fragenfeld der Digitalisierung vielfältig und überaus lohnend sind.

Für die Untersuchungsgruppe der Senior*innen findet Digitalisierung wahrnehmbar statt – allerdings befinden sich dieselben (bisweilen) in einer Lebenssituation, die von einem eher geringen Digitalisierungsgrad geprägt ist. Würde man eine Skala der Digitalisierung der Gesellschaft eröffnen, würde gewahr, wie überaus disparat sich diese Situation darstellt. Am unteren Ende der Skala befinden sich diejenigen, die in der Untersuchungsgruppe dieser Arbeit repräsentiert und als Offliner*innen zu bezeichnen sind. Das heißt, dass diese Personen nicht nur *nicht* an dem Prozess der Digitalisierung teilhaben, sie sind noch nicht einmal Internetnutzerin oder Internetnutzer. Dieses eine Skalenende stellt quasi den Extrempol zu einem anderen Extrempol dar, der wiederum dadurch gekennzeichnet ist, dass digital gestaltete Handlungsrepertoires internalisiert und bereits weitergehende Ausformungen, wie der Einsatz von Robotern oder das Internet der Dinge, gelebte respektive angewandte Praxis sind. Wenngleich die Digitale Revolution die Um- und Mitwelt der befragten Personengruppe konstituiert, sind die Thematiken doch gänzlich andere. Diese Untersuchung geht einen Schritt zurück und befragt diejenigen, die quasi als Außenstehende, als eher Zuschauende denn Partizipierende bezeichnet werden müssen. Die Seniorinnen und Senioren sehen sich mit den veränderten Bedingungen einer zunehmend digitalisierten Gesellschaft konfrontiert und müssen sich doch zunächst mit dem auseinandersetzen, was den Schließungsmechanismus dieses im Wandel befindlichen Systems markiert: sie müssen lernen, mit dem Computer und dem Internet umzugehen und sich damit zurechtzufinden. Notwendig wird dies vor allem, weil bislang gelebte Handlungsstrategien, die vordringlich analoger Art waren, an Gültigkeit einbüßen. Eine Nicht-Nutzung des Internets bedeutet landläufig ein Nicht-Partizipieren an gesellschaftlichen Prozessen. Insbesondere diese markanten Aspekte der gesellschaftlichen Organisation im Zuge des Digitalisierungsprozesses sind es, die die bis dato bekannte Wirklichkeit für die Senior*innen verändern. Die Internetnutzung wird hier als notwendige Voraussetzung für die Partizipation an der digitalen Gesellschaft verstanden, bedeutet aber gleichsam Digitalisierung – wer das Internet nutzt, Informationen abruft oder Kontakte über das Internet pflegt, bewegt sich innerhalb der Wirkungsmechanismen der Digitalisierung.

Die Ausführungen im Rahmen dieses sechsten Kapitels zur Digitalen Revolution verstehen sich als eine Skizze der metakonzeptionell relevanten Attribute. Deutlich geworden ist anhand weiter thematischer Züge, wie immens der Einschnitt in gesellschaftliche Ordnungsprinzipien ist, den die Umwälzung des Analogen in das Digitale mit sich führt. Aufgrund der Tatsache, dass Digitalisierung in jedweden Gesellschaftsbereich einwirkt und Umdeutungen und Neuauslegungen bestimmter gesellschaftlich relevanter Attribute erforderlich macht, muss Digitalisierung als Metaebene in der Arbeit begriffen werden. Wenngleich sich die Forschungsfragen dieser Untersuchung hauptsächlich auf die Internetnutzung und die sich daraus für die Senior*innen ergebenden Optionen beziehen, muss der digitale Wandel doch stets mitgedacht werden – vor allem aufgrund der *als gesellschaftlich relevant erachteten Ressourcen*, die sich entlang internetbasierter Angebote und Möglichkeiten explizieren. Auch wenn ein Teil der befragten Senior*innen nicht direkt, selbsttätig und bewusst an digitalen Prozessen partizipiert, bewegen sich dieselben doch in einem durch das Organisationsprinzip der Digitalität veränderten Umfeld – damit werden ihnen auch veränderte Anforderungen gewahr, werden modifizierte Strukturen deutlich. Die Betrachtung der Digitalisierung kommt dem Nachvollziehen eines Prozesses gleich, dem Verfolgen einer gesellschaftlichen Umwandlung, von der man nicht erahnen kann, wohin sie führt, wie lange derlei Umwälzungen anhalten und welcher Zustand als Status quo anerkannt werden wird. Alle gegenwärtig stattfindenden wissenschaftlichen Analysen betrachten eine Momentaufnahme und weisen darauf hin, welche Veränderungen sich bereits evidenzbasiert ergeben haben und welche sich zukünftig noch ergeben *könnten* (vgl. Stengel/van Looy/Wallaschkowski 2017: 1). Es ist ein stetiges Abwägen zwischen positiv und negativ konnotierten Gesellschaftsdiagnosen, welche sich jedoch darin einig sind, dass sich das Gesellschaftsgefüge in einer Metamorphose befindet. Sozialwissenschaftliche Fragestellungen kommen zum gegenwärtigen Zeitpunkt womöglich nicht umhin, Digitalisierung und die damit einhergehenden Veränderungen zumindest in Nuancen mitzudenken. So auch diese Arbeit: hinsichtlich der Kernfragen fokussiert sich die Untersuchung auf die Internetnutzung durch Senior*innen, läuft damit der derzeitigen Entwicklungstendenz entgegen und setzt an dem Punkt an, der für die digitalisierte Gesellschaft zumindest mehrheitlich keiner Betrachtung bedarf. Auf diese, als Minderheit im Kontext der Digitalisierung begriffenen, Personengruppe der

Offliner*innen wirken jedoch die Anforderungen einer digital organisierten Gesellschaft ein. Dabei sind die Themenfelder weit entfernt von dem, was weiter oben im Zuge des Robotereinsatzes oder der Automatisierung skizziert wurde. Es geht vielmehr um Aspekte wie die Informationsbeschaffung, die Kommunikationsstrategien und die Partizipationsmöglichkeiten. Wenn die internetbasierte Organisation dieser Elemente die dominante und gesellschaftlich etablierte Strategie ist, hat dieser Umstand zweifelsohne auch Einfluss auf diejenigen, die sich *nicht selbsttätig* an dem Prinzip beteiligen. Diese Dichotomie, welche Offliner*innen und Onliner*innen einander gegenüberstellt, vergegenwärtigt ein weitreichendes Problem. Deutlich wurde bereits, dass es bei dem Aspekt der Internetnutzung nicht nur um die bloße Verwendung eines als gesellschaftlich relevant antizipierten Mediums geht. Weitaus folgenreicher als der bloße Gebrauch des internetfähigen Computers mit der daran gekoppelten Nutzung des World Wide Webs ist das, was dem Offliner oder der Offlinerin quasi vorenthalten wird respektive verschlossen bleibt. Diese Unterscheidung in Offliner*innen und Onliner*innen im Zuge der gesellschaftlichen Schlüsseltechnologie *Internet* verdeutlicht den Aspekt der digitalen Spaltung (vgl. Gapski 2009: 9).

> „Die Feststellung einer solchen gesellschaftlichen Spaltung gab und gibt Anlass zur Sorge: Fehlende Zugangsmöglichkeiten und unterschiedliche Nutzungsweisen im Hinblick auf diese Technologien könnten sich auf die gesellschaftlichen Teilhabechancen und Entwicklungspotenziale auswirken und dadurch soziale Ungleichheiten verstärken (Gapski 2009: 9).

Zum Zeitpunkt von Gapskis Feststellungen betrug nach Datenlage des (N)Onliner Atlas (2009) der Offliner*innenanteil bei gut 30 Prozent (vgl. Initiative D21 2009: 10). Knapp ein Drittel der Bevölkerung zählte da noch zu den Offliner*innen. Der deutschen Begrifflichkeit der *digitalen Spaltung*[32] ist eine Dichotomie immanent, welche ganz entschieden die Merkmalsunterscheidung in Internetnutzende und Nicht-Nutzende trifft. Zillien (2009) verweist darauf, dass diese binäre Kodierung die Nutzungsunterschiede, welche in der Gruppe der Nutzenden existieren, verkennt und damit die Tatsache der Nicht-Nutzung

---

32 Analog zu dem Terminus der digitalen Spaltung haben sich die Begrifflichkeiten der digital divide und des digital gap formiert. Allen Konzepten gemeinsam ist die binäre Codierung in Offliner*innen und Onliner*innen, die die Relevanz der Internetnutzung und vor allem die Art der Internetnutzung für die Gruppe der Onliner*innen im Hinblick auf soziale Ungleichheiten verkürzt rezipiert. Per se ist dieser Terminus wenig geeignet, um auf die Nutzungsunterschiede und damit einhergehende Konsequenzen für die Individuen einzugehen. Für die Gruppe der Senior*innen zeigt sich diese Dichotomie jedoch ganz deutlich, weshalb im Rahmen dieser Untersuchung auf die Konsequenzen geblickt wird, die sich durch die *Nutzung* und durch die *Nicht-Nutzung* für die Senior*innen ergeben.

und der Nutzung insbesondere im Fortgang des Digitalisierungsprozesses überhöht, weil die Spaltung in Offliner*innen und Onliner*innen langfristig gesehen ein eher randständiges Phänomen sein wird (vgl. Zillien 2009: 92 f.). Die *digitale Spaltung* ist deutlich erkennbar und somit ein überaus relevantes Themenfeld für die wissenschaftliche Auseinandersetzung (vgl. Bimber 2000; Bolt/Crawford 2000). Die Datenlage aus dem Jahr 2016 zeigt, dass der Onliner*innenanteil nunmehr bei knapp 80 Prozent liegt und damit in den dazwischenliegenden sieben Jahren ein Nutzer*innen-Plus von zehn Prozent verzeichnet werden konnte. Wie das Kapitel drei dezidiert aufgezeigt hat, konstituieren sich die gut 20 Prozent aus Offliner*innen, welche in die Personengruppe der Senior*innen fallen (vgl. Initiative D21 2016: 25). Die Spaltung der Gesellschaft in Internetnutzende und Nicht-Nutzende ist somit noch immer ein Themenfeld, welches Beachtung erhalten muss. Mit einem Blick auf die Nutzungsquoten der jungen Erwachsenen, welche bei 100 Prozent liegt, erscheint die Auseinandersetzung mit zwei divergierend agierenden Personengruppen langläufig an Relevanz zu verlieren (vgl. Iske/Klein/Kutscher 2004: 1). Die sich stellende Frage wird demnach zukünftig nicht mehr lauten: Wer nutzt das Internet und wer nicht? Sie vergegenwärtigt sich eher dadurch, dass gefragt wird: Wer nutzt *wie* das Internet? Mit dieser Neujustierung der Fragestellungen im Kontext der Internetnutzung geht ein Perspektivwechsel einher, welcher mithin die Relevanz der Internetnutzung als unstrittig impliziert – bezüglich des Ob der Nutzung ergeben sich keine disparaten Meinungen. Die Internetnutzung, das wurde überaus weitreichend gezeigt, ist im Zuge einer digitalisierten Gesellschaft unerlässlich – sie ist eine „der wesentlichen Dimensionen unserer Welt und unseres Lebens" (Castells 2005: 17). Schließe man hier die Frage an, warum dem so sei, würde per se das Argument der Partizipation an beinahe jedweder Organisation, Gestaltung, Information seine Gültigkeit erweisen. Doch diese Wahrnehmung erscheint verkürzt: der Umstand, dass das Analoge sich in das Digitale wandelt, kann nicht alleinig die Relevanz der Internetnutzung für sich beanspruchen. Selbstverständlich ist leicht einzusehen, dass die Teilnahme und die Teilhabe am Digitalen dann notwendig werden, wenn gesellschaftliche Regulationsprinzipien etc. in das World Wide Web *verlegt* werden. Mit der Digitalisierung einer geht eine neu geartete Aktivität der Nutzerin und des Nutzers. Partizipation braucht Aktivität: Informationen erreichen die Nutzenden nur über das aktiv gestaltete Einfordern derselben. Die internetbasierte Vernetzung führte allem voran insbesondere im wissenschaftlichen Kontext zu einem immensen Anstieg an forschungsrelevantem Austausch, welches erneut das originäre Verständnis des Netzwerkes herausstellt. Durch die revolutionären Möglichkeiten der digital aufbereiteten Informationen, die überdies durch das Internet zugänglich gemacht wurden, erhielt die zweite, bedeutende Komponente Vortrieb (vgl. Schmiede 1999: 135). Durch die Digitalisierung kam und kommt es fortwährend zu einem sprunghaften Anstieg verfügbarer Informationen, welche ein bis dato ungekanntes Ausmaß annehmen und hauptsächlich durch die Etablierung des Web 2.0 (darauf wurde weiter oben verwiesen) Vorschub erhielten. Informationen sind die Ware der Digitalgesellschaft. Castells prägnante Vergegenwärtigung der Bedeutung der Information im Zuge der Digitalisierung wurde bereits weiter oben angeführt, soll hier jedoch erneut offeriert werden:

> „Das Internet ist das Gewebe, auf dem unser Leben beruht. Wenn die Informationstechnologie für unsere Zeit das ist, was die Elektrizität im Industriezeitalter war, so lässt sich das Internet sowohl mit dem Stromnetz oder dem Elektromotor vergleichen, denn es besitzt die Fähigkeit, die Kraft der Information über den gesamten Bereich menschlicher Tätigkeit zu verbreiten. Und genauso, wie die neuen Technologien der Energiegewinnung und -verteilung die Fabrik und den Großkonzern als die organisatorische Grundlage der Industriegesellschaft möglich macht, bildet das Internet die technologische Basis für die Organisationsform des Informationszeitalters: das Netzwerk." (Castells 2005: 9).

Die herausragende Fähigkeit des Internets besteht darin, Informationen bereit zu halten und zugänglich zu machen. Daraus erwachsen mannigfaltige Möglichkeiten und *Optionen* für die Lebensgestaltung aller Gesellschaftsmitglieder. Festzuhalten ist, dass das Internet als Netzwerk inhaltsleer wäre, wenn es nicht ein Etwas gäbe, welches über und durch das Netzwerk zu verbreiten und auszutauschen gilt. Dieses Etwas sind Informationen. Castells spricht von einem „Informationalismus" (Castells 2017: 89), welcher sich als Reaktion auf „die Revolution der Informationstechnologien ab den 1970er Jahren" (Steinbicker 2006: 4) gebildet hat – Informationen bilden die „neue[.] materielle[.] Basis der Gesellschaft" (ebd.). „Mit der schneeballartigen Ausdehnung des [sic!] Internet und besonders des auch dem ungeschulten Nutzer zugänglichen World Wide Web wächst die prinzipiell verfügbare Informationsmenge exponentiell an. Es handelt sich dabei aber weitestgehend um eine gigantische Anhäufung unstrukturierten Informations-Rohmaterials." (Schmiede 1999: 135). Das Internet forciert den Prozess der Informatisierung (vgl. Boes 2005: 211; Castells 1996). Der Zugang, der Umgang, die Selektion und die individuelle Restrukturierung der Informationen für den Nutzer oder die Nutzerin sind *die* Herausforderungen im Zuge der Digitalen Revolution.

Zusammenfassung: Die Digitale Revolution, dies wurde auf den vorangegangenen Seiten überblickshaft skizziert, bedeutet für das Leben in einer digitalisierten Gesellschaft, eine Vielzahl an Herausforderungen zu bewältigen. Im Wesentlichen lassen sich diese Herausforderungen in den Elementen der Technik- und der Internetnutzung identifizieren. Dabei erscheinen Fragestellungen der Gestalt, wer das Internet nutzt und wer nicht (digitale Spaltung), zwar noch immer aktuell, werden jedoch landläufig von solchen abgelöst, die eruieren, wie das Internet von welcher Personengruppe genutzt wird. Diese Fragen sich mithin nicht neu, erhalten jedoch zunehmende Bedeutung, dann nämlich, wenn das Internet als Quelle jedweder Information angesehen wird und der Information und dem Informiertsein eine neue Konnotation zugesprochen wird. Informationen und die Nutzung derselben werden in den theoretischen Konzepten der Informationsgesellschaft (vgl. Castells 2005; Bell 1979; Steinbicker 2011) bereits seit Längerem ausführlich diskutiert. Diese Auseinandersetzungen verlieren nicht an Relevanz. Stengel, van Looy und Wallaschkowski (2017) postulieren die Charakterisierung der Gesellschaft als Digitalgesellschaft. Dies erscheint überaus angezeigt und reflektiert das prägende Element der gegenwärtigen Gesellschaftsordnung: die Digitalität und die digitale Aufbereitung und Ausrichtung quasi aller gesellschaftlich relevanter Teilsysteme. Digitalität beschreibt damit einen Zustand, in welchem sich gesellschaftliche Ordnung organisiert, strukturiert und verwaltet, Digitalität ist quasi das Strukturelement. Was jedoch diese Form des Digitalen ausfüllt, was dieselbe mit Inhalt erfüllt und als gesellschaftlich relevant erachtet wird, sind Informationen. Digitalität wird als Träger, als Form ad absurdum geführt, wenn sie nichts mit sich führt. Aufgrund dessen kann Charakterisierung des Gesellschaftsgefüges als Informationsgesellschaft konzeptionell nicht vernachlässigt werden. Digitalisierung umschließt die Informationsgesellschaft – die Metapher der Klammer, der umspannenden Hülle vergegenwärtigt die hier dargelegten konzeptionellen Überlegungen: Die Digitalisierung wird als die umfassende Einflussgröße der postmodernen Gesellschaft verstanden, in der Informationen – und Wissen – als relevante und dominante Attribute gehandelt werden. Die Grundlegungen der metatheoretischen Konzeption werden damit beschlossen. Nachfolgend findet eine Hinwendung zu den Konzepten der Informationsgesellschaft und der Wissensgesellschaft statt (wenngleich dies gelegentlich in den Auseinandersetzungen anderer Autor*innen zu lesen ist, sollen diese beiden Konzepte als zwei voneinander zu unterscheidende verstanden und mitnichten als Synonyme verwendet werden). Diese Erörterung wird für die Herausbildung der makrotheoretischen Betrachtung in dieser Arbeit notwendig.

7 Von Wissen, Informationen und Gesellschaft

„Ich möchte Wissen als Fähigkeit zu sozialem Handeln (Handlungsvermögen) definieren, als die Möglichkeit, etwas in [sic!] „in Gang zu setzen", Wissen ist ein Modell für die Wirklichkeit. Wissen illuminiert; Wissen ist Entdecken." (Stehr 2003: 209).

Das 21. Jahrhundert markiert das Zeitalter einer neuen Wende: Die westlichen Gesellschaften sind in all ihren Teilbereichen umfassenden Umbrüchen unterworfen. Einflussnehmendes und veränderndes Element ist das Internet, der technologische Fortschritt, welcher den Prozess der Genese digitaler Daten, die Digitalität, hervorbringt wartet, mit dem zweiten Faktor auf, welcher im Kombination mit dem Internet zu dem gesellschaftlichen Transformationsprozess führt. Dieser gesellschaftliche Transformationsprozess ist bezeichnet als Digitalisierung, die sich frappant und rasch ändernden gesellschaftlichen Begebenheiten sind unter dem Claim der Digitalen Revolution gefasst. Digitale Revolution: dies klingt wie das Aufbegehren eines Unterdrückten, wie das Niederringen eines Ungewünschten. Diese Konnotation ist mitnichten das, was dieser Terminus ausdrücken will, vielmehr rekurriert er auf die Geschwindigkeit, mit welcher sich die Umwälzung von Analogen zum Digitalen vollzieht. Wie umfassend und gleichsam facettenreich der Prozess der Digitalisierung ist, wurde im vorangegangenen Kapitel erläutert. Aufgrund der Nachdringlichkeit dieser, sich im Zuge der neuen Technologien vollziehenden Einflussnahme des Digitalen auf jedweden Bereich des gesellschaftlichen Wirkens und Lebens, wird die Digitale Revolution als Metaebene dieser Arbeit verstanden. Dieses vorliegende Kapitel dient dazu, die aus der Digitalen Revolution abzuleitenden und als relevant für die Gesellschaft zu explizierenden Parameter als makrotheoretische Konzeption den nachfolgenden Betrachtungen voranzustellen. Diese Parameter, die quasi als gehandelte Güter der Digitalisierung verstanden werden können, weil sie sich beinahe notwendigerweise aus der Verquickung des Internets und der digital aufbereiteten Daten ergeben, vergegenwärtigen sich in den *Informationen* und dem *Wissen*. Für diese Untersuchung erscheinen beide Aspekte als relevant, wobei dieselben zum einen klar voneinander getrennt verstanden werden (dies haben bereits die Ausführungen im Kapitel zur Begriffsgrundlegung gezeigt) und zum anderen in ihrer Wirkung unterschiedlichen Ebenen zugewiesen werden sollen. Worin die begrifflichen Trennlinien liegen, wurde weiter oben bereits deutlich gemacht, an in welchen Ebenen Informationen und Wissen eingebettet werden sollen, soll dieses Kapitel skizzieren. Konzeptionell ergeben sich Differenzierungen hinsichtlich der Gesellschaftsdiagnosen, aber auch weniger deutlich voneinander angegrenzte Begriffsverwendungen[33]: die Rede ist von der Beschreibung der Gesellschaft als Informations- oder aber als Wissensgesellschaft. Eingedenk des Programmes dieser Untersuchung scheinen (zunächst) beide Charakterisierungen passend, vergegenwärtigen sie doch die Relevanz zweier Parameter, die für die Frage nach der Bedeutung der Internetnutzung für Senior*innen interessant sein können. Überdies muss sich beinahe schon notwendigerweise eine Auseinandersetzung mit dem Faktor Information ergeben, wenn man sich im Lichte der Digitalisierung bewegt. Gezeigt wurde, dass der Austausch von Daten, die gleichsam Informationen sind, ein originäres Merkmal der Digitalen Revolution ist. Die digitale Speicherung von Daten, der digitale Austausch derselben über die Infrastruktur Internet und der potenziell stetig mögliche Zugriff auf Informationen verschiedenster Gestalt ist der Fortschritt, der die Digitale Revolution ermöglicht. Die Nutzung des Internets ist in hohem Maße mit dem Zugang zu Informationen assoziiert, wie unter andere die Ergebnisse des (N)Onliner Atlas' 2016 zeigen: Die Suche nach Informationen ist der am häufigsten angegebene Grund (72 Prozent) für die Nutzung des Internets (vgl. Initiative D21: 14). Aufgrund der Relevanz von Informationen im gesellschaftlichen Kontext, erscheint es angezeigt, die Gesellschaftsdiagnose der Informationsgesellschaft als zutreffend anzunehmen. Jedoch entfaltet auch die Charakterisierung als Wissensgesellschaft nachvollziehbare Elemente. Folgt man Berger und Luckmann, die Wissen als das sinnkonstituierende Element gesellschaftlichen Seins explizieren, muss die Gesellschaftsdiagnose per se und für alle anderen Charakterisierungen a priori Wissensgesellschaft sein, wenngleich sich das Wissen über die Welt per definitionem a posteriori generiert (vgl. Berger/Luckmann 2000: 21). Wissensgesellschaft erscheint deswegen ebenfalls als Gesellschaftsbeschreibung geeignet, weil nicht die Informationen an sich das Gesellschaftsgefüge in seiner Struktur konstituieren. Vielmehr ist es die Akkumulation von verschiedenen Wissensarten (Expertenwissen respektive Spezialwissen, Allgemeinwissen, Laienwissen usw.), die die Position im Gesellschaftsgefüge bestimmt. Per se ist alles, was ein Individuum (in Gesellschaft) leben lässt, ein Gewusstes (vgl. Gutmann 2007: 349). Lebensführung bedeutet intendiertes und inkorporiertes Wissen. Es ist ein Wissen, welches als Prägung oder Resultat aus Sozialisation (primäre, sekundäre *und* tertiäre) beschrieben werden kann, es ist das Wissen um gesellschaftliche Werte und Normen, das Wissen von den gesellschaftlichen Gepflogenhei-

---

33 Kübler verweist auf die bisweilen nicht immer so deutlich vollzogene Abgrenzung beider Konzeptionen: „Seither wird der Terminus [sic!] „Wissensgesellschaft" immer wieder thematisiert, mal als ‚Weiterentwicklung' der [sic!] „Informationsgesellschaft", mal als ihr Synonym, mal als unentschiedenes Kompositum, um alle Eventualitäten und Dimensionen sprachlich abzudecken" (Kübler 2005: 16).

ten, aber auch das Spezialwissen (vgl. Berger/Luckmann 2000: 24 f.), welches sich in Form von Schul-, aber vor allem von Berufsbildung vergegenwärtigt. Die Lebensführung eines Individuums ist die Summe und auch das Resultat des Gewussten. Dabei lassen sich nicht nur unterschiedliche Wissensarten identifizieren (vgl. Scheler 1960 [1926]) – die Inkorporation derselben lässt sich im Bourdieu'schen Sinne auch als die Kapitalarten wahrnehmen. Der Habitus und die Kapitalarten reflektieren in unterschiedlicher Weise die Summe des Gewussten einer Person. Als inkorpiertes Kulturkapitals erscheint Wissen in der Form von Bildung, welche wiederum Einfluss auf das ökonomische Kapital hat. Wissen wird in Form von formaler Bildung als dominantes Merkmal im Zugang zu gesellschaftlich relevanten Ressourcen gewertet und entscheidet in seiner Ausprägung darüber, welche Position im Gesellschaftsgefüge das Individuum einnimmt. Dabei wird Wissen in allen Kapitalarten auf unterschiedliche Weise gewahr bzw. vergegenwärtigen sich in den Kapitalarten unterschiedliche Wissen*arten*. So spielt das Wissen um sozial relevante Verhaltensregeln vor allem eine Rolle bei Interaktionen innerhalb eines (internationalen) Netzwerks, bei der Kontaktpflege und der Genese von Beziehungen – kurzum: auch in den anderen von Bourdieu explizierten Kapitalarten bildet Wissen die Grundlage von allem und entscheidet in seiner individuellen Ausprägung über die Position einer Person innerhalb einer Gruppe, eines Netzwerks, einer beruflichen Tätigkeit und des Sozialgefüges. Bourdieus Kapital verweist auf eine besondere Verarbeitung von Informationen in Wissen und eine Umwandlung von Wissen in Kapital: Wissen bildet die inkorporierte, in ein Handlungsrepertoire überführte Information. Das Gewusste wird zum Repertoire des Individuums, welches das Wissen wiederum in Kapital umwandelt. Das Kapital ist das, was als Akkumulation „entweder in Form von Materie oder in verinnerlichter, [sic!] „inkorporierter" Form" (Bourdieu 2012: 229), für das Leben in Gesellschaft vom Individuum angebracht wird bzw. eingebracht werden kann. Wissen ist damit in Kapital umwandelbar und führt zu Ressourcenzugängen, welche ebenfalls dazu führen können, dass das Kapital sich ausdehnt, mit neuem Input versehen wird und ausdifferenziert wird (vgl. Bourdieu 2012: 229 f.).

Information vergegenwärtigt sich nicht im Individuum, dieselbe wird erst dann relevant, wenn sie als Wissen internalisiert wird (vgl. Seeger 2008: 10). Informationen sind damit objektiviert, wohingegen das Wissen subjektiviert wird. Digitalisierung befeuert die Relevanz der Information für die gesellschaftliche Organisation und macht den Zugang und den Umgang mit denselben zur bedeutungsvollen und erstrebenswerten Größe für das Individuum, da wiederum Wissen die dominante Determinante im Zugang zu Ressourcen ist. Insbesondere im Kontext der Internetnutzung erscheint dieser Perspektivendualismus interessant, wenn man Internetnutzung als Determinanten im Kontext der Wissensgenese begreift, die von den über das World Wide Web generierten (oder eben nicht generierten) Informationen anhängig ist (vgl. Zillien 2009;

Meulemann/Apolinarski/Gilles 2013; Seeger 2008). „Durch Selektion, Bewertung, Einordnung und Vernetzung können Personen [...] Informationen nutzen und in Wissen transformieren." (Seeger 2008: 10). Die über das Internet bereitgestellten Informationen wirken nicht direkt modifizierend und expandierend auf die Wissensbestände: „Wissen ist [.] nicht einfach konsumierbar" (ebd.), vielmehr muss es verarbeitet und verinnerlicht werden. Das bloße Vorhandensein von Informationen, auch in dem Umfang und Ausmaß, wie es das Internet bietet, führt nicht per se zu mehr Wissen.

Eingeleitet wurden diese konzeptionellen Überlegungen zu den Gesellschaftsdiagnosen Informationsgesellschaft und Wissensgesellschaft mit der These der Maßgabe, Informationen von Wissen zu trennen. Beide Phänomene stehen sich nicht diametral gegenüber, bilden viel eher ein hierarchisch geordnetes gegenseitiges Bedingen. Wenngleich Stehr (vgl. 2015:48) die Frage danach stellt, wie relevant die Unterscheidung von Information und Wissen in der wissenschaftlichen Auseinandersetzung tatsächlich ist, erscheint dieselbe für diese Untersuchung aus den vorgenannten Blickwinkeln nicht nur empfehlenswert, sondern beinahe notwendig.

Wenn aus, so der zulässige Schluss, Information Wissen wird oder werden kann, ist zunächst eine Hinwendung zu dem Begriff der Information angezeigt. Was also ist Information und wie wird dieselbe vergegenwärtigt?

7.1 Information

Die Bezeichnung Informationsgesellschaft hat sich allen voran zum Ende des 20. Jahrhunderts als Gesellschaftszuschreibung etabliert, weil damit der technischen Entwicklung Rechnung getragen werden konnte, welche im Kern durch die neuen Möglichkeiten der Informationsspeicherung und -aufbereitung und deren Auswirkungen auf die Arbeitswelt gekennzeichnet ist (vgl. Ott 2007: 392). Der Umstand dieser Zuschreibung überspritzt die Etablierung des Begriffes *Information* im gesellschaftlichen Diskurs dahingehend, dass die technische Komponente, die der treibenden Entwicklung immanent ist, allzu sehr aufgebläht wird. Nichtsdestoweniger ist im Zuge der Etablierung des Internets ein ganz anderes Zeitalter in Sachen Informationsbeschaffung und -kommunikation angebrochen. Jedoch wohnt der Information hinsichtlich ihres etymologischen Ursprungs weitaus weniger Mathematisches inne (vgl. Kübler 2005: 17), als dies in der quasi soeben vergangenen Epoche der Informationsgesellschaft der Fall zu sein scheint. Die Herkunft dieses Begriffs ist bei Platon und Aristoteles (vgl. Ott 2007: 390) zu suchen.

> „Es finden sich Bezüge von ›forma‹ zum griechischen ›morphe‹, das die äußere sinnlich erfassbare Gestalt eines Gegenstandes beschreibt, zum aristotelischen

Begriff des ›eidos‹, der von außen wahrnehmbaren Wirklichkeit, und zum ›idea‹-Begriff aus der Gedankenwelt Platons, der die Urbilder aller Dinge bezeichnet." (Ott 2007: 390).

Der Begriff zeigt sich in einer vielfältigen Erkenntnisweise und ist überdies eng verknüpft mit pädagogischem Lehren (vgl. Capurro 1978: 32):

> „Die Erziehung des Menschen ist eine Bildung bzw. eine Information nicht nur seiner Erkenntnis, sondern zugleich seiner Sittlichkeit, da die höchste Stufe der Erkenntnis die Idee des Guten ist. Die Erkenntnis der Ideen dient letzten Endes der Orientierung im sittlichen Handeln, das dem Menschen eigentümlich ist." (Capurro 1978: 32).

Information kann im Zusammenhang mit Capurros Aussagen in der Gestalt interpretiert werden, dass sich eine Information für den nach Mündigkeit strebenden Menschen als eine Art Beschauung respektive Vergegenwärtigung neuer Erkenntnisse darstellt, so dass diesem zu erziehenden Menschen neue Anschauungen dargeboten werden, die auf dem Weg zur Erkenntnis des Guten zu verinnerlichen sind. Auch in dieser Ausführung von Capurro wird deutlich, dass die Information durch einen Verarbeitungsprozess zu etwas Inkorporiertem wird, was sich maßgeblich in die Handlungsoptionen der betreffenden Personen einflechtet. Information bedarf einer Vergegenwärtigung, einer Reflexion im Angesicht spezifischer Erwartungen und Erkenntnishorizonte. Dies wird insbesondere an dem Stufengleichnis, welches Capurro bemüht, deutlich. Eine nachfolgende Stufe kann erst derjenige oder diejenige erklimmen, welche/r in einer gefestigten Stufe eine verinnerlichte Basis findet, auf der nachfolgende Informationen aufgearbeitet und verortet werden können.

Die Information vergegenwärtigt sich nicht selbst, der Prozess des Information-Werdens ist ein überaus aktiver, der neben einem Empfangenden auch ein Sendendes benötigt. Das, was wir Information nennen, wird „durch Signale von einem Sender zu einem Empfänger übertragen" (Ott 2007: 389). Der Empfänger interpretiert diese Signale anhand bestimmter Übereinkünfte als bestimmte Zeichen. Das Interpretieren des Signals ist ein Prozess, der bewusst wahrgenommen und aktiv durch den Empfänger vollzogen wird. Dies kann nur gelingen, weil Sender und Empfänger ein gleiches Codesystem dafür verwenden, das ein Signal zu einem Zeichen werden lässt (vgl. Ott 2007: 389). Zunächst einmal geht es also basal darum, dass eine von einem Sender übermittelte Botschaft überhaupt entziffert und als Information bei dem Empfänger ankommt. Beruft man sich auf die Genese einer Information wie in der Form, die der vorangegangene Satz dies explizierte, schwingt eine bewusste Informationsvermittlung mit. Die Frage, die sich offenbart, ist die, ob Informationen *per se bewusst* beziehungsweise *absichtsvoll* kommuniziert respektive entsendet werden (müssen). Überdies ist fraglich, ob immerzu eine beständige Übereinkunft hinsichtlich der Zeichen, die es zur Interpretation der Signale braucht, möglich ist. Betrachtet man also die beiden zu diskutierenden Kriterien der absichtsvollen (Ent)Sendung des Signals und der Übereinkunft hinsichtlich der Zeichen als Grundlage der Interpretation, können vielerlei Argumente zu Tage gefördert werden, die diese beiden Implikationen ab absurdum führen und deutlich machen, dass es einen absoluten Begriff für eine Information nicht geben kann (vgl. Ott 2007: 389). „Information gibt es nur [sic!] ›unter einem Begriff‹, genauer ›relativ auf zwei semantischen Ebenen‹." (Weizsäcker 1985: 172). Was also macht eine Information aus und wie lässt sie sich definieren zumindest aber charakterisieren? Dass die Suche nach dem Maß an Übereinkunft hinsichtlich prägnanter Zeichen ebenso wenig zielführend ist wie die Unternehmung zu eruieren, wie absichtsvoll eine Botschaft gesendet wurde, konnte überblickshaft aufgezeigt werden. Wenn schon Weizsäcker (vgl. 1985: 172) und Ott (vgl. 2007: 389) beschreiben, dass sich *die eine*, absolute Definition des Begriffs *Information* nicht abzeichnet, kann versucht werden, die Etappen zu sezieren, die den Weg hin zu einer Information bedeuten. Zentral sind im Zuge dessen die Fragen: *Wie* entsteht eine Information, *was* ist eine Information und *wie* wird sie von dem Empfangenden *wahrgenommen*? Empfehlenswert ist in diesem Zusammenhang womöglich, den Empfangenden durch einen Wahrnehmenden zu ersetzen. Die Verwendung des Begriffes des Empfangenden impliziert vermeintlich, dass es sich bei dem Gewahrwerden einer Information um einen aktiven Prozess handelt, der bedeutet, dass eine Person die Information ganz gezielt inkorporiert, sprich adaptiert. Feststeht, dass Informationen verschiedene Ausprägungen aufweisen und in unterschiedlichen Kontexten unterschiedlich wahrgenommen und verarbeitet werden – an dieser Stelle sei bereits erwähnt: oder in Wissen transformiert werden. So kann unterschieden respektive abgestuft werden, wie Informationen verwertet und adaptiert werden und wie sie – dem vorgelagert – auf den Wahrnehmenden wirken: handelt es sich um beiläufige Informationen, die an den Wahrnehmenden quasi per Zufall herangetragen werden (man könnte hier das Beispiel von Radiosendungen heranziehen: befindet sich die Übermittlungsquelle in einem von dem Wahrnehmenden hörbaren Bereich, wird derselbe mit Informationen konfrontiert, ohne dass der diese aktiv eingefordert hätte; oder aber das Stopp-Schild, dass dem Autofahrenden ein Haltegebot signalisiert). Natürlich kann hier argumentiert werden, dass in den beiden benannten Beispielen der Wahrnehmende auch Empfangender der Information ist, weil die informationsempfangende Person dieselben ja verwerten kann, also den Bedeutungshorizont ermessen kann und die Information zu interpretieren versteht. Grundlage ist das bereits weiter oben beschriebene Zeichensystem, über das die Betreffenden Kenntnis besitzen beziehungsweise über das eine Übereinkunft besteht. Hört also beispielsweise ein deutscher Tourist/eine Touristin eine Radiosendung in chinesischer Sprache, wird der dort kommunizierte Inhalt keine Information bereithalten, weil die Zeichen unterschiedlich sind. Anders verhält es sich mit zum Beispiel der Körpersprache: eine Vielzahl an Gesten und Mimiken kann interpretiert werden, weil exemplarisch das Lächeln oder aber das Weinen verschiedene Botschaften transportieren. Aber es gibt auch andere Körpersignale, die womöglich nicht in erster Linie direkt auf ein bekanntes Zeichenschema passen; interpretiert werden sie dennoch, erreichen aber zumindest den Wahrnehmenden und produzieren eine Interpretation oder einen Interpretationsversuch. Aufgrund der Pluralität der Informationen kann neben dem Empfänger einer Information auch von einem Wahrnehmenden gesprochen werden – je nachdem, wie dieselbe antizipiert wird. Aus den Ausführungen wird zudem deutlich, dass es verschiedene Ebenen gibt, in denen sich eine Information erschließt und durch die sich der Charakter derselben zeigt. Charles W. Morris (1946) präsentiert eine Unterscheidung, die sich an semiotischen Ebenen orientiert, um die Charakteristika einer Information zu erfassen. Differenziert werden drei Ebenen: die syntaktische Dimension, die semantische Dimension und die pragmatische Dimension (vgl. Ott 2007: 389). Im Zuge dieser drei Dimensionen, die in aller Regel bei dem Prozess der Wahrnehmung einer Information durchschritten werden, lässt sich ein Bogen aufspannen, welcher vom Erkennen der Information über das Stadium der Interpretation bis zu der daran anknüpfenden Handlungsableitung gezogen werden kann. Während auf der Ebene der syntaktischen Dimension beispielsweise Buchstaben aneinandergereiht werden und daraus ein Wort erkannt wird oder gesprochene Worte in einer Abfolge einen Satz bilden, wird auf der semantischen Ebene die Interpretation der Aneinanderreihung von Buchstaben oder Worten vollzogen. An dieser Stelle geschieht das, was zuvor als Interpretation des Zeichens auf Grundlage einer Übereinkunft der Signale beschrieben wurde. Aus der bloßen Zeichenabfolge entsteht eine Information, also ein Signal, welches eine Botschaft mit sich trägt. An die semantische Dimension schließt sich eine Handlungskonsequenz beziehungsweise ein Einordnen der Information an. Die pragmatische Dimension lässt die Person, die die Information wahrgenommen und interpretiert hat, quasi in Form einer Transferinterpretation oder Transferdeutung eine Konsequenz aus der Information ziehen, eine Entscheidung fällen, sie zumindest aber (bewusst) in einem spezifischen Kontext verorten. Georg Klaus (1965) jedoch gibt zu bedenken, dass diese Dreigliedrigkeit des Informationsbegriffes insbesondere dann nicht ausreichend ist, wenn man sich die Entwicklungen digitaler und virtueller Informationssysteme vergegenwärtigt. Aufgrund dessen empfiehlt Klaus, eine vierte Dimension den bestehenden hinzuzugesellen. Selbige nennt er sigmatische Information und subsummiert darunter die Relationen der virtuell wahrgenommenen „Zeichen zu den Ausprägungen der real wahrnehmbaren Objekte" (Ott 2007: 389). Neben den aufgezeigten Aspekten, die vergegenwärtigen, in welche Bestandteile sich eine

Information aufgliedern lässt (die Dimensionen Syntax, Semantik, Pragmatik und Sigmatik), gehört zu den Charakteristika einer Information, dass sie sich jeweils auf die wahrnehmende Person bezieht und damit „subjektrelativ" (Ott 2007: 389) ist. Dieser Umstand zielt auf das ab, was weiter oben bereits geschildert wurde: eine Interpretation einer Information auf semantischer Ebene führt, je nach dieser Person immanenten Erwartungen und Vorstellungen zu divergierenden Konsequenzen auf der pragmatischen Ebene. Ott führt in seinen Darstellungen das Beispiel des Stopp-Schildes weiter aus und formuliert, dass auf der pragmatischen Ebene als Konsequenz aus der semantischen Interpretation vor dem Hintergrund der Straßenverkehrsregeln ein Betätigen der Bremse und Anhalten des Fahrzeuges erfolgen würde (vgl. ebd.). Diese Reaktion bzw. Handlungskonsequenz wird allerdings nicht für jede Person gelten. Je nachdem, welche Erwartungen die Person in sich trägt und welche Kontextreflexionen sich ergeben, wird die Fahrzeugführerin/der Fahrzeugführer gegebenenfalls auch dieses Signal missachten und das Stopp-Schild überfahren. Dieses Beispiel verdeutlicht die Subjektabhängigkeit der Handlungen, die sich hinsichtlich des pragmatischen Informationsgehaltes zeigen. Neben der Subjektabhängigkeit lässt sich eine Systemrelation (vgl. ebd.) identifizieren. Selbiges kam in dem Beispiel der chinesischsprachigen Radiosendung zum Tragen: wenn die wahrnehmende Person wie in diesem Falle die Sprache des Zeichens nicht versteht, kann noch nicht einmal eine Informationswahrnehmung auf der syntaktischen Ebene vollzogen werden. Klix formuliert in diesem Zusammenhang treffend: „Nur, wenn verschiedene Möglichkeiten als informationstragende Elemente zur Wahl vorgegeben sind, kann wirklich Information entstehen und gebildet werden." (Klix 1971: 79). Die Ausführungen von Klix beziehen sich unter anderem darauf, dass einzelne Zeichen, herausgenommen aus einem Kontext oder System, für sich an Informationsgehalt einbüßen und womöglich zu keiner Information führen. Zu dem, was System ist, gehört auch erneut der Rekurs auf das Subjekt an sich, welches Adressat*in einer als Information geltenden Botschaft nur dann sein kann, wenn dieselbe anschlussfähig ist, es also einen bestehenden Wissens- oder Informationsvorrat gibt, der als System gelten kann und vor dessen Hintergrund die als neu geltende Information interpretiert und verortet wird. Eine Interpretation eines Verkehrszeichens ist auf semantischer und pragmatischer Ebene nur dann möglich, wenn dem/der Wahrnehmenden das Konzept der Verkehrszeichen geläufig ist. Ott dazu: „Nur wo eine neue Nachricht auf einen Hintergrund des Vorwissens trifft, kann Information richtig verstanden und geeignet in eine Reaktion umgesetzt werden." (Ott 2007: 390).

Grundsätzlich kann der Informationsbegriff von verschiedenen Perspektiven aus beleuchtet und von divergierenden Positionen ausgehend verwendet werden. Dass der Gebrauch im Alltagshandeln und -erleben oftmals ein anderer ist als im wissenschaftlichen Kontext, ist leicht einzusehen, wenn man sich denselben beispielsweise in mathematischen oder biochemischen Zusammenhängen vor Augen führt. Die Verwendung des Informationsbegriffes in dieser Arbeit soll sich dezidiert an der alltagssprachlichen orientieren, die immerzu Kommunikationsprozesse zwischen (zwei und mehr) Individuen in den Blick nimmt. Ott fasst die zentralen Eigenschaften dieser Begriffsausprägung treffend zusammen und formuliert überdies dezidiert das, was für diese Untersuchung zentral ist: „Dabei liegt das Hauptaugenmerk auf dem Gehalt an pragmatischer Information, der im Wesentlichen von der Wahrheit, Neuigkeit und Relevanz der Information abhängt." (Ott 2007: 390).

Nachzuvollziehen ist anhand der vorangegangenen Ausführungen, dass Informationen per se nicht um ihrer selbst willen interpretiert werden, sondern in der dritten Dimension eine Implementierung in Handlungskonsequenzen erfahren. Eine Handlungskonsequenz muss nicht immer durch tatsächliches Handeln im aktivierten Sinne vollzogen werden – wohl aber geht eine Reflexion mit der pragmatischen Interpretation einher, so dass diese Information verarbeitet, verortet, aber zumindest reflektiert wird. Zunehmens scheint jedoch eingedenk der Digitalisierungsprozesse und der Etablierung sozialer Medien, eine Aufweichung dieses Informationsparadigmas vonstatten zu gehen (vgl. Janich 1998). Es muss also eine Betrachtung dessen erfolgen, was Information, Informationsbeschaffung und Informationsverarbeitung im Zuge der Etablierung sozialer Medien bedeuten. Es muss im Kontext wissenschaftlicher Bemühungen mit der Forcierung auf digitale Prozesse auf den Prüfstand gestellt werden, ob sich womöglich eine neue Charakterisierung des Informationsbegriffs vor dem Hintergrund pluraler Informationsquellen und -angebote ausmachen lässt. Und mehr noch: eine zentrale Frage lässt sich in der des Verhältnisses zwischen Informationen und Wissen identifizieren.

Grundsätzlich muss für die Differenzierung der Begrifflichkeiten Information und Wissen vergegenwärtigt werden, dass Informationen ohne eine Transformation oder eine Verarbeitung in Wissen allenfalls leere Hülsen sind. Erst Wissen bettet Informationen in einen Handlungszusammenhang ein und erhebt sie aus dem Stadium der „undifferenzierten Datenmasse" (Ott 2007: 393) heraus. Ohne das Vermögen, die Informationen einzuordnen, ohne die entsprechende Bildung also, handelt es sich bei denselben um „aus dem Zusammenhang gerissene[.] Botschaftsfetzen" (Ott 2007: 393). Erst wenn der Empfänger/die Empfängerin ausdifferenzierte Kenntnis über das Codesystem der Botschaft besitzt, kann dieselbe schlüssig verarbeitet werden und zur Handlungskonsequenz führen – dann kann aus der Information Wissen werden. Die Relevanz der Informationen für die Gesellschaft wurde bereits zum Auftakt dieses Kapitels mit dem Verweis auf die selbstinitiierte Beschreibung als Informationsgesellschaft markiert. In einem knappen Exkurs soll diese Gesellschaftsbeschreibung betrachtet werden.

7.2 Informationsgesellschaft

Die nachfolgenden Ausführungen sind bemüht, überblickshaft die Kernelemente des Konzeptes der Informationsgesellschaft zu extrahieren. Dafür werden die vorangegangenen Überlegungen zu einer Rechtfertigung der Diagnose *Informationsgesellschaft* weitergeführt: Steinbicker (2011) reflektiert in Anlehnung an Kaase (1999) die Argumente, die sich dafür finden lassen, dass gegenwärtig (weiterhin) von einer durch die Digitalisierung beeinflussten Informationsgesellschaft gesprochen werden kann:

„1. Wachsende wirtschaftliche Bedeutung des Informationssektors
2. die exponentielle Zunahme naturwissenschaftlicher Erkenntnisse
3. der explosionsartige Anstieg verfügbarer Informationen durch Datennetze
4. die Entwicklung zur „Mediamatik", d. h. zu integrierten Multimedia-Universaldiensten
5. die Notwendigkeit, breiten Bevölkerungsschichten zumindest Basisqualifikationen zur Beschaffung und Nutzung der neuen Informati8onsvielfalt zu vermitteln und deren ständige Aktualisierung zu gewährleisten
6. die Informatisierung und zunehmende Wissensbasierung aller Berufe" (Steinbicker 2011: 7).

Steinbicker gibt jedoch zu bedenken, dass die Verquickung zwischen der Entwicklung der Kommunikationstechnologien und dem Konzept der Informationsgesellschaft deutlich weiter zurückreichen und mitnichten ihre besondere Verbindung erst durch die Digitalisierung von Informationen/Daten formiert wurde (vgl. 2011: 12). Technische Vermittlung und damit die Aufbereitung und Weitergabe von Informationen wirkten ab den 1970ern aufeinander ein: damit leisteten Informations- und Kommunikationstechnologien den Vorschub für die Informatisierung der Gesellschaft und den Eintritt in das Informationszeitalter. Dazu: „Informatisierung heißt im unmittelbaren Sinn die Umwandlung der vielfältigen, in zahlreichen Formen vorhandenen Informationsbestände in digitale Form; sie werden dadurch im Prinzip universell verfügbar." (Schmiede 1999: 2).

Es zeigt sich, dass sich im Zuge des expandierenden Digitalisierungsprozesses eine erstarkte Referenz auf Informationen ergibt. Digitalisierung ist in hohem Maße an den Faktor Information gebunden und generiert denselben als bereitgestelltes, ausgetauschtes und als wichtig deklariertes gut. Die Digitalisierung bildet quasi den Nährboden wieder erstarkte Auseinandersetzungen mit dem Konzept der Informationsgesellschaft. Mithin ist die Reflexion dieser Gesellschaftsdiagnose nicht neu: „Zentrale Begriffe und Vorstellungen wurden bereits in den 1960er[34] und 1970er Jahren formuliert und im Rahmen von Konzepten der Wissens-, post-industriellen oder eben Informationsgesellschaft ausgearbeitet." (Steinbicker 2011: 8). Grundlegende Auseinandersetzungen dazu finden sich bei Daniel Bell (1976), Peter Drucker (1969) und Manuel Castells (1996, 1997, 1998)[35]. In Anlehnung an Castells Ausführungen lässt sich für die Informationsgesellschaft feststellen, dass die Informatisierung jedweder Bereiche voranschreitet und damit nicht nur das Individuum in seinem privaten Umfeld adressiert, sondern auch alle ökonomischen sowie politischen und zivilgesellschaftlichen Teilbereiche erfasst. Dabei rekurriert Castells nicht nur auf die Informationen an sich, sondern benennt die zunehmende Ausweitung und das Diffundieren der Informationstechnologien. Informatisierung ist gleichsam Technisierung: jeder Parameter für sich stellt eine kognitive Herausforderung für das Individuum dar, vergegenwärtigen sich jedoch in Verquickung miteinander als Herausforderung (vgl. Kübler 2005: 18). Neben der Infiltration jedes Lebensbereiches durch die Informationstechnologien und dem damit einhergehenden Mehr an Informationen, bedeutet die Informatisierung strukturelle Umwälzungen der Markt- und Arbeitsorganisation. Diese an Castells angelehnten Ausführungen lassen die Andeutungen zulässig erscheinen, dass im Terminus *Informationsgesellschaft* gleichsam der der *mediatisierten Gesellschaft* (vgl. Krotz/Hepp 2012) mitgedacht werden *müsste*. Die Informatisierung der Gesellschaft geht mit der Mediatisierung der Gesellschaft einher, weil sich die Informationsbereitstellung und damit verbunden der Informationszugriff im Kontext der Digitalisierung durch die mediale, technisierte Vermittlung vergegenwärtigen. Das Zusammendenken der beiden Parameter Information und Technik ist bereits bei Bell angelegt (1973). Bells Überlegungen folgend, ergeben sich aus der Etablierung beider Aspekte weitreichende gesellschaftliche Umwälzungen, welche er als post-industriell beschreibt und damit auf systematisch Anderes und Neues verweist. Die Argumente für die Charakterisierung der Gesellschaft als informationsgeprägt, sind einleuchten wie nachvollziehbar. Mit diesem Terminus ist das Resultat einer mediatisierten Gesellschaft beschrieben, die aufgrund der technologischen Errungenschaft der Digitalisierung von Daten und damit Informationen diesen Faktor zu dem sie auszeichnenden erhebt. Allerdings ist mit dieser Bezeichnung im Hinblick auf die die Gesellschaft formenden Merkmale noch nicht viel ausgesagt. Die Tatsache, dass die Gesellschaft verstärkt mit einer Fülle von Informationen konfron-

---

34 Terminologische Verwendung findet der Begriff der Informationsgesellschaft bereits seit dem Jahre 1963, als der Japaner Tadao Umesao in einem Essay dem Wirtschaftssektor einen Informationssektor anheimstellt (vgl. Steinbicker 2011: 16).
35 Die umfassende und beeindruckende, dreibändige Grundlegung des *Informationszeitalters* erschien in den Jahren 2001, 2002, 2003 als deutschsprachige Ausgabe.

tiert ist, erscheint in seiner Aussagekraft eher eingeschränkt. Zweifelsohne wohnt der Kennzeichnung der Gesellschaft als Informationsgesellschaft viel Bedeutungsvolles inne: mit der Mediatisierung (Technisierung) und der Digitalisierung geht Informatisierung einher; Informationen sind relevant. Allerdings ist die Vergegenwärtigung von Informationen im Kontext verschiedener gesellschaftlicher Teilbereiche an die Auseinandersetzung mit denselben geknüpft, denn auf die Feststellung der immensen Informationsbestände folgt sogleich die Frage: werden dieselben genutzt? Erst die Verarbeitung, die Internalisierung der Informationen generiert ein gesellschaftlich relevantes und determinierendes Element: das der *Wissensgenese*. Die Verwendung des Terminus' der Wissensgesellschaft verweist auf die Relevanz des Wissens für die Strukturierung von Gesellschaft und deutet zudem darauf hin, dass dieser Parameter als überaus bedeutungsvoll in der Frage nach gesellschaftlich relevanten Ressourcen attribuiert wird. Damit ist das Programm der nachfolgenden Abschnitte benannt: es geht zunächst um die Beleuchtung des Terminus des Wissens und im zweiten Schritt um die Annäherung an das Konzept der Wissensgesellschaft.

7.3 Wissen und informiertes Wissen

Informationen sind eine notwendige Voraussetzung von Wissen, besitzen aber keine Sinnhaftigkeit ohne diesen *Akt* der Wissensgenese, welcher sich in Form von Anwendung, Umsetzung, Reaktion, Reflexion und Transformation vergegenwärtigt. Ein bloßes In-die-Welt-bringen an Informationen bewirkt nichts in der Welt, es bliebe ein Fetzen Botschaft und ohne jedweden Mehrwert für das Individuum, für die Gesellschaft. Degele umschreibt diesen kontrastierten Akt der Wissensgenese als eine Art „black box" (2007: 394), die insbesondere vor dem Hintergrund, dass im Zuge der Technisierung des Alltags der Fokus des Interesses viel mehr auf dem liegt, wie Kommunikation, Arbeitsprozesse, Alltagsabläufe technisiert werden. Verkürzt kann man sagen, dass eher darauf geschaut wird, *wie* die Informationen von einer Person zur nächsten, von einem Team zum anderen gelangen, aber nicht, *wie Wissen* dabei entsteht oder welche Prozesse der Wissensgenese sich im Zuge der Technisierung und der Digitalisierung verändern und ggf. abhandenkommen (vgl. Degele 2007: 394). Wissen aber schafft, dass „Gesellschaften, Informationen über sich selbst und ihre Umwelt in zielgerichtete Aktionen umsetzen: Wissen bewirkt etwas in der Welt. Wissen liefert keine Tatsachen, sondern interpretierte Beobachtungen." (Degele 2007: 395). Degele verdeutlicht in ihren Ausführungen das, was bereits im Abschnitt zur Grundlegung des Informationsbegriffs zu Sprache kam. Information wird erst dann zu einer Ressource und einer Kompetenz, wenn sie umgesetzt und in den Kontext einer (Handlungs-)Aktion gesetzt respektive darin vergegenwärtigt wird. „Wissen liefert [per se] keine Tatsachen, sondern interpretierte Tatsachen" (Degele 2007: 395): es herrscht Einigkeit darüber, dass Wissen sich in einer Handlungskonsequenz als solches identifiziert und vergegenwärtigt. Folgt auf die Wahrnehmung einer Information keine Antizipation, keine Handlung, bleibt eine Information eine Information. Deutlich wird der von Degele angeführte Aspekt der interpretierten Beobachtung an der Stelle, an der man Gutmanns Ausführungen zu dem Verhältnis von „Erfahren, Handeln, Wissen" (Gutmann 2007: 345 ff.) in die Überlegungen einbezieht. Wissen ist in dieser Argumentation in gewissen Teilen individuell verkörpertes Gewusstes. Wenn eine Information in einem Individuum bewegt, also verarbeitet, dem Wissensvorrat hinzugefügt wird, dann wird der Wissensvorrat erweitert oder um einen Aspekt bereinigt und ersetzt, quasi einer Verifizierung unterzogen. Durch diesen neuen Wissensinput werden auch die in dem jeweiligen Kontext relevanten Handlungen vor dem Hintergrund des Neu-Gewussten justiert. Wissen zeigt sich also „im Vollzug reflektierend" (Gutmann 2007: 349). Wissen wird einer Reflexion unterzogen, wenn sich das bisherige Wissen in der Umwelt einer Grenze gewahr wird, sich quasi im Blumer'schen Sinne an der Umwelt stößt und/oder ausrichtet und überprüft. Derjenige, der die Informationen als Wissen in seinen Bestand des Gewussten aufnimmt, wird in Bezug auf diesen einzelnen Aspekt „vom nicht-Wissenden zum Wissenden" (Gutmann 2007: 349). Handeln und Erfahrung fallen hier zusammen: das Wissen wird in einem höchst individuellen Prozess in den Wissensvorrat aufgenommen und durch ein Handeln erst zu einem solchen. Wissen wird, pointiert ausgedrückt, durch *Tun* zu einem Wissen (vgl. Gutmann 2007: 349).

Besonders treffend ist die Bezeichnung Ressource, um akzentuiert darstellen zu können, welche Charakteristika *dem Wissen* immanent sind. Versetzt man *Wissen* als Ressource in den Kontext der Diskurse um soziale Ungleichheiten, wird deutlich, dass *Wissen* ähnlich der anderen Ressourcen aufgrund bestimmter Zugangschancen einfacher oder weniger einfach akkumuliert werden kann. Wissen ist nicht absolut und starr, sondern formbar und dehnbar. So kann man davon sprechen, dass Wissen per se erst den Austausch und das Zurechtfinden in der Welt ermöglicht. Wissen ist „eine Ressource und ein Medium der Welterfahrung, Steuerung und Koordination. Wissen entsteht durch Überraschungen, Enttäuschungen, die dazu Anlass geben, die Reaktionen auf solche Irritationen zu fixieren und entwicklungsfähig zu halten." (Degele 2007: 395). Es lässt sich extrahieren, dass sich Wissen anpassen, modifizieren kann und stets aus einem bestehenden Wissensvorrat hervorgeht in der Gestalt, dass als bisher etabliert empfundenes Wissen im Kontext spezifischer Alltagserfahrungen zu einer Überprüfung und einer Neuausrichtung gelangt, wenn wahrgenommen wird, dass sich das bestehende Wissen an der Welterfahrung ein

Korrektiv findet. Es vollzieht sich in diesem Sinne eine „Transformation von Unbekanntem in Bekanntes" (Luhmann 1990: 148).

Zentral stellt sich dabei heraus, dass *das Wissen an sich* nicht das Relevanteste ist. Gezeigt hat sich, dass Wissen veränderbar ist und vom Subjekt immerzu Anpassungen und Neuausrichtungen verlangt sein können, so dass der Inhalt dieses Wissensvorrates eher zweitrangig ist. Große Anforderungen werden daran gestellt, wie sich neues Wissen angeeignet wird und wie mit dem Wissen an sich umgegangen wird. Es ist also eher eine Frage des Wissensmanagements denn des substanziellen Vorrats (vgl. Degele 2007: 395). Hinter dieser Feststellung verbirgt sich die Forderung, Wissen möge „austausch- und entwicklungsfähig" (ebd.) sein, was dazu führt, dass der Wissensbegriff eine zeitliche Ebene entfaltet und sich starren Bezugsrahmen entzieht. In der zeitlichen Entwicklung muss Wissen wandelungsfähig sein, da sich das, was Wissen ist, stetig am sozialen Austausch reibt und verändert. Aufgrund dessen wohnt dem Wissensbegriff neben der zeitlichen Ebene auch eine soziale Komponente bei. „Denn es sind die sozialen Kontexte, die für eine situationale Rahmung und den entsprechenden Verwendungszusammenhang sorgen, innerhalb dessen sich Akteure Wissen aneignen." (Degele 2007: 395). Festgestellt wurde, dass Wissen Welterfahrungen ermöglicht und als Ressource verändernd wirken kann – Wissen bewegt etwas in der Welt (dabei wird auf verschiedene Sinnebenen, Kontexte und Umwelten und Mitwelten der Subjekte, Gemeinschaften und der Gesellschaft rekurriert). Dies ist eine weitere Ebene des Wissensbegriffs – der *sachliche* Bestandteil des Begriffs. Überdies wurde deutlich, dass sich Wissen immerzu in einem *sozialen* Kontext aufspannt und dort ausgetauscht wird, Anschluss findet, erneuert wird oder eine Entsorgung bisheriger Wissensbestände stattfindet (vgl. Nowotny 2000). Die Ursachen für derlei Prozesse sind dem Grunde nach Enttäuschungen oder Überraschungen, welche den bisher als gültig wahrgenommenen Wissensvorrat als überdenkenswert präsentiert. Diese Tatsache, dass Wissen per se veränderbar ist, bringt eine dritte Ebene hervor, die vergegenwärtigt, dass Wissen an sich keine Permanente ist: Wissen ist *zeitlich* veränderbar und anpassungsfähig. So kann aus der Zusammenführung überdies das Resümee extrahiert werden, dass die Art und Weise, wie mit Wissen umgegangen wird und wie neues Wissen erworben wird, im Hinblick auf die Ausgestaltung und Anwendung dieser Ressource Unterschiede zwischen Individuen und ganzen Gesellschaftsteilen bestehen können. Im Grunde geht es um die Frage, wie aus Informationen Wissen gewonnen wird und wie neue Informationen als neues Wissen inkorporiert und in das Erleben der Umwelt eingeflochten werden. Im Fokus steht nicht die Anhäufung eines möglichst großen Wissensvorrats. Vielmehr besteht der mündige und reflektierte Umgang mit der Ressource Wissen im Zentrum der Betrachtung. Dies ist insbesondere vor dem Hintergrund des Zugriffs auf schier unendliche Informationsressourcen im Internet prägnant von Bedeutung. Würde man das soeben Explizierte ausblenden, könnte man zu der theoretischen Überlegung kommen, dass Wissensdefizite mit dem Vorhandensein und dem Zur-Verfügung-Stehen des Internets ad absurdum geführt werden müssten. Denn grundsätzlich können dem Internet Informationen über alle Lebens- und Wissensbereiche entnommen werden.[36] Aber Untersuchungen zeigen, dass das Internet eben nicht für alle Gesellschaftsmitglieder ein Quell des Wissens ist (vgl. Zillien 2009; Iske/Klein/Kutscher 2004; Meder 2000).

Wissen als solches gilt nicht im Sinne eines Selbstwillens. Wissen konstituiert Realität, verschafft Zugänge zur Umwelt und Mitwelt und ermöglicht soziales Miteinander (vgl. Schütz 1932: 28). In gewisser Weise ist Wissen an sich selbstreferentiell und zwar in der Gestalt, dass Wissen auf Wissen angewendet werden kann (vgl. Degele 2007: 395) und sich zirkulär auf sich bezieht. Um dieses Verhältnis pointiert abbilden zu können, empfiehlt es sich, den Begriff des „informierten Wissens" (Degele 2007: 395) einzuführen – und überdies, um die Differenzierung zweier Wissensordnungen zu erweitern. Degeles Theorie des informierten Wissens greift den weiter oben konstatierten Aspekt auf, dass das Wissen per se in das, was man als inhaltliches Wissen identifiziert, und in das, was man das Wissensmanagement oder den Prozess der Wissensgenese nennt, differenziert werden kann. Das „Wissen erster Ordnung" umfasst vor allem Wissensstrukturen als inhaltliche Bestände." (Degele 2007: 395). Als Beispiele zieht Degele Wissenschaftlerinnen und Wissenschaftler sowie Zugehörige zu (Berufs-)Gruppen mit Fachwissen und Spezialwissen heran. Diese Wissensträger*innen sichern Wissensinhalte durch spezifische Wissensstrukturen. Es geht bei dem Wissen erster Ordnung somit um das Wissen an sich, um das, was gewusst wird, den Inhalt des Wissensvorrates. Das Wissen zweiter Ordnung rekurriert im Kern auf den Aspekt der Wissensgenese und die Fertig- und Fähigkeiten, sich neues Wissen anzueignen und auf vermeintliche Überraschungen und Enttäuschungen im Sinne eines innovativen Wissensprozesses zu reagieren. In das Wissen zweiter Ordnung spielt die Kompetenzebene im Hinblick auf die Mediennutzung hinein.

„Wissen zweiter Ordnung setzt sich hauptsächlich aus Wissensprozessen in Form von Meta- und Medienkompetenzen zusammen. Metakompetenz steht für Wissen über Wissen, also theoretisches und technisch angereichertes Verfahrenswissen zuzüglich sozialer Kompetenzen. Medienkompetenz ist vor allem technisches Bedienungswissen. Gemeinsam bilden diese beiden Wissensarten oder Komponenten Wissen zweiter Ordnung." (Degele 2007: 395).

---

36 Zur vertiefenden Erörterung dieses Aspektes sei auf den Sammelband „Zum Bildungswert des Internet" (2000) von Marotzki, Meister und Sander hingewiesen.

Zum Tragen kommt hier das, was in einem späteren Kapitel im Fokus der Betrachtung stehen wird: wenn man sich mit der Internetnutzung von Seniorinnen und Senioren auseinandersetzen möchte, darf keinesfalls aus dem Blick geraten, dass die Bedienung des internetfähigen Gerätes eine eigene Hürde auf dem Weg zu einem souveränen Zurechtfinden im Internet darstellen kann. Der Aspekt, dass man weiß, wo man sich Wissen aneignen oder für sich auftun kann, erhält hier eine ganz andere Dimension. Vergegenwärtigt werden soll hier die Feststellung: in der aktuellen Situation der Mediatisierung und Digitalisierung der Gesellschaft werden verstärkte Anforderungen an beide Wissensordnungen gestellt. Wenngleich die Fülle der vorhandenen Informationen und damit der potenziellen Wissensbestände nie größer war als zu diesen Zeiten, schienen die damit verbundenen Anforderungen an die Wissensprozesse und an das Wissensmanagement niemals komplexer gewesen zu sein als heutzutage.

Wissen erster und Wissen zweiter Ordnung greifen in sich gegenseitig befruchtenden Prozessen ineinander, wobei die Tendenzen hier keineswegs gleichförmig sind. Das Wissen um Wissensprozesse und Wissenskommunikation, also das Wissen zweiter Ordnung, beflügelt das Inhaltswissen, also das Wissen erster Ordnung. In umgekehrtem Verhältnis nähren sich diese Wissensordnungen nicht. Um demnach neues Wissen antizipieren zu können, ist es unerlässlich, Kompetenzen hinsichtlich der zweiten Wissensordnung zu entfalten. Resümierend lässt sich indes direkt aus diesen Ausführungen ableiten, dass große Wissensvorräte im Hinblick auf die Wissensprozesse und die Wissensgenese Tür und Tor öffnen für Wissen erster Ordnung. Bleiben Kompetenzen im Hinblick auf das Wissen zweiter Ordnung vergleichsweise gering ausgeprägt, hat dies notwendigerweise Auswirkungen auf das Wissensrepertoire erster Ordnung. Medienkompetenzen sind neben dem „Metawissen (als Wissenswissen)" (Degele 2007: 395) folglich die Schlüsselfaktoren für die Anschlussfähigkeit an das Wissen zweiter Ordnung. Festzuhalten ist überdies, dass das Wissen *über* Wissen und die Medienkompetenzen, welches und welche das Wissen zweiter Ordnung konstituieren, auch vom Wissen erster Ordnung abhängig sind.

> „Die Bedeutung von Wissen erster Ordnung nimmt zu Gunsten von Wissen zweiter Ordnung ab. Das ist der Kern der Informierung von Wissen. Informieren als ›in eine Form bringen‹ umfasst sowohl den Prozess des Formgebens wie auch das Ergebnis der Formgebung. Zentrale Medien der Informierung von Wissen sind Computer, sei es in Form eines Großrechners, Notebooks oder auch Handys." (Degele 2007: 395).

Seitdem Computer nicht nur den beruflichen, sondern auch den privaten Alltag begleiten und dominieren, hat es eine Verschiebung der im Alltag zuvorderst gebräuchlichen Wissensordnung gegeben. Bevor Computer, Internet und Co.

allzeit den Zugang zu *jedweder* Information bereithielten, lag der Primat auf dem Wissen erster Ordnung. Dieses Verhältnis ist einem Wandel unterworfen, so dass nunmehr der Weg zum Wissen in Form der Bedienung eines Endgerätes im Fokus des Wissensmanagements steht. Zudem obliegt dem souveränen Umgang mit dem Internet mit all seinen Facetten eine Wichtigkeit von großer Tragweite. Aufgrund der Tatsache, dass das (potenzielle) Wissen in Form von mannigfaltigen Informationen durch das Internet stetig einem Erneuerungsprozess unterworfen ist, weil die Möglichkeit der Kommunikationen neuen Domänenwissens so problemlos möglich ist, sieht man sich schnell veraltendem Wissen gegenübergestellt. Die Nachjustierung dessen, was gewusst wird, erscheint nunmehr als beständig notwendig. Auf das Wissen erster Ordnung entfällt der zweite Platz der Relevanzskala. Entscheidend ist die Auseinandersetzung mit und das Wissen darum, den Wissensvorrat möglichst aktuell zu halten. Aufgrund dieses Wandels kommt dem Wissen über Wissen eine immer weiterwachsende Bedeutung zu. Informationen jedweder Couleur werden für jede Person potenziell erwerb- und damit zu Wissen verinnerlichbar, jedoch stellen die Kompetenzen im Kontext des Wissens zweiter Ordnung die Hürden und Unwägbarkeiten in der Wissensbeschaffung dar. Neben dem Aspekt, dass Medienkompetenzen in unterschiedlicher Ausprägung vorliegen können und damit die Wissensgenese determinieren, wird das Ausmaß des Wissens über (das) Wissen relevant, wenn sich die Nutzerinnen und Nutzer schlussendlich im Internet bewegen. Dasselbe bietet eine unüberschaubare Fülle an Informationen und leistet einen unwiderlegbaren Anteil daran, dass sich viele Nutzerinnen und Nutzer schier überfordert fühlen ob der auf sie vermeintlich einwirkenden Informationsflut. Erneut braucht es Kompetenzen, um Informationen selektieren zu können (vgl. Wirth 1999: 11 f.). Informationen benötigen Selektion und Aufbereitung, um schlussendlich in den Wissensvorrat überführt werden zu können. Die Fülle der Informationen gleicht hier Fluch und Segen: Fluch in der Gestalt, dass man sich zurechtfinden und brauchbare Informationen aufspüren, prüfen und dann für sich annehmen muss. Es zeigt sich, dass das Wissen zweiter Ordnung aufzuschlüsseln ist in das Wissen über Wissen, was Degele als Metawissen bezeichnet, und in die Medienkompetenz(en). Jedoch lassen die soeben explizierten Ausführungen den Schluss zu, dass diese beiden Komponenten des Wissens zweiter Ordnung weitere Kompetenzebenen subsummieren, die wiederum allesamt direkt auf das Wissen zweiter Ordnung zurückführen.

Ohne Wissen, da kein Zurechtfinden des Subjektes in der Lebenswelt (vgl. Schütz 1932; Husserl 1962; Luckmann 2002: 45 ff.): folgt man den Schütz'schen Ausführungen zu der Rolle des Wissens im subjektiven sowie gesellschaftlichen Referenzrahmen, kann nur das Resümee erfolgen, dass das Subjekt notwendigerweise Wissen nutzt, um die eigene Lebenswelt im Kontext gesellschaftlicher Zusammenhänge zu konstituieren (vgl. Fischer 2012: 34). Wissen ist eine notwendige und hinreichende Bedingung für das Etablieren des Subjektes in seiner Lebenswelt und damit im gesellschaftlichen Kontext. Dass Wissen dabei in unterschiedlicher Konnotation und Konstitution zu Tage tritt, ist leicht nachzuvollziehen, wenn man sich die Differenzierung in formelles und informelles Wissen vergegenwärtigt. Dabei gilt es a) gesellschaftliches Wissen, b) Alltagswissen (Subjektebene, informell) und c) formales Wissen voneinander abzugrenzen. Wenngleich Alfred Schütz in der durch ihn belebten Tradition der phänomenologischen Soziologie kein *direkter* Vertreter der Wissenssoziologie ist (vgl. Fischer 2012: 93 f.), stellt er bedeutende Überlegungen zu dem Verhältnis von Wissen (Subjektebene) und Gesellschaft an, die fruchtbarer Nährboden für die später von Peter Berger und Thomas Luckmann aufgegriffenen und weitergeführten Überlegungen zu Wissen und Gesellschaft sind (vgl. Knoblauch 2005: 153). Wissen ist damit nur nicht als integraler Bestandteil der Lebenswelt der Individuen zu begreifen, es ist vielmehr die Grundlage erkenntnistheoretisch erfasster Wirklichkeit. Damit verlässt dieses Unterkapitel die konzeptionellen und terminologischen Ausdeutungen des Wissensbegriffs. Der Schluss des einen Teils leitet in den nächsten über, welcher die Relevanz des Wissens für die „Konstruktion der Wirklichkeit" (Berger/Luckmann 2000) skizzenhaft tangieren und darüber hinaus die Reflexion der Gesellschaft als Wissensgesellschaft als seine Aufgabe versteht.

7.4 Wissensgesellschaft

Um in einer theoretischen Grundlegung wissenssoziologischer Theoreme auf Berger und Luckmann rekurrieren zu können, empfiehlt sich überdies die Konsultation der Schütz'schen Grundgedanken; zentral ist dabei die bereits aufgeworfene Unterscheidung der *verschiedenen Arten* des Wissens. So betrachtet Schütz das Wissen eingebettet in eine *verstehende Soziologie*[37], die eben diese Verhältnisse und Relata zum Gegenstand der Untersuchungen macht und ermittelt, wie sich die Konstruktion und die Verbreitung gesellschaftlichen Wissens im Hinblick auf das Subjekt und dessen Wissensvorrat verhält (vgl. Fischer 2012: 94). Schütz selbst ergänzt den Begriff des Wissensvorrates durch das Attribut des „zuhandenen Wissensvorrat[s]" (Schütz 1982: 112). Zustande kommt

---

37 Wenngleich Wissenssoziologie als eigenständiges Feld der Disziplin erst bei Max Scheler (1924) und Karl Mannheim (1929) vorzufinden ist, schaffen Schütz und auch in Anlehnung an dessen Ausführungen Berger und Luckmann eine fundierte Basis (vgl. Fischer 2012: 95). Schelers „Versuche zu einer Soziologie des Wissens" (1924) bilden den Ausführungen Schützeichels zu Folge das „Gründungsdokument [...] zu einer neuen Disziplin der Wissenssoziologie" (2007: 7).

diese besagte Wissensakkumulation durch „die Sedimentierung früherer Erfahrungen" (ebd.). Deutlich wird, dass es nach Schütz keine Erfahrungen a priori gibt. Vielmehr konstituiert sich der Wissensvorrat, der dem Subjekt Substanz für die Konstruktion der eigenen Lebenswelt gibt, a posteriori (vgl. Schütz 1982: 112). Der Wissensvorrat in der Schütz'schen Lesart ist gesellschaftlich gemeinter Sinn: derselbe wird von den Individuen konstituiert und dann, einmal konstituiert, wird das Gewusste Teil des gesellschaftlichen und damit sozialen Wissensbestandes, was zudem folgern lässt, dass das durch das Individuum Hervorgebrachte weitergegeben werden und damit in andere soziale Zusammenhänge diffundieren kann. Individuen beziehen sich damit stets auf ein sozial Hervorgebrachtes und bewegen sich damit innerhalb eines gesellschaftlichen Relevanzsystems (vgl. Knoblauch 2007: 114 f.). Insbesondere der damit verbundene Aspekt der Konstruktion der Wirklichkeit ist Schnittpunkt zwischen Schütz und Berger/Luckmann (vgl. Luckmann 2002: 49). Schütz' besonderer Beitrag liegt unter anderem darin, dass er darauf aufmerksam macht, dass in der modernen Gesellschaft eine durch gesellschaftliche Prozesse bedingte *Ungleichverteilung* von Alltagswissen vorherrscht. So spricht er von einer sozialen Verteilung des Wissens, die sich in verschiedentlichen Auslegungen des Allgemeinwissens auswirkt. Dabei ist das Ausmaß der Auswirkungen auf schichtspezifische Relevanzstrukturen nicht zu vernachlässigen und gibt bereits hier einen Ausblick auf die Determinante Bildung im Kontext sozialer Ungleichheiten, deren Resultat verschiedene, unter anderem disparate Wissenszustände/-vorräte sind. Aufgrund dessen ist der Schluss zulässig, dass Wissen per se von einem gesellschaftlichen Standpunkt, also von einer Position im Gesellschaftsgefüge, abhängig ist. Neben der Konsequenz der Ungleichverteilung des Wissens ist damit einhergehend ein weiterer bedeutungsschwangerer Aspekt zu vergegenwärtigen: „mit diesem Verfestigungsprozess [ist] ein Orientierungs- oder Sinngebungsproblem für das Subjekt aufgeworfen" (Fischer 2012: 94). Das Allgemeinwissen, das Wissen der Alltagswelt (verstanden als *eine* Sinnprovinz der Lebenswelt (vgl. Knoblauch 2017: 33)), als Orientierung in gesellschaftlichen Konventionen und Strukturen ist für das Subjekt von immenser Bedeutung. „Je mehr sich das Allgemeinwissen in verschiedene Versionen aufspaltet, umso schwieriger ist es für den Einzelnen, das Allgemeinwissen seiner Gesamtheit – und dessen Anwendungsbereiche: den Kern der alltäglichen Wirklichkeit – zu überblicken" (Schütz/Luckmann 2003: 437). Wissen vermittelt das Soziale und im Sozialen – Soziales kann sich nur aufgrund geteilter Wissensbestände konstituieren (vgl. Lowe 1971). Wissen ist darüber hinaus der gemeinsame Nenner für gesellschliche Weiterentwicklung. Auch wenn Lebenswelt[38] „jene

---

38 Wenngleich Gesellschaft aus Wissensbeständen konstituiert wird, bedeutet dies nicht, dass es für jedes Individuum die gleiche geteilte Lebenswelt gibt, wenngleich Lebenswelt das

Selbstverständlichkeit, die wir nicht mehr reflexiv oder handelnd erwerben müssen" (Knoblauch 2017: 32) bezeichnet, ist sie Resultat des Gewussten, welches Sozial geteilt, gelebt und weitergegeben wird. Stehr definiert in dieser Konsequenz Wissen „als Fähigkeit zum (sozialen) Handeln (als Handlungsvermögen)" (2001: 8).

Die selbstinitiierte Beschreibung der Gesellschaft als *Wissensgesellschaft* erscheint vor dem Hintergrund der in Anlehnung an Schütz und Berger/Luckmann explizierten Bedeutung von Wissen für die Konstitution von Gesellschaft und der Konstruktion von Wirklichkeit tautologisch: Gesellschaft besteht, weil das Wissen sie konstituiert. Es „stellt sich die Frage, ob eine Gesellschaft überhaupt durch Wissen definiert werden kann, da keine Gesellschaft ohne Wissen auskommt" (Heidenreich 2003: 26). Jedoch könnte man erwägen, dass eine Charakterisierung der Gesellschaft entlang der prägenden Größe die einzig zuverlässige Beschreibung wäre, die man der Gesellschaft angedeihen lassen könne.

Dieser Beschreibung als Wissensgesellschaft ist eine Weiterentwicklung immanent, die die Abkehr von der Informationsgesellschaft in der Gestalt markiert, als dass sich Gesellschaft nicht (bloß) über die technologischen Potenziale zur Verfügbarkeit und Bereitstellung von Informationen definiert. Der Diagnose als Informationsgesellschaft wohnt eine explizite Hindeutung auf die Technisierung im Kontext der wachsenden Digitalisierung inne. Allerdings muss betont werden, dass insbesondere die im Lichte der Digitalisierung vonstattengehenden Entwicklungen, zu denen „die zunehmende Bedeutung grenzüberschreitender Informations-, Kommunikations-, Waren- und Finanzströme" (ebd.) gehört und die ebenfalls als Beschreibung einer Informationsgesellschaft dienen kann, dazu führen, dass das Konzept der Wissensgesellschaft seine Berechtigung erhält. Wissensgesellschaft[39] – das heißt die Betonung der gesellschaftlich relevantesten Ressource und die Rezeption der wichtigsten

---

gemeinsame Fundament aller Menschen darstellt (vgl. Hitzler 1988: 26). „Wenn wir den Begriff der [sic!] *Lebenswelt* verwenden, sollten wir ein gängiges Missverständnis vermeiden. Denn es kommt nicht selten vor, dass der Begriff der »Lebenswelt« mit dem der »Alltagswelt« […] gleichgesetzt wird. Schütz dagegen betrachtet die Alltagswelt als lediglich eine – wenn auch dominierende (»paramount«) – Ordnung der Lebenswelt. Er vermeidet es jedoch, von mehreren Lebenswelten zu sprechen; stattdessen verwendet er den Begriff der mannigfaltigen Wirklichkeiten, die aus verschiedenen Sinnprovinzen bestehen. Die Lebenswelt des Alltags ist demnach nur eine Sinnprovinz unter anderen. Sinnprovinzen sind als subjektive Erfahrungsbereiche zu verstehen." (Knoblauch 2017: 33).

39 Hier sei auf das „Handbuch Wissensgesellschaft" (2010) von den Herausgeberinnen Engelhardt und Kajetzke verwiesen. Der Sammelband befasst sich neben den Grundlagen dieser Gesellschaftskonzeption auch mit verschiedenen Themenfeldern der Wissensgesellschaft, kritischen Beleuchtungen und der Nachzeichnung des gesellschaftlichen Wandels, welcher seine Ursprünge, aber auch seine Konsequenz in der Wissensgesellschaft findet.

Größe im Kontext produktiver Erwerbstätigkeit. Insbesondere in Verbindung mit ökonomischen Argumenten erscheint mit dem Verweis auf Bell die Attribution Wissensgesellschaft konsequent. Stehr und Adolf räsonieren Bells Grundlegungen einer wissensgesellschaftlichen Charakterisierung pointiert:

> „Bell definiert [...] die moderne Gegenwartsgesellschaft als Wissensgesellschaft, weil (1) Forschung und Entwicklung zu dem hauptsächlichen Quellen von Innovation werden [...], theoretisches Wissen an Bedeutung gewinnt, und zu einer engeren Verknüpfung von Wissenschaft (naturwissenschaftlicher Forschung) und ökonomischer Entwicklung führt; und weil (2) sich das Gewicht der Gesellschaft, gemessen am Bruttosozialprodukt und den Beschäftigungsanteilen nach Sektoren, zusehends ins Wissensfeld verlagert. Die Moderne wird hier als Produkt der immer schnelleren Übersetzung von Wissen in Technik modelliert." (Adolf/Stehr 2008: 63).

Folgt man Bell, lässt sich eine neue Epoche des Wissenstransfers und des Wissensmanagements benennen, die vor allem aufgrund der technischen Entwicklung und aufgrund der Digitalität von Daten ihren Anfang nehmen konnte. Erste die technischen sowie technologischen Parameter ermöglichen eine qualitativ andere Betonung der Rolle von Wissen in allen gesellschaftlichen Teilbereichen. Dabei sind nicht nur die Felder Ökonomie, Wissenschaft und Politik gemeint – auch für zivilgesellschaftliche Gestaltungsräume eröffnen die technischen Neuerungen und die damit verbundenen Interaktions- und Kommunikationswege neue Möglichkeiten, die das Soziale einer (nachhaltigen) Veränderung unterwerfen. Aus diesen Entwicklungen resultiert *per se* ein Mehr an Verbindungen – egal, welches gesellschaftliche Teilsystem adressiert wird. Auf diesen Aspekt verweis insbesondere Castells „The Information Age" (3 Bände: 1996; 1997; 1998). Dabei betont er die herausragende Wirkung der durch die technologischen Entwicklungen und durch die Etablierung des Internets befeuerten und stetig wachsenden Vernetzungen von Individuen, Gruppen und Nationen. Auch Castells verweist prägnant auf die neuen Informations- und Kommunikationstechnologien, welche einen Neubeginn in der gleichen radikalen Weise anschieben, wie dies einst zu Beginn der Industrialisierung vonstattenging (vgl. Adolf/Stehr 2008: 63). „Hier scheinen wir es also mit einer fundamentalen historischen Transformation der materiellen Strukturen wie der Kultur unserer Gesellschaften zu tun zu haben." (Adolf/Stehr 2008: 63). Wenngleich sich diese fundamentalen Transformationen im Besonderen in den Feldern der Politik, der Wissenschaft und der Wirtschaft aufspüren und eruieren lassen, sind die Konsequenzen aus der Entwicklung vor allem solche, die das Soziale erfassen.

„So ist Wissen ein sozialer Prozess, der gesellschaftliche Machtverhältnisse bedingt und reproduziert, jedoch selbst wiederum Bestandteil der kulturellen

Reproduktion gesellschaftlicher Strukturen ist." (Adolf/Stehr 2008: 64). Soziales, Kulturelles, alles Sein in Gesellschaft wird aufgrund der Betonung des Wissens in noch deutlicher Weise als Konstruktion der Wirklichkeit gewahr. Dies übersteigt die Vergegenwärtigung des Wissens für den konstitutiven Charakter erkenntnistheoretischer Axiome. Wissen ist damit nicht nur das Element, auf welchem das Gesellschaftliche, das Soziale fußt, es wird eingedenk der Entwicklung von Informations- und Kommunikationstechnologien zu dem Parameter, der die gesellschaftlichen Teilbereiche einrichtet. „Wissensgesellschaften repräsentieren eine soziale und ökonomische Welt, in der Ereignisse oder Entwicklungen zunehmend [sic!] „gemacht" werden, die zuvor einfach [sic!] „stattfanden"." (Stehr 2001: 10).

Damit einher gehen Paradigmen, die die Gesellschaftsmitglieder mit bestimmten Erwartungen belegen: diese verdingen sich in dem propagierten steten Lernen und der nicht endenden Vergegenwärtigung von neuem Wissen. Das Individuum unterliegt einem Diktat der Aktivität, welches gefordert ist, wenn er oder sie stetig das inkorporierte Kulturkapital ausweiten und zu einer ertragsgenerierenden Einflussgröße (Einkommen) explizieren soll.

> „Der flexible Mensch, der, lebenslang lernbereit, seine kognitiven Fähigkeiten den sich rasch wandelnden Märkten zur Disposition stellt, ist nicht einmal eine Karikatur des humanistisch Gebildeten, wie ihn Wilhelm von Humboldt in seiner knappen [sic!] Theorie der Bildung des Menschen skizziert hat, sondern dessen krasses Gegenteil." (Liessmann 2006: Vorwort).

Wenngleich sich also für die Gesellschaft mitsamt ihren Teilsystemen das Wissen als konstituierend auf der einen, aber auch determinierend auf der anderen Seite wahrnehmen lässt, kann auf der Mikroebene die Frage erhoben werden, welche Explikationen die überdehnte Relevanz von Wissen auf das Individuum hat. Bei diesen kurzen Ausführungen zu diesem überaus komplexen Themenfeld der Wissensgesellschaft soll es in dieser Arbeit belassen werden.

7.5 Zusammenfassung: Relevanz des Wissens

In den vorangegangenen Ausführungen wurde die Relevanz des Wissens für die Konstitution von allem Sozialen betont, es wurde gezeigt, dass das Wissen in verschiedene Arten zu unterteilen ist und dass Individuen die gesellschaftlichen Wissensbestände reproduzieren und erweitern. Wissen ist mithin geteilter Sinn und damit Grundlage von Interkation und Kommunikation. Aufgrund der Entwicklungen der Informations- und Kommunikationstechnologien wird der Konsumption von Informationen und der Umwandlung in Wissen eine neue Bedeutung zugemessen, welche insbesondere Ausdruck in der diagnostischen

Beschreibung der Gesellschaft als Wissensgesellschaft findet. Wissen ist in der modernen Gesellschaft als relevantes Gut internalisiert und bildet das dominante Merkmal im Hinblick auf gesellschaftsstrukturierende Parameter (vgl. Kahlert 2010: 141 ff.). Damit ist es für jedes Gesellschaftsmitglied relevant, Wissensbestände, die vor allem das Fachwissen adressieren in Form von Bildungszertifikaten, zu generieren (vgl. Kraemer/Bittlingmayer 2001: 313 ff.). Die aufgrund der Bezeichnung Wissensgesellschaft reflektierte Relevanz des Wissens/von Wissen für jedweden Lebensbereich, ist auch für diese Untersuchung bedeutungsvoll. Mithin soll die Wissensgesellschaft als makrosoziologische Klammer dieser Arbeit fungieren, so dass auf das Element der Information und den Komplex des Wissens auch in der empirischen Auseinandersetzung mit der Untersuchungsgruppe der Senior*innen eingegangen werden wird. Gezeigt wurde, dass sich Gesellschaft in ihren mannigfaltigen Subteilen aufgrund der Entwicklungen der Informations- und Kommunikationstechnologien revolutionären Veränderungen gegenübersieht. Diesem Aspekt wurde in der Metakonzeption Digitalisierung bereits Rechnung getragen. Das Konzept der Wissensgesellschaft wird als Klammer makrosoziologischer Art angesehen, weil sich darin die Maxime gesellschaftlichen Seins vergegenwärtigen, die per se auf die Akkumulation von Wissen ausgerichtet sind. Bei der Genese von Wissen spielt das Internet in der modernen Gesellschaft eine herausragende Rolle. Aufgrund dessen muss im Zuge der Frage nach der Internetnutzung der Seniorinnen und Senioren auch mitgedacht werden, wie sich diese Personengruppe über das Internet informiert und gegebenenfalls (neues) Wissen generiert. Dieser Aspekt ist vor allem dann relevant, wenn es um die Betrachtung neuer Optionen für die Lebensführung der Senior*innen geht. Die Akkumulation von Wissen wird aufgrund der oben aufgeführten Aspekte als notwendigerweise voraussetzungsvoll für die Akquise neuer Handlungsrepertoires angesehen und damit in enger Verbindung zu den Lebenschancen einer Person angesehen. Wenn Wissen Handlungen intendiert, dann kann neues Wissen neue Handlungsrepertoires eröffnen. Damit sei der Verweis auf die nachfolgend zu explizierende Lebenschancen-Konzeption von Dahrendorf gegeben.

8 Das Konzept der Lebenschancen

Hinter dem Begriff und den Konzepten der *Lebenschancen* verbirgt sich zunächst einmal ein Terminus, welcher – auch ganz im Dahrendorf'schen Sinne – einen „angenehmen Beigeschmack" (1979: 47) hat. Die positive Konnotation ergibt sich sogleich daraus, dass das *Leben* schlicht *das Erstrebenswerte* des Menschen ist, dasselbe gilt es zu bewahren und erhalten. Lebenschancen beziehen sich auf Möglichkeiten, die sich in der Lebensführung des Individuums bieten und zeigen überhaupt erst Gestaltbares an. Gleichsam wohnt einer Chance auch eine Art Gebrechlichkeit inne: Chancen, die sich bieten, muss man ergreifen *können*. Die Realisation der vermeintlichen Option fällt damit nicht mit der Chance per se zusammen und Chancen erscheinen nicht selbstverständlich. Ergreifen kann man die sich bietende Chance erst, wenn sie sich zeigt. Sie ist also nichts, was dem Subjekt als solches entspringt. Die Chance ist von dem Individuum unabhängig und verweist damit auf ein Anderes, auf einen Anderen, welches/welcher Urheber der Chance sein kann. Chancen stellen sich damit als etwas dar, was von einer anderen Instanz und/oder von anderen Faktoren abhängig ist. Möchte das Individuum eine sich bietende Chance ergreifen, steht es in einer Relation zu und sogar in einer Anhängigkeit von dem Chancengebenden. Die positive Konnotation erhält hier eine weitere Facette: eine Chance lässt sich als etwas beschreiben, das fragil ist und nicht notwendigerweise für das Individuum eintritt. Setzt man *Chancen* wieder in den Bezug zu dem Leben eines Individuums, so ist einzusehen, dass Lebenschancen derlei Dimensionen annehmen, die wegweisend für die Lebensführung des Einzelnen sein können: dabei bieten sich für einige Personen andere Lebenschancen als für wieder andere Menschen, wovon die einen die Chancen ergreifen *können* und die *Option* Realität werden lassen und wieder andere leer ausgehen. Auf diese Weise dargestellt, enthält das Konzept der Lebenschancen eine mikrosoziologische Implikation (vgl. Woll-Schumacher 2004; Meyer/Pöttker 2004). Doch neben der mikrosoziologischen Perspektive entfaltet das Konzept ebenfalls Deutungsmechanismen für die Makroebene: dann nämlich, wenn konzeptuell erörtert wird, dass es sich bei Chancen um *gesellschaftlich erstrebenswerte Güter* handelt, deren Realisierung von der Zugehörigkeit zu bestimmten gesellschaftlichen Gruppen abhängt.

> „Denn so wie Lebenschancen einerseits auf den objektiven Lebensverhältnissen beruhen, so sind sie andererseits von der subjektiven Wahrnehmung und Bearbeitung dieser Verhältnisse durch handelnde Individuen beeinflusst. Soziale Struktu-

ren fungieren als Bedingungen für Lebenschancen, die von menschlichen Akteuren produziert und reproduziert werden." (Meyer/Pöttker 2004: 11).

Diese einleitenden Gedanken zu *Lebenschancen* verdeutlichen, dass sich nicht allen Gesellschaftsmitgliedern die gleichen *Möglichkeiten* bieten. Der Verwirklichung der individuellen Vorstellungen der Lebensgestaltung stehen gesellschaftlich determinierte und determinierende Faktoren gegenüber. Bei diesen Faktoren handelt es sich um solche Merkmale, die im gesellschaftlichen Miteinander als relevant angesehen werden (vgl. Geißler 1987: 3). Differenzierungen der Ausprägungen bestimmter Merkmale wie etwa der Bildung, der ethnischen Herkunft, des sozialen Geschlechts usw. werden nur dann für den Zugang zu bestimmten Ressourcen relevant, wenn „soziale[.] Prozesse oder soziale[.] [sic!] *Mechanismen*" (Solga/Powell/Berger 2009: 19) sie als vorteilig oder nachteilig definieren. Die Relevanz bestimmter Merkmalsausprägungen und damit verbunden die Zugehörigkeit zu sozialen Gruppen ist folglich sozial/gesellschaftlich konstruiert. Die Faktoren, von denen die Realisation von Lebenschancen abhängt, sind in dieser Systematik Resultat gesellschaftlicher Mechanismen.

Lebenschancen bedeuten damit auch „Verwirklichungschancen"[40] (Sen 2002: 95), die sich bezüglich der als erstrebenswert angesehenen Ressourcen/Optionen/Gelegenheiten als in einem Spannungsfeld zwischen dem Individuum und den gesellschaftlichen Ordnungssystemen bewegen. Die Chancen auf Verwirklichung einer Option sind abhängig von der Konstellation/Kumulation von Merkmalen, die ein Individuum mitbringt und die hinsichtlich der Schließungsmechanismen in Bezug auf gesellschaftlich relevante Ressourcen vorteilhaft und nachteilig wirken. Diese Mechanismen, die in einem ungleichen Zugang zu besagten Ressourcen münden, gelten „als potenzielle[.] Behinderung

---

40 Der Begriff *Verwirklichungschancen* im Kontext individueller Gestaltungspotenziale wird insbesondere von Sen (2002) im Zuge der Bewertung der (individuellen) „Bewertung der Freiheit einer Person" (Leßmann 2006: 35) angeführt. In Anlehnung an Rawls betrachtet Sen, die „wirklichen Chancen [...], die ein Individuum hat, um die von ihm gewählten Zwecke zu verfolgen" (Sen 2002: 94 f.). Um zwischen der Ergreifung der einen oder anderen Gelegenheit wählen zu können, benötigt das Individuum eine „substanzielle[.] Freiheit" (Sen 2002: 95), derer keine gesellschaftlichen Faktoren im Wege stehen. Es geht um eine tatsächliche, reelle Wahlfreiheit. Mit der Freiheit die individuell angestrebten Möglichkeiten realisieren zu können, sind in der Lesart von Sen Kompetenten (capabilities) notwendig, also Fähigkeiten, die das Individuum befähigen, die Möglichkeit auswählen und realisieren zu können (vgl. Leßmann 2006: 34). Derlei Genese persönlicher Fähigkeiten steht wiederum in einem Zusammenspiel mit gesellschaftlichen Faktoren. Verwirklichungschancen sind höchst voraussetzungsvoll: sie benötigen die Freiheit, eine Möglichkeit auswählen zu können, welche wiederum derer Fähigkeiten zur Realisierung bedarf (vgl. Wilsmann 2004: 74 f.).

der individuellen Entfaltung bei der Nutzung von Lebenschancen" (Weber 2004: 85).

„Das Konzept der Lebenschancen" (Meyer/Pöttker 2004: 10) ist in den Sozialwissenschaften – zunächst bei Weber erwähnt und bei Dahrendorf fortgeführt und weiterentwickelt (vgl. Mackert 2010: 401 f.) – eines, das eng verknüpft ist mit den Themen- und Forschungsfeldern der *sozialen Ungleichheit*. Im Rahmen dieses Kapitels soll zum einen das Konzept der Lebenschancen im Kontext der Terminologie der sozialen Ungleichheit überblickshaft aufbereitet werden. Zum anderen, dies ist der Kern der Analyse, soll das Konzept der Lebenschancen nach Ralf Dahrendorf (1979) im Hinblick auf die Auseinandersetzung mit der Internetnutzung der Senior*innen erarbeitet werden. So dient dieses Kapitel als theoretische Erarbeitung der Forschungsinteressen, welchen im Rahmen der empirischen Untersuchung nachgegangen werden wird.

Wenngleich der Terminus Lebenschancen weitläufigen Gebrauch in den sozialwissenschaftlichen und vor allem soziologischen Theorien und Analysen erfährt, gehört derselbe nicht zu den „allgemein anerkannten Begriffe[n]"[41] (Meyer 2004: 25) und kann damit eher als Umschreibung dessen angesehen werden, was als Konsequenz aus der Bündelung ungleicher (vor- und nachteiliger) Zugänge zu gesellschaftlich als relevant erachteten Gütern und Ressourcen eruiert werden kann. Damit ist der Terminus gleichermaßen diffus und sperrig (vgl. Geißler 1987: 3), bildet aber schlussendlich das ab, was die konzeptionellen Auseinandersetzungen mit der Ungleichheitsthematik aussagt: Die Mitglieder einer Gesellschaft sind mit vorteilig oder nachteilig wirkenden Merkmalskonstellationen ausgestattet, die wiederum dazu führen, dass sich unterschiedliche Chancen ergeben, das eigene Leben zu gestalten. Giddens unternimmt in seinem „Die Klassenstruktur fortgeschrittener Gesellschaften" aus dem Jahr 1979 den Versuch, dem Terminus einen stärkeren Fokus zu verleihen und dabei auf die oben offerierten Aspekte abzustellen: Lebenschancen sind demnach, „Chancen eines Individuums, an den gesellschaftlich produzierten, ökonomischen und kulturellen [sic!] ‚Gütern' in irgendeiner gegebenen Gesellschaft teilzuhaben" (Giddens 1979: 159). Lebenschancen bilden damit sowohl das Ende respektive das Resultat eines durch mannigfaltige, einflussnehmende Faktoren gestalteten Prozesses, der sich Lebensführung nennt, als auch den Beginn.

---

41 Meyer und Pöttker (2004) nehmen sich in einem Seitenlink der Randständigkeit dieses Begriffes an, belassen die Suche nach der Antwort auf die Frage bei der Ausführung von Vermutungen, welche die „langjährige Vorherrschaft des Paradigmas von der individualisierten Wohlstands- und Erlebnisgesellschaft" als mögliche Erklärung dafür anführen, dass die „Fragen nach der ungleichen Verteilung von Lebenschancen nur zeitweilig ins Abseits gedrängt worden" (Meyer/Pöttker 2004: 10).

Wie in einem perpetuum mobile kann man sich die als determinierend im Hinblick auf den Zugang zu gesellschaftlich relevanten Ressourcen eruierten Faktoren (Geschlecht, Alter, Einkommen, Bildung, ethnische und soziale Herkunft) heraussuchen und in das System der sich selbsterhaltenden und stets reproduzierenden Ungleichheiten eingeben: das Resultat sind divergierende Lebenschancen für Personen, die aufgrund der spezifischen Merkmale zu bestimmten sozialen Gruppen zuzuordnen sind, und für das Individuum an sich. Dahrendorf führt diese Aspekte prägnant zusammen: „Lebenschancen sind von sozialen Strukturen bereitgestellte Möglichkeiten individueller Entfaltung" (1979: 92).

Zu konstatieren ist, dass nunmehr das Internet und dessen Gebrauch in den Kanon der einflussausübenden Merkmale aufzunehmen ist und herauszustellen ist, wie sehr sich Nutzer*innen von Nicht-Nutzenden gemäß dem eigenen Erleben unterschieden und welche Lebenschancen die jeweilige Personengruppe für sich selbst durch die Internetnutzung offeriert sieht. Der Terminus *Lebenschancen*, dies sei bereits vor aller Grundlegung angemerkt, soll als ein strukturelles Prinzip verstanden werden, das unabhängig von Spontanitäten und Zufälligkeiten ist (vgl. Dahrendorf 1979: 47).

8.1 Das Konzept der Lebenschancen im Diskurs um soziale Ungleichheit(en)

Zurückzuführen sind der Begriff und das Konzept der Lebenschancen auf Max Weber (1922). Aufgegriffen wurde dieser Terminus auch von Robert Merton (1949) in seinem Werk „Social Theory and Social Structure", der den Begriff der Lebenschance(n) in den Kontext seines Anomieansatzes stellt (vgl. Merton 1995: 29; vgl. dazu auch Mackert 2010: 414). Eine Weiterführung und prägnante Ausdeutung lässt sich bei Ralf Dahrendorf in seinem Werk „Lebenschancen. Anläufe zur sozialen und politischen Theorie" (1979) finden. In den aktuellen wissenschaftlichen Auseinandersetzungen mit sozialer Ungleichheit ist vor allem Rainer Geißler (1987; 1994) zu benennen, „der dem Begriff in seinen Arbeiten eine tragende Rolle zuweist" (Meyer 2004: 25).

Eingebettet in den Kontext der Frage nach der Entstehung, Ausdifferenzierung und Manifestation sozialer Ungleichheit, benötigt die Anwendung des Konzeptes der Lebenschancen einige Voraussetzungen, die sich in den nachfolgend extrahierten Aspekten nicht dezidiert bei Dahrendorf finden, sich wohl aber davon ableiten lassen. Um Lebenschancen und die damit in der Lesart von Dahrendorf zusammenhängenden Ligaturen und Optionen im Hinblick auf die Internetnutzung von Senior*innen ausdifferenzieren zu können, soll im Kern das Konzept der Lebenschancen nach Dahrendorf aufbereitet, und an geeigneter Stelle um Aspekte der (aktuellen) Ungleichheitsforschung ergänzt werden. Die Internetnutzung respektive *die Art und der Zweck der Nutzung* müssen im Zuge der Genese von Lebenschancen, dem Zugang zu gesellschaftlich relevanten, knappen Gütern, als bedeutsame Größe angenommen werden. Das Internet wird in der Frage nach dessen Einfluss auf den Zugang zu Ressourcen zu einem Instrument, welches insbesondere mit der Determinante *Bildung* im Zusammenhang steht. Um dies zu vergegenwärtigen, erfolgen an dieser Stelle zum einen ein Exkurs in die Richtung der Ursachenforschung von sozialen Ungleichheiten und zum anderen ein Rekurs auf die Faktoren, die wiederum die Internetnutzung prägen. Für den Exkurs in die Analyse sozialer Ungleichheit soll der Blick auf das Prozessmodell von Heike Solga, Justin Powell und Peter A. Berger (2009) helfen. Für Ansätze einer Erklärung des Zustandekommens von systematischen Unterschieden zwischen sozialen Gruppen (vgl. Solga/Powell/Berger 2009: 11) gilt die Annahme, „dass soziale Ungleichheiten gesellschaftlich produziert und damit auch gesellschaftlich gestalt- bzw. veränderbar sind" (ebd.). An diese Annahme schließen sich Fragen danach an, warum es diese bereits benannten systematischen Unterschiede zwischen verschiedenen sozialen Gruppen gibt, weshalb besagte Unterschiede für bestimmte Personengruppen vorteilig und für andere nachteilig wirken und warum sich diese Vor- und Nachteile gesellschaftlich etabliert haben und sich damit dauerhaft eruieren lassen respektive systematisch vorzufinden sind (vgl. ebd.). Für die Erklärung sozialer Ungleichheit schlagen die Autoren vor, „[sic!] *vier Strukturebenen sozialer Ungleichheit* zu unterscheiden [...]: (1) Determinanten, (2) Dimensionen, (3) Ursachen und (4) Auswirkungen" (Solga/Powell/Berger 2009: 16). Dabei dienen die betreffenden Faktoren als Triebfedern im Prozess der Entstehung sozialer Ungleichheit. Das Zusammenspiel derselben deckt auf, welcher Faktor an welcher Stelle des Prozesses aus Reproduktion und Manifestation den disparaten Zugang zu gesellschaftlich relevanten und begehrten Ressourcen determiniert und befeuert. Das Schema (Abb. 1) kann dazu dienen, ganz unterschiedliche Prozesse zu durchdenken und zu erklären. Dasselbe soll an dieser Stelle herangezogen werden, um aufzuzeigen, wie Internetnutzung und Nicht-Nutzung mit den Lebenschancen einer Person oder einer Personengruppe zusammenhängen können.

Abb. 1: Strukturebenen sozialer Ungleichheit

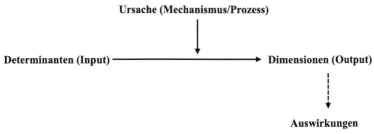

Quelle: Solga/Powell/Berger 2009: 17.

Zunächst einmal sei nachgezeichnet, wie sich die Komponenten in diesem Schaubild verhalten, wenn es darum geht zu eruieren, welche Faktoren nach aktueller wissenschaftlicher Erkenntnis (die Studien der Initiative D21 und des DIVSI wurden bereits erwähnt) die Internetnutzung beeinflussen. Dabei sei neben dem für die Untersuchungsgruppe relevanten Aspekt der Nutzung und der Nicht-Nutzung vor allem die Art und Weise der Nutzung mitgedacht. Eingedenk der Systematik des Prozessschemas von Solga, Powell und Berger ist die Internetnutzung als Output, also als Dimension, zu erfassen, welcher auf bestimmte Art durch die Faktoren auf der Ebene des Inputs determiniert wird. Die konsultierten Studien der Initiative D21 haben aufgezeigt, dass es sich zuvorderst bei dem Alter um *die* einflussnehmende Kategorie im Kontext der Internetnutzung handelt. Dieser Umstand gilt sowohl für die gesamtgesellschaftliche Betrachtung, bei der sich die Gruppe der Älteren als diejenige identifizieren lässt, die nicht oder weniger intensiv das Internet nutzt, als auch für die Gruppe der Älteren selbst, für die sich eine Heterogenität in der Nutzung feststellen lässt. Die Determinante Alter wirkt sich damit auf die Internetnutzung aus. Ursachen für die andersartige Nutzungsroutine oder aber für den vollkommenen Verzicht auf das Medium Internet sind vielfältig. Zum einen lassen sich hier eine andersgelagerte Mediensozialisation und zum anderen eine Skepsis gegenüber der Technik per se ausmachen. Vor allem die Etablierung verschiedener Medien im Lebensverlauf spielt hier eine gewichtige Rolle, welche insbesondere durch die Art der Erwerbstätigkeit beeinflusst wird. Untersuchungen der Initiative D21 und des Alterssurveys zeigen, dass der Umgang mit der Computertechnik und dem Internet im Rahmen der Erwerbstätigkeit einen Beitrag zu der Etablierung des Internets im privaten Alltag – vor allem im Ruhestand – hat. Die Nutzung des Internets im Erwerbsleben kann damit als Determinante im Kontext der Nutzung oder nicht Nutzung dieses Mediums verortet werden, aber auch als Dimension angesehen werden, wenn man danach fragt, wovon der Interneteinsatz im Berufsalltag abhängt. Hierbei spielt die formale Bildung die herausragende Rolle. Bezugnehmend auf die Internetnutzung an sich, die als Dimension, und damit als abhängig von determinierenden

Faktoren, angenommen wird, kann als zweite einflussnehmende Größe die (formale) Bildung identifiziert werden. Sowohl das Alter als auch die Bildung beeinflussen die Art und Weise der Internetnutzung und in Bezug auf die Untersuchungsgruppe der Seniorinnen und Senioren auch die Tatsache, ob eine Person das Internet *überhaupt* nutzt oder gänzlich auf den Einsatz dieses Mediums verzichtet. An den Output sind bestimmte Auswirkungen geknüpft, welche sich insbesondere für die Einzelne oder den Einzelnen im Kontext gesellschaftlich relevanter Referenzpunkte vergegenwärtigen. Ob eine Seniorin das Internet nutzt oder aber ein Senior offline seinen Alltag gestaltet, hat Auswirkungen auf das Leben im sozialen Gefüge und die Funktionssysteme. Damit handelt es sich bei der Internetnutzung per se um ein gesellschaftlich relevantes Gut, welches als erstrebenswert angesehen wird. Da die Internetnutzung als solches in jüngeren Gesellschaftsgruppen zu beinahe 100 Prozent genutzt wird, kann der *Zugang*, sprich die technischen Gegebenheiten, die Möglichkeit der Nutzung an sich, zum Internet für diese Personengruppen nicht als gesellschaftlich knappe Ressource angesehen werden[42]. Ginge man davon aus, dass der Zugang an sich als erstrebenswert gilt und sich alleinig aus diesem Aspekt Vor- oder Nachteile für eine Personengruppe ergeben, muss das Argument für jüngere Personengruppen zurückgewiesen werden. Anders verhält es sich für die Gruppe der Senior*innen, für die sich eine tatsächliche Dichotomie hinsichtlich der Nutzung eruieren lässt. Hier kann also tatsächlich der Zugang zu dem Medium Internet als gesellschaftlich relevante Ressource angesehen werden: damit sind dann Vorteile für die Senior*innen verknüpft, die online agieren, und Nachteile für diejenigen, die offline leben. Dass das Internet und dessen Nutzung in die Debatten rund um die Thematik der sozialen Ungleichheit aufzunehmen ist, hat Zillien in ihrer Untersuchung zur digitalen Ungleichheit

---

42 Dieser Aspekt, dass technische Zugangsvoraussetzungen in Form eines Internet-Hausanschlusses oder der Verfügbarkeit eines internetfähigen Endgerätes nicht (mehr) als ursächlich für die Nutzung oder Nicht-Nutzung des Internets angenommen werden, ist abhängig von dem technischen Fortschritt der vergangenen zehn Jahre. Die skizzierte Nutzerquote von beinahe 100 Prozent für die Gruppe der Jugendlichen und jungen Erwachsenen verdeutlicht, dass sich infrastrukturelle Probleme im Zuge der Versorgung der Haushalte mit einem Internetanschluss auf der einen Seite, aber auch die technischen Möglichkeiten durch Smartphones und mobiles Internet auf der andere Seite, derart verändert haben, dass der technische Zugang als solches nicht mehr als Barriere gelten kann. Anders stellt sich dies noch in den Ausführungen der durch Zillien durchgeführten Untersuchung im Jahr 2006 dar. Zu dem Zeitpunkt stellten oben skizzierte Faktoren landläufige Hemmnisse und Hindernisse im Kontext der Auseinandersetzung mit dem Medium Internet und – das sei an dieser Stelle betont – mit dem Computer dar (Vgl. Zillien 2009: 150 ff.). Dass sich Seniorinnen und Senioren, die im Zuge der Erwerbstätigkeit keine Berührungspunkte mit der Computertechnik oder dem Internet hatten, schwer damit tun, den Zugang zu eben dieser Technik zu finden, ist in der spezifischen Mediensozialisation dieser Generation begründet (vgl. Krämer 2013: 25 ff.).

(2009) umfassend dargelegt. Im Zuge der theoretischen Auseinandersetzung mit den Ungleichheits-Konzepten erscheint eine Lücke, die darin besteht, dass das Internet als Determinante bisher nicht in den Kanon der als ursächlich wirkenden oder aber mithin treibenden Faktoren aufgenommen wurde. Es stellt sich also, ganz unabhängig von den Überlegungen im Rahmen dieser Untersuchung, die Frage, wie das Medium Internet in die Theoriekonzepte aufgenommen wird, oder aber zumindest dort mitberücksichtigt werden kann. Zillien zeigt, dass das Internet, obwohl es für quasi jede Person potenziell die gleichen Informationen bereithält und per se die gleichen Angebote und Optionen liefert, spaltend wirkt – spaltend im Hinblick darauf, dass sich soziale Ungleichheiten durch das Internet und dessen Nutzung nicht aufbrechen lassen, sondern sich sogar noch weiter manifestieren. Es stellt sich demnach so dar, dass Personen das Internet auf unterschiedliche Weise nutzen – diese Nutzungsart ist neben dem Alter durch die Bildung beeinflusst (vgl. Zillien 2009: 159).

Dem Internet und den Medien im Allgemeinen werden im Kontext der *Wissensklufthypothese* weitreichende Einflüsse auf die Informationsverbreitung nachgesagt. So vergegenwärtigt sich in diesem Konzept der Einfluss der Bildung auf den medial generierten Zugang zu Informationen. Die Wissensklufthypothese ist eine Annahme, welche sich im Zuge der Informatisierung der modernen Gesellschaft (Informationsgesellschaft) herausgebildet hat:

> „Wenn der Informationszufluss in ein Sozialsystem wächst, tendieren die Bevölkerungssegmente mit höherem sozioökonomischem Status und/oder höherer formaler Bildung zu einer rascheren Aneignung dieser Information als status- und bildungsniedrigere Segmente, so dass die Wissenskluft zwischen diesen Segmenten tendenziell zu- statt abnimmt" (Tichenor/Donohue/Olien 1979: 35 f.).

Bonfadelli führt in Referenz auf diese Ausführungen aus:

> „Die [sic!] *gesellschaftspolitische Brisanz* der Hypothese liegt darin, dass die Medien nicht zur Informiertheit aller beitragen, sondern als Trendverstärker bestehende soziale Ungleichheiten bezüglich Bildung, sozialer Schicht und ungleicher Verteilung von Macht auf der Ebene des gesellschaftlichen Wissens reproduzieren." (Bonfadelli 2008: 270).

Die Internetnutzung ist in hohem Maße durch die eingangs aufgezeigten Faktoren beeinflusst – die Internetnutzung wiederum führt entsprechend der formulierten These zu einer Zementierung der bestehenden Unterschiede. Die Idee der freien Informationen für jede und jeden Nutzenden ist in der Form als ungültig abzuweisen. Die Wissensklufthypothese verweist auf die differenzierende Wirkung der Medien im Allgemeinen und auf die des Internets im Speziellen. Für die vorliegende Untersuchung kann diese Annahme nur indirekt Relevanz entfalten: es kann eruiert werden, wie die Senior*innen den Zugang zum Internet erleben und ob sich tatsächlich unterschiedliche Optionen auf der Basis der generierten Informationen ermitteln lassen. Messbar oder im statistischen Sinne auf Korrelation hin überprüfbar sind diese Aspekte nicht. Allerdings liefert der Rekurs auf die Wissensklufthypothese wichtige Vorannahmen: nämlich die, dass die Senior*innen per se unterschiedliche Lebenschancen aus der Internetnutzung generieren können und dieselben von makrotheoretisch ableitbaren Faktoren abhängen und nicht nur auf solche, wie die Internetnutzung in der Phase der Erwerbstätigkeit oder die Anbindung an familiale Netzwerke, zurückgeführt werden können (wenngleich auch letztgenannte Faktoren durch die Determinanten beeinflusst sind).

Festzuhalten ist, dass die Internetnutzung eine andere Art der Nutzung fordert, als dies für andere Medien der Fall ist. Dieselbe umfasst mannigfaltig Herausforderungen und Voraussetzungen, die sich für jede Person vor dem Hintergrund der Merkmalskonstellationen unterschiedlich darstellt. Es ergeben sich divergierende Nutzungspotenziale, die in verschiedenartigen Optionen münden. Die Nutzungsart wirkt hier als Determinante für den sich bietenden Nutzen, den Ertrag, quasi den Output. Daraus wiederum lassen sich bestimmte Auswirkungen ableiten. Diese Systematik gilt für das Individuum genauso wie für soziale Gruppen. Folgt man der Konzeption der sozialen Ungleichheit, so bieten sich auch hier im Kontext der Internetnutzung für mit unterschiedlichen Merkmalskonstellationen ausgestatteten Personengruppe unterschiedliche Outputs. Das Internet und seine Nutzung werden langfristig in die theoretischen Auseinandersetzungen mit der Thematik der sozialen Ungleichheit einfließen müssen. Vor allem gilt es zu eruieren, wie sich die Mediatisierung, aber vor allem die Internetnutzung auf die Merkmalskonstellationen eines Individuums entlang der benannten Determinanten auswirkt. Dazu eignet sich vor allem die Beleuchtung der Bourdieu'schen Klassenkonzeption (2013), in welcher der Aspekt der Internetnutzung in alle Kapitalarten eingeflochten werden kann (vgl. Jurt 2010: 10). Das Internet bedingt – mit dem Gedanken an die Wissensklufthypothese – Wissensbestände in hohem Maße und beeinflusst damit das inkorporierte Kapital, vergegenwärtigt sich aufgrund der Online-Netzwerke und der neuartigen Organisation von Kommunikation jedoch auch im sozialen Kapital (vgl. Haug 2000: 61). Beide Kapitalarten können wiederum das ökonomische Kapital beeinflussen. Die Internetnutzung wird zur gelebten und reproduzierten Handlungspraktik und beeinflusst in seiner Art der Nutzung auch den Habitus einer Person. Damit ist die Internetnutzung zirkulär wirksam: dieselbe beeinflusst die Kapitalarbeiten und diese bestimmen wiederum die Internetnutzung. Der Ansatz von Bourdieu ist vor allem dazu geeignet, konzeptionell den Einfluss der Internetnutzung zu beleuchten. Der Terminus des Habitus erscheint hier überaus fruchtbar, um die divergierenden Nutzungsintentionen der Individuen zu konzipieren. Allerdings kann die Bourdieu'sche Habitus-Theorie für diese Untersuchung her flankierend genutzt werden, da sich die Schwierigkeit der Operationalisierung stellt: echte Auswirkungen der Internetnutzung auf die Kapitalarten und für die Position im Sozialgefüge lassen sich für die Gruppe der Senior*innen eher indirekt ableiten respektive mitdenken. Um die tatsächlichen Auswirkungen der Internetnutzung für die individuelle Lebensgestaltung der Senior*innen zu ermitteln, offenbart das Dahrendorf'sche Lebenschancen-Konzept fruchtbare Elemente.

8.2 Die Ursprünge des Terminus' der Lebenschancen bei Max Weber

Im Rahmen verschiedener Herleitungen, die das Konstituieren und das Gelingen sozialer Ordnung ursächlich zu erklären vermögen, hat Max Weber den Begriff der Lebenschancen zunächst in den Terminus der *Überlebenschancen* eingebettet und kehrt damit zu den Grundzügen des Sich-gegeneinander-Behauptens, des Durchsetzens gegen „Konkurrenz" (Weber 1999 [1922]: 38) zurück. Damit begreift er Lebenschancen in einem ganz ursprünglich gearteten Bedeutungshorizont: es geht nicht zuvorderst um die Ausgestaltung und das Kreieren eines nach den eigenen Vorstellungen gelingenden Lebens, es geht um das Leben, das *Über*leben an sich. Erste Erwähnung findet der Begriff der Lebenschancen in dieser Konnotation in seinem Werk *Wirtschaft und Gesellschaft* in Paragraph 8, der tituliert ist mit „Begriff des Kampfes" (Weber 1999 [1922]: 38):

> „Der ohne sinnhafte Kampfabsicht gegeneinander stattfindende (latente) Existenzkampf menschlicher Individuen oder Typen um Lebens- oder Überlebenschancen soll [sic!] »Auslese« heißen: »soziale Auslese«, sofern es sich um Chancen Lebender, »biologische Auslese«, sofern es sich um Überlebenschancen von Erbgut handelt." (Weber 1999 [1922]: 38).

Der „Auslese" (ebd.) ist im Weber'schen Sinne ein Ringen der Individuen um das Bestehen im Sozialgefüge immanent. Der Duktus, den Weber für „soziale Beziehungen" verwendet, ist „Kampf" (ebd.); er differenziert den Kampf-Begriff so weit aus, dass der „friedliche Kampf" (ebd.), der ohne physische Gewaltsamkeit (vgl. ebd.) besteht, als Konkurrenz zu bezeichnen sei. In dem Begriff der „Konkurrenz" (ebd.) wohnt das Element inne, sich als Individuum selbst seiner Chancen zu bemächtigen, sich den Gelegenheiten zuzuwenden, die auch von anderen Individuen absichtsvoll forciert werden. Chancen, das erfährt man anhand der Kampfmetapher und im Zuge der Passage, in der Weber konstatiert, dass im Sozialgefüge ein Sich-gegeneinander-Behaupten als „friedliche

Bewerbung um [sic!] eigne Verfügungsgewalt über Chancen geführt wird, die auch [sic!] andre begehren" (ebd.) besteht, sind Teil der sozialen Wirklichkeit. Damit rekurriert Weber in dem Passus „über Chancen [..], die auch andre begehren" (ebd.) auf gesellschaftlich knappe Ressourcen, die damit auch als Gelegenheiten und Optionen verstanden werden können. Der Terminus der „sozialen Auslese" (ebd.) impliziert, dass nicht jedes Individuum die gleichen Chancen hat, dass die Optionen, die Ressourcen rar respektive knapp und begehrt sind. Bei aller Deutlichkeit, mit der Weber die Ausführungen zu den Auslese- und Durchsetzungsmechanismen zu Beginn seines 8. Paragraphen einführt und die Metapher des Kampfes bemüht, wandelt er einige Aspekte im Verlauf seiner Argumentation ein Stück weit ab und rekurriert im Kontext sozialer Beziehungen *eher* auf den Begriff der Konkurrenz, wenngleich er den Terminus „Auslese" (Weber 1999 [1922]: 38) nicht gänzlich verwirft. Damit vergegenwärtigt Weber, dass es in jeder denkbaren sozialen Begebenheit zu einem gegenseitigen Ablösen von bestimmten Positionen kommen kann – wer dabei anhand welcher Merkmale, aufgrund welcher Qualitäten (vgl. ebd.) als vorteilig anzusehen ist, hängt, so Weber, von „Konkurrenzbedingungen" (ebd.) ab, „zu denen, neben allen denkbaren individuellen und Massenqualitäten auch jene Ordnungen gehören, an denen sich, sei es traditional sei es wertrational oder zweckrational, das Verhalten im Kampf orientiert. Jede von ihnen beeinflusst die Chancen der sozialen Auslese" (Weber 1999 [1922]: 38).

Im Kontext sozialer Beziehungen macht Weber neben dem Sich-gegenseitig-Übervorteilen von Individuen, um eine Situation oder Gegebenheit als Chance anstelle Andere wahrzunehmen, deutlich, dass der Duktus der *Auslese* in diesen Zusammenhang eine weitere Implikation bereithält: so wird eine soziale Beziehung als existent ausschließlich aufgrund von menschlichem Handeln angesehen. Das menschliche Handeln determiniert den Sinngehalt und legt dem Zustandekommen und der Ausgestaltung einer sozialen Beziehung eine bestimmte Art des Handelns zu Grunde (vgl. Weber 1999 [1922]: 38). Setzen sich also bestimmte Individuen im Kontext sozialer Praktiken gegenüber anderen durch und konstituieren die soziale Situation, das soziale Handeln qua der ihnen eigenen Handlungsweise, erfolgt eine Art Auslese sozialer Handlungen. Das „bedeutet also: [sic!] daß eine bestimmte Art von Handeln durch eine andere, sei es der gleichen oder anderen Menschen, im Laufe der Zeit verdrängt wird" (ebd.). Ein bestimmtes Handlungsrepertoire, eine bestimmte Qualität bzw. Ausprägung von Merkmalen erscheint hier im Kontext sozialer Gestaltungsräume als vorteilig. Diesen Prozessen immanent ist die Frage danach, wie und warum sich bestimmte Qualitäten als vorteilig und wieder andere als nachteilig erweisen (vgl. ebd.: 39).

Lebenschancen markieren in der Weber'schen Darlegung der Ordnungsprinzipien einer Gesellschaft vor allem eine „spezifisch[.] ursächliche Komponente" (Weber 1999 [1922]: 677), die Menschen insofern in Bezug zueinander setzt, als dass Personen mit ähnlich gelagerten und ähnlich ausgestalteten Lebenschancen eine „Klasse" (ebd.) bilden bzw. als eine Klasse beschrieben werden können. Die Personen, die sich in ähnlichen und gleichen Lebenslagen befinden, sind qua „ökonomische[r] Güterbesitz- und Erwerbsinteressen" (Weber 1999 [1922]: 677) in einer gemeinsamen „Klassenlage" (ebd.), welche mitnichten einen Gemeinschaftssinn, aber ein Gemeinschaftshandeln zur Konsequenz haben kann. Die Zugehörigkeit zu einer Klasse fungiert in dieser Lesart, im Gegensatz zu der Auffassung der Klasse bei Karl Marx, nicht als Genese eines gemeinschaftlichen Klassenverständnisses, welcher dazu dienen kann, in Form eines Protektionsmechanismus' eine Funktion für die Klasse *an sich* zu entfalten (vgl. Ditton/Maaz 2015: 230). Weber verweist in seiner Grundlegung der (sozialen) Klasse auf die besondere Bedeutung ökonomischer Faktoren im Zuge der Genese (spezifischer) Lebenschancen.

> „Es ist die allerelementarste ökonomische Tatsache, [sic!] daß die Art wie die Verfügung über sachlichen Besitz innerhalb einer sich auf dem Markt zum Zweck des Tauschs begegnenden und konkurrierenden Menschenvielfalt verteilt ist, schon für sich allein spezifische Lebenschancen schafft. Sie schließt die Nichtbesitzenden nach dem Grenznutzgesetz vom Mitkonkurrieren von allen Gütern hoher Bewertung zugunsten der Besitzenden aus und monopolisiert deren Erwerb faktisch für diese." (Weber 1999 [1922]: 677).

Webers Klassenkonzept trägt damit einen deutlichen Machtbezug in sich: die Zugehörigkeit zu einer Klasse bestimmt den Zugang zu den als erstrebenswert erachteten Gütern. Die Klassenzugehörigkeit übt Einfluss auf Lebenschancen aus und führt dazu, dass Personen, die unterschiedlichen Klassen angehören, einem disparaten Machtverhältnis in Bezug auf die ökonomischen Ressourcen ausgesetzt sind. Allerdings bleibt Weber die Ausdifferenzierung der Lebenschance schuldig, so dass konzeptionell die Zusammenhänge zwar konsistent nachvollziehbar argumentiert sind, der Lebenschancenbegriff hinsichtlich seines Gehaltes und der Dimensionen jedoch wage bleibt (vgl. Mackert 2010: 410 f.).

„Ökonomische Mittel" (Weber 1999 [1922]: 54) werden hier zur Determinante für davon abhängige Dimensionen. Wer im Weber'schen Sinne als Besitzender (vgl. Weber 1999 [1922]: 710) gilt, ist in der Lage, die eigene Position im Gesellschaftsgefüge für sich vorteilhaft zu beeinflussen. Besitzenden obliegen andersgelagerte Chancen der Lebensgestaltung. Damit agieren die Besitzenden den Nichtbesitzenden gegenüber beschneidend – indem die Besitzenden den Zugang zu Gütern mit besonderer Bewertung durch ökonomische Attribution determinieren, formulieren sie gleichsam die Regeln des Zugangs und üben demnach impliziten Einfluss auf die Nichtbesitzenden aus. Der oben angeführten Passage aus Webers Ausführungen zum Begriff der Klasse kann man entlehnen, dass sich diese Differenzierung in Besitzende und Nichtbesitzende in einer marktwirtschaftlich organisierten Gesellschaft notwendigerweise ergibt (vgl. Weber 1999 [1922]: 679; Mackert 2010: 402 ff.). Qua dieses Marktgesetzes ergeben sich divergierende Lebenschancen – ökonomische Ressourcen ergeben in diesem Kontext eine gesellschaftlich als relevant erachtete Ressource, welche sich wiederum vorteilig auf den Zugang zu anderen Ressourcen auswirkt. Dieses *Potenzial des Zugangs* ist mithin zu verstehen als Lebenschance. Lebenschancen zeigen sich dabei von spezifischen Determinanten abhängig – sie zeigen auf, wie ausgeprägt der Handlungsspielraum, wie umfassend die Zugangschancen zu einem gesellschaftlich als erstrebenswert erachteten Gut sind. Selbige bezeichnen überdies das Bündel einzelner Determinanten, die, zusammengenommen, nachhaltigen Einfluss auf die Zugangschancen zu jedweder gesellschaftlich relevanten Ressource ausüben (vgl. Müller2008: 184 f.). Somit ist der Nichtbesitzende nicht bloß eingeschränkt bezüglich bestimmter Kauf- respektive Tauschinteressen, sondern ist in seinen Lebenschancen unterschiedlich zu denen, die sich für einen Besitzenden bieten. Uminterpretiert für gegenwärtige Zusammenhänge lässt sich in Anlehnung an Weber folgern: Dimensionen, die von dem ökonomischen Kapital abhängen, sind dann beispielsweise Wohnort und Wohnraum, Schulbildung der Kinder, Weiterbildungsmöglichkeiten, aber auch gesellschaftliche Partizipation vielfältiger Couleur (man denke dabei an Sportaktivitäten, kulturelle Veranstaltungen, Reisen usw.), weshalb sich die Determinante des ökomischen Besitzes weiterführen lässt. Webers Verortung der Lebenschancen im ökomischen Kontext soll in den nachfolgenden Auseinandersetzungen weniger Aufmerksamkeit zugetragen werden. Ralf Dahrendorf hat sich auf der Grundlage der Weber'schen Terminologie einer Neujustierung dieses Lebenschancen-Konzeptes verschrieben, welche nachfolgend einer Betrachtung unterzogen wird.

8.3 Annäherungen an das Lebenschancen-Konzept von Ralf Dahrendorf

Das Konzept der Lebenschancen ist in seinem Ursprung mit Max Weber verwoben. Verortung findet das Lebenschancen-Konzept dort in einen Kontext der Konkurrenz um insbesondere ökonomische Güter. Wenngleich Weber den Terminus der Chance entlang mannigfaltiger Bedeutungshorizonte vielfältig ausdifferenziert verwendet, findet sich der Begriff der Lebenschance zunächst in einer Kampfthematik wieder, welche sich im Kern der sozialen Auslese verdingt. Weber selbst unterscheidet im Fortgang seiner Ausführungen die Auslese („soziale Auslese" und „biologische Auslese" (Weber 1999 [1922]: 38)), bleibt bei der Fundierung der Begrifflichkeit und der konzeptionellen Überlegung im

Hinblick auf Lebenschancen in der Konkurrenzmetapher, welcher ein Sichgegeneinander-Behaupten immanent ist (vgl. Mackert 2010: 410). Ralf Dahrendorf entlehnt den Lebenschancen-Begriff den Weber'schen Ausführungen und verleiht demselben eine Umdeutung.

Das Werk „Lebenschancen – Anläufe zur sozialen und politischen Theorie" (1979) verhandelt in sieben Kapiteln in unterschiedlichen Kontexten den Begriff der Lebenschancen auf konzeptionelle Art, wobei Dahrendorf dasselbe „explizit als strukturelles Konzept verstanden wissen will" und es im Zuge der inhaltlichen Erweiterung „aus einer konflikttheoretischen Betrachtungsweise" (Mackert 2010: 404) herauslöst. Ausgehend von Ausführungen zu der Geschichte des Menschen und denen sich im Kontext von Innovationen und neu gewonnenen Fortschritt zeigenden Lebenschancen (Kapitel 1; Dahrendorf 1979: 11 f.), verdichtet Dahrendorf seine Überlegungen zu Lebenschancen im Kontext gesellschaftlicher Zusammenhänge und des Parameters der Freiheit im zweiten Kapitel – hier findet zudem die grundlegende Differenzierung der Lebenschancen in Optionen und Ligaturen statt (vgl. ebd.: 38 ff.). „In dem umfangreichsten dritten Kapitel [sic!] (64–133) wird in sieben Abschnitten versucht, Bedeutung und Stellenwert der Kategorie [sic!] „Lebenschancen" genauer zu bestimmen" (Reichwein/Brandt 1980: 375). Im Zuge des vierten Kapitels („Liberalismus" (Dahrendorf 1979: 134 ff.)) spannt Dahrendorf den Bogen zu den eher politisch orientierten Inhalten seines Werkes, die bereits im dritten Kapitel vorbereitet werden. Das fünfte Kapitel thematisiert unterschiedliche politische Gesellschaftsordnungen, welche in Kapitel sechs weitergeführt werden. Kapitel fünf und sechs sind für die hier stattfindende Auseinandersetzung mit dem Terminus der Lebenschancen im Kontext der Internetnutzung durch Seniorinnen und Senioren von eher untergeordneter Relevanz. Auch das siebte Kapitel, welches „den repräsentativen Tätigkeiten von Philosophen, Künstlern und Wissenschaftlern in [sic!] *Poppers* [sic!] „Welt 3" nach[geht]" (Reichwein/Brandt 1980: 375), wird in dieser Arbeit eher randständig behandelt. Das Dahrendorf'sche Werk ist mitnichten als ein abgeschlossenes Werk mit eigener Konzeption und Argumentation zu verstehen. Es ist vielmehr, wie Dahrendorf selbst betont, eine Art Kompendium, welches die konzeptionellen Überlegungen zu diesem Feld, die Dahrendorf in Form von Vorträgen dargeboten hat, zusammenbringt. Damit ist es nicht als eine Komposition zu verstehen, deren Argumente stringent konsistent oder als abgeschlossen gelten sollen. Diese Form der Auseinandersetzung mit dem Terminus der Lebenschancen hat Dahrendorf auch die Kritik beschert, allzu abstrakte und unverbindliche Argumente und Grundlegungen im Hinblick auf die bedeutungsschwangeren und voraussetzungsvollen Begriffe zu offerieren (vgl. Reichwein/Brandt 1980: 376). Dieser Kritik an Dahrendorfs Ausführungen zu den Begriffen Lebenschance(n), Optionen und Ligaturen kann durchaus stattgegeben werden. Jedoch schafft Dahrendorf eine Uminterpretation dieses komplexen Begriffes und eine Neu-

Verortung in einen Zusammenhang, der weniger konfliktträchtig daherkommt, als er bei Weber zu finden ist. Wenngleich der Begriff der Lebenschance lange Zeit in der sozialwissenschaftlichen Forschung wenig Rezeption erhalten und erst bei Rainer Geißler intensiver in den Diskurs um soziale Ungleichheiten eingeführt wurde, zeigt Dahrendorfs Konzept doch sehr fruchtbare Ansätze für die Auseinandersetzung mit diesem Themenfeld im Kontext aktueller Fragestellungen, welche an dieser Stelle auf die aus der Internetnutzung resultierenden Chancen für (die) Lebensführung von Seniorinnen und Senioren abzielen.

Der Kritikpunkt der abstrakten Begriffsausdeutung ist durchaus nachvollziehbar, aber aus der Perspektive dieser Untersuchung, nicht als das Konzept schmälernd wahrzunehmen. So ist zuvorderst die Feststellung, dass Lebenschancen als Resultat bestimmter gesellschaftlich wirksamer Faktoren anzusehen sind und sich dieselben überdies in zwei Strukturelemente aufschlüsseln lassen (Optionen und Ligaturen), ein fruchtbarer und wegweisender theoretischer Zugang. Es stellt sich die Frage, wie viel Gewicht dieses (vermeintliche) Manko der Undifferenziertheit respektive der allzu sehr beibehaltenen Abstraktion des Terminus' an dieser Stelle entfalten muss. Problematisch wird diese Uneindeutigkeit in der Benennung der Lebenschancen nur dann, wenn es an Konzepten und theoretischen Fundierungen fehlt, die diesem Ansatz anheimgestellt werden können. Seit der Erscheinung des Dahrendorf'schen Werkes sind knapp 30 Jahre vergangen und insbesondere die Kontrastierung des Begriffes durch Geißler hat unter Bezugnahme auf verschiedene theoretische Konzeptionen im Diskurs um soziale Ungleichheit(en) an Kontur gewonnen. So kann Dahrendorfs Konzept der Lebenschancen als eine Annäherung an einen Komplex gesehen werden, der noch immer nicht in Gänze aufgelöst worden ist – und konsequenterweise nicht gänzlich aufgelöst werden kann, wenn man bedenkt, mit wie vielen Zugängen dieser Terminus erfasst werden kann. Somit kann an dieser Stelle Dahrendorfs Differenzierung der Lebenschancen in Optionen und Ligaturen als äußerst geeignet für die *qualitative* Auseinandersetzung mit dem Erleben der Digitalisierung in der Personengruppe der Senior*innen angesehen werden. Erwiese sich der Begriff der Lebenschancen derart explizit, wie von Kritikern gefordert, und derart stringent durchdekliniert, wäre die Offenheit der Frage gefährdet, mit der die Untersuchung an das Feld herantreten möchte. Das Bestreben liegt darin zu eruieren, wie die Seniorinnen und Senioren das Leben mit oder ohne Internetnutzung – und das explizit im Vergleich zu der jeweils anderen Nutzungsroutine – erleben und welche Lebenschancen sie für sich selbst im Kontext des Interneteinsatzes wahrnehmen. Es geht somit nicht um quantifizierbare Parameter, die darüber Klarheit herbeiführen, wo konkret und ganz explizit Unterschiede in den jeweiligen Lebensführungen zu extrahieren sind. Relevanz entwickelt dabei das Wahrnehmen von Nachteilen, dass Aufspüren von divergierenden Möglichkeiten usw. Für das Sichtbarmachen von möglicherweise als verschieden erlebten Optionen in der Lebensführung zeigt sich das Dahrendorf'sche Lebenschancen-Konzept als trefflich geeignet. Insbesondere auch deswegen, weil die befragten Seniorinnen und Senioren die Expertinnen und Experten ihres Erlebens und ihres Alltages sind und bewerten, was sie als Chancen für ihre ihnen eigene Lebensführung ansehen. Im Schütz'schen Sinne werden die befragten Personen nur diejenigen Aspekte im Rahmen des Interviews benennen, die für sie von Bedeutung sind. Wenn sich also bestimmte Optionen theoretisch für die betreffenden Interviewpartner*innen nicht ergeben, muss dies nicht bedeuten, dass daraus negativ empfundene Einschränkungen resultieren müssen. Somit wird es interessant sein zu ermitteln, was denn die Seniorinnen und Senioren für sich bietende Optionen im Zuge der Internetnutzung anerkennen. Allzu stark im Vorwege theoretisch erfasste Ausdeutungen des Lebenschancenbegriffes würden den qualitativen Zugang beschränken und Vorannahmen zu Ungunsten der offenen Interviewführung bestärken. Die Offenheit des Terminus' ermöglicht somit, die Lebenswelt der Interviewteilnehmenden als die relevante Instanz in der Frage nach den Lebenschancen zu begreifen.

Angedeutet wurden im Verlauf dieses Kapitels bereits einzelne Aspekte, die dem Dahrendorf'schen Lebenschancenbegriff immanent sind. In den nachfolgenden Ausführungen sollen diese anfänglichen Hindeutungen eine stärkere Fundierung erfahren und damit die Grundlegung des Lebenschancen-Konzeptes bilden, welches insbesondere in der Auswertung der Interviewergebnisse seine Bedeutung entfalten wird.

8.4 Ralf Dahrendorf: Von Lebenschancen, Optionen und Ligaturen

Dahrendorf widmet sich dem Begriff der Lebenschancen zum einen entlang der auf der Makroebene explizierten strukturellen, theoretischen Dimensionierung, welche den Begriff zu einem Konzept erhebt und ausdehnt. Wenngleich sich dieses Lebenschancen-Konzept in systematischer Hinsicht als ein strukturgebendes Moment sozialer Ungleichheitsformationen identifizieren lässt, vollzieht Dahrendorf im Zuge der weiterführenden Explikationen einen Link zur Mikroebene, so dass Lebenschancen zum anderen als etwas Individuelles, als etwas einem Akteur/einer Akteurin Offenbartes (oder Verborgenes) begriffen werden können. Lebenschancen zeigen sich für jede/n Einzelne/n, sind aber damit gleichsam aufgrund der strukturellen Verortung und Wirkungsmacht mit der Makroebene verwoben. Es ist ein Hin- und Herschwingen zwischen der Mikro- und der Makroebene, in welcher sich die weiter oben anhand des Prozessschemas von Solga, Berger und Powell aufgezeigten Dynamiken explizieren: die Lebenschancen des Individuums als Merkmalsträger*in sind eng verknüpft mit den *Möglichkeiten*, die sich qua dieser Merkmalskonstellation wirkmechanismusbedingt dem Individuum bieten. Die Chancen der/des Einzelnen können somit nicht ohne die prozesshaften Strukturelemente gedacht werden, die die Gesellschaft schichtet, Rollen im Sozialgefüge zuweist und Ressourcenzugänge determiniert – auch „Dahrendorf [geht] von einem [sic!] *sozial strukturierten Wahlhandeln sozialer Akteure*" (Mackert 2010: 413) aus. Der Begriff der Lebenschancen ist in der Lesart Dahrendorfs also auch ein Konzept, welches sich an dem Punkt ein Stück weit aus der Abstraktion herausarbeitet und konkretisiert, indem eine Differenzierung der Lebenschancen in Optionen und Ligaturen stattfindet (vgl. Mackert 2010: 413). Diese Ausdifferenzierung „fügt [dem Konzept] eine Sinndimension hinzu" (ebd.). Lebenschancen begreift Dahrendorf als eine „Funktion von zwei Elementen – [sic!] *Optionen* und *Ligaturen*" (Mackert 2010: 414). Dabei sind Optionen und Ligaturen zwei Elemente, die zum einen miteinander verwoben, aber doch voneinander unabhängig sind. Beide Elemente stehen für sich, was bedeutet, dass nicht eine bestimmte Art der Ausprägung von Optionen zu einer bestimmten Art der Ausprägung von Ligaturen führt – und anders herum. Dennoch konstituieren sie in einem gewissen Zusammenspiel die Lebenschancen einer Person und – strukturell gedacht – einer gesellschaftlichen Gruppe. Die Ausdifferenzierung in Optionen und Ligaturen macht deutlich, dass Dahrendorfs Konzept in seiner Ausgestaltung auf der Mikroebene Gültigkeit besitzt. Da Ligaturen als das sinnstiftende Element in dieser Konzeption wahrgenommen werden müssen und dabei für die/den Einzelne/n Zugehörigkeiten und Beziehungen (vgl. Dahrendorf 1979: 51) bedeuten, zeigt sich die Relevanz für mikrosoziologische Auseinandersetzungen mit diesem Terminus und für das Forschungsinteresse vorliegender Untersuchung. Lebenschancen – begriffen als strukturelle Wahlmöglichkeiten (vgl. Dahrendorf 1979: 50) auf der einen Seite und soziale Bindungen (vgl. ebd.) auf der anderen Seite – sind damit mehr als sich bietende Gelegenheiten oder Möglichkeiten – verstanden in dem Sinne, ob etwas getan oder realisiert werden kann, ob eine Handlung praktiziert, eine Veranstaltung besucht, eine neue Arbeitsstelle angetreten und eine Reise in ein fernes Land realisiert werden kann. Diese Chancen bieten sich für den Einzelnen und die Einzelne entlang der Position, die er/sie im Sozialgefüge einnimmt. Die Gelegenheiten des/der Einzelnen sind damit auch Gelegenheiten für andere Personen in dergleichen Lebenslage. Die Ähnlichkeit der Merkmale, die Individuen in gewisser Weise einen (formale Schulbildung, Berufsausbildung, Wohnort etc.) und dazu führen, dass sie sich in der gleichen Lebenslage befinden, reglementieren die Gelegenheiten, die sich systematisch allen Personen, die diese Merkmalskonstellationen der betreffenden Lebenslage teilen, bieten. Die Frage nach individuellen Lebenschancen ist folglich stark abhängig von den Parametern, die man dazu in Bezug setzt. Dahrendorf schreibt den Lebenschancen einen fundamentalen Einfluss auf das Leben eines/einer jeden Einzelnen zu: „Lebenschancen sind die Backformen menschlichen Lebens in Gesellschaft: sie bestimmen, wie weit Menschen sich entfalten können." (Dahrendorf 1979: 24). In Anlehnung an die Metapher der Backform wird deutlich, dass die Mitglieder einer Gesellschaft ihr Leben entlang der sich bietenden Chancen gestalten und diese Chancen die *Form* des Lebens determinieren: Das Leben eines Individuums ist quasi die Summe seiner Chancen. Die sich bietenden Chancen, das wurde weiter oben gezeigt, sind abhängig von der Position des Einzelnen im Gesellschaftsgefüge – und diese Positionen wiederum sind Resultat spezifischer und systematischer Chancen und abhängig von den jeweiligen Merkmalen, die als relevant für die Zugehörigkeit zu einer Sozialkategorie gelten. Lebenschancen sind, um erneut auf das Prozessschema der Autoren Solga, Berger und Powell zu rekurrieren, sowohl Input als auch Output in der Frage nach den Möglichkeiten, die sich (systematisch bedingt und individuell ausgeformt) für die Lebensgestaltung ergeben.

Die vielfach angesprochenen Möglichkeiten erfasst Dahrendorf begrifflich als „Optionen" (Derselb. 1979: 24) und spezifiziert sie als „Wahlmöglichkeiten" (ebd.), dazu ist formuliert:

> „Die spezifische Kombination von Optionen und Ligaturen, von Wahlmöglichkeiten und Verbindungen, aus denen menschliche Lebenschancen in Gesellschaft bestehen, ist das Substrat, dessen Gestaltung es erlauben, einen Sinn der Geschichte zu bewerten. Dabei ist natürlich nicht das Substrat entscheidend, sondern die Tatsache, [sic!] daß es im strengen Sinn neue Lebenschancen geben kann. (Dahrendorf 1979: 24 f.).

Lebenschancen setzen sich *notwendigerweise* aus den beiden Elementen *Optionen* und *Ligaturen* zusammen und ergeben, wie sich weiter oben zeigte, eine Funktion, in derer sich die Elemente auf bestimmte Art und Weise zueinander verhalten. Relevant ist im Kontext der Passage von Dahrendorf der erneute Verweis auf die determinierende Wirkung des Gesellschaftsgefüges. Optionen und Ligaturen ergeben sich in einem steten Widerhall zwischen dem Individuum und des jeweiligen Referenzrahmens. Dieser Referenzrahmen ist im Kontext der Position des Individuums im Gesellschaftsgefüge zu sehen. Personen ähnlich gearteter Lebenslage(n) befinden sich quasi im Kontext dieser determinierenden Bezugsgröße bzw. sind sich in den Kombinationen aus Ligaturen und Optionen ähnlich.

> „Dies ist also der Begriff, den ich vorschlage: Lebenschancen sind Gelegenheiten für individuelles Handeln, die sich aus der Wechselbeziehung von Optionen und Ligaturen ergeben. Sowohl Optionen als auch Ligaturen sind Dimensionen der Sozialstruktur, das heißt, sie sind als Bestandteile sozialer Rollen gegeben und nicht als zufällige Gegenstände des Willens oder der Phantasie des Menschen." (ebd.: 55).

Lebenschancen sind das Resultat gesellschaftlicher (Aushandlungs-)Prozesse und veränderbar. Veränderbar deshalb, weil Optionen und Ligaturen selbst menschengemacht sind, also *soziale Konstrukte* darstellen, die sich in Anhängigkeit von den Parametern und Mechanismen befinden, die gesellschaftlich als relevant erachtet werden. Derlei Parameter und Faktoren zeichnen sich ausschlaggebend für den Zugang zu gesellschaftlich relevanten und knappen Ressourcen und beweisen auch dort Wirkungsmacht, wo es darum geht zu eruieren, welche Optionen sich systematisch für welche Merkmale eröffnen. Die relevanten Merkmale, die als Schließungsmechanismen fungieren, unterliegen (unter anderem) den historischen Kontexten (vgl. Dahrendorf 1979: 24 f.). Hierbei sind die Mechanismen im Fokus, die dazu führen, dass bestimmte Merkmale Personengruppen systematisch bevorteilen oder benachteiligen. Welche Lebenschancen sich also für eine Gesellschaft bieten, ist auch abhängig von einer historischen Dimension. Dahrendorf folgend zeigt sich, dass die Lebenschancen, diese gesamtgesellschaftlich betrachtet, immer weiter ausdehnen und ausdifferenzieren. Die Zunahme an Chancen, die sich für die Lebensgestaltung bieten, und die Ausdifferenzierung derselben führen überdies dazu, dass sich gesellschaftliche Prozesse umdefinieren und ausgehend von einzelnen gesellschaftlichen Gruppen Lebenschancen für die Gesamtgesellschaft (stets verstanden innerhalb eines (zumeist) territorialen Rahmens, welcher gleichsam Gesetzgebung und Werte- und Normenkonstellationen umschließt) in Form von Optionen, also (strukturellen) Wahlmöglichkeiten, und Ligaturen (Bindungen) etablieren (vgl. Dahrendorf 1979: 25). Dahrendorf räsoniert bezüglich der historischen Dimension und die diffundierende Wirkung von Lebenschancen:

> „Neue Lebenschancen aber bedeuten etwas für Menschen; möglicherweise nicht für alle, jedenfalls nicht sofort, also zunächst für wenige, aber Bedeutung beginnt an gewissen Punkten und breitet sich aus, was ein wichtiger [sic!] Prozeß der Geschichte ist. Dabei [...] ist entscheidend, [...] [sic!] daß es im strengen Sinn neue Lebenschancen geben kann" (ebd.).

Demnach ist der Geschichte der Zivilisation eine Entwicklung der Lebenschancen immanent, dies bedeutet, dass sukzessive, wenn auch graduell verschoben und verzögert, alle Gesellschaftsmitglieder die gleichen Dimensionen an Lebenschancen erreichen. Es handele sich um einen „[sic!] Prozeß [.], in dem Mutationen stattfinden und immer neue Reifestufen" (ebd.) erreicht werden. Man denke beispielsweise an das Wahlrecht der Frauen, welchem jahrhundertelang keine Bedeutung im gesellschaftlichen Diskurs beigemessen wurde und erst nach dem Vorstoß Finnlands, wenn auch zögerlich, zur geltenden Maxime für andere und nun alle europäischen Staaten gereichte. Als weiteres Beispiel kann der Zugang zu Bildung angeführt werden: das Erlernen der Kulturtechniken Lesen und Schreiben war zunächst nur dem männlichen Geschlecht und überdies den finanziell besser gestellten Personen vorbehalten. Hier fungierten Geschlecht und ökonomisches Kapital als Schließungsmechanismen für kulturelles Kapital (vgl. Bourdieu 2013: 143 ff.; Geißler 1987: 119 ff.). Auch im aktuellen Diskurs um soziale Ungleichheit(en) wird die Abhängigkeit zwischen dem Zugang zu formalen Bildungsabschlüssen und ökonomischem Kapital immer wieder debattiert.

Die von Dahrendorf in der Konzeption der Lebenschancen offerierten Optionen fallen nicht per se mit den als relevant erachteten Ressourcen zusammen, sind mit denselben jedoch verwoben – und zwar insofern, als dass die gesellschaftlich relevanten Ressourcen auch die Optionen determinieren können. Ressourcen, verstanden als soziale Herkunft, Bildung, Wissen, Einkommen u. a., sind in ihrer Ausprägung für das jeweilige Gesellschaftsmitglied qua der Merkmalskonstellation, die dasselbe mit sich bringt, aufgrund gesellschaftlicher Mechanismen in vorteiliger oder nachteiliger Weise zu erreichen und auszugestalten. Für den Faktor Bildung zeigt sich im Rekurs auf die historische Entwicklung, dass sich die Möglichkeiten, Zugang zu formaler Bildung zu erhalten, gesamtgesellschaftlich etabliert haben. Die Art der Möglichkeiten und die Optionenvielfalt nimmt im historischen Verlauf zu – dies gilt zudem für die sich als abhängig von dem hier exemplarisch aufgerufenen Aspekt der Bildung zeichnendem Parameter wie Berufswahl, Einkommen usw. Bleibt man im gesamtdeutschen Referenzrahmen, zeigt sich, dass der Zugang zu Bildung selbst nicht mehr determiniert ist, welches den von Dahrendorf explizierten gesellschaftlichen Fortschritt mit dem Zuwachs an Optionenvielfalt widerspiegelt (vgl. Dahrendorf 1979: 27). Jedoch sind die Art der formalen Bildung und die damit einhergehenden Bildungszertifikate als *Optionen* zu verstehen, die nicht für jedes Individuum gleichartig gestaltet sind. Optionen sind im Dahrendorf'schen Sinne vielgestaltig und höchst divers – und entwickeln auf diese Weise auch für jedes Individuum eigene Sinngehalte. Nicht nur die sich bietende Chance einer Option, die bloße Möglichkeit an sich ist nicht direkt mit der Bedeutung verbunden, die diese betreffende Option für die oder den Einzelnen entfaltet. Jedoch: die Optionenvielfalt kann Hinweise auf die Mechanismen geben, die in einer Gesellschaft wirken (vgl. ebd.: 28). Derlei Hinweise beziehen sich auf die Ausprägung von Ungleichheitsprozessen und zeigen, wie stark diese sozialen Ungleichheiten gesellschaftlich reproduziert und manifestiert werden. Je mehr Optionen jedem Gesellschaftsmitglied zur Verfügung stehen, desto weniger stark sind determinierende Wirkungen als Schließungsmechanismen identifizierter Faktoren. Die Entwicklung neuer Optionen ist zum einen abhängig von gesellschaftlichen Wandelungsprozessen, welche eine Umdeutung respektive Neujustierung gesellschaftlicher Wirkmechanismen mit sich führen. Diese Wandelungsprozesse ergehen sich im historischen Werden und Wachsen einer Gesellschaft, was zum anderen auf Fortschritt und Freiheit verweist. Dahrendorf expliziert dazu entsprechend:

> „Indem wir sagen, [sic!] daß ein Fortschritt an Lebenschancen möglich ist, implizieren wir, [sic!] daß neue Komplexe von Lebenschancen, die in wirklichen Gesellschaften entstehen, nicht etwa die vorher schon vorhandenen auslöschen und zerstören; Wandel ist zumindest der Möglichkeit nach mehr als der Wechsel von einem Übel oder auch einem Gut zum anderen." (Dahrendorf 1979: 31).

Gesellschaftlicher Fortschritt bedeutet in der Dahrendorf'schen Lesart eine Ausgestaltung der Lebenschancen, indem sie „erneuert und erweitert werden" (ebd.) können. „Lebenschancen können als neue Muster der menschlichen Natur entstehen" (ebd.), wobei nicht zu identifizieren ist, wo entlang sich die Ausgestaltung derselben expliziert. Wenngleich sich gesellschaftlicher Fortschritt im historischen Verlauf (bisher) als vorteilig für die Gesamtgesellschaft erwiesen hat, kann für die weiterführenden Entwicklungen nicht ausgedeutet werden, nach welchen Maximen sich die Ausgestaltung der Lebenschancen vollzieht. Mögen in der Vergangenheit stattgefundene Rebellionen und Kämpfe eher zu einem Wandel vom Übel zum Guten geführt haben, lässt sich das für zukünftige Entwicklungen mit dieser Konsequenz nicht voraussagen oder gar explizieren. Dahrendorf folgend erscheint auch ein Rückschritt nicht ausgeschlossen (vgl. Dahrendorf 1979: 31).

Optionen, das konnte soweit aufgedeckt werden, können „sehr allgemein als Möglichkeiten der Selbstentfaltung" (Schimank 2004: 44) umrissen werden. Die Selbstentfaltung vollzieht sich im Kontext von „sozialstrukturellen Faktoren" (ebd.: 45) und umfasst bislang lediglich das Element der Optionen und die damit, wie weiter oben gezeigt wurde, in Verbindung stehenden Systematiken. Das zweite Element, was bereits angerissen, aber bis hierher nicht weiter vertieft wurde, ist das der Ligaturen.

> „Ligaturen sind Zugehörigkeiten; man könnte sie auch Bindungen nennen. [...] Vom Standpunkt des einzelnen stellen sich Ligaturen als Bezüge dar. Sie geben dem Ort, den er innehat, Bedeutung. Überhaupt kennzeichnen Ligaturen das Element des Sinns und der Verankerung, während Optionen das Ziel und den Horizont des Handelns betonen. Ligaturen stiften Bezüge und damit die Fundamente des Handelns; Optionen verlangen Wahlentscheidungen und sind damit offen [sic!] in die Zukunft." (Dahrendorf 1979: 51).

Demnach stellen Ligaturen den Sinngehalt einer Handlung und damit auch die Motivation für die Realisierung einer Möglichkeit dar (vgl. Kühne 2017: 83). Sie stellen sich als direkte soziale Kontakte, als das familiäre Umfeld, als Einbindung in (Religions-)Gemeinschaften und Interessensverbände dar; sie bilden eine Zusammenkunft ähnlicher Werte- und Normenvorstellungen und bedeuten überdies, als Gesellschaftsmitglied an staatlichen Prozessen beteiligt zu sein usw. Ohne das sinnstiftende Element erhält die Selbstentfaltung keinen inneren Antrieb und keinen Gehalt. Die Option scheint demnach die Möglichkeit, ein etwas umfassende Gefäß zu sein, welches allerdings solange keinen Inhalt erhält, so lange es kein sinnstiftendes Element zugewiesen bekommt. Ligaturen wirken demnach als Referenzgröße für das Individuum, das die Handlungen entlang eines bestimmten Sinns realisiert (vgl. Schimank 2004: 46). Gehen mit den Optionen *keine* Bindungen einher, gibt es keine Intention, die das Ziel, also die Option als etwas *Wünschenswertes* erscheinen lässt (vgl. Geißler 1987: 4). Der Wunsch, der Gehalt, der überhaupt erst einer Zielsetzung eine Gestalt einhaucht, ist mit der Option verbunden, aber anderer Natur und ist daher zu identifizieren als Ligatur. Schimank räsoniert hinsichtlich der Verquickungen von Optionen und Ligaturen: „Durch Optionen werden die Möglichkeiten der Gestaltung und sozialen Darstellung der je individuellen Identität bestimmt; Ligaturen bestimmen demgegenüber die Möglichkeiten der sozialen Bestätigung der Identität durch Bezugspersonen." (2004: 46). Das bloße Vorliegen respektive Sich-Zeigen von Optionen beschneide das Leben des Menschen, denn: „Ligaturen ohne Optionen bedeuten Unterdrückung, während Optionen ohne Bindungen sinnlos sind." (Dahrendorf 1979: 51 f.). Es braucht also das Vorhandensein beider Elemente, um in der Dahrendorf'schen Lesart ein sinnhaft erfülltes, ein gutes Leben zu führen. Dabei geht Dahrendorf noch weiter: das Fehlen eines der beiden Elemente würde die Lebenschancen eines Individuums gleich null werden lassen – es gäbe in diesem Falle quasi keine Lebenschancen.

> „[D]ie Gesellschaft, in der das Leben der Menschen ganz und gar Bezug ohne Wahlmöglichkeiten ist, gibt ebenso wenig Lebenschancen wie die, in der es ganz und gar Wahl ohne Bindung ist. Dazwischen liegen zahlreiche, prinzipiell sogar unendliche Möglichkeiten." (Dahrendorf 1979: 109).

Lebenschancen generieren sich quasi aus der Multiplikation der beiden Elemente Ligaturen und Optionen – ohne, dies zeigt Dahrendorf deutlich auf, tatsächlich den Versuch einer Quantifizierung zu unternehmen, um die beiden Elemente gegeneinander aufzurechnen respektive die Lebenschancen nummerisch zu erfassen. Allzu abwegig, das zeigen die von ihm selbst explizierten Versuche einer Formelexplikation, erscheint der Weg nicht, zudem kann es sich als wissenschaftlich und politisch verlockend entpuppen, reelle Zahlen als Äquivalent für Lebenschancen zu Tage zu fördern (vgl. Dahrendorf 1979: 109 f.). Jedoch: die Problematik zeigt sich in der Operationalisierung von Ligaturen: „Ligaturen oder Bezüge zu messen ist sehr viel schwieriger. Sie sind die (oft bizarren) Muster" (ebd.: 53). Wie sollen oder können (soziale) Bindungen und deren Gehalt annähern so aus der empirischen Existenz in das nummerische

Äquivalent übertragen werden, dass eine statistische Operation damit ebenfalls so konsistent funktionieren könnte, wie es für eher quantifizierbare Aspekte wie die Optionen/Wahlmöglichkeiten realisiert werden könnte (vgl. Schimank 2004: 47)? Neben besagter Problemstellung sieht Dahrendorf die Gefahr, „[sic!] daß sie den Optionsaspekt überbetont" (ebd.).

Optionen und Ligaturen konstituieren Lebenschancen, indem sie gleichgewichtig nebeneinander bestehen, jedoch nicht von einer abhängig sind. So kann sich eine Vielzahl an Optionen zeigen, aber ein Minimum an Ligaturen – für die Lebenschancen bedeutet dies, wenngleich ein Element ein Maximum erreicht hat, dass sie nicht die größtmögliche Ausformung annehmen, weil eben das andere Element ungleich geringer ausgeprägt ist (vgl. Dahrendorf 1979: 51). „[sic!] Um so wichtiger ist es zu betonen, [sic!] daß es möglich ist, beides zu haben, Wahlen und Bezüge, und [sic!] daß das Wachsen des einen nicht notwendig das Schrumpfen des anderen bedeutet." (ebd.: 54). Bezüglich dieses Aspektes resümiert Schimank: „Streng genommen würde dies bedeuten, dass ein und derselbe sozialstrukturelle Wandelungsprozess sowohl erweiterte Optionen als auch gefestigtere – oder zumindest stabil bleibende – Ligaturen hervor bringt" (2004: 46). Aufgezeigt wird damit eine gesellschaftliche Weiter- und Fortentwicklung, die einen Zuwachs von Optionen bedeutet, damit jedoch nicht die Entwicklung der Ligaturen schmälert – die Ausdifferenzierung und die Verbesserung der Wahlmöglichkeiten im historischen Verlauf wurden bereits weiter oben thematisiert. Dahrendorf weiter dazu: „Lebenschancen können nicht nur durch die Suche nach einem optimalen Gleichgewicht gegebener Optionen und Ligaturen erweitert werden, sondern auch dadurch, [sic!] daß beide wachsen." (Dahrendorf 1979: 55). Allerdings ist im Kontext dieser durch Dahrendorf offerierten Systematik anzumerken, dass er selbst im Durchgang seiner Argumentation eine dem entgegenlaufende Position einnimmt, die zu einem als wenig konsistent anmutenden Schluss kommt:

> „Bis zu einem gewissen Grade bedeutet die Ausweitung von Lebenschancen unweigerlich die Reduktion menschlicher Bindungen und Bezüge. Ligaturen mussten gelöst werden, um Menschen in die Lage zu versetzen, die Optionen der modernen Gesellschaft wahrzunehmen. [...] Aber die Reduktion von Bezügen erwies sich als selbstbeschleunigender und scheinbar unaufhaltsamer [sic!] Prozeß. [...] Die Zerstörung von Ligaturen hat menschliche Lebenschancen bis zu dem Punkt reduziert, an dem selbst Überlebenschancen wieder gefährdet sind." (Dahrendorf 1979: 58 f.).

Dahrendorf zeichnet in diesen Ausführungen das Bild von sich auflösenden Bindungen „durch Optionssteigerungen" (Schimank 2004: 47) und charakterisiert diesen Prozess als Attribut der Moderne. Damit widerspricht er den skizzierten Annahmen, dass sich Ligaturen und Optionen gleichsam fortentwickeln und ausbauen können. Hier wird jedoch deutlich, dass eine allzu extensive Steigerung der Optionen zu Lasten der Ligaturen geht und damit das ausbalancierte Prinzip ins Wanken gerät. Da nicht ein Element gleich null sein kann und die Lebenschancen als solche trotz dessen bestehen bleiben können, sieht Dahrendorf in der Moderne die Lebenschancen und damit auch die individuelle Zielverwirklichung gefährdet: keine Realisierung von Möglichkeiten ohne entsprechende Bindungen und Bezüge. Demnach fiele das System zusammen: trotz ausbordender Optionen reduzieren sich die Lebenschancen der Individuen derart drastisch, dass nicht mehr von positiv konnotierter Ausgestaltung des Lebens gesprochen werden kann, sondern es vielmehr um das Wahren des Überlebens geht. „Die Ligaturen selbst sind soziale gestaltet. [...] Die soziale Konstruktion des menschlichen Lebens zum Beispiel ist eine Art Grundligatur, fast ein Rückgrat der menschlichen Sozialexistenz" (Dahrendorf 1979: 107). Das Individuum benötigt soziale Bindungen, um die sich bietenden Chancen ergreifen zu können. Eine Erhöhung der Optionen führt demnach nicht per se zu einer potenziellen Steigerung der Lebenschancen: vielmehr ist Gegenteiliges der Falle und die Individuen sehen sich auf grundlegende Bedürfnisse der sozialen (Ein)Bindung zurückgeworfen. Eine Maximierung bloßer Wahlmöglichkeiten führt das Prinzip der Lebenschancen ad absurdum. Für die Anbindung an Ungleichheitsthematiken zeigt sich, dass der Terminus der Optionen eine fruchtbare Explikation mit hohem Erklärungsgehalt hat. Die Verortung der Ligaturen in den vielbeschriebenen Prozessen und Systematiken gesellschaftlich determinierter Ressourcenzugänge zeichnet Schimank sehr viel komplexer:

> „Teile der Ungleichheitsforschung haben diesem Tatbestand zumindest im Hinblick auf einige Ligaturen dadurch Rechnung getragen, dass auch die sogenannten [sic!] „horizontalen Ungleichheiten" in die Bestimmung sozialer Lagen einbezogen worden sind (Hradil 1987). Insbesondere Ligaturen, die in Gestalt von positiv bewerteten sozialen Beziehungen auftreten, lassen sich etwa über den Familienstatus oder über Freundschafts- und Unterstützungsnetzwerke erfassen; und dass diese Ligaturen wichtige Bestandteile individueller Lebenschancen sind, lässt sich an pauschalen Indikatoren wie der allgemeinen Lebenszufriedenheit einer Person ebenso ablesen wie an spezifischeren Auswirkungen – etwa psycho-somatischen Erkrankungen oder der Kriminalitätsneigung. Das Risiko, sich unglücklich zu fühlen oder krank oder kriminell zu werden, sinkt mit der Quantität und Qualität der Ligaturen einer Person. Neben den affektiv positiven sozialen Beziehungen einer Person gehören zu den Ligaturen auch die identitätsstiftenden evaluativen und normativen Orientierungen. Die reichen vom religiösen Glauben bis zur Geschmackssicherheit" (Schimank 2004: 49).

Es zeigt sich, dass die Optionen in Analysen sozialer Ungleichheit viel stärker eingefasst sind, als dies für Ligaturen gilt. Für ein ganzheitliches Bild, welches gleichsam Optionen und Ligaturen in gleichgewichteter Weise in sich vereint, fehlt es in der Ungleichheitsforschung an Ergebnissen. Die Optionen erfahren in dieser wissenschaftlichen Analyse der Ungleichheit eine Überbetonung, während Ligaturen allenfalls mitgedacht werden. Aber auch Dahrendorf selbst scheint den Ligaturenbegriff, womöglich aufgrund der schwierigen Erfassung im Zuge von Ungleichheitskonzeptionen und aufgrund der Herausforderung einer konsistenten, empirisch eruierbaren Evaluation, im Verlauf seiner Auseinandersetzungen mit dem Lebenschancen-Konzept beinahe zu vergessen (vgl. Schimank 2004: 47).

Die vielbesprochenen Merkmale und Merkmalskonstellationen, die den Ressourcenzugang und damit auch die dem Individuum offenstehenden Optionen determinieren, sind die im Diskurs der Theorien und Analysen sozialer Ungleichheit aufgeworfenen: soziale Herkunft, ethnische Herkunft, Alter, Geschlecht, Bildung, Einkommen, Beruf. Die Determinante Bildung wurde bereits mehrfach für die exemplarische Aufbereitung der konzeptuellen Überlegungen herangezogen. Am Beginn der Identifikation der Parameter, die gleichsam Input und Output, also determinierender Faktor und beeinflusste Dimension sein können, gereicht die Auswahl auf diejenigen, die in ihrer Ausprägung veränderbar sind. Zugeschriebene Parameter sind solche, die als nicht veränderbar gemäß ihrem ursprünglichen Zustandekommen gelten und damit selbst (durch direktes Bemühen und durch den Versuch der Modifikation und Manipulation durch den/die Merkmalsträger*innen selbst) nicht beeinflusst werden können, aber eingedenk gesellschaftlicher Prozesse Wirksamkeit gegenüber den als relevant erachteten Ressourcen entfalten. Derlei Ressourcen sind, das wurde bereits gesagt, vielgestaltig (vgl. Solga/Powell/Berger 2009: 17). Zugeschriebene Merkmale sind in diesem Kontext beispielsweise die soziale und ethnische Herkunft, das Geschlecht, das Alter u. a. Erstrebenswerte und gesellschaftlich relevante Güter sind ökonomische Ressourcen (Einkommen, Kapital etc.), Bildung, Beruf etc. Diese Parameter (Einkommen, Bildung, Beruf etc.) sind per se veränderbar werden durch die vorgenannten hinsichtlich ihrer Ausprägung beeinflusst und gelten in ihren jeweils spezifischen Ausprägungen als Optionen, die sich auf bestimmte Arten dem Individuum bieten oder nicht bieten. Wie sehr die Parameter einer Veränderung unterworfen werden können, sprich, welche Optionen ergriffen werden können, ist in Abhängigkeit der Ausprägungen der zugeschriebenen Merkmale zu sehen. Einkommen, Bildung, Beruf selbst sind Prädiktoren, die ihrerseits die Möglichkeiten, die sich den Individuen bieten, vorteilig oder nachteilig ausgestalten.

Diese Dimensionen und die sich am Ende dieses Prozesses verortenden Auswirkungen können als Optionen im Dahrendorf'schen Sinne verstanden werden. Dieses Prozessmodell wird um die Dimension der Internetnutzung erweitert (überdies kann die Internetnutzung als Determinante verstanden werden und wiederum eine Dimension beeinflussen). Die Untersuchung dieser Arbeit geht der Frage nach, ob die befragten Seniorinnen und Senioren durch das Internet und durch die Internetnutzung einen Mehrgewinn an Optionen für sich wahrnehmen – oder ob dieselben, gegenteilig wahrgenommen, die Optionen verringern, wenn das Internet nicht genutzt wird. Darüber hinaus ist interessant zu ermitteln, was von den Senior*innen als Optionen identifiziert wird und wie sich dies im Kontext der Lebenschancen darstellt. An dieser Stelle soll darauf verzichtet werden, in Aussicht zu stellen, welche Optionen sich für die Gruppe der Befragten eröffnen und in welcher Hinsicht die Seniorinnen und Senioren, die das Internet nicht nutzen, gegenüber denen eingeschränkt sind, die ihren Lebensalltag online gestalten. Alle Überlegungen müssten als Mutmaßungen und Spekulationen entlarvt werden und die Offenheit, welche eine der großen Prämissen der empirischen Untersuchung ist, würde ad absurdum geführt werden. Aufgrund dessen sei an dieser Stelle die Bedeutung des Dahrendorf'schen Lebenschancen-Konzeptes für die Untersuchung überblickshaft zusammengefasst.

8.5 Zusammenfassung: Relevanz des Dahrendorf'schen Lebenschancen-Konzeptes

Die vorangegangenen Ausführungen haben gezeigt, welche elementaren Teile der Dahrendorf'schen Lebenschancen-Konzeption für die vorliegende Arbeit Bedeutung entfalten. Darüber hinaus war es ein Anliegen, eine intensivere Verortung des Lebenschancen-Konzeptes in die Ungleichheitsthematik zu bewerkstelligen. An dieser Stelle nun sollen abschließend und zusammenfassend die insbesondere für die Auswertung und die Interpretation der Interviews relevanten Aspekte expliziert werden.

Lebenschancen erhalten von Dahrendorf in ihrer elementaren Grundlegung keine Ausdifferenzierung, die die Abstraktion aufheben könnte (vgl. Geißler 1987: 3). Daraus resultiert eine Art der Offenheit, die für die Interviewinterpretation genutzt werden soll. Demnach soll die Charakterisierung dessen, was eine Lebenschance sein soll, entlang der durch Dahrendorf fundierten Differenzierung in Ligaturen und Optionen vollzogen werden. In Bezug auf die Interviews und deren Auswertung bedeutet dies, dass *Optionen*, verstanden als Möglichkeiten, lebensgestaltende Gelegenheiten, und *Ligaturen*, ausgedeutet als sinnhafte Bezugspunkte und (soziale) Beziehungen, als Referenzkategorien gelten sollen, die qua ihrer recht weit gefassten Umrisse Platz lassen für die spezifischen Ausgestaltungen durch die befragten Personen (Seniorinnen, Senioren, Kinder). *Lebenschancen* als Funktion erfährt erst dann eine Ausdeutung, wenn die Interviewergebnisse entlang der offerierten Elemente *Optionen* und *Ligaturen* einen Rückbezug erfahren und ins Verhältnis zueinander gesetzt, also zu Lebenschancen erhoben werden.

Die Ausgestaltung und Ausdeutung derselben ist damit gleichsam individuell und abstrakt. Individuell konnotiert sind die Optionen und Ligaturen deshalb, weil sie die sehr persönlichen, durch die befragten Personen selbst reflektierten Wahrnehmungen, abbilden. Abstrakt bleiben sie deshalb, weil die Ausdeutung der Lebenschancen nur dann an Kontur gewinnt, wenn dieselben in einem konkreten Kontext verortet werden. Für die Fragestellung entlang der Internetnutzung kann damit eine Konkretion der damit aus der Perspektive der Befragten assoziierten Optionen und Ligaturen erfolgen, so dass in diesem Referenzrahmen ausgedeutet werden kann, wie sich Lebenschancen im Zusammenhang mit der Internetnutzung oder der Nicht-Nutzung konstituieren. Das befreit das Konzept der Lebenschancen jedoch nicht per se von der Mahnung, allzu abstrakt daher zu kommen. Wenngleich sich Lebenschancen höchst ausdifferenziert zeigen können, weil sie sich individuell ausprägen, führt der Bezug zu den Systematiken, die bei der Produktion von vorteiligen oder nachteiligen Ressourcenzugängen wirksam werden, dazu, dass die Abstraktionsebene erhöht, jedoch ebenfalls die Regelhaftigkeit der sich bietenden Möglichkeiten sichtbar wird. Dann geht es nicht mehr um die Ausgestaltung eines individuell geprägten Lebensweges, sondern um die Konstitution von Lebenschancen bezüglich bestimmter Merkmalskonstellationen und -kumulationen. Kurzum: der Terminus der Lebenschancen erhält auch im Lichte der Auseinandersetzung mit dem Interviewmaterial keine über die Dahrendorf'sche Darlegung hinausgehende Ausdifferenzierung. Die diesen Begriff konstituierenden Elemente Optionen und Ligaturen gereichen zu den eruierbaren und identifizierbaren Konstrukten, die durch die Ausführungen der Interviewpartner*innen eine Ausdeutung und Auslegung erfahren. Lebenschancen werden in diesem Sinne auch als Verwirklichungschancen angesehen: somit wird im Zuge der Erhebung der Rolle, die das Internet für die befragten Seniorinnen und Senioren spielt, auch eruiert, welche Optionen sich auf welche Weise verwirklichen lassen. Eine nummerische Entsprechung, also die Messung oder Quantifizierung dessen, was die zu realisierenden Optionen mit sich tragen und wie viele es derlei bezüglich der jeweils befragten Person sind, ist nicht Ziel der Erhebung. Vielmehr zielt die Erhebung darauf ab, ein Anders, vielleicht auch ein Mehr oder Weniger an Optionen und Ligaturen zu explizieren. Deutungshoheit in der Beziehung besitzen mithin die Befragten selbst, die sich selbstreflexiv als Offliner*in oder Onliner*in in das Verhältnis zu anderen Mitgliedern der eigenen oder zu Mitgliedern der Referenzgruppe setzen. Die Bewertung und die Einschätzung der Befragten selbst, ob ihnen mehr oder weniger Optionen offenstehen, ob sie sich anderen Möglichkeiten gegenübergestellt empfinden, sich neue Bindungen geschaffen oder alte etabliert haben, generiert die qualitative Aussage über das Verhältnis von Ligaturen und Optionen. Der Bezugsrahmen des Terminus' Lebenschancen wird damit von der Makroebene, auf der Dahrendorf dieses Konzept verortet, auf die Mikroebene verschoben: Denn

Lebenschancen sind nach Dahrendorf nicht weniger als eine „materielle Kategorie", welche dafür Verwendung finden solle, „die legitimen Ziele sozialen und politischen Handelns klar zu bestimmen" (Dahrendorf 1979: 69). Überdies: „Lebenschancen sind von sozialen Strukturen bereitgestellte Möglichkeiten individueller Entfaltung" (ebd.: 92). Diese Möglichkeiten individueller Entfaltung von Seniorinnen und Senioren sollen im Kontext der Internetnutzung betrachtet werden und damit der sehr weitläufigen Verortung, die Dahrendorf für dieses Konzept vorgesehen hat, eine kleinere Dimension verordnen. Was dem Begriff der Lebenschancen immanent ist und ihn zu einem wertvollen theoretischen Rahmen für die hier angestrebte Untersuchung werden lässt, ist der Aspekt, dass mit dem Begriff „etwas Wünschbares, Erstrebenswertes, Angenehmes" (Geißler 1987: 4) verbunden ist und gerade diese Aspekte sind ein weiteres Argument für die Anwendung auf der Mikroebene. Die dabei mitschwingende Werthaltigkeit des Begriffes Lebenschancen offenbart, dass sich dieselben in sehr individuellen Lebenszielen vergegenwärtigen (vgl. ebd.) (wenngleich Lebensziele den gesellschaftlich erstrebenswerten Gütern entsprechen und damit zweifelsohne der Rekurs auf die makrosoziologische Rezeption gegeben ist – der Dahrendorf'sche Lebenschancen-Ansatz stellt damit immerzu die Verbindungen zwischen Gesamtgesellschaft und Individuum her; der Mikro-Makro-Link ist hier eindeutig gegeben).

Für die Auswertung des Interviewmaterials stellt sich folglich die Frage, wie die Ligaturen und die Optionen zu identifizieren sind, qua welche Aspekte dieser Elemente aus dem Material zu extrahieren sind. In diesem Punkt tut es die Untersuchung Dahrendorf gleich und lässt die Praxis den theoretischen Hülsen die Kontur und den Inhalt geben: die Datenanalyse wird die induktiven Pfade nicht verlassen und damit trotz dieser theoretischen Vorprägung, die die analytische Auseinandersetzung mit dem Material notwendigerweise rahmen und selektieren muss, mit größter Offenheit den zu analysierenden Interviews entgegentreten. Denn, das wurde gezeigt: welche Gestalt die Optionen annehmen, ob dergleichen überhaupt Bedeutung für die Befragten entfaltet und wie sich überdies der Aspekt der Bindungen verhält, muss mit gebotener Sensibilität aus dem Text herausgefiltert werden. Der Werthaftigkeit, die diesem Begriff, diesem Konzept immanent ist, soll im Rahmen der Auswertung Gehör verschafft werden. Damit sei anhand des Dahrendorf'schen Lebenschancen-Konzeptes eine besondere Brille geschaffen, durch die die Forscherin die Interviews liest, erfasst, codiert und analysiert.

9 Wissenschafts- und erkenntnistheoretische Betrachtungen und Fundierungen des methodischen Vorgehens

> „Soziologie [...] soll heißen: eine Wissenschaft, welche soziales Handeln deutend verstehen und dadurch in seinem Ablauf und seinen Wirkungen ursächlich erklären will." (Weber 1920: 11).

In Kapitel 2 zum Forschungsstand wird deutlich, dass die bisherige Auseinandersetzung mit der referierten Problemlage auf der Basis hauptsächlich quantitativ ausgelegter Designs vollzogen wurde. Der Gewinn dieser Arbeit soll darin liegen, tieferliegende Sinnzusammenhänge auf Grundlage eines *qualitativ* orientierten Designs zu gewinnen. Damit knüpft die Arbeit mit der Verwendung der qualitativen Methodik an das, wenige Zeilen weiter oben niedergeschriebene Zitat von Weber: der qualitativen Forschung ist der verstehende Gedanke immanent (Mayring 2010: 19; Dilthey 1894). Insbesondere in Abgrenzung zu bestehenden, quantitativ designten Studien zu diesem Feld der Internetnutzung/Internetnichtnutzung durch Seniorinnen und Senioren möchte die vorliegende Untersuchung einen Beitrag leisten, indem, hauptsächlich in der Lesart von Schulz, „Ergänzungen von zu kurz geratenen Informationen bzw. unklar gebliebenen Themenkreisen" (Schulz 1977: 65 f.) geboten werden.

Den Kern des Erkenntnisinteresses sollen *qualitative Leitfadeninterviews* bilden. Die vorliegende Untersuchung legt einen großen Fokus auf eine empirische Auseinandersetzung mit der referierten Problemlage. Die Hinwendung zu der empirischen Erörterung der Fragestellung vereint mehrere Zielsetzungen. Zum einen sollen die Lebenswelten von Seniorinnen und Senioren vor dem Hintergrund der Internetnutzung und der Internetabstinenz und den daraus resultierenden vermeintlich weniger vorteilhaften Lebensführungen betrachtet werden. Zum anderen verfolgt die Erhebung von qualitativen Primärdaten die Intention, den aus der Tradition der Phänomenologie entspringenden Gedanken der Hinwendung zu den Phänomenen selbst lebhaft auszuführen. Damit entspricht dieses Vorhaben dem, was Schnell, Hill und Esser als die, dem empirischen Forschungsprozess immanenten, Kerngedanken identifizieren:

> „Im Rahmen empirisch verstandener Wissenschaften, die sich bemühen, Sachverhalte in Natur und/oder Gesellschaft zu entdecken, Aussagen über Zusammenhänge zwischen ihnen zu formulieren und diese Aussagen zu überprüfen, wird em-

pirische Sozialforschung immer dann als Werkzeug benötigt, wenn Theorien zur Erklärung menschlichen Handelns, sozialer Strukturen und Zusammenhänge überprüft werden sollen" (Schnell/Hill/Esser 2005: 7).

Allerdings gilt es, in diesem von Schnell, Hill und Esser formulierten Leitgedanken der empirischen Sozialforschung im Kontext der betreffenden Forschungsunternehmung einen Aspekt besonders herauszugreifen und zu betonen: die Autoren sprechen davon, dass menschliches, Handeln, soziale Strukturen und Zusammenhänge (vgl. ebd.) „überprüft werden sollen" (ebd.). Das hier zur Sprache gebrachte *Überprüfen* von menschlichem Handeln verfügt hinsichtlich des entsprechenden Designs des empirischen Vorgehens eine eher quantitative Konnotation. Klassischerweise gehen statistische Auswertungsverfahren hypothesenprüfend vor, um vermutete Zusammenhänge anhand von Stichproben für definierte Populationen inferenzstatistisch zu testen. Das zentrale Bestreben dieser Arbeit zu dem weiten Themenfeld der Internetnutzung von Seniorinnen und Senioren ist, die Lebenswelt der befragten Personen zu *verstehen* und *nachzuvollziehen*. Dies bedeutet, im Erhebungsprozess stets offen zu sein für das, was die befragten Personen als Expertinnen und Experten aus ihrem Lebensalltag berichten. Damit liegt der Fokus auf einem Vorgehen, das sich in diesem Punkt von den Darstellungen von Schnell, Hill und Esser abhebt. Darin liegt die Crux bisheriger Forschungen zu diesem Themenfeld: umfangreiche Studien wurden bereits mittels standardisierter Datenerhebungen zu der Internetnutzung von Seniorinnen und Senioren realisiert; darauf hatte das Kapitel zum Forschungsstand bereits hingewiesen. Nur sehr wenig aber wurde bisher durch qualitativ angelegte Forschungsunternehmungen zu diesem Kontext erforscht. Dass es jedoch im Zuge eines dichten Erkenntnisgewinns einer Verquickung sowohl quantitativer als auch qualitativer Forschungen bedarf, ist offenkundig, wenn man sich vergegenwärtigt, dass quantitativ ausgelegte Untersuchungen quantifizierbare Ergebnisse forcieren, die auf messbaren Realitätsrelata basieren. Qualitative Forschung hingegen konzentriert sich auf den Einzelfall und versucht dessen lebensweltliche Erfahrungen, die individuelle Lebenswelt und die tiefer liegenderen Strukturen des Handelns zu ergründen. Quantitative Forschung erfasst und sichert nummerische, messbare Analogien zu empirisch Beobachtbarem und Erfassbarem, kann Rückschlüsse ziehen und Forschungshypothesen überprüfen. Sie sichert Erkenntnisse in der Breite und kann umfangreich beschreiben, wie sich eine Gesellschaft, eine Gruppe und dergleichen konstituiert. Dieser Daten- und Erkenntnisgrundlage bietet die qualitative Forschung eine weitere Ebene, indem sie in die Tiefe geht und Dinge ursächlich zu ergründen versucht. Dazu muss sie sich dem Erkenntnisgegenstand, nämlich dem Menschen, zuwenden und ihn als Experten seiner Lebenswelt wahrnehmen. Weil derart breit ausgelegte Forschung quantitativer Natur umfassend realisiert wurde, soll nun ein Beitrag zu einer tiefer liegenden Erkenntnis geleistet werden. Aufgrund der Tatsache, dass beide Forschungsdesigns ihren jeweils eigenen, wichtigen Beitrag zur Erforschung der Personengruppe der Seniorinnen und Senioren leisten, sollen auch beide in den nachfolgenden Kapiteln thematisiert werden. Der Fokus liegt ganz klar auf der Darstellung des qualitativen Designs. Dennoch soll sowohl in Abgrenzung als auch Ergänzung dazu an geeigneten Stellen der Bogen zu einer quantitativen Methodik gebaut werden. Somit wird umso deutlicher, welche besonderen Charakteristika dem für diese Untersuchung gewählten Design immanent sind. Überdies wird angerissen, wie sich die referenzierten Studien den Untersuchungen der Personengruppe der Seniorinnen und Senioren genähert haben respektive, wie sich die spezifischen Instrumente der Datenerhebung darstellen. Aufgrund dessen kommt diesem und den nachfolgenden Kapiteln eine wichtige Rolle in der Komposition der Erhebungsmethodik dieser Arbeit zu. Darüber hinaus sind die ausführlichen Auseinandersetzungen mit der Methode der Datenauswertung im Kontext der starken Fokussierung auf die Empirie in dieser Arbeit zu sehen. So soll dieses Kapitel die grundlegenden, methodischen Entscheidungen im empirischen Forschungsprozess aufzeigen und ebenso deutlich machen, welchen Bias der Feldzugang durch die Forscherin erfährt und welches Verständnis sich dahinter verbirgt. Überdies wird detailliert die Methode der Befragung beleuchtet, die qualitative Orientierung diskutiert und es werden die Gütekriterien sowie die methodischen Fallstricke in den Blick genommen.

Den Anfang dieses Kapitels zu den wissenschafts- und erkenntnistheoretischen Betrachtungen und Fundierungen macht die Auseinandersetzung mit dem Erbe Edmund Husserls: dem phänomenologischen Zugang zu den Phänomenen.

9.1 Gedanken zur empirischen Untersuchung: phänomenologische Subjektbetrachtung

Um Aussagen darüber treffen zu können, wie Senior*innen die Nutzung oder aber die Nicht-Nutzung des Internets erleben, welche Differenzen sich in diesem Punkt im Gegensatz zu der Generation derer Kinder ergeben, wie sich also Lebenswelt und Realität in puncto neue Medien für die Digital Immigrants darstellen, kann nur dann verstehend gedeutet werden, wenn man diese Personen(gruppe) selbst zu Wort kommen und ein Bild der eigenen erlebten Welt zeichnen lässt. Im Zuge des kontrastierten Forschungsinteresses können keine Ursachen für die Internetnutzung oder aber die Internet-Nichtnutzung ermittelt werden. Im Weber'schen Sinne kann diese Untersuchung mittels des phänomenologischen Blicks versuchen, die Motive, die der Nutzung oder Nichtnutzung zu Grunde liegen, verstehend nachzuvollziehen (vgl. Weber 1922/

1976: 1). So lässt sich hier die Metapher des Puzzles bemühen, die zeigen soll, wie (wissenschaftliche) Erkenntnis (im Rahmen dieser Arbeit) vonstattengehen soll. Zentral ist das Verständnis, dass ein Bild der Lebenswelt nur dadurch zustande kommen kann, wenn das Subjekt eine zentrale Berücksichtigung erfährt und dessen Weltbezug und -zugang in den Blick genommen wird. Die Forscherin fungiert in diesem Kontext als diejenige, die die Daten, also die Aussagen der befragten Personen, zusammenträgt und zu einem Puzzle zusammensetzt, welches schließlich das Bild der Lebenswelt dieser spezifischen Befragtengruppe nachzeichnen möchte. Allerdings werden die in der Untersuchung betrachteten Einzelfälle nicht bloß vor dem Hintergrund der Genese eines bestimmten Erkenntnisbildes berücksichtigt. Vielmehr geht es darum, den jeweiligen Einzelfall als eine Einzelfallstudie zu begreifen. Auch hier soll der quantitativ gewonnenen Datenlage eine qualitative Ergänzung und Vertiefung zur Seite gestellt werden. Den aggregierten Daten sollen „Aussagen über konkrete Wirklichkeit und Wahrnehmungen dieser Wirklichkeit durch konkrete Personen" (Abels 1975: 230) entgegengehalten werden. Dabei ist der Blick der einzelnen befragten Personen in seiner Sache phänomenologisch – ebenso wie die Hinwendung zu den Befragten, die in der empirischen Untersuchung bewerkstelligt wird. „[..] [V]on der unendlichen Menge der Erscheinungen im Umfeld des Menschen sind aus phänomenologischer Sicht nur diejenigen relevant, denen die Menschen subjektiv einen Sinn zuschreiben, d. h. denen sie Bedeutung beimessen. Hat ein Phänomen aus Sicht der Akteure keine subjektive Bedeutung, ist es demnach auch nicht soziologisch bedeutsam." (Münch 2002: 194). Das Phänomen der Internetnutzung ist der interessierende Gegenstand und Sachverhalt, welchem sich jedes Individuum für sich genommen nähert, denselben begreift und wahrnimmt. So lässt sich über die Aussagen verschiedener Befragter hinweg ein in manchen Sachen homogenes, in wiederum anderen Aspekten heterogenes Bild dessen nachzeichnen, was Internetnutzung bedeutet. Das Phänomen Internetnutzung erscheint jeder Befragten und jedem Befragten in einer anderen Nuance. So kann man am ehesten Husserls[43] phänomenologische Methode (vgl. Husserl 2008) am viel bemühten Beispiel eines gewöhnlichen Sitzmöbels, dem Stuhl, durch dekliniert werden: betrachtet *man* einen vor sich befindlichen Stuhl, hat man aus diesem betreffenden Blickwinkel einen speziellen Ausschnitt des Objektes vor sich. Das Objekt[44] selbst kann in dieser Form

---

43 Edmund Husserl gilt als der Begründer der Phänomenologie als philosophische Methode des Erkenntnisgewinns. Phänomenologische Instrumentarien zur Erklärung sozialen Handelns finden sich bei Max Scheler, Helmut Plessner und Arnold Gehlen (vgl. Gehlen 1997: 159). Die Lehren dieser drei Denker einen insbesondere Bestrebungen, anthropologische Erkenntnis auf Basis eines apriorischen Wissenschaftsverständnis' voranzutreiben.

44 Das *Objekt* wird hier noch in der traditionellen Begrifflichkeit verwendet, die eine „Vergegenständlichung" (Berger/Luckmann 2000: 22) meint. Im Verlauf der Argumentation

nicht in Gänze erfasst werden. Begibt sich der oder die Betrachter*in in eine andere Position, werden andere Teile des Objektes gewahr. Vollführt man diese Veränderung der Positionen noch einige Male, kann man zu der Auffassung kommen, sich ein Bild von dem Stuhl zusammengestellt zu haben. Aus *einer* Perspektive allein, ist das Objekt nicht habhaft zu machen. Diese Herangehensweise impliziert aber auch, dass das Phänomen – in diesem Falle der Stuhl – erst durch die Vergegenwärtigung im Bewusstseinsakt Gegenstand der Erkenntnis ist: zustande kommt dieselbe dabei apriori. Aussagen über das Phänomen können also erst getroffen werden, wenn dasselbe als das An-sich-Seiende betrachtet wird. Husserl selbst muss sich die durch Heidegger in dessen Werk „Sein und Zeit" (1927) ausgeführte Kritik gefallen lassen, den Mensch als Objekt unberücksichtigt zu lassen. Diesen Brückenschlag aber bewerkstelligt Heidegger, indem er in „Sein und Zeit" die Ontologie als reine Anwendung der Phänomenologie auflöst. Grundsätzlich kann an Husserls Apell *Zu den Sachen selbst!* die Forderung an die Empirie angelehnt werden, ein voraussetzungsloses Wahrnehmen der Welt zu initiieren. Das bedeutet ebenfalls, die befragten oder zu befragenden Personen als Expert*innen wahrzunehmen, die alleinig Mitteilungen zu ihren Lebenswelten machen können. Diese Lebenswelt wird der Forscherin erst dann offenbar, wenn Husserls Forderung entsprochen wird und die Personen zu Wort kommen können (vgl. Fischer 2012: 5). In der Tradition Husserls bedeutet dies auch eine Abkehr von der Objektivierung des Subjekts und beschreitet den Weg, „das Vorfindbare möglichst vorurteilslos zu beschreiben" (Godina 2012: 58). Wenngleich Husserl prinzipielle Abstufungen der inneren von der äußeren Evidenz vornimmt, können Husserls Ausführungen dazu dienen, die (zwingende) Notwendigkeit der direkten *Befragung* der betreffenden Personen zu begründen, die gegeben ist, wenn der vorliegende Forschungsgegenstand der Internetnutzung der Senior*innen ergründet werden soll. Natürlich muss bedacht werden, dass das, was die befragten Personen über die ihnen eigene Internutzung und ihr Erleben dieser Technologie und ihrer Auswirkungen auf den Alltag und die Umwelt berichten, im Schütz'schen[45] Sinne die (Re)Konstruktion einer erlebten subjektiven Realität

---

wandelt sich der Sinn dieses Begriffes und abstrahiert von dem eigentlichen Kerngedanken hin zu der Gegenüberstellung von Subjekt und dem Nicht-Subjekt, was als Objekt beschrieben wird. Insbesondere im Kontext der Ausführungen von Husserl (2008) und Berger und Luckmann (2000) wird von dem Terminus der „Vergegenständlichung" (ebd.) abstrahiert.

45 Husserls Werke und seine phänomenologische Denkweise sind in ihren Grundzügen deutlich disparat im Vergleich genuin sozialwissenschaftlicher Ansätze. Doch muss in diesem Zusammenhang Alfred Schütz als derjenige Vertreter dieser Disziplin verstanden werden (vgl. Schütz 1967), der Brücken zwischen diesen beiden Denkrichtungen schuf (vgl. Ploder 2014: 9). „Der Einfluss der Phänomenologie, insbesondere der Sozialphänomenologie von Alfred Schütz auf die soziologische Theorie wurde bereits in mehreren Überblickswerken

ist *und nicht das Phänomen selbst* (Schütz 1971: 7 f.; Waldenfels 1979: 3). Es handelt sich also an dieser Stelle um eine vermeintliche Diskrepanz: das, was von Interesse für die wissenschaftliche Auseinandersetzung ist, ist das Erleben der Befragten, deren Wahrnehmung und das individuelle Erleben, deren Einstellungen, dieses Kompositum, das die Lebenswelt der Betreffenden ausmacht, ist für die Forschenden nicht erreichbar. Die direkte Hinwendung zu dem Untersuchungsobjekt braucht also notwendigerweise die Subjektivierung und das Anerkennen, dass nur die Rekonstruktion des Erlebten für das Forschungsinteresse eruierbar ist. Das Phänomen ist damit das durch die Befragten rekonstruierte und, dies ist von zentraler Bedeutung, kommunizierte individuelle Erleben.

Die Befragten wenden sich dem Objekt, dem Phänomen, durch die im Interview geschaffene Situation in einer reflektierenden Weise zu und beginnen dasselbe im Bewusstsein zu beleuchten[46]. „Nach Husserls philosophischer Sicht ist die Konstruktion der Wirklichkeit ein Werk des menschlichen Bewusstseins." (Münch 2002: 199). Um zu einem sinnhaften Verstehen zu gelangen und dabei eine Rekonstruktion einer fremden Binnenperspektive (vgl. Loos 1998: 131 f.; Schütz 1971: 7 f.) vornehmen zu können, ist eine vermeintliche Paradoxie der Schlüssel, zumindest aber der Weg hin zu einem Verstehen sozialer Phänomene. Paradoxie deshalb, weil zum einen Distanz geschaffen werden muss zwischen dem Untersuchungsobjekt, also dem/der Befragten, um verschiedene Perspektiven wahrnehmen und die individuelle Lebenswelt betrachten zu können. Zum anderen braucht es eine Hinwendung zu dem Untersuchungsobjekt und die Anerkennung des Subjektiven (dazu im nachfolgenden Abschnitt mehr). Die phänomenologische Methode ist „ein rein deskriptives Verfahren" (Berger/Luckmann 2000: 22), welches für die Zwecke einer *verstehenden* soziologischen Untersuchung in bester Weise geeignet ist. Wenn Forschung soziale Phänomene verstehen will, muss sie erst, ganz in der Hus-

---

behandelt" (ebd.: 9 f.). So kommen auch andere Vertreter der Phänomenologischen Soziologie nicht umhin, notwendigerweise die Grundlagen dieses Forschungsprogramm zunächst in der philosophischen Disziplin der Phänomenologie, welche durch Husserl begründet ist, zu suchen und dann auf Schütz zu stoßen, welcher diese Ansätze auf Soziologische Theorien übertragen und angewendet hat (vgl. Fischer 2012; vgl. Raab et al. 2008; vgl. Luckmann 2008).

46 Es zeigt sich, dass die befragte Person nicht nur im Kontext des Interviewsettings in eine Reflexionssituation gelangt. Das Handeln per se ist Resultat eines „[sic!] *subjektiv gemeinten Sinnes*" (Waldenfels 1979: 2): „Der [sic!] *subjektive Sinn* ergibt sich erst dann, wenn das Erzeugnis in statu nascendi betrachtet wird, im Rückbezug auf den lebendigen [sic!] Erzeugungsprozeß und als Zeugnis für [sic!] Bewußtseinsprozesse, die immer individuell sind. Erst so ist der Sinn ein gemeinter Sinn, und erst hier kommt mit der bestimmten Subjektivität das Fremdverstehen ins Spiel, das zwischen Subjekten vermittelt" (Waldenfeld 1979: 2).

serl'schen Tradition, das Forschungsobjekt wahrnehmen und beschreiben. Da es sich bei dem Forschungsobjekt nicht im vergegenständlichten Sinne um ein Objekt handelt, sondern zunächst um ein fremdes Anderes, besser, um einen fremden Anderen, kann die Beschreibung dessen nur gelingen, wenn man das Forschungsobjekt als Forschungssubjekt anerkennt und sich das dem Phänomen Eigene berichten lässt (vgl. Welz 1996: 37). Denn nur durch die Akzeptanz und die Wahrnehmung des Objektes als Subjekt und damit verbunden die Anerkennung des Subjektes als Experte/Expertin der eigenen Lebenswirklichkeit kann ein Prozess des Verstehens aktiviert werden. Das Beschreiben des Phänomens wird zunächst durch das Phänomen selbst bewerkstelligt, indem das Subjekt berichtet, erzählt, teilhabenlässt an der eigenen Wahrnehmung der Lebenswelt. Forschung muss erst beschreiben, um die Phänomene offen legen zu können und diesen Weg ebnet die Phänomenologie:

> „Die phänomenologische Analyse der Alltagswelt beziehungsweise der subjektiven Erfahrung der Alltagswelt enthält sich jeder kausalen oder genetischen Hypothese und auch jeder Behauptung über den ontologischen Charakter der analysierten Phänomene" (Berger/Luckmann 2000: 23).

Wenn durch phänomenologische Beschreibung der Forschungsgegenstand deutlich wird, kann das Verstehen weitergeführt werden, indem analytisches Interpretieren vollzogen wird. Es ist also, möchte man etwas über die Lebenswelt der Befragten erfahren, notwendigerweise so, dass ein Einlassen auf deren Verständnis der Realität Ziel des Feldzugangs sein muss. Die Bestrebung der Forscherin ist, die durch die Befragten rekonstruierte Realität zu verstehen und dann in einem zweiten Schritt, im Zusammenspiel mit den Äußerungen der anderen Befragten vor dem Hintergrund der Problemstellung zu deuten. Es geht um die Offenlegung einer von der Forscherin unabhängigen Realität der Untersuchungsgruppe, welche pointiert das Subjekt zum Experten und zur Expertin der eigenen Realität begreift. Die Befragten vermitteln ihr eigenes Bild der Realität, die Forscherin setzt die verschiedenen Bilder verstehend und deutend zu einem Abbild zusammen. Die Methode, mit der dies gelingen soll, wurde bereits benannt: Es geht um die Methode der Befragung – dezidiert um ein qualitatives Leitfadeninterview (vgl. Atteslander 2010: 133), welches sich im Kern der Charakteristika der Biografieforschung bedienen möchte. Diese Hinwendung zum Subjekt selbst soll stets vor dem Hintergrund der phänomenologisch konnotierten Ansätze erfolgen. Welchen Beitrag biografisch orientierte Methoden für diese Untersuchung leisten können, soll der nachfolgende Abschnitt darlegen.

9.2 Der Beitrag der Biografieforschung

„Die Biografieforschung eröffnet den Sozialwissenschaften einen Zugang zur sozialen Wirklichkeit, bei dem die Individualität des Akteurs berücksichtigt bleibt und diese Individualität sozial verursacht und strukturiert gedacht wird" (Lamnek 2010: 594).

Mit der Prämisse, sich der durch Schütz (1932) für die Soziologie etablierten und durch Berger und Luckmann (2000) weitergeführten phänomenologisch orientierten Hinwendung zum Subjekt selbst zu bedienen und dieses Verständnis in der Untersuchung fruchtbar zur Anwendung zu bringen, erfolgt – beinahe notwendigerweise – die Verquickung mit biografischen Methoden respektive Ansätzen. Wenn sich sozialwissenschaftliche Forschung mit dem auseinandersetzen will, was Gesellschaft konstituiert, ist es notwendig, eine Hinwendung zum Subjekt zu vollziehen, die die jeweilige Person als Ursprung *und* Resultat gesellschaftlichen Handelns begreift. Wie Menschen sind, wie sie zu dem geworden sind, was sie sind, lässt sich (in Teilen) durch gesellschaftliche Mechanismen erklären und verstehen. Aber auch Gesellschaft ist stets die Summe ihrer Teile und wird maßgeblich durch das Subjekt respektive die Subjekte geprägt (vgl. Lamnek 2010: 597 f.; Kohli 1981: 277). Es liegt also nahe, das Subjekt mit seiner Biografie[47] in das Zentrum der Erkenntnissuche zu stellen. Biografieforschung geht von eben dieser Prämisse aus und sieht den Verlauf des Lebens der Person an sich als mit großer Erklärungskraft ausgestattet an. Unter Zuhilfenahme der Ausführungen von Werner Fuchs-Heinritz sollen die Kerngedanken der biografischen Forschung überblickshaft umrissen werden:

„Unter biographischer Forschung werden alle Forschungsansätze und -wege in den Sozialwissenschaften verstanden, die als Datengrundlage (oder als Daten neben anderen) Lebensgeschichten haben, also Darstellungen der Lebensführung und der Lebenserfahrung aus dem Blickwinkel desjenigen, der sein Leben lebt. Ob Lebensgeschichten als Datengrundlage in der sozialen Wirklichkeit vorgefunden (…) oder ob sie vom Sozialforscher mittels Interviews produziert werden, ist vorerst ohne Bedeutung. Ohne Bedeutung ist vorerst auch, ob es sich um Erzählungen bzw. Berichte über die ganze Spanne der Lebensführung handelt oder um Abschnitte daraus. Allerdings werden Verfahren der Herstellung biographischer Materialien durch Interviews bevorzugt erörtert" (Fuchs-Heinritz 2005: 9).

---

47 Es muss an dieser Stelle auf die Unterscheidung der Begrifflichkeiten Lebenslauf und Biografie aufmerksam gemacht werden. „Der Lebenslauf dokumentiert die Folge faktischer Lebensereignisse. Die Biografie ist die Interpretation bzw. Rekonstruktion dieses Lebensverlaufs. Biografische Daten sollten soziale Situationen, an denen der Autor teilgenommen hat, in ihrem Verlauf darlegen, wobei er seine persönliche Auffassung zu ihnen und sein Verhalten in ihnen beschreibt" (Lamnek 2010: 606).

Biografieforschung kann und will eruieren, warum der Mensch so geworden ist, wie er geworden ist. Was steht hinter dem Menschen, den man sich vergegenwärtigen kann, wenn er vor einem steht? Warum handeln Menschen auf diese Weise, die wir erleben können? Warum tun Personen gewisse Dinge gerne und warum meiden sie andere? Warum agieren zwei auf den ersten Blick einander sehr ähnliche Personen vermeintlich derart unterschiedlich? Die biografisch ausgelegte Forschung kann Strukturen aufdecken, Semantiken deutlich machen und Systematiken transparent werden lassen. Dieses Bestreben kann für den vorliegenden Fall der Internetnutzung von Seniorinnen und Senioren Gültigkeit entfalten. Warum gehen einige Senior*innen ganz unbedarft mit *der Technik* Internet um und warum betrachten andere dieses Medium eher mit Skepsis? Die Rekonstruktion der Nutzungsbiografie kann hier – insbesondere vor dem Hintergrund der Einbeziehung der Kindergeneration – Schemata aufzeigen und kontroverse Argumente der Nutzung oder Nicht-Nutzung sichtbar machen. Wie auch oftmals die Rekonstruktion des Lebenslaufs in ein *Früher* und ein *Heute* zerfällt (vgl. Fuchs-Heinritz 2005: 16), werden die befragten Personen auch in den betreffenden Interviews gebeten, ihre Internetnutzung vor den Lebensbedingungen der Erwerbstätigkeit (früher) und während des Ruhestandes (heute) zu beleuchten[48]. Auch in diesem Falle können Ereignisse aus dem *Früher* Handlungen im *Heute* erklären, die sich dezidiert in der Form der Internetnutzung oder aber der Internetabstinenz wiederspiegeln. „Biographische Kommunikation bietet Möglichkeiten des Vergleichs mit der Lebensführung und dem Lebensverständnis von anderen" (Fuchs-Heinritz 2005: 17), aber insbesondere und ganz zentral bietet biografische Kommunikation die Möglichkeit der Vergleiche der eigenen Lebensphasen, anhand derer sich Aufschlüsse der eigenen Identität eröffnen. „Das soziologisch-theoretische Konzept der Biografie schließt unmittelbar an das alltagsweltliche, von den Menschen erlebte Phänomen Biografie an, es beinhaltet Regelhaftigkeit und Emergenz gleichermaßen" (Lamnek 2010: 594). Aufgrund dessen lassen sich derartige Regelhaftigkeiten ableiten, die zum einen objektive und zum anderen subjektive Analysepfade nachzeichnen lassen (vgl. Fischer/Kohli 1987: 35). Zunächst einmal interessiert sich der Ansatz für das große Ganze, für die Biografie des Subjekts. Wenngleich der biografisch forschende Ansatz eher auf das narrative Interview rekurriert[49], um Biografien und spezifische Besonderheiten aus Sicht

---

48 Auf diese durch das einschneidende Erlebnis der Pensionierung zurückzuführende Zersplitterung des Lebenslaufs in eine dritte von der nunmehr zweiten Lebensphase zu trennende Etappe des Lebens wurde bereits im Zuge der Begriffsgrundlegung eingegangen. Jedoch sei an dieser Stelle erneut darauf hingewiesen, dass im Interview bewusst mit dieser Gegenüberstellung beider Lebensbereiche gearbeitet wird, die den Befragten auch viel Engagement, Emotionen und Kraft abverlangen können.

der/des Befragten zu rekonstruieren (vgl. Sackmann 2007: 63 ff.), und diese Arbeit die Datenerhebung mittels eines Leitfadengespräch bewerkstelligen möchte, gibt die Biografieforschung wichtige Impulse für die Gestaltung und Ausrichtung des Interviews. Wenn man den Weg der Implementation der Biografieforschung im Methodenkanon verfolgt, fällt auf, dass dieselbe „ein Arbeitsbereich in verschiedenen Wissenschaften" (Fuchs-Heinritz 2005: 9) ist und „keine fest etablierte Teildisziplin, kein traditioneller Methodenbereich mit von allen gemeinsam verwendeten Grenzziehungen, Grundbergriffen oder Verfahrensschritten" (ebd.). Die grenzüberschreitenden Charakteristika dieses Forschungsansatzes sollen befruchtend die betreffende Untersuchung vorantreiben. So soll ein Leitfaden dem Gespräch ein thematisches Gerüst geben und gerade der Einstieg in die Interviewsituation über einen narrativen Teil gelingen, welcher biografisch rekonstruierend die Nutzungsbiografie des Internets für jede Befragte und jeden Befragten nachzeichnen möchte. Dabei werden die Befragten gebeten (biografische Kommunikation wird in diesem Kontext von den befragten Personen abverlangt[50] (vgl. Fuchs-Heinritz 2005: 46)), ihr Erwerbsleben und ihren Ruhestand im Hinblick auf die Internetnutzung zu rekapitulieren und deren Gewinn für den Alltag zu bewerten – hier sind insbesondere in einem zweiten Schritt Kontrastierungen erbeten und erwünscht, die die Phase der Erwerbstätigkeit ins Verhältnis zu der Zeit des Ruhestandes setzen. Damit ist die stattfindende Untersuchung zweifelsohne, nicht als pure Untersuchung in der Tradition der Biografieforschung zu begreifen. Jedoch lassen sich die Kernelemente dieser Methodik auch in den Interviewkonzeptionen dieser Arbeit wiederfinden. So zeigt sich für die Biografieforschung ein breit gestreutes Anwendungsfeld (vgl. Völter et al. 2009: 8), in dem auch dieses Vorhaben einen kleinen Fleck einnimmt und von den Ideen dieser Methodik profitiert. Immanent ist diesem Ansatz die Rekonstruktion von Lebensläufen, die sich eng an Alfred Schütz' Ausführungen anlehnt. Schütz selbst ist einer der

---

49 Natürlich geht die in der Biografieforschung zum Einsatz gelangte Methodenvielfalt weit über die Anwendung des narrativen Interviews hinaus. Der Rekurs auf das narrative Interview geschieht an dieser Stelle insbesondere, um eine Abgrenzung zum Leitfadeninterview herzustellen, welches per se zunächst in der Aufzählung der Anwendungsfelder des biografisch forschenden Ansatzes nicht zu finden ist, die Völter et al. explizieren (vgl. Völter et al. 2009: 8).

50 Der Aspekt der abverlangten biografischen Kommunikation wird insbesondere dadurch manifestiert, dass der Terminus „befragte Person"/ „Befragte" im Verlauf der Arbeit weiterhin aufrechterhalten wird. Dies wird jedoch bewusst getan, um a) die Methode der Befragung zu betonen, in der durch die Forscherin initiiert eine Interviewsituation zustande kommt, um b) das immer mitschwingende Konstruiertsein des Interviews nicht aus dem Blick zu verlieren und c) zu vergegenwärtigen, dass die Interviewpartnerinnen und -partner zu Rekonstruktionen lebensweltlich relevanter Aspekte aufgefordert bzw. darum gebeten werden.

prominenten Vertreter dieser Tradition (vgl. ebd.). Wenngleich der biografische Ansatz oftmals Adressat diverser Kritiken ist, im Kern lediglich Einzelfallanalysen zu fokussieren und das Besondere Einzelner herauszuarbeiten, extrahiert sie eben gerade deswegen, *warum* sich das Besondere in dieser Gestalt zeigt. Biografieforschung gleicht also eher einer Spurensuche und den Bemühungen einer Rekonstruktion. „Natürlich zielen biographische Datensettings nicht auf statistische Repräsentativität. Aber Biographien sind immer nur performative Ausdrucksformen von „Semantiken", die ihnen zugrunde liegen (…). In jedem Fall ist es ein Konstrukt, das über die Partikularität des Einzelfalls hinausweist" (Alheit 2009: 21). Festgehalten werden muss, dass zentral die Frage bearbeitet wird, wie sich der Lebensverlauf der Interviewpartner*innen vor dem Hintergrund eines bestimmten Aspektes zeigt. Dieser Aspekt ist der Kontakt mit dem für die Seniorinnen und Senioren (vermeintlich) neuen Medium des Internets.

Um überprüfen zu können, ob die Methode ihren Bestrebungen in angemessener Form der Zielsetzung der Untersuchung im Besonderen und der Anforderungen an qualitative Empirie im Allgemeinen entspricht, werden Gütekriterien beleuchtet, die diese Beurteilung ermöglichen sollen. Diesen einzelnen Schritten werden nachfolgend einzelne Unterkapitel gewidmet, um die konkrete Vorgehensweise dezidiert darzulegen. Zunächst soll in einem ersten Schritt erörtert werden, warum die Befragung für das hier leitende Forschungsinteresse die Methode der Wahl für die Datengenese ist. Daher soll das qualitative Design ein zentrales Element der Ausführungen darstellen. Von der Befragung als Methode im Allgemeinen soll übergeleitet werden auf die Form der mündlichen Befragung in einem Face-to-face-Interview. Es sollen unter anderem methodologische Schwierigkeiten aufgezeigt und transparent gemacht werden. Der nächste Schritt in diesem Prozessdiagramm ist das Instrument, welches genutzt wird, um das Interview einer Teilstrukturierung zu unterziehen. Hier wird auf einen Leitfaden rekurriert, welcher das Interview mit einem Rahmen versieht. In einem weiteren Abschnitt geht es darum aufzuzeigen, wie das Sample konstituiert ist, das die Grundlage für die Interviews bildet. In diesem Unterkapitel werden die theoretisch abgeleiteten Kriterien zusammengeführt und der Feldzugang beschrieben. Im Zuge dessen sollen die Auswahl der Untersuchungseinheiten und etwaige Schwierigkeiten beleuchtet werden. Die Abbildung „Prozess der Datenerhebung" präsentiert überblickshaft die soeben skizzierten Schritte und Elemente im Prozess der Datengenese. So beschreiten und beschreiben die Explikationen entlang dieser Teilschritte auch den Weg von den theoretischen Grundlegungen zu den im Feldzugang konkretisierten Datenerhebungspraktiken und damit erfahrene „Eroberungen und Abenteuer" (Girtler 2001: 11). Im Durchgang durch die einzelnen Phasen und Abschnitte wird sich die Autorin immer stärker von den theoretischen Konzeptionen lösen und die empirische Datenerhebung als den praktischen Teil dieser Arbeit nachzeichnen. Die untenstehende Abbildung 2 verdeutlicht die darzulegenden Schritte der Datenerhebung, die sich in einen theoretisch erarbeiteten Teil und einen Teil des Feldzugangs aufteilen.

Abb. 2: Prozess der Datenerhebung: Überblick

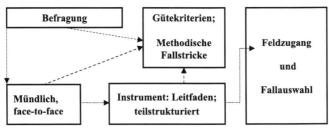

Quelle: eigene Darstellung.

Die sich anschließenden Darstellungen folgen den hier explizierten Themenblöcken und damit verbundenen Schritten im Prozess der Datenerhebung.

9.3 Die Befragung als Methode der Datengenese

Informationen über die Gesellschaft systematisch zu verschiedensten Zwecken erfassen – das hat man bereits im Altertum getan. Die alten Ägypter und die Römer haben Volkszählungen durchgeführt, um Zahlen zu gewinnen, die als Grundlage für die Festsetzung von Steuern und der Anzahl der Soldaten dienen sollten (vgl. Diekmann 2006: 77). Man erkennt schnell, dass das Bedürfnis, die Gesellschaft zu vermessen, etwas über sie zu erfahren, sie zahlenmäßig zu erfassen, weit zurück reicht in der Geschichte der menschlichen Zivilisation. Servius Tullius war es, der im alten Rom den Grundstein für eine systematische, regelmäßig stattfindende Volkszählung legte und damit, wenn man so will, den Zensus in seiner Frühform zur Anwendung brachte (vgl. ebd.). „1994 konnten wir das [sic!] 2000jährige Jubiläum eines Zensus feiern, der nach Angaben von Historikern im Jahr 7 v. Chr. in Palästina unter der Herrschaft des Herodes stattfand" (Diekmann 2006: 77). Was sich hier zeigt, ist eine Form der standardisierten, quantitativen Datenerfassung, die statistisch ausgewertet werden kann (und wurde) und die Gesellschaft in Zahlenform abbildete. Diekmann bezeichnet das Vorgehen zur Zeit der Frühform des Zensus' als „politische Arithmetik" (Diekmann 2006: 80). Gegenüber dieser Forschungsmethodik steht die der qualitativen Forschung, die eine andere Form des Feldzuganges, der Datenerhebung und der Datenauswertung mitbringt. Zentrales Unterscheidungsmerkmal beider Forschungsdesigns ist sicherlich das, *was* erhoben werden soll. Die Zielsetzung der Datengenese ist das entscheidende Kriterium.

„[S]o befaßte sich die Universitätsstatistik (im Gegensatz zur modernen Bedeutung des Begriffs Statistik) vorwiegend mit der qualitativen Beschreibung der »Staatsmerkwürdigkeiten«. Die Begründung wird Hermann Conring, Professor für Naturphilosophie (…), zugeschrieben. Gut 100 Jahre später verbreitete sich Conrings Lehre durch die »Göttinger Schule«" (Diekmann 2006: 80).

Diese Gegenüberstellung der beiden Forschungsmethoden wird trotz des großen Widerhalls aus der Wissenschaftsdisziplin auch heute in methodologischen Debatten noch immer vollzogen und es gibt breit und leidenschaftlich geführte Diskussionen darüber, welche Methodik geeigneter sei, das Erkenntnisinteresse zu erlangen (vgl. Atteslander 2010: 202; Flick 2007: 39 ff.; Kelle 2007: 13)[51].

Grundsätzlich kann festgehalten werden, dass sich derartige Analysen der Gesellschaft zu damaliger Zeit herausgebildet haben, um auf politischer Ebene agieren zu können, Entscheidungsgrundlagen herbeizuführen und die Gesellschaft zahlenmäßig zu erfassen und zu beschreiben. Davon ausgehend entstanden Gesellschaftsanalysen auf anderer Ebene und mit anderen Zielen. So versuchte beispielsweise Karl Marx, die Gesellschaft zu verstehen und zu beschreiben – und tat dies auf Grundlage von Beobachtungen und Befragungen (vgl. Marx 1968: 25 ff.). Anlass dieser Forschungs- und Analysebestrebungen war das Gespür dafür, dass gesellschaftliche Dynamiken entstanden, die bei einem Hauptteil der Bevölkerung zu Unmut führten. Insbesondere die „Zuspitzung der Gegensätze zwischen arm und reich, die soziale Lage der Arbeiterklasse, Kinderarbeit" (Diekmann 2006: 85) und viele andere Missstände im Zuge der industriellen Revolution im 19. Jahrhundert führten dazu, dass gesellschaftliche Mechanismen und Prozesse genauere Beachtung und Betrachtung fanden. Bis

---

51   Kelle thematisiert diese methodologischen Diskussionen und Debatten, die sich beinahe zu Grabenkämpfen ausgeweitet haben, vor dem Hintergrund der Frage, inwiefern sich die divergierenden Traditionen und deren Vertreterinnen und Vertreter selbst reflektieren und die gegenseitigen Vorwürfe für gewinnbringende Weiterentwicklungen der eigenen methodischen Ausrichtung auffassen. So kommt Kelle zu dem Schluss, dass die Traditionen selbst die Debatten in keiner Weise befruchtend verarbeitet haben (vgl. Kelle 2007: 13). „Weil diese Kritik jedoch in beiden Traditionen nur selten zum Anlass genommen wurde, mögliche Schwachstellen des eigenen Ansatzes zu thematisieren, hat sie bislang nur wenig konstruktive Ergebnisse [sic!] gezeigt. So wurden viele Argumente oft jahrzehntelang wiederholt, aber kaum aufeinander bezogen, wobei in beiden Lagern zentrale Forschungsziele und Qualitätsstandards der anderen Tradition kaum für relevant gehalten, oft auch offen zurückgewiesen und rhetorisch umgangen wurden. Die mangelhafte Bereitschaft, Argumente der Gegenseite aufzunehmen und der hieraus resultierende Stillstand der Debatte wurde dadurch verstärkt, dass die jeweils eigenen Forschungsziele und Standards in beiden Traditionen durch sehr elaborierte methodologische Programme begründet wurden, zu deren Formulierung unterschiedliche erkenntnistheoretische Konzepte herangezogen wurden" (Kelle 2007: 13 f.). Spitzfindig zusammengefasst könnte man resümieren: es wurde viel gestritten, aber wenig reflektiert.

zum Ersten Weltkrieg waren die Erforschung der Gesellschaft und der ihr immanenten Prozesse, Problemlagen und Phänomene, also die empirische Sozialforschung, eher ein Werk von Einzelnen. Die Sozialforschung als wissenschaftliche Disziplin und Methodologie mit dafür eingerichteten Forschungszentren etablierte sich erst in der Zeit zwischen den Weltkriegen[52]. Zeitgleich entwickelten sich in außereuropäischen und im europäischen Ausland ebenfalls Bestrebungen, empirische Methoden der Sozialforschung zu etablieren und in der Forschungspraxis fest zu verankern. Einen großen Vorstoß in diesem Vorhaben ging von der Wiener Gruppe aus, die im Wesentlichen durch Paul F. Lazarsfeld, Marie Jahoda und Hans Zeisel repräsentiert wurde (vgl. Diekmann 2006: 96). Diese Autoren erhielten insbesondere Berühmtheit durch ihre Studie „Die Arbeitslosen von Marienthal" (Jahoda/Lazarsfeld/Zeisel 1960). Festzuhalten ist, dass sich die Methoden der empirischen Sozialforschung nicht ausschließlich an einem Ort etabliert und von dort aus die Forschungslandschaft erobert haben. Vielmehr kam es an verschiedenen Orten beinahe gleichzeitig zu einer Entwicklung des methodischen Rüstzeugs. Befragung, Beobachtung und Co. sind dem Kern nach schon immer angewendet worden, um menschliches (Beobachtung vor allem entstanden aus der Biologie und der Verhaltensforschung) Verhalten und Handeln wahrzunehmen, festzustellen und zu analysieren. Die Methoden per se sind nicht erst im Zuge dieser methodologischen Auseinandersetzung auf wissenschaftlicher Ebene entstanden. Aber hier fand nun eine *systematische* Auseinandersetzung mit den Werkzeugen der Datenerhebung statt, die dazu führte, Methoden der Datengenese mit wissenschaftlichen Standards zu versehen. Atteslander formuliert dazu: „Wissenschaftlichkeit beruht auf systematischer Zielgerichtetheit und Theorie" (Atteslander 2010: 111).

Wie also kommt der Wissenschaftler an die interessanten Daten? Wie gelingt es als Forscher Teil einer Gruppe zu werden und Zusammenhänge aufzudecken? Wie kann man den befragten Personen ehrliche, unverfälschte und unverzerrte Informationen, Einstellungen, Meinungen usw. entlocken? Diese Fragen waren Teil des Kanons, der Anlass dazu gab, dass es zu einer wissenschaftlich fundierten Auseinandersetzung mit den Themen der Datengenese kam. Interessant ist, dass diese Methoden genuin sozialwissenschaftliche Ver-

---

52 „In Deutschland wurde das erste Forschungsinstitut für Sozialwissenschaften unter der Leitung von Leopold Wiese 1919 an der Universität Köln auf Initiative des Kölner Oberbürgermeisters Konrad Adenauer eingerichtet. Wenige Jahre später (1924) folgte die Gründung des Frankfurter Instituts für Sozialforschung, das zunächst allerdings eher orthodox-marxistisch und wenig empirisch ausgerichtet war. Erst unter dem [sic!] Einfluß von Max Horkheimer, Institutsdirektor seit 1930, begann die Zusammenarbeit mit Erich Fromm, Theodor Adorno, Ludwig Marcuse u. a. die Hinwendung zur »Kritischen Theorie«" (Diekmann 2006: 94).

handlungsthematiken sind und die Grundlegungen erheblich durch Vertreterinnen und Vertreter der Soziologie vorangetrieben wurden. Verwunderlich ist dies nicht: so braucht es – insbesondere – für die Soziologie verlässliche Datenerhebungstechniken, die dabei helfen und unterstützen, zwischenmenschliche Interaktion in ihrer Voraussetzung, ihrer Funktionsweise und ihren Folgen zu verstehen. Diese Herangehensweise ist gerade vor dem Hintergrund der Forderung einheitlicher Gütekriterien (bspw. Reliabilität und Validität (vgl. Atteslander 2010: 6) unerlässlich und folgt notwendigerweise aus der Forderung nach transparenter wissenschaftlicher Praxis (vgl. Atteslander 2010: 295 ff.).

Während beispielsweise die Beobachtung eine indirekte Form der Verhaltens- und Handlungsanalyse ist, weil sehr viel mehr Interpretation auf Seiten des Forschers die Gründe der beobachteten Handlung aufdecken muss, gibt die Befragung die Einstellungen und Handlungsgründe der befragten Person auf direkte Art und Weise frei (vgl. Girtler 2001: 65 ff.). Möchte man etwas über eine Person erfahren, ist der direkte Weg dahin, dieselbe zu (be)fragen. So nennt man auch die Befragung, die *der* prominente Vertreter der Methoden der empirischen Sozialforschung zur Datengenese ist, den „Königsweg der Sozialforschung" (König 1984: 9). Diese Formulierung stammt – sehr treffend – von René König, „einem der Begründer der modernen Sozialforschung im Deutschland der Nachkriegszeit" (Diekmann 2006: 371). Wenngleich hier die Vorzüge der Befragung und die Beliebtheit dieses Forschungsinstrumentes referiert werden, muss auch darauf hingewiesen werden, dass es vielfach Kritik an dieser doch sehr reaktiven Methode gibt. Den Vorzügen und Kritikpunkten wird dezidiert in eigenen Abschnitten nachgegangen. Trotz allem: „Zur Erhebung sozial- und wirtschaftsstatistischer Daten, bei allgemeinen Bevölkerungserhebungen und zur Erforschung von Einstellungen und Meinungen ist die Methode der Befragung aber wohl […] unverzichtbar" (Diekmann 2006: 371).

Die Befragung, verstanden als wissenschaftlicher Terminus, wird als übergeordneter Begriff gebraucht, der drei Typen dieser Kommunikationsart subsummiert. In Analogie zu diesem Begriff wird, quasi synonym, der Terminus *Interview* verwendet. Hier sei umrissen: Jedes Interview ist eine Befragung, aber nicht jede Befragung ist ein Interview. So richtig die synonyme Verwendung in den meisten Fällen auch ist, so inkorrekt kann sie in einem anderen Zusammenhang sein. Wenngleich es generell lohnend ist, sich den anderen Arten der Befragung zuzuwenden, soll der Fokus auf der mündlichen, persönlichen Befragung liegen und somit dem nachgehen, was für die vorliegende Arbeit im Kontext der Befragung von Seniorinnen und Senioren und deren Internetnutzung essentiell ist. Zunächst sei allerdings überblickshaft umrissen, was man gemeinhin unter einer Befragung versteht, damit wird auch die Hinwendung zu quantitativ konnotierten Forschungsdesigns bewerkstelligt. Konsultiert man einschlägige Publikationen auf der Suche nach einer Definition dieses Erhebungsdesigns, fällt auf, dass der Terminus derart eindeutig in seiner Bedeutung und Verwendung zu sein scheint, dass auf stichhaltige, markige und komprimierte Definitionen verzichtet wird. Vielmehr findet man Umschreibungen und Beschreibungen dieses Gegenstandes vor. Scholl beschreibt die Befragung als Methode der sozialwissenschaftlichen Datenerhebungspraxis wie folgt:

> „Die Befragung hat die (Alltags-)Kommunikation als Grundlage und benutzt diese für die Gewinnung von Informationen über das Forschungsobjekt. (…) Allerdings ist die (sozial)wissenschaftliche Befragung nicht identisch mit informellen Gesprächsformen. (…) Bei der Befragung geht es dagegen um valide, authentische Informationen des Befragten über sich selbst, über andere oder über Organisationen, die der Befragte repräsentiert" (Scholl 2009: 21).

Deutlich wird anhand der Ausführungen von Scholl, dass es die Aufgabe der wissenschaftlichen Forschungsmethode ist, aus einer im Alltag gebräuchlichen Kommunikationsform, eine Methode zur strukturierten Erhebung von Forschungsdaten zu machen (vgl. Mayer 2004: 27). Dieser Anspruch an die Befragung als Methode der Datenerhebung ist mithin für beide Forschungsrichtungen derselbe: Alltagskommunikation soll zum Zwecke der wissenschaftlichen Erkenntnis strukturiert und systematisiert werden. Relevant werden dabei die Instrumente der Strukturierung der Befragungssituation und die der Datenerfassung. Ausgehend von dieser übergeordneten Formulierung von Scholl das Ziel der Befragung betreffend, beschreibt Kromrey die Befragung weitergehend differenziert folgendermaßen:

> „Die Befragung (das persönliche mündliche Interview ebenso wie die schriftliche und die telefonische Befragung) ist ein *formalisiertes Verfahren* der empirischen Sozialforschung, mit dem Informationen über sozialwissenschaftlich interessierende Sachverhalte erhoben werden sollen. Alle im Interview gestellten Fragen sind nicht Bestandteile einer zweckfreien Kommunikationssituation, sondern sie haben rein instrumentellen Charakter: Sie sind *Mittel zu dem gewünschten Zweck*: den Antworten" (Kromrey 2006: 360).

Aus dem Zitat von Kromrey geht eindeutig die Zweckgebundenheit dieses Unterfanges hervor, welche von Seiten des Forschers und auch von Seiten des Befragten ein Einlassen auf die Situation und ein Umstellen auf eine andersgeartete Kommunikation bedarf.

Auch Atteslander präsentiert eine stichhaltige Beschreibung dessen, was man unter einer Befragung zu verstehen hat, wenn man sie im Kontext des Methodenkanons der Sozialwissenschaften aufruft:

> „[sic! Hervorhebung im Original] *Befragung bedeutet Kommunikation zwischen zwei oder mehreren Personen. Durch verbale Stimuli (Fragen) werden verbale Reaktionen (Antworten) hervorgerufen: Dies geschieht in konkreten sozialen Situationen*

und unterliegt gegenseitigen Erwartungen. Antworten beziehen sich auf erlebte und erinnerte soziale Ereignisse, stellen Meinungen und Bewertungen dar. Mit dem Mittel der Befragung wird nicht soziales Verhalten insgesamt, sondern lediglich verbales Verhalten als Teilaspekt erfasst" (Atteslander 2010: 109).

Atteslander hebt hier hervor, was zu einem späteren Zeitpunkt auch in dieser Arbeit thematisiert werden wird: die Befragung als soziale Situation. So stellt er hier dezidiert heraus, dass es sich bei einer Befragung zunächst einmal um eine speziell strukturierte Form der Kommunikation handelt. Im Gegensatz zu den beiden vorausgegangenen Ausführungen von Scholl und Kromrey stellt Atteslander den Zweck und den Sinn der Befragung hinter anderen Aspekten zurück. Er beschreibt die Befragung quasi aus einer Art Innenschau, die zunächst einmal anführt, was diese Situation, in der zwei oder mehrere Personen (zweckgebunden) zusammenkommen, überhaupt ist: nämlich Kommunikation, soziale Interaktion. Deutlich werden hier auch die Rollenkonstellationen, die nicht zuletzt aufgrund ihres Vorhandenseins Erwartungen mit sich führen. Zentral ist überdies die Erkenntnis, dass die Befragung lediglich einen Teilaspekt des sozialen Verhaltens einer Person erheben kann. Wenngleich die Befragung der Königsweg der sozialwissenschaftlichen Datenerhebung ist, vermag er nicht, die sozialen Prozesse und Verhalten in Gänze zugänglich zu machen. Auch darauf weist Atteslander hin: das, was die befragten Personen in einer (mündlichen) Befragung bereit sind zu eröffnen, sind erinnerte Geschehnisse und Erlebnisse – nicht aber überprüfbare Realität[53]. So rekurriert Atteslander weniger auf die Zwecke, die diese Datenerhebungsmethode offeriert, sondern legt den Fokus auf die Konstellation an sich. Deutlich wird, dass die Befragung per se an gewisse Grenzen stößt, wenn es darum geht, den Befragten ihre Einstellungen und Meinungen zu entlocken. Weiter verengt stellt sich diese Situation vor dem Hintergrund dar, dass quantitative und qualitative Vorgehensweisen zusätzlich einen jeweils ganz eigenen Fokus im Kontext der Befragung haben und dabei notwendigerweise einige Faktoren zu Gunsten anderer be-

---

53 Natürlich ist an dieser Stelle leicht einzusehen, dass es sich hier nicht um *die* Abbildung *der einen Realität* gehen kann. Realität, und das wissen wir nicht zuletzt seit den Ausführungen, die der Phänomenologie entstammen, kann nicht eindeutig einheitlich objektiv identifiziert oder wahrgenommen werden (vgl. Husserl 2002: 98 ff.). Die Realitäten werden sich also immerzu für jedes Individuum, jeden Akteur einer sozialen Handlung, unterscheiden. Sie ist somit individuell verschieden erlebbar und sozial determiniert und konstruiert. Realität wird aber dann erlebbar und nachvollziehbar, wenn man unmittelbares Erleben spüren kann und zeitgleiches Fokussieren auf die eine Situation stattfindet (vgl. ebd.). Da die Befragten aus ihrer Erinnerung beschreiben und erzählen, handelt es sich um einen infiniten Regress. Der Interviewer hat keinen Zugang und keine Möglichkeit der Überprüfung und der Befragte sieht sich selbst in der Erzählung als Beobachter zweiter Ordnung (vgl. Luhmann 2009: 15).

schneiden. So können quantitativ orientierte Forschungsvorgaben die Internetnutzung von Seniorinnen und Senioren quantifizieren und damit entsprechende Aussagen über das Nutzungsverhalten im Hinblick auf die Art der Gerätenutzung, die Dauer der Internetnutzung usw. treffen und eruieren, inwiefern Bildung und Geschlecht die Internetnutzung determinieren. Derer Gestalt sind beispielsweise die umfangreichen Studien der Initiative D21 und des Instituts für Vertrauen und Sicherheit im Internet. Diese Untersuchungen zeigen aussagekräftig, wie der Senior oder wie die Seniorin in Deutschland das Internet nutzt, welche Nutzertypologien sich ergeben und welche Korrelationen sich im Hinblick bestimmter Prädiktoren zeigen. Verborgen bleiben dem quantitativen Feldzugang tiefer liegende Aspekte, die aus dem individuellen Erleben weitergehend prägend für die Internetnutzung sind. Während eine quantitative Befragung also eher die Vogelperspektive anvisiert und systematisch den Befragungsverlauf homogenisiert ablaufen lässt, vertieft sich die qualitative Befragung eher in ein weniger stark strukturiertes *Gespräch*. Je nachdem, welche Fragestellung leitend für das Forschungsunternehmen ist, wird der Fokus eher auf die Stärke der Befragung gelegt oder aber auf die andere. Schlussendlich muss für jedwede Befragung festgehalten werden, dass ihr zum einen per se durch das Befragungsdesign und zum anderen durch die der Befragung immanenten sozialen Komponente verschiedene Grenzen und Herausforderungen innewohnen, die immerzu zu einem Einlassen auf einen Kompromiss von Seiten des Forschenden führen. Denn: empirische Realität lässt sich nicht direkt erfassen. Die Realität setzt sich zusammen aus individuellen Einzelwahrheiten und jedes Objekt hat stets mehrere Facetten, eben so viele, wie es Betrachter gibt.

Vor diesem Hintergrund wird schnell deutlich, dass die Interviewsituation eine für alle Beteiligten sehr spezielle ist und es ganz bestimmter Vorgehens- und Verhaltensweisen und spezifischer Instrumente (hier denke man an den Fragebogen) bedarf, um dieser Zielgerichtetheit gerecht zu werden und die gewünschten Informationen respektive Meinungen, Einstellungen oder Sichtweisen zu generieren und Störfaktoren vermeintlich[54] zu minimieren (vgl.

---

54 Mündliche Befragungen bedürfen dezidierter und umfassender Vorbereitungen. Dieselben beziehen sich sowohl auf theoretische Vorüberlegungen als auch auf die Konzeptionen der Fragebögen, der Leitfaden, des Settings, des Feldzugangs und das Auftreten des Interviewers/der Interviewerin und die Gesprächsführung. „Vermeintlich" bezieht sich darauf, dass all diese umfängliche Vorbereitungen dazu dienen sollen, den höchst reaktiven Charakter der sozialen Kommunikation in der Form zu kanalisieren, dass der Datenerhebungsprozess möglichst wenig von derartigen Einflüssen konterminiert wird. Da sich der soziale Charakter der Befragungssituation nicht negieren lässt, kann trotz aller Vorbereitung und Planung dieses Charakteristikum in Befragungsprozess im Vordergrund stehen – dies sowohl interviewer*innenseitig als auch bezogen auf die befragte Person.

Schnell/Hill/Esser 2005: 321). Grundsätzlich seien an dieser Stelle die sich deutlich unterscheidenden Auslegungen der Interviewsituationen hervorgehoben, die sich je nach Design des Forschungsvorhabens ergeben. Divergierende Auslegungen rekurrieren zentral auf das Ausmaß der Standardisierung und der Strukturierung der Interviewsituation. Derlei Fokussierung ist abhängig von dem, dem Forschungsprozess zugrundeliegenden Design. Das Instrument des standardisierten Fragebogens und der stark strukturierten Erhebungspraxis (vgl. Schnell/Hill/Esser 2005: 323) ist für das hier dargelegte Forschungsprojekt nicht zielführend.

In dem Kapitel 2, welches den Forschungsstand zum Thema Internetnutzung und Nicht-Nutzung durch Seniorinnen und Senioren darlegt, ist eindeutig erkennbar, dass sich die bisherigen Erkenntnisse dieses Forschungstandes aus quantitativ erhobenen Daten nähren. Bisweilen rudimentär vorhanden sind Daten, die diesen Sachverhalt mit weitaus mehr Tiefe ergründen und die Seniorinnen und Senioren dezidierter Einstellungen, Meinungen und Wertorientierungen kommunizieren lassen. Das Instrument des standardisierten Fragebogens, welcher quantifizierbare Ergebnisse generiert, wurde in den zu diesem Thema einschlägigen großen Studien prägnant eingesetzt. Um auf der Grundlage der bestehenden Datenbasis tiefer liegende Sinnstrukturen vergegenwärtigen und für den Forschungsdiskurs sichtbar machen zu können, bedarf es einer Vorgehensweise, die zwar in dem hoch strukturierten Vorgehen einer standardisierten Befragung ihre Anlehnung nimmt, sich dann jedoch nicht nur graduell, sondern prinzipiell von derselben unterscheidet (vgl. Flick 2007: 193 ff.). Die Rede ist von der Befragung in Form eines Leitfadengesprächs, welches genuin qualitativ ausgerichtet ist. Ausgeführt wurde bereits, dass der Terminus *Befragung* in seiner direkten Etymologie einen Dialog darstellt, welcher dadurch gekennzeichnet ist, dass sich ein Frage-Antwort-Spiel ergibt. Deutlich wird, dass sich aus diesem Dualismus eine stark strukturierte Situation herauskristallisiert, in der vorgefertigte Fragen durch den Interviewer/durch die Interviewerin an einen Adressaten/an eine Adressatin gerichtet werden und derselbe/dieselbe zu einem Thema, zu einem Sachverhalt *be*fragt wird. Ziel ist es, bestimmte Informationen in Erfahrung zu bringen beziehungsweise von dem Befragten mitgeteilt zu bekommen. Dass hier selbstverständlich ebenfalls Meinungen und Einstellungen der befragten Personen thematisiert werden können, steht außer Frage. Jedoch ist der Fragende in dieser Konstellation sozusagen der Taktgeber, der die Struktur der Befragungssituation vorgibt. Er strukturiert mit den Fragen den Dialog und zeigt an, wie kleinteilig die Antworten ausfallen sollten und diktiert im weitesten Sinne das Verhalten der befragten Person. Diesen Rahmen weiter öffnen können die Leitfaden-Gespräche. Während das Instrument der Befragung – des Interviews – der standardisierte Fragebogen ist, ist der Leitfaden derjenige, der wenig standardisierte Befragungssituationen lenkt und leitet. Mit dem Instrument des teilstrukturierten Interviews eröffnet sich ein Charakteristikum der qualitativ ausgelegten Empirie. In den folgenden zwei Abschnitten soll die Wahl des qualitativen Feldzugangs erörtert werden. Darauffolgend soll eine Zuwendung zu dem Erhebungsinstrument des Leitfadens erfolgen.

9.4 Das qualitative Design der Datenerhebung

Nachdem auf den vorangegangenen Seiten die Befragung als Methode der Sozialforschung präsentiert und diskutiert wurde, soll im Folgenden die Wahl des qualitativen Designs dezidierter erläutert werden[55]. Folgt man Filstead, kommt der Wissenschaftler, der das *Soziale* als seinen genuinen Forschungsgegenstand benennt, nicht umhin, den Abstand zwischen sich und der „sozialen Welt" (Filstead 1979: 30), der durch quantifizierende Methoden vermeintlich forciert wird, zu reduzieren. Dies kann nur gelingen, wenn man sich dem *Forschungsobjekt zuwendet* und sich gleichsam von der Objektperspektive zurückzieht, um sich der Subjektebene zuzuwenden. Grundsätzlich ist jedoch zu betonen, dass „der gesamte Forschungsvorgang ein Prozess [ist], bei dem qualitative und quantitative Kriterien in steter Interaktion stehen. In welchem Maße hängt u. a. vom Gegenstand der einzelnen Forschung ab" (Atteslander 2010: 13). Was Atteslander vergegenwärtigt, ist die Tatsache, dass Forschung (im Allgemeinen), die sich gegenüber den unterschiedlichen Richtungen öffnet und die tiefen Debatten unbeachtet lässt, die sich Vertreterinnen und Vertreter qualitativer und quantitativer Richtungen noch immer liefern, sich gegenseitig ergänzen und nähren kann und sollte.[56] Vor allem sollten methodische Erwägungen immerzu in der Sache getroffen werden[57]. Dies begründet sich nicht zuletzt

---

55 Wenn im Folgenden die Charakteristika qualitativer Forschung herausgestellt und dabei Unterschiede zu quantitativen Designs hervorgehoben werden, geschieht dies stets ohne eine Wertung, die zum Ausdruck bringen könnte, dass die eine Methode etwa besser als die andere sei. Dem ist mitnichten so. Die Betonung der Unterschiede dient dazu, Abgrenzungen deutlich zu machen, die spezifischen Fragestellungen und Forschungsdesigns im Rekurs auf eine Methodik notwendigerweise einfordern. Ausdrücklich sei betont: ein Abwägen geschieht hier ausschließlich im Hinblick auf die leitende Fragestellung und soll ausschließlich sachdienlicher Natur sein. Eine Bewertung oder gar Abwertung soll nicht zum Ausdruck gebracht werden.
56 Ein knapper Rekurs auf den Positivismusstreit wird im Verlauf dieses Kapitels und im Zuge einiger Fußnoten stattfinden.
57 Dass es sich um ein spannungsreiches Verhältnis zwischen den beiden methodischen Traditionen handelt und Abgrenzungstendenzen stetig aufrecht erhalten werden, zeigt sich daran, dass „[m]ittlerweile [...] beide Traditionen spezifische Fachvokabularien und getrennte Diskursinstitutionen entwickelt [haben], ihre Vertreter geben nicht nur jeweils eigene Zeitschriften, Hand- und Lehrbücher heraus, sie haben auch ihre organisatorischen Strukturen in Form von eigenen Arbeitsgruppen und Sektionen der Fachgesellschaften ge-

dadurch, dass durch den einen methodischen Zweig Vorarbeiten generiert werden können, die schlussendlich solche Ergebnisse hervorbringen, die aufzeigen, wo weiterer Forschungsbedarf besteht und welchen Fragestellungen unter Zuhilfenahme anderer Methoden auf den Grund gegangen werden soll. So verhält es sich unter anderem im Falle der vorliegenden Arbeit, die quantitativ ausgerichtete Studien als Orientierung für das qualitative ausgelegte Design dieser Arbeit heranzieht. Befragt man die qualitativ ausgerichtete Forschungstradition nach den ihr immanenten Kriterien, fällt die Antwort laut Kelle so aus:

> „Vertreter der qualitativen Tradition stellen [...] die Erkundung der Sinnsetzungs- und Sinndeutungsvorgänge der Akteure im Untersuchungsfeld, die Exploration kultureller Praktiken und Regeln und die genaue und tiefgehende Analyse und Beschreibung von Einzelfällen in den Mittelpunkt ihrer Forschungsbemühungen" (Kelle 2007: 11).

Qualitative Forschung bemüht sich um die Aufdeckung tiefliegender Sinnwelten. So geschieht eine „Abgrenzung zu quantitativen Verfahren mit dem besonderen Charakter ihres Gegenstandes (...). Der Gegenstand kann gerade nicht über das Messen, also über den methodischen Zugang der standardisierten Forschung, erfasst werden" (Helfferich 2011: 21). Um diesen besonderen Charakter zu Tage fördern zu können, bedarf es offener und in nur geringem Maße standardisierter Vorgehensweisen (vgl. ebd.).

> „Sinndeutungs- und Sinnsetzungsprozesse, die sich in sozialen Lebenswelten und Milieus vollziehen, welche dem Forscher nur ungenügend bekannt sind, lassen sich nicht adäquat mit Hilfe standardisierter Verfahren beschreiben, verstehen oder erklären, sondern verlangen eine offene, explorative Forschungsstrategie" (Kelle 2007: 52).

Was Kelle hier beschreibt, ist das Forschungsvorgehen eines qualitativ orientierten Wissenschaftlers. Dieses Vorhaben gleicht dem Versuch, etwas Unbekanntes aufzuspüren, unbekannte Sinnwelten zu ergründen. Pointiert kann in Anlehnung an Habermas resümiert werden, dass qualitativ ausgerichtete Forschung dem auf den Grund geht, was menschliches Miteinander ausmacht und nicht stattdessen Kausalitäten hinterherjagt, die allenfalls in der Natur zu er-

---

schaffen" (Kelle 2007: 13). Erste Kontroversen, aus denen sich dann diese unterschiedlich ausgerichteten Fachgesellschaften etablierten, entstanden 1961 auf einer Tagung der Deutschen Gesellschaft für Soziologie. Hier stellten insbesondere Karl Popper und Theodor Adorno ihre divergierenden Auffassungen der Logik der Sozialwissenschaften vor. Was sich daran anschließt, ist bestens bekannt als Positivismusstreit (vgl. Holweg 2005: 11).

mitteln sind denn in menschlichen Interaktionen (vgl. Habermas 1989: 166). So sei es sehr zu begrüßen, wenn „anstelle des hypothetisch-deduktiven Zusammenhangs von Sätzen (...) die hermeneutische Explikation von Sinn" (ebd.: 185 f.) stehen würde.[58] In der hier anklingenden Anlehnung an den Positivismusstreit sei, ohne die methodologische Debatte an dieser Stelle aufgreifen zu wollen, angemerkt, dass es sich bei der Frage nach dem Stellenwert und der Rechtfertigung qualitativer Forschung immerzu auch um die Diskussion handelt, die verschiedene Wissenschaftsverständnisse gegeneinander abwiegt (Adorno et al. 1989). Es geht also bei der Diskussion um qualitative oder quantitative Designs um nicht weniger als die Frage danach, wie Erkenntnisgewinn verhandelt wird und was als Wissenschaft oder wissenschaftlich (wissenschaftliches Vorgehen) gilt.

> „Zwei wissenschaftstheoretische Schulen haben das, was hier als eine geläufige Sichtweise von Wissenschaft gezeichnet wurde, nämlich, dass Wissen durch Tatsachen gewonnen wird, versucht zu formalisieren: die Empiristen und die Positivisten. Die britischen Empiristen des 17. und 18. Jahrhunderts, im Speziellen John Locke, George Berkeley und David Hume, vertraten den Standpunkt, dass Erkenntnis auf erfahrbaren Tatsachen beruhen soll. Die logischen Positivisten, eine philosophische Schule, die in den 20er-Jahren des 20. Jahrhunderts in Wien gegründet wurde, bezogen sich auf den von Auguste Comte eingeführten Begriff des Positivismus und versuchten ihn zu formalisieren. Besondere Aufmerksamkeit widmeten sie der logischen Form der Beziehung zwischen wissenschaftlicher Erkenntnis und den Tatsachen" (Chalmers 2001: 7).

Dabei unterscheiden sich die Wahrnehmungen dessen, was Tatsachen sind und wie der Zugang zu denselben gelingen kann, bisweilen klar. Gemeinsam ist beiden Denkrichtungen die Annahme, „dass wissenschaftliche Erkenntnis aus Tatsachen gewonnen sein soll, die auf Beobachtungen beruhen" (ebd.). Chalmers macht die Differenzen deutlich, die aus dem gemeinsamen Konsens in puncto Tatsachen entspringen. Dazu führt er aus:

> „Drei Komponenten des Stellenwerts von Tatsachen für die Wissenschaft können unterschieden werden.
> a) Tatsachen sind den Beobachtern durch sorgfältige und unvoreingenommene Beobachtung direkt zugänglich.
> b) Tatsachen gehen der Theorie voraus und sind von ihr unabhängig.

---

58 Habermas führt den durch Popper und Adorno ausgelösten Positivismusstreit fort, indem er der Debatte eine neue Form der Schärfe – manche nennen es Polemik – einhaucht und sich eine Kontroverse mit Albert liefert (vgl. Adorno et al. 1989; Holweg 2005: 11).

c) Tatsachen konstituieren eine stabile und verlässliche Basis für wissenschaftliche Erkenntnis" (Chalmers 2001: 7).

Deutlich wird anhand dieser Ausführungen, dass bei der Entscheidung ein qualitatives oder ein quantitatives Design zu wählen, implizite Entscheidungen für ein bestimmtes Wissenschaftsverständnis mitschwingen.

„Mit dem Schlagwort [sic!] »quantitativ« werden dabei all jene Sozialforscher belegt, die sich mit ihrem Wissenschaftsverständnis empirisch-analytisch ausrichten, worunter für Vertreter des qualitativen Paradigmas eine Ausrichtung an den Positionen der analytischen Philosophie und des kritischen Rationalismus fällt, was meist als ein und dasselbe betrachtet wird. Die Kritik an diesen Positionen trifft im Kern das *deduktiv-nomologische* bzw. *hypothetisch-deduktive Modell der kausalen Erklärung*" (Holweg 2005: 12).

Ohne hier allzu sehr thematisch vertiefend zu agieren, soll nochmals die Forderung von Habermas bemüht werden, welche fordert, Wissenschaft näher an dem zu orientieren, was die Gesellschaft ausmacht und was derer entspringt. Der Anspruch dieses Erkenntnisbestrebens ist nicht weniger, als gesellschaftliche Tatsachen und Phänomene in angemessener Weise betrachten und analysieren zu wollen (vgl. Holweg 2005: 11).

Um sich dem zu nähern, was Menschen (zu einem bestimmten Thema) bewegt, wie sich deren Lebenswelten konstituieren, bedarf es spezifischer Instrumente, die den Befragten Raum geben für Erzählungen, für ausschweifendes Berichten und Rekonstruieren.

„Wenn Menschen die Welt verstehen und ihr einen Sinn geben, dann tun sie dies im *Kontext ihrer Lebenswelt*. Forschende wollen dieses Verstehen verstehen. Diese „Verstehensleistung zweiten Grades" findet statt im *Kontext der Forschung* und auch sie ist eine Konstruktion einer Typisierung im Sinnsystem der Wissenschaft" (Helfferich 2011: 23).

Helfferich skizziert an dieser Stelle, die bei Schütz angelegte „Konstruktion zweiten Grades" (Schütz 1932: 7). Diese Ausführung von Schütz schließt die methodologisch so wichtige Brücke zwischen der Konstruktion der Lebenswelt des Befragten durch den Befragten selbst[59] und der (Re)Konstruktion der

---

59 Welcher Aspekt hier mithin zum Tragen kommt, ist der der Interpretation – und dies auf verschiedenen Ebenen. So führen Przyborski und Wohlrab-Sahr aus, dass nicht erst die Forscher*innen im Prozess der Analyse interpretativ sinnverstehend die Lebenswelt der Befragten (re)konstruieren, sondern der Interpretation bereits auf Seiten der befragten Personen einen gewichte Rolle zukommt. Denn im Bestreben, im Kontext eines Interviews Antworten auf eventuelle Leitfragen oder Stimuli zu finden, erfolgt durch die befragten

Lebenswelt des Befragten durch den Forscher in zwei Interpretations- respektive Analyseschritten. Hier kommt es – wie Schütz beschreibt – zu einer Konstruktion zweiter Ordnung, in der der Forscher auf Grundlage der durch das Interview gewonnenen Daten die Lebenswelt der befragten Personen (re)konstruiert und damit versteht oder zu verstehen versucht (vgl. Koller et al. 2006: 49; vgl. Przyborski/Wohlrab-Sahr 2014: 13) und dann eine theoretische Verortung vornimmt. In einem weiteren Schritt, der dann allerdings nicht mehr in dieser Konstruktion durch Schütz mitgedacht ist, wird das Produkt der Konstruktionen zweiten Grades in Form der Forschungsergebnisse einem Publikum dargeboten. Was der Forscher und das Publikum bezüglich der Lebenswelt der befragten Personen wahrnehmen können, ist nicht die Lebenswelt selbst, da dieselbe nicht direkt vermittelt werden kann. Nicht minder die befragten Personen selbst konstruieren sich ihre Lebenswelt.

> „Verfahren, die nicht bei der Rekonstruktion der – vielfach impliziten – Konstruktionen der Erforschten ansetzen – auch wenn z. B. offene Formen der Erhebung zum Einsatz kommen –, folgen in der Regel einer quantitativen Forschungslogik (...). Eine (genuin) qualitative Forschungslogik ist in einer Rekonstruktion im eben skizzierten Sinn verankert. Sozialwissenschaftliche Konstruktionen basieren auf alltäglichen Konstruktionen: Es handelt sich um Interpretationen bzw. Konstruktionen zweiten Grades. Das Verhältnis qualitativer Methoden zu ihrem Gegenstand ist deshalb ein rekonstruktives" (Przyborski/Wohlrab-Sahr 2014: 13).

Wenngleich diese Ausführungen zum einen die besonderen Schwierigkeiten als hohe Zielsetzungen qualitativer Forschungen in den Blick nehmen, kann direkt das Argument bemüht werden, welches besagt, dass qualitativ orientierte bzw. ausgelegte Forschung überhaupt erst in die Möglichkeit einführt, das erheben und erfassen zu können, was die befragten Personen als ihre Lebenswelt wahrnehmen. Während quantitative Forschung deskriptive Informationen erhalten, die bestimmte Aspekte messbar machen, kann es der qualitativen Forschung gelingen, in die Lebens- oder Gedankenwelt der befragten Personen einzutauchen, indem man denselben mit einer großen Offenheit begegnet und eine Befragung zu einem Gespräch werden lässt, in dem nicht die Information vordergründiges Ziel der Unterredung ist, sondern die Meinungen, die Einstellun-

---

Personen eine Konstruktion, die auf eigener Interpretation beruht: „Wenn wir berücksichtigen, dass die Handelnden selbst Interpretationen hervorbringen, so müssen wir diese in unseren Forschungsbemühungen rekonstruieren. Die Interpretationen der Handelnden selbst werden also – [sic! Hervorhebungen im Original] **als Konstruktionen ersten Grades** – in einem ersten Schritt der Forschung nachvollzogen und verstanden. Erst im zweiten Schritt bilden die Forscher wissenschaftliche Typen und Theorien. Diese Konstruktionen werden von Schütz **Konstruktionen zweiten Grades** genannt" (Przyborski/ Wohlrab-Sahr 2014: 13).

gen und Werthaltungen der befragten Personen. Diese Bestrebungen eines interpretativ-sinnverstehenden Ansatzes werden durch das „Forschungsprogramm Subjektive Theorien" (Groeben et al. 1988) unterfüttert und bestärkt. So besagt das Forschungsprogramm Subjektive Theorien, dass Personen im Alltag ebenfalls versuchen, die Welt um sich herum zu verstehen und zu erklären – und dabei Theorie bilden (vgl. Flick 2010: 396). Die Subjektive Theorie hat ihren Ursprung in der psychologischen Wissenschaftsdisziplin und stellt das oftmals gebräuchliche Bild des Befragten als „Erkenntnis-Objekt" (Groeben/Scheele 2010: 151) vom Kopf auf die Füße. Immanent ist diesem Ansatz ein Perspektivwechsel (Kelly 1955), welcher in Anlehnung an Kelly das „Erkenntnis-Subjekt" (ebd.) postuliert. Damit wird das beispielsweise in Befragungssituationen vermeintlich aufkeimende Machtgefälle zwischen dem Wissenschaftler und dem Menschen als Befragungsobjekt nivelliert, weil die Annahme besteht, dass beide, Forscher und Befragter, das gleiche Ziel verfolgen, nämlich das Verstehen und Erklären der Welt um sie herum. Der Perspektivwechsel ist aus Sicht von Groeben und Scheele notwendigerweise angezeigt:

> „Und zwar primär aus moralischen Gründen: weil es nicht gerechtfertigt ist, aus lediglich methodologischen Zielsetzungen heraus dem EO [*Anmerkung der Autorin:* Erkenntnis-Objekt] grundlegend andere Merkmale, insbesondere weniger Kompetenzen, zuzuordnen als dem ES [*Anmerkung der Autorin:* Erkenntnis-Subjekt]" (Groeben/Scheele 2010: 151).

Die Ansätze des Forschungsprogramms Subjektive Theorien lassen sich mit den Ausführungen von Schütz zusammenbringen. Schütz' These der Konstruktion der eigenen Lebenswelt durch die befragten Personen wird durch die Subjektive Theorie weiter genährt. So muss zum einen den befragten Personen deutlich mehr Expertise zugewiesen und zum anderen wahrgenommen werden, dass die Befragten sich in der verbalisierten Mitteilung ihrer Sicht auf die Welt erinnern. Die Konstruktion, die dabei offeriert wird, ist, wenn man auf die Subjektive Theorie rekurriert, das Resultat eines Verstehens- und Erklärungsprozesses, welcher durch die befragten Personen geleistet wird und die eigene Wirklichkeit mitteilt. Bemüht man die Dichotomie der Wissenschaftlichen Theorie und der Subjektiven Theorie, dann kommt man zu dem Ergebnis, dass eine Parallelität zwischen beiden Erkenntnisebenen vorherrscht. Wenngleich es sich bei der Subjektiven Theorie um einen Ansatz aus der psychologischen Forschung handelt, können die Perspektiven, die sich dahinter verbergen, auf die Problemfelder qualitativer Forschung in der Soziologie übertragen bzw. dahingehend abstrahiert werden (vgl. Groeben/Scheele 2010: 156). Der Forscher muss versuchen, mit geeigneten Methoden entlang spezifischer Gütekriterien das nachzuzeichnen und zu rekonstruieren, was der oder die Befragte aus der und über die *eigene* Lebenswirklichkeit berichtet. Aufgrund der Tatsache, dass der Forscher in der Analyse des Datenmaterials eine Konstruktion zweiter Ordnung vornimmt, sind die Methoden der Datenauswertung ebenfalls von zentraler Bedeutung für das Gelingen der Analyse. Hier muss der Forscher anhand regelgeleiteter Vorgehensweisen die Ergebnisse so nah wie möglich am Material und damit an der Konstruktion erster Ordnung explizieren. Zu den Besonderheiten der qualitativen Datenauswertung wird in einem gesonderten Kapitel weiter unten Stellung genommen. Was jedoch festzuhalten bleibt, ist der große Gewinn, den qualitative Forschung mit sich bringt: sie eröffnet einen Weg zu einem offeneren Austausch mit den befragten Personen und gibt damit Sinnstrukturen erst die Gelegenheit, sich offen zu zeigen. Möchte man resümieren, worin der Kern qualitativer Forschung liegt, kann man sich an den Ausführungen von Aglaja Przyborski und Monika Wohlrab-Sahr orientieren:

> „Qualitative Arbeiten sind keine „kleineren" Varianten von Untersuchungen, die man im Prinzip auch als standardisierte Befragung oder mit Hilfe eines aufwändigen experimentellen Designs durchführen könnte. Sie sind aber auch keine „weiche" Forschung, bei der es nur gilt, möglichst nahe an den Aussagen der befragten oder beobachteten Personen zu bleiben" (Przyborski/Wohlrab-Sahr 2014: 4).

Zentral ist dabei, dass man sich mit der Entscheidung für ein qualitativ ausgelegtes Forschungsdesign einen bestimmten Rahmen gegeben hat, der auch für die Ergebnisse und deren Einordnung entscheidend ist (vgl. ebd.).

Qualitative Forschung kann andere Fragestellungen beantworten als es quantitative Designs tun. Für die vorliegende Arbeit, und dieser Aspekt wurde bereits referiert, ist es von Interesse herauszufinden, welchen Wert Seniorinnen und Senioren der Internetnutzung beimessen. Überdies soll ermittelt werden, wie diese Personen ihren Alltag vor dem Hintergrund der Internetnutzung wahrnehmen, ob es Momente gibt, in denen sich Offliner gegenüber den Onlinern abgehängt fühlen, welche Werte die Befragten dem Medium Internet beimessen. Die Idee ist, einen Einblick in die Nutzungsbiografie der befragten Personen zu erhalten und zu schauen, wann und wie sie mit dem Internet in Berührung gekommen sind und welche Eindrücke sie damit verbinden. Dies sind die vordergründigen Intentionen, die mit dem qualitativen Design verbunden sind. Insbesondere der biografische Ansatz benötigt offene Interviewstrukturen, die es ermöglichen, den befragten Personen viel Raum für die Konstruktion der eigenen Nutzungsbiografie zu geben. Neben der Gruppe der Seniorinnen und Senioren werden die Kinder einzelner Seniorinnen und Senioren befragt, um Unterschiede und Gemeinsamkeiten in der Bewertung des Internet herauszuarbeiten. Der Gegenstandsbereich verlangt nach einer Methode, die die befragten Personen im Gespräch in die Tiefe gehen lässt, Raum gibt, eigene Antworten zu formulieren. Im Forschungsstand wurde hinreichend dargelegt, dass die Auseinandersetzung mit dem Thema Internet in aller Regel – dies gilt ebenfalls für die Gruppe der Seniorinnen und Senioren – auf quantitativ ausgelegten Wegen beschritten wurde. Dies geschah vor allem vor dem Hintergrund, dass zunächst einmal beschrieben und verstanden werden musste, wie das Internet von einzelnen Bevölkerungsgruppen in Abhängigkeit soziodemografischer und sozioökonomischer Merkmale genutzt wird, was frequentiert wird und wozu. Die Intention der vorliegenden Arbeit möchte die Gruppe der Bevölkerung in den Blick nehmen, für die die Etablierung dieses Mediums den größten Einschnitt bedeutete – vermeintlich zumindest. Welchen Blick haben Seniorinnen und Senioren auf das Internet und wie sehr werden sie davon vereinnahmt oder aber, wie sehr distanzieren sie sich von demselben? Aufgrund dieser Intentionen und der vorangegangenen Argumente musste vor dem Hintergrund der leitenden Fragestellung die Wahl auf das qualitative Design fallen. Entscheidend ist, dass im Weber'schen Sinne anhand der Interviews verstehend geforscht werden soll. Damit grenzt sich die Zielsetzung der Interviews von den Bestrebungen ab, die messend zu Informationen kommen und dieselben sammeln wollen. Die Interviews sind damit, als „forschungstragend" (Kaufmann 2015: 19) zu bezeichnen. „Ist das Interview forschungstragend, dann ist es in den Händen desjenigen Forschers, der Gefallen findet an dem reichen Material, das es hier zu entdecken gibt, ein weiches Instrument" (Kaufmann 2015: 20).

In dem Kontext der Argumentation dafür, diese Arbeit in ein qualitatives Design einzubetten, gehört auch, die einzelnen Etappen aufzuzeigen, die methodologisch durchschritten werden, um qualitative Daten von hoher Güte zu erheben. Diese einzelnen Etappen sollen also theoretisch unterfüttert und anhand des betreffenden Designs und der konkreten Vorgehensweisen der Arbeit expliziert werden. Zuvorderst sollen neben all der positiv assoziierten Charakteristika dieses benannten Designs auch Fallstricke und methodologisch relevante Kritikpunkte dargelegt werden. Wie anhand der Abbildung 3 nachzuvollziehen ist, handelt es sich bei dem Anforderungsfeld der Gütekriterien qualitativer Forschung um einen gleichwertig zu behandelnden Aspekt, der keinesfalls an Relevanz neben den anderen Punkten verliert.

Abb. 3: Prozess der Datenerhebung: Fokus Gütekriterien

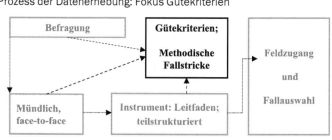

Quelle: eigene Darstellung.

9.5 Gütekriterien qualitativer Forschung

Qualitative und quantitative Forschung bedienen sich – grundsätzlich gesprochen – der gleichen Methoden. Sie nutzen beispielsweise Befragungen, um den Interviewpartnerinnen und Interviewpartnern Meinungen und Einstellungen zu entlocken. Qualitative Forschung jedoch tut dies mit einer anderen Intention[60] hinsichtlich der Tiefe und der Breite der betreffenden Äußerungen der befragten Personen. So fragen Face-to-face-Interviews nach tieferliegenden Sinnstrukturen, erheben das *Warum*, das sich hinter den Antworten verbirgt, die die Befragten auf standardisierte Fragen geben. Sie geben den Interviewpartnerinnen und -partnern Raum und Gelegenheit, sich (zweckgebunden) mitzuteilen und den Kern bestimmter Anliegen zu präsentieren. Während quantitativ gestaltete Befragungen den befragten Personen vorgefertigte Antworten vorlegen, aus denen die Befragten die für sie am passendsten erscheinenden Möglichkeiten auswählen sollen, geben qualitativ gestaltete Befragungen allenfalls durch Teilstrukturierung den Rahmen respektive das Themenfeld vor, zu dem die Meinungen erbeten werden.[61] Überdies ist zu betonen, dass es *das eine* qualitative Interview als Methode nicht gibt. Hier haben sich verschiedene Formen ausdifferenziert, die ihre Bewandtnis und ihre Rechtfertigung ebenfalls in divergierenden Fragestellungen finden (vgl. Helfferich 2011: 9). Die quantitativ gestalteten Forschungsdesigns kommen zu generalisierbaren Aussagen, lassen große Gruppen von Befragten stellvertretend, sogar repräsentativ, für eine definierte Grundgesamtheit zu Wort kommen, prüfen Hypothesen, beschreiben die Gesellschaft. Um der Sache, also spezifischen Forschungsfragen, dienlich zu sein, müssen Designs konzeptioniert werden und sich entweder der einen, oder der anderen, am besten aber beider Zugänge bedienen. Dass ein quantitatives Design andere Aufgaben und Anforderungen erfüllt und erfüllen kann als eine qualitativ ausgelegte Forschung, ist leicht einzusehen (vgl. Flick 2007: 23 ff.). So ist für die jeweiligen Ausrichtungen die Sachdienlichkeit die relevante Bezugsgröße. Das Forschungsinteresse, die Erkenntnislücke gibt das

---

60 Die Ausführungen beziehen sich hier lediglich auf die Methode der Befragung in Form eines Face-to-face-Interviews (Leitfaden gestützt). Qualitative Forschung kennt selbstverständlich noch weitaus mehr Formen der Befragung und überdies noch weitere Methoden der Datenerhebung – hier denke man beispielsweise an die Methode der Beobachtung (teilnehmend, nicht-teilnehmend) usw. (vgl. Häder 2015: 189 ff.).

61 Betont werden muss an dieser Stelle, dass sich die jeweiligen methodischen Ausrichtungen explizit an den Fragestellungen orientieren und zweckrelevant dem Design dienen sollen. Divergierende Fragestellungen benötigen anders gelagerte Designs. So haben qualitative und quantitative Designs jeweils ihre Grenzen. Aufgrund der Verwendung qualitativer Methoden sollen hier dieselben besonders betont und hervorgehoben werden. Der Rekurs auf quantitative Methoden erfolgt hier als Abgrenzung und Forcierung zu einem dezidiert zu der Fragestellung passenden Design.

Design vor, welches dieselbe bestmöglich zu schließen vermag. Aufgrund der divergierenden Analyseinteressen ist es wenig sinnvoll, qualitative und quantitative Methoden mit ein und derselben Schablone zu vergleichen. Aufgrund der Tatsache, dass die Instrumente der Datenerhebungen überaus unterschiedlich sein können, ist die Vergleichbarkeit der generierten Ergebnisse schwierig. Zudem ergeben sich per se unterschiedliche Anforderungen an die Instrumente und deren Gütekriterien. Und doch benötigen beide methodischen Ausrichtungen Gütekriterien anhand derer sich die Qualität der betreffenden Designs ermessen lässt, die unter dem Label der jeweiligen Ausrichtung expliziert werden. Eingedenk dieser Spezifika zeigt sich, dass für qualitative Forschung nicht die Güterkriterien eins zu eins übernommen werden können, wie es für die quantitativ ausgerichtete geschieht (vgl. Kelle 2007: 53 ff.; Flick 2007: 487 ff.). Historisch bedingt haben sich die Gütekriterien quantitativer Forschung als Grundstein der Sozialwissenschaften herausgebildet und etabliert (vgl. Kelle 2007: 227). Aufgrund methodischer Unterschiede müssen die Argumente ad absurdum geführt werden, die qualitativer Forschung vorwerfen, nicht so arbeiten zu können, wie es quantitative Forschung tut. Die Ziele der qualitativen und der quantitativen Forschung unterscheiden sich – und damit notwendigerweise auch die Wege. Die Ansprüche aber müssen dieselben sein: die Datenerhebung muss transparent und nachvollziehbar sein. Die *Ausformungen* der Ansprüche allerdings *müssen* sich unterscheiden. Flick formuliert den Ausgangspunkt und die Problemlage der Diskussion um die Gütekriterien:

> „Inwieweit subjektive Sichtweisen, Alltagswissen (oder andere Gegenstände qualitativer Forschung) verlässlich ermittelt werden und darüber Aussagen getroffen werden können (um die Grundbedeutung von Reliabilität und Validität heranzuziehen), stellt sich als Frage für jede Untersuchung. Auch sollten im Sinne traditioneller Gütekriterien die erhobenen Daten und gezogenen Schlussfolgerungen in ausreichendem Maße unabhängig sein von der konkreten Person, die sie erhoben hat (als ganz allgemeine Bedeutung der Idee der Objektivität von Forschung). Wenn dies akzeptiert wird, ist das Problem eher, inwieweit die in anderen Zusammenhängen zur Beantwortung dieser Fragen verwendeten Kriterien sich mit den Besonderheiten bzw. Eigenschaften qualitativer Forschung vereinbaren lassen" (Flick 2010: 396).

Als Beispiel dafür, dass Gütekriterien für quantitative Forschung nicht die sein können, die für qualitative Forschung Gültigkeit beanspruchen, kann die (quichotische) Reliabilität herangezogen werden. Dieses Kriterium der Reliabilität besagt, dass „eine einzelne Methode kontinuierlich zu unveränderten Messungen bzw. Ergebnissen führen kann" (Flick 2007: 489). Kirk und Miller lehnen dieses Argument als irreführend ab (Kirk/Miller 1986: 13 ff.). Die Zurückweisung dieses Arguments ist nur logisch, weil zum einen im Rahmen qualitativer

Forschung im eigentlichen Sinne nicht(s) gemessen und zum anderen gerade auf die der quantitativen Forschung immanente Standardisierung auf höchstem Niveau verzichtet wird. Qualitative Interviews können nicht beliebig oft wiederholt werden – und würden im Falle einer Wiederholung zu den immer gleichen Ergebnissen führen.[62] Aufgrund dieser Vergegenwärtigung der disparaten Ansprüche an nicht passende Gütekriterien muss man zu dem Schluss kommen, dass qualitative Forschung zweifelsohne Gütekriterien benötigt und im Forschungsprozess anstreben und erfüllen muss, dieselben aber andere sein müssen als die, die die Vertreterinnen und Vertreter der quantitativen Forschungen postulieren. Die hier kontrastierten Gütekriterien qualitativer Forschung sind also eingebettet in den Kontext der Datenerhebung zu sehen. Der Rekurs auf die oben in den Blick genommenen Ansprüche ist deutlich – unklar sind die Ausformung und die Evaluierung derselben, wie Flick konstatiert:

> „Die Frage, wie qualitative Forschung bewertet werden soll, ist noch nicht zufriedenstellend beantwortet. Das nach wie vor ungelöste Bewertungsproblem qualitativer Forschung wird immer wieder ins Feld geführt, wenn es darum geht, diese Forschungsrichtung insgesamt in Frage zu stellen" (Flick 2007: 487).

Als Referenzkriterien werden noch immer die herangezogen, die für die quantitative Forschung ihre Gültigkeit besitzen. Dies geschieht unter anderem in Ermangelung von, und das hat insbesondere die Ausführung von Flick gezeigt, Bewertungsschemata, die explizit die qualitativ ausgerichteten Forschungen adressieren.[63] Somit kann qualitative Forschung nur Argumente einbüßen, wenn sie an den Güterkriterien gemessen wird, die im Grunde andere Aspekte und Instrumente in den Blick nehmen sollen.

Zentral ist damit die Aufgabe, die Gütekriterien qualitativer Forschung „nicht an den [...] Idealen einer kontextfreien Sozialforschung" (Reichertz 2000: 51) zu messen bzw. entlang derer zu explizieren, „sondern z. B. auch das Wechselspiel von Forschern und Beforschten, Forschung und gesellschaftlicher Verwertung bzw. Anerkennung und auch die Besonderheit der ‚social world' [...] der Wissenschaftler" (ebd.) mitzudenken. Deutlich wird die Forderung, dem offen zu begegnen, was grundsätzlich als Kritikpunkt offen gestalteter Interviewsituationen gesehen wird: das hohe Maß an Reaktivität und das ge-

---

62 Selbstverständlich kann es ebenfalls bei standardisiert erhobenen Daten bei einer Wiederholung zu einem zweiten Messpunkt mit demselben Instrument zu abweichenden Ergebnissen kommen.
63 Die Auseinandersetzungen mit diesen Forderungen nach spezifischen und passgenauen Gütekriterien für qualitative Forschung bestehen bereits seit geraumer Zeit. McCall und Simons haben diese Debatten bereits 1969 in einem Buch zusammengetragen: Issues in participant observation.

genseitig Aufeinander-Bezogen-Sein in den Befragungen. Die gegenseitige Beeinflussung, die entsteht, wenn Forscher und befragte Personen in Interaktion treten, kann versucht werden, auf ein annehmbares Maß (dieser Punkt beherbergt – natürlich – ein hohes Diskussionspotenzial) reduziert werden, indem man als Forscher*in/Interviewer*in bestimmte Aspekte in der Vorbereitung und der Durchführung des Interviews berücksichtigt. Bei aller Anstrengung und allem Bestreben: die Interviewsituation ist und bleibt eine soziale Interaktion. Erhebungs- und Forschungspraxis kann sich, und dieser Punkt muss leicht einzusehen sein, da wir es mit Menschen als Interaktionspartner zu tun haben, nur bedingt bestimmten theoretischen Kriterien und Maximen unterwerfen, die Erhebungspraktiken und Systematiken entworfen haben. Interviewer und interviewte Person gleichermaßen sind Fehlerquellen im Prozess der qualitativen Forschung: störungsfreie Interaktion im Erhebungsprozess ist nicht zu erreichen (vgl. Steinke 199: 138) und neben der Subjektivität der/des Befragten spielt ebenso die „Subjektivität des Wissenschaftlers" (Breuer 1991: 81) eine entscheidende Rolle. Reichertz macht eben diesen Punkt deutlich und fordert, dass sich die qualitative Forschung die Gütekriterien verordnet, die zu der Forschungspraxis passen und die Besonderheiten explizit in den Blick nehmen. Damit sich die Qualität der Daten an Gütekriterien ermessen lässt, müssen die Gütekriterien das berücksichtigen, was im Forschungsprozess mittels qualitativem Design nicht zu negieren ist: die Interaktion(en) zwischen Forscher und Befragten (vgl. Seale 1999: 71). Zu betonen sei an dieser Stelle erneut: Es geht nicht um die Genese gänzlich neuer Güterkriterien. Diejenigen, die bereits hinreichend für die quantitative Forschung ausformuliert sind, können auch für qualitative Forschung gelten. Die Ansprüche respektive die Ausgangspunkte sind also dieselben. Vielmehr geht es um eine anders geartete Validierung. Beispielsweise kann das Kriterium der Repräsentativität für qualitative Forschung keine Gültigkeit beanspruchen. Bereits an dieser Explikation laufen beide Forschungsstränge konträr aneinander vorbei und können zu gar keiner Einigung kommen. Dennoch herrscht dem Kern nach Einigkeit. Pointiert ausgedrückt, geht es beiden Strängen darum, dass die (Mess- oder Erhebungs-)Instrumente das erheben, was sie erheben sollen. Sowohl Erhebungs- als auch Auswertungsprozesse müssen systematisch, nachvollziehbar und transparent sein. Einigkeit besteht bezüglich der Forderungen. Was oftmals nicht vonstattengeht, ist die Anpassung an das jeweilige Design. Dass – um ein Beispiel zu bemühen – die Forderung nach Validität in der quantitativen Forschung andere Konnotationen beinhaltet als in der qualitativen Forschung in dies obendrein notwendigerweise so sein muss, ist leicht einzusehen. Grundsätzlich herrscht bezüglich der Thematik der Gütekriterien auch unter Vertreterinnen und Vertretern der qualitativen Forschung Uneinigkeit darüber, wie dieselben auszusehen haben, ob sie sich an die anlehnen sollten oder dürfen, die der quantitativen Forschung immanent sind, oder ob gar gänzlich neue Gütekriterien generiert werden sollten und müssten (vgl. Steinke 1999: 51 ff.).

Mit dem Wissen um die (An)Forderungen an die Gütekriterien, die dem qualitativen Forschungsprozess dienen sollen, werden im Folgenden die prägnanten und prominenten Begrifflichkeiten Validität und Reliabilität genutzt, um den Appell an gute wissenschaftliche Praxis auf das qualitative Design zu übertragen und zu explizieren, wie das hier gewählte qualitative Design diesen genügen kann. Dafür bedarf es zunächst einer allgemeineren Auseinandersetzung mit den Gütekriterien im Kontext qualitativer Forschung. Darauf aufbauend werden die relevanten Aspekte für die konkrete Forschungsunternehmung ausgeführt.

9.5.1 Validität

Fragt man nach einer klassischen Definition dessen, was unter Validität zu verstehen ist, kann man Günter Endruweits Ausführungen zur empirischen Sozialforschung konsultieren und liest dort: „Unter Validität versteht man die Eigenschaft eines Messinstruments, genau das zu messen, was es messen soll oder zu messen vorgibt" (Endruweit 2015: 66). Damit ist benannt, dass es um die „Gültigkeit eines empirischen Verfahrens" (Przyborski/Wohlrab-Sahr 2014: 22) geht. Was hier wahrzunehmen ist, ist der Appell von Endruweit, dass das Instrument der Datenerhebung zu dem passen muss, was die Fragestellung offeriert und was die Untersuchungsgruppe vorgibt[64]. Dazu definieren Przyborski und Wohlrab-Sahr: „Sie kennzeichnet, ob und inwieweit die wissenschaftliche, begrifflich-theoretische Konstruktion dem empirischen Sachverhalt, dem Phänomen, auf welches sich die Forschungsbemühungen richten, angemessen ist." (Przyborski/Wohlrab-Sahr 2014: 22). Ausgehend von dieser etwas allgemeiner formulierten Definition, schlagen die Autorinnen den Bogen zu der Forderung nach Validität in qualitativen Forschungen, indem sie zunächst pointiert darstellen, wie die Forderung nach Validität in den quantitativen Designs aufgeht:

---

64 „In der Forschungspraxis gibt es oft zwingende Gründe, weshalb man das optimale Verfahren nicht anwenden kann. Dann muss man notgedrungen ein minderwertiges nehmen – und dies in aller Deutlichkeit im Forschungsbericht benennen. Dies ist aber keine Norm der Wissenschaftstheorie, sondern der Wissenschaftsethik; denn sie beeinflusst nicht die Qualität der Ergebnisse, sondern ihre Ehrlichkeit. Ein nicht optimales Datenerhebungsverfahren ist eine Einschränkung der Qualität, insbesondere auch der Validität des Untersuchungsergebnisses" (Endruweit 2015: 66).

„Wie wir bereits gesehen haben, handeln auch diejenigen, die Gegenstand der Forschung sind, sinnstrukturiert. Bei den quantitativen Verfahren vollzieht sich diese Rekonstruktion letztlich bereits vor dem Gang in das empirische Feld. Theorien und Konstrukte werden – zum Teil nach Pretests oder „explorativen" Vorstudien – vorab gebildet und strukturieren die Konstruktion von [sic! Hervorhebung im Original] **Mess**instrumenten (...). Diese gelten dann als valide, wenn sie z. B. mit einem von der Messung unabhängigen Außenkriterium (Schulleistung), welches zu dem Phänomen (Intelligenz) gehört, auf das sich die Theorien beziehen, hoch korrelieren" (Przyborski/Wohlrab-Sahr 2014: 22).

So resümieren Przyborski und Wohlrab-Sahr, dass qualitative Forschung in diesem Kontext näher an den zu untersuchenden Phänomenen sei, weil sie sich direkt denselben selbst zuwende oder aber die Rekonstruktionen der Phänomene durch die Befragten selbst in den Blick nehme (vgl. Przyborski/Wohlrab-Sahr 2014: 22). Hinsichtlich des Güterkriteriums der Validität erscheint die qualitative Forschung die maßgeblichen Aspekte direkt zu bedienen. Natürlich muss dezidiert erörtert werden, welches Instrument zu wählen ist: handlungstheoretisch interessante Phänomene beispielweise wird man eher versuchen durch Beobachtungen zu erheben, Meinungen und Einstellungen der befragten Personen kann der/die Forscher*in mittels Befragung versuchen zu eruieren (vgl. Endruweit 2015: 66). Die Wahl des passenden (korrekten) Instruments vorausgesetzt, bewegen sich die qualitativen Forschungsdesigns genau in dem Relevanzbereich dessen, was die Validität fordert: das Messinstrument (den Duktus „messen" muss man im Kontext qualitativer Forschung mit anderer Konnotation lesen, als dies für die quantitative Forschung zu extrahieren wäre) – im vorliegenden Falle die Befragung – soll Meinungen, Einstellungen, Haltungen der Befragten zu Tage fördern. Ein offenes, teilstrukturiertes Interview (teilstrukturiert aufgrund des Leitfadens) gibt den befragten Personen Raum, sich zu dem betreffenden Themenfeld mitzuteilen. Der Forscher/Die Forscherin nimmt unmittelbar die (Re)Konstruktion der verbalisierten Einstellungen der Befragten vor. Hier kann erneut auf Schütz rekurriert werden, der zum Ausdruck bringt, dass die Art und Weise der Datengenese den Forderungen nach Validität entspricht, in der Sache Angemessenheit und Gültigkeit beweist (vgl. Schütz 1932: 7 f.). Ob qualitative Forschung valide ist, wird daran gemessen, ob der Forscher „angemessen rekonstruiert" und „adäquat verstanden" (Przyborski/Wohlrab-Sahr 2014: 22) hat. Uwe Flick führt dazu ein Resümee der Grundprobleme qualitativer Forschung an, welche sich explizit auf das Gütekriterium der Validität beziehen:

„Ein Grundproblem in der Überprüfung der Validität bei qualitativer Forschung liegt in der Bestimmung des Verhältnisses zwischen den untersuchten Zusammenhängen und der Version, die der Forscher davon liefert. Anders formuliert: Wie würden sich diese Zusammenhänge darstellen, wenn sie nicht gerade Gegenstand empirischer wären? Und: ist die Version des Forschers in den Zusammenhängen im Feld, in der Biographie des Interviewpartners o. Ä., also im Gegenstand, begründet? Damit ist weniger die Annahme einer Realität impliziert, die unabhängig von sozialen Konstruktionen, d. h. Wahrnehmungen, Interpretationen und Darstellungen, existiert, als die Frage, inwieweit die spezifischen Konstruktionen des Forschers in denen der Beteiligten empirisch begründet sind" (Flick 2007: 493).

Die Frage um die Validität in qualitativer Forschung ist mithin die, die dem Aspekt nachgeht, inwiefern die Konstruktionen der Befragten in den Konstruktionen der Forscher aufgehen. Neben dieser Frage muss kontrastiert werden, wie sehr diese Konstruktionen für andere nachvollziehbar sind oder nachvollziehbar gemacht werden. Dies sind die allgemeineren Ausführungen, die man zu den Fragen nach der Validität in qualitativen Forschungsvorhaben schemenhaft ausbreiten kann. Schlussendlich kann man zu dem Resümee kommen, dass qualitative Forschung generell mit den ihr zugänglichen Methoden *das* erhebt, *was sie erheben will*. Es geht um die Aufdeckung (für die Methode der qualitativen Befragung gesprochen) tiefer liegender Sinnstrukturen. Dabei soll den befragten Personen allenfalls ein teilstrukturierter Rahmen den Kontext vorgeben und ihnen den größtmöglichen Raum lassen, mitzuteilen, welches ihre Erfahrungen, Meinungen und Empfindungen zu einem bestimmten Sachverhalt sind. Dabei werden diese ‚Parameter' von den befragten Personen direkt bereitgestellt und sind Produkt ihrer eigenen Erinnerung und ihrer eigenen (Re)Konstruktion. Jedoch eröffnet Flick vor dem Hintergrund dieser zunächst recht allgemein gehaltenen Explikationen Validitätsergründungen in den Interviewsituationen selbst.

Schlussendlich muss es in jedem Forschungsprozess um transparentes wissenschaftliches Arbeiten gehen – dass Daten dann nicht generalisierbar sind, sollte nicht das herausragende Argument der Kritiker sein können, da dies die Sachverhalte und Eigenschaften qualitativer Forschung verfehlt. Wenn man Gütekriterien qualitativer Forschung in den Blick nehmen möchte, ist es lohnend, die betreffenden dort zu verorten, wo sie Relevanz entwickelt. Wie konkret versucht wird, den Forderungen nachzukommen, die hier im Abschnitt zur Validität in Kürze angerissen wurden, wird in einem späteren Kapitel thematisiert. Im Folgenden wird zunächst die Hinwendung zu den weiteren Gütekriterien der Reliabilität und der Objektivität erfolgen.

9.5.2 Reliabilität

Zu unterscheiden von dem Gütekriterium der Validität, welches eruiert, ob das Instrument das misst, was es messen soll, ist das Kriterium der Reliabilität. In dem überblickshaften Ausführungen weiter oben wurde das Gütekriterium der

Reliabilität bereits als Beispiel für die Vergegenwärtigung der Anforderungsdiskrepanzen bemüht. So ist erneut festzuhalten: Reliabilität fragt danach, wie genau das Instrument misst (vgl. Steinke 1999: 144). Steinke referenziert dabei auf den Ursprung dieses Modellkriteriums, welcher in „der klassischen Testtheorie" (ebd.: 145) zu suchen ist. Im Zuge einer Reliabilitätsprüfung wird Messfehlern auf den Grund gegangen. Anwendungsfeld dieser Reliabilitätsprüfungen sind quantitative Verfahren, welche sich statistischer Auswertungsmethoden bedienen. Dieselben ermöglichen eine quantifizierbare Aussage darüber, wie groß der Fehler bezüglich bestimmter Schätzwerte und hinsichtlich statistischer Aussagen ist. Wenn an dieser Stelle die Rede vom *Messen* ist, kann sofort das Charakteristikum qualitativer Forschung bemüht werden, welches besagt, dass man die Ergebnisse dieser Verfahren nicht misst oder messen kann. Mit dem Auflösen der Standardisierung und dem Aufweichen der Strukturierung geht einher, dass es immer schwerer wird, den empirisch beobachteten Phänomenen, mathematische Entsprechungen zur Seite zu stellen. Die gewonnenen Ergebnisse liegen verbalisiert und allenfalls schriftlich dokumentiert vor. Messbar sind sie in dieser Form im klassischen Sinne nicht. So ist es Anspruch an einen reliablen Test, das heißt an einen zuverlässigen Test, dass derselbe bei Messwiederholungen zu denselben Ergebnissen gelangt. Vorausgesetzt ist hier natürlich, dass sich das empirische Phänomen, welches gemessen wird, nicht verändert (vgl. Bortz/Döring 1995: 181). Neben diesen allgemeineren Aspekten lässt sich die Retest-Reliabilität diskutieren, die Testwiederholungen in den Blick nimmt und eruiert, wie sehr die Ergebnisse bei einer Testwiederholung von denen der ersten Erfassung abweichen. Hier können sich zum einen das Phänomen, auf das sich die Erhebung konzentriert, und zum anderen die Antworten selbst verändern. So kann beispielsweise ein und dieselbe Person bei zweimaligem Ausfüllen eines Fragebogens (unbewusst) unterschiedliche Ergebnisse generieren (Lienert/Raatz 1994: 178 u. 201). Die Retest-Reliabilität bemisst die Testkonsistenz. Steinke bringt die Probleme dieser Reliabilitätsannahme auf den Punkt:

> „Eine zentrale und zugleich problembehaftete Implikation im Retest-Reliabilitätsmodell ist die Stabilität des zu messenden Phänomens. Für die Messung instabiler und zeitabhängiger Phänomene, wie z. B. aktuellen Stimmungen wird diese Reliabilitätstestform als weniger brauchbar eingeschätzt" (Steinke 1999: 147).

Die Problemlage, die Steinke expliziert, ist leicht einzusehen, wenn man sich die Besonderheit des Interviews als soziale Situation und Interaktion vergegenwärtigt. Da die befragte Person im Zentrum der Befragung mit all ihren erinnerten Erlebnissen, Meinungen und Einstellungen ist, ist diese Erinnerungs- und Einschätzungsleistung als Konstruktion vergangener Subjektrealität auch abhängig vom Kontext der Befragung, der Stimmung der befragten Person an den jeweiligen Untersuchungszeitpunkten und dem Interviewverlauf usw. (vgl. Steinke 1999: 147). So kann resümiert werden: „Die Anwendung der Retest-Reliabilität auf qualitative Forschung impliziert die Akzeptanz bzw. Annahme der Stabilität des Untersuchungsphänomens. Den untersuchten Phänomenen a priori Stabilität zu unterstellen, ist problematisch" (ebd.). Somit ergibt sich hier, dass die Forderung nach Messstabilität respektive Ergebniskonsistenz bei Messwiederholungen auf qualitative Leitfaden-Interviews nicht anwendbar ist. Neben dieser Form der Reliabilität sind weitere bekannt (vgl. ebd.: 152). Zu benennen sind hier die beiden anderen Arten: Paralleltest-Reliabilität und Konsistenzkoeffizient (vgl. ebd.: 155). Auch diese Verfahren wurden im Kontext der Testtheorien entwickelt, die mittels Versuchsgruppen-Vergleiche und statistischer Testmodelle die Messgenauigkeit überprüfen sollen. In Anlehnung an die Explikation der Retest-Reliabilität muss auch für die nachfolgend aufgeführten Verfahren in Bezug auf die Übertragung auf qualitative Methoden gesagt werden, dass dieses Gütekriterium mit seinen Differenzierungen keine sinnhafte Gültigkeit beanspruchen kann. Die durch qualitative und quantitative Vorgehensweisen generierten Ergebnisse sind so unterschiedlich in ihrer Form, dass dieses der Testtheorie[65] entstammende Gütekriterium der Reliabilität nicht für beide Forschungsrichtungen Anwendung finden kann.

> „Die Übertragbarkeit scheitert insbesondere an der Notwendigkeit von ex-ante Definitionen von Untersuchungsgegenständen, Hypothesen und deren Operationalisierung sowie an der notwendigen Standardisierung der [sic!] Meßinstrumente, die diesen Reliabilitätsformen zugrunde liegen. Diese sind nicht vereinbar mit Kennzeichen qualitativer Forschung (…), wie der eher induktivistischen Orientierung, der Alltagsbezogenheit und Kontextualität der Untersuchungen, der Zirkularität des Forschungsprozesses und dem Prinzip der Gegenstandsentfaltung" (Steinke 1999: 155).

Reliabilität muss aufgrund ihrer genuin quantitativen Ausrichtung in ihrer Gültigkeit als Gütekriterium für qualitative Forschungsdesigns zurückgewiesen werden. Belastbare Übertragungen sind nicht möglich.

---

65 Vertreter*innen der Testtheorie haben im Zuge projektiver Tests bereits auf diese Problemlagen hingewiesen. Projektive Tests im klassischen Sinne lassen sich aufgrund ihres geringen Standardisierungsgrades mit qualitativen Erhebungsmethoden vergleichen. So wird ausgeführt, dass Reliabilitätsprüfungen für projektive Verfahren eher problematisch und schwierig sind (vgl. Lienert 1969: 444).

9.5.3 Objektivität. Subjektivität.

Der Objektivität kommt im Rahmen der Betrachtung der Güterkriterien empirischer Forschung ein besonderer Stellenwert zu. Während Validität und Reliabilität die Messinstrumente im Besonderen in den Fokus des Interesses stellen, vergegenwärtigt die Forderung nach Objektivität quasi das Leitbild wissenschaftlicher Erkenntnissuche. Dem Postulat guter wissenschaftlicher Praxis (vgl. Strohschneider/Dzwonnek 2013: 8) ist das Kriterium der Objektivität immanent. So muss – ganz im Popper'schen Sinne – wissenschaftliche Erkenntnis unabhängig von der Person des Forschers/der Forscherin (be)stehen. Vielmehr muss die gewonnene Erkenntnis „intersubjektiv nachprüfbar sein" (Popper 1994: 18). In dem Falle adressiert die Forderung nach Objektivität den Forscher oder die Forscherin selbst. Diese Objektivität wird als aperspektivisch bezeichnet und bringt zum Ausdruck, dass wissenschaftliche Erkenntnis stets von anderen Forscher*innen nachvollziehbar und überprüfbar sein muss, sich also die Phänomene und Erkenntnisse unabhängig von der erhebenden Person zeigen respektive existent sind. In den Blick genommen wird zentral der Erhebungs- und Untersuchungsprozess. Damit einhergehen Forderungen, wie der Erhebungsprozess zu gestalten, durchzuführen und zu dokumentieren ist. Folglich muss der Prozess der Datengenese so ausgestaltet werden, dass derselbe unabhängig von dem/der Forschenden wiederholt werden kann und die dabei zustande kommenden Ergebnisse in gleicher Form ausgeprägt sind. Dies bedeutet aber auch, dass „der [sic!] Forschungsproze߸ von subjektiven Einflüssen und Uneindeutigkeiten bereinigt werden" (Steinke 1999: 134) muss. Diese von Steinke aufgeworfene Forderung ist bedeutend und herausforderungsvoll zugleich. Gefordert wird, dass der Erhebungsprozess bestmöglich um den Faktor der Subjektivität bereinigt werden sollte. Gültigkeit kann dieser Aspekt allerdings allein für die Person des Forschenden explizieren, wenngleich sich eingedenk der Spezifika des qualitativen Leitfaden*gesprächs* sofortige Widerstände regen müssen. Es ist ein Hin- und Herwiegen zwischen den zwei Seiten der berühmten Medaille: wird doch für die Methodik der Befragung das *Soziale* einerseits als eine Störgröße identifiziert, gereicht dieser Aspekt für die phänomenologische Betrachtung beinahe zu einer notwendigen Voraussetzung im Hinblick auf die Rekonstruktion fremder Binnenperspektiven. Es zeigt sich, Objektivität ist nicht gleich Objektivität. Beizupflichten ist der Forderung nach Objektivität insofern, dass, unabhängig von quantitativen oder qualitativen Designs der Datenerhebung, die Phänomene sichtbar gemacht werden. Dazu notwendig ist ein Zurückziehen des Forschenden auf sich selbst: die Bühne gebührt der befragten Person, welche als Expertin oder Experte der eigenen Lebenswelt fungiert, Einblicke gewährt und berichtet. Dennoch muss sich eine qualitative Befragung aus eben den ihr inhärenten Aspekten auf den Faktor des Sozialen beziehen, nämlich in der Gestalt, als dass die Forscherin für einen

Bruchteil an der Lebenswelt des Befragten/der Befragten partizipiert (vgl. Berger/Luckmann 2000: 30). Eine Beeinflussung darf selbstverständlich nicht stattfinden, aber es muss eine Ebene der sozialen Interaktion geben, auf der die Befragten sich auf die Leitfragen einlassen und bereit sind, aus ihrem Leben zu berichten. Aus phänomenologischer Perspektive muss die Forderung an die Interviewerin sein, offen zu sein, in keiner Weise restriktiv zu beeinflussen. Der Aspekt der Subjektivität spielt eine zentrale Rolle, das wurde im Kapitel zur phänomenologischen Methodik gezeigt. Damit ist die Forderung von Steinke für dieses Unterfangen als eine Art Regulierung für nur eine Seite des Interviewduetts zu verstehen. Es wird also der Spagat versucht zu bewerkstelligen zwischen einer Reduktion der Intervention der Interviewerin und der Schaffung einer vertrauenswollen und offenen Gesprächssituation und -atmosphäre.

Neben diesem Objektivitätsverständnis, welches intersubjektive Überprüf- und Nachvollziehbarkeit impliziert, gibt es ein weiteres, welches den Untersuchungsgegenstand in den Blick nimmt. Dieser Zugang ist ein ontologischer und betrifft das Verhältnis zwischen der Aussage und dem Forschungsgegenstand (vgl. Meinefeld 1995: 264). Diese ontologische Objektivität „unterstellt die Existenz einer objektiven, d. h. vom Subjekt unabhängig existierenden und erkennbaren Realität. Eine objektive Erkenntnis stimmt mit der Beschaffenheit des Gegenstandes der Erkenntnis überein" (Steinke 1999: 132). Dieses ontologische Verständnis der Objektivität ist nach phänomenologischem Verständnis ad absurdum zu führen, weil die durch die wissenschaftlichen Untersuchungen zu Tage geförderten Erkenntnisse ihren Ursprung in subjektiven Realitäten der Befragten haben. Die empirisch beobachtbaren und wahrnehmbaren sozialen Phänomene und die daraus wissenschaftlich gewonnenen Erkenntnisse sind demnach Resultat verschiedener Rekonstruktionsprozesse. Empirie generiert demnach Erkenntnisse aposteriori, apriori ist keine Erkenntnis sozialer Gegebenheiten möglich (vgl. Schütz 1971: 7 f.; Waldenfels 1979: 2 ff.). Dennoch geht die Forscherin im phänomenologischen Verständnis so weit zurück, dass die durch die Interviewpartnerinnen und -partner bereitgestellten Sichtweisen, Erfahrungen und Meinungen quasi apriori erst die Begebenheiten der betreffenden Empirie konstituieren, diese Sichtweise schlägt sich in der Forderung nach Offenheit nieder. Das Postulat der Objektivität im Sinne der Unabhängigkeit der forschenden Person muss annehmen, dass das, was die Befragten berichten, auch ohne die Anwesenheit, ohne die Befragungssituation existent ist. Damit und insoweit, dass ein Befragungssetting geschaffen werden muss, in dem die Interviewerin eine nur geringe Rolle spielt, geht diese Untersuchung konform.

Objektivität respektive Objektivierung im Sinne von Berger und Luckmann muss zudem auf einer gänzlich anderen Ebene Berücksichtigung finden. So konstituiert sich das menschliche Bewusstsein durch ein *Auf-Objekte-Bezogen-Sein* (vgl. Berger/Luckmann 2000: 22): „Wir können niemals [sic!] Bewußtsein als solches erreichen, nur [sic!] Bewußtsein von etwas [...]" (ebd.). Die Alltagswelt der Befragten bildet sich auf der Grundlage von „Objektivierungen" (ebd.) und durch das Bezogen-Sein darauf. Objekte, im tatsächlichen, vergegenständlichten Sinne, sind, obschon sie Existenz außerhalb des Bewusstseins der Menschen besitzen, auch immerzu Produkt menschlichen Bewusstseins, da dasselbe objektiviert, um einen Weltbezug herzustellen (vgl. Berger/Luckmann 2000: 31 f.). Dieser Aspekt erweckt den Anschein, als könne das ontologische Verständnis von Objektivität Bestand haben. Jedoch ist der Gegenstand, der jeweils das Bewusstsein einer befragten Person nährt einer, der im eigentlichen Sinne nicht objektiv beobachtet und empirisch, im wissenschaftlichen Sinne, wahrgenommen werden kann. Allenfalls kann die kommunizierte Lebenswelt der befragten Personen objektiviert erfasst werden, aber die wissenschaftliche Erkenntnis scheint lediglich intersubjektiv erfassbar zu sein (vgl. Berger/Luckmann 2000: 24). Die Forderung nach Objektivität ist also äußerst komplex. Festzuhalten ist, dass die Interviewsituation als soziale Interaktion anzuerkennen ist, die von dem gegenseitigen Auf-Sich-Bezogen-Sein lebt. Die Rolle der Interviewerin ist jedoch so zu überdenken, als dass sie Taktgeberin des Gesprächs sein muss, sich aber in der Form zurücknimmt, dass die Befragten die Expert*innen sind. Es muss zudem angenommen werden, dass die in den Interviews zu Tage geförderten verbalisierten Phänomene Existenz jenseits der Interviewsituation besitzen und anhand des Designs von auch anderen Interviewpersonen eruiert werden könnten (dies bezieht sich zumindest auf die Kerninhalte, Nuancen etc. sind von dieser Forderung ausgenommen). Objektivität löst sich jedoch insofern auf, als dass wissenschaftliche Erkenntnis hier als objektiviert angenommen wird. Die wissenschaftlichen Phänomene sind zunächst subjektive Realitäten der Befragten. Das Gütekriterium der Objektivität bewegt sich damit auf zwei Ebene: die eine hat im Kern spezifische Anforderungen an das Erhebungsdesign (vgl. Steinke 1999: 133) – diesen Ansprüchen möchte auch diese Untersuchung genügen. Die andere Ebene fokussiert die Frage nach dem Zustandekommen von wissenschaftlichen Erkenntnissen und fragt zudem nach der Bewertung der durch die Befragten offenbarten Phänomene und kommunizierten subjektiven Realitäten. Hier muss objektiv gegen objektiviert ausgetauscht werden. In der phänomenologischen Tradition muss der Objektivierung eine gewichtige Rolle beigemessen werden, die jedoch für die wissenschaftliche Analyse den Aspekt der Intersubjektivität mitdenken muss (vgl. Berger/Luckmann 2000: 36 ff.).

Um dem Gütekriterium der Objektivität im Kontext des Erhebungsdesigns und der Erhebungspraxis nachzukommen, werden nachfolgend relevante Faktoren expliziert und für die betreffende Untersuchung dargestellt. Im Fokus steht dabei die Reduktion des Einflusses der Interviewerin. Damit diese Unabhängigkeit bestmöglich hergestellt werden kann, muss es gelingen, den „[sic!] Forschungsprozeß von subjektiven Einflüssen und Uneindeutigkeiten" (Steinke

1999: 134) zu bereinigen. Überblickshaft dargestellt, kann dies durch folgende Maßnahmen bewerkstelligt werden:

- Konstanthalten äußerer Bedingungen (vgl. Wottawa 1977: 86),
- Reduktion der sozialen Interaktion auf den Kontext der Befragung zwischen Interviewer*in und befragter Person mit Fokus auf den Leitfaden (vgl. Lienert 1969: 13),
- Verwendung desselben Erhebungsinstruments (Leitfaden).

Als Konsequenz ergibt sich für die vorliegende Untersuchung folgende Umsetzung der benannten Punkte zu Erreichung eines größtmöglichen Grades der Objektivität:

- *Konstanthalten äußerer Bedingungen:*
  Die als äußere Bedingungen umschriebenen Faktoren beginnen bereits an dem Punkt der Kontaktaufnahme und der Interviewakquise. Hier wurde versucht, den Erstkontakt möglichst zurückhaltend zu gestalten und den potenziellen Interviewpartnerinnen und -partnern eine schriftlich fixierte Darlegung des Anliegens mitzugeben. Dies wurde entweder über einen E-Mail-Kontakt oder aber über Handzettel, die bei einem ersten persönlichen Kontakt für die Akquise ausgegeben wurden, bewerkstelligt. Überdies wurden im Rahmen dieser schriftlichen Mitteilung die zentralen Informationen über die Art und Weise kommuniziert, wie das Interview ablaufen würde.
  Der Ort des Interviews wurde den Interviewpartnerinnen und -partnern zur Disposition gestellt, wobei deutlich kommuniziert wurde, dass öffentliche Plätze, Bars, Café usw. an denen reger Publikumsverkehr herrschen könnte, wenig geeignet sind. Vorgeschlagen wurden Interviews im eigenen Haushalt der Personen, um das Sicherheitsempfinden aufseiten der befragten Personen zu erhöhen, und solche in dem Büroraum der Interviewerin.
  So konzentrierte sich die Autorin stark darauf, den Ablauf jedes Interviews in gleicher Weise zu gestalten. Nach kurzer Begrüßung und einiger Minuten lockerer Unterhaltung zu oberflächlichen Themen wie Anreise und Wetter erfolgte die Beschreibung des Ablaufs des Interviews. Dazu wurde das Aufnahmegerät auf den Tisch gelegt, dessen Funktion erläutert und die Annahme nachvollziehbar für die befragte Person dargestellt. Nochmals wurden Sinn und Zweck der Befragung dargelegt und eine Einverständniserklärung ausgehändigt und unterschrieben zurückgefordert. Ohne Unterzeichnung dieser Erklärung wurde kein Interview mit Aufnahme eröffnet. Überdies erhielten alle Teilnehmerinnen und Teilnehmer eine Verschwiegenheits- und Anonymisierungserklärung. Einsehbar auf dem Tisch wurde zudem der Leitfaden platziert, um eine offene Atmosphäre zu schaffen. Nach den einführenden und informierenden Worten wurde das Aufnahmegerät

gestartet. Abgerundet wurden alle Interviews mit Worten des Dankes und einer kleinen Aufmerksamkeit (Pralinen), die jedoch stets erst am Ende des Interviews ausgehändigt und im Vorwege nicht angekündigt wurden. Die Interviewerin achtete auf angemessene, nicht zu auffällige Kleidung. Alle Interviews wurden ohne Termindruck geführt und im zeitlichen Rahmen an die befragten Personen angepasst.

- *Reduktion sozialer Interaktion:*
  In dem Untersuchungssample sind ausschließlich Personen vertreten, die der Interviewerin unbekannt sind. Wie im vorangegangenen Abschnitt beschrieben, wurde eine reduzierte Form der Interaktion genutzt, die versuchte die Balance zu schaffen zwischen einem freundlichen und offenen Umgang auf der einen Seite und die Reduktion privater Gespräche[66] auf der anderen Seite mit den befragten Personen.

- *Verwendung desselben Erhebungsinstruments:*
  Im Sample vertreten sind zwei Gruppen: Die eine Gruppe ist besetzt aus Seniorinnen und Senioren und die zweite Gruppe aus deren Kindern. Aufgrund dieser Tatsache gibt es zwei Interviewleitfäden. Für die Befragten der Gruppe der Senior*innen wurde stets derselbe Leitfaden verwendet – das gleiche Procedere wurde für die Gruppe der Kinder angewendet.

Neben der Berücksichtigung dieser Aspekte kann der Forderung nach intersubjektiver Nachvollziehbarkeit (vgl. Steinke 1999: 208) nachgekommen werden, indem die Möglichkeit der Überprüfung der Forschungsprozesse gegeben wird. Dies erreicht die Forscherin durch das Instrument der Dokumentation. Durch die Dokumentation der Prozesse der Datenerhebung und der Datenauswertung kann die Sicherung und Prüfung der Nachvollziehbarkeit auf den Weg gebracht werden. Die Dokumentation trägt der besonderen Situation qualitativer Forschung, die von einer Dynamik zwischen Forscher*in und befragter Person gekennzeichnet ist, Rechnung. Ermöglicht wird dadurch die Reflexion der Untersuchungsabschnitte.

---

66 Zu diesem Aspekt muss angemerkt werden, dass die Interviewpartnerinnen und -partner auch im direkten Vorfeld des Interviews sehr interessiert waren an meiner Tätigkeit an der Universität Kiel und meiner Doktorarbeit. Gespräche zu meiner Person, meiner beruflichen Tätigkeit und dem Dissertationsprojekt habe ich im Vorwege versucht auf das Nötigste und auf die für die Befragten relevanten Inhalte (im Hinblick auf den Zweck des Interviews) zu reduzieren. Im Anschluss an das Interview habe ich diesen Fragen ein wenig mehr, aber sehr begrenzten Raum, zugestanden.

„Die Aufgabe der Forscher ist es, zu dokumentieren, wie sie zu ihren Ergebnissen gelangt sind. Dazu sind die methodischen Regeln, Entscheidungen, zugrunde liegenden Daten, Kriterien, Ängste, Gegenübertragungen etc., die für die Untersuchung leitend waren, ausführlich zu dokumentieren, um mit diesen Informationen die Leser in die Lage zu versetzen, den einmaligen, in der jeweiligen Untersuchung beschrittenen, Weg zu folgen und zu bewerten" (Steinke 1999: 209).

Deutlich wird, dass Steinke die Besonderheiten qualitativer Forschung direkt annimmt und nicht im Zuge der klassischen Kriterien als defizitär beschreibt. Vielmehr wohnt dem qualitativen Forschungsprozess ein besonderer Charakter inne, der bewusst gefördert und präsentiert werden sollte. Gerade die Tatsache, dass sich qualitative Leitfadengespräche nicht im Sinne der Reliabilität mit den immer gleichen Ergebnissen wiederholen lassen, wird hier als besonderer Prozess umschrieben. Nicht nur das Ergebnis des Interviews ist von Relevanz für die Untersuchung. Der gesamte Forschungsprozess steht im Mittelpunkt des Interesses und beherbergt etliche Aspekte, die das Ergebnis stützen und Aussagekraft entwickeln. Aufgrund der besonderen Dynamik dieser Interaktion zwischen Forscher*in und Befragter/Befragtem ist es angezeigt, jeden Schritt für andere nachvollziehbar, überprüfbar und bewertbar zu machen. Auf Grundlage der Dokumentationen lassen sich wiederum andere Kriterien überprüfen, die die Güte der Daten gewährleisten sollen.

„Die Forderung nach Dokumentation zwingt den Forscher zum reflektierten und [sic!] bewußten Umgang mit Entscheidungssituationen im [sic!] Forschungsprozeß und sollte auch Reflexionen der persönlichen Haltungen, Einstellungen, Interessen und Ängste während einer Untersuchung einschließen" (Steinke 1999: 209).[67]

Überprüft werden kann das Gelingen dieser Maßstäbe, indem man Untersuchungsprozesse mit unterschiedlichen Forscherinnen und Forschern an denselben Probanden durchführt. Die Aussagen und Resultate müssten dieselben sein.

---

67 Steinke liefert sehr umfangreiche und ausführliche Ausführungen zu der Rolle der Dokumentation im Rahmen einer qualitativen Untersuchung. Darüber hinaus sei zu diesem Thema auf Riemann verwiesen, der eine Publikation alleinig zu dem Zwecke verfasste, anhand einer empirischen Arbeit konkret die Dokumentation nachvollziehbar zu machen: Riemann, Gerhard (1987): Das Fremdwerden der eigenen Biographie. Narrative Interviews mit psychiatrischen Patienten, 1. Aufl., München: Fink.

9.5.4 Resümee: Gütekriterien qualitativer Forschung und deren Bedeutung

Gezeigt wurde, dass sich qualitative Forschung ebenso geltender Gütekriterien unterwerfen muss, wie quantitative Forschung. Festzustellen ist eindeutig, dass es sich hinsichtlich der Aspekte, anhand derer sich die Gütekriterien explizieren lassen, um andere handelt als die, die traditionell an die quantitativen Methoden angelehnt sind. So können die Begrifflichkeiten Validität, Reliabilität und Objektivität nicht in ihrer traditionell konnotierten Weise übernommen werden. Qualitative Forschung ist solche, die regelgeleitet und mit eruierbarer Güte vorgeht. Jedoch keimt, insbesondere dann, wenn die Ergebnisse qualitativer Forschung anhand der traditionell quantitativ ausgelegten Kriterien gemessen werden, Kritik auf. Flick resümiert dazu:

> „Die Frage, wie qualitative Forschung bewertet werden soll, ist noch nicht zufriedenstellend beantwortet. Das nach wie vor ungelöste Bewertungsproblem qualitativer Forschung wird immer wieder ins Feld geführt, wenn es darum geht, diese Forschungsrichtung insgesamt in Frage zu stellen" (Flick 2007: 487).

Insbesondere Vertreter*innen der Wissenschaftssoziologie schaffen hier eine Degradierung des Idealbildes, indem sie beispielsweise der Objektivität „die sozialen Produktions- und Konstruktionskontexte wissenschaftlichen Wissens" (Bonß/Hartmann 1985: 21) entgegenhalten. So kann auch in dieser Arbeit nicht der Primat der Kriterien vor der Forschungsrealität gelten. Vornehmlich die qualitativ ausgelegten Interviews brechen – aus der Sache heraus beinahe notwendigerweise – die Gebilde der Gütekriterien auf. So muss direkt die Frage nach gültigen Kriterien gestellt werden, die passender erscheinen. Vor allem der Rekurs auf Schütz' Verständnis der Konstruktion von (erinnerter) Realität muss die Forderungen, die den Gütekriterien immanent sind, an (deutliche) Grenzen führen. Legt man die weiter oben ausgeführten Worte von Bonß und Hartmann großzügig aus, steht diesen (auf standardisierten Methoden fußenden) Kriterien das *Soziale* im Wege, welches notwendigerweise zum Tragen kommen *muss*, da es sich bei den Untersuchungssubjekten um Individuen handelt und die Untersuchungsgegenstände soziale Konstruktionen und Konstrukte sind. So muss auch die vorliegende Arbeit zu dem Schluss kommen, dass die Gütekriterien als Orientierung, nicht aber als Schablone gelten können und sollten. Vielmehr gilt es, den dahinterstehenden Forderungen Aufmerksamkeit und Achtung zu schenken und auf den Gegenstand qualitativer Forschung anzuwenden. Extrahieren kann man eine Forderung, die sich explizit an die Haltung der Forscherin und des Forschers richtet. Lauten könnte diese Forderung wie die nachfolgenden Maximen: Nutze die Instrumente, die deiner

Sache dienlich sind und nutze die Instrumente in der Weise, dass sie transparent sind und offen nachvollziehbar gemacht werden.

So muss sich die Forscherin stets ihrer eigenen Position zum Untersuchungssubjekt gewahr werden. Die Besonderheit der sozialen Interaktion, die deutlich mehr in qualitativen Designs zum Tragen kommt, muss dabei immerzu mitschwingen. Deswegen ist eine stete Kontrolle des eigenen Wirkens vonnöten. Ein ständiges Distanzschaffen und Ablösen von dem, was man als *Person, Akteur, Individuum* darstellt, ist wichtig. Umschrieben werden kann dieser Prozess mit einer Reflexion, in der es gelingen muss, in der Form über das eigene Wirken als Forscherin oder Forscher nachzudenken, in der man quasi eine Außenschau betreibt und sich selbst beobachtet. Es gilt also, sich selbst in hohem Maße auf den Prüfstand zu stellen und zu hinterfragen, ob man der Sache dienlich agiert, ob man Fallstricke noch stärker eindämmen kann. Dem Grunde nach forcieren diese hier zusammengetragenen Gedanken das, was Strohschneider und Dzwonnek in ihrem Vorwort in der Denkschrift „Sicherung guter wissenschaftlicher Praxis" als „Redlichkeit" (Strohschneider/Dzwonnek 2013: 8) umschreiben[68]. Redlichkeit meint, sich aufrichtig, ehrenhaft und ehrlich einer Sache zuzuwenden. Darin schwingen letztlich die Kerngedanken mit, die der eigenen Forschung abgerungen werden sollen: nämlich eine offene Darlegung des Erkenntnisweges und der Erkenntnisresultate. Die Idee, die aus der Überleitung von den Gütekriterien hin zu den Maximen guter wissenschaftlicher Praxis entspringt, ist die, sich der Leitbilder wissenschaftlicher Arbeit bewusst zu machen, ohne das eine Doktrin bemüht wird, die besagt, dass die eine Forschungsrichtung eher gewissen Ansprüchen entspräche als eine andere. Zentral ist, dass alle Kriterien, die zur Messung oder Eruierung der Güte von (qualitativer) Forschung expliziert werden, immer in das Verhältnis zu dem spezifischen Untersuchungsdesign gesetzt werden müssen und sich somit als sachdienlich erweisen sollen (vgl. Steinke 1999: 205). So musste im Rahmen der Vergegenwärtigung der Gütekriterien letztlich das Ergebnis zustande kommen, dass die Gütekriterien, die sich für *quantitatives* Vorgehen anwenden lassen, keine befriedigende Übertragung auf das qualitative Design

---

68 In der Denkschrift „Sicherung guter wissenschaftlicher Praxis" finden sich Empfehlungen zu verschiedenen Themenfeldern, die von der wissenschaftlichen Praxis berührt sind oder aber existenziell aus ihr hervorgehen. Grundlegend werden in der ersten Empfehlung Regeln expliziert, die die gute wissenschaftliche Praxis im Allgemeinen in den Blick nehmen. Dies sind „allgemeine Prinzipien wissenschaftlicher Arbeit, zum Beispiel - lege artis zu arbeiten, - Resultate zu dokumentieren, - alle Ergebnisse konsequent selbst anzuzweifeln, - strikte Ehrlichkeit im Hinblick auf Beiträge von Partnern, Konkurrenten und Vorgängern zu wahren" (Deutsche Forschungsgemeinschaft 2013: 15). Vor dem Hintergrund dieser Forderungen ist es nur konsequent, das eigene Vorgehen stets auf den Prüfstand zu stellen und die Ergebnisse kritisch einzuordnen.

dieser Arbeit finden können. Dies muss nicht zuletzt deshalb gelten, weil qualitative Forschung nicht standardisierend vorgeht, „sondern gegenstands-, situations- und milieuabhängig ist" (Steinke 1999: 205). Jedoch sollen diese Kriterien der Qualitätssicherung nicht gänzlich verworfen werden – insbesondere in Ermangelung adäquater Lösungen für diesen Bereich. Sie sollen als Orientierung angenommen und auf die jeweilige Untersuchung angewendet werden. Dies impliziert dann Spezifikationen und Modifikationen der Kernkriterien. Der Prozess und das Design der Datenerhebung sind so ausgelegt, dass die Idee, die diesen Kriterien immanent ist, bestmöglich als Orientierung angenommen werden kann. Damit einher geht die Überzeugung, dass die Bewertung von qualitativer Forschung wichtig und sinnvoll ist – Bewertung immerzu verstanden als die Abschätzung der Qualität der gewonnenen Daten. Steinke entwirft in ihrer Arbeit „Kriterien qualitativer Forschung" (1999) Orientierungspunkte für Qualitätsmerkmale guter qualitativer Forschung. Die von Steinke explizierten Kernkriterien schaffen immer wieder den Rekurs auf die klassischen Gütekriterien, entwickeln darauf aufbauend jedoch solche Bewertungsschemata, die für qualitative Forschung Gültigkeit entwickeln können und damit mehr den Charakteristika dieses Untersuchungsdesigns entsprechen. In den an der klassischen Ausdifferenzierung orientierten Darstellung der Kriterien sind die von Steinke vorgeschlagenen Kriterien und Prozeduren aufgegriffen, um zu vergegenwärtigen, wie die hinter diesen Gütekriterien stehenden Aspekte auf die qualitative Untersuchung dieser Arbeit angewendet werden können, respektive welche Schritte die Untersuchung geht, um diesen Ansprüchen zu genügen.

Forderungen an „[d]ie Qualität qualitativer Daten" (Helfferich 2011) gibt es viele. Nachgekommen werden soll denselben, indem eine Orientierung an den klassischen Gütekriterien stattfindet. Dazu wird auf die durch Steinke ausformulierten Kernkriterien rekurriert und damit der Gedanke an die Leitideen der guten wissenschaftlichen Praxis lebendig gehalten. Zuvorderst steht aufgrund dessen die Bewerkstelligung größtmöglicher Transparenz, die hier in jedem Punkt hergestellt wird. Insbesondere das Kriterium der Intersubjektivität, welches anhand des klassischen Kriteriums der Objektivität entfaltet wird und deren Forderungen in diesem Kriterium aufgehen, lässt sich für qualitative Forschungen nachvollziehen. Es geht um die „intersubjektive Nachvollziehbarkeit" (Steinke 1999: 208) der Untersuchung. Nachvollziehbarkeit wird über *das Mittel der Dokumentation* erreicht und vollzogen. Dieses Instrument nutzt diese Untersuchung ganz zentral, um die Qualität der Daten zu gewährleisten. Um zu präzisieren und nachvollziehbar zu machen, welche Schritte die Datenerhebung genommen hat und wie versucht wird, die methodischen Fallstricke zu isolieren, wird die Interviewsituation in dem nachfolgenden Kapitel in den Blick genommen.

9.6 Die Interviewsituation

Die – kritische – Auseinandersetzung mit dem, was im Rahmen einer mündlichen Face-to-face-Befragung in Form von Daten generiert wird, ist nichts, was bloß der qualitativ orientierten Erhebungssituation immanent wäre. Bereits weiter oben konnte aufgezeigt werden, dass es sich bei einer mündlichen Befragung immerzu um einen Akt sozialer Kommunikation handelt, in dem zwei Personen aufeinander bezogen sind, sich auf bestimmte Weise zueinander verhalten und reagieren. Folge man den schonungslos ehrlichen und realistischen, aber auch aufmunternden und ermutigenden Ausführungen von Jean-Claude Kaufmann, müsste man zu dem Ergebnis kommen, dass man als Interviewerin oder Interviewer eigentlich sehr viel falsch und wenig richtig machen könne, weil die hinter der Befragung stehenden Methodologien Strenge und Kontrolle fordern, wo de facto nur in geringen Dosen diesem vermeintlichen Rezept für ein erfolgreiches Interview entsprochen werden kann (vgl. Kaufmann 2015: 12). Dieses (vermeintliche) Unbehagen, das sich auftut, wenn man vor dem Hintergrund all dieser potenziellen Fallstricke und methodischer Kritikpunkte wagt ein Interview zu führen, führt Kaufmann darauf zurück, dass stets von einer fälschlichen Vorannahme ausgegangen werde, die eine Generalisierung eines Interviews vor sich herträgt. Kaufmann hingegen differenziert und sagt, dass es „die eine, einzige Interviewmethode [nicht gibt], sondern mehrere, die so unterschiedlich sind, dass sich die Definitionen ihrer Instrumente widersprechen" (Kaufmann 2015: 12).[69] Allerdings: Effekte, die sich im Rahmen, egal welcher, Befragungssituation ergeben (können), sind sich grundsätzlich sehr ähnlich, weil sich die gesamte Befragungssituation zunächst auf das reduzieren lässt, was

---

69 „Generalisierungsversuche, und seien sie auch noch so kompetent, führen nur zu Verwirrung, wenn sie diese Widersprüche zu glätten versuchen. Das ist der Grund, weshalb die Perfektionierung einer allgemeinen Interviewmethode schwierig ist" (Kaufmann 2015: 12). So versuchen die Seiten dieser Methodengrundlegung auch gleichsam Methodendiskussion zu sein. Ein Bestreben kann es also nicht sein, die vorhandenen Korsetts und Rahmen herzunehmen und eins zu eins zur Anwendung kommen zu lassen. Vielmehr geht es um einen offenen Umgang mit etwaigen Diskrepanzen und Abweichungen. Aufgrund der Tatsache, dass Interviews immerzu im sozialen Feld geführt werden und es dabei zu etlichen Fallstricken kommen kann, was bei einer derart reaktiven Methode notwendigerweise so sein muss, kann kein starres Gerüst Anwendung finden, um ein Interview vor dem methodologischen Aspekt zum Erfolg zu führen. Kaufmann bietet die Methode des Verstehenden Interviews an, um einige Problemlagen, die dem Interview per se immanent sind, anzuführen, zu diskutieren und in einigen Punkten aufzulösen (vgl. Kaufmann 2015: 12 f.). Das verstehende Interview ist dem Duktus nach mit dem qualitativen Leitfadeninterview ähnlich, grenzt sich jedoch in vielerlei Hinsicht entscheidend ab. Kaufmanns Ausführungen müssen aufgrund dessen stets vor dieser Folie gelesen werden. Dennoch finden sich in seinen Ausführungen substanzielle Anmerkungen zum Umgang mit den vielschichtigen Fallstricken, die sich in der Interviewsituation ergeben.

ein paar Zeilen weiter oben expliziert wurde: auf den Aspekt des Sozialen. So kann man verschiedene Aspekte im Rahmen dieser Befragungssituation aufzählen, die mögliche Quellen für Verzerrungen[70] sind. Denn bei jeder Interviewsituation ist zu berücksichtigen, dass es sich um soziale Interaktionen handelt, die aufgrund der bloßen Tatsache, dass sich zwei Menschen gegenübersitzen und miteinander agieren, eine Fehlerquelle darstellt. Somit gilt der Identifikation potenzieller Fallstricke eine besondere Aufmerksamkeit und Sorgfalt in der Vorbereitung. Es ergibt sich die Konsequenz, dass das vorliegende Forschungsvorhaben stets die Gütekriterien in der weiter oben explizierten Weise im Blick hat. Mithin ist ein gangbarer Weg für die Qualität der Datenerhebung und der Datenanalyse die Herstellung der größtmöglichen Transparenz. Mittels kleinteiliger Darstellung der Analyseschritte von der Datenerhebung bis zur Analyse soll bewerkstelligt werden, dass der Verzicht auf Zweit-Durchläufe bei Transkription und Codierung durch Forscherkolleg*innen durch bestmögliche Nachvollziehbarkeit gegeben ist.

Mögliche Fehlerquellen lassen sich im Moment der Datenerhebung mittels Leitfadengespräch (Face-to-face-Interview) also an den unten explizierten Punkten vermuten:

- Situation der *Be*fragung.
- Thema der Befragung.
- Fragebogen/Leitfaden und Formulierung der Fragen (vgl. Latour 2007: 81; Bachleitner/Weichbold/Aschauer 2010: 26 f.).
- Person der Interviewerin/des Interviewers: die Person an sich mit ihrem Auftreten, ihrer Gestik, Mimik, Aufgeschlossenheit, Freundlichkeit, gegenseitige Sympathie. Die Kleidung der Person. Das Geschlecht der interviewenden Person (vgl. Helfferich 2011: 13).
- Verhalten des Interviewers/der Interviewerin in der Befragung.
- Setting des Interviews: Ort (wo findet das Interview statt) und Zeit (wann findet das Interview statt) (vgl. Bachleitner/Weichbold/Aschauer 2010: 23).
- Befragte Person mit den individuellen Eigenschaften, Meinungen, Vorbildungen, vermeintlichen Vorbehalten etc. (vgl. Diekmann 2006: 382 ff.).

Anhand der Liste lässt sich schnell vergegenwärtigen, dass für eine Interviewsituation mannigfaltige Aspekte relevant werden. Dieselben lassen sich in zwei

---

70 Allein über die Frage, was eine Verzerrung sei, könnten etliche Textseiten gefüllt werden. Verzerrung ist per se aus der Perspektive zu betrachten, die Erkenntnisse über die Welt sammeln möchte und zeigen will, wie sich die erlebte Realität darstellt. Erlebte Realität deswegen, weil die Befragten ihre Sicht der Welt und der erlebten Realität *rekonstruieren* (an dieser Stelle sei erneut an die Ausführungen von Alfred Schütz erinnert) und eine Bild aus ihrer Erinnerung skizzieren.

Gruppen einteilen, wobei die Zugehörigkeit der Merkmale zu einer der beiden oder gar zu beiden bestehen kann. Es handelt sich um Aspekte, die das Zustandekommen eines Interviews beeinflussen (dies wäre die erste Gruppe von Merkmalen, welche sich als *Pre-Interview-Phase* beschreiben lässt), und um solche, die die Interviewsituation selbst beeinflussen (*Interview-Phase*). Diese Phase zielt eher auf die Bewertung der Ergebnisse ab, während die Merkmale der ersten Kategorie *das Zustandekommen* eines Interviews beeinflussen (können). Folgt man Bachleitner, Weichbold und Aschauer, bilden der Ort und die Zeit einen entscheidenden Aspekt für die Gewinnung von Interviewpartnerinnen und Interviewpartnern (vgl. Bachleitner/Weichbold/Aschauer 2010: 23 f.). „Die beiden Dimensionen sind nicht (nur) objekt-deskriptive Dimensionen, sondern werden von den involvierten Personen individuell erlebt und interpretiert. Orte können neutral, aber auch emotional aufgeladen sein" (Bachleitner/ Weichbold/Aschauer 2010: 23 f.). Die Berücksichtigung dieser Aspekte ist, das kann diesen Ausführungen entnommen werden, auch für die konkrete Interviewsituation äußerst relevant und muss für die Interviewpartnerinnen und -partner berücksichtigt werden. Um die Aspekte der Distanz zwischen Forscherin und Befragte aufrecht zu erhalten, ein professionelles Befragungsumfeld zu schaffen und, um die Bedürfnisse der befragten Personen zu berücksichtigen, wurden für die Planungen der Interviews konkrete Räumlichkeiten vorgeschlagen, wobei an die Befragten zunächst die Frage herangetragen wurde, ob es eine räumliche Präferenz gäbe. Dieser Schritt wurde gewählt, um eine Auswahl ohne Beeinflussungen zu ermöglichen. Auf diese offene Anfrage hin wählten einige Befragte die Möglichkeit, das Interview in privaten Räumlichkeiten durchzuführen. Wenn kein spontaner Wunsch geäußert wurde, wurden Setting-Vorschläge offeriert: Räumlichkeiten der Befragten (Haus oder Wohnung etc.), Büroraum der Forscherin, Arbeits- oder Seminarraum an der Universität und als weitere Möglichkeit öffentliche oder halböffentliche Räume/Orte[71] wie Parkanlagen oder ein Café. Für Personen, die in Bürgertreffs angesprochen wurden, wurden die Räumlichkeiten des Bürgertreffs vorgeschlagen. Wie sehr Orte mit Emotionen und speziellen Erinnerungen behaftet sind, lässt sich gerade vor dem Hintergrund der Ausführungen durch die Autoren Bachleitner, Weichbold und Aschauer lebhaft mit Beispielen aus den betreffenden Interviews aufzeigen. So reagierten zwei Interviewpartner*innen äußerst disparat auf die

---

71 Öffentliche und halböffentliche Räumlichkeiten wurden nur zurückhaltend mit dem Blick auf die Praktikabilität der Audioaufnahme vorgeschlagen. In zwei Fällen wurde ein Café als Treffpunkt jedoch ausdrücklich gewünscht. Diesem Wunsch wurde Folge geleitet, wenngleich die Audioaufnahmen in diesen Fällen von minderer Tonqualität sind als diejenigen, die in ruhiger und ungestörter Atmosphäre generiert werden konnten. Zudem mussten die Aufnahmen im Café ab und an angehalten werden, um Bestellungen von Getränken und Essen den Servicemitarbeiter*innen gegenüber zu kommunizieren.

Frage nach den Büroräumen in der Universität als geeignetem Ort für das Interview. Eine Person empfand diese Umgebung sehr passend vor dem Hintergrund des Zweckes der Befragung. Eine andere Person wiederum lehnte den Büroraum ab, um im Ruhestand die Zeit nicht in den Umgebungen verbringen zu müssen, in der sich die gesamte Erwerbstätigkeit abgespielt hat. Diese Beispiele zeigen eindrucksvoll, wie sehr der Ort die Situation beeinflussen kann – im positiven wie im negativen Sinne. Vor dem Hintergrund der Intention dieser Interviews und der qualitativen Auslegung spielt *Raum* in einer noch ganz anderen Facette des Interviews eine Rolle. Raum ist hier nicht nur zu verstehen als eine Örtlichkeit, sondern auch als Platz für Äußerungen und Ausführungen. Oberste Prämisse der Interviews ist, den befragten Personen größtmögliche eigene Entfaltungsmöglichkeiten bereitzustellen. Dies bedeutet, dass das Interview einvernehmlich mit den Interviewpartnerinnen und -partnern begonnen und beendet wird, dass aufmerksam beobachtet und zugehört wird, wie viel Raum die befragte Person benötigt oder ob doch kleinteiligere Fragen helfend bereitgestellt werden. So waren alle Interviews mit dem Bestreben geführt, dass sich dieselben zu einem Gespräch entwickeln und den Charakter der *Be*fragung ablegen. Dies wird in erster Linie dann erreicht, wenn sich ein reges Gespräch entfaltet, mehr aktiv erzählt und weniger passiv auf Fragen reagiert wird.

Neben der Wahl des Ortes (Prämisse war eine professionelle Umgebung) muss der Zeit eine große Bedeutung beigemessen werden. Die Interviewpartnerinnen und Interviewpartner wurden gebeten, eine Zeit auszuwählen, in der sie sich ohne Stress und Verpflichtungen dem Interview widmen können. Neben diesen beiden gewichtigen Aspekten von Raum und Zeit spielt natürlich auch *das Thema* einer Befragung eine entscheidende Rolle. Neben der Interviewsituation generell lässt sich diesem wohl eine sehr große Wichtigkeit zusprechen, die dahingehend Einfluss nimmt, ob die potenziellen Interviewpartner*innen Interesse daran haben, sich auf das Interview einzulassen. Abwägungen in diesem Kontext sind wiederum von vielen Aspekten abhängig, die jede (potenzielle) Interviewperson für sich selbst erörtert und es schlussendlich zu einer Entscheidung für oder gegen das Interview kommt. Denn trotz aller Bemühungen durch Interviewende und Forschende: die Interviewsituation wird von den betreffenden Personen subjektiv und individuell bewertet und interpretiert (vgl. Bachleitner/Weichbold/Aschauer 2010: 26). Hartmut Esser bietet dazu als Erklärungsansatz die Frame-Selektion an (vgl. 2006: 259). Jede Handlung wird demnach von einer einrahmenden Definition umspannt. Innerhalb dieses Definitionsrahmens werden Abwägungen getroffen und Entscheidungen gefällt, die schlussendlich in Handlungen münden (vgl. ebd.). Bezeichnen kann man diese Rahmungen (Frames) als „kollektiv verbreitete und in den Gedächtnissen der Akteure verankerte kulturelle [...] Muster" (Esser 2006: 148). Es sind „kollektive Repräsentationen typischer Situationen" (ebd.), auf deren Grundlage Situationsbewertungen vollzogen werden. Dies kommt auch dann zum Tragen, wenn die potenziellen Interviewpartner*innen um die Teilnahme an der Befragung gebeten werden.

Als ein für die Interviewsituation relevanter Aspekt wurden darüber hinaus der Fragebogen respektive der Leitfaden identifiziert. Im Sinne der Netzwerk-Akteur-Theorie kommt in der sozialen Situation der Befragung nicht bloß den anwesenden Personen eine beeinflussende Rolle zu. Auch *Dinge* sind für derlei Begebenheiten in ihrer Wirkung zu beachten (vgl. Latour 2007: 81). Weiter oben wurde der Grad der Strukturierung, der über die verschiedenen Fragebogentypen erzielt wird, bereits berichtet. Die Erhebungsinstrumente sind entscheidend für die Interviewsituation, was sich unter anderem in dem Punkt *Raum* auflöst. Grundsätzlich geht also von einem Fragebogen *per se* eine Störung (wie auch immer geartet) aus. Um den Grad der Strukturierung zu reduzieren, den Befragten mehr Raum für eigene Ausführungen zu geben und damit den vermeintlich einengenden Charakter des Fragebogens ein Stück weit aufzuweichen, wird mit einem Leitfaden gearbeitet (dazu siehe auch das nachfolgende Kapitel)[72].

Mit dem Wissen um die einflussnehmenden Aspekte wurden in der Vorbereitung und während der Durchführung der Interviews konzentriert eigens explizierte Systematiken eingehalten, die darauf abzielen, den Interviewsituationen einen vergleichbaren Rahmen zu geben und die Bedürfnisse der Befragten zu berücksichtigen. Die Systematiken betrafen vor allem die Einleitung des Interviews, die verwendeten Materialien und das eigene Auftreten. Diese Aspekte werden im Kapitel zum Feldzugang nochmals thematisiert.

9.7 Der Leitfaden als Erhebungsinstrument

In diesem Abschnitt wird das Instrument der Datenerhebung – der Leitfaden – thematisiert. Illustriert ist diese Forschungsetappe anhand des bereits bekannten Schaubildes, welches hier vergegenwärtigt, an welcher Stelle im Erhebungsprozess diese Ausführungen zu verorten sind.

---

72 Zu den Determinanten, die in einem als soziale Situation identifizierten Interview wirksam werden, nehmen Bachleitner, Weichbold und Aschauer umfangreich Stellung. Mit dem Anspruch, das bis dato als defizitär wahrgenommene Portfolio an Theorien der Umfrageforschung zu bestärken und mit mehr Substanz zu versehen, haben sie mit „Die Befragung im Kontext von Raum, Zeit und Befindlichkeit" (2010) ein Werk geschaffen, dass die vermeintlich mannigfaltigen Fehlerquellen einer Befragung aufgreift, deutet und erklärt.

Abb. 4: Prozess der Datenerhebung: Fokus Erhebungsinstrument

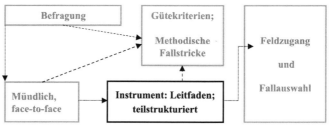

Quelle: eigene Darstellung.

Die wenig strukturierten Interviewsituationen zeichnen sich dadurch aus, dass sie stets der Anwesenheit eines Interviewers/einer Interviewerin bedürfen. Innerhalb des Interviews wird ohne Fragebogen im strukturierten Sinne gearbeitet, weshalb die hier gewählte Bezeichnung *nicht-standardisierter Fragebogen* in *Leitfaden* umgewandelt werden sollte, um den Gegenstand der Betrachtung dezidiert zu benennen. Der Leitfaden als Erhebungsinstrument weist diverse Spezifika auf: „die Anordnung der Fragen und Formulierungen [können] den Bedürfnissen und Vorstellungen des Befragten" (Schnell/Hill/Esser 2005: 322) angepasst werden. Intention dieser Befragungsform ist es, tiefer liegende Sinnstrukturen zu einem bestimmten Themenfeld herauszuarbeiten, bisher wenig erforschte Themenbereiche für den wissenschaftlichen Diskurs zu öffnen oder aber oftmals in klassischen Befragungen unterrepräsentierte Gruppen verstärkt zu Wort kommen zu lassen (vgl. Flick 2007: 194 ff.). Diese Interviewsituation ähnelt mehr einem informellen Gespräch denn einem Interview im klassischen Sinne des engen Frage-Antwort-Rhythmus'. Dennoch liegt ein Leitfaden dem Gespräch zugrunde, welcher der Situation einen Rahmen gibt, thematische Schwerpunkte setzt und der Interviewerin eine Orientierung bietet, das Gespräch also *leitet* (vgl. Schnell/Hill/Esser 2005: 387). Bei einem leitfadengestützten Interview handelt es sich um eine Sonderform der Befragung. Rekurriert man an dieser Stelle auf den Begriff *Befragung*, wird deutlich, dass diesem Begriff bereits die starke Strukturierung mit vorgefertigten Fragen und Antworten immanent ist. Bei der Befragung werden spezielle Fragen an eine Person gerichtet, von der man wiederum eine Antwort auf diese Fragen erwartet. Vorausgesetzt sind hier die Zustimmung der befragten Person zu dieser Situation und die Bereitschaft, Antworten zu geben. Das Leitfadengespräch – das wird anhand des Begriffes bereits deutlich – unterscheidet sich in weiten Teilen von diesem Grundverständnis. Der Leitfaden enthält Fragen, die in jedem Interview gestellt werden, Helfferich nennt dieselben „Erzählaufforderung" (Helfferich 2005: 166), damit ist zudem deutlich benannt, welche Intention diese ersten Fragen haben, die zum einen jeweils einen Fragenblock/Themenblock einleiten und zudem relevant für jedes Interview sind. Darüber hinaus gibt es solche Fragen, die sich im Verlauf des Gesprächs ergeben, um tiefgründige Antworten zu den betreffenden Themenfeldern zu erhalten. Derlei Fragen werden „Steuerungsfragen" (vgl. Helfferich 2005: 166) genannt. Fragen, die das Gespräch zu einem Themenfeld aufrechterhalten sollen, sind „Aufrechterhaltungsfragen" (ebd.).

Schlussendlich dient der Leitfaden als das rahmengebende Gerüst des Gesprächs. Durch die Fragen können immer wieder Impulse gesetzt werden. Für die vorliegende Untersuchung sind die Fragen und damit die Konzeptionierung des Gesprächs sehr offen gehalten und recht allgemein formuliert. Konkret ist der Leitfaden im Anhang dieser Arbeit einzusehen. Im Kern besteht derselbe aus verschiedenen Themenfeldern, die versuchen, persönliche Erfahrungen mit dem Internet, die die Senior*innen gemacht haben, genauso zu berücksichtigen wie die allgemeinere Einschätzung der Bedeutung dieses Mediums zum einen für die Gruppe der Seniorinnen und Senioren und zum anderen für die Gesamtgesellschaft. Ein großer Fokus wurde in den Interviews auf einen biografisch orientierten Auftakt gelegt. So wurden alle Befragten zu Beginn des Interviews gebeten, ihre Geschichte der Internetnutzung zu erzählen und Berührungspunkte mit diesem Medium nachzuzeichnen. Dabei sollten die Seniorinnen und Senioren in die Phase der Erwerbstätigkeit zurückgehen und ihr Erleben im Hinblick auf die Rolle des Internets schildern. Wann waren die ersten Berührungspunkte? Wie kam der Kontakt zustande? Ausgehend von diesen ersten Stationen – wenn es diese bereits im Berufsleben gab – wurden die Senior*innen gebeten, in die Phase des Ruhestandes überzuleiten und die gegenwärtige Rolle des Internets und dessen Nutzung zu kontrastieren. Dabei ging es vor allem um eine Gegenüberstellung zwischen aktueller Nutzung und der im zurückliegenden Berufsleben. Neben dem Leitfaden, der speziell für die Gruppe der Senior*innen gestaltet wurde, gibt es einen zweiten, der für die Kinder der Befragten erstellt wurde. Dieser soll ebenfalls zunächst erfassen, wie das Internet im eigenen Alltag und im Berufsleben genutzt wird. Auch hier wurden die befragten Personen angeregt, sich bewusst rekonstruierend mit der eigenen Erfahrung mit dem Medium Internet auseinanderzusetzen. Aspekte der Etablierung des Mediums im Alltag, eine vermeintliche Differenzierung zwischen der Art der Internetnutzung im Alltag und der Art der Internetnutzung im Berufsleben sollten auf diese Weise nachgezeichnet werden. In einem zweiten Schritt soll ermessen werden, wie die Eltern mit dem Internet umgehen und wie sie die Kompetenzen derselben in Bezug auf das Internet einschätzen. Auch hier wurde nach einer Rückschau auf die ersten Kontakte der Eltern mit dem Medium Internet gefragt. Herausgearbeitet werden sollen auf diese Weise die Prozesse der Etablierung im Leben der Senior*innen und der Wege des Erlernens der neuen Technologie. Schlussendlich sollten auch die Söhne und Töchter ihre Einschätzungen dazu zum Ausdruck bringen, welche Relevanz das Internet für die Gruppe der Senior*innen und für die Gesellschaft im Allgemeinen hat. Überdies wurden die befragten Personen um eine Einschätzung der

Situation von offline lebenden Seniorinnen und Senioren gebeten. Neben dem Themenfeld der Relevanz des Internets im Leben beider Gruppen lag ein weiterer Schwerpunkt auf der Identifikation der Informations- und Wissensgenese. Es wurde erfragt, wer sich wo (und ggf. bei wem) Informationen beschafft, wie Wissen generiert und vermeintlich weitergegeben wird.

In der Ausgangskonzeption des Designs der Datenerhebung war die Befragung der Enkelgeneration vorgesehen. Dieser Schritt allerdings wurde für nur ein Interview realisiert, weil sich zeigte, dass sich die Enkelkinder der befragten Seniorinnen und Senioren mehrheitlich in einem Alter unter 16 Jahre befanden. Die Intention, eine Einschätzung der Generation der Seniorinnen und Senioren zu erzielen, schien eingedenk der Lebensphase der Jugendlichen als nicht passend. Realisiert wurde ein Interview mit einem Enkel, der zum Erhebungszeitpunkt das 18. Lebensjahr vollendet hatte. Dieses Interview wurde zum einen als Testbefragung geführt, um ein Bild über drei Generationen zeichnen zu können und zum anderen, um zu eruieren, welchen Input die Befragungen der Enkelkinder ergeben könnte. Aufgrund dieser Ausgangslage wurde ein dritter Leitfaden erstellt, welcher sich sehr an den der *Kinder-Befragung* anlehnte, aber andere Formulierungen verwendete und die Einschätzungen gesamtgesellschaftlicher Bedeutungen wegließ.

10 Feldzugang und Fallauswahl

Der Begriff ‚Feldzugang' trägt im Unterfangen empirischer Datenerhebung eine ganz eigene Bedeutung. Hält man es wie Roland Girtler, so könnte man diesen Prozess mit einem Abenteuer vergleichen oder so weit gehen und sagen, „[sic!] daß echtes Forschen eigentlich Abenteuer ist" (Girtler 2001: 11). Verbindet man diese Sicht auf den empirischen Forschungsprozess mit einer näheren Betrachtung des Begriffes, kann man Girtlers Duktus leicht nachzeichnen. Feld*zugang* beschreibt das Betreten eines unbekannten Bereichs. Diese Konnotation greift das (temporäre) Verlassen des Theoretischen und Betreten des Praktischen auf. Es schwingt etwas mit, das ausdrückt, dass der Forscher eine fremde, unbekannte Welt ergründen – erforschen – würde. Girtler rekurriert auf qualitative Methoden und nimmt insbesondere die teilnehmende Beobachtung und die Befragung in den Blick (nicht standardisiert) und resümiert:

> „Ein gründliches und ernsthaftes Forschen mit diesen beiden Methoden, die direkt mit Menschen zu tun haben, kann zeitaufwendig sein und [sic!] erfaßt die ganze Person, es kann aber auch frustrierend sein" (Girtler 2001: 11).

Das Feld ist in diesem Zusammenhang nichts weniger als die Lebenswelt der für den Gewinn empirischer Daten konsultierten Personen. Dass der Begriff *Feldforschung* den des zu bestellenden Ackerlandes bedeutungsschwanger mit sich trägt und dabei zweierlei Lesarten umfasst, ist nicht zufällig entstanden. So ist gleichsam die Analogie zu dem Bauern gerechtfertigt, der seinen Acker bearbeitet und bestellt und den der Forscher zu einer Erforschung dessen Lebenswelt kontaktieren will. Darüber hinaus ringt der Forschungsprozess als solches dem Forscher selbst einiges an Mühen ab (vgl. Girtler 2001: 14). Wenn Girtler den Forschungsprozess in der Phase des Feldzugangs mit einem Abenteuer gleichsetzt, hat er alles andere als Unrecht. Tatsächlich gleicht der Weg zu den empirischen Daten einem Abenteuer, in dem man den Schreibtisch und das Erdenken theoretischer Zusammenhänge verlässt und sich aufmacht, das zuvor sorgfältig Überlegte am – diese überspitzte Ausführung sei an dieser Stelle gestattet – lebenden Objekt zu überprüfen. Strukturiertes Konzept trifft auf buntes Leben – so könnte man diese Begegnung beschreiben. So war es auch in meinem Fall. Natürlich muss angeführt werden, dass Girtler sich (hauptsächlich) mit der Methode der *teilnehmenden Beobachtung*, die er in zahlreichen Feldforschungen in Gruppen von Personen durchführte, die sich in prekären Lebensumständen befanden oder per definitionem als Mitglieder gesellschaftlicher Randgruppen tituliert würden (vgl. Girtler 2001: 14 ff.), in einen anders gearteten Feldkontakt begab, als ich dies im Rahmen meiner qualitativ ausgelegten Interviews tue. Auch Rosalie Wax konstatiert, dass der Feldforschung der Gedanke der teilnehmenden Beobachtung immanent ist. Der Charakter dieser Methode ist der, dass die/der Forschende an dem Leben der relevanten Personengruppe teilnimmt, sich einfügt, die Grundprinzipien des Zusammenlebens erlernt und eine Sozialisation erfährt, die ihn befähigt, langfristig anerkannt als Teil der Gruppe zu agieren (vgl. Wax 1979: 68). Einzusehen ist an dieser Stelle leicht, dass sich die für diese vorliegende Arbeit gewählte Methode des qualitativen Interviews deutlich von dem unterscheidet, was Girtler und Wax meinen, wenn sie von *Feldforschung* sprechen (vgl. ebd.: 69). Der Zugang, der für diese Untersuchung gewählt wurde, tangiert die Befragten nur sehr marginal in ihrer Lebenswelt und stellt quasi einen Schnittpunkt zwischen der ihren und der meinen Lebenswelt dar. Sie gewähren mir durch das Gespräch einen kleinen Einblick in ihren Alltag, ihr Handeln, ihr Leben, ihre Werte und Meinungen (vgl. Wax 1979: 69 f.). Aufgrund dessen kann die Auseinandersetzung mit den Befragten und deren Lebenswelt nicht derartig tiefgründig sein, wie es die teilnehmende Beobachtung tut, wenn der Forscher Teil der Umwelt der betreffenden Personen wird. Girtler beschreibt, dass man in einem Feldkontakt viel lernen würde – über empirische Sozialforschung im Allgemeinen, die dezidierte gewählte Methode der eigenen Datenerhebung, über das Feld und über die eigene Rolle der Forscherin oder des Forschers im Datenerhebungsprozess. In diesen Feststellungen kann ich Girtler ohne Zweifel folgen und meine eigene Forschung mit den Charakteristika belegen, die Girtler für die seine verwendet (vgl. Girtler 2001: 11). So war meine Feldphase ebenfalls in Teilen beschwerlich, aber auch sehr lehrreich und gewinnbringend.

Dieses Kapitel bildet die praktische Entsprechung zu den beiden vorangegangenen, in denen konzept- und theoriebezogen die einzelnen Phasen und Schritte der Empirie expliziert wurden. In Kapitel neun wurde dargelegt, welche Kriterien für die Fallauswahl prägend sind, und weiter, in Kapitel zehn, wurde erarbeitet, was der Kern dieses qualitativen Untersuchungsdesigns ist. Nunmehr ist transparent, wie die Datenerhebung gestaltet werden soll, welche Prämissen besondere Beachtung erhalten und welche (Güte)Kriterien an die Untersuchung angelegt werden, die insbesondere aufgrund des qualitativen Designs der Untersuchung angezeigt sind. In diesem Kapitel geht es darum nachzuzeichnen, wie die Akquise der Interviewpartnerinnen und -partner vonstattengegangen ist und welche Fallauswahl im Kontrast zu den theoretischen Vorüberlegungen realisiert werden konnte. Das untenstehende Schaubild (vgl. Abb. 5) visualisiert die nun erreichte Station des Untersuchungsprozesses.

Abb. 5: Prozess der Datenerhebung: Fokus Feldzugang und Fallauswahl

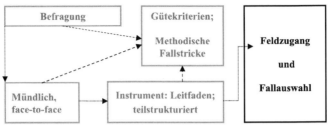

Quelle: eigene Darstellung.

Am Ende dieses, aus vielen Schritten bestehenden Prozesses stehen Daten, die vor dem Hintergrund der theoretischen Vorüberlegungen analysiert und interpretiert werden sollen; realisiert wird dieses Vorhaben in den Kapiteln zur Auswertung und Interpretation der Interviews. Neben dieser Nachzeichnung des tatsächlichen Hergangs der Datenerhebung soll hier in aller Kürze dargelegt werden, welchen Bedeutungshorizont die Ergebnisse haben (können), die aus der Analyse der Interviewdaten extrahiert werden. Es gilt also, den Interpretations- und Referenzrahmen zu umreißen. Zuvorderst muss jedoch die theoretisch begründete Fallauswahl expliziert werden.

10.1 Fallauswahl

Die Ergebnisse des (N)Onliner Atlas' aus dem Jahre 2014 geben Aufschluss über die Merkmale, die determinierend wirksam werden, wenn es um die Partizipation am Internet und im Internet geht: identifiziert wurden Bildung, Alter und Geschlecht. Diese Determinanten finden Berücksichtigung in der Begründung der Fallauswahl für die leitfadengestützten Tiefeninterviews mit biografischem Schwerpunkt. Aufgrund der Tatsache, dass die Lebenswelten der Nutzer*innen und Nicht-Nutzer*innen vergleichend in der Analyse berücksichtigt werden sollen, wird die Untersuchungsgruppe zunächst hinsichtlich dieses Merkmals unterschieden. Auf der einen Seite stehen die Seniorinnen und Senioren, die online agieren, und auf der anderen Seite die offline lebenden Damen und Herren dieser Gruppe. Auf der zweiten Ebene findet die Determinante Geschlecht die Berücksichtigung. Weitergehende Ausdifferenzierungen der Kriterien für die Fallauswahl unterbleiben an dieser Stelle. Möglichkeiten, die Fallauswahl methodisch und theoretisch zu unterfüttern, gibt es mannigfaltige. So wären beispielsweise die soziale Lage oder der sozioökonomische Status mögliche Differenzierungsdimensionen. Diese Auswahl orientiert sich an den empirisch generierten Merkmalen, die für die Gruppe der Senior*innen zur Verfügung stehen. Während die soziale Lage und der sozioökonomische Status weitere Differenzierungen ermöglichen und für Personen in der Phase der Erwerbstätigkeit transparent eruierbar und messbar sind, muss dies für im Ruhestand befindliche Personen kritischer gesehen werden. So weist Schroeter zentral auf diesem Umstand hin und gibt zu bedenken, dass der sozioökonomische Status nicht ohne Probleme auf die Phase des Ruhestandes transformiert werden könne (vgl. Schroeter 2000: 38). Die Parameter, die zu der Genese dieser Kennzahlen führen, sind für Senior*innen nicht eindeutig übertragbar (vgl. ebd.). Um keine unzulässigen Schlussfolgerungen zuzulassen, wird auf die Wahl des sozioökonomischen Status' als Charakterisierung der Untersuchungsgruppe verzichtet. Überdies ist eine Komplexität der Parameter, wie sie auch im Konzept der sozialen Lage wiederzufinden ist, für die Auswahl der Interviewpartnerinnen und -partner nicht notwendig. Es gilt also, die Ergebnisse des (N)Onliner Atlas' heranzuziehen und davon ausgehend, die Kriterien für die Fallauswahl zu konstituieren. Es wird auf das Merkmal *Einkommen* als Dimension nicht in direkter Form Bezug genommen. Abgebildet werden Bildungsunterschiede über das Vorhandensein/oder Fehlen bestimmter formaler Bildungsabschlüsse. Da sich zeigt, dass Absolventinnen und Absolventen eines Hochschulstudiums einen deutlich höheren Grad an Internetnutzung aufweisen, wird dieser Aspekt als Argument herangezogen. Wenngleich sich Unterschiede in der Internetnutzung auch für die Absolvent*innen der Haupt- und Realschule und damit verknüpfter Ausbildungswege zeigen, ist die Differenzierung im Hinblick auf das Absolvieren eines Studiums nochmals deutlicher und lässt dieses Argument als Kriterium für die Fallauswahl zu. Auf der dritten Differenzierungsebene wird also unterschieden in: *Hochschulstudium: ja* oder *Hochschulstudium: nein*. Der Abschluss einer Fachhochschule oder Kunsthochschule oder ähnlichem wird mit diesem benannten Merkmal gleichgesetzt. Auf der vierten Differenzierungsebene findet sich kein Kriterium, was sich aus den Ergebnissen des (N)Onliner Atlas' 2014 als Determinante der Internetnutzung extrahieren ließe: es geht um die Differenzierung der Aspekte, ob die Seniorin oder der Senior eigene Kinder hat oder nicht.

Die Generali Altersstudie 2013 zeigt, dass die eigenen Kinder die erste Instanz sind, die Senior*innen konsultieren, wenn sie Anliegen oder Unterstützungsbedarf haben. Wenn die Kinder nicht zu weit entfernt von dem Wohnort der Senioren und Seniorinnen leben, werden sie auch mit Fragen zu der Computertechnik oder dem Internet kontaktiert (vgl. Köcher/Bruttel 2012: 211). Überdies konnte festgestellt werden, dass Kinder und Enkelkinder die Seniorinnen und Senioren mit den internetfähigen Geräten in Kontakt bringen und sich auch dadurch eine thematische Verbindung und Adressierung der Anliegen zu diesen Sachverhalten ergibt.

Das übergeordnete Design der Untersuchung spielt eine Rolle für diese Differenzierungsebene: um veränderte Ansprüche an Wissensgenese und Informationsbeschaffung über eine Generation hinweg betrachten zu können, sind die Kinder der befragten Seniorinnen und Senioren in diese Fallauswahl aufgenommen worden. Die Intention der Befragung zweier Generationen liegt darin, den Wertekanon der jeweiligen Generation mit der anderen vergleichen zu können und von den Kindern eine externe Einschätzung über die Art und Qualität der Internetnutzung der Senior*innen zu erhalten.

Neben diesen inhaltlichen Kriterien spielt die Breite der Untersuchungsgruppe im Hinblick auf die Altersspanne eine große Rolle. Das Alter ist in der Weise berücksichtigt, dass Personen in die Fallauswahl eingehen, die sich im Ruhestand befinden. Dieses Alter beläuft sich für die für die Untersuchung relevante Generation respektive Gruppe auf rund 65 Lebensjahre (vgl. § 35 SGB VIff.; Deutsche Rentenversicherung 2017). Kriterium, dies wurde bereits aufgegriffen, ist jedoch der erfolgte Übergang in den Ruhestand. Um den Abstand zu der Phase der Erwerbstätigkeit nicht zu groß werden zu lassen und eine möglichst detaillierte Rekonstruktion der Internetnutzung in der Phase der Erwerbstätigkeit erfassen zu können, aber dennoch eine bereits erfahrene Etablierung in dem neuen Lebensabschnitt zu gewährleisten, werden Personen ausgewählt, die mindestens seit einem Jahr aus dem Erwerbsleben ausgeschieden sind. Um zudem Personen in der Untersuchung zu berücksichtigen, die aufgrund ihres Lebensalters zu der Gruppe der digitalen Außenseiter zählen und nur zu einem geringen Prozentsatz die Digitalisierung erfahren haben, wird darauf geachtet, auch Personen für die Datenerhebung auszuwählen, die 75 Jahre alt oder älter sind. Damit jedoch der Abstand zum Erwerbsleben nicht allzu groß wird und im Hinblick auf die Anforderung im Interview, die eigene Medienbiografie zu rekonstruieren, wird das maximale Alter derjenigen, die in der Fallauswahl berücksichtigt sind, auf 80 Lebensjahre festgesetzt. Das 80. Lebensjahr markiert insbesondere in statistischen Auseinandersetzungen, die das Alter als Lebensphase betrachten, eine Art Zäsur. Das Lebensalter um die 80 Jahre zeigt sich als eines, in dem die Personen mit neuen und anderen Herausforderungen konfrontiert sind, als sich dies für jüngere Personen zeigt (vgl. Köcher/Bruttel 2012: 32 ff.). Zudem gilt das Kriterium der eigenen Häuslichkeit: die für die Untersuchung theoretisch in Frage kommenden Personen führen einen eigenen Haushalt und leben selbstständig und ohne pflegerische Unterstützung. Es geht darum Personen in der Fallauswahl zu berücksichtigen, die einen möglichst weiten Radius an Handlungsoptionen haben, die nicht aufgrund gesundheitlicher Einschränkungen eine besondere Lebenssituation vorfinden. Wie die Generali Altersstudie gezeigt hat, hat der Gesundheitszustand erheblichen Einfluss auf die Aktivitäten und die Sozialkontakte der Älteren. Die umrissene Untersuchungsgruppe ist statistisch gesehen geprägt durch eine positive Einschätzung der eigenen Gesundheit, eine gute Einbindung in soziale Netzwerke und ein durch Aktivitäten ausgefüllten Alltag (vgl. Köcher/Bruttel 2012: 35 ff.).

Die untenstehenden Übersichten (Tab. 2) zeigen die in der Fallauswahl relevanten Differenzierungen; dieselben gelten für Personen, die sich in der Lebensphase des Ruhestandes befinden und höchstens 80 Jahre alt sind.

Tab. 2: Überblick theoretisch begründete Fallauswahl

Internetnutzung: ja							
Frau				Mann			
Kind(er)				Kind(er)			
Ja		Nein		Ja		Nein	
Hochschulstudium				Hochschulstudium			
Ja	Nein	Ja	Nein	Ja	Nein	Ja	Nein
Y	Y	Y	Y	X	X	X	X
n = 4				n = 4			

Internetnutzung: nein							
Frau				Mann			
Kind(er)				Kind(er)			
Ja		Nein		Ja		Nein	
Hochschulstudium				Hochschulstudium			
Ja	Nein	Ja	Nein	Ja	Nein	Ja	Nein
Y	Y	Y	Y	X	X	X	X
n = 4				n = 4			

Quelle: eigene Darstellung.

Die Fallauswahl besteht aus insgesamt 16 Seniorinnen und Senioren, wovon acht Personen das Internet nicht nutzen und dieselbe Anzahl zu der Gruppe der Onliner zu zählen ist. Weitergehend wird in Bezug auf die Determinante Geschlecht differenziert. Diese jeweils acht Personen unterscheiden sich dann zu je vier Personen im Hinblick auf das Geschlecht. Die dritte Differenzierungsebene umfasst den formalen Bildungsabschluss. Dabei wird ausgehend von der Differenzierung nach Geschlecht in eine Gruppe unterschieden, die einen Hochschulabschluss vorzuweisen hat, und eine zweite Gruppe, die über keinen Hochschulabschluss verfügt. Die letzte Ebene der Differenzierung stellt diejenige dar, in der abgebildet wird, ob die Befragten Kinder haben oder kinderlos sind. Auf diese Weise ergibt sich eine Fallzahl von 16 Seniorinnen und Senioren. Die weiteren acht Personen, die das Sample vervollständigen, sind die Kinder derjenigen, die im Sample als ‚Eltern' vertreten sind. Somit umfasst die theoretisch erarbeitete Fallauswahl 24 Interviewpartnerinnen und -partner.

Eingedenk der Ausführungen zu den Gütekriterien qualitativer Forschung und der Charakteristika des Designs muss deutlich werden, dass mit der Untersuchung der betreffenden Personengruppe keine induktiv gewonnenen Aussagen getroffen werden können. Repräsentativität kann anhand des qualitativen Zugangs nicht erhoben, wohl aber ein belastbares Bild für diese spezielle Personengruppe im Hinblick auf ihr Erleben der Mediatisierung, Technisierung und Digitalisierung des Alltags gezeichnet werden. Der Anspruch dieser Erhebung ist es, die ausführliche und umfängliche Datenlage, die anhand standardisierter Instrumente generiert wurde, *vertiefend zu ergänzen*. Die lebensweltliche Realität der Seniorinnen und Senioren soll vor dem Hintergrund der explizierten Problemlage zu Tage gefördert und erörtert werden. Zentral ist dabei das Bestreben, die Realität der Mediatisierung und der anderen Einflüsse aus ihrer Perspektive zu beleuchten und die Seniorinnen und Senioren als Experten ihrer Lebenswelt zu begreifen. Der große Gewinn, der in der Verwendung der qualitativen Methode steckt, ist der, dass Personen zu Wort kommen können, die im Hinblick auf die Internetnutzung als eher randständig beschrieben werden und sich durch eine nur partielle Partizipation beschreiben lassen – mehr noch, sie erhalten die Gelegenheit, frei zu berichten und ihr Erleben der teilweise für sie völlig neuen Medien Preis zu geben. So können vertiefend die Gedanken, Einstellungen, Meinungen und Bedürfnisse aufgedeckt werden. Diese Ergebnisse sind, dies wurde bereits angedeutet, als Ergänzung und Abbildung einer Tendenz zu sehen. Lamnek führt dazu aus:

> „Qualitative Sozialforschung hat es mit anderen Populationen zu tun als qualitative Sozialforschung. Während bei letzterer das Hauptaugenmerk auf die statistisch-bevölkerungsrepräsentative Auswahl als Basis generalisierender Aussagen gerichtet ist, konzentrieren sich qualitative Verfahren auf vertiefte Analysen von spezifischen Gruppen und Herausarbeitung von Mustern und Typen. Die Entscheidung für und die Wahl von bestimmten Populationen setzt diese erkenntnistheoretischen Ziele um. Das Interesse für »besondere« Populationen in der qualitativ orientierten Sozialforschung ergibt sich aus dem Ziel, Theorieentwicklung voranzutreiben. Während wenige abweichende Fälle in der quantitativen Sozialforschung eher uninteressant sind, stellen sie in der qualitativen Sozialforschung oft den Mittelpunkt des Interesses dar, weil sich an ihnen neuere soziale Entwicklungen oder Folgen von sozialen Wandlungsprozessen häufig besonders gut oder früher als in anderen Bevölkerungsgruppen ablesen lassen" (Lamnek 2010: 646).

Ein Aspekt, der bei der Fallauswahl ebenfalls berücksichtigt ist, ist der der Stadt-Land-Differenz. Wie die Daten des (N)Onliner-Atlas' zeigen, dieselben wurden ausführlich referiert, spielen regionale Unterschiede noch immer eine Rolle, wenn es um die Nutzung oder Nicht-Nutzung des Internets geht. Städtische Ballungszentren weisen einen höheren Nutzer*innenanteil auf, als sich dies für ländlichere Regionen abbilden lässt. Dieser Umstand liegt womöglich in den für die betreffenden Altersstrukturen als relevant erachteten Einflüssen begründet, die sich aus der Umwelt der beiden Regionen ergeben. Überdies können Stadt-Land-Attribute zum Tragen kommen, die für eine heterogene

Altersverteilung sorgen. Ländlichere Regionen sind eher von einem höheren Durchschnittsalter geprägt als Städte (vgl. Bertelsmann Stiftung 2015). Aufgrund dessen wurden diese Besonderheiten bei der theoretischen Fallauswahl beachtet, so dass die Erhebungen sowohl für das Ballungsgebiet der kreisfreien Stadt Kiel (Landeshauptstadt des Bundeslandes Schleswig-Holstein) als auch für den Ballungsraum der Hansestadt Lübeck (Bundeslandes Schleswig-Holstein) geplant wurden. Darüber hinaus wurden ländlichere Gebiete im Sample berücksichtigt, so dass Interviews in Regionen mit geringerer Bevölkerungsdichte erhoben werden sollen. Die Datenerhebung konzentriert sich damit also auf das Bundesland Schleswig-Holstein und orientiert sich am Wohnort der in der Untersuchungsgruppe repräsentierten Seniorinnen und Senioren.

Diese knappe Charakterisierung der „Fallgruppenauswahl" (Flick 2007: 154) weist zudem auf den Interpretationsrahmen hin. Alle im Rahmen dieser empirischen Untersuchung generierten Ergebnisse können für diese Personengruppe interpretiert werden – dies immer vor dem Hintergrund der für qualitative Forschungsprojekte markierten Einordnung der Ergebnisse.

10.2 Realisiertes Sample: Vom Gewinnen – und Verlieren – der Interviewpartnerinnen und Interviewpartner

Nach der theoretischen Grundlegung der Fallauswahl und der Fallgruppenauswahl muss die Datenerhebung im Feld realisiert werden. Im vorangegangenen Abschnitt wurden die Kriterien vorgestellt, die die Auswahl der potenziellen Interviewpartnerinnen und -partner begründen. In diesen folgenden Abschnitten soll eine Reflexion des Erhebungsprozesses durch die Autorin stattfinden und nachgezeichnet werden, wie die Akquise der Interviewpartnerinnen und -partner bewerkstelligt wurde. Dabei rekonstruiert die Autorin transparent den Erhebungsprozess beginnend mit der ersten Kontaktaufnahme bis hin zur tatsächlichen Datenerhebung, also dem leitfadengestützten Interview. Aufgegriffen werden zudem im Zuge des Forschungsprozesses auftauchende Herausforderungen und die daraus resultierenden notwendigen Modifikationen einzelner Erhebungsmodi. Gezeigt werden Umwege der Datenerhebung und eine damit einhergehende Diskussion methodologischer Fallstricke.

Zwischen der Phase der theoretischen Überlegungen und dem Prozess der eigentlichen Datenerhebung steht ein Stadium[73], das für diese Datenerhebung einige Sackgassen bereithielt. Wax resümiert:

> „Die meisten Erörterungen über Feldforschung lassen das erste Stadium ganz aus oder befassen sich nur flüchtig damit und behandeln dann in aller Gründlichkeit das zweite Stadium – die Periode greifbarer Erfolge. Dies ist verständlich, weil es das offenkundige Ziel des Feldforschers ist, seine Arbeit zu erledigen; es ist aber doch ein unglücklicher Umstand, denn es ist gerade das erste Stadium, wo der Feldforscher jene Kommunikationskanäle und sozialen Stützpunkte findet, angeboten bekommt und akzeptiert, durch die und von denen aus er seine Beobachtungen machen wird und die Erlaubnis zur Teilnahme erhalten wird. Ebenfalls in diesem Stadium entscheidet sich, ob er die Aufgabe, die er sich gestellt hat, überhaupt ausführen kann. Und häufig wird in diesem Stadium der Charakter, Umfang und Schwerpunkt seines Problems oder seiner Untersuchung bestimmt" (Wax 1979: 69).

Wax fängt hier einen zentralen Punkt im Prozess der Datengenese ein: die Abhängigkeit vom Mitwirken der betreffenden, als Interviewpartner*innen auserkorene Personen. Als Forscherin oder Forscher ist man in erheblichem Maße von der Bereitschaft der zu befragenden oder zu beobachtenden Personen abhängig. Trotz gründlicher theoretischer Vorarbeit kann das Vorhaben der Datenerhebung daran scheitern oder aber ins Stocken geraten, wenn die Personen schlicht nicht befragt oder beobachtet werden wollen (vgl. Scholl 1993: 271 ff.). Personen, die sich explizit Befragungen entziehen, werden als „Verweigerer" (Schnell/Hill/Esser 2005: 312) bezeichnet und stellen eine im Hinblick auf die Ausfälle einer Umfrage problematische Gruppe dar (vgl. ebd.). Dies gilt insbe-

---

73 Im Folgenden werden die Phasen des Feldzugangs und der Datenerhebung als Stadium oder Stadien bezeichnet. Diese Begriffsverwendung findet sich bei Wax, die in ihrem Artikel „Das erste und unangenehmste Stadium der Feldforschung" (Wax 1979: 68) in den Blick nimmt und damit einen an anderer Stelle häufig sehr vernachlässigtem Thema Raum vor Beachtung schenkt. Es geht um die Phase des Feldzuganges, in der sich austariert, wie zugänglich die betreffenden Personen sind, die Teil der Datengenese sein sollen. Hier kommt es oftmals zu umfangreichen Schwierigkeiten und Problemen, die jedoch aus Wax' Sicht viel zu selten thematisiert werden (vgl. Wax 1979: 68 f.). Probleme gibt es immer dann, wenn das Feld den vermeintlichen Eindringling, damit ist der Forscher gemeint, eher abweisend behandelt und die Datenerhebung sich damit als äußerst schwierig erweist. Die Tatsache, dass Wax hier auf den Begriff „Stadium" (ebd.) rekurriert, verdeutlicht die Eigendynamik, die dieser Phase des Forschungsprozesses innewohnt. Der Feldzugang per se mag sich als theoretisch gut fundiert darstellen, was die Akteure dann jedoch als Rückmeldung geben (Einverständnis, Zustimmung oder Ablehnung und Absage), obliegt *nicht dem direkten Einfluss* des Forschers oder der Forscherin. Dieser Aspekt wird an anderer Stelle der Ausführungen erneut aufgegriffen werden.

sondere für Gruppen, die als unterrepräsentiert gelten oder in Bezug auf die jeweilige Fragestellung mit randständigen Positionen verbunden sind (vgl. Schnell/Hill/Esser 2005: 312). Gerade diese Personengruppen sind für die Untersuchungen von großer Bedeutung, zeichnen sich aber neben einer schweren Erreichbarkeit durch Verweigerungen von Umfragen/Befragungen aus.

> „Alle bisher gewonnenen empirischen Ergebnisse zum Verweigerungsverhalten machen deutlich, dass von einer homogenen und konstanten Zusammensetzung der „Gruppe der Verweigerer" nicht gesprochen werden kann. Da sich sowohl Einflüsse der Interviewer, der Erhebungsorganisation, des Wohnortes der Befragten und des Erhebungsgegenstandes zeigen lassen, kann es sich beim Verweigerungsverhalten nicht um ein unveränderliches „Persönlichkeitsmerkmal" handeln, sondern offensichtlich um ein Entscheidungshandeln, das sowohl von Situationsmerkmalen, wie auch durch individuelle Präferenzen der Handelnden bedingt wird" (Schnell/Hill/Esser 2005: 312 f.).

Es zeigt sich, dass auch die vorliegende Untersuchung diese methodischen Fallstricke nicht umwandern konnte und sich im realisierten Sample im Gegensatz zu der theoretisch generierten Fallauswahl Abweichungen ergeben.

Grundsätzlich ist die Auswahl einer zufälligen Untersuchungsgruppe in qualitativen Studien mit besonderen Herausforderungen verknüpft (vgl. Flick 2007: 142 f.) Dass es im Zuge empirischer Untersuchungen immer wieder Personengruppen respektive Personentypen gibt, die eher eine Interviewsituation verweigern oder meiden und dass es demgegenüber Selbige gibt, die sehr offen eine derartige Situation annehmen und partizipieren, ist eindeutig und leicht belegbar. Dieser Aspekt wiegt umso schwerer, wenn Personen – wie im Falle des Designs der vorliegenden Arbeit – zu einem persönlichen Gespräch gebeten werden, bei dem sie der Forscherin gegenübersitzen und bei dem das gesamte Gespräch mit Hilfe eines Aufnahmegerätes mitgeschnitten wird. Dazu kommt der Aspekt, dass die Interviewpartnerinnen und -partner gebeten werden, zu berichten, frei zu erzählen. Sie können also nicht aus vorgefertigten Antwortmöglichkeiten diejenige benennen, vor der sie denken, dass dieselbe am ehesten abbildet, was sie ausdrücken oder aber Preis geben wollen. Wie bereits ausgeführt, nimmt der/die Befragte die Rolle der/des Experten/in ein. Dies kann auf der einen Seite eine gewisse Freiheit bedeuten, aber auch für Unsicherheit sorgen (vgl. Schnell/Hill/Esser 2005: 353 f.). Nicht zuletzt aufgrund dieser Tatsache muss berücksichtigt werden, dass die Möglichkeit der Auswahl der Befragten begrenzt ist. Das Sample gilt als Schablone für die Auswahl der Seniorinnen und Senioren, die Daten für die Grundlage der Analyse bereitstellen. Obschon bei der Auswahl der betreffenden Personen mit höchster Sorgfalt vorgegangen wurde, muss hier vergegenwärtigt werden, dass natürlich nicht alle Personen, auf die direkt die Wahl fiel, bereit waren, an der Befragung teilzunehmen.

Schlussendlich entscheidet die Bereitschaft der Befragten darüber, wer im Sample repräsentiert ist und wer nicht. Grundsätzlich stellen sich jedoch bei der Auswahl derjenigen, die in eine Erhebungsgruppe aufgenommen werden (sollen), erhebliche Anforderungen und Unwägbarkeiten.

Wie bei quantitativen Designs auch, obliegt der Auswahl der Interviewpartnerinnen und -partner eine große Aufmerksamkeit. Dazu gibt es verschiedene, theoriegeleitete Vorgehensweisen, die aufzeigen, welche Wege der Forscher/die Forscherin bestreiten kann, um den Weg ins Feld zu bewerkstelligen und Erstkontakte herzustellen. Es zeigt sich, dass sich die Kontaktaufnahme zu einer Institution, zu einer Vereinigung oder einer Organisation bisweilen einfacher gestaltet, als sich dies für die Kontaktaufnahme mit Einzelpersonen zeigt (vgl. Flick 2007: 145 ff.). Es muss also bei der Fallakquise in einem ersten Schritt darum gehen, einen Kontakt herzustellen, von dem aus potenzielle Interviewpartner*innen akquiriert werden können. Dieser Erstkontakt fungiert als Türöffner, aber auch als Multiplikator und als Ausgangspunkt der Schnellballakquise (vgl. Schnell/Hill/Esser 2005: 300). Das Schnellballverfahren stellt ein Verfahren der Fallakquise nach bewusster Auswahl dar (vgl. ebd.). Der entscheidende Aspekt dieses Vorgehens liegt in dem Moment des Erstkontaktes, welcher als Eintritt in einem eigentlich der Forscherin nicht offenstehenden Bereich fungiert. Die gezielte Akquise von Einzelpersonen für (qualitative) Umfragen erweist sich als schwierig. Dazu gibt es zwei übergeordnete Strategien: die eine wendet sich dem Bekannten zu und versucht eine Akquise über Bekannte von Bekannten zu realisieren. Die andere wendet sich gerade vom Bekannten ab und wendet sich dem *Un*bekannten zu:

> „Während vielfach angenommen wird, der Zugang zum Feld würde dadurch erleichtert, [sic!] daß man möglichst das Bekannte untersucht (und entsprechend Fälle aus dem Bekanntenkreis ausfindig macht), ist genau das umgekehrte Verfahren richtig: Je fremder das Feld, desto eher können Forscher als Fremde auftreten, denen die Forschungssubjekte etwas zu erzählen haben, was für den Forscher neu ist" (Hildenbrand 1995: 258).

Diesem Argument, das Hildenbrand vorbringt, schließt sich auch die Strategie dieser Untersuchung in Sachen Kontaktakquise an. Für das Sample relevante respektive in Frage kommende Personen sind der Forscherin ausnahmslos unbekannt Die Befragung persönlich bekannter Seniorinnen und Senioren wurde im Vorwege ausgeschlossen aufgrund der zu erwartenden Verzerrungseffekte. Die Interviewereffekte, die bei Gesprächssituationen mit persönlich bekannten Personen entstehen, führen dazu, dass die Daten nicht mehr die Gütekriterien erfüllen, die für diese qualitative Untersuchung gelten sollen. Es muss in jedem einzelnen Interview darum gehen, den Senior und die Seniorin als Expertin und Experte des jeweiligen Themenfeldes anzuerkennen. Dazu benötigt die forschende Person eine gewisse Distanz zu der befragten Person und den kommunizierten Inhalten. Teilen beide Personen einen Erlebnishorizont oder aber sind vertraut mit gewissen Aspekten des jeweils anderen, führt das zu einer Verstärkung des reaktiven Moments der Interviewsituation (vgl. Flick 2007: 150). Bestimmte Aspekte könnten im Gespräch womöglich weggelassen werden, weil unbewusst die Annahme besteht, das beide Gesprächspartner*innen Kenntnis über gewisse Sachverhalte besitzen und einiges dann eher stillschweigend impliziert als offen gesagt wird. Wiederum lässt sich hier ein Argument für das Befragen des Bekannten ableiten, welches eben diesen Aspekt in eine andere Richtung liest: nämlich der dann bestehenden Vertrautheit, die vermeintlich zu offeneren Antworten führen könnte, als dies bei sich fremden Interviewpartner*innen der Fall wäre (vgl. Flick 2007: 150; Adler/Adler 1987: 21). Mit der Thematik Nähe und Distanz, Fremdheit und Vertrautheit der Forscherin im Untersuchungsfeld hängt ein weiterer Faktor zusammen, der für die Situation eines Interviews höchst relevant ist: der Aspekt der Rolle im Feld (vgl. Flick 2007: 150). Die Person der Forscherin ist im Kontext der Befragung mit einer Rolle verknüpft, die sich dann, je nachdem, ob sie sich in einem Setting mit vertrauten/bekannten Personen oder fremden/unbekannten Personen befindet, wandelt respektive anders ausgestaltet. Im Falle einer Befragung bekannter Personen ergeben sich womöglich Rollenkonflikte, die zum einen daraus entstehen können, dass die Forscherin sich nicht klar als solche im Interview positioniert, also rolleninkonsistent agiert, und zum anderen daraus resultiert, dass die befragte Person die dann divergierende Rolle der Forscherin nicht wahrnimmt oder anerkennt. Um derlei potenzielle Rollenkonflikte erst gar nicht erstehen zu lassen und konsistent die Rolle der Forscherin[74] inne zu haben und vertreten zu können, obliegt die Auswahl der Interviewpartnerinnen und -partner den unbekannten/fremden Personen.

Neben dieser zentralen Prämisse, keine bekannten Personen in das Sample aufzunehmen, ist die Strategie der Kontaktaufnahme entscheidend. Als erfolgsversprechender als der Kontaktversuch mit Einzelpersonen erweisen sich Kontaktversuche über die oben offerierten organisierten Gruppen. Über offizielle Anfragen und Kontaktgesuche kann über die Gatekeeper, die offiziell der Organisation (oder dergleichen) angehören oder diese repräsentieren, eine erste Überprüfung des Forschungsanliegens erfolgen. Wenn dieser Gatekeeper die forschende Person und das betreffende Vorhaben als vertrauenswürdig einstuft und diese Anfrage quasi geprüft an die anderen der Organisation angehörenden Personen weiterleitet, entsteht ein Vertrauenszugewinn. Das Kontaktgesuch

---

74 Überdies sei gesagt, dass die Forscherin auch im Feld noch weitere Rollen einnimmt (einnehmen kann). Flick differenziert weiter und benennt die folgenden potenziellen Rollen: „Fremder, Besucher, Initiant, Eingeweihter" (Flick 2007: 150).

wurde dann durch eine autorisierte Person legitimiert und reduzierte die vermeintliche Skepsis auf Seiten der potenziellen Interviewpersonen (vgl. Flick 2007: 149). Dies bedeutet also, Interessengemeinschaften und Organisationen zu identifizieren, die mit Seniorinnen und Senioren assoziiert sind, dieselben repräsentieren oder durch sie konstituiert werden. Über dies kann die Fallauswahl an sich weiter ausdifferenziert bzw. mit Kriterien des Vorgehens belegt werden. In einem qualitativen Prozess kann die Auswahl der Befragungsteilnehmenden nicht dieselbe Konnotation aufweisen, wie beispielsweise bei der Auswahl einer Zufallsstichprobe einer quantitativen Erhebung. Dennoch kann man das Vorgehen des Auswahlverfahrens charakterisieren. Bei der Auswahl der Interviewpartnerinnen und -partner handelt es sich um eine bewusste Auswahl (vgl. Schnell/Hill/Esser 2005: 298), das bedeutet, dass die Auswahl der zu untersuchenden Fälle „nach einem Auswahlplan" (ebd.) erfolgt und „die diesem Plan zugrunde liegenden Kriterien [...] angebbar und überprüfbar" (ebd.) sind. Konkret handelt es sich um eine „[sic!] Auswahl typischer Fälle" (Schnell/Hill/Esser 2005: 299). Dies sind solche Fälle, „die als besonders charakteristisch" (ebd.) angesehen werden. Das Argument, als typisch charakterisierte Fälle in der Fallauswahl zu berücksichtigen, ist das der Breite der Untersuchungsgruppe. Die Begründung der Kriterien der Fallauswahl liegt darin, die Heterogenität der Untersuchungsgruppe der Seniorinnen und Senioren zu berücksichtigen. Die Ergebnisse des (N)Onliner Atlas' haben gezeigt, wie disparat die Auseinandersetzung der Seniorinnen und Senioren mit dem Medium Internet ist. Neben der Differenzierung in Nutzer*innen und Nicht-Nutzer*innen gibt es eben noch weitere Merkmale, die für die Untersuchung relevant sind bzw. Berücksichtigung erfahren müssen, weil möglichst verschiedene Personengruppen in der Untersuchung betrachtet werden sollen. Wenn es darum geht, Einstellungen und Meinungen zum Thema Internet für die Gruppe der Seniorinnen und Senioren einzufangen, soll der Versuch unternommen werden, verschiedene Merkmalskonstellationen im Sample zu verorten. Natürlich geht es nicht darum, ein Abbild der Gruppe der Seniorinnen und Senioren im Hinblick auf das Sample zum Zwecke gezielter Rückschlüsse zu generieren. Vielmehr geht es um eine systematische Berücksichtigung vermeintlich heterogener Sichtweisen. Dieser vermeintlichen Heterogenität der Einstellungen und Wahrnehmungen in Sachen Internet soll anhand eines möglichst heterogen besetzten Samples Rechnung getragen werden. Aufgrund dessen verfolgt die Akquise die Strategie einer bewussten Auswahl konkret in der Identifikation und Auswahl typischer Fälle.

Skizziert wurde bereits, dass der eigentliche Feldzugang, in dem es darum geht, Kontaktpersonen ausfindig zu machen, die entweder selbst für ein Interview bereitstehen oder aber Interviewpersonen vermitteln können, ganz eigene Dynamiken entwickelt und Probleme aufwirft. Zum einen stellt sich die Frage, wie die Personen ausfindig gemacht werden können und als nächstes, wie sie dazu zu motivieren sind, dem Interview zuzustimmen. Auf welchen Wegen die für die Interviews befragten Personen ausfindig gemacht wurden, wird in den nachfolgenden Abschnitten thematisiert werden. Im Zuge dessen kann ein Erklärungsbeitrag dafür geliefert werden, warum sich das Sample nach dem Feldzugang in der offen gelegten Weise konstituiert und an einigen Stellen von den theoretischen Vorüberlegungen abweicht. Dieser Umstand weist letztlich darauf hin, dass sich theoretische Vorüberlegungen und Konzeptionen den praktischen Anforderungen des Feldes beugen und folgerichtig Modifikationen vorgenommen werden müssen. Die Besonderheiten des qualitativen Interviews wurden bereits weiter oben ausführlich betont und sollen an dieser Stelle nicht erneut wiederholt werden. Vielmehr sollen die verschiedenen Etappen der Interviewakquise rekonstruiert werden.

10.2.1 Seniorenvertretungen

Basierend auf den Überlegungen, zunächst an Interessenvertretungen heranzutreten, wurde der Erstkontakt anvisiert. Damit der Erstkontakt gelingen und ein Pretest unter Realbedingungen vonstattengehen konnte, wählte ich die Stadt Schwentinental aus. Um das Feld nicht direkt einzuschränken und auf die Internetnutzung abzustellen, war der erste Kontaktversuch adressiert an den Seniorenbeirat der Stadt Schwentinental[75]. Der Seniorenbeirat repräsentiert auf

---

75 Die Stadt Schwentinental wurde im Jahre 2008 durch die Fusion der beiden Gemeinden Klausdorf und Raisdorf (beide Kreis Plön) gegründet. Die Stadt liegt östlich der Förde und direkt am Fluss Schwentine im Kreis Plön (http://www.schwentinental.de/willkommen/stadtportrait/). Die Einwohnerzahl der Stadt Schwentinental liegt bei 13.600. Die Bevölkerungsdichte liegt bei 765 Einwohnern je km². Die Stadt Schwentinental fällt mit diesen quantitativen Merkmalen unter die Grenze, die per definitionem als Merkmal für die Klassifizierung als Kleinstadt fungiert. Folgt man beispielsweise Klöpper, liegt die Mindestgröße, die ein Ort haben muss, um als Kleinstadt tituliert zu werden, bei 20.000 Einwohnern (Klöpper 1995: 913). Hannemann hingegen führt an, dass die langläufig als gültig beschriebene Grenzziehung bei einer Einwohnerzahl von 5.000 liegt. Je nachdem, welche Definition hier als maßgeblich betrachtet werden soll, kann man entweder davon sprechen, dass es sich bei der Stadt Schwentinental um eine Kleinstadt (mehr als 5.000 Einwohner) oder aber um eine Landstadt (weniger als 20.000 Einwohner) handelt. Die Stadt Schwentinental beherbergt vor allem in dem Ortsteil Raisdorf Unternehmen der industriellen Fertigung und ein großes Gelände mit Einzelhändlern (700 Geschäfte) (http://www.schwentinental.de/wirtschaft/ostseepark/). Vor diesem Hintergrund mögen auch qualitativ konnotierte Argumente dafürsprechen, dass es sich um eine Kleinstadt handelt. Betrachtet man demgegenüber den Ortsteil Klausdorf, erscheint die Bezeichnung als Landstadt passend, da der Ortsteil stark dörflichen Charakter hat. Wie die Entscheidung hier auch ausfällt; festzuhalten ist, dass es sich bei der Region der Stadt Schwentinental um eine eher ländliche handelt, weshalb hier für das Sample festgehalten wird, dass Interviews, die mit

politischer Ebene die Seniorinnen und Senioren und tritt für deren Bedürfnisse und Wünsche gegenüber der Stadtvertretung ein, bietet den ortsansässigen Senior*innen eine Vielzahl an Unternehmungen und Weiterbildungsmöglichkeiten an, schafft Kontakt und stellt Miteinander her[76]. Dieser Erstkontakt wurde ausgewählt, um den Weg ins Feld zu finden und eine potenziell breit aufgestellte Gruppe zu adressieren, die durch etwaige Multiplikatoren weitläufige Kontakte generieren könnte. Hier war der Gedanke, dass der Seniorenbeirat Vermittlungsarbeit würde leisten können und Ansprechpartnerinnen und -partner benennt, die zum Zwecke der Datenerhebung kontaktiert werden können. Überdies lebe ich selbst in Schwentinental und hatte bei der Auswahl des Seniorenbeirates die Intention, die Erstkontakte mit Hilfe des positiven Stimulus desselben Wohnortes generieren zu können. Um den betreffenden Personen mein Anliegen möglichst dezidiert schildern zu können, dabei aber die nötige Distanz zu wahren, um nicht aufdringlich zu wirken und Zeit zum Rekapitulieren der Botschaft zu lassen, wählte ich die E-Mail als Kommunikationsmedium. Selbige lässt sich vom Empfänger (jemand aus dem Seniorenbeirat) an potenzielle Interviewpartner*innen (bei Internetnutzung und E-Mailzugang) weiterleiten und erhöht damit die Streuung der Botschaft und schafft eine größere Chance auf Rückläufe. Die Information kann damit schneller und leichter verteilt werden und läuft dabei weniger Gefahr, bei einer Person zu verbleiben.

Auf meine Anfrage hin meldeten sich per E-Mail direkt drei Personen (zwei Männer, eine Frau, die sich als sehr aktiv im Seniorenbeirat beschreiben). Diese Dame und die Herren zählen zu der Fallgruppenauswahl der Internetnutzerinnen und -nutzer. Das Zustandekommen dieser Interviewkontakte folgt damit den von Flick empfohlenen Feldzugängen (vgl. 2007: 145 ff.). Hier kommt es zu Häufungen von Daten aus einer Kontaktanfrage und somit aus einem bestimmten Kontext. Das Schneeballsystem, bei dem aus einem Kontakt durch Weitertragen des Anliegens durch den Multiplikator weitere Kontakte zustande kommen, funktionierte in diesem Falle in gewissem Maße ebenfalls. Mir wurden weitere potenzielle Interviewpartner*innen vermittelt. Mit Hilfe der hergestellten Kontakte konnten weitere Interviews realisiert werden: die Kontakte, die sich über den Seniorenbeirat ergaben, generierten überdies zum einen Kontakte mit den Kindern (und einem Enkelkind) und weiteren Seniorinnen und Senioren. Aus dem Kontext der Kontaktanfrage im Gebiet Schwentinental

---

Einwohnern dieses Stadtgebietes geführt werden, als diejenigen ländlicher Herkunft bezeichnet werden.

76 Siehe dazu die Internetpräsenz des Seniorenbeirates: http://senioren-schwentinental.proaktiv.de/Seniorenbeirat.26.0.html

ergaben sich über diesen ersten Impuls fünf Interviews mit Seniorinnen und Senioren, drei Kindern (eine Frau, zwei Männer) und einem Enkelsohn.

Um weitere Kontakte zu generieren, mussten Überlegungen dahingehend angestellt werden, wie sich Seniorinnen und Senioren organisieren. Mit der Überlegung, dass Seniorinnen und Senioren im Alter vor Herausforderungen wie Vereinsamung, Armut und Morbidität gestellt sind, und dann Hilfsangebote karitativer Art nutzen könnten und in Anspruch nähmen, fand eine Fokussierung auf die Wohlfahrtsverbände statt. Dies vor allem vor dem Hintergrund, dass dieselben regionale Niederlassungen haben, die Vorort gezielte Anlaufstellen für Personen mit Hilfebedürfnis sind. Die Bundesarbeitsgemeinschaft der Freien Wohlfahrtspflege (bagfw) ist die Dachorganisation der Wohlfahrtsverbände (vgl. bagfw 2016 [09.02.2016]). Repräsentiert und vertreten sind die Arbeiterwohlfahrt (AWO), der Deutsche Caritasverband (DCV), der Paritätische Gesamtverband (Der Paritätische), das Deutsche Rote Kreuz (DRK), die Diakonie Deutschland – Evangelischer Bundesverband Evangelisches Werk für Diakonie und Entwicklung und die Zentralwohlfahrtsstelle der Juden in Deutschland (ZWST) (vgl. ebd.). Die Bundesarbeitsgemeinschaft der Freien Wohlfahrtsverbände beschreibt die Intention der Organisation folgendermaßen: „Ziel aller Aktivitäten der Wohlfahrtsverbände ist die Verbesserung von Lebenslagen. Sie bringen die Interessen von Benachteiligten in den gesellschaftlichen Dialog ein. Mit engagiertem sozialpolitischem Handeln tragen die Verbände dazu bei, dass unser Sozialstaat zukunftsfähig bleibt" (bagfw 2016 [09.02.2016]). Es kristallisiert sich heraus, was bereits weiter oben thematisiert wurde: die Wohlfahrtsverbände sind Adressat für die Belange von Personen, die vor besondere soziale Herausforderungen gestellt und nicht selten von prekären Lebensbedingungen betroffen sind. Um Herauszufinden, welche Angebote die betreffenden Verbände für Seniorinnen und Senioren bereithalten, und, um zu überprüfen, ob sich darunter auch solche im Hinblick auf den Ausbau von Computer- und Medienkompetenzen befinden, bestand das Vorgehen zunächst aus Recherche. Dafür wurden die einzelnen Internetrepräsentanzen der Verbände konsultiert. Der Fokus lag vor allem darauf, herauszuarbeiten, inwiefern die einzelnen Wohlfahrtsverbände mit Repräsentanzen in Schleswig-Holstein und Hamburg vertreten sind. Hier ging es wiederum darum, zu extrahieren, welche Angebote speziell für Seniorinnen und Senioren offeriert werden und welche sich dezidiert mit der Computer- und Internetnutzung auseinandersetzen. Im Zuge dessen lässt sich erfassen, welche Rolle dem Internet im Leben der Seniorinnen und Senioren durch Externe zugeschrieben wird. Demzufolge wurde zunächst das Angebot für die Seniorinnen und Senioren im Allgemeinen eruiert und betrachtet, welche Hilfestellungen über das Internet und in Bezug auf das Internet angeboten werden.

10.2.1.1 Zentralwohlfahrtstelle der Juden in Deutschland

Die Zentralwohlfahrtsstelle der Juden in Deutschland, kurz ZWST, expliziert auf ihrer Internetseite, www.zwst.org, unter dem Menüpunkt „Senioren", welche Intentionen die Organisation im Hinblick auf Hilfestellungen usw. für die Seniorinnen und Senioren verfolgt. Deutlich ist natürlich, dass hier explizite Unterstützung für Juden geleistet werden soll. Dies ist auch der Kerngedanke der bereitgestellten Unterstützung. Dezidierte Angebote für die Hilfe zur Selbsthilfe in Sachen Computer und Co. finden sich nicht. Ziel ist es, „Treffpunkte für Holocaustüberlebende in Deutschland" (ZWST 2015 [16.02.2016]) anzubieten. Kontakt über diesen Wohlfahrtsverband schied für die Zwecke dieser Arbeit aus.

10.2.1.2 Diakonie Deutschland

Die Diakonie ist eine Einrichtung der evangelischen Kirchen und richtet ihre Leitziele entlang der christlichen Motivation aus. Der zentrale Gedanke dieses Wohlfahrtsverbandes ist die Hilfestellung und Hilfeleistung im Sinne der Nächstenliebe (vgl. Diakonie 2016 [16.02.2016]). Das Selbstverständnis, die Organisationsstrukturen, die Geschichte und vieles andere, ist der Internetpräsenz der Diakonie Deutschland zu entnehmen (www.diakonie.de). Die Homepage der Diakonie ist sehr allgemein gehalten und vermittelt anhand von drei großen Rubriken, „Ich suche Hilfe", „Ich möchte helfen", „Über uns", die Angebote, Hilfeleistungen und Strukturen der Organisation. Um dezidierte Angebote abfragen zu können und zu erfahren, wo gezielt persönliche Hilfe in Anspruch genommen werden kann, muss unter dem Menüpunkt „Über uns" und dann „Landesverbände" nach dem betreffenden Verband gesucht werden. Hier kann über ein Pull-Down-Menü die Homepage für den Landesverband Schleswig-Holstein (www.diakonie-sh.de) geöffnet werden. Auch dort findet sich ein eigener Menüpunkt für Senior*innen. Demselben ist jedoch eher Unterstützung und Hilfe bei Pflegebedürftigkeit zu entnehmen. Dies zeigt sich vor allem, weil Senior*innen unter diesem Menüpunkt direkt mit Pflege assoziiert werden: „Senioren und Pflege". Unterstützung und Aufklärung erhalten in diesem Zusammenhang eher Angehörige, wie die Anforderungen der neuen Situation der Pflegebedürftigkeit gemeistert werden können und welche Möglichkeiten sich in diesem Zusammenhang darbieten. Aus- und Weiterbildungsangebote offeriert der Landesverband Schleswig-Holstein für ehrenamtlich Tätige und Angehörige und Mitarbeiter*innen. Die Seniorinnen und Senioren finden von der Diakonie organisiert *keine* Lern-, Weiterbildungs- oder Beschäftigungsangebote vor. Insgesamt zeigt sich, dass die Diakonie helfend bei humanitären Notlagen tätig wird und sich in der aktuellen Situation der Flüchtlingszuströme in Deutschland organisiert. Besonders auffallend ist der bereits kontrastierte Aspekt der Konnotation des Alters mit Pflegebedürftigkeit in dieser Organisation. Für Senior*innen werde keine direkten Angebote in Schleswig-Holstein gemacht. Vermittelt wird hier ein Bild der Hilflosigkeit der Seniorinnen und Senioren. Natürlich muss dies immerzu vor dem Hintergrund des Leitbildes der Diakonie im christlichen Kontext gesehen werden. Die Diakonie verschreibt sich – das ist auf der Internetrepräsentanz des Verbandes nachzulesen – den Hilfebedürftigen. Dies sind, wenn man sich auf die Gruppe der Senior*innen fokussiert, natürlich diejenigen, die ohne (fremde) Hilfe nicht mehr ihren Alltag meistern können und auf pflegerische Unterstützung angewiesen sind. Dies zumindest würde die Fokussierung auf Seniorinnen und Senioren erklären, die sehr auf die defizitäre Konnotation abstellt. Vor dem Hintergrund, dass die Diakonie keine Angebote vor Ort für Senior*innen und Senioren anbietet, entfällt auch dieser Wohlfahrtverband für die Zwecke der betreffenden Recherchen.

10.2.1.3 Deutsches Rotes Kreuz

Verhaftet ist das Deutsche Rote Kreuz (DRK) in der Rotkreuz- und Rothalbmond-Bewegung.

> „Die internationale Rotkreuz- und Rothalbmond-Bewegung, entstanden aus dem Willen, den Verwundeten der Schlachtfelder unterschiedslos Hilfe zu leisten, bemüht sich in ihrer internationalen und nationalen Tätigkeit, menschliches Leiden überall und jederzeit zu verhüten und zu lindern. Sie ist bestrebt, Leben und Gesundheit zu schützen und der Würde des Menschen Achtung zu verschaffen. Sie fördert gegenseitiges Verständnis, Freundschaft, Zusammenarbeit und einen dauerhaften Frieden unter allen Völkern. Die Rotkreuz- und Rothalbmondbewegung ist unabhängig. Wenn auch die Nationalen Gesellschaften den Behörden bei ihrer humanitären Tätigkeit als Hilfsgesellschaften zur Seite stehen und den jeweiligen Landesgesetzen unterworfen sind, müssen sie dennoch eine Eigenständigkeit bewahren, die ihnen gestattet, jederzeit nach den Grundsätzen der Rotkreuz- und Rothalbmondbewegung zu handeln" (DRK 2016 [16.02.2016]).

Im Zentrum der Bestrebungen des Deutschen Roten Kreuz' steht der hilfebedürftige Mensch.

Wie es sich zuvor bereits bei der Internetpräsentation der Diakonie zeigte, offeriert das DRK auf der Homepage die Leitlinien des Verbandes, stellt aktuelle Hilfsmissionen vor und informiert über die Verbandsorganisation und die Verbandsstrukturen. Um in Erfahrung zu bringen, welche Angebote es für hilfebedürftige Menschen vor Ort (in diesem Falle also in Schleswig-Holstein) gibt, muss über die Internetrepräsentanz des betreffenden Landesverbands in Erfahrung gebracht werden. Das DRK verfügt generell über mehrere Unterorganisationen, die verschiedene Adressaten haben. Da finden sich – beispielhaft benannt – die Schwesternschaften, Krankenhäuser, das Generalsekretariat usw. Über die Auswahl der Landesverbände gelangt man zu dem Landesverband Schleswig-Holstein e.V. Das DRK Schleswig-Holstein ist überdies in Kreisverbänden organisiert. Als Beispiel herausgegriffen hat die Stadt Kiel eine eigene Homepage, die wiederum eine Fülle an Angeboten offeriert. Der Kreisverband Kiel e.V. berücksichtigt Seniorinnen und Senioren auf unterschiedliche Arten. Unter der Rubrik „Dienstleistungen" finden sich: „Senioren – aktive Betätigung-/Netzwerk" und „Seniorenhilfe", die inhaltlich dasselbe Angebot aufbieten. Auch hier finden sich etliche Angebote für Senior*innen mit Pflegebedarf. Die „Offene Altersarbeit" bietet den Seniorinnen und Senioren die Möglichkeit, in Begegnungsstätten zusammenzufinden und sich auszutauschen. In zwei Standorten finden sich tatsächlich divergierende Angebote, die aber auch PC-Einsteiger-Kurse umfassen und ein Internet-Café bereithalten. Diese beiden Angebote werden allerdings nur in einer von zwei Begegnungsstätten offeriert (Kiel Schilksee).

Klickt man sich durch die einzelnen Kreisverbände, zeigt sich, dass dieselben recht divergierende Angebote offerieren. Sowohl die Gestaltung der Homepages, als auch die Strukturen und die Angebote für Senioren unterscheiden sich bisweilen deutlich. Insbesondere für die Angebote für die Seniorinnen und Senioren offenbart sich, dass nur drei von 15 Kreisverbänden Angebote bereitstellen, die den Seniorinnen und Senioren die Möglichkeiten geben, mit dem Computer zu arbeiten oder gar in Kontakt zu treten. Insgesamt lässt sich sagen, dass das Deutsche Rote Kreuz mit Begegnungsstätten den Senior*innen ermöglicht, zusammenzukommen, Gemeinschaft zu erleben und Begegnung und Bewegung zu erfahren. Hier unterscheidet sich das DRK deutlich von den vorgenannten Wohlfahrtsverbänden. Neben pflegerischen Angeboten wird viel Wert auf die Aktivierung und Begegnung von Senior*innen und Senioren gelegt. Wenngleich resümierend angeführt werden muss, dass sich die Angebote je nach Kreisverband erheblich unterscheiden im Hinblick auf Vielfalt und Häufigkeit.

Der Kontakt mit dem DRK gestaltete sich anfangs recht offen und aufgeschlossen. Kontakte zu einzelnen Einrichtungen konnte jedoch nicht mit Interviews gekrönt werden. Dieser Weg für die Interviewakquise blieb ergebnislos.

10.2.1.4 Der Paritätische Gesamtverband

Der Paritätische Wohlfahrtsverband – kurz bezeichnet als Der Paritätische – ist einer der sechs Spitzenverbände der Freien Wohlfahrtspflege in Deutschland. Der Gesamtverband stellt die Repräsentanz für die einzelnen Landesverbände. Die Grundsätze des Verbandes stellen sich wie folgt dar:

> „Der Paritätische ist ein Wohlfahrtsverband von eigenständigen Organisationen, Einrichtungen und Gruppierungen der Wohlfahrtspflege, die soziale Arbeit für andere oder als Selbsthilfe leisten. Getragen von der Idee der Parität, das heißt der Gleichheit aller in ihrem Ansehen und ihren Möglichkeiten, getragen von Prinzipien der Toleranz, Offenheit und Vielfalt, will der Paritätische Mittler sein zwischen Generationen und zwischen Weltanschauungen, zwischen Ansätzen und Methoden sozialer Arbeit, auch zwischen seinen Mitgliedsorganisationen" (Der Paritätische Gesamtverband 2014 [16.02.2016]).

Entscheidend ist, dass es sich bei diesem Verband um eine Interessensvereinigung handelt, die sich zum gemeinsamen Verfolgen derselben Ziele zusammengeschlossen hat. Der Paritätische Gesamtverband bündelt und koordiniert also die Interessen der Mitgliedsorganisationen. Über den Menüpunkt „Unsere Mitglieder" (Der Paritätische Gesamtverband 2014 [16.02.2016]) kann man in alphabetischer Ordnung die betreffenden Mitgliedsorganisationen abfragen. Eine Liste, die überblickshaft alle Mitglieder des Verbandes abbildet, gibt es nicht. Um eine Mitgliedsorganisation zu finden, muss einem also der Name derselben geläufig sein. Der Paritätische selbst vertritt natürlich die Interessen der Hilfebedürftigen – aber eher indirekt, da es sich hierbei um eine Interessensvertretung der im Sozialen engagierten Organisationen handelt. Über den Paritätischen selbst lassen sich keine Kontakte für die Interviews dieses Projektes gewinnen.

10.2.1.5 Deutscher Caritasverband (DCV)

Die Caritas lebt nach den Leitbildern der katholischen Kirche und lebt Nächstenliebe durch Tat und Wort. So beschreibt die Caritas ihr Anliegen auf der eigenen Internetseite wie folgt:

> „Die Caritas ist mehr als eine Organisation. Sie ist eine Grundhaltung gegenüber Menschen, besonders gegenüber Menschen in Not. Ihre Wurzeln hat sie in der Liebe Jesu zu den Menschen. Wie er will sie ohne Ansehen der Nation, des Status oder der Konfession den Menschen mit Liebe und Achtung begegnen – in Deutschland und weltweit" (Caritas 2016 [16.02.2016]).

Die Caritas hält ebenfalls eine Übersicht über die Bundesländer bereit, in denen sie aktiv ist und Projekte leitet. Jedoch zeigt sich, dass die Caritas keine Begegnungsstätten in der Form hat, wo man auf Seniorinnen und Senioren treffen und das Forschungsanliegen darlegen kann. Die Caritas als Wohlfahrtsverband entfällt damit im Hinblick auf die Genese neuer Interviewkontakte.

10.2.1.6 Arbeiterwohlfahrt (AWO)

Die Arbeiterwohlfahrt – kurz AWO – ist seit 1919 für sozial und finanziell schwächer gesellte Menschen in Deutschland aktiv. Aus den Leitsätzen geht hervor, dass insbesondere arme Kinder und Erwachsene, Seniorinnen und Senioren, Menschen mit Behinderung, solche mit Migrationshintergrund, Kranke und Wohnungs- und Arbeitslose Unterstützung und Hilfe erhalten (vgl. AWO Bundesverband e.V. 2010). Dabei versteht sich die AWO als einen Verband „mit besonderer Prägung" (AWO 2014 [16.02.2016]):

> „Sie ist aufgrund ihrer Geschichte und ihres gesellschaftspolitischen Selbstverständnisses ein Wohlfahrtsverband mit besonderer Prägung. In ihr haben sich Frauen und Männer als Mitglieder und als ehren- und hauptamtlich Tätige zusammengefunden, um in unserer Gesellschaft bei der Bewältigung sozialer Probleme und Aufgaben mitzuwirken und um den demokratischen, sozialen Rechtsstaat zu verwirklichen" (AWO 2014 [16.02.2016]).

Die Arbeiterwohlfahrt ist ebenfalls in allen Ländern des Bundesgebietes vertreten. Um genauere Informationen zu den Angeboten zu erhalten, die Seniorinnen und Senioren unterbreitet werden, muss auch in diesem Fall der Blick auf die Internetpräsenz des Landesverbandes Schleswig-Holstein gehen. Hier bieten sich diverse Möglichkeiten der Informationsbeschaffung. Es werden verschiedene Rubriken offeriert, die zunächst die Personengruppen umreißen, denen sich eine Besucherin oder ein Besucher der Seite zuordnen kann (beispielsweise „Pflege", „Kinder" usw.). Unter jeder Rubrik stellen sich die Repräsentanzen der einzelnen Kreisverbände der Arbeiterwohlfahrt dar. Seniorinnen und Senioren werden in dieser Rubrik nicht deutlich benannt, wenngleich es einen Menüpunkt „Pflege" gibt (vgl. AWO Schleswig-Holstein 2016 [16.02.2016]). Da die Senior*innen nicht im Speziellen benannt sind, wird der Kreisverband Kiel ausgewählt, um dezidiertere Angebote zu eruieren. Nachdem die AWO bereits ausdifferenziert ist in den Dachverband, die Landes- und die Kreisverbände, zeigt sich für den Kreisverband Kiel, dass dieser wiederum in einzelne Ortsvereine unterteilt wird. Neben der Differenzierung in Ortsvereine, die jedoch lediglich die Organisation der Vorstände abbildet, findet sich eine detailliertere Berücksichtigung der Personengruppen als dies auf der Ebene des Landesverbandes war. Hier ist eine Rubrik „Angebote für ältere Menschen" abgebildet (vgl. AWO Kiel 2016 [16.02.2016]). In diesem Menüpunkt wird referiert, dass es in allen Stadtteilen Bürgertreffs[77] gäbe. Um nun noch kleinteili-

---

77 Im Verlauf der Ausführungen zu der organisationalen Struktur der Arbeiterwohlfahrt auf Kreisebene und in den Ortverbänden werden die Begrifflichkeiten „Bürgertreff" und „Stadtteiltreff" synonym gebraucht, da auch die Internetpräsenz der AWO zwischen diesen

ger darzustellen, in welchem Wohngebiet es welche Angebote gibt, kann nun für die einzelnen Standtorte das Angebot eruiert werden. Alle Standorte bieten den Seniorinnen und Senioren die Möglichkeit zum Austausch bei den verschiedensten Tätigkeiten und Unternehmungen. Sei es Gedächtnistraining, der Handarbeitskurs oder eine gemeinsame Kaffeerunde, die Seniorinnen und Senioren können den Bürgertreff des jeweiligen Standortes aufsuchen und Gesellschaft finden. Was nur sehr vereinzelt angeboten wird und bisweilen unterrepräsentiert ist, sind Angebote zur Internet- und Computernutzung. Überprüft man alle Stadtteiltreffs des Kieler Stadtgebietes im Hinblick auf die Angebote im Kontext der Smartphone-, Computer- oder Internetnutzung, fallen die Recherchen recht spärlich aus. Lediglich ein Standort bietet bisher eine „Handysprechstunde" als regelmäßigen Terminen an, in einem anderen gibt es Computerarbeitsplätze – bislang ohne Anleitung von Seiten der AWO, aber unterstützt durch ehrenamtliche Exportangebote durch einen Seniorencomputerverein (dazu im Folgenden mehr).

Die Kontaktaufnahme mit den Ortsverbänden (Kieler Stadtteil, repräsentiert durch eigene Departements in den jeweiligen Stadtteilen (orientiert an den Verwaltungsgrenzen) und zusammengefasst unter dem Kreisverband Kiel) erfolgte entlang des bereits weiter oben explizierten Vorgehens. Zunächst stand am Anfang die Recherche nach den jeweiligen Leitungspersonen der betreffenden Stadtteiltreffs. Dieselben kontaktierte ich zunächst per E-Mail, um hier einen möglichst dezenten Feldkontakt zu bewerkstelligen. Es zeichnete sich ein disparates Bild: Von den sieben kontaktierten Ortsverbänden mit Stadtteiltreffs erhielt ich von zwei Bürgertreffs Antworten auf meine Kontaktgesuche. Die fünf übrigen Ortvereine kontaktierte ich in einer zweiten Welle – leider ohne Erfolg.

Über den Kontakt zu der Leitung des betreffenden Standortes ergaben sich Gelegenheiten, zu verschiedenen Veranstaltungen hinzuzustoßen und das Anliegen, Interviewpartnerinnen und -partner zu finden, vorzutragen und das Ansinnen des Forschungsvorhabens zu referieren. Der Kontakt zum Kreisverband fungierte zum einen als Erstkontakt, um Erlaubnis für einen persönlichen Kontakt mit den Veranstaltungsgruppen einzuholen, und, um ein Experteninterview zu führen, welches Klarheit darüber verschaffen sollte, welche Bedürfnisse und Anliegen die betreffenden Personen haben, die diesen Bürgertreff konsultieren. Denn obwohl das Internet mit seinen mannigfaltigen Möglichkeiten mittlerweile omnipräsent ist, gehört es bei einigen Bevölkerungsteilen längst nicht zum Alltagsgeschehen dazu. Überdies sind die Bedürfnisse, die

---

beiden Termini keine erkennbaren Unterschiede macht und beide verwendet. Überdies wird die Abkürzung AWO genutzt, um über die Arbeiterwohlfahrt zu referieren. Auch dies entspricht dem gängigen Sprachgebrauch des Wohlfahrtsverbandes.

nicht selten aus Notlagen resultieren, oftmals anders gelagert. Um diese Aspekte zu berücksichtigen, wurde ein Experteninterview mit der Leitung des Bürgertreffs geführt. Die Kontaktaufnahme mit der Leitung des betreffenden Bürgertreffs ist von großer Wichtigkeit und für eine störungsfreie Erhebung der Interviews – zumindest aber für die Akquise – unerlässlich. Der Forscherin ist in diesem Zusammenhang stets Eindringling (vgl. Flick 2007: 145 ff.) und oftmals Quell einiger Irritationen auf Seiten der Seniorinnen und Senioren. Irritationen zeigten sich insofern, dass ich mit erheblicher Scheu behandelt wurde, Blickkontakte vermieden wurden und viele Senior*innen teilnahmslos und bisweilen abweisend reagierten. Hier ging ich sehr behutsam vor. Zunächst kündigte mich die Bürgertreffleitung bei den vonseiten der AWO als geeignet identifizierten Gruppen an. Danach wurde ich mit der Bürgertreffleitung gemeinsam bei den betreffenden Veranstaltungen respektive Gruppen vorstellig. Der Erstkontakt mit den jeweiligen Gruppen belief sich auf eine sehr kurze Vorstellung meiner Person und meines Anliegens. Um keine allzu großen Störungen hervorzurufen, entfernte ich mich direkt danach und hinterließ der Gruppe gut leserlich gestaltete Handzettel. Kontakt konnten die interessierten Personen herstellen, indem sie der Bürgertreffleitung Rückmeldung gaben, mich persönlich auf telefonischem Wege oder per E-Mail oder aber das Sekretariat des Fachbereichs für Soziologie (Institut für Sozialwissenschaften der CAU zu Kiel) kontaktierten. Der Ort und der Zeitpunkt des Interviews waren in jeder Akquise von den potenziellen Interviewpartnerinnen und -partnern nach Belieben zu wählen. Im Zuge der Veranstaltungsbesuche und der Aushänge des Handzettels konnte lediglich ein tatsächlich zustande gekommener Interviewkontakt aus dem Kontext des Bürgertreffs akquiriert werden. Interessiert haben sich neben dieser einen noch zwei weitere Personen gezeigt. Jedoch gab es aber mehrfach Schwierigkeiten mit der Terminabstimmung – entweder konnte ich die Interessierte nicht mehr erreichen oder zuvor vereinbarter Treffen wurden nicht eingehalten.

Neben diesem Bürgertreff entstand Kontakt zu einem weiteren Bürgertreff im Kieler Stadtgebiet. Abgesehen von dezidiert für Seniorinnen und Senioren ausgelegten Angeboten und Hilfeleistungen hält das Programm dieses Stadtteiltreffs auch Unternehmungen und Kurse für andere Altersgruppen bereit. Zu erkennen ist jedoch eindeutig, dass Adressaten der Veranstaltungen eher Seniorinnen und Senioren sind, die im Rahmen der offenen Altenpflege respektive Hilfe aktivierende Maßnahmen wahrnehmen können sollen. Zudem ist das Programm überschrieben mit: „Älterwerden in Kiel" (AWO Kiel 2016 [29.02.2016]). Überdies fällt auf, dass der Stadtteiltreff ein Exportkursangebot offeriert. So bietet das SeniorenNet Kiel – ein Verein von Senior*innen für Senior*innen für die Unterstützung bei der Computernutzung (SeniorenNet Kiel 2016 [01.03.2016]) – einen „Computertreff" an, der Hilfestellung bei allen Fragen rund um das Thema Computer bieten soll. Nach Rücksprache mit dem

Vorstand dieses Vereines ergab sich, dass die Initiative dort vonseiten des SeniorenNet Kiel e.V. kam und das Programm nicht durch die AWO initiiert wurde.

Die Bemühungen um Interviewkontakte verliefen ebenso wie im Falle des ersten AWO-Standortes. Nach dem Kontakt mit der Stadtteiltreffleitung, dem Sondierungsgespräch (telefonisch) über mögliche Gruppen und Veranstaltungen, in denen ich vorstellen werden könnte, einem persönlichen Kennenlerngespräch und dem Vorstelligwerden in den betreffenden Konstellationen stand am Ende dieses Prozedere erneut das Warten auf mögliche Interviewkontakte. Aus der Korrespondenz mit dem zweiten AWO-Standort des Kreisverbandes Kiel ergaben sich keine Interviewkontakte. Für die Akquise von Interviewpartnerinnen und -partnern muss in Bezug auf die Bemühungen im Kontext der Angebote der Arbeiterwohlfahrt in Kiel gesagt werden, dass dem großen Aufwand eine nur sehr schwache Resonanz gegenüberstand. Der Weg über die Leitungspersonen der Stadtteiltreffs war aus meiner Sicht unerlässlich, um mein Anliegen über alle organisationalen Ebenen abzusichern und transparent zu machen. Mit dem Aspekt der Unterstützung des Vorhabens durch die Leitungspersonen und die Korrespondenz mit den Gruppeninitiatoren führte zu einer größtmöglichen Legitimation und zu einem Prozess der Vertrauensbildung. Aktivitäten, die durch Bezugs- und Vertrauenspersonen innerhalb des Stadtteiltreffs unterstützt werden, erhöhen die Chance auf Kontakt zu den Seniorinnen und Senioren. Insgesamt hat sich gezeigt, dass Seniorinnen und Senioren, die mir im Rahmen der Vorstellungsrunde mitteilten, keinen Computer oder das Internet auf anderem Wege zu nutzen, sehr reserviert auf mein Interviewgesuch reagierten. Oftmals wurde geäußert, dass sie ja zu der Internetnutzung nichts würden sagen können, weil sie sich nicht auskennen würden. Hier versuchte ich den Stimulus im Erstkontakt, also im Rahmen der Vorstellungsrunde, zu modifizieren, weil diese ablehnende Haltung und das vermittelte Gefühl der mangelnden Expertise sehr direkt und in hoher Frequenz auftraten. Aufgrund dessen wurde die Strategie entwickelt, das Internet und dessen Nutzung als eine von vielen möglichen Mediennutzungen zu benennen und das Interviewinteresse grundsätzlich auf die Mediennutzung im Alltag auszuweiten. Abgestellt wurde in diesem Moment beispielsweise auf die Nutzung und die Bedeutung des Fernsehens, des Telefons und des Radios. Das Smartphone, das Tablet oder der Computer erschienen damit als eine von mehreren Medien in der Auflistung. Trotz dessen war die Resonanz sehr verhalten. Die Hemmschwelle schien sehr groß. Erheblichen Einfluss auf diese ablehnende Haltung werden womöglich mehrere Aspekte gehabt haben. Es zeigte sich, dass Senior*innen, die um die und über 80 Jahre alt sind (das ungefähre Alter konnte ich bei den Leitungspersonen erfragen), keinerlei positive Resonanzen zeigten. Interessiert waren Männer (um die 60, frühverrentet), die das Internet mit großem Eifer und mit großer Regelmäßigkeit nutzen und zudem jünger als die benannten Personen sind. Neben den Organisationen der Arbeiterwohlfahrt in Kiel wurden Stadtteilrepräsentationen in Hamburg kontaktiert. Auch für die Hansestadt Hamburg zeigt sich die AWO mit dem Landesverband flächendeckend repräsentiert (vgl. AWO Landesverband Hamburg e.V. 2016 [01.03.2016]). Über die einzelnen Internetrepräsentanzen können die AWO-Angebote der jeweiligen Stadtteile eruiert werden. Seniorentreffs sind in jedem Stadtteiltreff vorhanden. Anzumerken ist, dass im Rahmen der Internetpräsentationen der Stadtteiltreffs Kontaktdaten für mehr Informationen für die Seniorenangebote offeriert werden. Das eigentliche Angebot kann der Homepage nicht entnommen werden. Allein über die Internetpräsenz kann nicht eruiert werden, welche Angebote den Seniorinnen und Senioren unterbreitet werden und wie stark das Thema Computer respektive Internet berücksichtigt wird. Kontaktgesuche mit den Stadtteiltreffs liefen aus unerklärlichen Gründen wenig erfolgreich ab. Auch hier wählte ich als Erstkontakt die E-Mail-Korrespondenz. Beim Ausbleiben einer Antwort auf den ersten Kontaktversuch mit der Statteiltreffleitung startete ich rund drei Wochen nach dem ersten Versuch einen zweiten. Auch in diesem Fall kam bedauerlicherweise von nur einem der sieben Stadtteilleitungen eine Rückmeldung. Zu einem persönlichen Gespräch kam es schlussendlich nicht – trotz mehrmaliger Nachfrage durch meine Person. Die Kontaktversuche in diese Richtung müssen als erfolglos beschrieben werden. Neue Interviewkontakte konnten auf diesem Weg nicht akquiriert werden.

Im Hinblick auf das Thema Computernutzung und Internetzugang zeigt sich aber in Hamburg eine neue Entwicklung. So eröffnete jüngst das Jugend- und Bildungswerk der Arbeiterwohlfahrt Hamburg GmbH ein IT-Sozialkaufhaus, in dem Menschen mit geringem Einkommen Computertechnik erstehen können (vgl. Jugend- und Bildungswerk der Arbeiterwohlfahrt Hamburg GmbH 2016 [01.03.2016]). Neben dieser Möglichkeit, gebrauchte, aber neu aufbereitete Technik zu erstehen, um mit dem Computer und dem Internet in Kontakt zu kommen, bietet das Jugend- und Bildungswerk Workshops zum Thema „PC & Sprache" (vgl. ebd.) an. Adressaten dieses Angebotes sind jedoch Kinder bis sieben Jahre. Vermittelt wird die Computertechnik durch Senioren, die als Ingenieure im Ruhestand die Technik transparent machen, die sich in einem Computer verbirgt (vgl. ebd.). Derlei Angebote für Seniorinnen und Senioren gibt es in dieser Workshop-Form bislang noch keine.

Insgesamt lässt sich also festhalten, dass die Akquise neuer Interviewkontakte auf diesem Wege nur sehr bescheidene Resultate einbrachte. Resümierend kann gesagt werden, dass sich zeigt, dass die Rekrutierung vermeintlicher Randgruppen im Hinblick auf das Thema der Internetnutzung auch hier mit den bekannten Schwierigkeiten einhergeht, wenn es darum geht, *Verweigerer* für eine Befragung begeistern oder zumindest gewinnen zu können.

10.2.2 Interessenvereinigungen

Die Strategie, den Feldzugang über Institutionen und Organisationen zu realisieren und die Interviewakquise voranzutreiben, wurden neben den Wohlfahrtsverbänden auch Interessengruppen der Seniorinnen und Senioren in Kiel und dem Kieler Stadtgebiet in den Blick genommen. Fokussiert wurde dabei ein Computerverein (SeniorenNet Kiel e.V.) und ein Computer-Club in Schwentinental. In beiden Vereinigungen wurde per E-Mail der Erstkontakt hergestellt. Die Erstkontakte fungierten als Multiplikatoren und vermittelten potenzielle Interviewpersonen. Diese Interviewakquise verlief erfolgreich und brachte einige Interviewkontakte mit Seniorinnen und Senioren und deren Kindern ein.

10.2.3 Flyer-Akquise

Durch die Akquise über die Seniorenvertretungen, die Bürgertreffs der AWO und den Interessenvereinigungen (Computer) konnten Interviewkontakte gewonnen werden. Allerdings fielen diese mehrheitlich in die Kategorie der Internetnutzerinnen und Internetnutzer. Um Senior*innen für ein Interview gewinnen zu können, die das Internet nicht nutzen, wurde eine Flyer-Akquise durchgeführt. Dieses Vorgehen hebt sich von der bis dato verfolgten Strategie der bewussten Auswahl ab. Die Flyer wurden in einem der Kieler Bevölkerung gut bekannten (Feinkost)Lebensmittelladen ausgelegt. Überdies wurden diese Flyer den Lebensmittelbestellungen im Rahmen des Lieferservice beigelegt. Diese Strategie erwies sich als nicht zielführend; Interviewkontakte ergaben sich daraus keine.

10.2.4 Schnellball-Akquise

Neben der Vorgehensweise, über Organisationen Seniorinnen und Senioren anzusprechen, wurde gezielt die Schneeballakquise vorangetrieben. Interviewte Personen wurden gebeten, das Interviewgesuch verstärkt zu ventilieren. Über diesen Weg ergaben sich weitere Kontakte. Es zeigt sich, dass das gewählte Vorgehen per se offenbar eine geeignete Strategie war, um den Kontakt zu (potenziellen) Interviewpartnerinnen und -partnern herzustellen. Insbesondere der Feldzugang über Organisationen und Interessenvereine erwies sich als gute Möglichkeit, die Erstkontakte zur der Fallgruppenauswahl zu realisieren. Dabei lag der Fokus auf einer bewussten Fallauswahl, die *typische* Fälle in den Fokus nahm. Ausgehend von dem Erstkontakt fungierte die Schnellball-Akquise als erfolgreicher Weg, Seniorinnen und Senioren für ein Interview gewinnen zu können. Die direkte Ansprache von Einzelpersonen unabhängig von einer organisierten Struktur erbrachte keine Kontakte. Über die Kontakte zu den Senior*innen ergaben sich die Interviews zu den jeweiligen Kindern und einem Enkelkind.

10.2.5 Zusammenfassung: Realisierte Fallauswahl

Nachdem ausführlich dargelegt wurde, welche Wege der Interviewpartner*innen-Akquise beschritten wurden, soll an dieser Stelle zusammengetragen werden, wie sich die in der Datenerhebung realisierte Fallauswahl konstituiert. Davon lassen sich auch *blinde Flecken* des Samples ableiten, die Bereiche darstellen, die nicht mit konkreten Interviewpartnerinnen und Interviewpartnern besetzt werden konnten, aber dennoch theoretisch hergeleitet wurden und als Grundlage der Samplezusammenstellung galten. Es ist ein wichtiger Bestandteil des Forschungsprozesses aufzuzeigen, wie sich die kriterienbasierte, *abstrakte* Fallgruppenauswahl und das realisierte Sample zueinander verhalten. „Abstrakt sind diese Kriterien insofern, als sie unabhängig vom konkret untersuchten Material und vor dessen Erhebung und Analyse entwickelt wurden" (Flick 2007: 156).

Zunächst soll vergegenwärtigt werden, aus welchen Regionen Interviewpartner*innen gewonnen werden konnten. Um den Ergebnissen des (N)Onliner Atlas' im Zuge der theoretisch fundierten Fallauswahl gerecht zu werden, wurden die Interviews im Bundesland Schleswig-Holstein verwirklicht, wobei eine Berücksichtigung städtischer und ländlicher Gebiete angestrebt wurde. Die ländlichen Regionen sind repräsentiert durch die Kreise Plön, Ostholstein und Schleswig-Flensburg. Die städtischen Ballungsräume sind durch die kreisfreie Stadt Kiel und die kreisfreie Hansestadt Lübeck in der Fallauswahl vertreten. Bemühungen, Interviews im Hamburger Stadtgebiet umzusetzen, waren nicht erfolgreich, weshalb Senior*innen aus Hamburg nicht im konkretisierten Sample vorzufinden sind. Eine Ausnahme hinsichtlich der geografischen Verortung ergibt sich aufgrund der Tatsache, dass der Sohn eines befragten Ehepaares den Wohnort nach Bayern verlegt hat. Die geografischen Schwerpunkte der Erhebung lassen sich zum einen für Kiel und zum anderen für den Kreis Plön identifizieren – hier ließen sich mehrere Interviews erfolgreich durchführen.

Die Konzentration der Erhebungspunkte für bestimmte Regionen lässt sich von der Struktur der Kontaktakquise ableiten. Für diese beiden Regionen erwiesen sich die Kontakte über die Seniorenvertretung der Stadt Schwentinental und die Interessengemeinschaft des SeniorenNets Kiel als sehr gewinnbringend. Wenngleich keine Seniorinnen und Senioren aus Hamburg für Interviews gewonnen werden konnten, konnte die Diversität der Regionen (Stadt – Land) für Schleswig-Holstein berücksichtigt werden, wodurch der Aspekt der ländlichen und städtischen Wohnräume Berücksichtigung erfahren konnte.

Um abbilden zu können, wie sich das realisierte Sample (vgl. Tab. 4) im Verhältnis zu der theoretisch begründeten Fallauswahl (vgl. Tab. 3) darstellt, werden an dieser Stelle die Übersichtsgrafiken genutzt, die bereits im Kontakt der konzeptionellen Vorüberlegungen präsentiert wurden. Den Abbildungen ist zu entnehmen, welche Fallauswahl erreicht werden konnte und an welcher Stelle sich Lücken bilden. Es zeigt sich, dass das realisierte Sample eher bestimmte Parameter fokussiert und sich mehrere Interviews ergeben haben. Als blinde Flecken für die Untersuchungsgruppe der *Onliner* ergeben sich kinderlose Frauen; die Frauen, die das Internet nutzen, haben mindestens ein Kind. Bei den Männern zeigt sich für die Onliner ein ähnliches Bild, wenngleich hier nur als blinder Fleck ein Mann ohne Kind, aber mit Hochschulabschluss nicht im Sample vertreten ist. Von den theoretisch erarbeiteten acht internetaffinen Seniorinnen und Senioren, konnten acht Interviews realisiert werden, wenngleich sich Häufungen für bestimmte Parameterkonstellationen ergeben.

Tab. 3: Realisiertes Sample Onliner*innen

Internetnutzung: ja							
Frau				Mann			
Kind(er)				Kind(er)			
Ja		Nein		Ja		Nein	
Hochschulstudium				Hochschulstudium			
Ja	Nein	Ja	Nein	Ja	Nein	Ja	Nein
X X	X	–	–	X X	X X	–	X

Quelle: eigene Darstellung.

Nichtnutzerinnen und *Nichtnutzer* (Offliner) sind ebenfalls nicht homogen über die theoretisch erarbeiteten Merkmalskonstellationen hinweg vertreten. Hier ergebe sich ebenfalls blinde Flecken. Nicht im Sample umgesetzt wurden Befragungen einer Frau mit Kind und Hochschulabschluss und einer Frau ohne Kind und ohne Hochschulabschluss. Männliche Offliner sind in der Befragung mit nur einem Interview vertreten: Lediglich ein kinderloser Mann mit Hochschulstudium konnte für ein Interview gewonnen werden. Für die Offliner ergibt sich eine Zahl von fünf Interviews, wobei diese sich auf drei Merkmalskonstellationen konzentrieren.

Tab. 4: Realisiertes Sample Offliner*innen

Internetnutzung: nein

Frau				Mann			
Kind(er)				Kind(er)			
Ja		Nein		Ja		Nein	
Hochschulstudium				Hochschulstudium			
Ja	Nein	Ja	nein	Ja	Nein	Ja	nein
–	X X	X X	–	–	–	X	–

Quelle: eigene Darstellung.

Insgesamt wurden von ursprünglich 16 theoretisch geplanten Interviews 13 verwirklicht.

Hinsichtlich der Befragung der Kinder wurde aus der Fallauswahl der Seniorinnen und Senioren eine Fallzahl von acht Kindern abgeleitet. Aufgrund der im realisierten Sample geringeren Zahl an Seniorinnen und Senioren reduziert sich die Anzahl der befragten Kinder. Für ein Interview gewonnen werden konnten (theoretisch erarbeitet: n = 8) sechs Personen. Für die Untersuchung zur Verfügung stehen damit 19 Interviews. In einem Fall wurde neben der Tochter eines Seniors auch dessen Enkel befragt, weshalb sich hier ein weiteres Interview ergibt, das für die Untersuchung wertvoll ist.

Die Realisierung des Samples zeigt, dass sich nicht alle theoretisch relevanten Merkmalskonstellationen in der Fallauswahl berücksichtigt werden konnten. Das liegt insbesondere an den angesprochenen Dynamiken empirischer Sozialforschung, welchen immanent ist, dass es sich bei den Interviews um einzelne soziale Prozesse handelt, die ihre jeweils eigenen Konnotationen haben. Ein Interview ist eine Situation, die für den Großteil der Bevölkerung unbekanntes Terrain ist und bisweilen Irritationen und Verunsicherungen hervorruft (vgl. Scholl 1993: 136 ff.). Neben der Scheu, die per se einer wissenschaftlichen Befragung entgegen gebracht wird, spielen die Person der Interviewerin[78] und das Thema der Befragung eine große Rolle bei der Frage, ob die potenziellen Interviewpartnerinnen und -partner sich tatsächlich von einer Teilnahme an der Untersuchung überzeugen lassen. In Bezug auf das Thema Internetnutzung sind Verunsicherungen und Scheu bei Personen, die das Internet eben nicht nutzen, vermeintlich besonders groß (vgl. Flick 2007: 142 ff.). Schlussendlich sind die Interviewer per se auf die Bereitschaft der potenziellen Interviewpartnerinnen und -partner angewiesen. Die Forschungsbestrebungen

---

78 Interviewerinnen und Interviewer spielen in jeder Befragungssituation eine große Rolle, die sich je nach Befragungsmodus (standardisiert, nicht-standardisiert) wandelt (vgl. Scholl 1993: 97 ff.).

können eben nur insofern in ihrem theoretisch erdachten Umfang bewerkstelligt werden, wie das Feld dies zulässt oder Bereitschaft signalisiert, an den wissenschaftlichen Bemühungen mitzuwirken (vgl. Scholl 1993: 136 ff.). Aufgrund der Tatsache, dass sich blinde Flecken im realisierten Sample dort ergeben, wo im Hinblick auf die Thematik der Internetnutzung die im (N)Onliner Atlas als Ausgegrenzte beschriebene Personen verortet sind, nämlich die, die das Internet nicht nutzen, wurde nach einer Möglichkeit gesucht, die Situation derjenigen beschreiben respektive erfassen zu können. Diejenigen Personen, die *nicht* für ein Interview gewonnen werden konnten[79], sind solche, die kein Internet nutzen und männlich sind. Insbesondere Männer (ohne Internetnutzung) mit Kindern sind im Sample nicht vertreten. Die Strategie, deren Situation zumindest aus einer entfernten Perspektive sichten zu können, war die, eine Person aus dem individuellen Umfeld zu befragen. Wie weiter oben in der Darstellung der Interviewakquise nachgezeichnet, wurde der Kontakt mit einem Bürgertreff der AWO in Kiel hergestellt. Nachdem in das Sample passende Senioren ihre Teilnahme an der Umfrage angelehnt hatten, wurde auf eine hauptamtliche Betreuungsperson zurückgegriffen, die zu der Einschätzung der Internetnutzung dieser Personengruppe befragt wurde. Neben den 20 Interviews mit Seniorinnen und Senioren, den Kindern und einem Enkel ist überdies ein Experteninterview im Sample vertreten.

Abschließend lässt sich festhalten, dass den umfangreichen Bemühungen, Interviewkontakte zu gewinnen, eine nur verhältnismäßig geringe Anzahl an realisierten Interviews gegenübersteht. Grundsätzlich hat sich gezeigt, dass Personen, die mit dem Internet vertraut sind und dasselbe im eigenen Alltag integriert haben, eher bereit sind, an einem Interview zu diesem Themenfeld teilzunehmen. Hinsichtlich dieser Merkmalskonstellation hätten noch deutlich mehr Interviews geführt werden können. Aber nach der Aufbereitung der erhobenen Daten zeigte sich, dass über die realisierten Interviews bereits eine inhaltliche Sättigung[80] erreicht wurde. Mit den Worten von Flick kann der

---

79 Scholl bezeichnet die Nicht-Teilnahme an einer Befragung als „Verweigerung" (Scholl 1993: 271). Als Verweigerung oder – abgeleitet – als Verweigerer sollen diejenigen, die sich nicht bereit erklärt haben, an einem Interview teilzunehmen, nicht bezeichnet werden. Schnell, Hill und Esser erforschen die „Ursachen und Konsequenzen von Unit-Nonresponse" und verweisen dabei im Rekurs auf die klassische Unterscheidung, die nach Aussage der Autor*innen in der einschlägigen Literatur gemacht wird, in drei Arten der Respondenten: 1.) Schwer-Erreichbare (vgl. Schnell/Hill/Esser 2005: 310), 2.) Nicht-Befragbare (vgl. ebd.) und 3.) Verweigerer (vgl. ebd.).

80 Die planvolle Realisierung des Samples ist von diversen Faktoren bestimmt. Ein Aspekt liegt in den theoretischen Vorannahmen begründet, darüber hinaus spielen die Überlegungen zu der Genese der Erstkontakte eine herausragende Rolle. Schlussendlich muss während der Datenerhebung die Samplezusammensetzung neu justiert werden: je nachdem, welche theoretischen Überlegungen auch empirisch ihre Entsprechungen finden, muss ge-

Kerngedanke der vorliegenden Datenerhebung zusammengefasst werden: „Ein Feld kann [.] von innen heraus erschlossen werden – ausgehend von besonders typischen oder besonders entwickelten Fällen. Es lässt sich von seiner vermuteten Struktur ausgehend erschließen – indem etwa möglichst unterschiedliche Fälle in ihrer Variationsbreite einbezogen werden" (2007: 169 f.). Die Struktur des Samples wurde im Vorwege anhand der Ergebnisse des (N)Onliner Atlas' festgelegt und, so gut sich dies eben bewerkstelligen ließ, im Zuge des Erhebungsprozesses ausgefüllt (vgl. Flick 2007: 170). Im Verlauf der Datenerhebungen wurden Modifikationen einzelner Schritte notwendig (Erläuterungen dazu finden sich ausführlich dargelegt in den vorangegangenen Abschnitten). Die oberste Prämisse der Datenerhebung lag darin, möglichst der theoretisch erarbeiteten Samplezusammensetzung empirisch zu entsprechen. Schlussendlich weisen die im Vorwege festgesetzte Strukturen und die tatsächliche Realisierung einige Abweichungen auf. Dennoch besteht die Überzeugung, dass die Untersuchungsgruppe „von innen heraus erschlossen werden" (Flick 2007: 169) und die typischen Strukturen erfasst werden konnten. Aufgrund der sehr differenziert ausgelegten Merkmalskonstellationen ergeben sich viele verschiedene Fälle. Daraus resultieren aufgrund nicht zustande gekommener Interviews blinde Flecken im Sample. Für die übergeordneten strukturgebenden Merkmale konnten die theoretischen Überlegungen weitestgehend umgesetzt werden.

10.3 Datenerfassung

Die Erfassung der Interviews erfolgte durch ein Aufnahmegerät. Alle befragten Personen wurden vor dem Beginn des eigentlichen Interviews über die Ziele des Interviews und die Bestimmung der Datenverwendung sowie die Prozesse der Datenaufbereitung aufgeklärt. Zu diesem Zweck wurden den Befragten zwei Dokumente ausgehändigt. Bei dem einen Dokument handelte es sich um ein Informationsblatt, welches die zentralen Informationen des Forschungsprojektes zusammenfasst, auf die Verwendung der Daten hinweist und eine Anony-

---

gebenenfalls eine Modifikation des Vorgehens vorgenommen werden. Flick formuliert hierzu treffend: „Sampling-Entscheidungen lassen sich nicht isoliert treffen. Es gibt nicht per se [sic!] *die* richtige Entscheidung oder Strategie. Die Angemessenheit der Samplingstruktur und -inhalte und damit die Angemessenheit der gewählten Strategie, beides zu gewinnen, lässt sich einerseits nur an der Fragestellung der Untersuchung bestimmen: Welche und wie viele Fälle sind notwendig, um die Fragen der Untersuchung beantworten zu können? Andererseits lässt sich die Angemessenheit des gewählten Samples von dem angestrebten Grad der Verallgemeinerbarkeit der Aussagen beurteilen: Ebenso schwierig wie die Ableitung allgemein gültiger Aussagen aus einer Fallstudie ist die intensive Beschreibung und Erklärung eines Falls […]" (Flick 2007: 169).

mitätsgarantie ausweist. Überdies wird offengelegt, wie die Daten verwendet und für die Analyse aufbereitet werden. Neben diesem Dokument wurde den befragten Personen eine Einverständniserklärung vorgelegt, welche um die Erlaubnis bittet, das Interview elektronisch aufzeichnen zu dürfen und diese Aufzeichnungen in anonymisierter Form für die Zwecke des Forschungsprojektes verwenden zu können. Für alle Interviews wurden der Beginn der Aufnahme und auch die Beendigung derselben markant angezeigt. Auf Wunsch der befragten Personen konnten Aufnahmen unterbrochen werden (dies war in einer Reihe von Fällen gewünscht – Toilettengänge, Telefonanrufe usw. machten kurze Pausen notwendig). Nach Beendigung des Aufnahmevorgangs durch die Interviewpartner*innen kommunizierte Informationen wurden schriftlich durch die Interviewerin fixiert. Im Transkript sind diese nachträglichen Anmerkungen gesondert ausgewiesen. Alle Interviews wurden mit Hilfe eines Aufnahmegerätes mitgeschnitten. Aufgezeichnet wurde das gesamte Interview. Gestoppt wurde die Aufnahme lediglich für gewünschte Unterbrechungen. Beendet wurde die Aufnahme einvernehmlich, wenn der Leitfaden in allen Punkten bearbeitet war und/oder die befragten Personen signalisierten, das Interview zu einem Ende bringen zu wollen. Ausschlaggebend waren hier stets die Signale und Mitteilungen der Interviewpartnerinnen und Interviewpartner.

Neben den Audiodateien gab es eine weitere Form der Dokumentation, welche bereits weiter oben in Kürze angeklungen war: Anmerkungen nach Beendigung der Aufnahme wurden schriftlich notiert. Ebenfalls schriftlich fixiert wurden demografische Angaben zu den Personen selbst. Diese Angaben wurden nach dem Interview ohne die Anwesenheit der befragten Personen ausgefüllt. Diese soziodemografischen Daten wurden standardisiert für jede Interviewpartnerin und für jeden Interviewpartner aufgenommen.

Die Audiodateien wurden anhand entsprechender Transkriptionsregeln in Textdateien überführt. Diese Schritte werden detaillierter im nachfolgenden Kapitel aufgegriffen, welches sich mit der Methodik der Datenauswertung befasst und dabei die dazugehörigen Schritte (Transkription etc.) ebenfalls ausweist.

11 Methode der Datenauswertung: Qualitative Inhaltsanalyse nach Mayring

Inhaltsanalytische Datenauswertungsverfahren sind aus der sozialwissenschaftlichen Forschung nicht mehr wegzudenken. Unterschiedlichste Disziplinen wie Ethnologie, Pädagogik, Geschichte, Psychologie, insbesondere die Soziologie und noch weiteraus mehr bedienen sich dieser Auswertungsmethode, in der – in aller Regel – Texte Grundlage des Analyseinteresses sind (vgl. Atteslander 2010: 195). Möchte man eine Definition des Verfahrens explizieren, kann man Atteslander heranziehen, der ausführt: „Der Begriff Inhaltsanalyse ist die Übersetzung des englischen „content analysis". [sic!] *Mittels Inhaltsanalysen lassen sich Kommunikationsinhalte wie Texte, Bilder und Filme untersuchen, wobei der Schwerpunkt auf der Analyse von Texten liegt."* (Atteslander 2010: 195). Bei der Beschreibung von Atteslander, was eine Inhaltsanalyse gemeinhin charakterisiert, muss jedoch mitgedacht werden, dass insbesondere die Content Analysis auf eine quantitativ ausgelegte Methodik rekurriert (vgl. Mayring 2010: 28). Inhaltsanalyse ist demnach nicht gleich Inhaltsanalyse und bedarf dementsprechend der Konkretisierung respektive der Spezifikation. Des Weiteren muss dezidiert die Unterscheidung von empirischen und hermeneutischen Verfahren vorgenommen werden. Zentral ist die Fokussierung auf den *Inhalt eines Textes*. Sprachanalytische Vorgehensweisen sind eher in der linguistischen Wissenschaftsdisziplin angesiedelt. Hinsichtlich der inhaltsanalytischen Vorgehensweise, die die empirische Ausrichtung präferiert, ist das Forschungsdesign eher quantitativer Natur und zielt explizit auf die Untersuchung von Zusammenhängen – kurz: auf die Prüfung von Hypothesen – ab, welche eher auf die Sprache an sich abstellen, als auf die Bedeutungen, die derselben immanent sind (vgl. Mayring 2010: 28). Hermeneutisch angelegte Inhaltsanalysen wählen einen qualitativen Zugang und gehen interpretativ-sinnverstehend vor. Die Differenzierung dieser Methode in die beiden Forschungsrichtungen soll an dieser Stelle nicht vertieft werden. Vielmehr soll in aller Kürze der Ursprung der Methode zur Datenauswertung in den Blick genommen und dann dezidiert auf die *qualitative Inhaltsanalyse* eingegangen werden.

Die qualitative Inhaltsanalyse ist eine Methode zur Datenauswertung, welche vor noch gar nicht allzu langer Zeit Einzug in den Methodenkanon der Humanwissenschaften gehalten hat[81] (vgl. Hitzler/Honer 1997: 7 ff.).

---

81 Deutlich früher als im deutschsprachigen Raum konstituierte sich diese Methodik der Inhaltsanalyse für zuerst kommunikationswissenschaftliche Untersuchungsfelder und spä-

„Die qualitative Inhaltsanalyse [sic!] (MAYRING 2000) [...] stellt ein Bündel an Verfahrensweisen zur systematischen Textanalyse dar, die vor etwa 20 Jahren [Anm. in den 1980ern] in Zusammenhang mit einer großangelegten Interviewstudie zu den psychosozialen Auswirkungen von Arbeitslosigkeit entwickelt wurden" (Mayring 2000: 1).

Während quantitative, standardisierte Methoden die Zielsetzung darin sehen, statistisch hergeleitete Antworten auf Hypothesen zu finden und mittels statistischer Verfahren für eine festgelegte Grundgesamtheit generalisierbare Aussagen treffen zu können, Zusammenhänge zu testen und die Bevölkerung im Hinblick auf bestimmte Parameter zu beschreiben, nehmen qualitative Designs ihren Ursprung in andersgelagerten Fragestellungen und Forschungsintentionen – somit wählen folgerichtig Methoden der qualitativen Forschung andere Wege für die Datenerhebung und für die Datenauswertung. Die qualitative Inhaltsanalyse gehört zu den letzteren genannten Verfahren. So will die Inhaltsanalyse das Datenmaterial auf tiefer liegende Sinnzusammenhänge hin analysieren. Ziel ist es, die befragten Personen „stärker selbst zur Sprache kommen" (Mayring 2010: 9) zu lassen und „Forderungen nach interpretativen Methoden, die auch latente Sinnstrukturen erkennen"(ebd.) lassen, nachzukommen. Dabei fokussiert sich dieser Ansatz auf die Befragten selbst und versucht ihnen mehr Raum zu geben, damit sie zur Sprache bringen können, welche Betroffenheiten und Befindlichkeiten sie mit sich führen und welche Meinungen und Einstellungen sie gebildet haben. Das große Vermögen der qualitativen Inhaltsanalyse besteht darin, dass sie das von Rust nachfolgend Formulierte zu leisten im Stande ist: qualitative Inhaltsanalyse bewerkstelligt „Klassifikation, Festlegung der Konturen eines Untersuchungsgegenstandes in seinem Kontext, Abgrenzung gegen andere Objekte und die allgemeine Charakterisierung seiner inneren Beschaffenheit" (Rust 1981: 196).

Die Wahl dieses Ansatzes ist insbesondere dann angezeigt, wenn es darum gehen soll, sehr komplexe Problemlagen von anderen Perspektiven aus zu betrachten oder aber diese Problemstellungen für neue Betrachtungen und Zugänge zu öffnen. Überdies offeriert die qualitative Inhaltsanalyse die gleichen Bemühungen in der Auseinandersetzung mit dem Datenmaterial, wie es schon

---

ter für psychologische und sozialwissenschaftliche Analysen in den USA. Die „erste Monografie über die Content Analysis [wurde] von B. Berelson (1952), der sie als objektive, systematische und quantitative Analyse des manifesten Inhalts von Kommunikation ausarbeitete" (Mayring 2010: 26) verfasst. Davon ausgehend wurde die Methodik im Rahmen zweier bedeutender Konferenzen konkretisiert und in ihrer Anwendungsfähigkeit geschärft und überprüft: 1955 Allerton-House-Konferenz (an der Universität von Illinois in Monticello) und 1966 die Annenberg-School-Konferenz (an der Universität von Pennsylvania in Philadelphia) (vgl. Mayring 2010: 27).

die Methodik der Datenerhebung dieser Arbeit tut: im Einklang mit der phänomenologischen Tradition wird auch in der Datenauswertung das Material als Zugang zu der Lebenswelt der befragten Personen begriffen. Neben der Tatsache, dass das Datenmaterial ein *Zeugnis* der verbalisierten Einstellungen und Meinungen der befragten Personen zu dem weitläufigen Feld der Rolle des Internets im eigenen Leben darstellt, ist es möglich, mittels der qualitativen Inhaltsanalyse bereits dezidiert bearbeitet erscheinende Aspekte mit Hilfe dieses Zugangs neu zu hinterfragt und zu beleuchten. Wie Hitzler ausführt, geht es darum, das sprachliche Material in den Mittelpunkt der Analysen zu setzen und daraus die Erkenntnisse für ein Forschungsinteresse zu gewinnen (vgl. Hitzler/ Honer 1997: 7 ff). „Hier steht die qualitativ orientierte Analyse des Einzelfalls über der großen repräsentativen Stichprobe, weil nur so die Fragestellung in ihrer Komplexität untersuchbar erscheint" (Mayring 2010: 9 f.). Diese Ansätze benötigen einen anders formierten Datenzugang und eine gänzlich andere Auswertungsmodalität, als dies bei quantitativ gelagerten Untersuchungen mit standardisiert generierten Daten der Fall ist. Die qualitative Inhaltsanalyse schließt diese Lücke und bereitet den Weg für eine systematische, nachvollziehbare und wissenschaftlichen Ansprüchen genügende Datenanalyse[82], die auf Basis nicht standardisierten Materials vollzogen werden soll (vgl. Berelson 1952: 18). „Der Grundgedanke des hier vorgestellten Ansatzes ist dabei, die Vorteile der in den Kommunikationswissenschaften entwickelten quantitativen Inhaltsanalyse zu bewahren und auf qualitativ-interpretative Auswertungsschritte zu

---

82 Die qualitative Inhaltsanalyse wird – wie anderen Methoden der Datenanalyse auch – mit vielfältigen Kritiken belegt, welche derselben vorwerfen, nicht wissenschaftlich genug zu sein, lediglich verzerrte Ergebnisse zu erzeugen, damit bloße Reproduktion von Gesagtem zu betreiben und rein deskriptiv sein zu können. Die Kritiken nehmen insbesondere daran Anstoß, dass die Inhaltsanalyse keine Weiterentwicklung erfahren hat. Seit den weiter oben skizzierten Konferenzen, in denen quasi die Grundlegung der Methodik vollzogen wurde, habe insbesondere die qualitative Inhaltsanalyse mehr Schritte auf der Stelle getan, als voranzuschreiten (vgl. Mayring 27 ff.). Überdies bestünde der Fallstrick darin, dass sie als genuin kommunikationswissenschaftliche Methodik, welche die Sprache als Untersuchungsgegenstand habe, keine befriedigende Übertragung auf sozialwissenschaftliche Kontexte zuließe. Dem muss entgegengehalten werden, dass stets zu eruieren ist, mit welcher Methodik dies qualitative Inhaltsanalyse in Konkurrenz tritt und welche Maßstäbe als prüfendes Element angelegt werden. Überdies gilt für den Kritikpunkt der Übertragung von kommunikationswissenschaftlichen auf sozialwissenschaftliche Zusammenhänge, dass die Analyse des Textmaterials nicht das Ende der Analysen sozialwissenschaftlicher Sachverhalte bedeute. Denn zentral der interpretative und verstehende Untersuchungsprozess macht den Text zu dem, was er war: Zeugnis der Lebenswelt der befragten Personen. Die Inhaltsanalyse kann helfen, die Aussagen der befragten Personen zu strukturieren, zusammenzufassen, sie zu verdichten und die Kernaussagen herauszuarbeiten. Was schlussendlich mit diesem Datenmaterial und dem generierten Kategoriensystem quasi angefangen wird, ist Sache der interpretativen Auseinandersetzung mit den Analyseergebnissen. Dass diesen Aspekt die qualitative Inhaltsanalyse nicht bewerkstelligen kann, ist einzusehen.

übertragen und weiter zu entwickeln" (Mayring 2000: 1). Das Material, von dem weiter oben gesprochen wird, ist Resultat einer Kommunikation mit bestimmtem Zweck (vgl. ebd.: 11). In dem hier vorliegenden Fall geht es konkret um persönlich, face-to-face geführte (mündliche) Interviews zwischen einer Interviewerin und Interviewpartner*innen, an deren Aussagen für eine Forschungsfrage höchstes Interesse besteht. Grundlage dieser Interviews ist ein Leitfaden, der aus offenen Fragen besteht und zum Schluss mit einigen wenigen, geschlossenen Fragen zu demografischen Attributen aufwartet. Die Antworten der befragten Personen auf die offenen, nicht standardisierten Fragen bilden den Kern der Interessen und ergeben das Material für die nachfolgenden Analysen. Die verbalisierten Daten liegen für die Inhaltsanalyse transkribiert als verschriftlichte Texte vor. Der Text ist dabei zum einen direkt übernommene Aussage der befragten Personen in einer anderen Form – der Text ist das Medium, welches die Botschaft der Aussage transportiert. Dass der Text zum einen direktes Abbild des Verbalen ist, erschließt sich unmittelbar, zum anderen ist er jedoch eine Konstruktion. Mayring beschreibt in Anlehnung an Rust die dem Text immanenten Prinzipien:

„1. Jeder Text bedeutet die Stilisierung einer Information.
2. Indem der Text bestimmte Informationen stilisiert, aktualisiert er Sinnbezüge.
3. Dadurch werden semantische Einheiten aufgebaut, deren Umfang bestimmt werden und variiert werden muss, um innere Konstruktionsprinzipien und äußere Beziehungen aufzudecken.
4. Die untergeordneten Einheiten des Textes werden gekennzeichnet und abgegrenzt,
5. Die Beziehung der untergeordneten Einheiten zu anderen Bereichen des Inhalts oder dahinterstehender Handlungen werden charakterisiert.
6. Diese Beziehungen lassen sich durch bestimmte Figuren ausdrücken, die mehr oder weniger umfangreich sein können.
7. Die Grenzen zwischen den semantischen Untereinheiten lassen sich auf dem jeweiligen kulturellen Hintergrund wieder überwinden.
8. Für den Rezipienten sind bestimmte untergeordnete semantische Felder als Stilisierung seines Alltags erkennbar (vgl. Rust 1980: 12 f.)"
(Mayring 2010: 28 f.).

Aus diesen Ausführungen geht hervor, dass der Text mittels gezielter Auseinandersetzung, unter Anwendung von Regeln und der Beachtung der Besonderheiten für die Analyse herangezogen werden kann. Der Text ist damit nicht bloßes Material ohne Verbindung zum ursprünglichen Datenmaterial (vgl. Rust 1980: 21). Die sozialwissenschaftlich orientierte Inhaltsanalyse rekurriert auf den Text, der Datenmaterial für die Analyse liefert. Allerdings, das wurde anhand der Ausführungen von Rust weiter oben bereits gezeigt, ist der Text nicht nur ein Text im Sinne einer Quelle für Kommunikationsinhalte. Neben dem

Inhalt von Kommunikation werden „auch formale Aspekte der Kommunikation [.] zu ihrem Gegenstand gemacht" (Mayring 2010: 11). So macht Mayring auf die mithin negative Konnotation aufmerksam, die dem *Inhalt* eines Textes anhaftet: „Manchen Inhaltsanalytikern erscheint der Begriff [sic!] »Inhalt« überhaupt suspekt, da sie mehr an latenten Gehalten denn am manifesten Inhalt der Kommunikation interessiert sind." (Mayring 2010: 11). *Gehalt* ist in diesem Zusammenhang eine treffliche Begrifflichkeit, die auf die divergierenden Ebenen und Aspekte aufmerksam macht, die dem Text innewohnen und so viel mehr beherbergen als sprachlich vermittelten Inhalt. Dieser Umstand führt erneut zu der Betonung, dass die Inhaltsanalyse eine Methode ist, mit all den Attributen einer qualitativen Auswertungsform eine Datengrundlage systematisch aufzuarbeiten und analytisch zu betrachten.

Mayring plädiert, um hier inhaltliche Unterschiede prägnanter werden zu lassen und insbesondere eine Differenzierung gegenüber der quantitativen Analyse zu erreichen, dafür, die von ihm repräsentierte qualitative Inhaltsanalyse einer begrifflichen Neuausrichtung zu unterziehen und dann als *„kategoriengeleitete Textanalyse"* (Mayring 2010: 13) zu benennen. Diese begriffliche Neuausrichtung erscheint eingedenk der angeführten Argumente sehr passend. Da jedoch auch Mayring nicht mit vollumfänglicher Konsequenz diesen Begriff anstatt der qualitativen Inhaltsanalyse in seinem hier als Referenz angenommenen Werk anwendet, wird auch in dieser Arbeit der etablierte Terminus verwendet.

Am Ende dieser Vorrede zu den Darlegungen der Methode der Datenauswertung sollen nachfolgend ein paar Aspekte in Form eines kleinen Zwischenfazits resümiert und zudem das sich anschließende Kapitel eingeleitet werden: deutlich hervorzuheben ist, dass die qualitative Inhaltsanalyse für das von Mayring explizierte Auswertungsverfahren stets einen Text als Grundlage benötigt, die ursprüngliche Kommunikationsform aber eine andere, nämlich mündliche oder audiovisuelle, gewesen sein kann. Es bedarf stets des Zwischenschritts der Verschriftlichung der Audiodateien (Transkription), um mit der Analyse beginnen zu können. Die von Mayring praktizierte und explizierte Inhaltsanalyse hat, zusammenfassend angeführt, zum Ziel, fixierte Kommunikation zu analysieren, systematisch vorzugehen, die Analyse regelgeleitet durchzuführen, je nach Design theoriegeleitet zu arbeiten und Rückschlüsse aus prägnanten Teilen der Kommunikation zu ziehen (vgl. Mayring 2010: 13). Um diesem Zielkanon gerecht zu werden, braucht es ein festgelegtes Regelwerk, ein Verfahren, welches die Inhaltsanalyse zu einem transparenten Analyseinstrument werden lässt.

Zunächst jedoch bedarf es der Identifikation der Funktion des Textes, damit also die Antwort auf die Frage, *warum* dieser Text (diese Kommunikation) einer Analyse unterzogen wird und über *wen* dieser Text eine Aussage treffen soll (vgl. Mayring 2010: 56). Dieses Kapitel möchte, a) die von Mayring dezidiert ausdifferenzierten Konzepte und Auswertungsleitfaden auf das konkret vorliegende Datenmaterial übertragen und derer Anwendbarkeit(en) aufzeigen, und b) die einzelnen Schritte der Datenaufbereitung und der Datenauswertung transparent machen. Zu diesem zweiten Schritt gehört zudem die Offenlegung der angewendeten Regeln im Prozess der Transkription.

11.1 Von der Audio- zur Textdatei: Die Transkription und ihre Regeln

Die Verschriftlichung des gesprochenen Wortes ist für die Analyse des Datenbestandes anhand der Leitpfade von Mayring in der Konzeption der qualitativen Inhaltsanalyse notwendige Voraussetzung. Erst durch die Überführung der verbalisierten Informationen in eine Textform sind transparente Analysen und interpretatives Deuten möglich. Im 20. Jahrhundert etablierte sich „die Transkription als sprachwissenschaftliche Arbeitsgrundlage" (Dittmar 2004: 13) – den Ursprung dieser Technik beschreibt Dittmar folgendermaßen:

> „Der Terminus [sic!] „Transkription" (lat. *transcribere* – überschreiben, umschreiben) bezieht sich auf die Wiedergabe eines gesprochenen Diskurses in einem situativen Kontext mit Hilfe alphabetischer Schriftsätze und anderer, auf kommunikatives Verhalten verweisender Symbole." (Dittmar 2004: 50).

Das Bedürfnis, sprachliche Informationen, die oftmals als flüchtig und vergänglich wahrgenommen werden, in Texten zu konservieren und zu dokumentieren ist bereits seit der Antike existent (vgl. (Dittmar 2004: 50). Wie wertvoll diese Kulturtechniken sind, kann man anhand der Überlieferungen vieler kultureller Schätze vergegenwärtigen. Schriftsysteme ermöglichen es, Informationen unabhängig von einer bestimmten Person zu konservieren und als Erbe weiterzutragen. So ermöglicht die verschriftlichte Form von Sprache(n) die tiefere Auseinandersetzung mit den spezifischen Inhalten. Vielfältigen Auseinandersetzungen und Analysen werden die Inhalte erst in Textform zugänglich. Um die als Audiodateien vorliegenden sprachlichen Verlautbarungen im Kontext des Interviews in eine Textform zu überführen, können verschiedene Regeln zur Anwendung kommen. Diese Regeln der Transkription dienen dazu, die sprachlichen Äußerungen in ihrer Vielfalt abzubilden und den Kontext zu erweitern, indem auch nicht verbalisierte Kommunikation im Transkript festgehalten wird. So kann der Rahmen des Transkriptes eher eng oder aber eher weit angesetzt werden. Werden Audiodateien in einem eher engen Rahmen in eine Textform überführt, findet eine Konzentration auf die eigentlichen Sprachinhalte statt. Das bedeutet, dass das in Worte überführt wird, was aus der Audiodatei als gesprochenes Wort extrahiert werden kann. Fasst man den

Kontext eher weiter, dann finden Sprachpausen, verschiedene Betonungen usw. eine zentrale Berücksichtigung und werden im Transkript in entsprechender Form vermerkt und angezeigt.

„Was wie (in welcher grob- oder feingranulierten Form) mit welcher Qualität und Menge von Symbolen verschriftlicht wird, ist eine Funktion der wissenschaftlichen Fragestellung." (Dittmar 2004: 51). Zentrales Bestreben der Transkription ist, „wissenschaftliche [...] Untersuchungen mündlicher Kommunikationsprozesse" (Dittmar 2004: 49) zu ermöglichen und Kommunikationsprozesse in eine schriftliche Dokumentationsgrundlage zu überführen. Wissen soll dauerhaft gespeichert und damit zugänglich gemacht werden (vgl. ebd.).

> „Die Grundlage jeglicher Untersuchung kommunikativen Verhaltens ist das [sic!] ‚Einfrieren' der aktuellen Kommunikation in einer situationsentbundenen Form als [sic!] *dokumentarische Transkription*, die die wesentliche *conditio sine qua non* jeder Art von Beschreibung verbaler Interaktion überhaupt darstellt." (Dittmar 2004: 49).

Dabei handelt es sich beim Transkribieren nicht bloß um ein Mittel zum Zweck oder ein von den anderen Schritten des Forschungsprozesses abgekapseltes Vorgehen. Vielmehr trägt auch dieser Schritt einen immensen Beitrag im Voranschreiten des Verstehens des Datenmaterials. Dies ist vor allem und insbesondere dann der Fall, wenn die Schritte der Datenerhebung, der Transkription und der Datenauswertung von *nur einer Person* bewerkstelligt werden. Über den Verlauf dieser verschiedenen Etappen der Untersuchung wird gleichsam ein Weg durch einen Verstehensprozess beschritten. So verdichten sich die Kenntnisse über die Datenlage immer mehr und es ist möglich – auch und insbesondere – durch das Transkribieren zu einem besseren, intensiveren Verständnis des Materials zu kommen (vgl. Dittmar 2004: 55). Aufgrund dessen muss diesem Vorgang weitaus mehr Berücksichtigung beigemessen werden, als man zunächst vermutet. Anhand des Vorgangs des Transkribierens kann die Forscherin das Interview erneut durchleben und nimmt andere Facetten wahr, als dies während des Interviews möglich war. Aufgrund dieser wertvollen Aspekte empfiehlt es sich, das Erstellen der Transkripte selbsttätig zu vollziehen und nicht anderen Händen anzuvertrauen.

Dieses Transparentmachen von Informationen, die die Audiodateien bereithalten und die in die Textdatei übernommen werden sollen, und das Bereitstellen verbaler Interaktion findet sich in den Transkriptionsregeln niedergeschrieben, die für jeden Übertragungsvorgang offengelegt werden müssen. Selbstverständlich ist im Rahmen dieses Vorgehens, dass die benannten

Transkriptionsregeln für jede Audiodatei Anwendung finden, wobei jedes einzelne Interview als eine Audiodatei wahrgenommen wird. Die Regelhaftigkeit[83], welche für diese Untersuchung für die Transkriptionen angewendet wird, ist dem von Norbert Dittmar erstellten Leitfaden (2004) entnommen sowie zentral an die Ausführungen von Dresing und Pehl (2015) angelehnt. Dittmar weist darauf hin, dass sich (nicht nur im deutschsprachigen Raum) verschiedene Transkriptionssysteme finden lassen. Der referenzierte Leitfaden zeigt regelgeleitet auf, wie man die Formel ‚Wer sagt was, wie und unter welchen Umständen' transparent im Transkriptionsprozess verarbeitet. Die Schwierigkeit, die sich für die Transkription ergibt ist auch gleichsam die Erklärung für die Anwendung entsprechend feiner oder eher grober anmutender Regeln für diesen Vorgang:

> „Mit der Transkription wird ein komplexes natürliches Kommunikationsereignis, eigentlich [sic!] ‚Schallereignis', das aus miteinander interagierenden Individuen in einem mehrdimensionalen Raum besteht (‚Situation'), eindimensional in einer Zeichenkette auf Papier abgebildet." (Dittmar 2004: 87).

Die Transkription der Interviews wird durch die Software MAXQDA unterstützt. Dazu werden die Audiodateien über einen speziellen Audiodateienplayer in das Programm implementiert. Während die Forscherin die Sprecherwechsel durch die entsprechenden Kürzel selbst anzeigen muss, weist die Software direkt die Sprechersequenzen im Transkript aus, so dass die Originalsequenzen in der Audiodatei ohne jegliche Mühe zu identifizieren und aufzufinden sind. Auf eine Form der Partiturschreibweise wird in dieser Untersuchung verzichtet. Stattdessen kommt die Zeilenschreibweise zum Einsatz (vgl. Dresing/Pehl 2010: 725), die auch als „Sequentielle Struktur" (Dittmar 2004: 89) beschrieben wird.

Grundsätzlich wird auf das Format der Standardorthografie zurückgegriffen, um die verbalisierten Informationen schriftlich zu fixieren. Dabei werden sprachliche Eigenheiten (Elisionen, Assimilationen) nicht berücksichtigt. Versprecher, Betonungen, Wortdehnungen und dergleichen werden nicht berücksichtigt. Kurzum: sprachliche Besonderheiten bleiben unberücksichtigt, weil im

---

83 Besonderheiten, die sich an phonetische Explikationen anschließen und den Ausführungen der International Phonetic Association entsprechen, werden für die Transkription der vorliegenden Interviews nicht berücksichtigt. Die Begründung für diesen Schritt liegt zuvorderst in der Tatsache, dass die Interviews allesamt in deutscher Sprache geführt wurden und überdies keine Dialekte von den Interviewpartnerinnen und Interviewpartner gesprochen wurden. Auf derlei Ausdifferenzierungen können für die Auswertungen der Interviews verzichtet werden. Außerdem handelt es sich bei den Interviews um solche von 30 bis 120 Minuten Länge. Phonetische Besonderheiten sind hier nicht von Relevanz für die Erkenntnisgenese (vgl. Dittmar 2004: 66 ff.). Zurückgegriffen wird also auf die Transkription im Format der Standardorthographie.

Zentrum des Interesses steht, *was* gesagt wurde und nicht, *wie* etwas gesagt wurde (vgl. Dresing/Pehl 2010: 723 ff.). Verwendung findet somit ein „einfaches Transkriptionssystem" (Dresing/Pehl 2015: 20), welches „bewusst einfache und schnell erlernbare Transkriptionsregeln [verwendet], die die Sprache deutlich [sic!] „glätten" und den Fokus auf den Inhalt des Redebeitrages setzen" (Kuckartz et al. 2008: 27). Um dieses Glätten bewerkstelligen zu können, von denen Kuckartz et al., aber auch Dresing und Pehl sprechen, ergeben sich einige Regeln, die sich an die benannten Autoren anlehnen und für die betreffende Untersuchung Gültigkeit entfalten sollen:

- Transkription erfolgt wörtlich;
- Dialekte werden in das Hochdeutsche transformiert;
- Wortverschleifungen werden bereinigt;
- Grammatikalische Fehler bleiben auch im Transkript bestehen;
- „Wort- und Satzabbrüche sowie Stottern werden geglättet bzw. ausgelassen, Wortdoppelungen nur erfasst, wenn sie als Stilmittel zur Betonung genutzt werden" (Dresing/Pehl 2015: 21);
- Füllworte werden nicht transkribiert.
- Interpunktionen werden für eine bessere Lesbarkeit und Verständlichkeit den Regeln entsprechend angepasst;
- „Pausen werden durch drei Auslassungspunkte in Klammern (...) markiert." (ebd.) Eine Differenzierung hinsichtlich der Pausenlängen wird nicht vorgenommen;
- Signale des aktiven Zuhörens und der Verständnisbekundungen werden nicht verschriftlicht;
- Betonte Wörter werden durch Großschreibung hervorgehoben;
- Jeder Sprecherbeitrag wird – unabhängig von dessen Länge – in einem eigenen Absatz aufgeführt. Die entsprechenden Zeitsequenzen sind angegeben.
- „Emotionale nonverbale Äußerungen der befragten Person und des Interviewers, die die Aussage unterstützen oder verdeutlichen (etwa wie lachen oder seufzen), werden beim Einsatz in Klammern notiert" (Dresing/Pehl 2015: 22);
- Kennzeichnung unverständlicher Wörter: (unv.)
- Vermutung, aber Unsicherheit hinsichtlich eines Wortbeitrages: das vermutete Wort wird in Klammern mit einem Fragezeichen aufgeführt;
- Die Interviewerin wird im Transkript mit „I" abgekürzt. Den befragten Personen wird ein Kürzel zugewiesen, unter dem sie auch im Transkript geführt werden.
- Das Transkript und die Audiodateien werden unter diesen speziellen Kürzeln gespeichert (vgl. Dresing/Pehl 2015: 21 ff.).

Diese hier explizierten Regeln sollen dazu dienen, die Transkripte in einer einheitlichen, eindeutig nachvollziehbaren und gut lesbaren Form erstellen zu können, die es zudem ermöglicht, den Gehalt der Interviews angemessen zu transportieren (vgl. Mayring 2010: 53). Betont wird, dass der Fokus auf dem Inhalt der Interviews liegt, phonetische Aspekte für diese Untersuchung in einem direkten Zugriff keine allzu große Bedeutung entfalten und daher komplexere Transkriptionssysteme keiner Berücksichtigung bedürfen. Die Transkripte umfassen die vollständigen Interviews und machen die markanten Stellen in den oben genannten Formen deutlich.

Neben der Anforderung der Verschriftlichung der Audiodateien ist es notwendig, personenbezogene Daten zu anonymisieren (vgl. Kuckartz 2014: 140). Die Anonymisierung der Daten findet im Zuge der Transkription statt. In Bezug auf die Audiodateien bleibt dieser Schritt unberücksichtigt; aus zweierlei Gründen: zum einen beinhaltet die Zusicherung, die die Interviewpartnerinnen und -partner erhalten, die Erklärung, dass die Audiodatei keinem Dritten vorgespielt wird. Es handelt sich im Zuge der Interviews um sehr sensible Daten, die erst in Form der Transkripte für Dritte zugänglich werden. Zum anderen ist es für die Tiefenanalyse relevant, die Sinnzusammenhänge rekonstruieren und deuten zu können. Im Kontext der Textdateien, die schlussendlich die Analysegrundlage darstellen, sind die Daten dann so weit anonymisiert, dass keine Rückschlüsse auf konkrete Personen gezogen werden können.

11.2 Inhaltsanalytisches Vorgehen: Genese des Kategoriensystems

Ziel der qualitativen Inhaltsanalyse im Rahmen dieser Untersuchung ist es, aus dem mittels Face-to-face-Interviews gewonnenen Datenmaterial zu extrahieren, welche Rolle die Senior*innen und Kinder dem Internet für ihr Alltagsleben zuschreiben, welche Wertekonstellationen sich im Zuge dessen aufdecken lassen und wie die (vermeintliche) Informationsbeschaffung und Wissensakkumulation vonstattengeht. Eingedenk der phänomenologischen Tradition soll auch hier die befragte Person als Experte oder Expertin der eigenen Lebenswelt begriffen werden und das Bestreben darin bestehen, dem vor der Forscherin liegenden Phänomen mit größtmöglicher Offenheit zu begegnen. Sprachrohr derselben ist das durch Transkription in eine Textform überführte Datenmaterial. Aus der Fülle der Interviews sollen im Folgenden die zentralen Aussagen der Kinder und die zentralen Aussagen der Seniorinnen und Senioren getrennt voneinander gewonnen werden, damit später eine Gegenüberstellung beider Erkenntnisse möglich wird. Die zentralen Aussagen gehen als komprimierte Codes in einem Kategoriensystem auf. „Das Kategoriensystem stellt das zentrale Instrument der Analyse dar. Auch sie ermöglichen das Nachvollziehen der Analyse für andere, die Intersubjektivität des Vorgehens." (Mayring 2010: 49). Dabei sind die Codes als verdichtete Aussagen, als Extrakte zu verstehen, welche die Darstellungen der Befragten konzentriert aus den jeweiligen verbalisierten Ausführungen herausheben (vgl. Mayring 2010: 20). Das Kategoriensystem expliziert die als Codes vorliegenden zentralen Aussagen und beherbergt prägnante Textstellen und damit Zitate, die als Ankerbeispiele fungieren und einen Rückbezug zu dem Datenmaterial ermöglichen, ohne den Einzelfall als solchen kenntlich zu machen, aber die Lücke zu dem Prozess zu schließen, der vermeintlich intransparent zu sein scheint: der Prozess der Reduktion, der Paraphrasierung und der Generalisierung. Dies sind die Schritte, die vollzogen werden, um aus den jeweils einzeln vorliegenden vertextlichten Zeugnissen der Interviews, Kategorien zu bilden. Um die Offenheit gegenüber dem Untersuchungsgegenstand (Datenmaterial, welches als Zeugnis der Lebenswelt der Befragten verstanden wird) zu wahren, wird auf eine theoriegeleitete *Genese der Kategorien* aus dem Datenmaterial verzichtet: die Codes ergeben sich aus der Analyse, aus der Arbeit mit dem Datenmaterial quasi selbst. Dies bedeutet, dass das Vorgehen dieser Analyse ein zunächst induktives ist, welches auf Basis jedes Einzelinterviews die Ergebnisse extrahiert. Allerdings ist dieser Umstand gleichsam durch eine theoretische Fundierung geprägt. Bisweilen wird dieser Aspekt der mit der Genese der Kategorien an sich vermischt, indem indifferent dargestellt wird, dass das induktive Vorgehen ohne theoretische Fundierung auskäme, eine theoriegeleitete Analyse hingehen deduktiv auf Grundlage bereits vorgefertigter Kategorien arbeiten würde. Dass es sich in den beiden skizzierten Fällen um deutlich voneinander zu unterscheidende Analysewege handelt, ist unstrittig. Dass dem induktiven Vorgehen jedoch per se eine sich durch theoretische Vorüberlegungen vollziehende Analyse abgesprochen wird, entspricht nicht dem inhaltsanalytischen Vorgehen, welches insbesondere durch Mayring praktiziert und kommuniziert wird. Theoriegeleitet ist dieses induktive, die Kategorien erst aus dem Datenmaterial heraus generierende Vorgehen schon deshalb, weil dasselbe eine Stringenz mit sich führt, welche sich an der Fragestellung, dem gesamten Design der Datenerhebung, der theoretischen Herleitung der Fallauswahl und der Untersuchungsklammer abarbeitet. Allein die Tatsache, dass es sich um ein leitfadengestütztes Interview handelt, verdeutlicht, dass die Datengenese und die Datenauswertung gleichermaßen einen theoretischen Rahmen erhalten (haben) (vgl. Mayring 2010: 50). „Diese Kategorien werden in einem Wechselverhältnis zwischen der Theorie (der Fragestellung) und dem konkreten Material entwickelt" (Mayring 2010: 59).

Die Begründung des induktiven Vorgehens liegt in der Intention qualitativer Forschung, welche eher zu verstehen, denn zu erklären bemüht ist (vgl. ebd.). Um die mit der Internetnutzung oder -nichtnutzung einhergehenden Phänomene zu erfassen, erfolgt zuvorderst eine „Orientierung am [sic!] *Beson-*

deren" (ebd.). Im Zuge der Kategorienbildung tritt das einzelne Interview in den Hintergrund, geht jedoch in dem Kategoriensystem selbst mit auf. Die qualitative Inhaltsanalyse ist ein zirkulärer Prozess, bei dem man zu Gunsten der Betrachtung der Systematiken der Untersuchungsgruppe das Individuum in dem Konzentrat nur indirekt berücksichtigen kann. Jedoch erfolgt immerzu ein Rückbezug auf den Einzelnen, indem mehrfach eine Überprüfung dessen vollzogen wird, ob die jeweilige Aussage, die betreffende Textstelle in der Kategorie tatsächlich korrekt repräsentiert wird. Zudem beruft sich dieser Prozess immer wieder auf die Textstellen, die erst eine Kategorie konstituieren. Um ein Bild der Untersuchungsgruppe respektive des Analysekontextes zeichnen zu können, bedarf es der Extraktion der Einzelaussagen und der Verdichtung zu einem Code- respektive Kategoriensystem, anhand dessen sich ablesen lässt, was sich hinsichtlich der Internetthematik für die Gruppe der Senior*innen offenbart. Der skizzierte Prozess ist von Rust eindrucksvoll umrissen worden:

> „So verfolgt die qualitative Analyse eine doppelte Strategie: Sie zwingt den Gegenstand, sich in seiner Struktur zu offenbaren, indem sie detotalisierend ansetzt und nach dem Verhältnis der Einzelaspekte und des vordergründigen Erscheinungsbildes fragt, dies aber mit dem Ziel einer bewussten Retotalisierung vollzieht, um den gesamtgesellschaftlichen Kerngehalt einer jeden Äußerung nicht aus den Augen zu verlieren." (Rust 1980: 21).

Um den Schritt von den als Ganzes vorliegenden Einzelinterviews zu einem alle Ausführungen umfassenden Kategoriensystem zu bewerkstelligen, bedarf es einer Systematik, die aufdeckt, wie diese Extraktion vollzogen wurde – „Systematik heißt dabei vor allem: Orientierung an vorab festgelegten Regeln der Textanalyse" (Mayring 2010: 48). Diese Regelgeleitetheit ist erneut relevant, um die Gütekriterien der qualitativen Forschung zu erfüllen und den Forschungsprozess nachvollziehbar und überprüfbar zu halten (vgl. Mayring 2010: 13 u. 49). Die Phasen der Auswertung des Interviewmaterials sowie die spezifische Terminologie orientieren sich an den Ausführungen von Mayring (2010). Anhand seiner Darstellungen sollen Etappe für Etappe die Phasen benannt und ausgewiesen werden, die im Zuge der Datenauswertung – unter anderem im Rahmen des Auswertungsprozesses mittels der Computersoftware MAXQDA 12 – vollzogen werden. Zur Vergegenwärtigung des Ablaufs der Inhaltsanalyse wird nachfolgend Bezug auf das allgemeine Ablaufmodell von Mayring genommen, welches insbesondere bis zum Schritt Nummer fünf den Darstellungen folgt, aber weitergehend die für die Untersuchung notwendigen Spezifikationen und Modifikationen vornimmt (vgl. ebd.: 59). Die im Ablaufmodell als Etappe Nummer fünf aufgeführte „Theoretische Differenzierung der Fragestellung" (Mayring 2010: 60) hat ihre umfassende Grundlegung in gesonderten Kapiteln dieser Arbeit erfahren und wird im Rahmen dieser methodischen

Betrachtungen nicht aufgegriffen. Die anderen von Mayring geforderten Punkte werden in den nachfolgenden Abschnitten thematisiert.

11.2.1 Entstehung des Datenmaterials und Festlegung des Analysematerials

Die Erhebungsphase und das Zustandekommen der Interviews wurden bereits im vorangegangenen Kapitel zum Feldzugang und zu der Fallauswahl thematisiert. Zur erneuten Vergegenwärtigung der betreffenden Entstehungssituationen soll hier nur knapp in Erinnerung gerufen werden, dass alle Interviews von der Forscherin selbst geführt und auch transkribiert wurden (die Transkriptionsregeln sind weiter oben dargelegt). Alle Interviews wurden von den Befragten freiwillig geführt; dokumentiert wurde diese Einwilligung anhand einer schriftlich verfassten Einverständniserklärung. Den Ort der Interviews wählten alle befragten Personen selbst und bestimmten zudem Tag und Uhrzeit. Die Dokumentation der Interviews erfolgte für die Befragten nachvollziehbar unter Zuhilfenahme eines Tonbandgerätes. Die Aufnahmen wurden im Beisein der Interviewpartnerinnen und -partner gestartet und gestoppt und bei Bedarf unterbrochen.

Mayring fordert darüber hinaus als Maßnahme im Vorwege der Auswertung die Festlegung des zu analysierenden Materials. Das für die Analyse zur Verfügung stehende und zu diesem Zwecke herangezogene Material konstituiert sich aus den in Textform vorliegenden leitfadengestützt erhobenen Einzelinterviews – und zwar aus den Interviews, die aus der Face-to-face-Befragung mit den Seniorinnen und Senioren und deren Kindern entstanden sind. Die soziodemografischen Hintergründe der Seniorinnen und Senioren sind bereits in die Fallauswahl eingeflossen. Die Senior*innen weisen also die im Vorwege im Erhebungsplan festgelegten, theoretisch begründeten Attribute auf. Das zentrale Differenzierungsmerkmal besteht in der disparaten Internetnutzung – die Untersuchungsgruppe spaltet sich also in offline und in online agierende Seniorinnen und Senioren auf. Jedes Interview wird also als eigene Analyseeinheit wahrgenommen und jeweils für sich analytisch betrachtet, bevor es in dem Kategoriensystem aufgeht.

11.2.2 Richtung der Analyse

Um Mayrings Appell nachzukommen, dass man „einen Text nicht »einfach so« interpretieren" (2010: 56) könne, soll dieser kurze Abschnitt dazu dienen, die Richtung der Analyse zu vergegenwärtigen und zu explizieren, was eigentlich der Interpretationsansatz sein soll. Insbesondere der letztgenannte Aspekt hat seine Rechtfertigung und ausführliche Darlegung bereits in den vorangegangenen Kapiteln erhalten, in denen ausgeführt wurde, welche theoretischen Konzepte zu der leitenden Fragestellung dieser Arbeit geführt haben. So ist, vollkommen im Einklang mit wissenschaftstheoretischen Bestimmungen, die zu Beginn dieser Arbeit formulierte, leitende Fragestellung der Taktgeber der Erhebungs- und der Auswertungsmethodik. Somit wird die nachfolgende Inhaltsanalyse an der Fragestellung, an den theoretischen Vorüberlegungen, die im Übrigen in der Leitfadenerstellung ihre Entsprechung erhielten entlangexpliziert. Im Zentrum steht das Bestreben, Erkenntnisse darüber zu erlangen, wie online und offline agierende Senior*innen ihren Alltag erleben, welche Vorteile oder Nachteile sich aus der jeweiligen Lebensgestaltung erheben und wie sie die Rolle des Internets für das eigene Leben einschätzen und bewerten. Dem gegenübergestellt bzw. dazu in Relation gesetzt werden die Ergebnisse der *Kinderbefragung*. Die Inhaltsanalyse wird, bei aller Offenheit für die Untersuchungssubjekte, folglich in einem stringent formulierten Erkenntnisinteresse durchgeführt, deren Kern eindeutig dargelegt ist.

Das Interviewmaterial kann als Grundlage für Aussagen dienen, die sich in ganz unterschiedliche Richtungen entfalten. „Man kann den im Text behandelten Gegenstand beschreiben, man kann etwas über den Textverfasser oder die Wirkung des Textes bei der Zielgruppe herausfinden." (Mayring 2010: 56). Die Inhaltsanalyse wird für dieses hier bestehende Forschungsinteresse zwei Richtungen einschlagen: zum einen wird es darum gehen, herauszuarbeiten, wie das Internet von der jeweiligen Untersuchungsgruppe als (neues) Medium wahrgenommen, wie es beurteilt wird und welche Rolle demselben für das Leben der Befragten, aber auch für gesamtgesellschaftliche Settings, spielt. Der Gegenstand an sich, welcher im Zentrum des Interviews steht, soll einer Betrachtung unterzogen werden. Dabei geht es zuvorderst nicht darum, das Internet technokratisch zu benennen oder gar Merkmalsbeschreibungen oder dergleichen zusammenzutragen. Von Interesse sind alleinig die Wirkungen, die es auf die befragten Personen ausübt. Darüber hinaus sind die befragten Seniorinnen und Senioren selbst *Zentrum* der Analyse. Um also etwas über das Wechselspiel zwischen Nutzerin/Nutzer und dem Internet herauszufinden, oder Gründe dafür aufzudecken, warum sich Seniorinnen und Senioren scheuen, das Internet zu nutzen und zudem deren Einschätzung zu eruieren, bedarf es einer Betrachtung beider Komponenten. In der Analyse der Kinderinterviews kommt eine weitere Komponente hinzu: neben dem Interesse für die Rolle des Internets im Leben der Kinder wird in diesem Kontext eine Einschätzung der Kinder in Bezug auf die Internetnutzung der Eltern relevant. Damit sind hier drei Richtungen ausgeprägt: Internetnutzung durch die Kinder, Beurteilung des Mediums Internet und Einschätzung der Internetnutzung der Eltern(teile).

11.2.3 Systematik der Kategoriengenese

Um im Rahmen dieses Unterkapitels den Weg für den konkreten Ablauf der Analyse zu bahnen, bedarf es zunächst der systematischen Untergliederung der Analyseeinheit, welche durch ein Interview repräsentiert ist, in die Komponenten „*Kodiereinheit*", „*Kontexteinheit*" und „*Auswertungseinheit*" (Mayring 2010: 59).

Mit der Kodiereinheit wird „der kleinste Materialbestandteil" (ebd.) festgelegt, welcher als Teil der Analyse berücksichtigt werden darf. Die hier geltende Kodiereinheit ist *das einzelne Wort*. Dies ist „der minimale Textteil [.], der unter eine Kategorie fallen kann" (ebd.). Dem gegenüber steht die Festlegung des „größten Textbestandteil[s], der unter eine Kategorie fallen kann" (ebd.). Im Rahmen dieser Analyse wird als Kontexteinheit ein vollständiger, zusammenhängender Wortbeitrag der befragten Person zwischen den Fragen der Interviewerin verstanden. Damit kann eine sehr umfangreiche Textpassage als Ganzes Teil einer Kategorie sein – die Länge dieses Textteils wird in der Länge nicht begrenzt, findet sich aber selbst in der Form der Wortbeträge der Forscherin. Damit ist es durchaus denkbar, Kontexteinheiten als Content einer Kategorie zu begreifen, die mehrere Zeilen (in der Audiodatei dabei mehrere Minuten) lang sein können.

„Die [sic!] *Auswertungseinheit* legt fest, welche Textteile jeweils nacheinander ausgewertet werden." (Mayring 2010: 59). Die Auswertungseinheit fällt mit der Kontexteinheit zusammen: im Rahmen der Analyseeinheit (Einzelinterview) gilt als Auswertungseinheit die durch die befragte Person generierte Textpassage. Das ist konkret jeder verschriftlichte Redebeitrag der befragten Person, der zwischen den (Zwischen)Fragen der Forscherin liegen. Diese Auswertungseinheiten werden in chronologischer (zeitlicher) Abfolge der Redebeiträge analysiert und folgen damit dem Verlauf des Interviews. Die Abfolge der analytischen Betrachtung der Analyseeinheiten, sprich der Einzelinterviews, ist beliebig gewählt; das Abarbeiten einer festgelegten Reihenfolge besitzt für die Genese des Kategoriensystems keine Relevanz.

Was nun zu konkretisieren ist, ist die anzuwendende Analysetechnik. Drei basale Techniken, die zudem in Kombinationen angewendet werden können, bieten sich nach Mayring an, um die Inhaltsanalyse voranzutreiben: „Zusammenfassung, Explikation, Strukturierung" (Mayring 2010: 60 u. 64 f.). Mit der Entscheidung für eine dieser Analysetechniken oder aber für eine Kombination aus denselben, wird die „Festlegung des konkreten Ablaufmodells" (ebd.) angestrebt. Aufgrund der Zielsetzung der Inhaltsanalyse wird schwerpunktmäßig die Zusammenfassung, zudem ergänzend die Explikation als passende Analysetechnik, identifiziert. Mayring folgend werden dieselben definitorisch folgendermaßen umrissen:

"*Zusammenfassung*: Ziel der Analyse ist es, das Material so zu reduzieren, dass die wesentlichen Inhalte erhalten bleiben, durch Abstraktion einen überschaubaren Corpus zu schaffen, der immer noch Abbild des Grundmaterials ist.
Explikation: Ziel der Analyse ist es, zu einzelnen fraglichen Textteilen (Begriffen, Sätzen, ...) zusätzliches Material heranzutragen, dass das Verständnis erweitert, das die Textstelle erläutert, erklärt, ausdeutet." (Mayring 2010: 65).

Die der Analysetechnik *Zusammenfassung* immanenten Charakteristika sind beinahe intuitiv zu erfassen. Mittels einer zusammenfassenden Auseinandersetzung mit dem Datenmaterial, also dem zu analysierenden Text, treten womöglich Feinheiten und das Einzelne an sich in den Hintergrund, aber was deutlicher wird, was leichter vergegenwärtigt werden kann, ist das große Ganze. Die systematische Zusammenfassung der Inhalte ermöglicht einen umfänglichen Blick auf den Gehalt des Ganzen, dasselbe liegt „in groben Umrissen im Blickfeld, praktisch in einer verkleinerten Form" (Mayring 2010: 65). Auf der nachfolgenden Seite ist ein Ablaufmodell der Analysetechnik der Zusammenfassung zu sehen.

Die in der Abbildung als „1. Schritt" (Mayring 2010: 68) markierte Anforderung befasst sich mit der „Bestimmung der Analyseeinheiten" (ebd.). Die Festlegung der Analyseeinheiten wurde auf der vorangegangenen Seite bereits bewerkstelligt, womit direkt zu Schritt zwei, der „Paraphrasierung der inhaltstragenden Textstellen" (ebd.) übergeleitet werden kann. Die Paraphrasierung dient dazu, den Inhalt auf eine Form zu reduzieren, welche nur den Inhalt, also den Gehalt, der entsprechenden Kodiereinheit umfasst bzw. repräsentiert. Mayring belegt diesen Schritt der Zusammenfassung mit dezidierten Anweisungen (Z-Regeln) (vgl. Mayring 2010: 68 ff.). Konkret sind die Regeln für die Paraphrasierung die nachfolgenden:

„Z1: Paraphrasierung; Z1,1: Streiche alle nicht (oder wenig) inhaltstragenden Textbestandteile wie ausschmückende, wiederholende, verdeutlichende Wendungen! Z1.2: Übersetze die inhaltstragenden Textstellen auf eine einheitliche Sprachebene! Z1.3: Transformiere sie auf eine grammatikalische Kurzform!" (Mayring 2010: 70).

Für die Analyse des konkret vorliegenden Datenmaterials ergibt sich somit, dass jede Auswertungseinheit als grundlegend für den Schritt der Paraphrasierung angenommen wird. Dabei wird zunächst der Inhalt der betreffenden Textpassage gründlich erfasst und mehrfach durchgearbeitet, um zu ermitteln, wo sich die Kernaussagen befinden und bei welchen Teilen es sich um weniger inhaltstragende Textbestandteile handelt. Jedoch kommt es entgegen der Bestrebungen, den Text Stück für Stück zu reduzieren und damit den Gehalt zu extrahieren, auch zu den Fällen, in denen größere Textbestandteile beibehalten werden, weil sich mehrere Sätze als sehr gehaltvoll, sprich inhaltstragend, identifizieren lassen. In dem in Z1.2 repräsentierten Schritte erhalten bis dahin noch recht lange Textbestandteile eine Reduktion, indem dieselben an die Sprachebene angepasst und in eine Kurzform (Z1.3) gegossen werden. Würde man wie im traditionellen Sinne den Schritt der Paraphrasierung händisch mit einem Stift auf einem Dokumentenblatt durchführen, würde man eine Auswertungseinheit vorfinden, welche zu großen Teilen aus durchgestrichenen Textbestandteilen besteht. Je nach Gehalt und Umfang der Auswertungseinheit sind die extrahierten Passagen länger oder kürzer.

In MAXQDA wird dieser Prozess anders vollzogen: als relevant und inhaltstragend identifizierte Textbestandteile (das kann auch mal nur ein Wort sein; dies ist die Kodiereinheit) werden markiert, dann in passende Codes verschoben und mittels der Merkmalszuschreibung paraphrasiert (vgl. Mayring 2010: 113; Kuckartz 2005: 13 f.). Das Ergebnis des ersten Durchganges ist also der paraphrasierte, vor dem Hintergrund der Fragestellung extrahierte Inhalt der jeweiligen Auswertungseinheiten (vgl. Mayring 2010: 84 f.). An den Schritt der Paraphrasierung schließt sich der, der Generalisierung an (vgl. Mayring 2010: 68). Grundlage der Generalisierung sind die aus dem ursprünglichen Datenmaterial gewonnenen Paraphrasen. Mit Hilfe dieses Auswertungsschrittes soll ein Abstraktionsniveau erreicht werden, welches eine gewisse Verallgemeinerung mit sich führt. Aufgrund der Tatsache, dass die Datenmengen in dem vorliegenden Forschungsprojekt recht umfangreich sind, fällt die Generalisierung in einigen Teilen mit der Paraphrasierung zusammen.

„Z2: Generalisierung auf das Abstraktionsniveau; Z2.1: Generalisiere die Gegenstände der Paraphrasen auf die definierte Abstraktionsebene; [sic!] sodass die alten Gegenstände in den neu formulierten impliziert sind! Z2.2: Generalisiere die Satzaussagen (Prädikate) auf die gleiche Weise! Z2.3: Belasse die Paraphrasen, die über dem angestrebten Abstraktionsniveau liegen! Z2.4: Nimm theoretische Vorannahmen bei Zweifelsfällen zu Hilfe!" (Mayring 2010: 70).

Aufgrund der beiden vorgelagerten Schritte der Paraphrasierung und der Generalisierung, die eine Abhebung von Extrakten auf ein gleiches Niveau ergeben, kommt es vor, dass sich Paraphrasen stark ähneln und inhaltlich redundant sind, weshalb der Schritt der Reduktion notwendig wird (Z3), welcher mittels Selektion die als bedeutungsgleich identifizierten Paraphrasen reduziert (vgl. Mayring 2010: 68).

„Z3: Erste Reduktion: Z3.1: Streiche bedeutungsgleiche Paraphrasen innerhalb der Auswertungseinheiten! Z3.2: Streiche Paraphrasen, die auf dem neuen Abstraktionsniveau nicht als wesentlich inhaltstragend erachtet werden! Z3.3: Übernehme die Paraphrasen, die weiterhin als zentral inhaltstragend erachtet werden (Selektion)! Z3.4: Nimm theoretische Vorannahmen bei Zweifelsfällen zu Hilfe!" (Mayring 2010: 70).

Die Selektion findet basierend auf der Fragestellung statt. Dieselbe fungiert als „ein Selektionskriterium [..], das bestimmt, welches Material Ausgangspunkt der Kategoriendefinition sein soll" (Mayring 2010: 84). Eine zweite Reduktion (Z4) erbringt dann das Zusammenfassen von Paraphrasen, welche zusammengehörig erscheinen. Diese werden dann vereint und ergeben eine neue Paraphrase.

> „Z4: Zweite Reduktion; Z4.1: Fasse Paraphrasen mit gleichem (ähnlichem) Gegenstand oder ähnlicher Aussage zu einer Paraphrase (Bündelung) zusammen! Z4.2: Fasse Paraphrasen mit mehreren Aussagen zu einem Gegenstand zusammen (Konstruktion/Integration)! Z4.3: Fasse Paraphrasen mit gleichem (ähnlichem) Gegenstand und verschiedener Aussage zu einer Paraphrase zusammen (Konstruktion/Integration)! Z4.4: Nimm theoretische Vorannahmen in Zweifelsfällen zu Hilfe!" (ebd.).

Ziel dieser beiden Reduktionsphasen ist die Verdichtung des Materials auf die Aussagen respektive Kernbotschaften, welche sich entsprechend der Fragestellung ergeben. Im Zuge dieser Reduktions- und Verdichtungsprozesse ist es von Belang, das daraus generierte Material wiederholend in Bezug zu dem ursprünglichen Datenmaterial zu setzen. Jedes Interview für sich und jede Auswertungseinheit für sich muss daraufhin überprüft werden, ob der Gehalt in den Paraphrasen aufgeht, ob er sich widerspiegelt. Jede Paraphrase kann nur dann als belastbarer Teil in das Kategoriensystem eingeführt werden, wenn es die Inhalte der Interviews repräsentiert (vgl. Mayring 2010: 69). Nachdem dieser von Mayring vorgeschlagene Ablauf von der Paraphrasierung, über die Generalisierung und die beiden Phasen der Reduktionen für das vorliegende Material expliziert wurde, vollzieht sich am Ende einer jeden Auswertung jedes einzelnen Interviews eine Rücküberprüfung. Das Kategoriensystem selbst ist dann das Ergebnis des Auswertungsprozesses über alle Interviews respektive alle einzelnen Analyseeinheiten hinweg. Für jedes Interview wird eine trichterartige Verdichtung vollzogen, so dass jede Analyseeinheit sowohl eigene Paraphrasen hervorbringt, als auch Kategorien nährt, die sich aus der Auswertung der vorangegangenen Analyseeinheit (Interview) ergeben.

Das erste Interview wird im Sinne des Ablaufmodells durchwandert. Am Ende des ersten Auswertungsdurchganges sind Kategorien entstanden, welche Produkt dieser Paraphrasierungen, Generalisierungen und Reduktionen sind. Im Anschluss daran wird für dieses Datenmaterial überprüft, ob sich die Inhalte des Interviews in den Kategorien wiederfinden. Weitergehend werden im Sinne der Regeln Z3 bis Z4 weitere Reduktionen vorgenommen. Aus der ersten Auswertungseinheit konnte somit eine erste Matrix der Kategorien generiert und extrahiert werden. Mit diesem Kategoriensystem ging es an die Auswertung der zweiten Auswertungseinheit (nächstes Interview). Auch hier wurden alle Schritte, die im Zuge der Auswertungstechnik der Zusammenfassung relevant sind, durchgeführt. Einige Paraphrasen konnten in das bestehende Kategoriensystem integriert werden (Subsumption), andere Paraphrasen führten zu weiteren Kategorien (vgl. Mayring 2010: 85). Auch im Rahmen dieser Auswertung wurden die Paraphrasen auf den ursprünglichen Text zurückgeführt und die Passung überprüft. Bei dem Auswertungsverfahren handelt es sich um einen zirkulären Prozess, welcher jeweils in den Auswertungseinheiten und dann auf der Ebene des Kategoriensystems Rücküberprüfungen vornimmt. So kommt es, dass das gesamte Kategoriensystem immer wieder aufs Neue die Phasen der Selektion und der Streichung und der der Bündelung, Konstruktion und Integration (vgl. Mayring 2010: 83) durchläuft. Dieser Prozess wurde bereits weiter oben als trichterartig, sich immer weiter verdichtend beschrieben. Die Metapher des Trichters ist unter anderem deswegen so passend, da im Zuge des induktiven Vorgehens die breit angelegte Offenheit immer weiter fokussiert wird. Denn im ersten Zugang zu der Analyseeinheit ist *potenziell* jede Kodiereinheit und jede Auswertungseinheit Inhalt einer/mehrerer Paraphrasen. Wie sich die Kategorien konstituieren, welchen Gehalt sie mit sich führen und was sie zum Ausdruck bringen in Bezug auf die Fragestellung, ist zunächst unbekannt respektive ergebnisoffen. Die Intention der induktiven Kategorienbildung ist, dass sich das Datenmaterial in den Kategorien bestmöglich selbst repräsentiert, weil sich die Verdichtungen genuin aus dem Material ergeben (vgl. Mayring 2010: 83). Es erfolgt, anders als bei einem deduktiven Design, also eine Zuteilung der Textbestandteile zu theoretisch vorgefertigten Kategorien.

Der Analysetechnik der Zusammenfassung soll eine weitere als ergänzende Unterstützung für die Auswertung von fraglichen Textbestandteilen anheimgestellt werden. Bei besagter Technik handelt es sich um die der Explikation. Zu betonen ist, dass die Intentionen, die auf der einen Seite der Zusammenfassung und auf der anderen Seite der Explikation immanent sind, per se disparat sind (vgl. Mayring 2010: 85). Während die Zusammenfassung den Fokus der Betrachtungen immer enger werden lässt und quasi das Konzentrat der vertextlichten Aussagen und Darstellungen der Befragten extrahieren möchte, fokussiert sich die Explikation zunächst ebenfalls, um dann jedoch den Blick zu weiten und für die Erklärung, für das Durchdringen und das Offenlegen fraglicher Textbestandteile dann den Kontext miteinzubeziehen (vgl. Mayring 2010: 86).

„Zu einzelnen, interpretationsbedürftigen Textstellen wird zusätzliches Material herangetragen, um die Textstelle zu erklären, verständlich zu machen, zu erläutern, zu explizieren. Grundgedanke der Explikation als qualitativer inhaltsanalytischer

Technik ist nun, dass genau definiert wird, was an zusätzlichem Material zur Erklärung der Textstelle zugelassen wird." (ebd. 85 f.).

Der Kontext, der helfen soll, einen diffusen Sachverhalt aufzuklären, ist quasi das Setting, die Einbettung, in der eine Äußerung steht. Dabei kann der Kontext eher weit oder aber eher eng gefasst werden: „Ziel der Explikation muss es dann sein, aufgrund der Kontextanalyse eine Formulierung zu finden, die eine Aufschlüsselung, eine Interpretation der Textstelle leistet." (ebd. 86). Im Zuge dieser Untersuchung wird die Explikation nicht als eigenständige Analysetechnik eingesetzt. Würde man Explikation und Zusammenfassung in gleichen Teilen bei der Auswertung eines Datenmaterials zum Einsatz bringen, führe man beide Analysetechniken gleichsam ad absurdum. Benannt wurde bereits der frappierende Unterschied beider Analysetechniken. Dennoch soll die Explikation dann unterstützend zum Einsatz kommen, wenn fragliche Textbestandteile aufgedeckt werden. Führt man derlei Ungleichheiten zu keiner Klärung, wird der Gefahr Vormarsch geboten, dass Textbestandteile nicht der ursprünglichen Aussage gemäß paraphrasiert und folglich einer nicht passenden Kategorie zugeführt werden. Die Explikation wird also nicht vollumfänglich für die Auswertung gebraucht. Anwendung findet die eng gefasste Kontextanalyse zwischen den Auswertungsschritten Paraphrase und Generalisierung und darüber hinaus an unklaren Passagen, die im Zuge der Reduktion geformt werden sollen.

> „Die enge Kontextanalyse lässt nur Material aus dem Text selbst zu. Es werden aus dem Textkontext Stellen gesammelt, die zur fraglichen Textstelle in direkter Beziehung stehen. Solche stellen können – definierend, erklärend, – ausschmückend, beschreibend, – beispielgebend, Einzelheiten aufführend, – korrigierend, modifizierend, – antithetisch, das Gegenteil beschreibend zu Textstelle stehen." (Mayring 2010: 88).

Das explizierende Auswerten einzelner Textbestandteile soll vor allem Unklarheiten in den Aussagen der befragten Personen auflösen und zu einer bestmöglichen Repräsentation der Aussagen in den Kategorien führen. Auch diese Auswertungsform möchte die größtmögliche Offenheit dem Text gegenüber bewahren und der Kategoriengenese aus dem Text eine transparente und nachvollziehbare Methodik als Instrument bieten.

Aus dem induktiv angelegten Auswertungsleitfaden ergibt sich die Grundlage für weiterführende Analysen: „Das Ergebnis ist ein System an Kategorien zu einem bestimmten Thema, verbunden mit konkreten Textpassagen. Die weitere Analyse kann nun verschiedene Wege gehen" (Mayring 2010: 85). Dieser von Mayring angedeutete, auf dem Kategoriensystem fußende, neue Weg ist die Interpretation des Kategoriensystems „im Sinne der Fragestellung" (ebd.).

Wie aus dieser Ausführung ersichtlich wird, handelt es sich um zwei Phasen der Datenauswertung. Die eine Phase besteht in der Auswertung des Datenmaterials, welche in einem Ergebnis, nämlich dem Kategoriensystem mündet. Die zweite Phase besteht in der sich an diese Auswertung anschließende Analyse, welche interpretativ-sinnverstehend die gewonnenen Ergebnisse im Kontext der Fragestellung beleuchten möchte.

11.3 Interpretatives Vorgehen

Nachdem in Abschnitt 9.2 die Bildung des Kategoriensystems modelliert wurde, soll anhand der nachfolgenden Ausführungen ein etwas anders gelagerter Schritt im Rahmen der Untersuchung skizziert werden. Das Kategoriensystem ist Extrakt und gleichermaßen Konzentrat der empirischen Ergebnisse, es bildet die auf systematische Weise gewonnenen *generellen* Aussagen des Datenmaterials ab, welche die Untersuchungsgruppe in direkter und gleichsam indirekter Art repräsentieren. Damit weisen die Kategorien das aus, was durch die befragten Personen geäußert wurde, es bildet deren Wahrnehmung des betreffenden Sachverhaltes (hier das Internet und seine Rolle im Alltag) ab. Die Forscherin unterwirft sich dem Bestreben anhand der Mayring'schen Systematik das Datenmaterial so zu verdichten, dass zwar Aussagen generalisiert, nicht aber abgeändert, verfälscht oder *umgedeutet* werden. All das, was das Kategoriensystem ausweist, hat seine Entsprechung im Datenmaterial. Das Kategoriensystem steht damit *für sich* und ist *Ergebnis eines Auswertungsprozesses*, an den sich nun die Analyse anschließt, welche an dieser Stelle als ein *neuer* Abschnitt des Prozesses markiert werden soll: „Schließlich werden die Ergebnisse in Richtung der Hauptfragestellung interpretiert" (Mayring 2010: 59). In diesem neuen Abschnitt soll es darum gehen, den Aspekten, welche den Codes immanent sind, eine Einbettung in den wissenssoziologischen Kontext zu geben. Bewerkstelligt wird dieselbe, indem interpretiert, gedeutet und ausgelegt wird. Dies ist die Realisation der Bestrebungen, die den *qualitativen* Forschungsanliegen innewohnen: das Sichtbarmachen von Sinnzusammenhängen, das Aufzeigen von tieferliegenden Strukturen, das Herausarbeiten von bislang Verborgenem. An dieser Stelle also schließt sich der Kreis, der zu Beginn der wissenschafts- und erkenntnistheoretischen Überlegungen seinen Ausgangspunkt fand. Betont wird dieser Aspekt deswegen so stark, weil deutlich werden soll, dass sich im Zuge der interpretativen Auseinandersetzung mit dem Datenmaterial die Ergebnisse der empirischen Datenanalyse mit dem mischen, was die theoretische Klammer ist. Im Zuge interpretativer Auseinandersetzungen mit dem Datenmaterial kann erforscht werden, welche Bedeutung die Ergebnisse der Datenanalyse für gesellschaftliche Zusammenhänge haben und welche Betrachtungen sich neu generieren. Die Interpretation stützt sich grundlegend auf das Kategoriensystem und sieht aufgrund dessen immer wieder die Verankerung in dem Datenmaterial. Somit findet die interpretative Analyse keinesfalls in freier Form statt (vgl. Mayring 2010: 12). Die Bestrebungen dieser Auswertung explizieren sich somit entlang der Tradition Diltheys, der im Jahre 1894 postulierte, dass man die Natur erkläre, das Seelenleben aber *verstehe*. Dieses Paradigma *des Verstehens* soll mittels des interpretativen Vorgehens genährt werden. Nach der Darlegung dessen, was die Seniorinnen und Senioren, was deren Kinder als ihr Erleben im Kontext der Internetnutzung oder der Nichtnutzung formulieren, soll eine interpretative, verstehende Auseinandersetzung mit den Ergebnissen stattfinden, welche bemüht ist zu betrachten, was die gewonnenen Ergebnisse für den gesellschaftlichen Kontext bedeuten. Mayring vergegenwärtigt den Kern dieses Bestrebens folgendermaßen:

> „Der qualitativ-verstehende Ansatz [sic!] »versteht« sich dabei immer dahingehend, Gegenstände, Zusammenhänge und Prozesse nicht nur analysieren zu können, sondern sich in sie hineinzuversetzen, sie nachzuerleben und sie zumindest nacherlebend sich vorzustellen." (2010: 19).

Die Analysen, welche basierend auf den Einzelinterviews, also der induktiv gestalteten Orientierung am Besonderen, gewonnen werden, bewegen sich handlungstheoretisch begründet auf der Mikroebene. Eine Verbindung zu makrotheoretischen Überlegungen soll im Zuge der interpretativen Auseinandersetzung mit dem Datenmaterial bewerkstelligt werden. Es geht also im zweiten großen Schritt der Analyse (auf Basis der inhaltsanalytisch gewonnenen Codes) zum einen darum, verstehend die Ergebnisse zu betrachten, und zum anderen soll versucht werden, interpretierend die Erkenntnisse in die Klammer der Wissensgesellschaft einzuordnen und damit makrotheoretische Überlegungen zu nähren.

11.4 Biografisch orientierte Auswertungspraktik

Im Zuge der Ausführungen zu der Methodik der Datenerhebung wurde zudem das Bestreben formuliert, die Interviews mit den Seniorinnen und Senioren unter anderem dahingehend auszurichten, dass in Erfahrung gebracht werden kann, wie sich die Mediennutzungsbiografien der befragten Personen konstituieren. Angemerkt wurde zudem, dass dieser Aspekt nicht als Alleinstellungsmerkmal der Interviews gelten kann, sondern vielmehr eingeflochten wird in die Erhebung und Identifikation der Rolle, die das Internet für die befragten Personen im eigenen Alltag spielt. Forschung, welche sich auf die Spur biografischer Rekonstruktionen begeben, nutzen mit großer Häufigkeit narrative Interviews, um den Befragten den größtmöglichen Freiraum für Erzählungen zukommen zu lassen. Im Zuge narrativer Interviews können die Interviewpartnerinnen und -partner selbstbestimmt und frei erzählen und Schwerpunkte bei den Begebenheiten setzen, die für sie von großem Belang sind (vgl. Sackmann 2007: 67 f.). Biografieforschung ist, wenngleich dieser Umstand bei allen Befragungen mitschwingt, ein Akt des Erinnerns und auch des Erst-wieder-Erinnerns. Während biografisch orientierter Interviews passiert es nicht selten, dass auf Seiten der Befragten Erinnerungen wach werden, die lange verborgen und nicht präsent waren.

Die Untersuchung zu der Internetnutzung von Seniorinnen und Senioren bedient sich jedoch ganz bewusst eines Leitfadens, um die qualitativen Interviews auf den Forschungsgegenstand hinzuleiten. Im Mittelpunkt steht entgegen der Orientierung an der (gesamten) Biografie der Befragten diese Zentrierung auf einem besonderen Aspekt. Jedoch wird für diesen besonderen Aspekt, nämlich für den der Internetnutzung, quasi eine Nutzungsbiografie abgefragt. Die interviewten Personen wurden gebeten zu rekonstruieren, wann sie erstmalig mit dem Computer und wann mit dem Internet in Berührung kamen, wie sich diese Beziehung verfestigt, oder wann sie sich wieder getrennt hat. Im Rahmen dieser biografischen Erhebung sollen markante Stellen im Leben der Befragten identifiziert werden, die im Kontext mit dem Computer und/oder der Internetnutzung stehen. Die Intention dieses Designs ist, besondere Faktoren herausarbeiten zu können, die die Mediennutzung beeinflusst haben können. Von Interesse sind dabei in jedem Falle sowohl die Aufrechterhaltung und die Ausweitung respektive die Veränderung der Internetnutzung als auch ein Verzicht auf die Nutzung des Internet und gegebenenfalls internetfähiger Techniken. Sozialwissenschaftlich interessant ist, in welchen Kontexten sich die befragten Personen befanden (vgl. Fuchs-Heinritz 2005: 82), als sie Zugang zum Internet erhielten und wie sie im Hinblick auf Medien sozialisiert wurden, denn: „Das individuelle Leben ist der wirkliche Träger der historischen Erfahrung" (Thompson 1988: 236).

Die biografisch aufgearbeitete Nutzungsbiografie sowohl von den Senior*innen als auch von deren Kindern kann, zumindest innerhalb eines kleinen Rahmens, „auf die Stabilität bzw. den Wandel größerer sozialer Systeme oder Teilzusammenhänge, in denen die individuellen Wege Teilmomente, Beiträge, Einzelströme ausmachen" (Fuchs-Heinritz 2005: 82), hindeuten. Diesen Ausführungen zugrunde liegt die Annahme, „dass die Lebensführung der einzelnen Menschen gesellschaftlich bedingt ist" (ebd.).

Die Auswertung biografischer Daten erfolgt im Kontext dieser Arbeit im Einklang bzw. innerhalb desselben Prozesses, in dem auch die qualitative Inhaltsanalyse ihre Anwendung findet. Folgt man Fuchs-Heinritz, fehlen eindeutige Regeln für die Auswertung und die Interpretation von biografischen Daten, die im Zuge von Interviews gewonnen wurden (vgl. 2005: 298). Dieser Umstand sei vor allem der Tatsache geschuldet, dass die eingesetzten Verfahren einige Unterscheidungen aufweisen (vgl. ebd.). Aufgrund dessen wird die Forscherin die Angaben, die die befragten Personen zu den Stationen ihrer Nutzungsbiografie rekonstruieren, mittels der selektiven, zusammenfassenden Auswertung zu Tage fördern und unklare Textstellen explizierend ermitteln. Es findet für das Aufdecken dieser Aspekte eher ein Nachzeichnen der Stationen statt (vgl. ebd. 306).

12 Ergebnisse der Interviewanalyse – Untersuchungsgruppe Senior*innen

Die nachfolgenden Ausführungen sind bestrebt, die Ergebnisse der qualitativen Inhaltsanalyse nach Mayring für die Untersuchungsgruppe der Seniorinnen und Senioren darzulegen, die wiederum die einzelnen Forschungsfragen dieser Arbeit zu ihren Beantwortungen führen sollen. Die Grundlage für eine verstehende und interpretative Auseinandersetzung mit dem Datenmaterial bietet das jeweils für die betreffende Untersuchungsgruppe induktiv generierte Kategoriensystem[84]. Basis für die Genese des Kategorien- oder Codesystems bildet die Analysetechnik der Zusammenfassung, welche um Elemente der Kontextanalyse bereichert wird (vgl. Mayring 2010: 70; 85 f.), wenn dieser Schritt für Genauigkeit der Zuteilung betreffender Textbestandteile zu den Kategorien angezeigt ist. Für beide Untersuchungsgruppen, 1) Gruppe der Senior*innen und 2) Gruppe der Kinder, wird ein eigenes Kategoriensystem expliziert, welches als Extrakt der Analyse zu verstehen ist und im Zuge dieses Kapitels für die Senior*innen und im nachfolgenden Kapitel für die Kinder einer Auswertung unterzogen werden wird. In beiden Kategoriensystemen sind Codes, also eigenständige, nicht in weitere Analyseebenen (Subcodes) ausdifferenzierte Kategorien zu finden. Der Terminus *Kategorie* wird hier synonym zu dem Terminus *Code* verwendet. Neben diesen Codes/Kategorien existieren Obercodes, die verschiedene Subcodes unter sich subsummieren. Die Obercodes an sich subsummieren die Subcodes, die dann wiederum die jeweiligen kategorienspezifischen Aspekte in sich vereinen. Die Subcodes sind als jeweils eigene Kategorien zu verstehen, die einen eigenen Input mit eigenen Analysegrundlagen explizieren, aber durch den Obercode einem gemeinsamen Referenzthema untergeordnet werden.

---

84 Der Duktus der Auswertungskapitel zwölf und 13 lehnt sich an die Ausführungen von Mayring (2010) zu der qualitativen Inhaltsanalyse an. In Kapitel zehn wurde ausführlich die Systematik der Datenauswertung im Rekurs auf Mayring dargelegt, weshalb die verschiedenen Termini (dabei denke man beispielsweise an Kategoriensystem, Codes, Analysetechnik etc.) hier nicht erneut fundiert und referenziert werden. Diese beiden Auswertungskapitel, welche sich der Ergebnisdarlegung für die Gruppe der Senior*innen und für die Gruppe der Kinder widmen, rekurrieren damit ausschließlich auf die bereits fundierten und ausführlich dargelegten Begrifflichkeiten und Systematiken, die entschieden an Mayrings Ausführungen angelehnt sind. Um Redundanzen und allzu viele Unterbrechungen in der Ergebnisaufbereitung zu vermeiden, werden hier die Belege und Verweise nicht erneut angeführt, sofern sie dem gleichen, was bereits das elfte Kapitel offeriert hat.

Dieses Kapitel dient, wie eingangs bereits angeklungen ist, der Darlegung der Analyseergebnisse und der Auswertung. Eine weitergehende Verortung der Ergebnisse mit abschließender Conclusio im Kontext der Forschungsfragen wird in einem gesonderten Kapitel zum Ende dieser Arbeit stattfinden.

12.1 Beschreibung der Interviewpartnerinnen und -partner

Die Untersuchungsgruppe der Senior*innen umfasst 13 befragte Personen, die sich in sieben Frauen und sechs Männer aufgliedern. Es zeigt sich, dass fünf Senior*innen zu den Offliner*innen zu zählen sind und acht zu den Onliner*innen. Ein Studium absolviert haben sechs von 13 Personen. Neun befragte Seniorinnen und Senioren geben an, mindestens ein Kind zu haben. Die Deskriptivdarstellungen dienen der Charakterisierung der Untersuchungsgruppe und erheben dabei keinen Anspruch, eines der Merkmale als repräsentativ für die Untersuchungsgruppe im Hinblick auf die Population anzunehmen. In der hier vorzufindenden Fallauswahl (vgl. Tab. 5) spiegelt sich das Bestreben wider, die als determinierend für die Internetnutzung identifizierten Parameter in der Zusammenstellung der Untersuchungsgruppe zu berücksichtigen.

Tab. 5: Untersuchungsgruppe Seniorinnen und Senioren

Kürzel	Geschlecht	Internetnutzung im Ruhestand	Studium und Beruf	Internetnutzung während der Erwerbstätigkeit*	Kind(er)
HF	Männlich	nein	Studium: ja Architekt	sehr wenig	nein
FSL	Weiblich	ja	Studium: ja Lehrerin	mittel	ja
FS	Weiblich	nein	Studium: Ja Juristin	mittel	nein
MA	Männlich	ja	Studium: ja Betriebswirt	intensiv	ja
HMA	Männlich	ja	Studium: nein Elektrotechniker	mittel	ja
UJ	Weiblich	nein	Studium: nein Apothekenhelferin	gar nicht	ja
FH	Weiblich	nein	Studium: nein Floristin	gar nicht	ja
CC	Männlich	ja	Studium: nein Erzieher	intensiv	nein
HW	Männlich	ja	Studium: nein Techniker (Schlosser, Fernmeldetechniker)	mittel	ja

Kür-zel	Ge-schlecht	Internetnut-zung im Ruhe-stand	Studium und Beruf	Internetnutzung während der Er-werbstätigkeit*	Kind(er)
FW	Weiblich	ja	Studium: nein Fernmeldetechnikerin	intensiv	ja
GT	Männlich	ja	Studium: ja Software-Entwickler	intensiv	ja
WS	Weiblich	ja	Studium: nein Verwaltungsfachange-stellte	wenig	ja
FN	Weiblich	nein	Studium: ja Gymnasiallehrerin	sehr wenig	nein

Quelle: eigene Darstellung.

*Internetnutzung während der Erwerbstätigkeit[85]
(Skalierung wird auf Grundlage der Selbsteinschätzung der befragten Personen vorgenommen):
„gar nicht": während der Erwerbstätigkeit (im Arbeitsalltag) war keine Anwendung des/Auseinandersetzung mit dem Internet notwendig.
„sehr wenig"/„wenig": das Internet wurde marginal (sehr wenig) bis wenig (nur gelegentlich/vereinzelt) im Berufsalltag genutzt, weil das Internet in einer bereits fortgeschrittenen Phase/erst kurz vor der Verrentung in die Arbeitsabläufe integriert wurde; die Nutzungsintensität im Arbeitsalltag/die Relevanz des Internets war nur schwach bis sehr schwach ausgeprägt.
„mittel": das Internet war Teil des Arbeitsalltags/der Arbeitsabläufe, wurde jedoch nur vereinzelt einge-baut und nur mit mittlerer Intensität genutzt.
„intensiv"/„sehr intensiv": hohe Relevanz im Berufsalltag. Das Internet gehörte zum Repertoire der Arbeitsmittel und der Arbeitsroutinen, intensive Auseinandersetzung.

Die Angaben zu der Nutzungsintensität des Internets in der Arbeitsroutine während der Erwerbstätigkeit entstammen der Selbsteinschätzung der Befragten. Im Zuge der qualitativen Inhaltsanalyse konnten Aussagen darüber extrahiert und dann entsprechend beschreibend klassiert werden, um zu vergegenwärtigen, wie intensiv die Auseinandersetzung mit dem Internet in der Phase der Erwerbstätigkeit (bereits) war. Die Zuteilung der Aussagen der Seniorinnen und Senioren in die im Anschluss an die Überblickstabelle benannten Kategorien ‚gar nicht', ‚sehr wenig/wenig', ‚mittel' und ‚intensiv/sehr intensiv' fußen auf deren Sprachgebrauch und Wortwahl und sind damit ebenfalls das Resultat der qualitativen Inhaltsanalyse. Die Ergebnisgenese der oben dargestellten Aspekte und der weiter unten in der Abbildung zusammengefassten Explikationen entstammen den Kategorie 18 und 19 der Senior*innenbefragung. Die Kategorisierungen umfassen den Versuch, die Rekonstruktionen der Befragten bezüglich der Intensität der Internetnutzung abzubilden. Wenngleich sich an

---

85 Die Angaben zum formalen Schulabschluss und zu der Erwerbstätigkeit vor dem Ruhe-stand wurden entweder vollumfänglich im Zuge der Interviews durch die Befragten selbst-ständig benannt oder im Anschluss an das Interview ermittelt und auf dem Interviewbei-blatt, auf dem die demografischen Daten (Kinder, Schulabschluss, Alter, Erwerbstätigkeit) zusammengetragen werden, für jede Interviewpartnerin und für jeden Interviewpartner notiert. Es ergibt sich hier also eine Zusammensetzung aus den Mitschriften und den Inter-viewaufzeichnungen.

dieser Stelle keine Kausalität im statistischen Sinne herausarbeiten lässt (eine Berechnung wäre aufgrund der nicht standardisierten Erhebung der Selbsteinschätzung und aufgrund der allzu geringen Fallzahl statistisch in keiner Weise belastend interpretierbar), kann anhand der Merkmalskonstellationen ‚Internetnutzung im Ruhestand' und ‚Internetnutzung während der Erwerbstätigkeit' angemerkt werden, dass sich Senior*innen eher dann im Ruhestand mit dem Internet befassen oder dasselbe regelmäßig bis intensiv nutzen, wenn sie bereits im Rahmen der Berufstätigkeit mit der Nutzung konfrontiert bzw. vertraut waren. Die Seniorinnen und Senioren hingegen, die während der Erwerbstätigkeit keinen Zugang zum Internet und keinen Kontakt mit diesem Medium pflegten, nehmen ebenso im Ruhestand eher gezielt Abstand davon oder befassen sich nicht aktiv damit. Dieser Zusammenhang zwischen Erwerbstätigkeit und der Internetnutzung im Privaten zeigt sich im Kontext quantitativer Untersuchungen und kann auch in dieser qualitativen Untersuchung beobachtet werden. Dabei zeigt sich, dass die Seniorinnen und Senioren, die das Internet bereits während der Berufstätigkeit nutzten, nicht per se ein Hochschulstudium absolviert haben. Ausschlaggebend scheinen hier eher Berufstätigkeiten zu sein, die im Kontext mit technischem Knowhow/technikorientierter Expertise stehen. Im Hinblick auf das Merkmal Geschlecht lassen sich für die Seniorinnen und Senioren in diesem Rahmen keine Unterschiede im Hinblick auf die Internetnutzung während des Ruhestandes ermitteln. Einen frappierenden Unterschied für die Auseinandersetzung mit dem Internet scheint hingegen der Faktor Kind zu generieren: diejenigen Senior*innen, die kein(e) Kind(er) haben, finden im Ruhestand *eher nicht* den Kontakt zum Medium Internet.

Das Schaubild (vgl. Abb. 6) vergegenwärtigt die Verteilung der Befragten entlang der relevanten Parameter. So zeichnet der Pfeil in der Mitte der Abbildung die Phasen der Erwerbstätigkeit und des Ruhestandes nach und setzt die einzelnen befragten Personen in Relation dazu. Die Position der einzelnen, durch Kreise (Frauen) und Dreiecke (Männer) repräsentierten Personen, zeigt an, wann der erstmalige Kontakt, die erste Auseinandersetzung mit dem Internet stattgefunden hat. *Hellgrau markierte* Symbole weisen auf eine *Internetnutzung während des Ruhestandes* hin, *dunkelgraue* Symbole bedeuten, dass die Personen während des Ruhestandes *das Internet nicht nutzen*. Die betreffenden Positionen der Symbole markieren folglich den schematisch abgetragenen Auftakt der Nutzungsbiografie: je weiter links die Personen verortet sind, desto früher fand die Auseinandersetzung mit dem Internet statt. Dabei geht es eher um die Darstellung einer Relation als um die genaue Identifikation von Nutzungsjahren oder des exakten Zeitpunkts in Form einer Jahreszahl. Die Befragten rekonstruieren ihre eigene Nutzungsbiografie, die bisweilen von wenigen Jahren bis zu Jahrzehnten reicht – oder aber im Hinblick auf das Internet und dessen Nutzung ausblieb, so dass keine Nutzungsbiografie nachgezeichnet werden kann und damit ein Ist-Zustand der Nicht-Nutzung dargestellt wird.

Der zuletzt genannte Aspekt betrifft die Personen HF, FN, UJ und FH, welche das Internet während des Ruhestandes nicht nutzen und dasselbe auch im beruflichen Kontext nicht genutzt haben. Da keine strategische oder bewusst initiierte Auseinandersetzung (jemals) mit dem Internet stattgefunden hat, befinden sich die Symbolanordnungen in dem Bereich ‚Ruhestand', um diese vier Personen von den übrigen Befragten abzugrenzen, welche sehr wohl während der Erwerbsphase das Internet im beruflichen Kontext genutzt haben. Diese Nutzungsbiografien finden sich unten, wie bereits erläutert, überblickshaft nachgezeichnet[86]. Besondere Erwähnung muss Person FS finden, die zwar das Internet im Ruhestand nicht nutzt (dunkelgrau gefärbtes Kreissymbol), aber kurz vor dem Eintritt in den Ruhestand das Internet mit mäßig ausgeprägter Intensität genutzt hat. Diese Seniorin ist die einzige Person in der Untersuchungsgruppe, die das Internet während der Erwerbstätigkeit genutzt hat, aber im Ruhestand auf eine Auseinandersetzung mit dem Internet verzichtet.

Abb. 6: Schaubild Untersuchungsgruppe Senior*innen

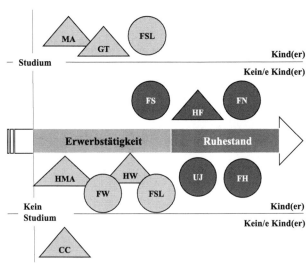

Quelle: eigene Darstellung.

---

[86] Die Rekonstruktion der Nutzungsbiografie ist hier entschieden als Rekonstruktion zweiter Ordnung zu bezeichnen: die Senior*innen mussten bisweilen erhebliche Erinnerungsleistungen aufbringen, um die Erstkontakte, die sie mit dem Internet hatten, und die eigene Nutzungsbiografie im Hinblick auf das Internet zu rekonstruieren. Aus den Darstellungen und verlautbarten Erinnerungen versucht diese nachfolgende Abbildung eine eher grobe Verortung vorzunehmen. Die ganz dezidert konkreten Angaben zu den Nutzungsjahren sind überdies weniger bedeutsam für das Untersuchungsinteresse. Vielmehr geht es darum zu eruieren, wie sehr das Internet bereits während der Phase der Erwerbstätigkeit im (Berufs-)Alltag der Befragten etabliert war oder ob sich die Auseinandersetzung mit dem Internet eher zu einem späteren Zeitpunkt im Leben der Seniorinnen und Senioren ergab.

Alle anderen Seniorinnen und Senioren, die als Ruhestands-Onliner*innen mittels der Grünfärbung der Symbole auszumachen sind, haben bereits mehr oder weniger früh während der Phase der Erwerbstätigkeit zunächst den vermehrten Kontakt zu der Computertechnik vollzogen und daran anschließend das Internet in ihre Arbeitsabläufe integriert. Dabei zeigt sich, dass die Motivation, das Internet zu nutzen, vordergründig berufsbedingter Natur war und die im Arbeitsalltag gewonnenen Fertigkeiten und Fähigkeiten entweder parallel oder etwas zeitversetzt auch in die private Sphäre diffundierten. Hier wird deutlich, dass techniknahe Berufsfelder schneller das Internet als Gegenstand der Arbeitsroutinen etablieren. An dieser Stelle sei darauf hingewiesen, dass Personen, die Affinitäten zu Berufsfeldern mit Fokussierungen auf technische Zusammenhänge hegen (beispielsweise die Befragten UW, Fernmeldetechnikerin; GW, Techniker; HMA, Elektrotechniker), womöglich schneller den Weg zu der Internettechnik finden als solche Personen, die eher technikferne Berufe ausüben – dazu gehören beispielsweise die Senior*innen FSL, Gymnasiallehrerin, und FS, Juristin. Im Kontext der Interviews konnte herausgestellt werden, dass die Nutzung des Internets aus der Perspektive der Senior*innen aufs Engste mit der Computertechnik verwoben ist, welche es zu beherrschen gilt, um sich auch das Internet habhaft zu machen. Beide Aspekte, Computertechnik und Internetnutzung, können daher nicht ohne den anderen Aspekt gedacht werden, bedürfen aber dennoch einer differenzierten Beachtung. Für die Untersuchungsgruppe gilt, dass die Herausforderungen im Hinblick auf das Internet nicht erst damit beginnen, den Browser zu öffnen und sich im World Wide Web zurecht zu finden, vielmehr erachten die Seniorinnen und Senioren die vorgelagerte Computertechnik als mindestens ebenso herausfordernd. Eine weitergehende Auseinandersetzung mit diesen Aspekten wird im Zuge der Vergegenwärtigung der einzelnen Kategorien stattfinden.

Neben der Zeitachse enthält die Grafik weitere Ebenen, die Überblick über die Merkmalskonstellationen der befragten Seniorinnen und Senioren geben. So bedeutet der Bereich über der Zeitachse den Abschluss eines Hochschulstudiums, wohingegen der Bereich unter der Zeitachse die Kategorie „kein Studium" erfasst. Die Personengruppe derjenigen, die ein Hochschulstudium absolviert haben, wird einer weiteren Kategorisierung unterworfen, indem hier die Unterscheidung in *Kind(er): ja* und *Kind(er): nein* getroffen wird. Selbige Differenzierung hinsichtlich des Familienstatus wird unter der Zeitachse für die Personen ohne Hochschulabschluss abgetragen.

Im Hinblick auf die Grafik lässt sich *zusammenfassen*: die *Farbprägung der Symbole* gibt Auskunft darüber, ob die Seniorin oder der Senior das Internet nutzt (hellgrau) oder nicht nutzt (dunkelgrau). Die *Form der Symbole* drückt das Geschlecht der Befragten aus, wobei der Kreis für weibliche und das Dreieck für männliche Befragte steht. Die *Position der Symbole* vergegenwärtigt, wann die Befragten erstmalig das Internet genutzt haben – daran lässt sich ablesen, wie weit die Nutzungsbiografie zurückreicht: je weiter links die Positionierung zu finden ist, desto früher wurde das Internet als Instrument im Berufsleben etabliert. Der *formale Bildungsabschluss*, kategorisiert in Hochschulstudium ja/nein wird in den Bereichen *über* und *unter* der Zeitachse expliziert. Darüber hinaus findet eine weitere Ausdifferenzierung in den besagten Bereichen für das *Merkmal Kind(er) ja/nein* statt. In der Grafik sind die für die Internetnutzung oder aber Nicht-Nutzung als relevant und determinierend identifizierten Merkmale abgetragen. Eingedenk der betreffenden Positionen der Symbole in dieser Gesamtgrafik lassen sich die Merkmalskonstellationen der einzelnen Seniorinnen und Senioren ablesen.

Nach diesen einführenden Darstellungen zu der Zusammensetzung der Untersuchungsgruppe entlang der Merkmale der Fallauswahl, soll das nachfolgende Unterkapitel die Auseinandersetzung mit den Ergebnissen der Inhaltsanalyse eröffnen und das Kategoriensystem präsentieren.

12.2 Das Kategoriensystem der Untersuchungsgruppe der Senior*innen

Das Kategoriensystem, welches für die Untersuchungsgruppe der Senior*innen mittels der induktiv orientierten qualitativen Inhaltsanalyse generiert werden konnte, bildet das Kernstück der Analyseergebnisse und dient der weiterführenden Ergebnisinterpretation. Das Kategoriensystem, dargestellt in Tabellenform (vgl. Tab. 6) besteht aus 19 Kategorien, wovon eine Kategorie (3) weitere Subcodes unter sich subsummiert. Somit kann anhand der aus dem Datenmaterial extrahierten Codes die Auswertung der Interviews vollzogen werden.

Die Themenbezüge der Codes variieren stark und reichen von Angaben zu Problemstellungen im Kontext der Nutzung von internetfähigen Endgeräten (Code 2), über das Räsonnement aus der Internetnutzung und der Nicht-Nutzung resultierenden gesellschaftlichen Disparitäten (Code 7) und dem durch Digitalisierung initiierten gesellschaftlichen Wandel (Code 8) bis zu den Kommunikationsroutinen mit nahen Verwandten und Familienangehörigen (Code 9), um hier exemplarisch einige Kategorien zu benennen.

Tab. 6: Kategoriensystem der Untersuchungsgruppe der Senior*innen

(Ober)Codes	(Sub)Codes
	Nutzung: mobile Technik, mobile Geräte 1*
	Probleme mit internetfähigen Endgeräten 2
	Nutzung: Zweck und Funktion des Internets 3
Nutzung: Zweck und Funktion des Internets 3	Funktion des Internets: Kommunikation 3A
Nutzung: Zweck und Funktion des Internets 3	Funktion des Internets: Informationen 3B
Nutzung: Zweck und Funktion des Internets 3	Funktion des Internets: Organisation 3C
	Wissensgenese durch das Internet; Zwang zu wissen 4
	Werte, Wertesystem (früher und heute) 5
	Vorzüge des Internets 6
	Unterschiede Internetnutzung – resultierende Ungleichheit(en) 7
	Gesellschaftlicher Wandel 8
	Internetbasierte Kommunikation zwischen Generationen 9
	Einschätzung: Internetnutzung durch Senior*innen 10
	Bedeutung/Nutzung anderer/analoger Medien 11
	Gesellschaftliche Folgen Internetnutzung 12
	Kritik am Internet 13
	Ansprechpartner*innen bei Fragen/Problemen Internet/Technik 14
	Intensität Internetnutzung 15
	Kontra Internetnutzung 16
	Internetnutzung im Berufsleben 17
	Erste Annäherung an das Internet 18

Quelle: eigene Darstellung.

Nach diesen überblickshaften und strukturierenden Darstellungen der Kategorien respektive des gesamten Kategoriensystems der betreffenden Untersuchungsgruppe sollen die nachfolgenden Unterkapitel der Aufbereitung der einzelnen Kategorien dienen. Dabei finden die durch Generalisierung nach den einzelnen Analyseschritten verdichteten Analyseergebnisse ihre Darlegung und werden überdies durch exemplarisch ausgewählte Ankerbeispiele, die die Befragten *direkt zu Wort kommen lassen*, ihre Entsprechung. Die Auswertung bezieht sich im Rahmen einer Kategoriendarlegung auch auf die unterschiedlichen Perspektiven von offline lebenden, also ohne eigenen Internetzugang und regelmäßige Internetnutzung agierende, und online lebenden Senior*innen. Kategorien, die direkt die Meinungen der Befragten zum Internet und dessen Nutzung und Wirkung ausweisen, umfassen ebenfalls beide Subgruppen (Offliner*innen und Onliner*innen). Die Nicht-Nutzer*innen und Nicht-Nutzer haben für sich bestimmte Assoziationen zu diesen Aspekten verinnerlicht, die im Zuge dieser ebenfalls abgebildeten Einschätzungen offenbart werden. Damit wird deutlich, wie die Nicht-Nutzenden das Internet und die damit verwobenen Prozesse wahrnehmen.

12.3 Nutzung und Schwierigkeiten: mobile Technik und mobile Geräte

Die Kategorien eins und zwei werden hier zusammengefasst dargestellt. Die Kategoriendefinition umfasst die nachfolgend aufgeführten Punkte, die als Kriterium für die Zuteilung der Analyseeinheiten zu diesem Code dienen:

- *Welche technischen Geräte werden genutzt?*
- *Welche mobilen Geräte werden genutzt?*
- *Welche internetfähigen Geräte werden genutzt?*
- *Probleme, die mit internetfähigen Endgeräten (Smartphone, Tablet) auftreten.*
- *Schwierigkeiten im Umgang mit mobilen Endgeräten.*

Erfasst werden sollte, welche Einschätzung die Seniorinnen und Senioren gegenüber den verschiedenen technischen Geräten äußern und welche Einstellung sie dabei vertreten. Die Eruierung dieser Aspekte wurde bewusst offen gewählt, um die Bewertungen, die die Befragten den betreffenden Geräten (womöglich) angedeihen lassen, aufzugreifen. Ziel war es also nicht, die tatsächlich verwendeten Geräte zu quantifizieren oder ein statistisches Abbild der Mediennutzung zu skizzieren. Gefragt wurde also sehr allgemein und offen gehalten danach, welche *technischen Geräte* und welche Medien die Befragten in ihrem Alltag nutzen. Bezogen auf die Annahme, dass die befragten Seniorinnen und Senioren unter anderem das besonders hervorheben, was ihnen wichtig ist und für den eigenen Alltag besondere Relevanz besitzt, wurde auch diese Frage offen formuliert. Es zeigt sich, dass alle befragten Senior*innen direkt auf Kommunikationsmedien rekurrieren und Massenmedien wie Fernsehen und Radio nicht benannt werden. Dies kann unter anderem daran liegen, dass der Eingangsstimulus des Interviews in einer kurzen Darlegung des Themas der Befragung bestand und damit das Themenfeld Internet/Internetnutzung als Bias bereits in die Interviewvorientierung auf Seiten der Befragten vertreten war. So äußern sich die Senior*innen äußerst divers im Hinblick auf die verwendeten Geräte:

FH: „Ja. Ein Handy nutze ich auch, ja. Aber nur zum Telefonieren! Sonst nicht!"

HW: „Das ist noch ein Handy, was ich habe. Ich kann dann eben drahtlos telefonieren. Smartphone ist noch nicht so nötig, finde ich. Obwohl ich versuche, damit umzugehen."

FSL: „Ein Handy nutze ich ja schon sehr lange und da habe ich dann immer SMS geschickt, was ja im Grunde das gleich ist wie dieses WhatsApp. Aber das Handy... Das habe ich schon genutzt, da waren die noch riesig. Ich glaube, da gab es noch gar keine SMS."

UJ: „Nee, das war so [...] Ich habe schon einmal ein Smartphone ausprobiert. Aber nur ganz kurz. Und diese Wischtechnik und das alles. Bloß, ich weiß nicht vom Handhaben her, weil ich ja hauptsächlich telefoniere und das als Telefon benutze, ist meins natürlich handlicher. Und, was auch einen großen Vorteil hat, es ist nicht so empfindlich."

Das Mobiltelefon gehört für die Befragten zum Geräterepertoire – Unterschiede zeigen sich jedoch im Hinblick auf das internetfähige Smartphone: der Hauptaspekt, der dem (mobilen) Telefon zugeschrieben wird, ist das Telefonat, das technisch vermittelte Gespräch. Dem Smartphone werden eher negativ konnotierte Attribute zugeschrieben: es sei empfindlich und unhandlich, weil das Gerät als zu groß beschrieben wird, die Wischtechnik wird als befremdlich empfunden und die Bedienung des Telefons aufgrund einer als zu klein bewerteten Tastatur als unkomfortabel eingeschätzt. Insgesamt erscheint das Smartphone aufgrund seiner Multifunktionalität und der Organisation über Anwendungen (Apps) als voraussetzungsvoller als das nicht-internetfähige Mobiltelefon. Hinsichtlich des nicht klar identifizierbaren Zusatznutzens, der dem Smartphone immanent sein könnte, fehlt es einigen Senior*innen an motivationalen Impulsen, die eine Auseinandersetzung mit dem Smartphone forcieren würden. Dieser Aspekt deutet darauf hin, dass zumindest das mobile Internet, welches die Senior*innen ortsunabhängig mittels des Smartphones nutzen könnten, keine Relevanz für den Alltag der Befragten entwickelt. Jedoch scheint sich hier der Aspekt sozial erwünschter Handlungsrepertoires zu vergegenwärtigen, da sich die befragten Seniorinnen und Senioren, die bislang *noch kein* Smartphone nutzen, beinahe entschuldigend respektive erklärend und rechtfertigend zu der Nutzung ihres nicht-internetfähigen Mobiltelefons äußern. Es werden Argumente dafür bemüht, die die Bedienungsunfreundlichkeit der Smartphones adressieren und überdies die Vorteile der bautechnisch kleineren nicht-internetfähigen Geräte betonen. Dennoch scheinen die Befragten zu antizipieren, dass der Status quo der Gerätenutzung in den internetfähigen Smartphones besteht. Diese Geräte scheinen allerdings den Anforderungen, die die Senior*innen an ein mobiles Telefon stellen, nicht vollumfänglich gerecht zu werden, was das Bedürfnis nach einer motorisch einfachen Tastenbedienung und einer nutz*innenfreundlichen Programmführung anbelangt. Somit ist das Smartphone für einige Befragte weniger attraktiv, weil es a) keinen erkennbaren Zusatznutzen offeriert, b) dem internetfähigen, ‚smarten' Gerät eine hohe Instabilität und Empfindlichkeit nachgesagt wird und c) zudem die Bedienung als wenig komfortabel bis mühsam empfunden wird.

Mit *Computern* sind beinahe alle befragten Personen ausgestattet und mehr oder weniger ausgeprägt mit dem Umgang vertraut oder zumindest befriedet. Der Mehrwert portabler Geräte rückt immer stärker in das Bewusstsein der Befragten, weshalb auch zur Sprache kommt, dass die Möglichkeit, das Gerät (Laptop) mitnehmen und ungebunden, unabhängig von einem festen Arbeitsplatz nutzen zu können, als Vorteil wahrgenommen wird.

> *FW: „Also, angefangen mit dem Computer, den habe ich dann inzwischen entsorgt, dafür gibt es dann jetzt einen Laptop und ein Tablet, weil ich das sehr schön finde, auch auf Reisen, und auch ein Smartphone. Es ist also eigentlich alles da."*

> *HMA: „Im Urlaub hatten wir auch in Jugoslawien da unten irgendwo im Süden, irgendwo in Kroatien, war das richtig, da hatten wir keinen Laptop mitgenommen auf so einer Reise, da gehen wir dann auch mal ins Internet-Café. Auch mal in Spanien, da nutzen wir das auch. Da gehen wir ganz normal ins Internet-Café und arbeiten da an einem Computer. Das ist also ohne weiteres bei uns drin.*

Die Tower-PCs werden von den Senior*innen mit einem Arbeitsplatz assoziiert, der gleichsam vorteilhafte Attribute in sich birgt, aber auch negative Aspekte innehat. So wird die Nutzung des Computers mit einer Arbeitstätigkeit beschrieben, die sich von anderen Freizeitaktivitäten im Ruhestand abgrenzt. Die Senior*innen äußern, dass sie am Computer arbeiten würden, indem sie beispielsweise Aktivitäten ihrer ehrenamtlichen Tätigkeit organisieren oder koordinieren, indem sie aber ebenso E-Mails an Personen aus dem Bekannten- oder Freundeskreis oder an Familienangehörige verfassen. Die Konfrontation mit dem Computer birgt auch Erinnerungen an die Erwerbstätigkeit, die die sich dazu äußernden Senior*innen jedoch gerne hinter sich lassen möchten. Ein Nachteil besteht nach Auffassung der befragten Personen überdies in der Ortsgebundenheit, weshalb eben mobile Geräte hier immer mehr Zuspruch erfahren. Betont wird in diesem Zusammenhang der Vorteil, dass das mobile Gerät bei Fehlermeldungen, technischen Problemen oder andersgelagerten Fragestellungen mitgenommen und einer versierten Person übergeben werden kann.

Vorteilig hingegen wird ein *Tower-PC* dann wahrgenommen, wenn es um die zeitliche Limitierung der Tätigkeit am Computer geht. Aufgrund der Zuschreibung des Arbeitsplatzes erfährt der Aufenthalt am Computer eine zweckgebundene Konnotation. Die zu bewerkstelligenden Aufgaben werden am

Computer (Arbeitsplatz) erledigt und dann der Computer wieder verlassen, um sich anderen Tätigkeiten und Beschäftigungen zuzuwenden.

Zusammenfassung: Insgesamt zeigt sich für die Gerätenutzung ein heterogenes Bild, in welchem alle bekannten (mobilen) Geräte vertreten sind. Von nicht-internetfähigen Mobiltelefonen über internetfähige Smartphones, Laptops und Tower-PCs sind in dieser Gruppe der Befragten alle Gerätetypen vertreten. Besonders kontrovers sind die Meinungen bezüglich des Tablets: Während einige Seniorinnen und Senioren angetan sind von den Möglichkeiten, die ihnen dieses Gerät insbesondere auf Reisen bietet, verbinden wieder andere das Tablet mit eher negativen Assoziationen, die denen im Hinblick auf das Smartphone gleichen. Die unvermittelte Bedienung mit den Fingern und die damit verbundenen Tipp- und Wischtechniken werden als wenig komfortabel beschrieben. Hier sticht die Bemerkung eines Senioren heraus, der bekundet, dass seine Finger viel zu groß für die kleinen Symbole und Tasten seien (*HMA*). Eine sich deutlich abzeichnende Tastatur erscheint neben einer übersichtlicheren Menüführung und einer besser nachvollziehbaren Gestaltung der Anwendungen (Apps) als Hauptmerkmal für bedienungsfreundliche mobile Geräte der Kategorien Smartphone und Tablet. Darüber hinaus: Die Senior*innen scheinen zu implizieren, dass es sich bei dem Smartphone um den Status quo der Geräteverwendung handelt, weshalb sie ausführliche Erklärungen anführen, wenn sie sich bislang *nicht* für die Nutzung eines Smartphones erwärmen konnten. Festzuhalten ist, dass die Senior*innen eruierbare Vorbehalte bezüglich der neuen Technik(en) kommunizieren und mit dem für sie Unbekannten Schwierigkeiten und Herausforderungen assoziieren.

12.4 Nutzung: Zweck und Funktion des Internets

Die dritte Kategorie umfasst die Einstellungen der Befragten zu den *Zwecken* und *Funktionen* des Internets. Diese Bezeichnung umfasst die Hauptkategorie, die sich in drei untergeordnete Kategorien (Subcodes) ausdifferenziert. Der Subcode 3A umfasst den Zweck respektive die Funktion der *Kommunikation*. Der zweite Subcode (3B) subsummiert die Wahrnehmung der Senior*innen zu dem Zweck der *Information*. Subcode 3C beinhaltet die Zuschreibungen zum Zweck der *Organisation*. Die Definition des Obercodes *Nutzung: Zweck und Funktion des Internets* umfasst die Frage danach, wozu das Internet genutzt wird und welche Funktionen das Internet für den Alltag der Senior*innen erfüllt. Im Zuge der Datenauswertung wurde deutlich, dass sich für die Untersuchungsgruppe die drei wesentlichen Funktionen ergeben, die eben in den benannten Subcodes *Kommunikation*, *Information* und *Organisation* repräsentiert werden.

12.4.1 Funktion des Internets: Kommunikation

Der Subcode 3A umfasst eine Codedefinition, die die Zuteilung der betreffenden Analyseeinheiten organisiert. Für diesen Subcode umfasst die Definition die folgenden Aspekte:

- *Das Internet wird für die Kommunikation mit Bekannten und Freunden (exklusive Familie und (Ehe)Partner*In) genutzt.*
- *Ersatz für andere Kommunikationskanäle.*
- *Organisation von Kommunikation.*
- *Technisch vermittelte Kommunikation:*
- *Textnachrichten.*
- *Sprachnachrichten.*
- *Internettelefonie.*
- *Verschiedene Anbieter der Messenger-Dienste: WhatsApp, Threema etc.*
- *E-Mail-Korrespondenzen.*

Für Onlinerinnen und Onliner bietet sich mittels technischer Kommunikationsmedien, die explizit die Internet- und Videotelefonie umfassen, neue Möglichkeiten der Interaktion und der Kontaktpflege. So werden insbesondere die bildgebenden Kommunikationswege als innovativ angesehen und eignen sich dafür, auch große Entfernungen zu überbrücken. Dabei zeigt sich, dass diese Art der Interaktion als Alternative zu persönlicher, technisch unvermittelter Interaktion akzeptiert wird. An dieser Stelle muss eher von Interaktion als von Kommunikation die Rede sein, da die Internet-/Videotelefonie, genau wie das analog organisierte Telefongespräch, dahingehend voraussetzungsvoll ist, dass beide (Interaktions-)Partner*innen an dem erfolgreichen Entstehen der Situation beteiligt sind. Die internetbasierte Videotelefonie kann nur dann gelingen, wenn der Kontaktierende und der Kontaktierte gleichermaßen partizipieren. Der Aspekt, dass das Gegenüber bei dieser Form der Kommunikation zum/zur sichtbaren und erlebbaren Kommunikationspartner/-partnerin wird, erweist sich als bedeutender Mehrwert dieser medial und technisch vermittelten Gegebenheit.

Ein besonderer Mehrwert, der im Zuge der internetbasierten Kommunikation herauszustellen ist, ist das Verschicken, der Erhalt und damit der Austausch von Fotos über Messenger-Dienste wie etwa WhatsApp. Dieser Aspekt wurde ausgiebig betont und herausgestellt: Fotos, im Augenblick des Erlebens/des Ereignisses aufgenommen und verschickt, simulieren bei der Adressatin/dem Adressaten das Gefühl, das Ereignis verfolgen und zumindest marginal partizipieren zu können. Insbesondere der Aspekt der Orts- und Zeitunabhängigkeit verschaffen neue Möglichkeiten und Qualitäten im sozialen Miteinander.

FW: „Ja, mehr Details. Wenn man telefoniert und dann spricht, dann unterhält man sich. Bei WhatsApp da schreibe ich: „Das Wetter ist gut" und dann schicke ich das Weg. Es ist eher etwas mehr Alltag. Einfach nur mal kurz, wenn die Schwiegertochter ein Foto von den Enkeln schickt und dann schreibt „So sieht es bei uns gerade aus". Das hätte ich ja sonst nicht gekriegt. Das ist einfach toll. Als Ergänzung und Bereicherung."

FW: „Aber bei Fotos ist das schon so. Früher holte man das Fotoalbum, um schnell mal was zu zeigen. Heute holt man das Handy."

Dem Foto an sich wird eine große Bedeutung zugemessen, weil es über eine Erzählung hinausgehende Eindrücke transportiert. Während die/der Empfänger*in einer Erzählung auf die eigene, subjektive Ausdeutung und die Interpretation der verbalisierten oder verschriftlichten Botschaften, die durch die/den Sender*in kommuniziert werden, angewiesen ist und damit stets die Aufgabe der Decodierung entlang gleicher Deutungshorizonte zu bewerkstelligen ist, wird der Gefahr der Missdeutung durch Fotos begegnet. Das Foto steht für sich, stellt dar, bildet ab und referenziert auf gemeinsam geteilte Wissensbestände. Wenngleich das Foto ein Abbild des Gegebenen darstellt und damit durch den Beobachtenden, der gleichsam Urheber*in des Fotos ist, vorselektiert ist, die empfangende Person Beobachte/r zweiter Ordnung ist und sich damit die Sichtweise des Fotografierenden in einer Realität zweiter Ordnung vergegenwärtigt, transportiert das Foto die Abbildung des gegenwärtig benannten Settings[87]. Dennoch ergeben sich auch hier Reduktionen des kommunizierten Inhalts: die Erzählung mag den Empfänger und die Empfängerin, wenn zwar gleiche Wissensbestände über ein Betrachtungsobjekt vorliegen, dasselbe jedoch nicht für beide Interaktionspartner*innen in der Gestalt habhaft ist, dass beide bereits die direkte, unvermittelte Erfahrung der betreffenden Szenerie gemacht haben, an der Emotion und den verbalisierten Empfindungen teilhaben lassen, die der Sender/die Senderin der Botschaft beim Erleben beispielsweise der Brooklyn Bridge in New York selbst erfahren hat. Wie sich Details der

---

[87] Im Kontext dieser Darstellungen wird auf die Begrifflichkeiten von Luhmann (2009) rekurriert. Das Konzept der Realitätskonstruktion und des damit sich vollziehenden infiniten regress', welches sich neben den verschiedenen Realitätsordnungen auch in den differenzierten Beobachterebenen vergegenwärtigt, entfaltet im Kontext der Auseinandersetzung mit dem Foto als Abbild eines Ereignisses/einer Begebenheit/einer subjektiv wahrgenommenen Realität bedeutende Erklärungskraft. Wenngleich Luhmann von der Realitätskonstruktion durch die Massenmedien spricht (vgl. 2009: 95 f.), kann diese Explikation auch für eine Botschaft, die über ein internetbasiertes Medium (E-Mail; Messenger Dienst) kommuniziert wird, gelten, da sich die Charakteristika der Massenmedien in Luhmann'scher Lesart auf das Internet und die sich daraus ergebenden Medienausdifferenzierungen transferieren lassen.

berühmten Brücke für die betrachtende Person, die gleichsam sendende Person ist, darstellen, welcher Blick, welche Eindrücke sich im Sinne von Gestalt, Erscheinung, Gegenständlichkeit zeigen, lassen sich durch Erzählungen lediglich fragmenthaft transportieren. Das Foto gereicht als Abbild und fängt die Szenerie bildhaft ein, konserviert sie und macht sie damit erlebbar für andere. Was dem Foto fehlt, ist die Emotion, die durch den Klang der Sprache transportiert wird. Auch das Foto sendet damit nur einen Teil der Botschaft, fängt aber das ein, was der Sender/die Senderin vor Augen hat und simuliert ein Dabei-Sein, eine Teilhabe. Das bildlich Konservierte ist Ausdruck dessen, was sich buchstäblich durch die Augen der betrachtenden Person vergegenwärtigt. Welche Emotionen bei der eingefangenen Szenerie mitschwingen, obliegt der Rekonstruktion auf der Empfänger*innenseite. Im Falle des Fotos wird Deutlichkeit bezüglich der Gegenständlichkeit und der Präzision der gleichen geteilten Inhalte und Wissensbestände sowohl auf der Empfänger*innenseite als ebenso auf der Sender*innenseite hergestellt. Diese Deutlichkeit fehlt verbal oder schriftlich kommunizierten Botschaften. Allerdings gelingt diesen Kommunikationsformen eher die Kommunikation von Emotionen und Gefühlen. Erst die Verknüpfung verschiedener Medien (Foto, Wort, Gestik, Mimik) ermöglicht ein vollumfänglich kommuniziertes Ganzes der Botschaft. Aufgrund der Tatsache, dass Videotelefonie, die neben dem verbalen Austausch auch die Mimik und Gestik der Gesprächspartizipierenden offenbart, als bereichernd für diese Kommunikations- respektive Interaktionsform wahrgenommen wird. Überdies wird das Teilen von Fotos, also das Weiterversenden einer selbsterstellten Aufnahme an einen definierten Kreis der Empfänger*innen, als Zugewinn an Möglichkeiten verstanden. Dabei geht es nicht um das bloße Austauschen von Fotos, es geht um die Beziehungsebene, die diesem Aspekt innewohnt: die Kontaktpflege und das Partizipieren an Gegebenheiten, die für die sendende Person wertvoll, relevant oder beachtenswert sind, erfährt durch die Seniorinnen und Senioren eine positive Bewertung und ruft Begeisterung und Freude hervor. Neben der Teilhabe an bestimmten Momenten ist auch der Austausch darüber von großer Bedeutung. Es wird die Möglichkeit geschaffen, sich über das per Foto Eingefangene auszutauschen. Die Erlebnisse werden auf für andere erfahrbar – und das nicht erst einige Zeit nach dem eigentlichen Ereignis.

WS: „Das erste, was ich von ihr bekam, war ein Foto vom Empire State Building. Boa. Da dachte ich, du kannst jetzt wirklich in Echtzeit mitkriegen, was sie gerade erlebt. Diese Anteilnahme, fast zeitgleich… Die lässt einen ja ganz anders teilhaben, wenn man das quasi miterleben kann. Man kann teilnehmen und teilhaben lassen. Man schickt ja auch oft nur ein Foto, mit dem alles gesagt ist. Ich war eigentlich der Meinung, ich brauche das nicht. Dann bin ich ja ein bisschen zu meinem Glück gezwungen worden und stelle eben fest, dass das schon eine ganz andere Qualität ist."

Die digitalen Fotos, die über das Internet versendet werden können, verschaffen den Seniorinnen und Senioren einen weiteren, als überaus positiv beschriebenen Aspekt: sie sind in der Lage, räumliche Distanzen zu überwinden. Darüber hinaus wird das Teilhaben-Dürfen, welches als Zugeständnis von Seiten der sendenden Person(en) durch das digital übermittelte Foto offenbart wird, als Wertschätzung und Bindungspflege verstanden. Die Senderin/der Sender des Fotos verschafft dem Empfänger/der Empfängerin einen Einblick in das eigene Erleben.

Neben den neuen Möglichkeiten, die die Seniorinnen und Senioren mit digitalen Fotos verbinden, erweist sich die über internetbasierte Medien vermittelte Kommunikation als positiv konnotiert. Auffallend ist, dass die Seniorinnen und Senioren mit dem Internet insbesondere die E-Mail-Kommunikation verbinden. Dies ist einer der Aspekte, der als besonders relevant erachtet und für den Alltag als überaus erleichternd und vorteilig betrachtet wird. Dabei werden in Bezug auf die E-Mail-Korrespondenz vor allem die Vorzüge der Unabhängigkeit zwischen Sender*innen und Empfänger*innen und von zeitlichen und räumlichen Komponenten betont. Die Kommunikation via E-Mail sei einfacher, unkomplizierter und hauptsächlich für das Ventilieren von Informationen an einen größeren Empfänger*innenkreis komfortabel.

FW: „Wir haben durch meine Sportgruppe zum Beispiel, da habe ich sehr viel E-Mail-Kontakt. Es ist einfacher – Termine abzusprechen, etwas Neues bekannt zu geben, aber auch nur Kurznachrichten, die gehen dann an die Adressen sofort raus. Während ich sonst telefonieren musste – jedes Mal neu. Ich erreiche die Leute dann häufig nicht und so ist das eine schöne und vor allem bequeme Sache."

Insgesamt äußern sich die Onlinerinnen und Onliner positiv im Hinblick auf das Internet und den damit verbundenen Kommunikationskanälen. Dadurch entstehen neue Kommunikationsoptionen, die wiederum neue Gestaltungsmöglichkeiten offerieren: durch internetvermittelte Kommunikation lassen sich bestehende soziale Bindungen aufrechterhalten und vertiefen, sie schaffen eine Partizipationserfahrung. Überdies ergeben sich durch das Internet Zugänge zu neuen Netzwerken: als vorteilige Assoziation wird die Kontaktaufnahme zu unbekannten Personen und das Etablieren virtuell bestehender Bekanntschaften und Beziehungen benannt.

HW: „Also, und dadurch hat man jetzt auch in einem ganz anderen Kreis Kontakt gefunden."

FSL: „Man hat mit Leuten, mit denen man sonst keinen Kontakt hätte eben tatsächlich Austausch durch E-Mails und über WhatsApp."

Weniger positiv schätzen Onlinerinnen und Onliner die Begleiterscheinungen ein, die mit der Auseinandersetzung mit dem Internet einhergehen. So wird die digital vermittelte Kommunikation als schnelllebig beschrieben. Der Vorteil, dass Kommunikation kurzweilig realisiert werden kann, sich schnell Reaktionen auf gesendete Impulse erwarten lassen und es ein Einvernehmen darüber gibt, dass die Kommunikation über Messenger-Dienste durch kurze Reaktionszeiten gekennzeichnet ist, gereicht mittels desgleichen Arguments zum Nachteil: es entsteht Medien- und Kommunikationsstress, weil die internetbasierte Kommunikation als hochfrequent wahrgenommen wird, an dessen Tempo sich angepasst werden muss, will man sich dieses Kommunikationsmediums (beispielsweise WhatsApp) bedienen. Internetbasierte Kommunikation bedarf aktiver Beteiligung und fordert von dem Partizipierenden, von den Nutzerinnen und Nutzern ein hohes Maß an Aktivität. Dies wird wiederum als überfordernd und belastend wahrgenommen. Die Omnipräsenz ist es, die dem Internet eine negative Attribution angedeihen lässt. Diese Präsenz lässt sich damit nicht nur für das Individuum identifizieren, welches sich eingenommen fühlt von den Forderungen, die durch die (technischen) Möglichkeiten zu einem verstetigten Hin und Her, zu einem Kommunikationsfluss anwachsen. Vielmehr zeigt sich die Omnipräsenz des Internets für eine von den Senior*innen als negativ empfundene Handlungspraxis: Das Smartphone wird als ein mit dem Menschen Verwachsenes wahrgenommen. Das Gerät Smartphone wird als überrepräsentiert im Alltäglichen erlebt. Diese Wahrnehmung teilen die Onliner*innen mit den Offliner*innen: neben dem als zu oft ausgeführten Griff nach dem Smartphone beurteilen beide Gruppen, Offliner*innen und Onliner*innen, die Simultannutzung von verschiedenen Kommunikationskanälen als nachteilig. Beispielhaft wird das Beisammensitzen in einer geselligen Runde genannt oder aber das persönliche Gespräch, in der und in dem das Smartphone allzu oft genutzt wird.

HW: „Es ist ja so, die Kommunikation unter den Menschen wird ja sowas von arm. Gerade, wenn man die jüngeren sieht, die sich gerade in einem Lokal irgendwo hinsetzen, gegenübersitzen und sich dann über das Smartphone unterhalten, dann fällt mir dazu nichts ein. Das ist also, nee, ich sehe das mehr als Fluch, weil ich ja nun auch durch mein Alter das Andere, das Analoge kennengelernt habe."

HF: „Manche wollen gerne wissen und dann kommunizieren sie, dass sie gerade irgendwo sind und was einkaufen, sowas kriegt man dann alles von anderen Leuten mit. Ich aber muss sowas nicht allen Leuten mitteilen, was ich mache und was ich nicht mache und was ich gesehen habe und sowas alles. Ich weiß von anderen, die über das Smartphone untereinander vernetzt sind... Also, ich kann mir das nicht vorstellen, ich möchte das alles doch nicht wissen."

Es gilt der Primat des persönlichen Gesprächs, der Face-to-Face-Interaktion, vor der technisch vermittelten Kommunikation. In dieser Konsequenz erleben die verschiedenen Kommunikationskanäle per se eine Hierarchisierung: das persönliche, primärmedial vermittelte Gespräch ist der Primat gegenüber technisch vermittelter Kommunikation. Dies ist zudem ein Kritikpunkt den Offliner*innen gegenüber dem Internet äußern: es bestünde die Gefahr, dass die Face-to-Face-Interaktion an Relevanz einbüße und verkümmere. Daraus resultiere eine Vereinzelung, in der sich jedes Individuum auf das technische Gerät Smartphone zurückgeworfen sehe.

12.4.2 Funktion des Internets: Information

Der Subcode 3B ist benannt als *Funktion des Internets: Information*. Die Code-Definition ist die Nachfolgende:

- *Funktion des Internets: Informieren.*
- *Gezielte Suche nach Informationen.*
- *Recherche von Hintergrund Informationen.*
- *Bewusste Informationssuche über das Internet.*
- *Primat des Internets als Informationsquelle?*

Die Ergebnisse der Senior*innenbefragung zeigen für die Onliner*innen, dass die Informationsrecherche zum einen themenspezifisch vonstattengeht und zum anderen eine große Breite an Informationsquellen bemüht wird. Deutlich wird, dass die Seniorinnen und Senioren (Onliner*innen) nur in Bezug auf bestimmte Informationen dem Internet bei der Recherche den Vortritt lassen. An diesem Punkt gibt die Art der Information den Ausschlag: wenn es eher darum geht, Neuigkeiten aus dem Wohnumfeld, aus der Region zu erhalten, Einblicke über das politische Geschehen (deutschlandweit oder international) zu erhalten, rekurrieren die Senior*innen auf die durch Fernsehen, Rundfunk und (Print-)Zeitung aufbereiteten Themen. In dem Falle geben sich die Senior*innen dem Agenda-Setting der konsultierten Medien hin und konsumieren die in dieser Form dargebrachten Informationen.

> *„HW: „Nein, das mache ich nicht, weil ich ja noch eine Tageszeitung habe und die Informationen daraus genügen mir eigentlich, um das Grundsätzliche zu erkennen. Wenn da einer Meinungen dazu hat, brauche ich das nicht. Ich kann mir meine eigene Meinung bilden. Und wenn man dann noch Fernsehen schaut, hat man noch einen Gegenpol. Das brauche ich also das Internet nicht."*

Anschließend daran geben einige wenige Senior*innen an, weitergehend zu den in den besagten analogen Medien kommunizierten Themen im Internet zu recherchieren. Für Zeitungen und Fernsehen kann man sagen, dass hier eher eine Lean-back-Haltung der Rezipienten zu erkennen ist, welche sich dadurch auszeichnet, dass die dargebotenen Informationen konsumiert werden. Damit lassen es viele Senioren auch bewenden. Die Internetrecherche wird dann relevant, wenn spezifische Informationen zu deutlich umrissenen Themenfeldern *ganz gezielt* gesucht werden. Dabei zeigt sich, dass die Onlinerinnen und Onliner sich eher wenig durch das Internet gleiten lassen, dass sie sich eher nicht ohne Formulierung eines Recherchethemas oder -ziels durch die Weiten des World Wide Web treiben lassen.

> FW: „Das ist zielgerichtet. Da bin ich ziemlich zielgerichtet. Entweder das oder... entweder ich habe was gefunden oder nicht und dann nehme ich mir danach auch schon mal das Buch zu Hand und schaue dort nach."

In diesem Kontext werden die erweiterten Möglichkeiten betont, die durch das Internet entstehen: die Fülle an bereitgestellten respektive erfahrbaren Informationen ist gegenüber anderen Medien um ein Vielfaches ausgeprägter. Die selbstmotivierte und initiierte Suche nach Informationen schafft ein gewisses Maß an Unabhängigkeit von dem Agenda-Setting der Verbreitungsmedien Fernsehen und Zeitung. So wird die Internetrecherche eher dann bemüht, wenn es um Informationen zu bestimmten Veranstaltungen geht, (technische) Produkte vor dem Konsum einer Vorauswahl unterzogen werden sollen oder Innovatives und bisher Unbekanntes für das eigene Hobby eruiert werden sollen. Überdies bietet das Internet Informationen für diverse Problemlagen und Suchanfragen.

> CC: „Da kann ich dann immer mal fragen, wenn ich mal eine Fehlermeldung habe. Oder sonst google ich einfach. Ich gebe dann einfach den Text der Fehlermeldung an. Das mache ich dann zum Beispiel auch [...]. Man kann die Fehlermeldung eigentlich wörtlich googeln. Es gibt in der Regel diverse PC-Helfer-Foren. Ich bin inzwischen erfahren genug, dass ich dann eben auch sehe, ob das was Seriöses ist."

Obwohl den Onlinerinnen und Onlinern der Zugang zum Internet als eine Optionenerweiterung sehr positive Bewertungen entlockt, rekurrieren sie, wie die Offlinerinnen und Offliner auch, zu allererst auf eher traditionelle Medien wie Fernsehen, Rundfunk und Zeitung. Das liegt insbesondere daran, dass mit dem Internet assoziiert wird, dass es weniger (neue) seriöse Informationen – vor allem im Gegensatz zu den über die traditionellen Medien – bereithält und eher Meinungen transportiert. Zurückzuführen ist diese Annahme darauf, dass die Urheber*innen der im Internet bereitgestellten Informationen schwerlich zu ermitteln sind und sich daher für die Senior*innen ein eher undurchsichtiges Geflecht aus mannigfaltigen ähnlichen, aber doch (marginal) unterschiedlichen Informationen präsentiert.

> WS: „Aber es eröffnet mir mehr Möglichkeiten. Das betrifft Recherchen oder Vorbereitungen. Man kann sich toll informieren. Man kann sich tiefergehender informieren. Aber man muss sich eben auch zurechtfinden. Es braucht schon Kompetenzen, um sich zurecht zu finden. Man muss aufpassen, dass man sich nicht verliert im Internet oder auch verläuft."

Es verwundert daher nicht, dass die befragten Onlinerinnen und Onliner den Zugang zu beinahe jedweder Information im Internet als sehr positiv bewerten, die Suche nach einer spezifischen Information aber als undurchsichtig und mühsam kennzeichnen. In diesem Aspekt gibt es jedoch auch eine andersgelagerte Auffassung, welche hauptsächlich die Vorzüge des Internets darin sieht, dass Informationen schnell zugänglich und barrierefrei ohne großen Aufwand zu erhalten sind. Einigkeit herrscht darüber, dass das Internet eine Art Informationsmonopol innehat, weil sich bestimmte Informationen (insbesondere weiterführende und detaillierte) ausschließlich im Internet finden lassen. Vor allem Neuigkeiten und Innovatives (zu verschiedenen Themen: Tagesgeschehen, Politisches, Veranstaltungen, Hobbies) lassen sich nur über das Internet ermitteln. Dieser Aspekt führt die Onliner*innen zu dem Schluss, dass Personen, die das Internet nicht nutzen, von (wichtigen) Informationen abgeschnitten sind und damit exkludiert werden. Allen voran der Umstand, dass Informationen aktiv beschafft werden müssen, dass keine Versorgung mit wichtigen Informationen gewährleistet ist, wenn man das Internet nicht nutzt, wird als großer Kritikpunkt angesehen. Es fordert von den Nutzinnen und Nutzern eine stetige Auseinandersetzung mit Neuerungen und birgt eine unabdingbare Verantwortung für das Informiert-Sein. Somit sind die Wahrnehmungen der Senior*innen eher ambivalent: auf der einen Seite werden die über die traditionellen Medien bereitgestellten Informationen zu allgemeineren Themen als ausreichend empfunden – Umstände und Faktoren jedoch, von denen die Befragten selbst betroffen sind, bedürfen einer aktiven Recherche und einer selbstorganisierten Beschaffung. Dabei geht es um beinahe jedweden Aspekt der Lebensgestaltung. Die Abhängigkeit vom Internet und den daraus für die Offliner*innen erwachsenden Nachteil wird überdies sichtbar, wenn die online agierenden Senior*innen davon berichten, dass sie Multiplikator*innen für Informationen sind: die Offliner*innen erkundigen sich nach Relevantem bei den Onliner*innen und versuchen mittels dieser Strategie vermeintliche Informationsdefizite, die durch die Nicht-Nutzung des Internets entstehen, zu kompensieren.

So sind die Offliner*innen in der Situation, zugeben zu müssen, dass sie im Hinblick auf bestimmte Informationen von den Onliner*innen und damit eben auch explizit vom Internet abhängig sind. Überdies geben sie an, dass Planungen und Ad-hoc-Recherchen durch das Internet eher möglich sind als auf analogem Wege und sich damit bestimmte Vorteile ergeben können. Für weiterführende Informationen hingegen fällt die Beurteilung durch die Befragten ganz unterschiedlich aus. Einige offline lebende Senior*innen betonen, dass das Internet für die Recherche weiterführender Informationen nicht gebraucht wird, während wieder andere anführen, dass gerade dies der entscheidende Vorteil des Internets wäre.

> UJ: „Ich habe genug Leute, die Internet haben. Dann sage ich, könnt ihr mal gucken."

Im Kontext des Themas *Informationsbeschaffung durch das Internet* erscheint das Agieren ohne einen Internetzugang als nachteilig. Wenngleich sich einige befragte Seniorinnen und Senioren auch ohne das Internet ausreichend mit Informationen über die Medien Fernsehen, Rundfunk und Zeitung versorgt fühlen, erscheint die darüberhinausgehende Informationsrecherche sehr beschränkt. Dabei ist die Situation in Bezug auf für den Alltag oder die Lebensgestaltung notwendige Informationen besonders frappierend.

> GT: „Also, mit anderen Worten: die wären fast hinten runtergefallen, weil die eben daran nicht teilhaben können. Und nicht nur da. Man kommt ja auch generell sehr schlecht an Informationen. Man ist dann irgendwie außen vor und wird abgehängt. Man ist also gezwungen, sich das Internet anzueignen."

Die Offlinerinnen und Offliner sind in einigen Kontexten auf Informationen angewiesen, behelfen sich in diesem Falle aber dadurch, dass sie solche Personen fragen, die einen Zugang zum Internet und damit auch zu den relevanten Informationen haben. Weil es diese Weitergabe der betreffenden Informationen gibt, diese Strategie der Informationsbeschaffung also funktioniert, ist der Nachteil, der aus der Nicht-Nutzung resultiert, nicht direkt für alle befragten Senior*innen ersichtlich. Zudem stellt sich die gegenwärtige Situation als eine Mischform aus Analogem und Digitalem dar. Diese Übergangszeit, in der Digitalisierungsprozesse angestoßen, aber analoge Routinen gesamtgesellschaftlich noch nicht abgelöst sind, bietet Offlinerinnen und Offlinern die Wahlmöglichkeit zwischen beidem und schafft Möglichkeiten der Kompensationen, weshalb die eigene Position gegenüber Onliner*innen als nicht nachteilig wahrgenommen wird. Zwar wird bestätigt, dass die Informationsfülle mit dem Internet größer wäre und das Internet bei vielen Gelegenheiten mehr Komfort bieten würde, als benachteiligt sehen sich die Offliner*innen deshalb in Bezug auf den *Zugang zu Informationen* jedoch nicht.

12.4.3 Funktion des Internets: Organisation

Der Subcode C der Kategorie drei umfasst die Internetfunktion der Organisation und ist folgendermaßen definiert:

- Das Internet wird für die Organisation verschiedener Angelegenheiten genutzt:
- Planung und Organisation von Aktivitäten (Konzertbesuche, Tagesausflüge etc.) und Reisen,
- für den Konsum von verschiedenen Waren und/oder Dienstleistungen,
- Abwicklung von Bankangelegenheiten.

Die Onliner*innen nutzen das Internet im Kontext organisatorischer Aspekte für die Abwicklung von Bankgeschäften (Online-Banking), für die Vorbereitungen von Reisen, für den Konsum von verschiedenen Waren (Konsum- und Verbrauchsgüter) und für die Terminkoordination, aber auch für die Aufbewahrung von Dokumenten und Dateien. Über das Internet werden Informationen ventiliert und Termine koordiniert.

> *FSL: „Dann nutze ich das Internet auch, um einzukaufen, das muss ich ehrlich sagen. Und auch, um Preise zu vergleichen, das ist mir schon wichtig."*

> *FSL: „Reisen interessieren mich, Bahnfahrten suche und buche ich über das Internet, Flüge buche ich über das Internet."*

Offlinerinnen und Offlinern erscheint die Planung von Reisen über das Internet als obsolet. Dabei sprechen sie dem Internet die sinnliche Komponente ab und weisen darauf hin, dass die Vorbereitung auf die Reise ein Moment der Reise selbst wäre, welcher sich durch vielgestaltige Vorbereitungen besser genießen lassen würde, als wenn dieser Prozess als eindimensional über das Internet realisiert werden würde. Darüber hinaus lassen sich analog gewonnene Informationen besser kanalisieren: es werden nur die notwendigen Informationen eingeholt und verwendet. Weiterführende Informationen, die über das Internet generiert werden können, können Quelle von Verunsicherungen im Vorwege der Reise sein. Überdies erscheint die Vorbereitung ohne den Einsatz des Internets weniger Abhängigkeiten zu schaffen: offline Organisiertes entstammt den Bemühungen der Personen selbst und ist Resultat verschiedener Aushandlungsprozesse, während über das Internet generierte Buchungen einer Black Box gleichen, die undurchsichtig ist und Abhängigkeiten schafft.

Die Organisation von Bankgeschäften erscheint hingegen als unsicher und gefährlich für die personenbezogenen Daten.

12.5 Wissensgenese durch das Internet

Die Kategorie *Wissensgenese durch das Internet* konstituiert sich im Wesentlichen durch die Funktion, die das Internet im Hinblick auf die Meinungsbildung und auf die Genese des Alltagswissens hat. Umrissen ist die Kategorie mittels der nachfolgend explizierten Attribute und Fragestellungen, die sich für das Datenmaterial im Zuge der Analyse ergeben haben:

- *Alltagswissen.*
- *Quelle für Fachwissen.*
- *Wie wird das Bild der/über die Welt erzeugt?*
- *Wie bilden sich Senior*innen Meinungen zu verschiedenen Themen?*
- *Woher erhalten die Senior*innen ihre Einstellungen?*
- *Was wird als Realität akzeptiert?*

Die Onliner*innen bewerten das Internet als Quelle von Informationen, die der Meinungsbildung dienen. Vor allem die Pluralität der Informationen zu einem Thema kann als vorteilig gelten, wenn man sich ein umfassendes Bild von einem Sachverhalt zeichnen möchte. Während im Kontext der Informationsrecherche die Pluralität eine eher negative Konnotation erhalten hat, wird dieser Aspekt für die Meinungsbildung als eher förderlich erachtet. Diese Unterscheidung lässt sich aus der Intention heraus erklären, die ursächlich für die Informationsrecherche ist. Bei einem Interesse an einer facettenreichen Darstellung eines Sachverhaltes werden plurale Informationen als positiv eingestuft. Erst durch das Internet wird es möglich, einen weitgefassten Überblick über gesellschaftlich, aber auch gemeinschaftlich relevante Themen zu erhalten, auf dem Stand des aktuellen Geschehens zu sein und an einem Austausch darüber zu partizipieren. Ohne die Nutzung des Internets, so die Einschätzung der Onliner*innen, entstehen Wissenslücken auf Seiten der Offliner*innen und damit eine Bevorteilung durch die Internetnutzer*innen.

FW: „[…] alleine deswegen, wie soll ich das ausdrücken…Wissenslücken. Wissenslücken. Und ich denke mir auch, schon alleine, wenn ich Nachrichten höre, dann heißt es immer „Mehr Informationen bekommen unter WWW…". Dann muss ich da einfach rein und wissen wollen, was ist da nun wirklich Sache. Und wenn ich das ablehne, dann erfahre ich das nicht. Und schon habe ich evtl. eine Sache nicht richtig verstanden oder kann mir keine eigene Meinung bilden. Also, ich muss das schon wissen."

Jedoch ist das Bild, das sich hinsichtlich der Einstellungen, welche die online agierenden Seniorinnen und Senioren zu dem Mehrwert von im Internet vorfindlichen Informationen haben, alles andere als homogen. Für die einen bilden die über Internet zugänglichen Informationen die Grundlage neuer Informationen, neuer Entdeckungen, neuen Wissens. Für die anderen stellt das Internet keine Quelle für weiterführende Informationen dar und es gibt damit auch keine Möglichkeiten der Ausweitung bestehender Wissensbestände. Was sich im Internet erschließen lasse, seien Meinungen anderer. Damit gleiche das Internet eher einem Portfolio an Subjektivem als einer Quelle für neue, objektivierbare Informationen. Entsprechend unterschiedlich fallen die Bewertungen des Mehrwerts, der aus der Internetnutzung generierbaren Möglichkeiten und Optionen aus. Für die Onlinerinnen und Onliner, die das Internet als Quelle von Neuem wahrnehmen, ergeben sich daraus neue Wissensbestände, erweiterte (Handlungs-)Optionen und die Grundlage der Partizipation. Vertreter*innen der anderen Perspektive vergegenwärtigen, dass das Internet Abstraktionen in sich vereint, die weder erlebbar sind noch für die eigenen Repertoires reproduzierbar. Das Internet entfaltet in diesem Kontext keinen erkennbaren Mehrwert.

Das Internet bietet dem Nutzer und der Nutzerin dann neue Möglichkeiten und mehr Optionen als ohne dessen Verwendung, wenn man sich darauf einlässt, das Internet als Ergänzung, aber auch als Weiterentwicklung der traditionellen Kulturtechniken (Lesen, Schreiben, Rechnen) anzuerkennen und zu akzeptieren. Die Nutzung kann damit nur bereichern, nicht aber einschränken, weil es stetig Neues und bislang Unbekanntes anbietet und neue Möglichkeiten eröffnet. Die Offenheit gegenüber dem Internet als neues Medium, als neue Kulturtechnik sei auch deswegen entscheidend, weil nur so neues Wissen generiert werden könne. Dieser positiv formulierten Forderung der aktiven Partizipation am Internet wohnt überdies ein negativer Aspekt inne, weil genau diese fortwährend notwendige Aktivität der Nutzer*innen zu einem Zwang führt. Nicht nur, dass der Zwang besteht, sich aktiv mit dem Fortschritt der Technik und den Entwicklungen des Mediums Internet und der Digitalisierung zu befassen, um damit die Grundlage der Partizipationsmöglichkeit nicht zu verspielen, ist dies ein notwendiger Prozess, wenn der Nutzer/die Nutzerin die Kontrolle über die eigenen Daten behalten möchte, die im Zuge der Digitalisierung mittels des Internets gespeichert und verwaltet werden. Das System gibt damit die Regelhaftigkeit vor, an die sich die Nutzenden anpassen müssen.

WS: *„Für mich ist es wichtig, dass ich immer an meine Daten herankomme. Dazu gehören auch die Fotos. Man weiß ja nicht, wie sich die Zeit verändert, was Stand der Technik ist. Da muss man am Ball bleiben. Dazu wird man ja quasi gezwungen, damit man an seine eigenen Dateien herankommen kann."*

Darüber hinaus besteht eine Abhängigkeit von dem Internet, wenn es darum geht, an gesellschaftlichen oder gemeinschaftlichen Organisationsprozessen zu partizipieren. Die befragten Seniorinnen und Senioren erwähnen in diesem Zusammenhang die Mitwirkung, die Teilhabe und das Engagement in (Sport-/ Computer-/Musik-)Vereinigungen, in ehrenamtlichen Tätigkeiten und politischen Organisationen, welche der Internetnutzung bedürfen. So sind die Seniorinnen und Senioren, wollen sie denn mitwirken, in der Situation, sich mit dem Internet auseinandersetzen *zu müssen*.

> FSL: *„Also, ich bekomme ja die Informationen, gerade für den Bereich, in dem ich ehrenamtlich tätig bin, gar nicht mehr per Post. In den ersten Jahren, als wir angefangen haben, so vor fünf Jahren, da wurde noch viel über Flyer oder so zugesandt. Und das kriegen sie nicht mehr zugesandt. Da wird dann eine Anfrage geschickt oder man muss sich da irgendwie einloggen. Man muss dann schon ein bisschen gucken. Man kann sich ja bei Organisationen einloggen und dann kommt man an Informationen und an Schriften, die man dann anfordern muss und die einem dann zur Verfügung gestellt werden. Gerade vom Bundesministerium und so. Da kann man sich die Schriften dann kostenfrei bestellen. Die treten eben nicht mehr an einen heran. Das hat sich verändert. […] Und nur dann, wenn man weiß, wo man anfragen muss. Man muss das schon wissen und man muss am Ball bleiben. Es geht ja Vieles nur noch über das Internet. Es ist eben unerlässlich, sich damit auseinanderzusetzen."*

> GT: *„Und insofern habe ich den Eindruck, dass die Älteren von außen eher gezwungen werden, sich darum zu kümmern und da was zu tun."*

Damit verknüpft sind Schwierigkeiten für die Senior*innen, welche durch die beschleunigten Prozesse im Zuge der Digitalisierung entstehen. So verbinden die befragten Seniorinnen und Senioren mit der voranschreitenden Digitalisierung und dem technischen Fortschritt ein Gefühl des Hinterhereilens: die Technik übertrumpft die menschlichen Fertigkeiten, weshalb fortwährend ein Defizit bezüglich der Nutzungskompetenzen besteht. Besonders negativ beurteilen die Onliner*innen diese Entwicklung mit Blick auf die Offlinerinnen und Offliner. Das Internet bietet nicht nur den Zugang zu neuen Informationen, es eröffnet ebenso neue Möglichkeiten und Chancen der Partizipation, die bisweilen nicht nur optionaler Art sind, sondern als Notwendigkeit gelten. Damit bleiben den offline lebenden Seniorinnen und Senioren nicht nur zusätzliche Optionen verschlossen: auch ganz grundlegende Prozesse werden und bleiben damit unzugänglich. Die fortschreitende Digitalisierung transferiert Informationen und organisationale Aspekte in den Kontext des Internets: Nicht-Nutzer*innen sind schlussendlich exkludiert. Für die Seniorinnen und Senioren stellt die Internetnutzung damit eine zweischneidige Angelegenheit dar: zu einem ist das Internet positiv konnotiert, da es Optionen bietet und Möglichkeiten eröffnet. Zum anderen wird die Notwendigkeit der Nutzung betont, weil das Internet die Infrastruktur der Gesellschaft aufzeigt. Die Offliner*innen kommen zu sehr ähnlichen Ergebnissen in ihrer Bewertung des Einflusses des Internets auf die Wissensgenese. Bei diesen Ausführungen handelt es sich um Beobachtungen und Annahmen, die die Offliner*innen zu ihrer Meinung führen. Sie selbst setzen sich nicht mit dem Internet auseinander und können aufgrund dessen eher eine Fremdwahrnehmung abbilden. Hier hält sich das Bild des informationsgebenden Mediums, das aber keine Grundlage für Wissen bieten kann.

> HF: „Und dann kommen meine Frau und ich an, wir sind beide ja nicht so versiert in Sachen Internet, und da stellt sich heraus, dass wir beide eben ein globaleres Wissen haben als die Internetnutzer."

Der Aspekt der Wissensgenese ist für die Offliner*innen eng mit dem direkt Erlebbaren verknüpft. Die Abstraktionsebene, die dem Internet zugesprochen wird, passt damit nicht zu dem Verständnis davon, wie Wissen internalisiert wird: nämlich durch Verinnerlichung von direkt Begreifbarem. Die Vorstellung der Abstraktion generiert sich daraus, dass dem Internet eine allzu starke Ausdifferenzierung und Ausdeutung von Inhalten zugesprochen wird, sodass das Phänomen Realität x-ter Ordnung ist, weil allzu viele Beobachter die eigentliche Nachricht codiert und wiederum decodiert haben. Aufgrund der direkteren, unverfälschteren Erlebnisse/Erfahrungen und der dabei reflexiv selbst generierten Wissensbestände sprechen die offline lebenden Seniorinnen und Senioren davon, dass ihnen ein größeres Wissen, ausdifferenziertere Wissensbestände als den Onliner*innen immanent sind. Dabei werden die Onliner*innen mit der Einschätzung belegt, dass sie ihre Umwelt eher medial (technisch) vermittelt erleben, als (technisch) unvermittelt. Demzufolge würden das Handlungsrepertoire und die Gewohnheiten negativ beeinflusst. Die Offliner*innen nehmen das Internet in diesem Kontext mitnichten als Quelle neuer Optionen und Möglichkeiten wahr: im Gegenteil – die Internetnutzung verschafft im Hinblick auf das Wissen (Alltagswissen/Fachwissen) keine Vorteile, es beschränkt eher und reduziert originäre Erfahrungen.

12.6 Werte und Wertesystem

Die Analyse der Senior*innenbefragung fördert Haltungen und Einstellungen zu gesellschaftlichen Werten zu Tage, deren Textur im Zuge der Digitalisierung vermeintlich einer Veränderung unterworfen ist. Darüber hinaus werden in dieser Kategorie auch die Aspekte aufgenommen, die von den Seniorinnen und Senioren innerhalb bestimmter gesellschaftlicher Teilsysteme als von ihren

Vorstellungen von sozialem Miteinander und der sozialen Kommunikation abweichend wahrgenommen und damit für sie beachtenswert werden. Folglich werden in dieser fünften Auswertungskategorie diese Aspekte erfasst:

- *Werte und Normen, die sich scheinbar verändert haben.*
- *Neue Werte/veränderte Werte aufgrund des Internets/der Internetnutzung/der Digitalisierung.*
- *Kontrastierung früher/heute in Bezug auf Verhaltensweisen/Handlungsrepertoires, die nicht bezogen sind auf Informationssuche.*
- *Betrifft: Kommunikation; beobachtete Handlungen/Verhaltensweisen bei jüngeren Generationen; Vergleiche.*

Sowohl Onliner*innen als auch Offliner*innen empfinden die Art der Kommunikation als verändert. Diese Veränderung wird jedoch verstärkt für die jüngeren Generationen dargestellt. Hier werden immer wieder die Beispiele bemüht, dass sich eine Gruppe von Menschen zu einem gemeinsamen Essen zusammenfindet, dabei aber nicht nur das aufmerksame Genießen des persönlichen Gesprächs, des Beisammenseins im Mittelpunkt steht, sondern diese Szenerie dadurch gestört wird, dass die Anwesenden, hier eher die jüngeren, gleichzeitig das Handy bedienen.

> *UJ: „Zumindest da bei meinen nicht. Aber ich sehe es oft genug, wenn wir mal zum Essen gehen, da sitzt die ganze Familie, drei Kinder, zwei Erwachsene und jeder sitzt da und daddelt da vor sich hin. Das ist schlimm."*

> *HW: „Es ist ja so, die Kommunikation unter den Menschen wird ja sowas von arm. Gerade, wenn man die jüngeren sieht, die sich gerade in einem Lokal irgendwo hinsetzen, gegenübersitzen und sich dann über das Smartphone unterhalten, dann fällt mir dazu nichts ein. Das ist also, nee, ich sehe das mehr als Fluch, weil ich ja nun auch durch mein Alter das Andere, das Analoge kennengelernt habe."*

> *FH: „Also, ich finde es nicht schön, wenn man beim Essen ist zum Beispiel. Und Sie essen und nebenher drücken sie. Ich finde, in diesen Momenten muss das nicht sein."*

> *FS: „Wir sitzen dann in der Runde und irgendjemand zeigt sein Smartphone rum. Ich denke, ich muss nicht alles wissen."*

Das bewusst initiierte Zusammenkommen und die bewusst gelebte Interaktion erscheinen hier besonders schützenswert. Die Kommunikationsarten erhalten eine Hierarchisierung: Die direkte Face-to-Face-Interaktion erhält eine besondere Wertschätzung, welcher Aufmerksamkeit entgegengebracht werden sollte. Dabei lassen sich die Teilnehmenden dieses gemeinsamen Treffens auf ein geteiltes Erlebnis bewusst ein. Die Nutzung des Smartphones in diesem Augenblick wird als störend empfunden: die Nutzerin/der Nutzer wohnt in diesem Moment dem gemeinsamen Treffen nicht aktiv bei, wendet sich einer anderen Person zu, mit der über das Smartphone kommuniziert wird. Dabei verschieben sich die Wertigkeiten. Eingedenk der Tatsache, dass sich die Kommunikation über das Smartphone mehrheitlich auf die Nutzung von Messenger Diensten fokussiert, die einen Austausch von Mitteilungen zeitversetzt ermöglicht, erlischt die Notwendigkeit der sofortigen, unmittelbaren Reaktion auf die elektronisch übermittelte Botschaft. Damit erscheint die Zuwendung zu dem mobilen Telefon als in diesem Moment des Beisammenseins als obsolet. Gespräche werden dadurch unterbrochen, die Aufmerksamkeit wandert zwischen dem über das technische Gerät vermittelten Kontakten hin zu dem sich unmittelbar ereignendem Miteinander. Damit einher geht für die befragten Seniorinnen und Senioren, dies betrifft sowohl Onliner*innen als auch Offliner*innen, das Empfinden fragmentierter Kommunikation. Das Primat sollte nach deren Auffassung auf dem direkten, persönlichen Gespräch liegen, welchem sich andere Arten der Kommunikation und Interaktion unterzuordnen haben. Dabei erscheint ihnen das gesamte Kommunikationsverhalten ein Ausdruck der Wertigkeit zwischenmenschlicher Beziehungen zu sein. Die Befragten meinen zu beobachten, dass die direkte, unvermittelte Interaktion an Substanz verliert, da sie durch die Konkurrenz digitaler Kommunikationsformen an Intensität, also Qualität, und Quantität verliert. Wenngleich die Onlinerinnen und Onliner dieser Befragung die neuen Kommunikationsformen, die das Internet mit sich bringt, als Zugewinn an Möglichkeiten empfinden und dies auch für den Aspekt der positiv veränderten Partizipationsmöglichkeiten äußern, wird die Entwicklung der Face-to-Face-Interaktion als weniger positiv und optimistisch eingeschätzt. Dabei geht es vor allem um eine Verlagerung der Wertigkeiten zwischenmenschlicher Beziehungen: das Internet ermöglicht vielfältige Wege der Kommunikation und Interaktion, die jedoch dazu führen, dass die direkte, persönliche Interaktion zu Gunsten der vermittelten Kommunikation zurückgeht und eine Vereinzelung stattfindet. Diese Überlegungen fußen in dieser Kontrastierung auf den Wahrnehmungen Einzelner: zu bedenken ist dabei, dass sich die Frage, *ob* sich das Kommunikationsverhalten und die Kommunikationsstrategien nachhaltig verändert haben, bislang nicht untersucht wurden (und werden konnten). Hinsichtlich der Einschätzungen der Senior*innen, welche die Kommunikationsänderungen anbetreffen, muss zudem berücksichtigt werden, dass diese Beobachtungen vor allem jüngere Generationen adressieren. Die Lebenslagen und die Mediensozialisationen könnten demnach nicht unterschiedlicher sein[88]. Somit muss man bei dieser Kritik, die das

---

88 Die Abgrenzung der Jüngeren gegen die Älteren erfolgt oftmals über den Terminus der Ge-

Kommunikationsverhalten der Jüngeren und deren Medienverhalten adressieren die Generationeneffekte mitdenken. Jedoch geben sowohl die befragten Onliner*innen als auch die interviewten Offliner*innen an, derlei Veränderungen und als negativ eingestufte Verhaltensweisen, wie das allzu offensive Nutzen und Umher-Zeigen des Smartphones bei geselligen Zusammentreffen, bei Personen ihrer Altersgruppe zu beobachten. In diesem Kontext wird das Smartphone als Störfaktor im Interaktionsfluss bezeichnet.

Trotz der verbindenden Wirkung, die internetbasierte Kommunikationskanäle bieten, prophezeien die befragten Personen eine stete Vereinsamung der Menschen. Auch die verbesserten Möglichkeiten der Teilhabe und der Beziehungs- und Kontaktpflege durch das Internet können Einsamkeit (vor allem im Alter) nicht eindämmen. Dabei entfaltet der Aspekt Relevanz, dass der persönlichen Interaktion ein hoher Stellenwert beigemessen wird, deren Bedeutung nicht durch medial vermittelte Kommunikation vollends kompensiert werden kann. Der Wert des gesellschaftlichen Zusammenhalts erscheint den Senior*innen gefährdet – und dies umso stärker, je weiter der Prozess der Digitalisierung voranschreitet. Aufgrund dieser Entwicklungen, sind nachhaltig wirkende Einflüsse auf die gesellschaftliche Ordnung zu erwarten.

---

neration. Unter diesem Begriff werden landläufig Attributionen subsummiert, die bestimmte Merkmale im Kontext diverser Altersgruppen betrachten sollen und überdies und im Besonderen auf Differenzieren im Hinblick auf bestimmte Handlungsrepertoires hindeuten. In Bezug auf die Konstellation des Terminus' Generation und der Mediennutzung stellen sich die Autoren Beck, Büser und Schubert im Rahmen ihres Forschungsprojektes die Frage, „ob es überhaupt Generationeneffekte in Bezug auf das Medienverhalten gibt" (2016: 7). Damit zielt diese Fragestellung auf die hier vergegenwärtige Implikation, welche zum Ausdruck bringt, dass es Unterschiede zwischen den Jüngeren und den Älteren geben *muss*. Im Zuge dieser Auseinandersetzung soll der Begriff der Generation keine Verwendung im Sinne der Verortung im Kontext von spezifischem und abgrenzbarem Medienhandeln erhalten. Dennoch spielt die Vergegenwärtigung der Aspekte, welche dem Begriff der *Generation* immanent sind, eine Rolle, wenngleich einer eher subtile. Dann nämlich, wenn davon ausgegangen wird, dass die befragten Senior*innen als Teil respektive Vertreter*innen einer Generation gemeinsame Erfahrungsräume teilen (vgl. Beck/Büser/Schubert 2016: 151; Mannheim 1964). Diese Erfahrungsräume sind andere als die der Jüngeren, wodurch sich auch in Bezug auf die Mediennutzung, welche ganz explizit die Internetnutzung forciert, Unterschiede der Erfahrungsräume ergeben (müssen). Die unterschiedlichen Erfahrungsräume im Hinblick auf das Internet und dessen Nutzung sind allerdings auch in der Gruppe der Senior*innen derart disparat, dass hier nicht von grundsätzlich unterschiedlichem Medienhandeln der jüngeren und der älteren Generation ausgegangen werden kann. Dies bezieht allerdings auch das Medienhandeln der Gruppe der Senior*innen an sich mit ein. Unterschiede für die Älteren und die Jüngeren im Lichte der Internetnutzung ergeben sich anhand unterschiedlicher Mediensozialisationen. Während die Älteren die Entstehung des Farbfernsehens, das Aufkommen des Computers und des mobilen Telefons und schlussendlich des Internets miterlebt haben und sich dadurch eine bestimmte Art des Medienhandels ausgeprägt hat, unterscheidet sich die Medienprägung der Jüngeren davon.

Es zeigt sich also, dass die befragten Senior*innen im Zuge der fortschreitenden Digitalisierung gesellschaftliche Werte auf dem Prüfstand stellen und zu bedenken geben, dass die gesellschaftlichen Bande trotz der immensen Vernetzungsmöglichkeiten eher aufweichen, anstatt sich zu verdichten. Damit gehen ebenso fragmentierte Interaktionsprozesse einher und es keimt die Frage auf, wie sich soziale Einbindung und Anbindung realisieren lässt, wenn Kommunikation mehr und mehr von der Bedienung von technischen Geräten abhängt. Dieser Umstand betrifft hauptsächlich die Phase der Hochaltrigkeit, welche auch mit dem Nachlassen körperlicher und geistiger Leistungsfähigkeit einhergeht, die die Bedienung technischer Geräte zunehmend mühsamer werden lässt.

12.7 Vorzüge des Internets und der Digitalisierung

Neben negativen Beobachtungen, die die befragten Seniorinnen und Senioren im Lichte der Internetnutzung und Digitalisierung vor allem im Hinblick auf die Art der Kommunikation und Internetaktion, aber auch im Kontext der Wissensgenese machen, geben sie Hinweise auf die Vorzüge der Entwicklung. Code Nummer sechs befasst sich mit diesen Aspekten und enthält nachfolgend explizierte Kernelemente:

- *Welche Vorzüge hält das Internet für den Alltag der Senior*innen bereit?*
- *Positive Attribute, die dem Internet/der Internetnutzung zugeschrieben werden.*
- *Vorzüge und Vorteile, die im Zusammenhang mit dem Internet/der Internetnutzung stehen.*
- *Aspekte, die als vorteilig im Zusammenhang mit dem Internet/der Internetnutzung angesehen werden.*

Dem Internet werden im Hinblick auf die sich bietenden Vorzüge vor allem positiv konnotierte Attribute wie Bequemlichkeit, Vereinfachung, Erleichterung und Unterstützung von den Onlinerinnen und Onlinern zugesprochen. Dabei sind insbesondere Kommunikation und Informationsrecherche inbegriffen: das Ventilieren von Informationen zeit- und ortsunabhängig an ein diverses Publikum erscheint hier neben dem Verschicken und dem Erhalten von Fotos und dem Empfinden, intensiver an Ereignissen teilhaben zu können, als herausragende Eigenschaft des Internets. Im Hinblick auf den Aspekt der Informationen zeigt sich, dass der bisweilen schnelle, unkomplizierte Zugang und die vielfältigen Informationsquellen als vorteilig bewertet werden. Darüber hinaus werden durch das Internet Prozesssteuerungen einfacher und damit auch unabhängig von anderen Instanzen, Institutionen und Organisationen händelbar. Dieser Aspekt rekurriert insbesondere auf den Vorzug der Bequemlichkeit:

vom heimischen Arbeitsplatz aus lassen sich verschiedene Prozesse bewerkstelligen, Informationen einholen und Dinge erledigen, für die anderenfalls weite Wege zurückgelegt und verschiedene Örtlichkeiten angelaufen werden musste. Ein Beispiel dafür lässt sich im Onlinebanking sehen.

> FW: „Aber die Bankgeschäfte von zu Hause aus sind aus meiner Sicht wesentlich bequemer und angenehmer. Ich muss vor Ort in der Filiale das Internet ja auch schon indirekt nutzen.

Überdies wird das Internet vielfach als das Tor zur Umwelt beschrieben, was Distanzen egalisiert und Partizipation ermöglicht. So verschafft die Internetnutzung neue, vielfältige Möglichkeiten, Informationen zu erhalten, Kontakte zu knüpfen und bestehende zu pflegen, aber auch, intensiver und detaillierter an Begebenheiten partizipieren zu können. Ferner eröffnen sich durch das Internet gänzlich neue Optionen. Diese betreffen alle Bereiche des Lebens der Onlinerinnen und Onliner und führen vor allem dazu, dass die Bereitschaft und das Engagement dafür steigen, sich mit Neuem auseinanderzusetzen und sich neues Wissen und damit neue Fertigkeiten anzueignen. Anwendung findet dieser Umstand explizit dann, wenn die Seniorinnen und Senioren sich neuen, unbekannten Begebenheiten gegenübersehen. Die Nutzung des Internets schafft die Gelegenheit, sich zunächst in einem Schutzraum mit Distanz zu einem neuen Ereignis/Erlebnis (Reise an bislang unbekannte Orte; fremde Umgebungen etc.) zu orientieren und Informationen im Vorwege zu sondieren. Das nachfolgende Ereignis wird dann zunächst mittelbar vorbereitet und in gewisser Weise erlebt und dann unmittelbar erfahren. Zudem ermöglicht das Internet Spontanität: in unbekanntem Terrain können mittels des Internets Auskundschaftungen angestellt und Informationen entsprechend des Bedarfs eingeholt werden. Vor allem dieser Aspekt ist es, der es den Senior*innen ermöglicht, sich Neues zu erschließen – damit bieten sich neue Gelegenheiten. Die Optionenvielfalt steigt und macht die Senior*innen zudem unabhängiger. In diesem Kontext erhält das Internet zudem die Assoziation als Tor zur Welt und zu neuen Welten – sowohl die Umwelt als auch die Mitwelt erscheinen damit erfahr- und erlebbar.

> FW: „Ja, da könnte ich mir vorstellen, dass das Internet vielmehr das Fenster nach draußen sein wird als der Fernseher. Die Senioren sind ja so unterschiedlich mobil und auch so unterschiedlich im Kopf flexibel."

Wenngleich also die Informationen und das über das Internet generierte Wissen in einer Distanz zu der dort konstruierten Realität stehen, ermöglicht dasselbe doch eine Erweiterung der Wissensbestände. Erst durch das Internet eröffnet sich Neues, werden weiterführende, gänzlich neue und bisher unbekannte Möglichkeiten gewahr. Dadurch, dass jedwede digital gespeicherte Information über das Internet erreichbar ist, finden sich all diese Informationen komprimiert in Form eines technischen Geräts quasi im Handlungsradius der Seniorinnen und Senioren. Durch wenige Klicks lassen sich neue Welten kennenlernen – zunächst entsteht in einem ersten Schritt Kenntnis darüber, dass dieses Neue (Gegenständliches, Literatur, Veranstaltungen, Musik, Orte, Länder, Reiseziele usw.) *existiert*. Die weiterführende Recherche eröffnet immer weitere Informationen, die inkorporiert werden (können). Damit ist das dort Gesehene/das Gehörte noch nicht unmittelbar vergegenwärtigt. Doch schon diese neue Erkenntnis erweitert den Horizont, erweitert den Wissensbestand (wenn die Information denn inkorporiert wird). Neben diesem Vorzug liegt ein weiteres positives Attribut in der Selbstständigkeit und der Selbstbestimmtheit der Erfahrung, die die Senior*innen durch das Internet machen. Auch diese vorgenannten Charakteristika fügen sich in die Attribution der Bequemlichkeit ein. Weitergehend ist damit der Aspekt des Onlineshoppings verbunden: die Senior*innen erachten diese Möglichkeit als sehr vorteilhaft. Vor allem vor dem Hintergrund nachlassender Mobilität: hier steht die Selbstversorgung an vorderster Stelle, welche im Falle einer online angeforderten Bestellung die Selbstständigkeit unterstützt und die Senior*innen unabhängig bleiben lässt.

FSL: „Lebensmittel kaufe ich darüber noch nicht ein, also das mache ich gerne noch vor Ort. Ich könnte es mir auch durchaus vorstellen, auch mir dann, wenn ich dann gebrechlich wäre, mir Lebensmittel schicken zu lassen."

Jedoch gesellt sich zu diesem positiven Argument auch ein negatives. Es bestehen Bedenken dahingehend, dass das Internet und damit verbundene Annehmlichkeiten Bequemlichkeit fördert, die in Passivität umschlägt. Per se herrscht eine Orientierung entlang der Kompetenzen älterer Menschen im Vordergrund, wenn sich der Aktivitätenradius verkleinert, weil die Mobilität nachlässt. Bei einem allzu kompensatorischen Einsatz von durch das Internet arrangierten Maßnahmen, besteht die Gefahr einer sich allzu stark ausprägenden Passivität der Älteren, weil die Notwendigkeit, bestimmte Dinge selbst zu tun, mit einigen Services nicht mehr gegeben ist. Damit würden Defizite gefördert. Allerdings lässt sich diese eher negativ konnotierte (potenzielle) Konsequenz aus der Internetnutzung, ins Gegenteil verkehren, dann nämlich, wenn man bedenkt, dass mittels des Internets Unterstützungsangebote für Senior*innen offeriert und genutzt werden können.

WS: „Manch einer kommt ja auch noch halbwegs gesund in diese Hochbetagten-Phase und das heißt eben, man kann noch lange viel lernen und offen sein für Dinge und man muss auch, wenn man einigermaßen in Bewegung bleibt, sich auch

> *noch keinen ganz so kleinen Radius sich stecken. Ja, da ist das Internet, denke ich, eine gute Möglichkeit, am Ball zu bleiben."*

Diese Vielfalt positiver Assoziationen teilen Offlinerinnen und Offliner *nicht* mit den internetnutzenden Senior*innen, wenngleich sie auf die gleichen Aspekte rekurrieren. Auch hier handelt es sich um vermeintliche Attributionen, die die Offliner*innen dem Internet zusprechen, und damit ihre Annahmen auf Beobachtungen und Vermutungen stützen. So werden ebenfalls als vorteilig die Möglichkeiten der zum einen spontanen und zum anderen unabhängigen Planungen von Aktivitäten angesehen. Dabei umfassen die benannten Vorzüge ebenso die Möglichkeiten der Informationsbeschaffung generell als auch die Optionen in der Kontaktpflege mit weit entfernt lebenden Personen. Dabei betonen die Offlinerinnen und Offliner deutlich mehr die weit entfernt lebenden Kontakte und rekurrieren dabei auf einen internationalen Kontext.

> UJ: *„Wenn ich im Ausland wäre, wäre es anders. Aber ich schreibe ja auch im Ausland SMS. Das wäre ein Anreiz. Wenn ich da wirklich jemanden hätte, dass ich sage, es lohnt sich wirklich mit ihm oder mit ihr in Verbindung zu bleiben [...]."*

Nationale Bezüge werden nicht hergestellt, womit man darauf schließen kann, dass hier die zeit- und ortsunabhängige Kommunikation weniger von Bedeutung ist. Dies liegt gegebenenfalls an dem Umstand, dass offline lebende Seniorinnen und Senioren eher unvermittelte und direkte Interaktion gewohnt sind als technisch übermittelte, indirekte Kommunikation. Wenngleich Offliner*innen den Short Messenger Service (SMS) über das Mobiltelefon nutzen, liegt die Prämisse auf dem Telefonat, wenn es um technisch vermittelte Interaktion geht. Allerdings geben die offline lebenden Senior*innen zu bedenken, dass man sich innerfamiliär der internetbasierten Kommunikationsformen nicht erwehren kann. Dieser Aspekt ist vor dem Hintergrund, dass ein Teil der Senior*innen keine Kinder hat, bedeutsam, weil eines der Hauptmotive, sich mit dem Internet auseinanderzusetzen in dem Argument der Kommunikation und das vor allem mit der Familie zu suchen ist. Dies weist darauf hin, dass die internetbasierte Kommunikationsform als diejenige gilt, die insbesondere für Jüngere eine große Bedeutung entwickelt.

Damit zeigt sich, dass dem Internet gleichsam sehr positive Attributen innewohnen, die sich jedoch gleichsam ins Gegenteil verkehren können. Bedeutsam ist die Extraktion der mannigfaltigen Optionen, die sich durch das Internet eröffnen *können*.

12.8 Unterschiede Internetnutzung: resultierende Ungleichheiten zwischen Offliner*innen und Onliner*innen

Die siebte Kategorie der Senior*innenauswertung umfasst durch die Seniorinnen und Senioren selbst identifizierte Unterschiede, die zwischen Offliner*innen und Onliner*innen aufgrund der Internetnutzung und der Nicht-Nutzung entstehen. Dabei rekurrieren die Befragten auf eigene Erfahrungen, aber auch auf Beobachtungen, die sie in ihrem Umfeld machen.

Definitorisch ist Code 7 folgendermaßen umrissen:

- *Unterschiede im Hinblick auf technische Ausstattung, Internetnutzung, Zugangschancen, Wissenstransfer.*
- *Ungleichheiten, die aus der Internetnutzung und Nicht-Nutzung resultieren, also unterschiedlichen, nachteiligen oder vorteiligen Ressourcenzugang bedingen.*

Grundsätzlich vertreten die Onlinerinnen und Onliner die Auffassung, dass alle für eine Internetnutzung notwendigen Gegebenheiten vorliegen, der technische Zugang also möglich ist, es aber am Einzelnen selbst liegt, ob und wie das Internet genutzt wird. Dabei greifen die befragten Onliner*innen direkt auf Unterschiede in der Merkmalskonstellation der Gruppe der Senior*innen zurück und bewerten insbesondere Bildung und den ausgeübten Beruf als ausschlaggebend für die Nutzung. Die Seniorinnen und Senioren bringen zum Ausdruck, dass es Unterschiede gibt, wer das Internet nutzt und wer nicht. Sie erkennen an, dass die Internetnutzung von verschiedenen Faktoren determiniert ist. Jedoch zeigt sich, dass jede Person selbst dafür verantwortlich erklärt wird, sich das Internet anzueignen und damit umzugehen. Insbesondere Personen aus ländlichen Regionen, scheinen nach Auffassung der Befragten eher weniger mühelos den Weg in das Internet zu realisieren. Sehr versierte Nutzer*innen kritisieren, dass überdies ländliche Regionen in Sachen Internet infrastrukturell eher weniger gut ausgerüstet seien.

> MA: *„Ich kann nicht auf dem Land die Leute abhängen, das geht nicht. Das ist..., wir haben auch eine kommunikative Selbstbestimmung. So. Und die darf man einem Menschen nicht abschneiden."*

> FSL: *„Die sind benachteiligt, ganz klar. Man muss die Hilfe zu den Leuten bringen. Auch in kleinen Orten müsste es dann solche Internet-Treffen geben."*

Die Onlinerinnen und Onliner bezeichnen die Gruppe der Senior*innen im Hinblick auf die Internetnutzung als gespalten. Es bestünde gar eine Zwei-Klassengesellschaft, in welcher die Offliner*innen benachteiligt seien. Diese Einschätzung begründen sie vor allem dadurch, dass es den Offliner*innen an Möglichkeiten der Partizipation fehlt – auf verschiedenen Gebieten. Zuvorderst identifizieren die Onliner*innen ein Informationsdefizit und Wissenslücken, welche entstehen, weil den Offliner*innen der Zugang zum Internet verschlossen ist. Wer das Internet nicht nutzt ist demnach benachteiligt. Das liegt hauptsächlich an dem Prozess der Digitalisierung und dem gesellschaftlichen Druck, sich mit der Internutzung vertraut zu machen.

> HF: „Also, das stelle ich schon fest, also das wird ja schon als normale Ausrüstung heute unterstellt. Und wenn man sagt, man hat das nicht, dann gucken einen die Leute an, als ob man wer weiß was sagt. Und das finde ich schon. Und da es sich ja weiter entwickeln wird, also, das geht ja nicht zurück, da wollen wir uns ja nichts vormachen, glaube ich das schon, das kann sehr wohl sein. Eben, weil darüber sehr viele Dinge laufen werden, die heute noch anders gehen. Das denke ich schon. Gerade diese Serviceangebote."

Neben den benannten Unterschieden, die sich in Bezug auf Informationen zeigen, welche sich als Informationsdefizit nachteilig auf die Lebensgestaltung der Offliner*innen auswirken können, eruieren die Onliner*innen Nachteile für die offline lebenden Senior*innen im Kontext der Vergemeinschaftung. Gerade dann, wenn eine Person weniger intensiv in ein soziales Netzwerk, in eine Gemeinschaft im direkten Umfeld eingebunden ist, kann die Nicht-Nutzung des Internets diese Situation weiter verschärfen. Im Umkehrschluss lässt sich daraus extrahieren, dass die Onliner*innen die Nutzung des Internets positiv in Bezug auf die Kontaktpflege bewerten – eben oder gerade dann, wenn sich aufgrund nachlassender Mobilität der Aktivitätenradius reduziert. Dieser Aspekt wird durchaus ebenfalls von den Offlinerinnen und Offlinern angeführt. Sie sehen sich in diesem Kontext nicht als benachteiligt an, äußern aber, dass es Vorteile in diesem Feld einbringen könnte, wenn man sich mit dem Internet befasst. Sie antizipieren damit einen Zugewinn, aber keine nachteilige Entwicklung für sich selbst.

Des Weiteren schätzen sowohl Offliner*innen als auch Onliner*innen einen anderen Aspekt als nachteilsbildend ein: sie empfinden, dass das Alter als Merkmal gesellschaftlich diskriminiert wird. Aufgrund der Tatsache, dass der gegenwärtige Stand der Technik eine aktive, selbstinitiierte Bedienung eines Gerätes und eine aktive Nutzung des Internets notwendig macht, sehen beide Gruppen dieser Verwendung natürliche Grenzen gesetzt – dann nämlich, wenn die körperliche Konstitution nicht mehr ausreicht, um das Internet zu bedienen. Die Digitalisierung fordert ein aktives Partizipieren, welches dann zum Erliegen kommt, wenn die motorischen Fähigkeiten oder die geistigen Fertigkeiten nicht mehr ausreichen.

FW: „Es gibt auch weitaus Jüngere, die das alles nicht mehr so schaffen und ob man dann geistig noch die Fähigkeiten hat, dieses Internet zu nutzen, ist ja noch eine andere Geschichte. Dieses Thema ist ja so vielfältig, man kann ja, wenn man gesund ist und der Kopf gesund ist und so, dann ist das Internet eine tolle Sache. Wenn man das alles nicht mehr schafft."

Der Zugewinn an Selbstständigkeit, der durch das Internet geschaffen wird, der Aspekt der bürgerlichen Selbstverwaltung wird dann systembedingt ad absurdum geführt, wenn der Mensch dem nicht mehr folgen kann.

GT: „Man weiß ja nicht, was die Technik noch so leistet, aber jetzt... Das ist einfach die Grenze. Der Körper. Die Reaktion lässt ja einfach nach, das weiß man einfach. Es wird alles ein bisschen langsamer und auch das Internet ist nachher so schnell, dass... Ja, vielleicht nimmt es einem ja auch einiges ab, aber...dann brauche ich meinen Kopf nicht mehr. Und das ist ja noch schlimmer! Dass das Internet das für mich macht?! Nein, das will ich auch nicht. Die Selbstbestimmung ist dann weg...vielleicht...das sind alles so Sachen."

Dabei werden die mit der Digitalisierung einhergehenden Prozesse als weniger senior*innenfreundlich angesehen, weil gerade der stetige technische Fortschritt, die sich verkomplizierenden Bedienungen etwaiger Geräte und die vielgestaltigen Anforderungen der Selbstorganisation zu einer Überforderung führen. Damit seien diese Prozesse eher auf junge und aktive Menschen bezogen und würden die Älteren außen vorlassen. So äußern einige der Befragten, dass sie sich als Ältere in der Gesellschaft diskriminiert und ausgrenzt fühlen und sich diese Auffassung mit zunehmendem Alter verhärtet. Für Offliner*innen ist zudem der Kostenfaktor, der mit dem Schritthalten der Digitalisierung einhergeht ein Faktor, der gegen die Nutzung des Internets spricht.

12.9 Gesellschaftlicher Wandel allgemein

Gesellschaftliche Wandelungsprozesse werden von den Senior*innen stark mit den Veränderungsprozessen, die die Digitalisierung mit sich führt, verknüpft. Diese Analysekategorie Nummer acht beinhaltet Aspekte, die allgemeine Aussagen zu wahrgenommenen Wandelungsprozessen darstellen. Definitorisch umreißt sie nachfolgend aufgeführte Punkte:

- Gesellschaftlicher Wandel allgemein.
- Bewertungen und Einschätzungen, die sich nicht direkt auf die Internetnutzung beziehen (wohl aber im Kontext mit der Digitalisierung zu sehen sind).
- Wie wandelt sich die Gesellschaft?
- Welche Veränderungen sind wahrnehmbar?

Hinsichtlich der Eruierung und Bewertung gesellschaftlicher Wandelungsprozesse sind sich die Offliner*innen und die Onliner*innen in großen Teilen einig: So wird der allumfassende Einsatz von Technik als prägend für gesellschaftliche Prozesse identifiziert. Technik, so die Onliner*innen und Offliner*innen, führe zu solchen Entwicklungen, die genuin menschliche Bedürfnisse beschneide und den Menschen dem Diktat der Technik unterwerfe. Aufgrund des Technikeinsatzes in beinahe jedwedem Arbeitsumfeld, entsprechen der Arbeitsablauf und die -geschwindigkeit der technikgenerierten Routine. Der vermehrte Technikeinsatz könne auf der einen Seite Arbeitsabläufe erleichtern, aber zum anderen zu einer immensen Beschleunigung diverser Prozesse führen, die dann wiederum zu Lasten der menschlichen Arbeitskraft gehen würden, so die Einschätzung der Befragten. Zudem führe der umfassende Einsatz von Technik zu einer Entfremdung der Mitarbeitenden in verschiedenen Kontexten. Die Senior*innen rekurrieren in diesen Punkten auf die Wahrnehmung *beschleunigter* (Lebens)Prozesse. Beschleunigung wird demnach durch vermehrten Technikeinsatz provoziert. Weitergehend forciert wird diese Entwicklung überdies durch die durch das Internet ermöglichte Digitalisierung. Die Einschätzung der Senior*innen dazu ist, dass alle Teilsysteme davon betroffen sind, alles schneller läuft und sich diese neue Art der Geschwindigkeit, mit der sich alles vollzieht, negativ auf Individuen an sich, aber auch auf deren Beziehung zueinander auswirkt. Damit scheinen bislang geltende Maxime, auf den Prüfstand gestellt zu werden. Derlei Aspekte betreffen nicht nur die Art, wie Menschen miteinander kommunizieren oder wie Arbeitsprozesse organisiert werden. Die Senior*innen fragen sich, wie sich beispielsweise der Wert des Privaten, der Privatheit an sich verändert und welche Möglichkeiten sich für den Einzelnen bieten, sich dieser Entwicklungen zu entziehen oder sich zumindest bestimmter Aspekte zu erwehren. Jeder und jede erscheint auf sich selbst zurück geworfen zu sein, weil die fortschreitende Digitalisierung immer mehr Angebote, die bislang in Form von Service- oder Dienstleistungen offeriert wurden, zurückdrängt und die Aktivität des Einzelnen, das Sich-Bemühen stärker werdend einfordert respektive voraussetzt. Das Individuum muss sich also stärker selbst um relevante Dinge bemühen, sich intensiver engagieren und aktiv darum kümmern, partizipieren zu können. Neben dieser notwendigen Aktivität expliziert sich eine Art Abhängigkeit: Abhängigkeit von digitalen Prozessen, Strukturen und Steuerungen, Abhängigkeit von der eigenen Fertigkeit und den eigenen Kenntnissen, die für die Teilhabe relevant sind. Diese sich neu ergebenden Abhängigkeiten stellen die Frage nach dem Raum für Selbstbestimmung neu. Einige Senior*innen formulieren, dass mit der Ausweitung digitaler Organisationsprinzipien die Möglichkeit der Selbstbestimmung reduziert wird, weil die oben skizzierten Abhängigkeiten ansteigen. Im Zuge der voranschreitenden Digitalisierung sehen die Senior*innen eine Reduktion des Zwischenmenschlichen. Je mehr also digitalisiert ist, desto weniger werden zwischenmenschliche Aushandlungsprozesse vonnöten sein. Demgemäß erfährt zwischenmenschliche Interaktion eine Reduktion. Auf diese Weise skizzieren die Senior*innen ein sehr pessimistisches Bild der digitalisierten Zukunft, welches beinahe einer Dystopie gleichkommt, in der die Menschen geleitet und gelenkt werden von selbstkreierten Marionettenfäden. Damit einher geht die Prophezeiung, dass sich gesellschaftliche Werte verändern werden und es zu einer Vereinzelung von Individuen in Gemeinschaften und Gesellschaften kommen wird.

FW: „Da geht das alles über das Internet. Das haben wir ja jetzt auch schon."

HF: „Warum schneller!? Das lehne ich ab. Ich habe ein Beispiel aus meinem Beruf: ich habe dann ein Schreiben bekommen, darin wurde ein Problem formuliert. Dafür bekam ich dann zwei bis drei Tage Zeit. Ich habe darüber nachgedacht. Heute ist es so, dass morgens die E-Mail mit dem Problem kommt und abends wollen sie schon die Lösung haben. Das Resultat ist doch: mangelhafte und schlechte Arbeit. Die Anforderungen sind doch im Zuge dieser neuen Medien ganz andere. Nicht nur die Kommunikationswege sind beschleunigt, auch die Arbeitsprozesse sind beschleunigt. Die Arbeitsprozesse werden beschleunigt, es werden schnelle Resultate erwartet: deswegen passiert so viel. Dass eben so viel falsch läuft, dass sich niemand mehr zuständig fühlt. Das mal zu der Schnelligkeit, die man heute propagiert."

HF: „Ich weiß, dass die jungen Leute, die heute im Beruf stehen, es sicher sehr viel schwerer haben als ich es in meiner Zeit hatte. Das glaube ich schon. Ich möchte heute nicht mehr in meinem Beruf sein. Da verlangt man doch mehr als früher. Ich stelle mir das sehr anstrengend vor. Immer diese E-Mails. Das muss sehr aufreibend sein. Da verwischt doch sicher einiges. Die jungen Leute im Beruf sind sicher sehr gefordert. Ich denke, da ist sicher auch eine neue Generation durch diese neue Computertechnik herangewachsen."

FS: „Das ist ein gesellschaftliches Problem. Aber dass die Möglichkeiten und die Art von Techniken mit all diesen Geschichten – das glaube ich nicht, dass das zurückgeht."

Die Einschätzungen, die die Seniorinnen und Senioren im Hinblick auf gesellschaftliche Wandelungsprozesse äußern, muten eher pessimistisch und negativ an. Positive Assoziationen werden im Hinblick auf gesellschaftliche Wandelungsprozesse nicht kommuniziert. Während im Hinblick auf die Ausgestaltung neuer Möglichkeiten und erweiterter Handlungsoptionen das Internet – zumindest von den Onliner*innen – eher mit positiven Assoziationen belegt wird, erscheint die Digitalisierung eher negative Konnotationen hervorzurufen. Dies liegt vor allem daran, dass sich die Internetnutzung als für die Senior*innen selbstbestimmt und selbstgewählt darstellt, während die Digitalisierung alle gesellschaftlichen Ordnungsprinzipien neu zu sortieren scheint. In diesem Zusammenhang fühlen sich die Senior*innen mit Entwicklungen vergegenwärtigt, die Unsicherheiten hervorrufen und vermeintlich negative Veränderungen mit sich führen.

12.10 Internetbasierte Kommunikation zwischen Generationen

Bereits im Zuge der Auswertung der dritten Kategorie, welche die Funktionen des Internets für die Seniorinnen und Senioren explizierte, wurde deutlich, dass insbesondere dem Zweck der Kommunikation eine große Bedeutung innewohnt. Aufgrund der vielfältigen Möglichkeiten, die das Internet damit zulässt, belegen die Onlinerinnen und Onliner diesen Aspekt mehrheitlich mit positiven Assoziationen. Eine besondere Relevanz entfaltet internetbasierte Kommunikation in familialen Kontexten. So trägt die Kommunikation via internetbasierter Messenger Dienste zu einer besonderen, neuen Qualität der übergenerationalen Verständigung und des Austausches bei. Interfamilialer Austausch und damit die Beziehungspflege zu Kindern und Enkelkindern wird insbesondere von Senior*innen mit eigener Kernfamilie in ihrer Wichtigkeit betont – weshalb auch hier eher die Auffassungen der Onliner*innen mit eigenen Kindern expliziert werden. Die Charakterisierung der Untersuchungsgruppe der Senior*innen hat eingangs dieses Auswertungskapitels gezeigt, dass in diesem Sample eher Onliner*innen mit Kindern und Offliner*innen ohne Kinder vertreten sind. Der Umstand dieser besonderen Merkmalskonstellation und die Herausstellung des besonderen Mehrwerts internetbasierter Kommunikation durch diejenigen Senior*innen, die das Internet nutzen und Kinder haben, verweisen auf mögliche (gegebenenfalls auch statistisch abbildbare) Zusammenhänge zwischen der Internetnutzung/der Nicht-Nutzung und dem Familienstand. Zudem betonen zwei Offliner*innen, dass sie, wenn sie eigene Kinder hätten, vermutlich eher den Versuch wagen würden, sich mit dem Internet vertraut zu machen. Räsonieren lässt sich damit, dass sich hinter der Kommunikation mit Familienmitgliedern ein Motiv verbirgt, welches positiv auf den Aspekt der Internetnutzung einwirkt. Die Auswertungskategorie neun erhält damit diese Definition:

- *Digitale vermittelte Kommunikation mit der Familie, den Kindern, den Enkelkindern.*
- *Kommunikation, die durch die Nutzung internetbasierter Angebote (erst) möglich wird.*
- *Übergenerationale Kommunikation.*

Die offline lebenden Seniorinnen und Senioren betrachten die Kommunikationsprozesse, die innerfamiliär internetbasiert vonstattengehen, als Außenstehende und äußern sich aufgrund dessen eher in Bezug auf die Internetnutzung von Kindern und Jugendlichen, die sich beobachten lassen. Dabei räumen sie ein, dass ein (Familien-)Leben mit Kindern anderer Kommunikationsformen bedarf als ein Leben ohne Kinder.

> HF: „Man muss ja sagen: wir haben keine Kinder. Hätten wir Kinder, würde unser Leben auf dem Gebiet sicher anders aussehen. Wir sind da in einer Position, in einer Einzelstellung, die nicht jeder hat. Das spielt natürlich auch eine Rolle."

Deutlich wird, dass Kinder und Jugendliche andere Kommunikationsformen präferieren und praktizieren und sich eingedenk gesellschaftlicher Notwendigkeiten digitale Medien und deren Nutzungen beinahe notwendigerweise ergeben. Somit erkennen die Offliner*innen die sich in diesem Kontext vollziehenden Veränderungen und Enzwicklungen an. Sie erheben keinen Appel an eine Rückbesinnung klassischer Mediennutzungsarten, sondern räsonieren, dass für die jüngeren Generationen das Internet einen Teil des Handlungsrepertoires bildet, dass die Internetnutzung Teil des inkorporierten Kapitals und damit habitualisiert ist. Allerdings geben die offline agierenden Seniorinnen und Senioren zu bedenken, müsse der Smartphonegebrauch zu Gunsten innerfamiliärer Interaktionen beschränkt sein – zwischenmenschlicher Austausch dürfe nicht unter der Internetnutzung leiden und das Primat läge auf der Face-to-Face-Interaktion, der ein besonderer Stellenwert zuteilwird.

Onlinerinnen und Onliner sehen in den sich durch das Internet im Hinblick auf die innerfamiliäre Kommunikation bietenden Möglichkeiten den herausragenden Mehrwert der und das herausstechende Argument für die Internetnutzung.

> WS: „Es ist nicht der eigene Antrieb. Es sind die Kinder. Die sind der Grund dafür, dass sich die Senioren damit auseinandersetzen. Das ist, finde ich, ja auch das interessante. Ich habe sowas nicht, aber im Grunde ist es wirklich dieser Austausch: Oma und Enkelkind. Die andere Generation dazwischen, die ist berufstätig."

Gerade für die Seniorinnen stellt der Austausch über internetbasierte Messenger Dienste eine fest etablierte Größe in deren Repertoire der Kommunikationsformen dar. Die männlichen Befragten äußern, dass sie sich bei dieser Art der Kommunikation eher zurückhalten und die Nutzung von WhatsApp eher den Partnerinnen überlassen. Die Gründe dafür sind unterschiedlich: die Senioren nutzen kein (eigenes) Smartphone (nutzen aber das Internet über andere internetfähige Geräte), die Smartphonenutzung erscheint ihnen als unkomfortabel (Tastatur zu klein und Gerät unhandlich; Schreiben/Tippen auf dem Gerät wird als mühsam eingestuft), die Systematik der Messenger Dienste wird als wenig attraktiv wahrgenommen, weil die Frequenz der gesendeten und vor allem der erhaltenen Mitteilungen hoch ist, sie wollen der Erwartungshaltung (zeitnahe Antworten; hohe Reaktionsfreudigkeit), die sich durch diese spezifische Kommunikationsart ergibt, nicht nachgeben.

> *HMA: Na ja, ich habe dann mit schlechtem Gewissen, habe ich doch WhatsApp. Man kann zwar kleinteiliger kommunizieren und man kriegt irgendwie anders was vom Alltag der anderen mit, aber es nimmt auch schon Ausmaße an..."*

> *MA: „Genau, über WhatsApp, da laufen fast alle Familienkontakte drüber. Und da bin ich raus. Ich besitze kein Smartphone."*

WhatsApp nimmt einen großen Stellenwert im Portfolio der Kommunikationsstrategie ein, wobei hier eher das Partizipieren aufgrund von Fotos im Vordergrund steht als der intensive Austausch. Relevante Angelegenheiten oder intensiver Austausch werden nicht über die Nutzung von WhatsApp verhandelt. Nichtsdestoweniger, so äußern sich vor allem die Onlinerinnen, wird ein beträchtlicher Anteil der Kommunikation über WhatsApp realisiert. Dabei geben sie an, mittels dieses Mediums mehr und kleinteiliger mit den Familienmitgliedern zu kommunizieren und dasselbe insbesondere dafür schätzen, dass es entschieden mehr Möglichkeiten bietet, mit den Enkelkindern in Kontakt zu kommen.

> *FW: „WhatsApp nutze ich auch gerne. Vor allem, weil ich auch da direkten Kontakt mit der Familie habe. Wenn ich WhatsApp nutze, dann bekomme ich innerhalb von ein paar Minuten ein Feedback."*

Gerade den Fotos wird, wie bereits in Kategorie drei expliziert wurde, ein großer Stellenwert zugesprochen. Der Austausch sei dafür intensiver und man könnte mehr und andere Einblicke in das Erleben der Anderen erhalten. Überdies wird der Vorteil der Echtzeitkommunikation betont: obwohl man nicht am selben Ort ist, kann man sich über die betreffenden Gegebenheiten mittels eines Fotos oder einer schriftlichen Mitteilung austauschen.

> *FSL: „Ja, mehr Details. Wenn man telefoniert und dann spricht, dann unterhält man sich. Bei WhatsApp da schreibe ich: „Das Wetter ist gut" und dann schicke ich das Weg. Es ist eher etwas mehr Alltag. Einfach nur mal kurz."*

Resümierend lässt sich festhalten, dass besonders die Verbindung zu den Enkelkindern für die Seniorinnen und Senioren (Onliner*innen) über das Medium Internet (im Speziellen WhatsApp) leichter aufrecht zu erhalten ist, sie den Enkelkindern in einem Medium begegnen, dass dieselben selbst intensiv nutzen und als Handlungspraxis anerkennen und überdies die Enkelkinder den Senior*innen Hilfestellungen leisten können und darüber eine gemeinsame Interessenslage geschaffen wird. Der Austausch zwischen den Generationen hat sich nach Einschätzung der befragten Onliner*innen damit durch das Internet und über das Themenfeld Internet intensiviert.

12.11 (Selbst)Einschätzung: Internetnutzung durch Senior*innen

Die Kategorie (Code 10) mit dem Titel (Selbst)Einschätzung: Internetnutzung durch Senior*innen umfasst Einschätzungen von Seniorinnen und Senioren in Bezug auf die eigene Altersgruppe im Kontext der Internetnutzung. Es handelt sich also um einen Blick in das direkte Umfeld oder in den weiteren Bekanntenkreis. Die befragten Senior*innen geben somit Auskunft über andere Senior*innen und deren Internetnutzung. Definitorisch umrissen ist diese Auswertungskategorie damit folgendermaßen:

- *Wie schätzen die befragten Personen die Internetnutzung durch die Senior*innen ein?*
- *Welche Rolle schreiben sie dem Internet für die Altersgruppe der Senioren im Allgemeinen zu?*
- *Wie bewerten Sie die Nutzung des Internets durch nahestehende/befreundete und bekannte Senior*innen?*

Grundsätzlich kommen die befragten Onlinerinnen und Onliner zu dem Schluss, dass sich die Senior*innen – dabei meinen sie sowohl die online als auch offline agierenden Älteren – sozialisationsbedingt primär eher anderen Medien zuwenden. Dabei rekurrieren sie auf die Nutzung von Fernsehen, Rundfunk und Printmedien (dabei im Speziellen: Zeitungen).

> *MA: „Ja. Durch die Sozialisation. Sie sind es eben gewohnt, sich anders zu informieren. Und das hat sich gefestigt."*

Die Einschätzung bezüglich der Internetnutzung durch Onliner*innen geht ebenfalls in diese Richtung: es wird zum Ausdruck gebracht, dass das Internet eher als Ergänzung gilt, aber andere Medien nicht verdrängt oder ablöst. An diese Auffassung schließt sich wiederum die Wahrnehmung an. Dass Senior*innen in der Internetnutzung nicht Gefahr laufen, sich allzu übermäßig durch die dort offerierten Inhalte beeinflussen zu lassen. Dafür sei die Intensität der Internetnutzung zu wenig ausgeprägt und der Medienpluralismus trage zu einer diversifizierten Informationsakquise bei. Ohnehin seien es Senior*innen eher gewohnt, sich mit Druckerzeugnissen zu befassen und würden diese Form der Informationsweitergabe und -dokumentation in bestimmten Fällen dem digital Vermittelten vorziehen. Die Charakterisierung der eigenen Altersgruppe zeigt zudem, dass Seniorinnen und Senioren für sich, aber auch für andere Personen gleichen oder ähnlichen Alters befinden, dass der Zugang zu Neuem als sehr herausfordernd wahrgenommen wird. Damit steigen die Hemmnisse, sich mit neuen Technologien im Allgemeinen und technischen Geräten im Speziellen auseinanderzusetzen. Es bedarf als dringlich empfundener Motivationen, um Anreize für die Auseinandersetzung mit dem Neuen zu schaffen. Im Kontext der Internetnutzung handelt es sich bei eben diesem starken Motiv um das der Interaktion und Kommunikation mit Familienmitgliedern – dabei spielen die Kinder und die Enkelkinder eine herausragende Rolle. Dieser Aspekt wird verstärkt, wenn die Wohnorte der (Groß-)Eltern und der (Enkel-)Kinder große Distanzen zwischen einander aufweisen. Sowohl die befragten Onliner*innen als auch die Offliner*innen geben an, diesen Aspekt als den mit der größten Relevanz für die Auseinandersetzung mit dem Internet bei sich, aber ebenso bei anderen zu identifizieren.

Allerdings erweisen sich zunehmende Umstrukturierungen verschiedener gesellschaftlicher Teilsysteme hin zu digital organisierten Prozessen als Herausforderung und Stresssituation, die die Notwendigkeit verdeutlichen, das Internet in das eigene Handlungsrepertoire aufzunehmen. Damit vereinigen sich ein intrinsisch stark ausgeprägtes Motiv (Kontakt zum familiären Umfeld) und eine als immenser Druck wahrgenommener extrinsischer Appel, sich dem Internet und dessen Nutzung zu öffnen. Gerade die Wahrnehmung, der stärker werdenden *Notwendigkeit* der Internetnutzung sorgt bei den Onlinerinnen und Onliner dafür, dass sich das Gefühl erhebt, für die Gruppe der Senior*innen im Allgemeinen von einer Zwei-Klassen-Gesellschaft sprechen zu müssen, in der die Internetnutzer*innen bevorteilt sind und die Nicht-Nutzenden einen Nachteil im Kontext gesamtgesellschaftlicher Integration und Partizipation zu erfahren.

HMA: „Ich glaube, der Druck, der von außen gemacht wird, das zu tun, das Internet zu nutzen, der nimmt ja immer weiter zu. Man braucht sich ja nur den Bankensektor anzugucken, wenn da die hilflosen Leute davorstehen und mit der IBAN herumhantieren, diese Dinge. Also, wenn man das Internet nutzt, hat man auch als Senior eher einen besseren Zugang zu diesen Dingen, um damit einfacher klar zu kommen."

Zudem bestünden Abhängigkeitsverhältnisse zwischen den Offliner*innen und den Onliner*innen, wenn es um die Ventilation von Informationen ginge. Derart drastisch stellt sich diese Situation für die Offliner*innen nicht dar. Für sie besteht weder ein wahrnehmbares Abhängigkeitsverhältnis noch das Erleben einer (systematischen) Benachteiligung. So geben die Offliner*innen in keiner Weise an, sich abgehängt oder nicht informiert zu fühlen. Das Gegenteil ist eher der Fall: Offlinerinnen und Offliner empfinden das Internet und die demselben zugesprochenen Möglichkeiten als bisweilen überschätzt. Dies betrifft vor allem den von den Onliner*innen als vorteilig bewerteten Mehrwert im Hinblick auf die Kommunikation. Hauptsächlich für Senior*innen, die aktiv in sozialen Bindungen und Teil eines sozialen Netzwerks sind, erscheint das Internet als obsolet – so die Einschätzung der Offliner*innen. Dieses Argument wird dahingehend weitergeführt, als dass das Internet direkte, unvermittelte Face-to-Face-Interaktion ohnehin nicht ersetzen könne. Überdies erscheint den Offliner*innen das Internet für die Informationssuche als wenig relevant. Zwar lassen sich kurzfristig Informationen schneller und komfortabler ermitteln und daraus resultieren spontan arrangierte Gelegenheiten, aber weiterführende positive Optionen lassen sich für die Offliner*innen nicht erkennen. Ohnehin, so deren Auffassung, wäre der Beitrag, den das Internet für das Allgemeinwissen (Alltagswissen; allgemeine Wissensbestände) offeriert, marginal. Dieser Punkt wird von den Onliner*innen konträr bewertet: offline agierende Senior*innen hätten sehr wohl Defizite sowohl im Hinblick auf aktuelle Informationen als auch im Kontext verschiedener Wissensbestände. Einigkeit herrscht zwischen beiden Personengruppen in der Wahrnehmung, dass immer mehr gesellschaftliche Prozesse digital organisiert werden und damit der extrinsische Druck, sich mit dem Internet auseinanderzusetzen stetig zunimmt. Dabei insistieren insbesondere die Onliner*innen, dass die Bedenken, die die Offliner*innen gegenüber dem Internet hegen, unverhältnismäßig seien und Konsequenz der Uninformiertheit wären.

CC: „Das kenne ich auch von meiner Mutter. Die hatte auch lange Zeit auch wirklich den Horror, inzwischen brauche ich das ja auch nicht mehr, da hatte ich sie gefragt, ob ich meine E-Mails bei ihr abrufen könnte. Und sie hatte wirklich Horror davor, was da womöglich alles auf ihren Rechner kommen würde. Aber sie hört dann viel und liest dann viel, aber nur, weil sie viele Sachen liest, kann sie das noch lange nicht richtig einordnen."

Jedoch: die Onlinerinnen und Onliner geben zu bedenken, dass die Nutzung des Internets voraussetzungsvoll ist und dies vor allem mit der geistigen Fitness im Zusammenhang stünde. Die Auseinandersetzung mit dem Internet bedürfe einer gewissen Konstitution und es sei zu erwarten, dass das steigende Alter und die damit einhergehende Multimorbidität in diesem Punkt nachteilig wirken. Der Internetnutzung seien damit natürliche Grenzen gesetzt. Demnach, so eine Prognose der Onliner*innen, würden im hohen Alter alle Menschen vom Internet und damit auch von jedweder Partizipation, die über den direkten, unmittelbar erlebbaren und bewältigbaren Aktivitätenradius hinausginge, abgeschnitten.

FH: „Wenn die nicht so raus können und nicht so die Möglichkeit haben, ist das schon ein Ersatz, mit der Welt zu kommunizieren. Das kann ich mir gut vorstellen. Das gibt es ja viele, die draußen nicht so einen Kontakt haben oder nicht so kontaktfreudig sind."

Körperliche Gebrechlichkeit wäre für die Internetnutzung weniger relevant und würde gerade bei nachlassender Mobilität vielfältige Möglichkeiten der Teilhabe bieten – anders stellt sich dies für die benannte geistige Fitness dar.

In einem Punkt äußern Onlinerinnen und Onliner Kritik gegenüber anderen Onliner*innen: so missfällt ihnen die als immerwährend wahrgenommene Nutzung des Smartphones.

HMA: „Gerade die Alten! Das habe ich beobachtet. Also, gerade die Älteren, die Alten, es ist vielleicht ein bisschen salopp formuliert, aber gerade die Älteren. Intensiv. Die sitzen da mit ihrem Smartphone. Alles Mögliche ist wichtig, nur nicht Unterhaltung am Tisch. Katastrophe."

Das Internet und dessen Möglichkeiten werden als sehr positiv konnotiert dargestellt, der Art der Smartphonenutzung und der Intensität derselben stehen die befragten Onliner*innen jedoch sehr kritisch gegenüber. Dabei empfinden sie hauptsächlich die Präsenz des Gerätes als überrepräsentiert und insbesondere im Kontext direkter, persönlicher Interaktion nicht angebracht. Insgesamt erscheint die Smartphonenutzung ambivalent wahrgenommen zu werden: auf der einen Seite werden dem Smartphone und vor allem der digitalen Datenorganisation und den vielfältigen Kommunikationsoptionen großer Zuspruch gewährt. Auf der anderen Seite hingegen wird eine allzu starke Präsenz des Gerätes in der sozialen Face-to-Face-Interaktion als negativ bewertet und darüber hinaus die Auswirkung dieser technisch vermittelten Kommunikation auf die face-to-face-Interaktion im Allgemeinen als problematisch angesehen.

12.12 Nutzung anderer/analoger Medien

In den Ausführungen der vorangegangenen Kategorienauswertung (Code 10) ist bereits angeklungen, dass das Internet eher als Ergänzung im Kontext einer pluralen Mediennutzung angesehen wird, wenn es um die Akquise von Informationen, Nachrichten usw. geht. Mit Hilfe dieser Kategorie Nummer elf soll ermittelt werden, welche Relevanz andere (analoge) Medien in der Alltagsgestaltung der Seniorinnen besitzen. Dazu lautet die Kategoriendefinition entsprechend:

- *Aufzählung/Benennung anderer Medien (nicht Internet; nicht internetfähige Geräte).*
- *Bedeutung anderer Medien wie Presse und Rundfunk neben dem Internet.*
- *Analoge Medien.*

Dieser Punkt besitzt insbesondere für die Offlinerinnen und Offliner eine große Relevanz. Die Entscheidung, das Internet nicht zu nutzen, wird von den Offliner*innen bisweilen sehr ausdifferenziert begründet (Gründe, die gegen eine Internetnutzung sprechen, werden weiter unten in einer gesonderten Auswertungskategorie analysiert). Dabei schwingen auch immerzu die Abwägungen mit anderen Medien mit, welche folglich zu Gunsten analoger Medien ausgehen. Offliner*innen verbinden mit der Medien*nutzung*, also der direkten Auseinandersetzung mit dem Medium, mit der direkten Vergegenwärtigung des Botschaftstragenden, eine besondere Wertigkeit. So wird allem voran das Buch mit seiner Erscheinung, seiner Haptik ein besonderer Stellenwert beigemessen, welcher sich dann explizit auf die über das Buch kommunizierten Inhalte ausdehnt.

> *MA: „Das Haptische (RB: Unverständliches Wort) habe ich nicht mehr. Und genau das gleiche ist eben auch, wenn ich ein Buch lese. Das ist weg. Wenn ich mir da ein Buch rausgreife, dann kann ich wieder zurückgehen und kann sagen, da war Nachtzug nach Lissabon, da war ein schönes Kapitel, das lese ich mir nochmal durch, das war richtig, das berührt irgendwie so."*

Das Lesen an sich erscheint vom Kontext der Wahrnehmung eines Buches mit besonderen Eigenschaften behaftet. So verschafft das Lesen Inspiration, nährt die eigene Gedankenwelt und verschafft ein besonderes Erlebnis, was der besonderen Erscheinungsform des Buches immanent ist. Das Buch und die besondere Erscheinung vergegenwärtigen den Inhalt auf direkte Art: Das Buch fungiert als Träger eines Inhalts und umschließt das Innere durch die äußere Form, konserviert es, gibt es aber immer wieder beim Anblick des gelesenen Buches frei. Der Anblick eines Buches, das gelesen wurde, dessen Inhalt quasi inkorporiert wurde, steht mit seiner Erscheinung stellvertretend für das, was der Inhalt für den Leser/die Leserin frei gegeben hat und gibt es erneut in der Erinnerung und der Phantasie frei, wenn das Buch als Erscheinung wahrgenommen wird. Diese selbstständige Vergegenwärtigung der dem Buch, dem analogen Printmedium immanenten Inhalte sorgt für ein Gefühl der Unabhängigkeit und der Selbstständigkeit bei den Offliner*innen.

HF: „Und wir vermissen es auch nicht. Wir sitzen manchmal bis nachts um eins oder halb zwei da und lesen. Und das ist für mich... Beim Lesen entsteht Phantasie, wenn ich gewisse Dinge lese. Wenn ich im Internet schaue, bin ich abhängig von der Tastatur, was ich tippe usw. Da bin ich ein Teil der Maschine. Das will ich nicht. Ich will selbstständig sein, selbstständig denken und selbstständig handeln und selbstständig das heraussuchen, was ich will."

FH: „Also, da würde ich gar nicht im Internet nachgucken. Da gibt es ja in irgendeinem Buch, was ich habe, eine Antwort. Ich habe so viele Bücher."

Die Vergegenwärtigung des Inhalts gleicht damit eines Handhabmachens der Informationen, welches dieselben als Wissen inkorporiert. Der Konsum analoger Medien erleichtere die Identifikation der Sender*innen, der Quelle der Informationen und ließe somit eine unabhängigere Meinungsbildung zu, als dies bei der Nutzung des Internets der Falle wäre – so die Antizipation der Offliner*innen. Bei durch das Internet bereitgestellten Informationen sei stets die Frage nach der Glaubwürdigkeit gegeben, welche sich bei der Nutzung analog aufbereiteter Nachrichten nicht stellen würde.

Überdies führe der Internetkonsum generell dazu, dass Botschaften leichtgläubiger verinnerlicht würden, die kritische Auseinandersetzung abnehme und zudem das Internet als Ersatz für direkte, unvermittelte Erlebnisse genutzt würde.

Ähnliche Einschätzungen teilen die Onlinerinnen und Onliner gegenüber dem Buch. Auch sie sprechen demselben ein besonderes Leseerlebnis und eine der Erscheinung immanente Besonderheit zu. Das Lesen eines Buches wird als Erlebnis beschrieben und ist deutlich von dem Vorgang der Informationssuche abzugrenzen. Mithin wird die gezielte Suche nach einer bestimmten Information in einem Nachschlagewerk (Fachbuch, Lexikon, Wörterbuch etc.) der Internetrecherche ebenso von Onliner*innen vorgezogen, weil diese Suchstrategie ein schnelleres Ergebnis versprechen würde. Auch die Onliner*innen betonen die Besonderheit der Haptik eines Buches. Wenngleich die online agierenden Seniorinnen und Senioren dem Internet viele positive Attribute insbesondere im Kontext der Informationsrecherche zusprechen, verlieren die anderen Verbreitungs- und Massenmedien nicht an Bedeutung für die Alltagsgestaltung. Fernsehen, Rundfunk und Zeitungen gelten bei beiden Untersuchungsgruppen als wichtige Informationsquellen und gelten als Tagesroutinen – das Zeitunglesen am Frühstückstisch ist ein genauso beliebtes Beispiel wie das Schauen der 20-Uhr-Nachrichten. Die befragten Onliner*innen betonen die Wichtigkeit einer Medienpluralität für die Meinungsbildung: ihrer Ansicht nach würde eine ausschließliche Internetnutzung die Meinungsbildung allzu sehr beengen.

12.13 Prognose: Gesellschaftliche Folgen aus dem Einfluss des Internets

Im Zuge der analytischen Darstellung der Wahrnehmungen gegenwärtiger gesellschaftlicher Wandelungsprozesse wurden bereits einige Veränderungen eruiert, die die Seniorinnen und Senioren in ihrem Umfeld beobachten und die der Einflussnahme durch das Internet und der Entwicklung digitaler Strukturen und Prozesse zuschreiben sind. Diese hier vorliegende zwölfte Analysekategorie umfasst eher Einschätzungen prognostischer Art. Die Seniorinnen und Senioren wagen einen Blick in die Zukunft der gesellschaftlichen Ordnungsprinzipien und geben Auskunft darüber, welche Veränderungen eingedenk der fortschreitenden Digitalisierung zu erwarten sein könnten respektive welche Befürchtungen sie damit assoziieren. In die Analysekategorie zwölf sind Analyseeinheiten aufgenommen, die die nachfolgend explizierten Aspekte umfassen:

- *Welche Folgen ergeben sich für die Gesellschaft aus dem Einfluss des Internets?*
- *Veränderte Prozesse, Veränderungen allgemein.*
- *Negative Folgen und positive Entwicklungen.*

Auffällig ist, dass sowohl die online als auch die offline agierenden Seniorinnen und Senioren eher negativ konnotierte Erwartungen an die zukünftige Gesellschaftsentwicklung haben. Dabei stehen weniger das Internet, internetbasierte Technologien und die Digitalisierung an sich im Fokus der Zukunftsaussichten: kritisiert wird vor allem, dass durch die Digitalisierung ein Mechanismus in Gang gesetzt wurde, welcher nicht mehr umkehrbar ist und für die Gesellschaft weniger vorteilige Aspekte mit sich führe. Als große Herausforderung für das Individuum an sich, aber auch für die Art der Kommunikation und der Face-to-Face-Interaktion wird der Umstand der *technischen Vermittlung* angesehen. Die Tatsache, dass für digitalisierte Prozesse immer stärkere Maschinen eingebunden und genutzt werden müssen, wird als äußerst kritisch eingeschätzt. Der Aspekt der *Vermittlung* an sich wird als Gefahr für die gesellschaftliche Organisation benannt, da die Grundlage für alles Soziale in der direkten Interaktion, in der gegenseitigen Verständigung, in dem Aufeinander-Bezogen-Sein gesehen wird. Gesellschaftliche Aushandlungsprozesse, welche stets ein Miteinander bedeuten und dazu dienen, sich auf ein Gemeinsames zu *verständigen* und Handlungsmaxime zu eruieren, werden nach Auffassung der Seniorinnen und Senioren unter dem stetig wachsenden Einsatz von Technologien an Qualität und Tiefe verlieren. Damit wird einer Grundlage für das Funktionieren der Gesellschaft die Wirkungsfähigkeit entzogen, zumindest aber abgemindert. Der Auftrag, den Menschen in einer Gesellschaft sich gegenseitig stellen, wird um ein Vielfaches reduziert, selektiert und vermittelt. Darunter leiden Formen und

Werte der direkten, unvermittelten Kommunikation. In diesen Befürchtungen impliziert sind die Auffassungen darüber, dass sich die Art der Kommunikation zwischen Menschen verändert wird – und dies insbesondere in der Form, dass mehr und intensiver über digitale Medien kommuniziert/interagiert wird, es wandelt sich damit zu weniger Interaktionen direkter, unvermittelter Art. Der Gedanke, der dieser Argumentation immanent ist, ist zudem der, dass es zu einer stetig größer werdenden Entfremdung zwischen den Kommunikationsbeteiligten kommt, weil die Kommunikationsprozesse immer mehr durch die Verwendung der Kommunikationstechnologie abstrahiert wird. Mithin ist ein immenses Kommunikationsaufkommen festzustellen, welches jedoch eher von singularisierten Individuen über internetfähige Geräte initiiert wird.

> *HF: „Das Internet und diese ganze Technik werden uns als Menschen doch in Zukunft beeinflussen und stark verändern."*

Die Befragten formulieren Skepsis gegenüber der Art der Wissensgenese, wie sie sich zukünftig im Kontext verstärkter technikbasierter Vermittlung vollzieht. Dabei ist die Auffassung verbreitet, dass der Prozess der Wissensaneignung eher technikvermittelt vonstattengehen wird, als in einer sozialen Situation. Es zeigt sich, dass der Aspekt der Technikanwendung und Etablierung im gesellschaftlichen Alltag eines der präsenten Themen für Zukunftsszenarien ist. Technik wird im Zuge dessen mitnichten als Möglichkeit der Arbeitserleichterung und Prozessunterstützung angesehen. Sie scheint zu der Herausforderung zukünftiger Generationen zu avancieren. Die Seniorinnen und Senioren geben zu bedenken, dass die Technik den Fähigkeiten und Fertigkeiten der Durchschnittsbürger*innen auch zukünftig enteilen wird und nur mit großem Aufwand ein Schritthalten erreicht werden kann. Gesellschaftliche Organisationsprinzipien werden nach Dafürhalten der Senior*innen weitergehend beschleunigt, Informationen werden zu überfordernden Reizen, digitale Kommunikationsformen führen zu einer Überforderung und Überreizung und die Interaktion der Zukunft wird deutlich mehr Maschinen und Roboter einbinden. Trotz der Möglichkeit, quasi fortwährend Kommunikation zu betreiben, führt das nicht zu positiven Assoziationen: durch die Möglichkeiten, die die internetbasierten Kommunikationskanäle eröffnen, steigt der gegenseitige Erwartungsdruck der Nutzerinnen und Nutzer. Sowohl im Privat- als auch im Berufsalltag wird die Erwartung der stetigen Beteiligung am Kommunikationsprozess zu Überreizungen auf Seiten des Individuums führen.

> *GT: „Ach, das mit dem Mailen ist schon gut, generell. Man kann vieles viel besser absprechen. Aber man hat doch auch den Zwang, zu reagieren, reagieren zu müssen. Weil es ja auch erwartet wird. Man rechtfertigt sich ja auch immer. Ich habe auch den Eindruck, dass privat sehr viel erwartet wird. Es wird eben erwartet, dass*

man sehr schnell auf eine Nachricht reagiert. Privat wird schon bald mehr erwartet als im Berufsleben. Da findet ja auch so eine Kontrolle statt."

Aufgrund der Tatsache, dass durch die Nutzung von Messenger Diensten und Videotelefonie eine orts- und zeitunabhängige Partizipation am Erleben des Gegenübers möglich wird, ereilt sich nach Einschätzung der Seniorinnen und Senioren eine negative Konsequenz: die medial vermittelte Teilhabe ersetzt die persönliche Face-to-Face-Interaktion. In einem partiellen Ausschnitt können zwei Personen darüber Nähe und ein gemeinsames Erlebnis initiieren und imitieren, aber eine unvermittelte Interaktion findet nicht statt. Die Nutzung der neuen Technologien wird nicht als adäquate Möglichkeit angesehen, Einsamkeit zu reduzieren.

FSL: „Und ich denke mir, dass das bei Jugendlichen und sicher auch bei alten Leuten so ist, dass die Vereinsamung dadurch noch zunimmt, weil sie sich dann nur noch durch das Internet berieseln lassen."

HF: „Das ist doch viel wichtiger. Man will doch nicht immer nur vor den Geräten sitzen und mit denen Kontakt haben."

Die gegenteilige Auffassung ist der Fall: wenn Face-to-Face-Interaktion vermehrt durch medial vermittelte Interaktion kompensiert und ersetzt wird, werden die direkten Interaktionen weniger.

Beide Befragungsgruppen, Offliner*innen und Onliner*innen, kommen zu dem Schluss, dass die neuen (Kommunikations-)Technologien und die Digitalisierungsprozesse entgegen den Bedürfnissen des Menschen agieren, dass sie für eine Entfremdung der Menschen von einander verantwortlich werden und den Menschen als Ganzes überfordern. Voraussetzung für die Partizipation an sozialen Prozessen wird die Handhabung eines technischen Geräts sein, so die Seniorinnen und Senioren, und das widerspricht den Maximen einer sozialen Interaktion, die Grundlage für Gemeinschaft und Gesellschaft sind.

12.14 Kritik am Internet

In der Kategorie 13 sind kritische Anmerkungen und Einstellungen der befragten Seniorinnen und Senioren zum Internet expliziert. Damit grenzt sich diese Kategorie insofern von anderen Kategorien ab, als dass es hier weniger um gesellschaftliche Veränderungsprozesse als Resultat der fortschreitenden Digitalisierung geht. Interessant ist, dass sich nicht nur die Nutzerinnen und Nutzer ein Urteil bilden, auch die Nicht-Nutzenden üben Kritik am Internet. Diesen Kritikpunkten, die die Offliner*innen gegenüber dem Internet üben, können die in einer gesonderten Kategorie erfassten Gründe, die dieselben *gegen* eine Internetnutzung anführen, angelehnt und entlehnt werden. Konkretisiert wird der Inhalt der Kategorie 13 entlang der nachfolgend dargestellten Referenzkriterien:

- *Kritische Stimmen gegenüber dem Internet, seinen Möglichkeiten und seinem Gebrauch.*
- *Kritik am Internet als System.*
- *Kritik am Internet als Medium.*

Die geäußerten negativ konnotierten Bewertungen beziehen sich auf die bisher bereits ausführlich behandelten Aspekte der Kommunikation und der Information. Die Häufigkeit und die Intensität, mit der diese beiden Aspekte im Verlauf der Interviews durch die Seniorinnen und Senioren zur Sprache gebracht wurden, vergegenwärtigt zum einen die Relevanz derlei Nutzungsintentionen für den Alltag, zum anderen aber auch die Diskrepanz und Verunsicherung, die der internetbasierten Kommunikation und Informationsgenese innewohnen. In diesen Punkten fallen gleichsam Fluch und Segen zusammen: so viele Möglichkeiten sich durch die Nutzung des Internets im Hinblick auf Kommunikation und Teilhabe (informationeller und sozialer) ergeben, so viele Tücken scheinen denselben immanent zu sein.

Aus den Aussagen der befragten Onliner*innen lässt sich extrahieren, dass das Internet dazu verleite Dinge zu tun – wissentlich oder unwissentlich, die man an sich selbst (und an anderen) eher weniger positiv einschätzt und die zudem in nicht vorteilhaften Konsequenzen münden können. Dazu gehört beispielsweise, dass schwerlich die filigranen Grenzen zwischen Privatheit und Öffentlichkeit gewahrt werden und allzu schnell Privates im Internet preisgegeben wird.

MA: „So. Und das sind eben auch Sachen, wenn ich schon in den Printmedien hier manipulieren kann, wie wirkt sich das eben dann in einem nicht kontrollierbaren Internet aus. Wer hat da welche Interessen, und wie wird das durchgesetzt. Also von daher, muss man sehr genau hingucken."

Folglich ist es ein Ringen darum, nur so viele Dinge von sich dem Internet und damit anderen Nutzer*innen (Privatpersonen, Unternehmen, Organisationen usw.) zu offenbaren, wie es nötig ist. Damit ist bereits ein weiterer Kritikpunkt benannt: der Claim, dass das Internet nie vergesse, ist der, der die Seniorinnen und Senioren skeptisch in der Auseinandersetzung mit dem Medium macht.

MA: „Also erstmal die Gefahr Internet. Ich habe es ja nun bei meiner Tochter hautnah erlebt. Die stellt Sachen über sich ein, und ihr Personalchef kriegt das mit. Und

> sie ist krankgeschrieben. So. Und nicht nur das, die Beliebigkeit, das war das eine Stichwort, sondern auch die Gefahren, dadurch, dass man sehr viel von seiner Persönlichkeit aufgibt. Das ist eben auch das, was viele wollen. Politisch wollen. Facebook. Ist gewollt. So deshalb, ich kann dann eben von Ihnen, wenn Sie Spuren im Netz haben, ich glaub, wenn ich das eingeben würde und dann gezielt suche, kriege ich fünf, sechs Bilder von Ihnen."

Verwoben ist diese Skepsis mit der Sorge um personenbezogene Daten: man wisse nie so genau, wer etwas über die eigene Person gespeichert habe.

> WS: „Also, ich kann mir schon vorstellen, dass es ein riesiger Schock sein könnte, wenn irgendjemand an meine Daten kommt und die manipuliert und vielleicht Geld von meinem Konto verschwindet. Ich glaube, das wäre schon schlimm."

Das Internet erhält damit eine Charakterisierung, die dasselbe undurchsichtig, wenig transparent darstellt. Zudem könne das Internet in hohem Maße für Manipulationen genutzt werden – diese Wahrnehmungen der Senior*innen fallen mit der Attribution der geringen Transparenz zusammen. Diese geringe Transparenz betrifft auch die Informationssuche und die Identifikation der Informationsquellen. Die Nutzung des Internets ist mit einer hohen Selektionsleistung der Nutzerinnen und Nutzern verbunden, wenn es darum geht, die zu einem Thema schier unübersichtliche Menge an Informationen selektiv zu erfassen und überdies die Urheber*innen derselben zu ermitteln. Diese Selektionsleistung erscheint den Onlinerinnen und Onlinern als (sehr) zeitintensiv.

> WS: „Es braucht schon Kompetenzen, um sich zurecht zu finden. Man muss aufpassen, dass man sich nicht verliert im Internet oder auch verläuft. Man weiß ja nicht so recht, wie man mal zurück zum Ausgangspunkt kommt."

Ein Aspekt, welcher die Kritikpunkte hinsichtlich des Internets erweitert, bezieht sich eher auf die aus der Nutzung entstehenden Konsequenzen für den Einzelnen/die Einzelne. So wird die durch das Internet und die mobile Telefonie ermöglichte Erreichbarkeit als negativ wahrgenommen. Dabei handelt es sich in diesem Punkt eher um eine Kritik an der Handlungsroutine der Nutzerinnen und Nutzer, dass diese Möglichkeiten in soziale Erwartungen und Handlungsmaxime überführt werden. Trotzdem ist festzustellen, dass die befragten Onliner*innen diese negative Assoziation eher mit dem Internet als Medium als mit den Nutzer*innen verbinden. Aus dieser als aufreibend empfundenen gesellschaftlichen Erwartung der (ständigen) Erreichbarkeit erwachsen für das Individuum in der Konsequenz neue Anforderungen, welche darin bestehen, sich aktiv abzugrenzen. Die mobile Kommunikation, die mittels der digitalen Datenübertragung Kommunikation vereinfacht und quasi überall ermöglicht, macht es notwendig, dass sich Nutzer*innen gezielt eigene Handlungsräume erschließen oder abgrenzen, damit Privates und Berufliches, aber auch private Kommunikation und Selbstbestimmung nebeneinander bestehen können und nicht immerzu ineinander diffundieren und sich damit eher verweben statt zu distanzieren, zu differenzieren. Gerade in diesem Punkt sehen die Senior*innen Berufstätige vor große Aufgaben gestellt. Das Internet erfordert folglich im Kontext der vielfältigen Nutzungsrepertoires (man muss etwas von sich preisgeben, um partizipieren zu können; man muss, wenn man beispielsweise Messenger Dienste nutzt, die in diesem Zusammenhang geltenden Konventionen – schnelle Reaktionen – beachten und anerkennen; der/die Nutzende ist in der Position, sich aktiv abgrenzen zu müssen) eine hohe Aktivität und Präsenz von den Nutzenden. Dieser sehr differenzierte Umgang mit dem Medium vergegenwärtigt erneut den Faktor Zeit, der im Kontext der Internetnutzung für die Senior*innen eine bedeutende Rolle spielt.

Es zeigt sich, dass die Onliner*innen dem Internet eine ganz eigene Dynamik zusprechen, welche nach spezifischen Regelhaftigkeiten organisiert ist. Für die Nutzerinnen und Nutzer sind damit hohe Reflexionsleistungen verbunden, die nicht nur das Internet als virtuellen Raum und Informationspool betreffen, sondern vor allem die nutzende Person selbst zum Gegenstand der Reflexion werden lassen.

> *HF: „Man legt mehr Wert auf die Internetnutzung als auf den eigenen Verstand. Es wird Vieles im Internet nachgeforscht, was ja auch gut ist, aber man reflektiert nicht mehr, man überlegt nicht mehr, ob richtig ist, was dort gesagt wurde, wie ist meine eigene Einstellung dazu. Ich muss das doch selbst erstmal reflektieren und überlegen, ob dies zu meiner Lebenseinstellung dazu passt."*

Im Zuge dessen ist der Nutzer/die Nutzerin mit immer neuen Fragen konfrontiert und in der Situation, die eigene Nutzungspraktik (fortwährend) zu beleuchten. Dieser Punkt der Selbstreflexion ist von großer Relevanz – dies bringen sowohl Onliner*innen als auch Offliner*innen zum Ausdruck – da sonst eingedenk der mannigfaltigen Versuchungen, die das Internet bietet, Suchtpotenziale freigesetzt werden.

> *CC: „Was man sich aussucht als Sucht, das ist dann Geschmackssacke. Das Internet kann das genauso sein, wie alles andere. Und man kann sich da vielleicht sogar noch besser in die Tasche lügen, dass man sich intellektuell weiterbildet oder was für tolle Sachen findet usw. Es kann alles sein."*

> *HW: „Also, online spiele ich nicht. Also, das gibt es nicht. Das ist mir dann zu gefährlich. Was heißt gefährlich, ich bin kein Spieler, aber man könnte sich dann vielleicht doch einmal vergessen."*

In den vorangegangenen dargestellten Punkten herrscht im Hinblick auf die Einschätzung respektive der Kritik am Internet Einigkeit zwischen den Offliner*innen und den Onliner*innen. Die Offliner*innen führen jedoch noch weitere Punkte, die sie als kritikwürdig empfinden, an. Ihnen zur Folge würde das Internet kreative Prozesse beschneiden. Zudem sind aufgrund der vorherrschenden Kommunikations- und Partizipationsparadigma die Handlungsspielräume eingeschränkt. Für die offline agierenden Seniorinnen und Senioren bedeutet das Internet also insgesamt eher eine Beschränkung. Damit würden mehr Möglichkeiten beschnitten als generiert. Das Internet bietet damit keinen Zugewinn für Handlungsrepertoires, keinen Fortschritt für Interaktion und Kommunikation und keine Vorteile für die Wissensgenese. Den Offliner*innen zur Folge sind gegenteilige Entwicklungen der Fall und das Individuum würde durch das Internet in seinem Dasein als Teil des Arbeitsmarktes, als Teil einer Gemeinschaft und einer Gesellschaft gänzlich neu herausgefordert. Das Internet und dessen Nutzung ringe dem Nutzer/der Nutzerin hohe Aktivität, Aufmerksamkeit, Differenzierungs- und Reflexionsleistung ab. Die vermeintliche Ausweitung der Handlungsspielräume und die Multiplikation der Möglichkeiten begrenzt sich quasi selbst, weil der Mensch in der Auseinandersetzung mit dem Medium Internet stets negative Begleiterscheinung produzieren und provozieren würde, die schlussendlich zu einer Entfremdung des Menschen von sich und anderen führt. Das Diktat der Maschine und der vermittelten Interaktion wirkt entgegen der genuin menschlichen Bedürfnisse.

12.15 Ansprechpartner*innen bei Fragen zu Computertechnik und Internet

In einigen Passagen dieser Auswertung ist bereits angeklungen, dass der innerfamiliäre Austausch und der Wunsch nach Partizipation für die Seniorinnen und Senioren als Motiv gereicht, sich mit der Computertechnik und dem Internet zu befassen. Wenn die Kinder und Enkelkinder die gewichtigen Argumente für die Internetnutzung sind, erscheint es interessant zu eruieren, wen die Seniorinnen und Senioren als Ansprechpartner*in bei Fragen rund um die Computer- und Internetnutzung erwählen. Kategorie Nummer 14 ist damit folgendermaßen umrissen:

- *Wen fragen die Seniorinnen und Senioren um Rat bei Problemen mit der Computertechnik und dem Internet?*
- *Informationsquelle für Fragen rund um das Internet und die Computertechnik.*
- *Durch wen lernen die Senior*innen Neues auf diesem Gebiet hinzu?*

Für die Onlinerinnen und Onliner lässt sich extrahieren, dass sie, je weniger souverän sie ihren eigenen Umgang mit dem Internet und der Computertechnik bewerten, desto eher Hilfe in der Familie annehmen. Für Senior*innen, die das Internet noch nicht in größerem Umfang und höherer Intensität im Berufsleben genutzt haben, stellen die Kinder quasi den Zugang zu diesem für sie neuen oder bislang noch wenig erprobten Medium dar. Die befragten Onliner*innen gaben an, im Laufe der Zeit immer sicherer im Umgang mit dem Computer und dem Internet zu werden und dann bei Fragestellungen auch andere Hilfeangebote zu nutzen. Die Familie (Kinder und/oder Enkelkinder) gelten in diesem Zusammenhang als erste Anlaufstelle für diejenigen Senior*innen, bei denen das Internet nicht als feste Größe im Berufsalltag galt.

> FSL: „Da musste mein Sohn früher ja auch kommen. Da hat er dann auch gesagt: „Mama, ich habe dir das schon so oft gesagt, warum weißt du das denn immer noch nicht?"

> WS: „Aber es gibt auch viele, die sagen, dass die Kinder da gleich so forsch und ungeduldig sind. Aber Enkelkinder, die sind da wieder, ja, weiß ich nicht... vielleicht spricht es sie auch an, dass Erwachsene auch fragen müssen."

> GT: „Mit dem Einrichten da gehe ich doch lieber zu meinem Sohn oder zu meinem Schwiegersohn und richte du mir das doch bitte ein, du hast das besser drauf. Ich weiß ja auch, das geht dann ganz flott. Der erklärt das nicht groß. Das hätte ich auch gedacht, Mensch, der zeigt dir das mal im Einzelnen, was er da einstellt. Nee. Und dann ist das plötzlich eingerichtet und funktioniert. Ich weiß dann zwar, wo ich was ändern kann und wo ich darauf achten muss und wie er dann ins WLAN kommt usw."

Personen, die sich als souverän im Umgang mit dem Computer und dem Internet bezeichnen, konsultieren bei Fragen eher andere Senior*innen. Dabei handelt es sich um Personen aus dem Bekanntenkreis oder aus einem Computerverein. Darüber hinaus geben die Onliner*innen an, auch über die Internetrecherche eine selbstständige Problemlösung herbeizuführen.

> WS: „Ich hatte da mal ein Problem mit dem Löschen von E-Mails. Da habe ich die Frage in Google eingegeben und Google konnte mir helfen."

Die Offliner*innen nutzen bei Computerfragen ebenfalls, wenn vorhanden, das familiale Netzwerk. In diesem Kontext wird deutlich, dass Senior*innen ohne Kinder eine eher sparsame Mediennutzung (technische Medien) angeben.

Die innerfamiliäre Hilfestellung scheint von beiden Seiten, den fragenden Senior*innen und den helfenden Kindern, zwar angenommen und gewährt zu werden, aber auf ein bestimmtes Maß reduziert zu sein. Dabei scheinen die

Seniorinnen und Senioren ein größeres Hilfebedürfnis zu haben, als sich durch die Kinder befriedigen lässt. In diesem Punkt kommen verschiedene Aspekte zusammen: die Senior*innen schildern, dass die Kinder bisweilen ungeduldig werden, bereits Erklärtes eher zögerlich wiederholen, und für die Fragen weniger umfangreich zur Verfügung stehen, als die Seniorinnen und Senioren dies für die vertiefende Auseinandersetzung mit dem Computer und dem Internet bräuchten. Einige Senior*innen schildern, dass Kinder ihren Eltern (Senior*innen) die Hardware in Form von Laptops, Tablets und Smartphones als Geschenk überreichen, aber die Auseinandersetzung damit den Senior*innen selbst überlassen. In solchen Fällen finden die Senior*innen nur schwerlich bis gar nicht den Weg in die selbstständige Nutzung. Gerade zu Beginn der Auseinandersetzung ist das intensive Üben unerlässlich, um Nutzungsroutinen zu entwickeln und Fortschritte zu machen, wie die Senior*innen selbst zu bedenken geben. Allerdings bräuchte es dazu vielfach direkte Unterstützung in Form einer Vertrauensperson, die den Übungsprozess in der von den Senior*innen vorgelebten Geschwindigkeit begleitet.

> *GT: „Nun kann das aber natürlich auch daran liegen, dass die Kinder räumlich weit weg sind, durch den Beruf so eingespannt sind... Also, da sind so viele Dinge, die da mit hineinspielen. Ich glaube, da erwarten die Eltern auch zu viel von ihren Kindern. Ich muss ehrlich sagen, ich erwarte da nichts Großes, weil die Kinder dann auch mal sagen: „was will der schon wieder". Als Senior denkt man da vielleicht auch etwas langsamer und will es vielleicht auch genauer wissen und dann nervt das vielleicht auch."*

Es zeigt sich, dass Senior*innen, die ohnehin zögerlicher und mit Hemmnissen an das Internet herantreten, eher selbstinitiiert Hilfestellungen bei für sie unbekannten Personen, Institutionen und Organisationen suchen. Solche Senior*innen, die sich mit der Materie Internet bereits tiefergehend befasst haben, öffnen sich auch schneller neuen Aspekten oder Angeboten. Das Einüben der Internetnutzung stellt viele Senior*innen vor Herausforderungen – dann ist hauptsächlich für die eher Ungeübten eine Art Schutzraum wichtig, der in der Familie verortet wird. Neben der Motivation, den Weg hin zu einer Internetnutzung zu finden, stellt das familiale Netzwerk insbesondere bei Spät-Beginner*innen eine wichtige Instanz für das Erlernen des Neuen dar.

12.16 Intensität der Internetnutzung

Die Analysekategorie 15 umreißt die Intensität der Internetnutzung der befragten Onlinerinnen und Onliner. Es geht darum zu ermitteln, welchen Stellenwert das Internet im Alltag der Seniorinnen und Senioren einnimmt. Definitorisch lässt sich die Kategorie folgendermaßen darstellen:

- *Internetnutzung: Intensität.*
- *Frequentierung einiger spezieller Seiten.*
- *Nutzungsintensität hinsichtlich der Quantität (mehrmals täglich, täglich, mehrmals wöchentlich, mehrmals monatlich).*
- *Intensität und Variation der Nutzung.*
- *Ständiger Begleiter oder eher gelegentliche Nutzung.*

Es zeigt sich, dass die Gruppe der befragten Nutzerinnen und Nutzer das Internet äußerst vielschichtig in ihre Alltagsroutinen einbinden. Dabei ist zuvorderst zwischen der Nutzung von mobilem und nicht mobilem Internet zu unterscheiden. Die Untersuchungsgruppe zeigt sich hier höchst ambivalent: während einige mit ihrem Smartphone mobiles Internet viel und gerne nutzen, verzichten andere ganz darauf und konzentrieren sich auf die ortsgebundene Nutzung im eigenen, häuslichen Umfeld. Das nicht-mobile Internet erscheint in der Untersuchungsgruppe überrepräsentiert. Zudem stellt es sich so dar, dass die Senior*innen, die das mobile Internet nutzen, auch über einen Internetanschluss im eigenen Haushalt verfügen.

Hinsichtlich der Nutzungsintensität erweist sich die Untersuchungsgruppe ebenfalls als heterogen. Während einige Nutzer*innen angeben, das Internet jeden Tag und sehr intensiv für verschiedene Angelegenheiten (Informationsrecherche, Lesen von Nachrichten, Kontaktpflege usw.) zu nutzen, zeigen andere Onliner*innen an, das Internet zwar regelmäßig, aber nicht täglich zu nutzen.

> FSL: *„Also, ich bemerke es ja auch: ich mache das nun nicht jeden Tag, aber dann gucke ich eben nach meinen Mails und bearbeite das dann, gucke, was ich noch so wollte. Und dann gehen so zwei, zweieinhalb Stunden weg."*

Allen Onliner*innen ist gemeinsam, dass sie nur dann das Internet nutzen, wenn sie es nutzen möchten. Dazu gehört auch, sich bewusst von internetbasierter Kommunikation zu distanzieren.

> HMA: *„Ich will kein Smartphone. Ich bin die vielen Jahrzehnte beruflich so eingebunden gewesen, es ist für mich eine Wohltat, nicht erreichbar zu sein."*

> HW: *„Nein. Surfen tue ich so gar nicht. Ich gucke auch mal bei YouTube rein, aber das ist eher aus Langeweile und nicht, um da zu surfen."*

> FW: *„Aber ich bin also fast täglich im Internet."*

Damit ist das Internet für die Senior*innen eine Option, eher ein *Können* als ein *Müssen*. Darüber hinaus lässt sich extrahieren, dass die Befragten eine eher zielgerichtete und zweckgebundene Nutzung des Internets praktizieren. Zwar lassen sich die eine oder der andere zu einem bestimmten Thema auch einmal durch das Internet gleiten, aber sich tatsächlich völlig zu verlieren, ist ihnen fremd. Dazu gehört ebenso der Aspekt, dass den befragten Seniorinnen und Senioren wichtig ist, den zeitlichen Rahmen der Internetnutzung zu begrenzen und keine unnötige Zeit in der Auseinandersetzung mit dem Internet aufzubringen. Dazu gehört, dass dies zwar als wichtiger Teil des Handlungsrepertoires anerkannt wird, dasselbe jedoch eine eher untergeordnete Rolle im Vergleich zu anderen Prämissen des täglichen Lebens einnimmt.

12.17 Gründe gegen die Internetnutzung

Die Kategorie 16 umfasst Argumente, die sich gegen eine Internetnutzung finden lassen – wenngleich in der Untersuchungsgruppe viele mit dem Internet souverän umgehende Senior*innen vertreten sind, formulieren auch sie als Nutzende Gründe, die aus ihrer Sicht gegen eine Internetnutzung angeführt werden können oder aber von Offliner*innen angeführt werden. In dieser Kategorie werden zudem die Argumente aufgezeigt, die die Offlinerinnen und Offliner als Gründe ihrer Nicht-Nutzung anführen. Auswertungskategorie 16 umfasst also nachfolgende Referenzpunkte:

- *Beweggründe, die gegen die Internetnutzung sprechen.*
- *Argumente dafür, warum es besser ist, das Internet nicht zu nutzen.*
- *Warum wird das Internet abgelehnt?*

Gründe dafür, warum eine Seniorin/ein Senior das Internet nicht nutzt, sind nach der Auffassung der Onliner*innen in der Notwendigkeit, Geduld aufbringen zu müssen, begründet. Viele Senior*innen würden nicht die Gelassenheit aufbringen, um sich das neue Medium Internet zu vergegenwärtigen und darüber hinaus die relevante Technologie zu erlernen. Dieser Aspekt wird als vorrangig angesehen: die Hemmnisse, die die Senior*innen von einer Internetnutzung abhalten, sind nicht zuvorderst im Internet selbst zu finden, sondern eher der Scheu vor (Computer-)Technologie geschuldet.

> *HW: „Meistenteils begründen sie das gar nicht mal. Sie sagen: ‚Ich will das nicht, da will ich gar nicht erst mit anfangen'. Und das sind alles solche Aussagen, die dann gemacht werden, aber begründen, warum sie das nicht wollen... Na ja, vielleicht kein technisches Interesse oder so. Aber da weiß ich, da habe ich einige in meinem Umfeld, die das strikt ablehnen."*

Die Verwendung technischer Gerätschaften für Kommunikation und Organisation von Prozessen sei für Viele wenig attraktiv, was im Wesentlichen mit der Prägung auf handschriftliche Erzeugnisse zu tun habe. Neben der vermeintlichen Ungeduld wissen die Onliner*innen von der Auffassung der Offliner*innen zu berichten, dass die Nutzung des Internets eine Vergeudung von Zeit wäre. Den Offliner*innen fehle schlicht die Einsicht in den Mehrwert, den das Internet verschaffen könnte. Zu bedenken geben die Onliner*innen, dass die Internetnutzung mit nicht vernachlässigbaren finanziellen Aufwendungen verbunden sei, welche es der einen oder dem anderen schwermachen würde, das Internet nutzen zu können – schließlich müssen Hardware und die entsprechenden Anschlüsse finanziert werden.

> CC: „Aber bei ihm ist es eben auch finanziell so das Problem. Also er müsste dann sehen, dass er ein Gebrauchtes kauft. Vielleicht könnte ich ihm ein Gebrauchtes von mir dann halt überlassen oder so."

Die Offlinerinnen und Offliner führen ganz ähnliche Argumente ins Feld, welche aus ihrer Sicht die Relevanz oder die Notwendigkeit der Internetnutzung torpedieren. Dabei zeigen sich Argumente ganz unterschiedlicher Couleur: einige Gegenargumente lassen sich mit *Befürchtungen* umreißen, die der Gestalt sind, dass das Internet Viren und Datenklau Tür und Tor öffne und keine geeigneten Schutzmechanismen vorliegen. Mit dem Internet wird eine Art Fremdsteuerung assoziiert, die jedwede Selbstbestimmung ad absurdum führt. Eine große Befürchtung liegt darin, in eine Art Abhängigkeit zu geraten, welche die Kontrolle über die eigenen Daten und über die eigenen Aktivitäten einbüßen lässt. Der Zugang zum Internet ist mit mannigfaltigen Hemmnissen verbunden, deren Überwindung nur mit einem gewissen Maß an Courage gelingt. Ein sehr gewichtiger Grund, der gegen die Internetnutzung angeführt wird, ist in der Priorisierung alltäglicher Handlungsroutinen zu suchen. So geben die befragten Offliner*innen an, in ihrem Alltag derart eingespannt und vielfältig beschäftigt zu sein, dass sie schlicht keine Zeit hätten, sich mühsam eine neue Technologie zu vergegenwärtigen. Darüber hinaus gibt es prinzipielle Ablehnungen, die mit dem Faktor *Zeit* verbunden sind. Es besteht das Bedürfnis, sich mit anderen Dingen (Reisen, Treffen mit Freunden und Familie, Sport etc.) zu beschäftigen, die direkt erlebbar sind. Es herrschen große Vorbehalte gegenüber der technischen Vermittlung im Allgemeinen – damit verknüpft ist die Assoziation, dass sich über das Internet nur abstrahierte oder verfälschte Inhalte erleben lassen.

> FH: „Oh, ich habe einfach zu wenig Zeit dafür. Ich bin viel zu unruhig dafür, dass ich mich davorsetzen würde. Also, ich habe einfach keine Zeit dafür im Moment."

HF: „Ein weiterer Faktor ist, wenn man das Internet nutzt und ein Stichwort eingibt, dann kommt eine Vielzahl von Informationen und dann muss ich erst filtern, welche für mich wichtig ist. Und das ist nicht meine Welt. Wenn ich zum Beispiel ein Lexikon aufschlage, das tue ich sehr oft zu Hause, dann habe ich den Begriff, ich sehe, was damit gemeint ist und das genügt mir dann auch. Dann kann ich selbst damit umgehen und selbst damit arbeiten und selbst für mich benutzen."

HF: „Ein weiteres Kriterium ist für mich die Zeit. Ich muss wahnsinnig viel Zeit aufwenden, um im Internet etwas zu erfahren."

FS: „Ich habe gar keinen Computer. Aber nicht weil, ich sage das ganz offen, also nicht, weil ich das nicht will, sondern ich habe das die ganze Zeit, als ich das beruflich gemacht habe, privat nie gehabt. Mir reichte es, so und so viele Stunden am Tag im Büro. Ich hatte nicht das Gefühl, ich muss das auch noch zu Hause haben. Und heute ist es so, dass ... es ist auch eine finanzielle Frage. Ich bin im Moment nicht in einer solchen Situation, dass ich sagen kann, ich mache das mal eben."

Diesem Aspekt wohnt zudem prinzipiell gelagerte Kritik bezüglich der Vereinzelung der Menschen inne: die internetbasierte und damit technikgelagerte Kommunikation geht zu Lasten der Face-to-Face-Interaktion. Das Internet samt der Computertechnik ist voraussetzungsvoll und benötigt dezidierte Zuwendung und Auseinandersetzung.

Das Internet wird als Teil einer als eher negativ wahrgenommenen Entwicklung gesehen, die vor allem zu einer Überlastung des Menschen und einer immensen Belastung für zwischenmenschliche Beziehungen werden wird, so die Offliner*innen.

12.18 Zwischenfazit: Ergebnisse der Untersuchungsgruppe der Senior*innen

Die Interviewanalyse der Untersuchungsgruppe der Seniorinnen und Senioren bildet das Kernelement dieser wissenschaftlichen Auseinandersetzung. Anhand der 13 Interviews mit offline (fünf Befragte) und online (acht Interviewpartner*innen) agierenden Seniorinnen und Senioren, welche sich allesamt zuvorderst dadurch auszeichnen, keiner Erwerbstätigkeit (mehr) nachzugehen und sich damit im Ruhestand befinden, soll mittels eines qualitativen Zugangs erhoben werden, die sich der Alltag der Befragten in einer digital organisierten Gesellschaft gestaltet und wie dieselben die veränderten Bedingungen erleben. Im Zentrum des Forschungsinteresses steht dabei die sinnhafte, interpretativ-verstehende Rekonstruktion der Einstellungen und Wahrnehmungen der Befragten. Deren Auffassungen bilden die Grundlage für die auf den Grundsätzen der qualitativen Sozialforschung beruhenden Auswertung. Die qualitativen Interviews wurden mittels eines Leitfadens rahmengebend strukturiert, aber in der Interviewführung und der Schwerpunktsetzung bestmöglich an die von den Befragten besonders frequentierten Themenfelder angepasst. Alle Interviews wurden mittels eines Aufnahmegerätes aufgezeichnet und anschließend unter zu Hilfenahme des Datenauswertungsprogrammes MAXQDA entsprechend der in Kapitel 10.1 explizierten Regeln transkribiert. Die durch die Transkription generierten Textdateien bilden die Grundlage für die qualitative Inhaltsanalyse nach Mayring, welche sich konkret in der Anwendung der Auswertungstechniken der Zusammenfassung und ergänzend der Kontextanalyse vergegenwärtigt. Angestrebtes Ziel der qualitativen Inhaltsanalyse ist ein Kategoriensystem, das die Kernaussagen eines jeden Interviews bündelt und als Extrakt in Form einer Kategorie/eines Codes ausweist. Das Kategorien- respektive Codesystem bildet das Ergebnis der Interviewanalyse und gleichsam die Grundlage für die interpretative Auswertung, welche bestrebt ist, die Wahrnehmungen und Einstellungen der befragten Seniorinnen und Senioren interpretativ-verstehend zu deuten. Dem Aspekt der Ausdeutung der Interviewergebnisse ist immanent, dass die Kernaussagen von den einzelnen Befragten abstrahiert und reflektierend in gesellschaftliche Zusammenhänge eingebettet werden. Damit geht mitnichten der Anspruch einher, für die Grundgesamtheit aller Seniorinnen und Senioren in Deutschland eine Ergebnisdarstellung entlang der leitenden Fragestellung dieser Arbeit bieten zu können – die im Rahmen dieses Auswertungskapitels explizierten Ergebnisse stehen für die Gruppe der Befragten, geben allerdings auch Hinweise, die für die Grundgesamtheit relevant sein können, Tendenzen sichtbar machen und Anknüpfungspunkte für weitere Forschungsunternehmungen aufzeigen. Vor allem die Verbindung aus dem empirisch generierten Daten, den darauf fußenden Ergebnissen und die Umrahmung dieses Bestrebens anhand der theoretischen Vorüberlegung und Grundlagenkonzepte erlaubt es, die gewonnenen Erkenntnisse über die Untersuchungsgruppe hinaus interpretativ in einem Sinnzusammenhang zu verorten.

Die Untersuchung der Gruppe der Senior*innen zum Thema Internetnutzung war in der Forschungslandschaft bisweilen ein nur marginal beackertes Feld, welchem sich die vorliegende Arbeit annehmen und zumindest eine Parzelle kultivieren wollte. Eben diese Forschungslücke erkannte, wie bereits weiter oben angedeutet wurde, das Deutsche Institut für Vertrauen und Sicherheit im Internet (DIVSI) ebenfalls. Dessen Antwort auf die klaffende Forschungslücke ist die DIVSI Ü60-Studie (2016), welche sich mit den „digitalen Lebenswelten der über 60-Jährigen in Deutschland" befasst. Wenngleich das Forschungsfeld beider Untersuchungen dasselbe ist, ergeben sich doch unterschiedliche Forschungsdesigns. Trotz divergierender Ausrichtungen, ähneln sich die Forschungsinteressen in einigen Punkten so stark, dass sich zumindest für die grundlegenden Ergebnisse Ähnlichkeiten herausfinden lassen. Das DIVSI verfolgt mit der Ü60-Studie eine explorative Eröffnung und Erfassung des Forschungsfeldes und intendiert, „Einstellungen und Verhaltensmuster der Menschen über 60 Jahren im Kontext Internet in der Tiefe zu verstehen" (DIVSI 2016: 6). „Dabei geht es darum, detailliert zu erfassen, ob und inwiefern ältere Menschen am digitalen Leben teilnehmen, was Teilhabe dabei genau ausmacht und was die jeweiligen Treiber und Barrieren sind" (ebd.: 6 f.). Die Frage danach, wie die Älteren Digitalisierung wahrnehmen, beschäftigt beide Untersuchungen im gleichen Maße. Übereinstimmende Untersuchungsschwerpunkte finden sich zudem in den Aspekten der mit der Digitalisierung einhergehenden Vor- und Nachteile im Kontext digitalisierter Prozesse und tangieren ebenfalls die daraus abgeleiteten Risiken und Konsequenzen (vgl. DIVSI 2016: 7; vgl. bspw. Codes 6, 12, 13, 14). Im Hinblick auf die Untersuchungsergebnisse beider Studien zeigen sich also Parallelen, was die Schlussfolgerung zulässt, dass die im Rahmen dieser vorliegenden Untersuchung gewonnen Ergebnisse die Intention, Tendenzen für die Gesamtpopulation der Senior*innen in Deutschland aufzuzeigen, erfüllt werden kann. Die Untersuchung des DIVSI hat unabhängig von dieser Studie ähnliche zentrale Ergebnisse extrahieren können, wobei das Forschungsinstitut auf 34, qualitativ designte Interviews rekurriert und diese Erhebung als Vorstudie für eine quantitative Repräsentativbefragung verwendet (vgl. DIVSI 2016: 8). Die standardisierte Befragung liefert damit auch quantifizierte Angaben darüber, welche Internet-Dienste die Befragten mit welcher Intensität nutzen etc. Darüber lassen sich Nutzungsmuster und -gewohnheiten mit den nummerischen Äquivalenzen zum Ausdruck bringen.

Auch die Ü60-Studie forciert die Kontrastierung der Offliner*innen und der Onliner*innen und eruiert mittels der standardisierten Befragung, welche Gründe sich erheben lassen, die ursächlich für die Nicht-Nutzung sind. Hier weisen die Ü60-Studie und die vorliegende Untersuchung Parallelen auf: vor allem die Komplexität des Internets, der nicht erkennbare Nutzen, die damit assoziierte und als zu hoch eingestufte Zeitaufwand sind Argumente, das Internet nicht zu nutzen respektive sich mit der Nutzung nicht auseinander zu setzen. Die Durchsicht der Ergebnisse der Ü60-Studie eröffnet überaus interessante Einblicke in das Internet-Nutzungsverhalten der Älteren und führt dazu, nachvollziehen zu können, welches die Nutzungsgründe sind, welche Faktoren als besonders vorteilig eingeschätzt werden und in welchen Aspekten sich Gründe identifizieren lassen, die die Älteren von der Nutzung des Internets fernhalten. Die hier vorliegende Arbeit kann als die unbeabsichtigte Ergänzung respektive Weiterführung der in dieser Ü60-Studie unternommenen Anstrengungen verstanden werden. Die Dissertation nimmt die besondere Lebensphase des Ruhestandes der Senior*innen in den Blick und fragt nach Unterschieden in der Lebensgestaltung innerhalb dieser Untersuchungsgruppen, deren besondere Heterogenität durch die Ausdifferenzierung in Onliner*innen und Offliner*innen berücksichtigt wird. Somit bedient sich diese Untersuchung eines

Brennglases, welches noch tiefergehender die Einstellungen und Meinungen der Senior*innen zum Themenfeld der Digitalisierung und der Internetnutzung ermittelt. Die Ü60-Studie des DIVSI wirkt bisweilen kartographierend im Hinblick auf die Personen über 60 Jahre – mit einer umfassenden Erhebung fängt sie die Positionen der Älteren im Hinblick auf die Internetnutzung ein. Die vorliegende Untersuchung definiert die Untersuchungsgruppe anders und nimmt diejenigen in den Blick, die im Hinblick auf die Merkmalskonstellation Berufstätigkeit und Alter, welche determinierend auf die Internetnutzung wirkt, besondere Ausprägungen aufweisen. Die Notwendigkeit der Internetnutzung erscheint im Ruhestand bisweilen andersgeartet als im Berufsleben, überdies ist es angezeigt zu eruieren, wie sich die Personen mit dem Internet auseinandersetzen, die die nicht mehr in die gesellschaftlichen Prozesse der Erwerbstätigkeit eingebunden sind. Die Gruppe der Ruheständler*innen, die konnte weiter oben überblickshaft gezeigt werden, ist als überaus heterogen zu begreifen und zeigt sich insbesondere im Kontext der Internetnutzung als gespalten (digital divide; digitale Spaltung). Diese Dichotomie soll die vorliegende Untersuchung verstehend im Hinblick auf die Lebensgestaltung nachzeichnen. Die qualitative Untersuchung dieser Arbeit beschreitet genuin mikrosoziologische Pfade, weitet die Befundung dieser Ergebnisse jedoch auf makrosoziologische Zusammenhänge aus, indem die Übertragung auf das Lebenschancenkonzept von Dahrendorf vollzogen wird. Wenngleich die Überlegungen in diesem Kontext konzeptionell anmuten dürften, verweisen sie doch auf die Wirkmächtigkeit der Partizipation an digitalen Prozessen. Die Ü60-Studie verschafft dagegen aufgrund der quantitativen Befragung die repräsentative Explikation der Studien-Ergebnisse. Es zeigt sich also, dass diese beiden parallel zueinander verlaufenen Untersuchungen trotz verschiedener Designs in Teilen ähnliche Kernthesen vorzuweisen haben. Dies ist aus dreierlei Gründen eingedenk wissenschaftlicher Erkenntnis positiv: 1) die qualitativ gewonnenen Erkenntnisse dieser Arbeit werden um die statistischen Ergebnisse aus der Ü60-Studie ergänzt, b) das Bild, welches sich von der Untersuchungsgruppe der über 60-Jähringen, in welcher die Senior*innen inbegriffen sind, zeichnen lässt, wird durch beide Studien nicht nur konturiert, sondern auch mit Details gespickt, c) die unterschiedlichen Herangehensweisen beider Untersuchungen differenzieren den Erkenntnisgewinn in unterschiedliche Richtungen aus und bieten damit nicht nur mannigfaltige Erkenntnisse für die Untersuchungsgruppe selbst, sondern schließen weitergehende Überlegungen verschiedenster Art an und bieten damit anschlussfähige Beiträge für die weitergehende wissenschaftliche Auseinandersetzung.

Die Auswertung der Senior*innen-Interviews hat die Haltungen der Offliner*innen und Onliner*innen zu der Internetnutzung an sich, aber auch zu dem Prozess der Digitalisierung dargelegt. Eruiert werden konnte, wie die Offliner*innen die Onliner*innen in ihrer Art der Medienrezeption wahrnehmen und wie sich diese Betrachtung in der umgekehrten Richtung verhält. Dabei wurde eruiert, auf welche Weise sich die Senior*innen mit der Informationsakquise befassen, welche Kommunikationskanäle sich etablieren und welche Möglichkeiten sich eingedenk der Internetnutzung offerieren oder aber verschlossen bleiben. Damit einher gingen die Einschätzung gesamtgesellschaftlicher Zusammenhänge und der Blick in die Zukunft, welcher die Chancen, aber auch die Risiken der Digitalisierung erahnen lässt. Die Seniorinnen und Senioren bieten Einblicke in ihre ganz eine Wahrnehmung der gegenwärtigen Entwicklung, welche versucht wird, auch in der Analyse nachzuzeichnen. Neben der quantifizierbaren Darstellung ist es relevant zu eruieren, wie sich die Befragten im Angesicht der alles umwälzenden Digitalen Revolution *fühlen*. Für die Untersuchungsgruppe der Befragten kann an dieser Stelle resümiert werden, dass es sich bei dem Internet und bei der Digitalisierung um überaus herausfordernde Faktoren handelt, welchen gleichsam deutlich positive Assoziationen und merklich negative Konnotationen zukommen. Dieses Kapitel diente dazu, das Resultat der Interviewanalyse zu präsentieren. Die nachfolgenden Ausführungen werden in ähnlicher Manier die Untersuchungsgruppe der Kinder kontrastieren – auch hier ist das mittels der qualitativen Inhaltsanalyse generierte Kategoriensystem die Grundlage der Auswertungen.

13 Ergebnisse der Interviewanalyse – Untersuchungsgruppe der Kinder

Die Untersuchungsgruppe der Kinder besteht aus sechs befragten Personen, wovon zwei der befragten Elternteile Offlinerinnen (zwei Seniorinnen) und vier Senior*innen Onliner*innen sind. Die untenstehende Tabelle (vgl. Tab. 7) gibt Auskunft über die Untersuchungsgruppe der Kinder, vergegenwärtigt die berufliche Position sowie den formalen Bildungsabschluss (in Anlehnung an die Merkmalskonstellation der Untersuchungsgruppe der Senior*innen wird auch hier auf den Parameter des Hochschulstudiums ja/nein rekurriert), weist Eckdaten der Internetnutzungsbiografie aus und gibt an, zu welchen Senior*innen die betreffenden Befragten verbunden sind.

Die erste Spalte zeigt die anonymisierte Person mit der Zuteilung zu Altersgruppen. Das tatsächliche Alter der befragten Personen ist für die Untersuchung nicht relevant, weshalb eine Zuteilung zu einem Altersspektrum für den Zweck der Orientierung im Hinblick auf die Internetnutzungsbiografie ausreichend ist. Weitergehend wird das Berufsfeld/der erlernte Beruf abgebildet, um ermessen zu können, welche Relevanz die Internetnutzung im Berufsalltag der Befragten spielt, ob es sich vorwiegend um computergestützte Tätigkeiten oder anders gelagerte Arbeitsroutinen handelt. Darüber hinaus wird der formale Bildungsabschluss in Analogie zu der Untersuchungsgruppe der Seniorinnen und Senioren ermittelt, um den für die Internetnutzung als relevant explizierten Parameter abzubilden. Die Spalte, welche mit „Internetnutzung seit" überschrieben ist, zeigt auf, seit wann die befragten Kinder das Internet regelmäßig in ihre Handlungsroutinen aufgenommen haben und über welches Funktionssystem die erste Auseinandersetzung und die Etablierung stattgefunden hat. Die letzte Spalte vergegenwärtigt die Zuteilung der befragten Kinder zu den im Sample der Seniorinnen und Senioren repräsentierten Personen.

Tab. 7: Beschreibung Untersuchungsgruppe Kinder

Befragte Person (anonymisiert)	Beruf	Internetnutzung seit	Eltern nutzen Internet: ja/nein
SAH (Jg. 1965–1970) männlich	Architekt (technischer Dienst) Studium: ja	Phase der Erwerbstätigkeit; Nutzung zuerst im Privaten	**Mutter: nein*** (FH) Vater: nein
TAL (Jg. 1971–1976) weiblich	Lehrerin Studium: ja	Phase des Studiums: Nutzung im Privaten und in der Ausbildung (parallele Entwicklung)	**Mutter: ja** **Vater: ja (HMA)**

Befragte Person (anonymisiert)	Beruf	Internetnutzung seit	Eltern nutzen Internet: ja/nein
SJSL (Jg. 1981–1985) männlich	Chemiker (promoviert) Studium: ja	Internetnutzung seit der Schulzeit: Nutzung zuerst im Privaten	Mutter: ja (FSL) Vater: k. A.
TAS (Jg. 1965–1970) weiblich	Logopädin Studium: nein	Phase der Erwerbstätigkeit: Nutzung zuerst im Privaten	Mutter: ja (WS) Vater: k. A.
SSW (Jg. 1965–1970) männlich	Ingenieur (promoviert) Studium: ja	Phase des Studiums: Nutzung zuerst im Privaten	Mutter: ja (FW) Vater: ja (HW)
SFJ (1981–1985) männlich	Energieberater Studium: ja	Internetnutzung seit der Schulzeit: Nutzung zuerst im Privaten	Mutter: nein (UJ) Vater: ja

Quelle: eigene Darstellung.
*Fett markiert: im Sample der Senior*innen repräsentiert.

Die Zusammensetzung der Untersuchungsgruppe der Kinder ergibt sich zufällig und prozessgeneriert. Der Ausgangspunkt der Befragung bildet die der Seniorinnen und Senioren, weshalb der Fokus darauf lag, die Fallauswahl entsprechend der theoretischen Parameter zu realisieren. Die Auswahl des Kinder-Samples resultiert zuvorderst aus dem Parameter Kind(er) ja oder nein auf Seiten der Senior*innen und zweitens aus der Frage, ob die Kinder Bereitschaft zeigen, für die Untersuchung als Interviewpartnerinnen und -partner zur Verfügung zu stehen.

Hinsichtlich des hier abgebildeten Parameters Alter kann sich, bei Erhebung des exakten Alters der Befragten bisweilen eine Spannweite von ca. 20 Jahren, ergeben. Wenngleich die befragten Kinder nicht alle in derselben Altersklasse respektive Generation changieren, kann im Hinblick auf die Mediensozialisation schon von einer ähnlich gelagerten Entwicklung gesprochen werden. Die befragten Personen SFJ und SJSL können als etwas abweichend von den anderen vier Befragten angesehen werden, da sie aufgrund des jüngeren Alters potenziell früher Zugriff auf das Internet hatten und überdies angeben, das Internet bereits während der Schulzeit (weiterführende Schule) genutzt zu haben. Die anderen Befragten haben den Kontakt zum Internet entweder während der Phase des Studiums (SSW und TAL) oder in der Phase der Erwerbstätigkeit (nach der berufsbildenden/berufsbefähigenden Ausbildungsphase) (TAS und SAH) hergestellt. Bei allen Befragten fällt auf, dass die erste, hinführende Auseinandersetzung mit dem Internet nicht im Kontext einer Bildungsinstitution oder direkt im Zuge der Erwerbstätigkeit vollzogen wurde, sondern sich zuerst im Privaten ausgebildet hat. Der Zugang wurde durch privates Interesse initiiert – wenngleich Impulse aus dem Berufsleben spürbar waren (SAH).

Hinsichtlich der Geschlechtsverteilung ist die Untersuchungsgruppe nicht ganz homogen verteilt: während zwei befragte Personen weiblich sind, sind die anderen vier männlich.

Die Untersuchung der Kindergruppe dient dazu zu betrachten, welchen Blick diese Generation auf die der Senior*innen hat. Dies gilt insbesondere für die Gruppe der offline agierenden Seniorinnen und Senioren. Das vorangegangene Auswertungskapitel hat gezeigt, dass die Offliner*innen nicht der Auffassung sind, dass ihnen weniger Gestaltungsmöglichkeiten offenstehen als den Onliner*innen. Sie empfinden den Verzicht auf das Internet nicht als limitierend und als nachteilig. Gegenteiliger Auffassung sind in Bezug auf die Relevanz des Internets für die Alltagsgestaltung und in Bezug auf die Chancen, die sich den Offliner*innen bieten oder nicht bieten, die Onlinerinnen und Onliner. Für diese Personengruppe stellt sich das Internet als eine Notwendigkeit dar, ohne dessen Nutzung es schwer ist, relevante Informationen zu erhalten und in dem Umfang an sozialen, aber auch gesellschaftlichen Organisationsprinzipien zu partizipieren. Darüber hinaus konnte für die Untersuchungsgruppe der Senior*innen weitergehend extrahiert werden, welche Funktionen das Internet für die Befragten übernimmt, welche Wichtigkeit digital vermittelte Kommunikation einnimmt, wie der Prozess der Digitalisierung wahrgenommen wird und welche Chancen und Optionen sich eingedenk der Internetnutzung bieten. Überdies konnten Eindrücke eingefangen werden, wie die Senior*innen die zukünftige Dynamik in einer digitalisierten Gesellschaft einschätzen. Da es sich bei der Gruppe der Seniorinnen und Senioren um diejenige handelt, die zum einen den höchsten Offliner*innenanteil an der Gesamtbevölkerung ausmacht und zudem eine hohe Diversität an Lebenslagen aufweist – noch nie waren die Seniorinnen und Senioren in ihrer Alltags- und Lebensgestaltung derart heterogen, was sich auch an dem Aspekt der Internetnutzung manifestieren lässt – erscheint es als überaus interessant, zum einen die Sichtweisen der Senior*innen durch ihnen nahestehende Personen zu ergänzen respektive zu komplettieren und zum anderen zu den gleichen Aspekten die Einstellungen einer Generation zu erheben, deren Alltagsgestaltung, sowohl privat sowie beruflich, durch die Internetnutzung eingenommen ist. Dabei wird es konstruktiv sein zu sehen, welche Einstellungen sich gleichen und welche eher voneinander abweichen.

Die Auswertung der Untersuchungsgruppe der Kinder stellt sich auf die gleiche Weise dar, wie die der Seniorinnen und Senioren. Das Ergebnis der Interviewauswertung ist auch hier ein Kategorien- respektive Codesystem. Während die Seniorinnen und Senioren hauptsächlich nach ihren eigenen Einstellungen zum Internet, der Digitalisierung und damit verwobenen Aspekten befragt wurden, beinhaltet die Kinderbefragung Einschätzungen, die die Gruppe der Seniorinnen und Senioren betreffen, und solche, die sie selbst und das individuelle Handlungsrepertoire beziehungsweise Nutzungsverhalten und die Einschätzung der fortschreitenden Digitalisierung umfassen.

Wenngleich die beiden Leitfäden für die Befragung sehr ähnlich im Hinblick auf die Themenfelder gestaltet sind, wurde ebenso die Datenlage der Kinder offen codiert – mittels des induktiven Vorgehens wurde anhand der Auswertungstechniken Zusammenfassung, und bei gebotener Auswertungssituation auch unter Hinzunahme der Kontextanalyse, das Kategoriensystem generiert. Es zeigt sich, dass beide Kategoriensysteme vergleichbare Aspekte in sich tragen, die zum einen durch den Leitfaden vorgegeben, zum anderen aber durch die Befragten besonders betont wurden, weshalb für die extrahierten Themenschwerpunkte von einer besonderen Relevanz für die Befragten auszugehen ist. Um die Kategoriensysteme beider Untersuchungsgruppen deutlich voneinander abzugrenzen, werden die Codes der Kinderbefragung mit Buchstaben für eine schnelle Identifikation benannt – bei den Senior*innen sind es Zahlen, um die einzelnen Kategorien besser unterscheiden zu können. Die tabellarische Aufbereitung (vgl. Tab. 8) zeigt das Kategoriensystem der Kinder – zu erkennen ist, dass auch hier Codes und Obercodes vorzufinden sind. Damit sind die unter den Obercodes subsummierten Kategorien (Codes) als eigenständig interpretierbar zu betrachten, gesellen sich jedoch mit weiteren Codes zu einem Oberthema – woraus sich die Systematik für den Obercode ergibt.

Tab. 8: Übersicht Kategoriensystem Untersuchungsgruppe Kinder

Obercode	Code
A* Senioren und das Internet A	A1 Relevanz Internetnutzung für den Alltag der Senior*innen A1
A Senioren und das Internet A	A2 Positive Attribute der Internetnutzung für Senioren A2
A Senioren und das Internet A	A3 Herausforderungen für Senioren
B Lösungswege bei Frage- und Problemstellungen	B1 Eigene Strategie zur Problemlösung
B Lösungswege bei Frage- und Problemstellungen	B2 Strategien der Eltern zur Problemlösung
C Herausforderungen Internet/Internetnutzung/ Neue Aufgaben	C1 Schwierigkeiten
C Herausforderungen Internet/Internetnutzung/ Neue Aufgaben	C2 Herausforderungen/Aufgaben in der Kindererziehung

Obercode	Code
D Digitalisierung	D Digitalisierung: negativ
D Digitalisierung	D Digitalisierung: positiv
	E Analoge Strategien
	F Wissen/Wahrnehmung/Bild über die Welt
	G Rolle des Internets im Alltag
H Funktionen des Internets im Alltag	H1 Informationsbeschaffung/Informationen
H Funktionen des Internets im Alltag	H2 Kommunikation mit der Familie J2
H Funktionen des Internets im Alltag	H3 Kommunikation
H Funktionen des Internets im Alltag	H4 Nachrichtenmedium
H Funktionen des Internets im Alltag	H5 Funktionen des Internets: Planen, buchen, Banking
H Funktionen des Internets im Alltag	H6 Organisieren, Ordnen
Berufliche Tätigkeit	Beruf

Quelle: eigene Darstellung.

*Die Zuteilung der Buchstaben zu den (Ober)Codes und den (Sub)Codes dient der leichteren Identifikation der Kategorien.

Auch in diesem Auswertungskapitel wird es so sein, dass jedes hier nachfolgend explizierte Unterkapitel einen Code darstellt. Mithin werden in die Auswertungen der Ergebnisse der Kinderbefragung in geeignetem Rahmen ebenso Erkenntnisse eingeflochten, die sich im Vergleich zwischen den beiden Untersuchungsgruppen der Kinder und der Seniorinnen und Senioren ergeben.

13.1 Bewertung aus Sicht der Kinder: Senior*innen und das Internet

Die erste zu betrachtende Kategorie stellt der Obercode A mit drei Subcodes dar. In dieser Kategorie sind die Sichtweisen der Kinder auf die Seniorinnen und Senioren im Kontext der Internetnutzung oder der Nicht-Nutzung eingefangen. Subsummiert werden Ergebnisse, die der nachfolgend dargestellten Kategoriendefinition entsprechen:

Internet/Internetnutzung der Senior*innen eingeschätzt und bewertet durch die Kinder:
- *Welche Relevanz besitzt das Internet/die Internetnutzung für den Alltag der Senior*innen?*

- *Welche positiven Attribute sind feststellbar?*
- *Welche Herausforderungen (negative Begleiterscheinungen/Attribute) sind wahrnehmbar/identifizierbar?*

Ausgehend davon explizieren sich die folgenden Subcodes:

A1:Relevanz des Internets/der Internetnutzung für den Alltag der Senior*innen,
A2:Positive Attribute der Internetnutzung für Senior*innen,
A3:Herausforderungen für Senior*innen im Zuge der Internetnutzung.

Diese drei Subcodes weisen jeweils eigene Codedefinitionen aus und bilden den Gehalt der Kategorie A. In den sich anschließenden Abschnitten werden die Ergebnisse der Subcodes und die dazugehörigen Definitionen dezidiert dargestellt.

13.1.1 Relevanz des Internets/der Internetnutzung für den Alltag der Senior*innen

Diese Unterkategorie umfasst die Einstellungen der Kinder zu der Relevanz, die das Internet und dessen Nutzung für die Eltern (jeweils auch Mutter oder Vater) sowie für andere Senior*innen entfaltet. Für die Identifikation betreffender Textpassagen wurden im Verlauf der Analyse nachfolgende Definitionen gefunden:

Bewertung der Relevanz des Internets/der Internetnutzung für den Alltag der Senior*innen durch die Kinder (Fremdwahrnehmung):
- *Nutzen die Eltern das Internet? (Falls nein, warum nicht? Falls ja: wie?)*
- *Wie wird der Umgang mit dem Internet bewertet? Sind die Eltern eher selbstbewusst im Umgang oder zögerlich?*
- *Wie intensiv wird das Internet genutzt?*
- *Für welche Aspekte wird das Internet genutzt?*
- *Welche Rolle spielt es im Alltag der Senior*innen?*
- *Wie wichtig ist die Internetnutzung für Senior*innen?*

Interessant ist zu sehen, dass sich die Bewertung der Relevanz der Internetnutzung durch die Kinder dichotom gestaltet. Somit gibt es Kinder, die ermessen, dass das Internet und dessen Nutzung für die Eltern *keine* Relevanz entfaltet, während andere davon sprechen, dass das Internet sehr wohl eine Relevanz besitzt. Wenn die Kinder nach der Bewertung der Relevanz der Internetnutzung für die Mutter oder den Vater (oder beide) gefragt werden, muss für die Auswertung dieser Einschätzung stets mitgedacht werden, dass die Relevanz, die von Seiten der Kinder dem Internet zugeschrieben ist, eine ganz individuelle ist. Das bedeutet, dass die Ausdeutung dessen, wofür das Internet durch die Senior*innen genutzt werden könnte oder sollte auch durch das genährt wird, was die Kinder als Nutzung für sich selbst antizipieren. Damit schwingen immerzu die Funktionszuschreibungen durch die Kinder bei der Bewertung für die Eltern mit.

Die Einschätzung, dass das Internet und dessen Nutzung keine Relevanz für die Eltern entfaltet, liegt vor allem darin verborgen, dass mit dem Internet in diesem Kontext kein Nutzen, kein Mehrwert verbunden werden kann und davon ausgegangen wird, dass die Alltagsgestaltung ohne die Nutzung des Internets in guter Weise funktioniert und die Nutzung des Internets keine zusätzlichen Chancen, Optionen oder Möglichkeiten für die Seniorinnen eröffnet. Somit findet von Seiten der Kinder eine Evaluation der Lebensumstände der Senior*innen statt, welche eine Prüfung bezüglich vermeintlicher Mängel oder Defizite enthält. Aufgrund dessen kommen einige Befragte zu dem Ergebnis, dass die Internetnutzung keine Relevanz für die Senior*innen besitzt, weil das soziale Netzwerk der Senior*innen gut ausgebildet ist und soziale Einbindung auf annehmbare, als zufriedenstellende Weise wahrgenommen wird. Das Internet wird in dem Zusammenhang mit der Realisation von Kommunikation, Kontaktpflege und Interaktion assoziiert. Überdies wird eine Präferenz direkter, persönlicher Interaktion auf Seiten der Eltern postuliert. Des Weiteren zeigt sich, dass als weiterer Aspekt, welcher dem Internet die Relevanz für die Alltagsgestaltung der Senior*innen abspricht, die Interessenlage, die Freizeitgestaltung und die zeitliche Auslastung der Eltern angesehen wird. Die beiden Söhne SFJ und SAH der Offliner*innen UJ und FH geben an, dass die Mütter vielbeschäftigt seien, mannigfaltigen Freizeitaktivitäten nachgehen würden und damit gut ausgelastet seien. Ein weiteres Argument, welches aufzeigt, dass die Internetnutzung für die individuelle Lebensführung der Senior*innen keine Relevanz entfalte, schließt sich an die oben angeführten an: die Auseinandersetzung mit dem Internet erfordere einen großen Zeitaufwand, der für die Lebensgestaltung nicht praktikabel sei – vor allem deshalb, weil eben die Priorisierung allen anderen Aktivitäten den Vorzug gewähre. Ebenso haben sich auch die Seniorinnen UJ und FH in den Interviews geäußert, als es darum ging, die Gründe für die Nicht-Nutzung des Internets zu ermitteln. Sowohl die befragten Kinder als auch die befragten Seniorinnen charakterisieren die Alltagsgestaltungen der Seniorinnen in gleicher Weise und explizieren die gleichen Aspekte, die die Nicht-Nutzung des Internets erklären. Die Eltern sowie die Offlinerinnen haben die gleiche Auffassung von dem, was das Internet zu der Lebensgestaltung der Seniorinnen beitragen könnte und messen diesen Attributen keine Relevanz respektive keinen Zugewinn an neuen Optionen bei. In gleicher Weise stellen sich die Bewertungen beider Seiten in dem Punkt dar, welche positiven Chancen das Internet als vermittelnde Instanz von Erlebnissen und Erfahrungen ermöglichen könnte: auch hier sind sich die Kinder und die Offlinerinnen einig, dass das direkte Erleben dem Vermittelten vorzuziehen sei – und dies in jeglicher Hinsicht. Die Offlinerinnen legen viel Wert auf das direkte Erfahren, Erspüren und Erleben. Diese Wahrnehmung scheinen die befragten Kinder in Bezug auf die Elternteile zu teilen. Sowohl auf Seiten der Kinder als auch auf der Seite der Senior*innen findet ein Abwägen statt, welchen Nutzen das Internet gegenüber dem empfundenen Aufwand einbringt, dessen es bedarf, wenn die Offliner*innen mit dem Internet lernen müssten umzugehen. Der Aufwand wird dem Nutzen nicht gerecht, weshalb das Internet als nicht relevant erachtet wird. Mit diesem diskutierten Aufwand des Aneignens einher geht die Wahrnehmung, dass es an Möglichkeiten fehlt, Hilfestellungen zu generieren. Einige Senior*innen bemängeln, dass es keine passenden Schulungs- oder Weiterbildungsangebote gibt, die den Zugang zu dem neuen Medium erleichtern bzw. ebnen würden.

SFJ: „Ich denke, jeder hat andere Möglichkeiten, wenn er das Internet nutzt. Aber ich glaube, es fehlt ihr nicht im Leben. Sie hat extrem viele soziale Kontakte und hat ein Offline-Facebook sozusagen mit diversen Freunden, so dass sie da gar nicht drauf angewiesen ist."

SAH: „Gerade mein Vater hat sehr viele Hobbies und ist sehr interessiert. Er steht mit beiden Beinen in der Welt, ist auch politisch sehr versiert. Hat viele Hobbies, geht segeln, hat früher einen Yachtschein gemacht, interessiert sich für Landwirtschaft. Also, er hat so viele Sachen, dass das Internet nicht so wichtig ist. Er hat viele Interessen und dann keine Zeit, im Internet zu surfen."

Zu den vorgenannten Wahrnehmungen lassen sich gegenteilige finden, wenn es darum geht, die Relevanz des Internets für die Senior*innen zu betonen. Relevanz entfaltet das Internet gerade vor dem Hintergrund der Kommunikation und Interaktion mit anderen Personen, besonders aber innerhalb der Familie. So geben die Kinder an, dass gerade die innerfamiliäre Kommunikation und Interaktion vereinfacht werden kann, wenn die Senior*innen das Internet nutzen. Diesem Aspekt ist überdies immanent, dass es den Kindern und Enkelkindern leichter fällt, den Kontakt zu den Eltern(teilen) zu halten und diese einzubinden. Den Senior*innen wird durch die Internetnutzung eine andere Art der Partizipation eröffnet. Neben der Funktion der Kommunikation sehen die Kinder als entscheidenden Vorteil die breite Möglichkeit des Informationszugangs. Gerade als Grundlage für die Teilhabe an gesellschaftlichen Prozessen erscheint den Kindern die Internetnutzung als unumgänglich und notwendig. Nur durch die Nutzung des Internets kann es den Senior*innen möglich sein, an dieser sich stetig verändernden Gesellschaft teilzuhaben – ohne die Internetnutzung, so die Einschätzung der Kinder – seien die Senior*innen benachteiligt.

Neben diesem Aspekt der Notwendigkeit, diesem Teilhaben-Müssen, entfaltet das Internet für die Senior*innen ganz neue Möglichkeiten: so kann das Internet Tor zur (Um)Welt sein, wodurch man bei nachlassender Mobilität und kleiner werdendem Aktivitätenradius informiert und beteiligt bleiben, aber auch Neues erfahren, Neues entdecken kann. Gerade dies sei wichtig, um sich als Seniorin/als Senior vor der Isolation zu schützen. Die Kinder nehmen bezüglich des Internets positive Attribute für die Lebensgestaltung der Eltern wahr, wenn diese weniger aktiv sein können.

> SJSL: „Das fängt schon damit an, ich denke da auch schon an meine Mutter, wenn es ums Einkaufen geht, ich denke ich habe ihr das schon ganz gut beigebracht, dass man eben viele Sachen sehr einfach online kaufen kann. Also dahingehend ist das einfacher. Aber auch in Sachen Informationen. So Reiseangelegenheiten. Also die Suche, was kostet eine Bahnfahrt von A nach B und wann fährt der Zug. Das ist sehr schnell mit dem Internet herauszufinden. Derjenige, der das Internet nicht nutzt, muss erst zum Schalter, dort Informationen suchen. Zugverbindungen buchen, Flüge buchen, das ist auch was, was ich online mache. Man hat ja für diese Gänge gar nicht immer die Zeit."

> TAS: „Sie sitzt alleine in der Wohnung, der Mann ist schon tot und ich glaube, sie ist oft einsam. Und sie könnte dann andere Dinge machen mit Verwandten, die das alle haben. Es ist ja ein Fenster zu Außenwelt, sie könnte Anschluss bekommen."

> TAS: „...zwei von denen arbeiten eben gar nicht mit sowas und das finde ich eben schon ziemlich schade, weil das eben auch eine Form von Isolation ist, die damit einhergeht. Ich würde denen ja vielleicht auch mal eine Mail schicken. Das kann ich nicht, weil ich eben nicht mailen und sie wollen auch nicht. Wenn meine Mutter sich dem auch so versperren würde, wäre einfach manche Möglichkeiten einfach nicht gegeben und ich fände es schade, weil dann hätten wir eben nur telefonieren oder besuchen und so haben wir mehr Möglichkeiten. Und über diese Möglichkeiten kann man eben auch Kontakt halten. Viele Ältere finden das vielleicht auch skurril, aber entdecken dann vielleicht auch viel Neues und freuen sich, wenn sie ihre Enkelkinder beispielsweise über das Telefon sehen können."

So wird dem Internet in vielerlei Hinsicht eine kompensatorische Funktion beigemessen, die durch den Alterungsprozess bestimmte Einschränkungen abmildern kann, und Optionen anbietet, wenn sich bisher gelebte Routinen nicht mehr realisieren lassen. Das Internet und die Digitalisierung sind für die Kinder eng mit positiven Attributen für die pflegerische Betreuung der Senior*innen verbunden. So können Interessen und Bedürfnisse aufgrund internetbasierter Lösungen befriedigt werden. Die Aspekte, auf dessen Grundlage dem Internet eine Relevanz für die Lebensgestaltung der Senior*innen beigemessen wird, sind vielschichtig und vielfältig. Vor allem aber sehen die Kinder in der Nutzung einen Zugewinn an Möglichkeiten für die Eltern, aber auch eine Notwendigkeit, um nicht in die gesellschaftliche Isolation zu gelangen.

13.1.2 Positive Attribute der Internetnutzung für Senior*innen

Neben der Relevanz der Internetnutzung für die Seniorinnen und Senioren wurden durch die Kinder mit dem Internet positiv assoziierte Attribute identifiziert. Die Subkategorie A2 umfasst Einstellungen, Meinungen und Einschätzungen der Kinder in Bezug auf nachfolgende Aspekte:

Einschätzung durch die Kinder:
- *Welche positiven Attribute hat das Internet für die Eltern?*
- *Was wird durch die Internetnutzung erleichtert oder möglich?*
- *Wie wird die Internetnutzung durch Senior*innen im Allgemeinen, unabhängig der Eltern, bewertet?*

Nach Einschätzung der Kinder lassen sich mannigfaltige positiv konnotierte Assoziationen mit der Internetnutzung verbinden. Dabei kann insgesamt ein Zuwachs an Chancen – in ganz unterschiedlichen Formen und verschiedenen Kontexten – festgestellt werden. Allen voran stehen die Möglichkeiten der Partizipation an gesellschaftlichen Prozessen, aber auch, und dies wiegt nach Ansicht der Kinder noch schwer, die Teilhabe an innerfamiliären Kommunikationsprozessen, sowie der Austausch und die Interaktion mit dem außerfamiliären Netzwerk im Vordergrund.

> *SSW: „Meine Mutter nutzt nun WhatsApp und das auch sehr gerne. Das hatte sie bei meiner Frau mitbekommen und ist dann mit eingestiegen und dann eben auch eingebunden. Ja, mein Vater macht dann auch Bilder von unterwegs, wenn er mit dem Hund spazieren gegangen ist, die gibt er dann meiner Mutter und sie versendet das dann an uns."*

Vorteile ergeben sich neben den vielfältigen Kommunikationsmöglichkeiten ebenso für den Zugang zu Informationen und Wissen. Die Tatsache, dass das Informiertsein und -bleiben, der Zugang zu neuen, weiterführenden Informationen als dringliches Anliegen der Kinder in Bezug auf die Senior*innen formuliert wird, macht zweierlei deutlich: zum einen die Tatsache, dass das Internet den Primat im Kontext der Informationsrecherche bildet und zudem *die* Informationsquelle darstellt, zum anderen, dass von den Kindern das aktive Rezipieren von Informationen, das Nutzen der bereitgestellten und einfach beziehbaren Informationen als Handlungspraxis anerkannt wird. Dieser Umstand vergegenwärtigt die Fokussierung auf die Ware Information und das Gut Wissen. Auch die Senior*innen werden mit der Forderung des steten aktiven Sich-Informierens adressiert. Dahinter steht die Annahme, dass die Informationen, die quasi auf analogem Wege rezipiert werden können, nicht ausreichen, um an gesellschaftlichen Teilsystemen zu partizipieren. Das Internet wird als die Notwendigkeit angesehen, um mit der Umwelt und der Mitwelt zu kommunizieren. Die Relevanz, die Kommunikation mit der Mitwelt aufrecht zu erhalten, welche sich in dem Informiert-sein-Müssen, dem Zwang des Informiert-Seins, vergegenwärtigt, bezieht sich nicht nur auf die Gruppe der Kinder – diese Notwendigkeit der aktiven Teilnahme, des sich aktiv um Informationen Bemühens wird ebenfalls auf die Senior*innen verlagert. Es scheint so, als dürfe man die Optionen, die einem das Internet bietet, nicht verstreichen lassen, als müsse man sich immer neue Wissensvorräte aneignen. So geben die Kinder an, dass dem Internet immanente nicht nur in dem positiven Aspekt des Informationszugangs liege, sondern eben auch darin, sich neues Wissen aneignen zu können. Das Internet wird damit als Möglichkeit der Kompetenzerweiterung angesehen, welche wiederum kompensatorischen Gehalt hat und zwar in der Form, dass das Aneignen von neuem Wissen einen positiven Beitrag zu der Konservierung der geistigen Fitness leiste.

> TASL: „Es hält geistig natürlich fit. Also, wenn ich mir vorstelle, es gibt nur den Fernseher, die Bildzeitung und das Kreuzworträtsel, also ganz klischeehaft gesprochen ... oder eben die Möglichkeit, Informationen zu beschaffen, die weitergehen, wenn man sich damit auseinandersetzen würde und man sich da selber Aufgaben stellt, das ist fürs Gehirn auf jeden Fall ein Gewinn."

Das Internet ist damit Instrument im Kontext des lebenslangen Lernens. Zudem wird es von den Kindern als ein Instrumentarium für die Eroberung von Neuem angesehen, was wiederum neue Möglichkeiten schafft und Partizipation ermöglichen kann. Darüber hinaus wird die Internetnutzung als Chance der Entlastung für die Senior*innen angesehen: der Konsum von Verbrauchsgütern, das Buchen von Reisen, das Organisieren von Bankgeschäften.

> SJSL: „Für die Onliner sind halt einige Sachen einfach leichter zu erledigen.

Doch die Überlegungen der Kinder gehen noch weiter, so wird der Einsatz von digitaler Technik im Haushalt zur Unterstützung als positiv bewertet.

Resümierend lässt sich im Hinblick auf die positiven Attribute das Eröffnen (gänzlich) neuer und zusätzlicher Optionen für die Alltagsgestaltung eruieren. Dabei sind vor allem die Aspekte der Kommunikation und der Informations- und Wissensgenese für die Kinder sehr bedeutsam.

13.1.3 Herausforderungen für Senior*innen im Zuge der Internetnutzung

Im Zuge der Bewertung, wie sich das Internet für die Senior*innen und deren Alltag aus Sicht der Kinder darstellt, werden auch für die Seniorinnen und Senioren als herausfordernd wahrgenommene Elemente und Aspekte des Internets benannt. Die Kategorie A3 expliziert sich anhand der folgenden Zuweisungskriterien:

> Aus der Perspektive der Kinder:
> - Welche Herausforderungen hält das Internet/die Internetnutzung für die Senior*innen bereit?
> - Welche negativen Aspekte lassen sich aufdecken?
> - Welche Hürden ergeben sich bei der/im Zuge der Internetnutzung?
> - Warum schrecken Senior*innen vor der Nutzung zurück?

Von den Kindern wird insbesondere die als sehr voraussetzungsvoll wahrgenommene Nutzung der internetfähigen und nutzungsermöglichenden Technik benannt. Der Computer, die sich in schneller Abfolge verändernden Nutzungsbedingungen und die Gestaltung der Computerprogramme werden als bedeutende Hemmnisse neben der eigentlichen Internetnutzung identifiziert. Deutlich wird die Notwendigkeit der Differenzierung zwischen etwaigen Gründen, die gegen eine Internetnutzung sprechen und sich zum einen auf die (Computer-)Technik und die technischen Voraussetzungen für die Nutzung beziehen, und zum anderen auf die Internetnutzung an sich als Kern der Nutzungsablehnung. Dabei sehen die Kinder hauptsächlich den Zugang zu der neuen Technologie und dem neuen Medium von kinderlosen Seniorinnen und Senioren erschwert, wenn diese nicht bereits im Zuge der Erwerbstätigkeit ein Nutzungsverhalten etabliert haben. Demnach zeichnet sich der übergenerationale Austausch als besonders fruchtbar für die Annäherung an Neues aus. Gleichsam bieten innerfamiliäre Schutzräume eine Art Testfeld, in dem sich die Seniorinnen und Senioren aufgrund möglicher Hilfeangebote durch (nahestehende) Familienmitglieder in dem unbekannten Terrain vorwagen und ausprobieren können.

> TAL: *„Das Optimum ist, dass die Älteren dann von den Jüngeren lernen."*

> TAS: *„Also die Frustrationstoleranz ist da nicht so hoch und auch irgendwie das Empfinden, dass man sich erarbeitet, weil man hinterher einen Nutzen davon hat, ist nicht so da. Vielleicht ist es wirklich schwierig, wenn man keinen hat, der einem das zeigt. Also, mit einer Gebrauchsanweisung hätte ich das nicht lernen wollen. Entweder ist man so mutig und klickt einfach mal los und vertraut darauf, dass es nicht einfach explodieren wird, oder man hat jemanden, der einem das zeigt, aber*

ich glaube, mit einem Handbuch hätte ich auch keinen Spaß und dann lässt man es vielleicht auch lieber. Das Umfeld ist da sehr prägend."

Insgesamt fallen die Assoziationen, die die Kinder bezüglich der Computertechnik – allem voran in Bezug auf die Anwendung durch die Seniorinnen und Senioren – haben, eher negativ aus. Bemängelt wird vor allem, dass das Wissen um das Internet und die Computertechnik schnell veraltet, weil die technischen Veränderungen mit hohem Innovationstempo voranschreiten und beinahe schon von dannen jagen. Die Komplexität beider Systeme – Internet und Technik – erscheint den Kindern als zu hoch. Dieser Umstand spielt insbesondere vor dem Hintergrund nachlassender körperlicher und geistiger Leistungsfähigkeit eine Rolle, so die Einschätzung der Kinder. Mehr noch: das Alter setze der Technik- und Internetnutzung Grenzen. Es braucht eine ständige Auseinandersetzung mit der Materie, um mit dem schnellen Wandel der Technik mitzuhalten – da die Computernutzung für die Senior*innen jedoch höchst fordernd sei, würde ihnen das Schritt halten schwerfallen, was schlussendlich dazu führt, dass die Seniorinnen und Senioren das Internet als überaus komplex und zudem einschüchternd wahrgenommen.

TAL: „Der Aufbau und das Design der Internetseiten sind nicht seniorenfreundlich. Das Internet ist zu schnelllebig und in seiner Geschwindigkeit schwer zu erfassen. Gerade auch für ältere Leute – auch von der Schriftgröße her und von der Geschwindigkeit, die dahinter steckt.... Das ist schon ein riesiger Anspruch."

Doch nicht nur die technischen Voraussetzungen, auch die Internetnutzung selbst wird von den befragten Kindern als herausfordernd für die Seniorinnen und Senioren bewertet. So geben sie an, dass das Internet in seiner Nutzung mitnichten intuitiv oder selbsterklärend sei. Insbesondere die Gestaltung vieler Websites wäre wenig nutzer*innenfreundlich und würde es den Senior*innen erschweren, sich zu orientieren. Auf die besonderen Bedürfnisse älterer Nutzerinnen und Nutzer würden viele Website-Betreibende keine Rücksicht nehmen. Daran schließt sich eine weitergehend identifizierte Schwierigkeit an, die sich den Senior*innen nach Einschätzung der Kinder im Kontext der Internetnutzung bietet: die Suche nach Informationen ist mit der Notwendigkeit der Selektion verwoben. Damit werden negative Aspekte der zuvor als Mehrwert bezeichneten Verfügbarkeit verschiedenster Informationen gewahr. Die Internetrecherche erscheint damit gleichsam als Fluch und als Segen.

Ein ähnliches Bild zeichnet sich aus Perspektive der Kinder hinsichtlich der als vorteilig beschriebenen Kommunikationsmöglichkeiten, welche sich durch das Internet ergeben. Nach Auffassung der Befragten dürfe die internetbasierte Kommunikation mit den ihr immanenten vielfältigen Partizipationsmöglichkeiten nicht der Anlass dafür sein anzunehmen, dass diese Art der technisch vermittelten Kommunikation die direkte, persönliche Face-to-Face-Interaktion ersetzen könne.

TASL: „Ich glaube schon, dass zwischenmenschlicher Kontakt dadurch schon ein bisschen aufgefangen werden kann, aber der persönliche Kontakt ist das wichtigste."

Dies erscheint wie ein Appell, welcher ebenso die Kinder selbst daran erinnern soll, sich nicht zu sehr auf die Möglichkeiten, die das Internet bietet, zurückzuziehen und damit andere, zwischenmenschlich relevante Aspekte ins Abseits geraten zu lassen.

13.1.4 Vergleich: Einstellungen der Senior*innen und deren Kinder in Bezug auf die Relevanz des Internets für den Alltag der Senior*innen

Betrachtet man die Einschätzungen seitens der Kinder in der Analysekategorie A1, welche sich mit der Relevanz des Internets für den Alltag der Senior*innen befasst, zeigt sich, dass es zwei Positionen gibt: die eine empfindet die Internetnutzung für die Alltagsgestaltung als wenig bis *gar nicht relevant*, während die andere Position sich dadurch auszeichnet, die Nutzung des Internets beinahe als Notwendigkeit für die Senior*innen – insbesondere eingedenk gesellschaftlicher Partizipationsmöglichkeiten – anzusehen. Vergleicht man diese durch die Kinder kommunizierten Sichtweisen mit den Einstellungen der offline und der online lebenden Senior*innen, fällt auf, dass sich beide Untersuchungsgruppen der gleichen Argumente pro und kontra einer Internetnutzung bedienen. Die Onliner*innen unter den Senior*innen erwägen die gleichen Argumente für eine Internetnutzung und dessen Relevanz für den Alltag von Senior*innen wie die Kinder, die in der Internetnutzung einen bedeutungsträchtigen Faktor für die Senior*innen sehen. Das gleiche Ergebnis zeigt sich in Analogie zu diesen Ausführungen für die offline agierenden Seniorinnen und Senioren und die Kinder, für die die Internetnutzung keine Relevanz für die Lebensgestaltung der Älteren expliziert. Ebenso im Hinblick auf die positiven Attribute und die mit der Internetnutzung einhergehenden Herausforderungen sind die Wahrnehmungen der Kinder denen der Seniorinnen und Senioren sehr ähnlich.

Dies bedeutet, dass zuvorderst die Onlinerinnen und Onliner in der Gruppe der Senior*innen und die Kinder zu gleichen Einschätzungen bezüglich der Relevanz des Internets für die individuelle Lebensgestaltung, aber auch für die Partizipation an gesellschaftlich formierten Prozessen kommen. Für beide Gruppen stellt sich das Internet und dessen Nutzung für das Leben der Senior*innen als relevante Komponente dar, welche hauptsächlich mit neuen

Mehrwerten aufwartet. Aus der Internetnutzung ergeben sich vor allem vielfältige neue Möglichkeiten. Im Zuge der Digitalisierung verlagert sich Vieles ins Internet, analoge Repräsentanzen gehen verloren: dabei kann es sich um Serviceangebote und -leistungen handeln, die Bankgeschäfte, Strom- und Telefonanbieter, aber auch organisationale Strukturen der Verwaltung betreffen, ebenso wie Veranstaltungsangebote und Vereins- und Ehrenamt-Organisationen umfassen. Das bedeutet, dass durch die Internetnutzung nicht nur neue Möglichkeiten generiert werden, sondern andere ohne die Internetnutzung verschwinden würden. Die Auseinandersetzung mit dem Internet bedeutet, die bestehenden Handlungsoptionen beizubehalten, also Partizipation zu ermöglichen. Darüber hinaus äußern sich sowohl die online agierenden Senior*innen als auch die Kinder, dass die Internetnutzung die Herausbildung neuer Möglichkeiten fördert. Über das Internet werden mehr Informationen zugänglich, werden andere Informationen entdeckt, erobern sich die Onliner*innen Neues. Insbesondere der Sondierungsfunktion kommt eine große Bedeutung zu: Senior*innen sind leichter und zudem barrierefreier in der Lage, an Vorabinformationen zu gelangen, welche für verschiedene Kontexte relevant werden (Reiseinformationen und -planungen, Konsumgüter – dabei besonders elektronische Geräte, Veranstaltungsinformationen etc.). Überdies können Onlinerinnen und Onliner in verschiedensten Angelegenheiten selbstbestimmter und selbstständiger agieren, weil sie auf die relevanten Informationen zugreifen können. Das Informiert-Sein und die Genese neuen Wissens erscheint eine neue Relevanz im Kontext der Internetnutzung zu erhalten. Dabei wird zwischen dem Wissen über das Internet, welches als gesellschaftlich höchst relevant angesehen wird, und dem Wissen durch das Internet unterschieden. Hier erscheint aus der Fülle der Möglichkeiten, welche sich durch das Internet ergibt, eine neue Notwendigkeit des Informiert-Seins zu erwachsen. So obliegt sowohl aus der Sicht der Kinder als auch aus der Perspektive der Senior*innen eine gesellschaftlich determinierte Forderung nach dem stetigen Konsumieren von Informationen, des/der stetig aktiven Informationssuchenden. Beide Untersuchungsgruppen postulieren die Notwendigkeit, des aktiven, selbst initiierten Partizipierens an Informationen und an Kommunikationsprozessen.

Daran schließt sich ein weiteres Feld an, welches durch die Internetnutzung für die Senior*innen einen Zugewinn an Möglichkeiten verzeichnet. Es handelt sich um die im Zusammenhang mit neuen Kommunikationskanälen stehenden Optionen der Partizipation. Mittels internetbasierter Angebote, wie das der E-Mail oder der Messenger Dienste, von denen WhatsApp den höchsten Zuspruch erfährt, eröffnet sich den Senior*innen eine neuartig ausgelegte Kommunikationsstrategie. So verschafft insbesondere die Echtzeitkommunikation, welche die Faktoren Ort und Zeit egalisiert, ein neues Kommunikationserlebnis für die Onliner*innen. Dabei kommt dem Austausch von Fotos eine besondere Bedeutung zu. Auch die Kinder geben an, dass die Nutzung internetbasierter

Kommunikationswege den gegenseitigen, innerfamiliären Austausch fördert, vereinfach und die Seniorinnen und Senioren viel stärker einbindet. So verschaffen diese Kommunikationsstrategien intensivere Interaktion mit den Enkelkindern. Etwaige regionale Distanzen lassen sich somit leichter überbrücken, die Teilhabe an Ereignissen ist für beide Seiten plastischer und facettenreicher. Die Zugewinne, die sich durch die Internetnutzung für die Seniorinnen und Senioren realisieren lassen, werden sowohl von ihnen selbst sowie von den Kindern in gleicher Weise benannt. Für die Offliner*innen zeigt sich, dass nicht nur sie selbst, sondern ebenso die Kinder keine besondere Notwendigkeit und keine erheblichen Zugewinne an Optionen für die Alltagsgestaltung und die Partizipationsmöglichkeiten ermitteln.

13.1.5 Lösungsstrategien bei Fragen zu Computertechnik und Internetnutzung

Die zweite Analysekategorie (B) der Interviewauswertung der Untersuchungsgruppe der Kinder umfasst Lösungswege, die sowohl die Kinder selbst nutzen (Subcode B1) als auch für die Senior*innen beschreiben (B2), um bei Fragestellungen zu Computertechnik und Internet Antworten zu erhalten. Definitorisch umrissen ist diese Kategorie B folgendermaßen:

> *Lösungsstrategien bei Problemen mit dem Internet oder der Computertechnik:*
> - *Zum einen: an wen wenden sich die Kinder? Wen fragen die Kinder?*
> - *Zum anderen: an wen wenden sich die Senior*innen (Eltern)? Sind die Kinder Ansprechpartner*innen für Fragestellungen (Internetnutzung/-inhalte; Computertechnik)?*

In Anlehnung an diese dichotome Aufteilung der Kategorie wird die Ergebnisauswertung sodann entlang der Subcodes expliziert, welche in den nachfolgenden Abschnitten dezidiert vollzogen werden wird.

13.1.6 Kinder: eigene Strategien zur Problemlösung

Der Subcode B1 umfasst diejenigen Strategien, derer sich die Kinder bedienen, um Lösungen für Fragen im Kontext der Computertechnik und/oder der Internetnutzung zu generieren. Dabei zeigt sich, dass die Strategien überaus heterogen sind.

Einige Befragte geben an, sich bei Fragen die Computertechnik betreffend an den eigenen Vater zu wenden. Überdies wird deutlich, dass Senior*innen hier nicht per se die Rolle der Fragenden einnehmen, sondern unterstützend und beratend agieren können. Dies wird vor allem daran deutlich, dass die befragten Kinder angeben, dass sich Eltern und Kinder gegenseitig unterstützen und mit Rat zur Seite stehen. Es findet also ein Austausch statt, bei dem jeder und jede die ihm eigenen Kompetenzen helfend einbringen kann. Das Kompetenzmonopol in Bezug auf dieses Themenfeld obliegt nicht per se den Älteren, die durch Erfahrungen den Jüngeren in dieser Expertise überlegen sind. Es stellt sich darüber hinaus ebenso wenig so dar, dass die Jüngeren aufgrund einer andersgelagerten Mediensozialisation und der Nutzung der Computertechnik im Berufsalltag den Älteren überlegen sind und ihnen ein Kompetenzvorsprung gegeben ist.

Eine intensiv genutzte Lösungsstrategie der Kinder ist die unabhängig von einem direkten Ansprechpartner/einer direkten Ansprechpartnerin organisierte Problembehebung mittels der Internetrecherche.

> *SFJ: „Über Google. Ich gebe meine Frage ein in die Suchmaschine und gucke, was passiert."*

So nutzen sie Suchmaschinen, besuchen gezielt themenspezifische Internetforen oder konsultieren Videotutorials (YouTube), um zu einer Lösung der betreffenden Problemstellung zu kommen. Dazu gehört auch das Prinzip des mutigen Ausprobierens und des sich selbstständig Aneignens von relevanten Programmbedienungen, Vorgehensweisen etc.

Neben den Strategien, sich innerhalb der Familie oder des Freundes- und Bekanntenkreises Hilfe zu holen und dem Lösungsweg, die Problemstellung durch internetvermittelte Anleitung selbstständig aufzulösen, lässt sich eine dritte Art der Problemlösung aus den Interviews extrahieren. Diese Strategie setzt auf externe Dienstleister als Problemlösung. Dieser Weg ist vor allem bei sehr umfassenden Problemen mit dem Computer die erste Wahl: hier werden IT-Firmen konsultiert, um sich der Probleme zu entledigen. Überdies geben die Befragten an, dass insbesondere im beruflichen Kontext die Schulungs- und Weiterbildungsangebote im Lichte neuer Programme und neuer Anwendungen deutlich ausbaufähig sind. Wenn ein bis dato unbekanntes Computerprogramm in die Arbeitsroutinen eingebunden werden soll, erleichtern anwendungsbezogene, durch Coaches angeleitete Übungen und Weiterbildungen die Nutzung und machen die weiter oben geschilderte Strategie des selbstinitiierten Ausprobierens weniger notwendig und führen schneller zu einer sicheren Bedienung.

> *SAH: „Ich würde gerne am liebsten immer auf eine Schulung zurückgreifen, weil ich im Tagesgeschäft zum Teil so oft unterbrochen werde, dass ich das gar nicht schaffe."*

Insgesamt zeigt sich für die Untersuchungsgruppe der Kinder, dass der Problemlösung mittels Internetrecherche eine große Bedeutung zukommt. So werden nicht nur Fragen zu Computer- und Kommunikationstechnologien durch die zielgerichtete Suche im Internet behoben, es werden auch andere Problemlagen hauptsächlich in der Auseinandersetzung mit (Lehr-)Videos über das Videoportal YouTube selbstständig aufgelöst.

> SJSL: „Tutorials... Also, was ich beispielsweise schon im Internet gemacht habe, da gibt es heutzutage ja Selbstanleitungen für beispielsweise Reparaturen. Das finde ich sehr praktisch."

Diese Videos bieten Anleitungen zu verschiedenen praktischen Handgriffen: so können der
User und die Userin nachvollziehen, wie sich der Reifen eines Autos wechseln lässt, der Gartenzaun zu streichen ist oder das neue Regal gebaut werden kann. Das Internet bietet Zugang zu alltagsbezogenen Themenfeldern und kleineren Aufgabenstellungen, die anderenfalls durch Expertinnen und Experten des jeweiligen (Fach-)Bereichs zu beheben respektive umzusetzen wären.

Einige Befragte geben an, grundsätzlich sehr souverän im Hinblick auf die Internetnutzung zu agieren und umfangreiche Expertisen in Sachen Computertechnik aufzuweisen, weshalb sie selbst als Adressat*in für Fragen zu diesem Themenfeld dienen und Lösungen präsentieren. Dass die Kinder sehr häufig Ansprechpartnerinnen und Ansprechpartner für die Eltern sind, wenn es um derlei Fragestellungen geht, zeigen die Ergebnisse des Subcodes B2.

13.1.7 Aus Perspektive der Kinder: Problemlösungsstrategien der Senior*innen

Die Strategien, die die Senior*innen für die Lösung sich stellender Probleme mit dem Computer, dem Smartphone oder anderen technischen Geräten nutzen, sind ähnlich derer, die die Kinder praktizieren, wenngleich sich die Variationen nicht ganz so ausgeprägt darstellen. Allem voran bewerten die Kinder sich selbst als relevanteste Anlaufstelle für derlei Fragestellungen. Darüber geben vor allem die Kinder von sehr versiert agierenden Seniorinnen und Senioren an, dass sich diese in großen Teilen durch selbstinitiierte Lösungssuche über das Internet behelfen würden. Neben der Suche im Internet fungieren andere Senior*innen aus dem Freundes- und Bekanntenkreis als hilfegebende Instanzen. Hier spielen Angebote von Senior*innen für Senior*innen eine große Rolle. Computervereine und Fragestunden in gemeinnützigen Einrichtungen bieten Hilfestellungen – insbesondere für diejenigen, die keine Kinder haben. Für die Senior*innen erweisen sich aus Sicht der Kinder direkte Ansprechpartner*innen als besonders hilfreich. Dabei greifen Onliner*innen, die noch nicht allzu sicher im Umgang mit den internetfähigen Geräten sind, eher auf Hilfe aus dem direkten familiären Umfeld zurück. Je sicherer die Senior*innen sich in diesem Feld auskennen, desto mehr weiten sie den Radius der Hilfesuche aus.

> SSW: „Nein, nein, eher im Gegenteil. Sie haben mir dann immer erzählt, wenn sie sich einen neuen Rechner besorgt haben. Sie haben dann berichtet, was sie alles installiert haben. Wenn sie Probleme hatten, dann haben sie im Freundeskreis sich ausgetauscht. Am Anfang, doch, da haben wir vielleicht mal telefoniert. Aber das war eher minimal."

Die befragten Kinder geben an, dass sie die Problemlösungsstrategien der Senior*innen als selbstständig empfinden und sie nicht in allen Belangen auf direkte Unterstützung angewiesen wären, da sie sich die Lösung durch die Nutzung des Internets selbstinitiiert beschaffen.

Hinsichtlich der Lösungsstrategien und der damit oftmals eng verwobenen Ansprechpartnerinnen und -ansprechpartner lässt sich aus den Auswertungen beider Untersuchungsgruppen extrahieren, dass die Kinder für die Seniorinnen und Senioren eine relevante Instanz bei der Ermittlung von Lösungen darstellen.

> TAS: „Ich bin auch noch heute Hilfestellung in PC-Fragen."

Darüber hinaus zeigt sich, dass die Onliner*innen sehr selbstbestimmt und unabhängig mit sich bietenden Problemstellungen umgehen. Zudem kann mitnichten resümiert werden, dass die Älteren in diesen Belangen von den Jüngeren lernen oder die Jüngeren hier *per se* Kompetenzvorsprünge zu verzeichnen hätten. Vielmehr ist es so, dass beide Seiten, Senior*innen und Kinder, sich gegenseitig Hilfestellungen bieten können.

> TAS: „Sie schickt mir manchmal, sie ist in so einen SeniorenNet, also in einem Computerverein von Senioren über Senioren, irgendwelche Links zu Viren, die gerade unterwegs sind und warnt mich dann. Oder sagt, ich solle mir Windows zehn nicht holen, weil… Sie gibt da schon Empfehlungen und versucht mich durchaus zu coachen, wenn sie irgendwelche Neuigkeiten gehört hat, dann verbreitet sie die auch."

13.1.8 Neue Aufgaben(gebiete) und Herausforderungen im Kontext des Internets

Im Zuge der Auswertungskategorie C wird für die befragten Kinder erfasst, welche neuen Aufgaben und Herausforderungen sich im Zuge der alltagsdurchdringenden Wirkung des Internets ergeben. Dabei rekurrieren die Befragten auf ihr eigenes Erleben und beziehen ihre Ausführungen auf die individuelle Situation – die Einschätzungen im Hinblick auf die Seniorinnen und Senioren werden im Rahmen dieser Kategorie nicht expliziert. Die Kategorie C konstituiert sich auf Grundlage der nachfolgend dargestellten Referenzpunkte:

- *Herausforderungen im Zuge der Digitalisierung.*
- *Als neu erlebte und beschriebene Praktiken im Alltag. Bewertung der allgemeinen, der gegenwärtigen gesellschaftlichen Situation.*

Die analytische Auseinandersetzung ergab, dass sich zwei Subcodes extrahieren lassen, die zum einen Schwierigkeiten und Herausforderungen allgemeinerer Natur umfassen (C1) und zum anderen die Herausforderungen und Aufgaben beleuchten, die sich explizit für die Befragten im Kontext der Kindererziehung ergeben (C2).

13.1.9 Internetnutzung: allgemeinere Schwierigkeiten und Herausforderungen

Der Subcode C1 umfasst von den befragten Kindern kommunizierte Herausforderungen und Aufgabenstellungen, die sich nach deren Auffassung explizit aus der intensivierten Internetnutzung ergeben. Umreißen lässt sich die Kernintention dieser Kategorie anhand der nachfolgenden Aspekte:

- *Welche Schwierigkeiten sind mit der Internetnutzung verbunden?*
- *Welche Herausforderungen ergeben sich?*
- *Was wirkt störend oder befremdlich?*

Es zeigt sich, dass die befragten Personen als größte Herausforderung der umfassenden Internetpräsenz und der fortschreitenden Digitalisierung die stete Anpassung an steigende Komplexität ansehen. Die Komplexität bezieht sich dabei auf das Wissen, welches es rund um das Internet und in Bezug auf dieses Medium oder diese Infrastruktur zu generieren und zu antizipieren gilt. Darüber hinaus bezieht sich Komplexität auch auf die durch das Internet bereit gestellten Informationen. Wahrgenommen wird ein gesellschaftlicher Zwang, eine Repression, welche das Individuum dazu anhält, die durch das Internet potenziell verfügbaren Informationen anzunehmen, zu verarbeiten und Wissen zu generieren. Zum Ausdruck gebracht wird die Notwendigkeit, die der Internetnutzung immanent ist, um an gesellschaftlichen Prozessen teilhaben zu können. Das Internet erscheint als Leitmedium, welches die Grundlage gesellschaftlicher Partizipation ist und gleicht damit einem Strukturelement.

> TAL: *„Wenn meine Schüler im Berufsleben wenig mit dem Internet zu tun haben und sich dann auch privat weniger damit auseinandersetzen, sieht das langfristig nicht so gut für diese Personen aus. Da wird es wieder Unterschiede geben."*

Auffallend ist der rasche Verfall von Informationen, welcher einen Zwang zur Aktualität, aber auch der Aktualität provoziert. Das Internet aktualisiert sich fortlaufend neu, der/die Rezipierende muss sich, um die aktuellen Informationen verwerten zu können, dem hohen Tempo der Aktualisierung zu Gunsten der Aktualität unterwerfen. Zudem generieren die immer neuen Informationen und die gesellschaftlich intendierte Notwendigkeit des Informiert-Seins einen Zwang zur Aktualität.

> TAL: *„Was ich selber aus dem Internet heraus ziehe für mich, kann ja auch nur so gut sein, wie ich auch selber bin und damit umgehen kann. Und wenn ich davorsitze und die Hälfte davon schon nicht verstehe, dann ... Oder etwas glaube, von dem andere sagen, dass es Quatsch ist. Das ist ja eigentlich ganz klar, dass man da nicht herauskommt und dass diese Schere dann so bleibt – bei den meisten zumindest."*

Das Internet fungiert als Taktgeber, welcher den Menschen strukturiert und in seinem Alltag für das Individuum wahrnehmbar determiniert. Bedeutsam sind die Abstraktion und die Objektivierung des Internets durch die Befragten. Durch die Art der Beschreibung, die die Befragten der technischen/digitalen Infrastruktur Internet angedeihen lassen, scheint dasselbe als Menschen unabhängig. Dabei werden selten bis gar nicht einzelne Websites oder spezielle Seitenbetreiber*innen in den Erzählungen benannt – das Internet wird als Ganzes wahrgenommen. Die Teile scheinen nicht ein Ganzes zu kreieren, sondern die Systematiken, die Funktionsweisen und Charakteristika, die für einzelne Angebote im Internet gelten, scheinen von dem Einzelnen auf das Ganze auszustrahlen. Der Rekurs auf *das Internet* als Ganzes, um ein damit verbundenes Phänomen zu beschreiben, dient auch dazu, das Spezifikum dieses neuen Mediums deutlicher werden zu lassen. Es zeigt sich, dass für das Internet das vielgenutzte Sprichwort von der Medaille mit zwei Seiten sinnbildlich ist. Zum einem wird besonders der Aspekt der Verfügbarkeit scheinbar jedweder Information gelobt, zum anderen werden daraus resultierende Prozesse als negativ konnotiert wahrgenommen. Dass sich diese Empfindung der Repression durch die Systematiken, die dem Internet innewohnen, aus gesellschaftlichen, aus sozialen Prozessen entwickeln und aufrechterhalten, wird in dieser Form von den Befragten in den Interviews nicht reflektiert. Die Darstellungen gleicher eher der Art, dass das Internet bestimmte Möglichkeiten bietet, welche sich, einmal in Bewegung gesetzt, fortwährend beschleunigen. Diese Verselbstständigung wird durch menschliche Aktionen forciert. Diese als negativ wahrgenommene Beschleunigung, aber auch der Zwang, sich, einmal in das System hineinbegeben, an derselben beteiligen und den Zwang als Kompromiss für die positiven Attribute aushalten zu müssen, scheint für die Befragten eine systembedingte Notwendigkeit zu sein.

> SFJ: „[...] Zwang sich an das Internet-Wissen, so nenne ich es jetzt mal, anzupassen [...]."

Das Internet in seiner Systematik ist nach Auffassung der Befragten mit bestimmten Herausforderungen verwoben. So wird die Informationsrecherche als aufwendig beschrieben, es bedarf der aktiven Partizipation, des Sich-Bemühens, um an die betreffenden Informationen zu gelangen, weil im Zuge dessen erhebliche Selektionsaufwendungen zu bewerkstelligen sind. Dabei geben die Befragten zu bedenken, dass die Internetrecherche für die Nutzenden unterschiedlich komplex ausfallen könne – wie die Befragten bekunden, könnte die Art, wie jemand mit der Sondierung von Informationen zurechtkommt und wie souverän der Umgang mit dem Internet vonstattengeht, abhängig von der Bildung der Nutzerinnen und Nutzer sein. In diesem Kontext rekurrieren die Befragten neben dem Aspekt der formalen Bildung auch auf das Berufsfeld – demnach erscheint es relevant, welcher Art der Erwerbstätigkeit Personen nachgehen, wenn es um den mündigen und souveränen Umgang mit dem Internet geht. Personen mit niedrigem Bildungsniveau sind nach Einschätzung der Befragten eher benachteiligt.

> SJSL: „Für Personen mit niedrigerer Bildung ist es vielleicht auch schwieriger. Ich könnte mir vorstellen, dass weniger gut gebildete Leute eher anders mit dem Internet umgehen als beispielsweise... das soll nicht abwertend klingen, aber ich glaube, ich suche Sachen anders, als jemand, der zum Beispiel einen Hauptschulabschluss hat. Derjenige sucht vielleicht auch andere Sachen. Das ist ja auch so, dass da jeder andere Schwerpunkte hat. Sie haben halt andere Prioritäten. Ich kann mir vorstellen, dass jemand, der studiert hat, auch strukturierter an die Sache herangeht. Vielleicht setzt man sich auch Deadlines. Bei mir im Job ist es so, dass man Sachen fokussiert mit einer Deadline im Kopf abschließt."

Der Umstand, dass die Befragten auf diesen Aspekt der Bildung in Zusammenhang mit der Internetnutzung rekurrieren, unterstreicht die voraussetzungsvolle Nutzung des Internets. Dabei geben die Befragten an, dass es ebenfalls für Seniorinnen und Senioren herausfordernd ist, sich mit dem Internet auseinanderzusetzen. Neben der Internetnutzung wird ein weiterer Faktor benannt, den die Befragten im Kontext der zunehmenden Einbettung des Internets in den Alltag und in verschiedene (Organisations-)Prozesse als relevant erachten: es handelt sich dabei um die Präsenz technischer Geräte und technologischer Teilsysteme. Auch hier erscheinen den Befragten bestimmte Personengruppen benachteiligt: genannt werden ebenfalls Personen mit geringerer Bildung und Ältere. Die Wahrnehmung der Komplexitätssteigerung umfasst neben den internetbasierten Prozessen vor allem die Technisierung des Berufsalltags. So beschreiben die Befragten, dass es sich für sie beinahe so darstelle, als dass sich der Mensch an die Technik und die Technologien anpassen müsse. Der technologische Fortschritt führt dazu, dass die Menschen versuchen müssten, Schritt zu halten. Dies vergegenwärtigt sich für die Befragten unter anderem dadurch, dass sie selbst beinahe ausnahmslos das Smartphone mit sich führen würden, um insbesondere im Berufsalltag erreichbar sein zu können. Diesen Aspekt empfinden hauptsächlich die Befragten mit Leitungsaufgaben als belastend. In beruflichen Kontexten, in denen viele Koordinations-, Selektions- und Entscheidungsleistungen zu erbringen sind, obliegt dem Aspekt der technisch/ medial vermittelten Kommunikation eine immense Bedeutung. Digitale Prozesse verschaffen eine Vielzahl an Möglichkeiten, eben diese sich stellenden Aufgaben zu bewältigen. Jedoch wohnt dieser Perspektive eine ebenfalls aus Sicht der Befragten negative Komponente inne. Die pluralen Kommunikationswege fordern ein hohes Maß an Aktivität, Reaktivität, Aufmerksamkeit und Präsenz, was als überaus fordernd und erschöpfend wahrgenommen wird.

> *TAS: „Da muss ja auch sehen, wie sich das auf die Entwicklung auswirkt, wie viele sich dann auch über das definieren, was sie über die sozialen Netzwerke an Aufmerksamkeit erfahren. Immer dieses „Gefällt mir", das ist ja auch ein Thema. Man muss ja zukünftig schauen, wie förderlich das für die Persönlichkeitsbildung ist oder wie hinderlich und es hat dann schon eine heftige Wirkung und es ist ja überhaupt nicht beeinflussbar eigentlich. Also, ich finde ja auch, die Selbstwirksamkeit geht da ja gleich Null."*

Auch hier vergegenwärtigt sich erneut die zweiseitige Medaille: internetbasierte Kommunikation offeriert eine Vielzahl an (neuen) Gestaltungsspielräumen und Handlungsoptionen, beinhaltet jedoch gleichsam als unangenehm wahrgenommene Attribute. Die Befragten verbinden mit der Internetnutzung die Herausforderung, die veränderten Kommunikationsroutinen zu bewältigen.

Aus den Darstellungen der Befragten aus der Untersuchungsgruppe der Kinder lässt sich extrahieren, dass die zunehmende Verflechtung des Internets mit den Alltagsroutinen eine umfassende Aktivität der Nutzerinnen und Nutzer notwendig macht. So müssen sich dieselben auf der einen Seite Informationen aktiv beschaffen, sich aktiv um das Aktuelle bemühen und an sich beschleunigten Prozessen versuchen zu partizipieren. Auf der anderen Seite gilt es, die beschleunigten Prozesse, welche sich insbesondere in der vielfältigen Kommunikationsweise darstellen, zu bewältigen.

13.1.10 Internetnutzung: Aufgaben und Herausforderungen in der Kindererziehung

Neben allgemeinen Einschätzungen zu den Herausforderungen, die die zunehmende Etablierung des Internets mit sich bringt, benennen die Befragten solche, die explizit in Verbindung mit der Kindererziehung stehen. Der Subcode C2 umfasst aufgrund dessen Aspekte, die sich in diesem Themenfeld verorten lassen. Dazu definitorisch explizierte Momente dieser Subkategorie sind:

- *Neue Herausforderungen im Kontext der Internetnutzung (der Digitalisierung) in Bezug auf die Kindererziehung.*
- *Welches Gefahrenpotenzial wird dabei identifiziert?*
- *Wie wird die Internetnutzung der Kinder bewertet?*

Die Implikation, die dieser Kategorie innewohnt, ist, dass das Internet und dessen Nutzung von besonderer Bedeutung im Rahmen der Kindererziehung sind. Die befragten Personen geben an, dass im Zuge der zunehmenden Einbindung des Internets im Familienalltag Notwendigkeiten bestehen, welche die Reglementierung, die Kontrolle und das Aufklären der Kinder und Jugendlichen über die Inhalte, die Strukturen und die Funktionsweisen des Internets betreffen. Dabei erscheinen die Aufgaben, die sich den Eltern im Zuge der Digitalisierung stellen, verändert und überdies komplexer geworden zu sein. Dies zeigt sich vor allem darin, dass die Eltern gefordert sind, sich mit dem auseinanderzusetzen, was die Kinder im Internet anschauen, verfolgen oder nutzen. Da sich das Internet mit dem, was es offenbart und präsentiert, stetig verändert, sind ferner die Eltern in der Situation, sich aktiv und fortwährend damit zu befassen. Nicht nur die Inhalte des Internets sind ständigen Veränderungen unterworfen – auch die Aushandlungsprozesse zwischen den Eltern und den Kindern/Jugendlichen sind einer Wandlung unterzogen und bedürfen fortwährender Nachjustierungen. Als herausfordernde Aufgabe in der Kindererziehung in Hinblick auf das Internet sehen die Eltern die Aufklärung: persönliche Daten zu schützen, die eigene Person im Internet nicht allzu offen zu präsentieren und sich vor Cyber-Mobbing zu schützen sind das Rüstzeug, welches die Eltern versuchen ihren Kindern mitzugeben. Als belastend wird der Umstand der stetigen Weiterentwicklung im Internet präsentierter und bereitgestellter Inhalte wahrgenommen: es sei schwer, mit den Kindern/Jugendlichen und dem, was sie im Internet entdecken, mitzuhalten.

> SAH: „Unsere Tochter hat auch schon ein Handy und auch schon eine WhatsApp-Funktion da drin, da muss man dann immer gucken. Und das sind Dinge, die da immer neu hinzukommen, was man auch dann immer kontrollieren muss, was ich ihr immer wieder beibringen muss."

Die Eltern geben an, die technologischen Fortschritte und die Digitalisierung als Herausforderung zu empfinden. Negativ konnotiert sind diese Entwicklungen für die Befragten deshalb, weil sie sich hinsichtlich der technischen Anforderungen benachteiligt fühlen. Der Fortschritt geht so rasant vonstatten, dass die Eltern den Kindern aus ihrer Sicht zu wenig Unterstützung bei der Auseinandersetzung mit dem Neuen bieten können. Auch sie fühlen sich abgehängt: herauslesen lässt sich aus den Darstellungen der Interviewpartnerinnen und -partner ein gewisses Maß an Ratlosigkeit und Verunsicherung. Vor diesem Hintergrund obliegt aus der Perspektive der Befragten der Schule als Bildungsinstitution eine tragende Rolle. So räsonieren zwei Befragte, dass die Schule kompensatorisch wirksam werden müsse, da den Eltern oftmals die Fertigkeiten und Fähigkeiten fehlen würden, den Kindern den Umgang mit dem Internet und betreffenden Technologien zu vermitteln. Derlei Fertigkeiten seien für die Kinder unerlässlich für den weiteren Lebensweg.

> TAL: „Wir haben weniger Eltern, die ihren Kindern etwas beibringen."

> TAL: „Das können sie auch alles, also wie sie einen Kinofilm angucken können, wo sie sich den herholen können, das haben ihnen Mama und Papa gezeigt, aber die Qualität, was man alles Tolles mit so einem Gerät machen kann, wie man damit lernen kann, das fehlt dann oft. Und da muss ich dann vielfach auch die Eltern in die Schule holen und dann eine Doppelschulung machen."

Die Befragten sehen die Eltern in der Position, erzieherisch auf die Internetnutzung der Kinder und Jugendlichen einzuwirken. Internetnutzung könne nicht intuitiv und selbstinitiiert entlang selbstwirksamer und selbstfürsorglicher Nutzungspraktiken gelernt werden, die vor allem davor schützen sollen, Opfer von Mobbing und Cyber-Kriminalität zu werden.

> SSW: „Das ist ein heikles Thema. Wir versuchen das schon, das zu reglementieren. Wir wollen zumindest versuchen... Also, sperren können wir das nicht, aber wir wollen zumindest versuchen, dass die Kinder vernünftig damit groß werden, wie wir damals vielleicht mit einem Fernseher, dass man das eben vernünftig nutzt. Gerade in dem Alter, die sind jetzt alle zwischen zehn und 16, das ist schon schwierig, weil das Internet natürlich Reize auslöst. Wir versuchen das ein bisschen einzu-

schränken zeitlich. Wobei die Nutzung da über die sozialen Kontakte am meisten ist. Die Kontakte gehen da hauptsächlich über WhatsApp im Wesentlichen oder mal Onlinespiele, wenn sie da in Gruppen interagieren."

Es bedarf eines hohen Maßes an aufklärerischer Einwirkung und kontrollierender Nutzungsanleitung, um die Kinder zu mündigen und souveränen, aber auch verantwortungsvollen und umsichtigen Nutzerinnen und Nutzern zu erziehen und sie zu einer vorteilig wirkenden Partizipation zu befähigen. Dabei empfinden die Befragten die selbstinitiierte Internetnutzung als herausfordernd, aber notwendig für die Teilhabe und Teilnahme an gesellschaftlichen und sozialen (Organisations-)Prozessen.

13.1.11 Vergleich der Untersuchungsgruppen: Herausforderungen durch das Internet

Die Analyse der beiden Untersuchungsgruppen, Kinder und Senior*innen, zeigt, dass sich die als Herausforderungen im Zuge einer sich intensivierenden Internetnutzung identifizierten Aspekte sehr ähnlich sind. Vor allem die Notwendigkeit, sich einer vermeintlichen Dominanz digitalisierter Prozesse zu unterwerfen, ist eine der Herausforderungen. Die Internetnutzerinnen und -nutzer seien einem Zwang unterworfen, sich in einem Prozess des fortwährenden Sich-Bemühens um Wissen über das Internet zu engagieren und sich dann durch das Internet Informationen zu verschaffen und die Wissensbestände zu reformieren. Per se ist das Internet aus der Perspektive beider Befragtengruppen mit dem Grundsatz der selbst zu verantwortenden Aktivität verbunden. Überdies ist dem Internet ein Selektionsanspruch immanent, wenn es darum geht, sich als Nutzerin oder als Nutzer Informationen zu erschließen. Damit wird das Internet in seiner Systematik als voraussetzungsvoll und überaus herausfordernd wahrgenommen. Der Nutzer und die Nutzerin müssen dabei Fertigkeiten und Fähigkeiten aufbringen, um die Internetnutzung nicht zu einem Nachteil werden zu lassen. Beide Untersuchungsgruppen urteilen, dass der technologische Fortschritt dem Menschen vorauseile und es immenser Anstrengungen von Seiten der Individuen bedürfe, um Schritt halten zu können. Dabei wohnt eben diesem Aspekt etwas Negatives inne: demnach sei es die Wahrnehmung insbesondere der Kinder, dass man von einem Primat der Technik vor dem Menschen sprechen könne.

Status quo gesellschaftlicher Entwicklung und Voraussetzung für die Partizipation an gesellschaftlichen Prozessen sei die souveräne und mündige Nutzung des Internets und die stete Auseinandersetzung mit dem Neuen – sei es bezüglich neuer technologischer Momente oder neuer internetspezifischer Attribute. Den Darstellungen der Befragten wohnt eine Skepsis gegenüber den beschleunigten Prozessen inne und zudem besteht die Sorge, dem Zwang der Informationsakkumulation und dem technischen Fortschritt nicht in der Geschwindigkeit folgen zu können, wie derselbe vorauseilt. Deutlich wird die Wahrnehmung des Diktates der Technik respektive digitalisierter Prozesse dadurch, dass die Befragten beider Untersuchungsgruppen das Internet in seiner Erscheinung und Wirkungsweise vom Menschen abstrahieren. So ähneln sich die offerierten Einschätzungen, als wenn die Befragten über ein von dem Menschen unabhängiges Objekt räsonieren. Entkoppelt wird diese Einschätzung von dem Aspekt der internetbasierten und mobilen Kommunikation. Das Internet und die Internetnutzung werden in hohem Maße mit internetbasierter Kommunikation assoziiert. Die Wahrnehmung beschleunigter Prozesse und die prozessgenerierte Forderung und Implikation steter Aufmerksamkeit, Präsenz, Aktivität und schlussendlich auch Partizipation, die die Befragten für das Internet vergegenwärtigen, entfalten ihre Gültigkeit in gleicher Weise für die digital initiierten Kommunikationsprozesse. Beide Untersuchungsgruppen geben an, dass die hohe Kommunikationsdichte, die durch digitale Medien möglich wird, als herausfordernd und bisweilen anstrengend eingeschätzt wird. Unterschiede zwischen den Untersuchungsgruppen der Senior*innen und der Kinder lassen sich allenfalls in Nuancen extrahieren. Besonders zu betonen ist, dass beide Untersuchungsgruppen die herausragende Notwendigkeit der Internetnutzung für die Partizipation an beinahe jedem gesellschaftlichen Teilsystem betonen.

13.2 Digitalisierung: positive und negative Aspekte

Nachdem im Zuge der Auswertung der Analysekategorie C (C1; C2) vor allem Herausforderungen im Kontext der intensivierten Internetnutzung extrahiert werden konnten, umfasst die Kategorie D die von den Befragten geäußerten Einstellungen zum Prozess der Digitalisierung. Die Analyse brachte eine Ausdifferenzierung der Kategorie in zwei Subcodes hervor. Subcode D1 umfasst die positiven Assoziationen und die als positiv wahrgenommenen Entwicklungen im Zuge der Digitalisierung, während Subcode D2 die negativen Aspekte des Digitalisierungsprozesses subsummiert.

13.2.1 Positive Attribute und positive Entwicklungen im Zuge der Digitalisierung

Die in diesem Analysecode D1 enthaltenen Aspekte lassen sich definitorisch anhand der nachfolgenden Analysereferenzen darlegen:

- *Positive Erfahrungen mit digitalen Prozessen.*
- *Positive Bewertung der der Digitalisierung immanenten Faktoren und Attribute.*
- *Betrifft Digitalisierung im Allgemeinen und weniger die Internetnutzung an sich. Per se stehen Vernetzungen und digitale Kommunikation im Fokus.*

Als positiv konnotierte Entwicklung im Zuge der Digitalisierung lässt sich nach Einschätzung der Befragten die zunehmende Vernetzung benennen. So würde eine Vernetzung vor allem Absicherung versprechen, Prozesse optimieren, Transparenz, aber auch Sicherheit, Effizienz und Komfort generieren. Dabei wagen die Befragten erste Prognosen in Richtung des Internets der Dinge. Das Internet der Dinge würde die Vernetzung und die Steuerung von Prozessen auf ein neues, bis dato unbekanntes Niveau heben. Prozesse wären menschenunabhängig steuerbar und bewerkstelligbar – der Vorteil läge in gerechteren Auswahl- und Zuteilungsprozessen, Willkürlichkeit könnte ausgeschlossen werden und leistungsbezogene Belohnungen würden möglich. Zudem kann die Digitalisierung den Transfer von Wissen (Wissenschaft und Forschung) erhöhen und damit zu effizienteren Prozessen und schnelleren Problemlösungen beitragen.

SSW: „Also auf der einen Seite denke ich, dass insbesondere das Internet der Dinge oder das Internet of Things eine spannende Herausforderung werden wird. Also, wenn ich sehe, was Google schon macht, mit irgendwelchen selbstfahrenden Fahrzeugen, die dann ferngesteuert fahren, die einen dann ferngesteuert irgendwo abholen, man sich selbst nur noch reinsetzt und sich dann herumfahren lässt. Man ist dann nur noch Beifahrer, alles ist automatisiert und ferngesteuert. Das ist vielleicht im Hinblick auf Mobilität und Individualverkehr für den Einzelnen auch eine Erleichterung."

Erst durch die digitale Vernetzung werden Innovationen und globale Zusammenarbeit möglich.

SSW: „Die Möglichkeit, dass Konzerne weltweit so agieren können, das ist sicherlich bedingt durch das Internet. Das ist schon die Voraussetzung dafür, dass es funktioniert. Also, da stimme ich schon zu. Also, das ist an der Stelle dann schon positiv."

Somit wird Vernetzung als etwas angesehen, was Positives hervorbringen kann, langwierige Prozesse beschleunigt und Wissen zusammenführt. Zudem schafft Digitalisierung die Grundlage für gerechtere, unabhängige Prozesssteuerungen.

13.2.2 Negative Aspekte/Sachverhalte und negative Entwicklungen im Zuge der Digitalisierung

Die in Code D1 zusammengetragenen positiven Attribute der Digitalisierung sind im direkten Vergleich mit den als eher negativ wahrgenommenen Entwicklungen schwach in dieser Untersuchung repräsentiert. Die in Code D2 explizierten negativen Assoziationen sind deutlich ausgeprägter. Umrissen wird diese Analysekategorie entsprechend der nachfolgenden Definition:

- *Negativ erlebte Auswirkungen der Digitalisierung.*
- *Als negativ wahrgenommene Aspekte digitaler Prozesse.*
- *Betrifft Digitalisierung im Allgemeinen und weniger die Internetnutzung an sich. Per se stehen Vernetzungen und digitale Kommunikation im Fokus.*

Wenngleich diese Kategorie die als negativ erachteten Aspekte und Entwicklungen im Zuge der Digitalisierung aus der Perspektive der befragten Kinder umfasst und dabei weniger auf die Internetnutzung rekurrieren soll, lässt sich diese Verquickung nicht gänzlich auflösen, was zuvorderst dadurch zu begründen ist, dass die Befragten die Digitalisierung mit der Internetnutzung gleichsetzen bzw. die Aspekte, die durch die Internetnutzung möglich werden, auf die Ebene der Digitalisierung abstrahieren. Dies ist – hauptsächlich aus Sicht der Befragten – ein konsistenter Schritt, da Digitalisierung, also die digitale Speicherung und Aufbereitung von Daten, ohne das Internet keine Vernetzung und keinen Austausch ermöglichen würde. Somit werden aus der digitalen Datenverwaltung *resultierende Optionen*, die beispielsweise die Kommunikation einschließen, mit der Digitalisierung gleichgesetzt. Vor allem die Aspekte der Vermittlung und der Reduktion von Kommunikationsprozessen erscheinen den Befragten als negative Konsequenzen digitaler Entwicklungen. Dabei scheint nicht die Art der digitalen Kommunikation Adressat der Kritik zu sein, sondern die voranschreitende Priorisierung dieser Kommunikationsform gegenüber weniger abstrahierten Kommunikationsarten. Digital vermittelte Kommunikation erscheint den Befragten als höchst störanfällig und herausfordernd – so kommen Missverständnisse eher durch diese Art der Kommunikation zustande, Konflikte lassen sich über diese vermittelten Kommunikationswege kaum lösen.

> *TAS: „[…] mitbekommen, wie so ein Vorstand total auseinandergebrochen ist. Es ist war schon die Schwierigkeit, deutschlandweit ansässige Vorstandsmitglieder zusammenzubringen. Es war dann schon der Versuch da, dass über Telefonkonferenzen, das zeitlich zu konzentrieren, aber dazwischen liefen E-Mails… Also, ich habe das nur gesehen, es war Ostern vor drei Jahren, ich machte dann die Mail auf und ich kriegte gleich so ein Herzrasen, weil ich nur dachte: Was ist das denn jetzt für eine Attacke?! Die haben sich dann richtig bekriegt per Mail. Und es gibt eben*

auch solche hitzköpfigen Menschen, die drücken auf Senden, bevor sie noch einmal drüber geschlafen haben und sich überlegen, wie könnte das jetzt verstanden werden. Und einen solchen Schaden kann man ja schwer wieder beheben, wenn das erstmal losgeschickt ist. Es braucht dann in der Nutzung einer E-Mail gewisse Weisheit, damit es nicht irgendwie unangenehme Nebenwirkungen gibt."

Deutlich wird in diesem Kontext, dass mit der internetbasierten Kommunikation weitläufige Bemühungen vonseiten der Rezipierenden ausgehen, um die in sehr reduzierter Form vorliegenden Botschaften zu interpretieren. Neben der als herausfordernd wahrgenommenen Auseinandersetzung mit internetbasierter Kommunikation erscheint die hochfrequente Genese *von Neuem* im Internet als überfordernd. Die Digitalisierung versetzt die Partizipierenden in die Situation der schnell verfügbaren Informationen. Noch weitaus fordernder werden digital gestaltete Organisationsprozesse eingeschätzt. Jeder Nutzer und jede Nutzerin ist durch die digitale Organisation von Unternehmen, Behörden, Institutionen, Verbänden etc. auf die eigene Auseinandersetzung zurückgeworfen: mit der digitalen Organisation verschiedener Prozesse geht ein Nutzungszwang einher, den die Befragten überaus kritisch bewerten.

Die als stetig eingeforderte Anpassung an neue Strukturen und neue Systematiken empfinden die Befragten als herausfordernd und geben dabei zu bedenken, dass nicht jeder Bürger/jede Bürgerin in gleicher Weise partizipieren kann. Die Partizipation sei bisweilen allzu voraussetzungsvoll und wirke damit als Schließungsmechanismus, der dazu führt, dass die Partizipation *ungleiche* Ausformungen annimmt.

Insgesamt betonen die Befragten die hohen Anforderungen, die den digitalisierten Prozessen und Abläufen immanent sind. Diese hohen Anforderungen sind nach Einschätzung der Befragten überaus vielfältig, vergegenwärtigen sich jedoch zuvorderst in dem Ausmaß der Aktivität, der Aufmerksamkeit und der Präsenz, die Nutzerinnen und Nutzer aufbringen müssen, um die digital aufbereiteten Informationen verarbeiten und die internetbasierte Kommunikation bewältigen zu können. Dabei stellt sich vor allem die hohe Geschwindigkeit der (Arbeits-)Abläufe als negativ dar. Beschleunigung ist die Folge dieser internetgenerierten Prozesse. Die Befragten bewerten diese beschleunigten Prozesse sowohl für das Private als auch für das Berufsleben negativ. Hinzukommt, dass im Zuge der Digitalisierung das Verschwimmen der Grenzen zwischen Privatleben und Berufstätigkeit wahrgenommen und als wenig zufriedenstellend angesehen wird. Die Befragten äußern eher pessimistische Einschätzungen bezüglich zukünftiger Entwicklungen. Sie gehen nicht davon aus, dass sich diese aktuellen Tendenzen in andere Bahnen als diese lenken lassen. So geben sie an, dass sie für sich im Arbeitsalltag wenige Chancen sehen, sich dieser fordernden Praxis zu entziehen, die bestimmt ist durch die Möglichkeiten digitaler Prozesse. Aus den Ausführungen der Befragten kann abgeleitet werden, dass die Systematik der Digitalisierung keinen Spielraum für das Individuum gibt, das sich versucht, gegen dieses Traktat der Beschleunigung zu erwehren. Die Organisation der Arbeitsprozesse erscheint besonders belastend zu wirken. Wieder zeigt sich, dass die Vielzahl der aus der Digitalisierung resultierenden Möglichkeiten zum Diktat menschlicher Handlungsroutinen wird – dabei sind diese Prozesse allesamt menschengemacht und damit per se änderbar. Dieser Auffassung jedoch können die Befragten nicht folgen: besonders determinierend werden in diesem Kontext die Verhaltensweisen von Kolleg*innen und Führungspersonen empfunden. Das Diktat der beschleunigten Arbeitsweise diffundiert somit nach Sichtweise der befragten Personen aus den Führungsetagen hinab in die weiteren Ebenen der Mitarbeitenden.

Die Abgrenzung von diesen Prozessen stellt für die Befragten eine große Herausforderung dar – insbesondere im Kontext der Arbeitsroutinen, bei denen die Abhängigkeit von vielen verschiedenen Parametern gegeben ist. Die beschleunigte Kommunikation führt zu beschleunigten Arbeitsprozessen, was von den Befragten als wenig befriedigend wahrgenommen wird.

> SFJ: „Ach, dann lässt man sich doch verleiten und beantwortet sie noch schnell und schon ist man eigentlich in solch einem Zyklus drin, dass man immer erreichbar, immer ansprechbar ist und der Gegenüber erwartet auch im E-Mail-Zeitalter, dass er mindestens im halben Tag eine Antwort hat, was früher so, als ein Fax geschickt wurde, konnte man Glück haben, wenn innerhalb einer Woche mal eine Antwort kam oder man eben das Fax in der Zeit beantwortet hat. Das Zeitfenster ist deutlich enger und es ist deutlich schneller geworden."

Neben den vorgenannten als negativ bewerteten Entwicklungen im Zuge der Digitalisierung empfinden die Befragten das Phänomen von Big Data als neue gesellschaftliche Herausforderung. Die Sammlung von großen Datenmengen wird als besorgniserregend im Kontext politischer Prozesse eingeschätzt. Dieser Auffassung ist die Annahme immanent, dass anhand gesammelter Daten Beeinflussungen oder Manipulationen möglich werden. Dies betrifft vor allem Algorithmen basierte Prozesse. Damit einher geht die Sorge des Kontrollverlustes: zum einen über eigene Daten, aber auch über Meinungsbildungsprozesse, von denen man nicht ermitteln kann, welche nutzer*innenspezifisch beeinflusst werden.

> SSW: „Was die Vernetzung angeht, diese, na ja, man wird ja eben zum gläsernen Menschen. Das ist zumindest meine Empfindung. Man gibt dadurch, dass man ständig sein Handy dabeihat, Preis, was man gerade tut, wo man gerade ist. In der jetzigen Gesellschaftsform, jetzt in der Demokratie, ist es vielleicht noch kein allzu großes Risiko, aber da bin ich schon ein bisschen besorgt, muss ich sagen. Also, dass wir uns dann zu sehr öffnen und dann auch zu leichtfertig mit unseren Daten umgehen. Da sehe ich eigentlich die größte Gefahr – auch für die Gesellschaft.

Man sieht es ja auch an solchen Cyberattacken auf Behörden, keine Ahnung, was da sonst noch so alles läuft. Oder Trojaner, die dann irgendwo eingespeist werden. Also da bin ich sehr zwiegespalten. Das wird eine Herausforderung."

Räsonierend kann hier zusammengetragen werden, dass die Befragten hauptsächlich den Umstand der Abstraktion bedenkenswürdig finden: im Zuge der Digitalisierung werden viele Strukturen und Prozesse den menschlichen Einwirkungen entzogen, sie sind wenig bis gar nicht nachvollziehbar, überdies findet eine Entkoppelung von direkt wahrnehmbaren und adressierbaren Urheber*innen statt.

SSW: „Die Komplexität dieser ganzen Sache, des Internets, ist jetzt schon so groß, dass viele Senioren das nicht nutzen möchten. Vielleicht gibt es dann auch zunehmend jüngere Leute, die das von sich sagen. Die Komplexität wird in Zukunft ja nicht weniger werden."

Diese Entwicklung bedeutet enorme Anstrengungen für das Individuum und gesellschaftliches Miteinander, da Prozesse neu ausgehandelt werden müssen. Die Komplexität wirkt herausfordernd und führt bisweilen zu Verunsicherung und Überforderung.

13.2.3 Vergleich Senior*innen und Kinder: Einschätzung digitaler Entwicklungen

Die Einschätzungen der Befragten zu den Entwicklungen entlang des Digitalisierungsprozesses sind weitreichender und umfassender als die der Seniorinnen und Senioren. Die Begründung dafür liegt allen voran in der Kontrastierung etwaiger positiver und negativer Aspekte im Kontext der Erwerbstätigkeit. Drängend ist die Auseinandersetzung mit der Digitalisierung für die Befragten der Untersuchungsgruppe der Kinder vor allem deshalb, weil sie Teil der Arbeitsprozesse sind, die sich einer Veränderung unterworfen sehen. Dabei entbehrt ihnen die Gestaltungsmöglichkeit: die Kommunikations- und Organisationsprozesse unterwerfen sich mit Diktat den Möglichkeiten, welche digitalisierte Abläufe eröffnen. Internetbasierte Kommunikation führt zu einer Beschleunigung der Arbeitsprozesse, zu einer erhöhten Reaktionserwartung und damit zu der Anforderung der ständigen Aufmerksamkeit durch die Rezipierenden. Während diese Entwicklungen auch für das Privatleben spürbar sind, empfinden die Befragten diese Sphäre als stärker beeinflussbar, als sich dies für die Arbeitsroutinen antizipieren ließe. Resümierend kann man darstellen: die Befragten haben nicht das Gefühl, im Arbeitsleben eine Wahl treffen und Kommunikationsroutinen beeinflussen zu können. Demnach müssen sie der

Art der unternehmens- und firmeninternen Kommunikationskultur folgen. Den Zwang, sich an digitalen und digitalisierten Prozessen beteiligen zu müssen, scheinen die befragten Kinder stärker zu empfinden als die befragten Seniorinnen und Senioren. Die Auswertung beider Untersuchungsgruppen vergegenwärtigt, dass die im Zuge digitalisierter Prozesse veränderte Art der Kommunikation als äußerst kritisch angesehen wird und damit im Zusammenhang stehend verschiedene Schwierigkeiten und Herausforderungen identifiziert werden.

Die Wahrnehmung positiver Entwicklungen im Zuge der Digitalisierung vollzieht sich für die Senior*innen eher im Kontext der Kommunikation und des Zugangs zu Informationen. Die Befragten der Untersuchungsgruppe der Kinder vergegenwärtigen eher den gesamtgesellschaftlich relevanten Nutzen für Wissenschaft, Forschung und Wirtschaft.

13.3 Analoge Strategien

Neben der Internetnutzung kommen im Zuge der Interviews immer wieder analoge Strategien durch die Befragten zur Sprache, die in Abgrenzung zu digitalen Medien benannt werden. Die Vergegenwärtigung analoger Medien dient auch dazu aufzuzeigen, wann die Nutzung einer analogen und wann die einer digitalen Strategie angezeigt ist. Deutlich hervor tritt, dass die Befragten sich mit einer Medienpluralität auseinandersetzen, in welcher bestimmte Medien und spezifische Strategien in einem reflektierten Nutzungs- respektive Handlungsrahmen gebräuchlich sind. Die vorfindliche Analysekategorie E ist folgendermaßen charakterisiert:

- *Aspekte/Momente/Praktiken, bei denen bewusst auf das Internet verzichtet wird.*
- *Angelegenheiten, bei denen das Internet oder internetfähige Geräte als störend empfunden werden.*

Aus der Interviewanalyse ist die exklusive Bedeutung *des Buches* hervorzuheben. Wie bereits im Zuge der Ergebnisdarstellung für die Gruppe der Senior*innen extrahiert werden konnte, kommt dem Buch als Druckerzeugnis eine besondere Faszination zu. Selbige bedingt sich nicht ausschließlich durch den Inhalt – vielmehr umgibt das Buch eine gewisse Aura, welche die Leserin oder den Leser in einen bestimmten Zustand versetzt. Der Unterschied zu elektronischen Medien liegt darin, dass dem Buch ein genuin haptisches Erlebnis innewohnt. So vergegenwärtigen die Befragten, dass das Lesen eines Buches ein sinnliches Erlebnis sei.

> TAL: „Ich lese abends im Bett bevor ich einschlafe gerne nochmal ein Buch ein paar Seiten. Da lese ich ein richtiges Buch. Das habe ich tatsächlich auch noch nicht, ich habe noch keinen E-Book-Reader. Das kommt mir auch noch zu fremd vor. Schon gar nicht abends im Bett."

> TAL: „...aber zum Lesen von Literatur, von einem Krimi oder einem Roman, habe ich gerne das richtige Buch noch in der Hand..."

Es lässt sich aus den Ausführungen der Befragten herausarbeiten, dass sie den analogen Handlungspraktiken das Attribut der Entschleunigung zusprechen. Damit bilden dieselben einen Gegenpol zu digitalen Handlungspraktiken, welche Aktivität, Partizipation und Reaktion fordern. Diese Erwartungen scheinen nicht-digitalen Strategien nicht zugesprochen zu werden. In das Repertoire der analogen Strategien gehört neben das Lesen von Büchern und anderen Printerzeugnissen wie Zeitungen und Zeitschriften auch das Verfolgen eines über das Fernsehgerät ausgestrahlten Programms.

> SAH: „Wenn ich die Wahl habe, finde ich die Papierzeitung schon schöner."

Dabei betonen die Befragten den Vorteil der passiven Teilnahme an dem Fernsehgeschehen. Das Fernsehprogramm dient den Rezipientinnen und Rezipienten nach eigenen Angaben als Taktgeber, welcher den Tag, aber vor allem den Abend strukturiert und bestimmte Zeiträume funktional voneinander trennt und bestimmte Zuweisungen vornimmt. Spielfilme zur Primetime beispielsweise dienen dem vorherigen Abschluss geschäftiger Tätigkeiten und Erledigungen und führen in die Entspannung und den Tagesausklang über.

Das Verfolgen analog gearteter Handlungsroutinen eröffnet den befragten Personen das Empfinden von Steuerungsmöglichkeiten. Sie haben in diesen Momenten die Kontrolle über das eigene Zeitmanagement selbstbestimmt inne – sie verfügen darüber, ob und wie sie für andere Personen erreichbar sind, ob sie in der betreffenden Unternehmung gestört werden wollen oder nicht. Diese Strategie wird als Auszeit wahrgenommen, die bewusst gelebt und im Tagesablauf installiert werden muss.

> TAS: „Man kann sich ja auch immer entscheiden. Man ist ja keine Marionette als Nutzer. Wenn ich spazieren gehen, dann mache ich das auch aus. Das kann ich für mich ja beschließen, dass ich das Handy ausmache und unerreichbar bin."

Es zeigt sich, dass die Befragten technisch-medial vermittelte Interaktionen mit Anderen dann ablehnen, wenn es aus ihrer Sicht um wichtige Dinge geht, die besprochen werden müssen. So bedarf es nach ihrer Einschätzung in besonderen Momenten der Face-to-Face-Interaktion, um dem Anlass und dem Gesprächsthema, aber auch dem Interaktionspartner oder der -partnerin gegenüber eine besondere Wertschätzung und eine spezielle Form der Achtung auszudrücken. Der technisch unvermittelten Kommunikation/Interaktion kommt eine herausgehobene Bewertung zu. Die direkte Hinwendung zu einem Gegenüber wird als besonderer Ausdruck der Aufmerksamkeit und Wertschätzung empfunden, welche sich nicht nur durch ein persönliches Gespräch oder durch ein Telefonat zeigt. Das Verfassen eines handgeschriebenen Briefes, das Schreiben einer Postkarte: beides sind überaus positiv konnotierte zwischenmenschliche Gesten.

> TAS: „Meistens ist es doch eher digital. Es gibt da aber Abstufungen. Halt auch je nachdem, wie viel Mühe und Aufwand es kostet. Das hat dann was mit Wertschätzung zu tun. Ich schäme mich total, wenn ich ein Ereignis verpennt habe und es dann nur noch eine SMS drin war. Das finde ich eigentlich zu wenig. Also, wenn mir die Person etwas bedeutet, dann denke ich auch, ich muss mindestens einen Stift in die Hand genommen haben und eine Briefmarke und es zum Briefkasten gebracht haben, da ist dann schon eine andere Absicht und Intention dahinter, als: ich habe da zwischen Tür und Angel irgendwas in die Tasten getippt und es weggeschickt. Das ist anders."

Ähnlich wie bei dem Buch kommen bei den Schrifterzeugnissen die Haptik, die Gestaltung der Karte/des Briefes und die wahrnehmbare Handschrift auf individuelle Weise zum Tragen und vermitteln den Befragten positive Assoziationen. Dem Verfassen eines Briefes oder einer Postkarte ist ein weiterer Aspekt immanent, welcher auf die Verfasserin/den Verfasser bezogen ist: das Schreiben (eines Briefes) benötigt eine gewisse Verfassung und Stimmung des Schreibenden. Er/Sie benötigt die auf das Schreiben fokussierte Aufmerksamkeit und ein gewisses Maß an Ruhe. Es handelt sich dabei um einen Akt der Entschleunigung und der Fokussierung der Zeit auf dieses Erzeugnis hin.

> TAS: „Neulich wieder dachte, ich finde es so schön, Handschrift zu sehen und ich schreibe auch gerne Postkarten und gerne auch mal einen Brief. Ein Brief hat eine andere Qualität. Es ist sinnlicher und das ist auch manchmal in anderen Situationen zu machen. Dazu gehört aber auch die Postkarte. Und wenn ich dann Weihnachtsferien habe und ein bisschen zur Ruhe komme, dann schreibe ich gerne mal einen Brief."

Analogen Strategien, darunter fassen die Befragten neben den oben genannten, auch die Aspekte der persönlichen Interaktion mit anderen Personen im Zuge von Dienstleistungen, führen zu der Empfindung, eines entschleunigten Prozesses. Zudem vergegenwärtigt sich die Interaktion ungefiltert und eröffnet die Möglichkeit, unvermittelter Erlebnisse.

13.4 Wissen über die Welt – Wahrnehmung der Umwelt

Die Analysekategorie F umfasst die Wissensgenese auf Seiten der Untersuchungsgruppe der Kinder. Dabei geht es um die Betrachtung folgender Aspekte:

- *Alltagswissen.*
- *Quelle für Fachwissen.*
- *Wissen dezidiert benannt – Abgrenzung von Information(en).*
- *Wie wird ein Bild der/über die Welt erzeugt?*
- *Wie konstituiert sich der Meinungsbildungsprozess?*
- *Woher erhält die/der Befragte seine Einstellungen?*
- *Was wird als Realität/als Gegebenes akzeptiert?*

Die Befragten vergegenwärtigen, dass die Notwendigkeit besteht, zwischen den Inhalten, die über das Internet, und dem, was über analoge Medien oder die Face-to-Face-Interaktion rezipiert wird, zu unterscheiden. Die Art der Informations- und der Wissensgenese scheint unterschiedlich zu sein, je nachdem, über welches Medium die Rezeption geschieht. Dabei geht es weniger um den Inhalt, sondern viel mehr um das, wie der rezipierte Inhalt bei den Rezipierenden verarbeitet, genutzt, behandelt wird und wie sich der betreffende Inhalt auf die/den Empfangenden auswirkt. Das Internet mit all dem, was es in sich birgt und was es bereithält, wird von den Befragten als eine Art Parallelwelt wahrgenommen, die deutlich von dem physisch, unvermittelt Wahrnehmbaren zu unterscheiden ist. Das Internet wird damit als *das Andere* dargestellt, was sich unterscheidet und nicht als integrativ und dazugehörig wahrgenommen wird.

Die über das Internet vermittelten Inhalte erhalten ambivalente Bewertungen: zum einen kann das Internet dafür genutzt werden, sich umfassende Informationen zu verschaffen und sich neues Wissen anzueignen. Die Möglichkeiten der Wissensgenese sind vielschichtig und vielfältig, weil sich zu beinahe jedem Themenfeld dem Wissensbestand zuführbare Informationen generieren lassen.

> *SFJ: „...um sich Wissen, einen Wissensvorsprung, aktuelle News zu verschaffen, beispielsweise auch über Xing auch Netzwerk-Kontakte zu schaffen, die man dann darüber nutzen kann. Also, ich denke, dass Leute, die das Internet viel nutzen dort auch einen Vorteil generieren können."*

Das Wissen als Fertigkeit, Fähigkeit und Knowhow wird von dem abstrahiert, was die Befragten mit Erfahrungen und Erlebnissen umschreiben. Erlebnisse und Erfahrungen lassen sich nicht über das Internet generieren, dieselben müssen unvermittelt erfahren und erspürt, praktiziert und reflektiert werden.

Allerdings vergegenwärtigt sich das Internet aus der Perspektive der Befragten als vorteilig im Kontext beruflicher Weiter- und Fortbildungen. Demnach seien die Personen, die über das Internet Kompetenzen erwerben, beruflich bessergestellt als solche Personen, die diese Optionenvielfalt für sich nicht erschließen.

> TAL: „Also ein gewisser Umgang mit den Medien, dass ich weiß, wie ich sie bediene und wo ich was finde, kann ja schon dazu führen, dass ich einen Weg da herausfinde und es besser für mich nutze."

Es handelt sich dabei nicht nur um Kann-Optionen, sondern um eine Notwendigkeit: der dem Internet immanente Aspekt der Schnelllebigkeit und der hohen Verfallsrate neuer Informationen fordert die Rezipierenden, hält sie quasi dazu an, sich zu beteiligen, sich zu informieren. Dies fördere die stetige Weiterbildung, das lebenslange Lernen und leiste einen Beitrag zu der geistigen Fitness der Nutzerinnen und Nutzer. Dem Gefühl der Überforderung, welche sich im Zuge der Schnelllebigkeit einstellen könne, können der Nutzer und die Nutzerin entrinnen, wenn sie sich im Internet aktiv beteiligen, also nicht nur die Seite der Konsument*innen einnehmen, sondern gestaltend partizipieren.

> SSW: „Vielleicht ist es auch keine bessere Auswahl, aber vielleicht eine größere Auswahl und ich habe eher das Gefühl, dass es das besser mitgestalten und mir wird nicht irgendwas vorgesetzt. Ich kann dann selber auch nachschauen und kann gezielter suchen."

> SJSL: „Die Recherche mit Hilfe des Internets spielt eine große Rolle. Das ist ja auch das, was man lernt und das adaptiert man dann für den Alltag, das ist ja so. Man sucht, recherchiert im Studium für irgendwelche Übungen oder sucht sich irgendwelche Informationen heraus, das macht man dann auch für den Alltag. Man entdeckt ja auch neues, wenn man nicht gezielt sucht."

Durch die aktive Nutzung des Internets, die durch Offenheit und Neugierde geprägt ist, wird es möglich, immer wieder Neues zu entdecken und sich neue Bereiche zu erobern. Erst durch das Internet werden Zugänge zu bisher Verborgenem oder Unbekanntem möglich. Dies führt dazu, die eigenen Routinen dynamisch auszugestalten und nicht in bekannten Praktiken zu verharren. Diese neuen Erkenntnisse können weitergehend ausdifferenziert und neues Wissen generiert werden, wenn die Chancen der digitalen Vernetzung genutzt werden.

> SSW: „Ich meine, was solche Themen wie Globalisierung, wissenschaftliche Vernetzung und solche Dinge angeht, finde ich das erstmal in der Wirkung gut. Man kann schnell, auch interdisziplinär Dinge vernetzen, auch über einen Kontinent hinweg

irgendwelche Informationen bekommen, von Forschung profitieren, das finde ich erstmal toll."

13.5 Rolle des Internets im Alltag der Befragten

Anhand der Analysekategorie G soll ermittelt werden, welche Rolle das Internet im Alltag der Befragten spielt und welche Relevanz sie dem Internet beimessen. Die nachfolgend explizierten Referenzfragen weisen den Inhalt der Kategorie aus:

- *Bewertung des Nutzens: Welcher Nutzen wird mit dem Internet verknüpft?*
- *Wie wird das Internet in den Alltag integriert?*
- *Formulierung der Wichtigkeit – welche Rolle spielt das Internet für die Befragten?*

Übereinstimmend kommen die Befragten zu dem Resümee, dass das Internet für die jeweils individuelle Gestaltung des Alltags von immenser Bedeutung ist respektive als feste Größe etablierter Handlungsroutinen bezeichnet werden kann. Dabei ist die Internetnutzung integraler Bestandteil aller Lebensbereiche. Vermittelt und genutzt wird das Internet vor allem über mobile, internetfähige Endgeräte und ist so ständiger Begleiter der Nutzerinnen und Nutzer. Das Smartphone dient dabei als Instrument, das hohe Kommunikationsaufkommen zu jedweder Tageszeit bearbeiten zu können. Wenngleich das Smartphone, was beinahe sinnbildlich für die Internetnutzung steht, fester Teil der täglichen Routinen ist und die/den Nutzenden überallhin begleitet, fällt die Bewertung gegenüber der über das Smartphone realisierten Kontakt- und Kommunikationsorganisation eher ambivalent aus. Zwar halten die Befragten die internetbasierte Kommunikation für praktisch und komfortabel, allerdings erfährt dieselbe eine ebenfalls negativ konnotierte Assoziation. Diese negative Beurteilung der über die Internetdienste wie WhatsApp (Messenger Dienste) oder auch über E-Mail realisierten Kommunikation liegt vor allem in der Überreizung dieser Kommunikationskanäle. Im Zuge der bis hierher bereits stattgefundenen Analyse der Interviews kann zusammengetragen werden, dass die hohe Kommunikationsdichte, die einen hohen Grad an Aufmerksamkeit und Reaktion einfordert, als überfordernd, anstrengend und bisweilen belastend wahrgenommen wird. Diese Umstände vergegenwärtigen sich insbesondere im Berufsalltag der Befragten. Hier sehen sich die Befragten in dieser Kommunikationsstruktur integriert, andere Handlungsoptionen sind nicht möglich. Dies führt dazu, dass sich die Befragten während des Arbeitstages deutlich belastet durch die internetbasierte Kommunikation fühlen. In der Freizeit versuchen sie diese Nutzungsroutinen zu unterbrechen und wenden sich eher analogen Strategien zu.

> SAH: „...sehr viel PC-Arbeit und bin froh, wenn ich den Laptop am Wochenende nicht aufklappen muss oder irgendwelche anderen Medien."

Anhand der Ergebnisse lässt sich folgende Tendenz nachzeichnen: je intensiver sich die Befragten mit internetvermittelter Kommunikation über E-Mails, Chat-Programme und Messenger-Diensten auseinandersetzen müssen, desto eher versuchen sie diese Kommunikationsformen in der Freizeit zu meiden. Dies führt in einigen Fällen dazu, dass die Befragten den überaus populären und weit verbreiteten Messenger Dienst WhatsApp gezielt und bewusst meiden. Von einer Nutzung wird überdies abgesehen, weil die Installation dieses Dienstes auf dem Telefon eine Art Kausalität entwickelt, die sich vor allem in der Erwartungshaltung Anderer äußert. Demnach ist es schwerlich möglich, WhatsApp nur sehr gelegentlich und ausgewählt zu nutzen.

> SSW: „Mein Feierabend ist eben mein Feierabend. Da muss ich nicht ständig präsent sein. WhatsApp passt da einfach nicht rein. Ich weiß nicht genau, wie sehr es mich tatsächlich stören würde, wenn ich es nutzen würde. Aber ich möchte es auch gar nicht erst ausprobieren. Diese Einschätzung ist eben mein Gefühl."

Auch hier erscheint das Diktat der Option/der Möglichkeit wirksam. Den jeweiligen Kommunikationsdiensten sind ganz eigene Regelhaftigkeiten und Systematiken immanent, die überdies Ausdruck in divergierenden Erwartungshaltungen der Partizipierenden finden. Für das Berufsleben erscheint das Internet als allumfassend, der Berufsalltag ist von Digitalität geprägt, so dass in der Freizeit der Abstand von digitalen Medien gesucht wird. Dabei dient das Internet als Instrument, bisweilen als notwendiges Übel.

> SSW: „Für sie ist es, ich will nicht sagen überlebensnotwendig, aber für sie ist es ein wichtiges Medium, um im Kontakt und auf dem Laufenden zu bleiben. Für mich ist es eher hinderlich oder störend. Das liegt vielleicht daran: für die berufliche Nutzung haben wir eigene Chat-Tools, die dann über den Rechner laufen und das reicht mir dann und da muss ich dann nicht ständig auch noch abends auch noch erreichbar sein."

Die analogen Strategien werden als Ausgleich verstanden und bewusst für die Phase und für den Zweck der Entspannung genutzt. Die Strukturierung des Alltages mit der Akzentuierung von Pausenphasen bedeutet auch, in der Zeit Abstand von dem mobilen Gerät, dem Smartphone, zu nehmen. Der Alltag ist damit nicht von Phasen geprägt, in denen bewusst auf das Internet oder internetbasierte Dienste zugegriffen wird – vielmehr stellt es sich so dar, dass es einen Primat des Online-Seins gegenüber dem Offline-Sein gibt. Trotz aller Kritik und negativer Beurteilungen kommen die Befragten nicht umhin auszuführen, dass das Internet Kommunikation und Kontaktpflege auf vielfältige Weise unterstützt und vereinfacht.

> TAS: „Ich finde es einfach eine Option. Ich bin ja nicht darauf festgelegt, ich muss jetzt diesen Weg wählen, sondern es ist eine Handlungsmöglichkeit mehr und je nach Intention oder dem Anliegen ist die manchmal auch wirklich sehr hilfreich, finde ich. So lange man die Entscheidung noch treffen kann."

Von großer Bedeutung sei ein reflektierter Umgang mit dem Internet und den vermittelnden Medien. Dabei müsse die Vergegenwärtigung dessen präsent sein, dass das Internet zuvorderst ein Instrument und kein Taktgeber sein darf. Ferner ist in der gegenwärtigen Situation das Internet eine Möglichkeit von vielen, auf die man nicht per se festgelegt ist. Solange die Nutzung des Internets eine Option und nicht vorgesetzt ist, kann man frei wählen und sich entscheiden.

13.6 Funktionen des Internets im privaten Alltag

Im Rahmen des Analysecodes H werden verschiedene Funktionen, die das Internet für den Alltag der Befragten bereithält, expliziert. Es ergeben sich sechs Untercodes, welche die Funktionen Informationsbeschaffung (H1), Kommunikation mit der Familie (H2) und Kommunikation allgemein (H3) umfassen. Weitergehend wird das Internet im Zuge der Alltagsgestaltung als Nachrichtenmedium (H4) genutzt und zum Planen, Buchen und Banking (H5), aber auch für Organisieren und Ordnung (H6) verwendet. Der Obercode H weist aufgrund der starken Ausdifferenzierung eine recht weitgefasst Kategoriendefinition auf:

- Welche Funktionen übernimmt/erfüllt das Internet im Alltag der Befragten?

Nachfolgend werden die einzelnen Subcodes mit den jeweiligen Codedefinitionen dargestellt.

13.6.1 Funktion des Internets: Informationen / Informationsbeschaffung

Die erste, unter dem Obercode subsummierte Analysekategorie (H1), umfasst die Funktion der Informationsakquise. Die Befragten sprechen dem Internet im Kontext der Informationsbeschaffung für ihren Alltag eine große Bedeutung zu. Definitorisch umrissen ist der Subcode H1 folgendermaßen:

- *Informationen über das Internet generieren.*
- *Gezielte Suche.*
- *Informationsbeschaffung.*
- *Internet als Quelle für Informationen?*

Das Internet bietet den Befragten eine Fülle an divergierenden Funktionen in Bezug auf die Informationsgenese. Damit werden die Informationen selbst einer Unterscheidung unterworfen. Somit dient das Internet beispielsweise dazu, Vorabinformationen zu generieren: die Befragten nutzen die Internetrecherche, um Angebote zu sondieren, frühzeitig Kenntnisse über geplante Vorhaben zu sammeln und Entscheidungen zu vereinfachen. Die Vorabinformationen helfen hauptsächlich dabei, Ziele besser zu erreichen und geplante Vorhaben, ob es sich dabei um eine Kaufentscheidung handelt oder Veranstaltungen ausgewählt oder Reisen geplant werden sollen, fokussierter, zielgerichteter und schneller umsetzen zu können. Die Vorabinformation kommt einer Sondierung gleich, welche die Optionenvielfalt zunächst überblickhaft eruiert und selektiert. Im Zuge des Prozesses des Vorabinformierens werden als ansprechend empfundene Optionen und Angebote ausgewählt, zu denen sich die Befragten dann weitergehend informieren. Man kann hier von einer zweistufigen Informationsakquise sprechen – es handelt sich um zwei Wellen des Sich-Informierens. Als vorteilig wird dabei vor allem die Wahrnehmung neuer, bisher unbekannter Aspekte, Angebote, Optionen benannt. Die Entdeckung von Neuem geschieht im Kontext der Internetrecherche eher als bei der Informationsbeschaffung über andere Medien. Diesem Aspekt wohnen gleichsam positive als auch negative Aspekte inne: die Informationssuche über das Internet wirkt bisweilen diffus auf die Befragten. Der Prozess, die gewünschte Information generieren zu können, ist im Internet durch ein gewisses Maß an Aktivität auf Seiten der Befragten bestimmt. Dabei offerieren sich jedoch neue, bisher nicht in die Suche inkludierte Optionen. Das Resultat einer internetbasierten Informationssuche liefert eine Bandbreite an Zusatzinformationen, die sich der/dem Suchenden als Beiwerk zu den eigentlich intendierten Informationen vergegenwärtigt. Die Internetrecherche bietet im Zuge der Informationsgenese damit mehr und neue Optionen und Informationen, als es eine Informationsrecherche über andere (analoge) Medien realisieren könnte. Diese Aspekte führen den Umstand mit sich, dass die vielfältigen Zusatzinformationen bisweilen für Unübersichtlichkeit sorgen und die/den Informationssuchenden vor (umfangreiche) Selektionsaufgaben stellen/stellt. Verknüpft werden diese eher negativ konnotierten Charakteristika der Internetrecherche durch die zeitliche Komponente: die Befragten empfinden die internetbasierte Informationsrecherche bei der zielgerichteten Suche als zeitintensiv. Die Bewertung des Internets als Informationsquelle erscheint von der jeweiligen Intention abzuhängen, die die Suchenden mit der Informationsrecherche verbinden. Die Suche nach speziellen Informationen stellt sich als eher herausfordernd dar. Die Vorabinformation hingegen wartet positiv mit dem auf, was in der zielgerichteten Suche unerwünscht ist: die Offerte verschiedener, zusätzlicher Informationen. Im ersteren Falle führen mannigfaltige Zusatzinformationen zu Unübersichtlichkeit und fordern Selektion, im letzten Falle verschaffen dieselben zusätzliche und vor allem neue Informationen, die sich in weiteren, neuen Optionen vergegenwärtigen oder realisieren lassen.

Als Mehrwert des Internets gelten nach Einschätzung der Befragten die mannigfaltigen Informationen zu jedwedem Thema. Bekanntes, beispielsweise in Form von Hobbies, lässt sich mit Informationen, die über das Internet zusammengetragen werden, vertiefen, neujustieren und anderweitig ausformen.

TAS: „Eigentlich kriegt man ja viele Informationen für den Freizeitbereich oder für anderes, wo man sonst einen Kurs besuchen muss und Geld ausgeben muss und aus dem Haus muss."

Das Internet bietet jedoch Einblicke in gänzlich Neues. Relativ komfortabel lassen sich neue Informationen generieren und neue Themenfelder erobern. Handlungsrepertoires können auf diese Weise vertieft, erweitert und neu ausgerichtet werden. Vor allem für den beruflichen Kontext entfalten diese vorgenannten Aspekte für die Befragten eine hohe Relevanz. Das Internet verschafft insbesondere im Kontext beruflicher Themen dienliche Informationen und verhilft durch Vorabinformationen zu dezidierten Einblicken, Überblicken und Kenntnissen, die die Befragten in dieser Situation als angenehm wahrgenommene Sicherheit beschreiben.

SFJ: „[...] handwerkliche Tätigkeiten, die man noch nicht gemacht hat, eigne ich mir an, teilweise auch berufliches Wissen, von dem man sagt, ich habe da nur mal was von gehört und möchte das vertiefen, lese ich da nach, ich nutze es als Schnellrecherche, um irgendwelche technischen Normungen oder sowas rauszusuchen, um zu sagen, in welcher Norm finde ich was, weil die Suchfunktionen einfach deutlich schneller sind als wenn ich es händisch heraussuchen würde."

Wiederholt wird durch die Befragten vergegenwärtigt, dass das Internet mitnichten einfach in der Bedienung sei. Vielmehr ist die Informationsrecherche im Internet voraussetzungsvoll. Dies betrifft neben ausgeprägten Lesekompetenzen und Selektionsfähigkeiten auch die Fähigkeit, sich im Vorwege der Recherche zu vergegenwärtigen, was gesucht wird. Im Kontext der Intention der Vorabinformation kann sehr offen das Feld der möglichen Informationen sondiert werden. Die Fülle an Informationen wird bei der gezielten Informationssuche als eher hinderlich angesehen. Somit ist die Suche bei der Recherche klar umrissener Informationen auf eine eigene Vorselektion angewiesen.

> SFJ: *„Man muss auch, um das zu finden, was man sucht, wissen im Vorwege, was man sucht."*

Die Befragten geben an, dass man bei dieser Art der Informationsrecherche genaue Kenntnis darüber besitzen müsse, was man sucht, um zu dem gewünschten/gesuchten Ergebnis in Form der genauen Information zu kommen.

Es zeigt sich, dass die befragten Personen das Internet als Zugang zu verschiedensten Informationen und vor allem die Breite des Informationsangebotes nutzen. Somit umfassen die über das Internet generierten Informationen das Tagesgeschehen, Nachrichten (lokal, regional, überregional, international), aber auch beruflich konnotierte Informationen sowie allerlei Informatives, welches die Tagesorganisation und dergleichen betrifft.

> SAH: *„Ich merke, dass meine große Tochter das Internet sehr intensiv für praktisch alles nutzt. Sie sucht Nachrichten, also Tagesgeschehen, sie sucht also alle Informationen, auch lokale Geschichten, über das Internet. Sie nutzt dafür eigentlich auch nur noch das Handy."*

Das Informieren an sich spielt bei vielen Entscheidungen der Befragten eine wichtige Rolle. Das Generieren von Vorabinformationen wird als Instrument zur zielgerichteten Entscheidungsfindung eingesetzt. Per se dient das Internet den Befragten als Portal für das Suchen und Finden von dargebotenen Informationen – zudem wird dasselbe dafür genutzt, um selbst Informationen bereitzustellen oder über eine Kommunikationsplattform oder einen Kommunikationsweg (hauptsächlich E-Mail in diesem Kontext) zu ventilieren. Das Internet ist damit gleichsam Quelle für jedwede Information, die man benötigt, aber zugleich das Instrument, um Informationen weiterzugeben.

Im Vergleich zu der Untersuchungsgruppe der Senior*innen ist erkennbar, dass die Intentionen, welche der Informationsrecherche mittels des Internets innewohnen, für beide Gruppen, Kinder und Senior*innen, ähnlich geartet sind. Es scheint allerdings so zu sein, dass die Kinder in deutlich ausgeprägterer Weise die weiterführenden Informationsmöglichkeiten nutzen und damit stärker auf sich bietende Optionen zugreifen. Dies gilt insbesondere dafür, sich neue Handlungsrepertoires zu eröffnen, indem gänzlich Neues durch das Internet erfahren und dann durch Umsetzung und Internalisierung inkorporiert wird. Über das Internet generierte Fertigkeiten unterstützen vor allem die Kinder dabei, sich bisweilen unbekannte Tätigkeiten anzueignen, die einen direkten Nutzen entwickeln. Dabei dienen diese neu erworbenen Fertigkeiten einer Art Hilfe zur Selbsthilfe: Reparaturen, Instandhaltungen etc. werden über das Internet (häufig über YouTube-Videos in Form von Tutorials) erworbene Fertigkeiten selbsttätig realisiert. Dies verhält sich in der Gruppe der befragten Senior*innen etwas anders. Im Hinblick auf die Vorabinformationen ähneln sich die Einstellungen beider Gruppen sehr stark, wobei sich bei den Senior*innen extrahieren lässt, dass diese Informationssuche, auch, wenn es sich um eine Suche zu Vorabinformation handelt, eher zielgerichtet und zweckgebunden ist.

13.6.2 Funktion: Kommunikation mit der Familie

Der Subcode H2 setzt sich dezidiert mit der Funktion des Internets auseinander, die die Kommunikation mit der Familie betrifft. Definitorisch zeigt sich entsprechend:

- *Kommunikation mit der Familie/Kommunikation innerhalb der Familie (Kinder, Partner*innen, Verwandte).*
- *Kommunikation insbesondere mit den Eltern.*

Im Fokus dieser Auseinandersetzung steht vor allem die Kommunikation mit den Eltern, die in dieser Untersuchung als Seniorinnen und Senioren in der betreffenden Befragtengruppe repräsentiert sind. Hier zeigt sich, dass die online agierenden Senior*innen intensiv in die internetbasierten Kommunikationsstrategien der Kinder über Messenger Dienste wie WhatsApp eingebunden sind. So identifizieren die Befragten (Untersuchungsgruppe der Kinder) WhatsApp als gute Möglichkeit, familieninterne Kommunikation zu organisieren. Besonders beliebt sind dafür Gruppenchats, in denen verschiedene Personen zusammengefasst sind. Entsendete Nachrichten/Botschaften gehen an den Empfänger*innenkreis, der sich als Gruppe konstituiert. Dieser Kommunikationsweg wird hauptsächlich für kurze Botschaften genutzt, die eher organisatorische Inhalte vermitteln. Dieser Kommunikationsweg ermöglicht es nach Einschätzung der Befragten, Absprachen zu treffen und Anliegen und anderes Relevantes zu koordinieren. Dabei lässt sich tendenziell eher die online agierende Mutter (Seniorin) auf die internetbasierte Kommunikation mittels Messenger Dienst ein als der online agierende Vater (Senior).

> TAL: „[...] aber meine Mutter hat eines, sie erbt von uns immer das Aussortierte und sie ist in dieser Gruppe mit drin und sie erwartet das eigentlich von uns, dass wir uns regelmäßig bei WhatsApp mal melden und dass sie mal was hört."

Diese Darstellung deckt sich mit den Ausführungen der befragten Senior*innen. Grundsätzlich rekapitulieren die Befragten für die innerfamiliäre Kommunikation eine Pluralität der Kommunikationsstrategien, die sich durch eine Kombination verschiedener Medien darstellt. Somit kommt neben dem Telefon und der E-Mail-Korrespondenz dem Austausch über WhatsApp eine bedeutende Rolle im Kommunikationsrepertoire zu. Im Zuge der Reflexion der eigenen Kommunikationsroutinen resümieren die Befragten für sich immer wieder die Relevanz des Messenger Dienstes WhatsApp. Dabei erscheint dieses Medium multifunktional: es wird dazu genutzt, Termine zu koordinieren, Absprachen verschiedenster Art zu treffen, Dinge zu organisieren. Für den innerfamiliären Alltag zeigt sich, dass die Kommunikation über WhatsApp mit den Eltern stark durch die Übermittlung von Fotos geprägt ist.

> SSW: „Meine Mutter nutzt nun WhatsApp und das auch sehr gerne. Das hatte sie bei meiner Frau mitbekommen und ist dann mit eingestiegen und dann eben auch eingebunden. Ja, mein Vater macht dann auch Bilder von unterwegs, wenn er mit dem Hund spazieren gegangen ist, die gibt er dann meiner Mutter und sie versendet das dann an uns."

Diese Praktik dient dazu, die Eltern intensiv an den Erlebnissen und Ereignissen teilhaben zu lassen, Einblicke in spontane Begebenheiten oder alltägliche Momente geben zu können. Das übermittelte Foto zeigt eine Momentaufnahme, welche den Empfangenden realitätsnäher an dem Ereignis Anteil nehmen lassen soll. Das Foto vergegenwärtigt die Perspektive des Fotografierenden und verweist damit auf einen ganz eigenen Deutungszusammenhang. Der Aspekt, fotodokumentarisch das eigene Erleben festhalten und dann mit anderen teilen zu können, wird von beiden Untersuchungsgruppen als höchst vorteilig angesehen. Wobei es sich so darstellt, dass die Erfahrungen der Senior*innen mit diesem Austausch von Fotos weitaus emotionaler in den Interviews kommuniziert werden. Sie betonen die Vorzüge und die sich neu eröffnenden Möglichkeiten ungleich überschwänglicher als die Befragten der Untersuchungsgruppe der Kinder. Eine Erklärung dafür könnte sein, dass die Kinder diese Kommunikationsform bereits deutlich länger als Handlungsroutine etabliert haben. Insbesondere für die Senior*innen, die das Internet erst recht spät für sich erschlossen haben, stellt sich dies als recht neue Möglichkeit dar. In der digitalen Fotografie und dem internetbasierten Austausch (quasi nur um wenige Augenblicke zeitversetzt) rekonstruiert sich ein prominentes Charakteristikum des Internets: erst nach und nach erobern die Senior*innen diese Territorien für sich und entdecken die neuen Möglichkeiten und Optionen, welche für diejenigen, die das Internet und damit verwobene Angebote schon (recht) lange für sich erfasst haben.

Die Wahrnehmung der befragten Kinder bringt genau diesen Aspekt zum Ausdruck: die Senior*innen beteiligen sich überaus rege an der Kommunikation über Messenger Dienste und nutzen im Zuge dessen die Möglichkeit des Fototeilens intensiv.

> TAS: „Das Mailen ist dann auch zeitlich nicht so umfangreich. Wenn wir telefonieren ist auch schnell mal schwupps eine Stunde weg und die habe ich oft einfach nicht, oder ich hätte sie, aber man muss entscheiden, möchte ich das eine oder das andere. Und dann mag ich lieber auch mal nicht telefonieren, weil ich das tagsüber auch schon viel tue. Und dann hat es sich eigentlich etabliert, dass wir viel auch mailen, auch SMS oder WhatsApp schreiben. Man kann eben auch mal kleinere Informationen kommunizieren, ohne, dass man eben immer anrufen muss. Man hat auch mehr Teil am Alltag und an den Erlebnissen durch die Fotos."

Für den Zweck der innerfamiliären Kommunikation schätzen die Befragten die Nutzung des Messenger Dienstes WhatsApp als äußerst vorteilig ein. Sie geben an, dass die Interaktionen zwischen den Familienmitgliedern deutlich zugenommen haben und kleinteiliger sind. Insbesondere für die übergenerationale Kommunikation leistet diese Art des Austausches einen Mehrwert. Dies liegt vor allem daran, dass das Telefonat als Kommunikationsstrategie hauptsächlich für die jüngeren Familienmitglieder (aus der Perspektive der Senior*innen: Enkelkinder) an Bedeutung verliert. Durch die Nutzung internetbasierter Messenger Dienste eröffnen sich neue Optionen für die Senior*innen: sie halten intensiveren Kontakt mit den Kindern *und* den Enkelkindern.

> SAH: „Schön ist dabei, dass man ein Medium hat, was die Kinder nutzen. Früher hat man sie angerufen, da sind sie dann nicht rangegangen. Die sind ja über Tage nicht ans Telefon gegangen. Jetzt schreibt man eine WhatsApp und hat innerhalb von 30 Sekunden eine Rückmeldung, weil es ein Medium ist, was sie annehmen."

Die Einschätzung der Befragten fällt durchaus positiv aus: der Kontakt zwischen den Kindern und den Eltern (Senior*innen) habe sich seit der beiderseitigen WhatsApp-Nutzung verändert, was sich insbesondere anhand regelmäßiger Interaktionen und durch mehr Teilnahme und Teilhabe ausdrückt.

13.6.3 Funktion: Kommunikation

Während die Auswertung der Untersuchungskategorie H2 Aspekte der innerfamiliären Kommunikation über internetbasierte Kommunikationsdienste herausgearbeitet hat, vergegenwärtigt diese hier dargestellte Auswertungskategorie H3 die Funktion des Internets vor dem Hintergrund eher allgemeinerer Kommunikationsaspekte. Selbige beinhalten auch Einschätzungen und Bewertungen der Kommunikation über das Internet. Anlässlich dieser Intentionen ist die nachfolgende Definition expliziert:

- *Kommunikation über internetbasierte Messenger-Dienste.*
- *Kommunikation über soziale Medien.*
- *Kommunikation mit Freunden und Bekannten.*

Vorausgeschickt werden kann, dass die internetbasierte Kommunikation höchst disparat bei den Befragten rezipiert wird, wobei sich alle Befragten sowohl eher negativ als auch positiv zu diesen Aspekten äußern. Es zeigt sich, dass das Internet hier je nach Art der Verwendung und Nutzungsintention vorteilig oder nachteilig wahrnehmen lässt.

Als besonders erwähnenswert empfinden die Befragten den Aspekt der orts- und zeitunabhängigen Kommunikationsmöglichkeit. Eine besondere Rolle kommt dabei der E-Mail zu. Schriftliche Korrespondenzen können nach Belieben durch die/den Sendende/n initiiert und durch die/den Empfangende/n gelesen, bearbeitet und wiederum beantwortet werden. Folglich assoziieren die Befragten Flexibilität und Zeitersparnis mit der internetbasierten Kommunikation. Neben den positiven Attributen finden die Befragten jedoch ebenso einige eher negativ konnotierte. So bestünde hauptsächlich im Kontext der E-Mail-Nutzung die Notwendigkeit, mit viel Disziplin und Bedacht zu Werke zu gehen. Diese geforderte Disziplin umfasst dabei sowohl das Senden als auch das Lesen einer elektronischen Botschaft: das Codieren der Botschaft und das Entcodieren benötigt Besonnenheit. Impulsives Agieren führt schnell zu Missverständnissen. Derlei Folgen liegen vor allem in der äußerst reduzierten Kommunikationsweise begründet, befinden die Befragten. Alleinig das geschriebene Wort und die daraus zu erahnenden Botschaften liegen der/dem Rezipierenden vor – in welchem Deutungshorizont die Nachricht zu verorten ist, kann treffend, aber auch missverständlich ausgedeutet werden. Aufgrund der Distanz, die durch die elektronische Mittelung zwischen den beiden Interaktionspartner*innen entsteht, käme es nach Auffassung der Befragten schneller dazu, dass Zivilität und Höflichkeit zurückgehen würden. Dabei wird insbesondere an dem Umstand Kritik geübt, dass diese eingeschränkte Form der Kommunikation weiter reduziert wird, indem Anrede- und Grußformeln vernachlässigt würden.

Per se sind der hochfrequenten Kommunikationsweise, welche durch das Internet möglich wird, aus der Perspektive der Befragten negative Attribute immanent. Es besteht die Notwendigkeit, sich immerwährend mit den Veränderungen auseinanderzusetzen, stets den Status quo zu kennen. Dieser Umstand gepaart mit der hochfrequenten Kommunikationsweise wird als überfordernd und ermüdend eingeschätzt.

TAS: „Ich habe auch ein oder zwei Facebook-Gruppen. Und da habe ich auch beschlossen, das kann man nicht alles abarbeiten, das kann man ja auch gar nicht. Was da alles an Nachrichten in so einer Gruppe eingeht. Das will ich auch gar nicht. Dann sitze ich abends ja auch noch vor dem Ding."

SFJ: „Entweder man ist eine Stunde in Gang Hin und Her zu schreiben für eine Geschichte, die man, wenn man anrufen würde, in fünf Minuten klären kann. Und ob man dadurch mehr erfährt oder nicht, aber das vermag ich nicht zu sagen."

Eben diese Wahrnehmung äußern ebenfalls die Seniorinnen und Senioren. Dieser Dualismus von dem Fluch auf der einen und dem Segen auf der anderen Seite ist allen Online-Netzwerken und Messenger Diensten eigen. Wenngleich sich vielfältige Möglichkeiten dazu ergeben, mit anderen Akteur*innen zu interagieren, neue Personen virtuell kennenzulernen, Kontakte aufrecht zu erhalten, ist eben dieses immense Kommunikationsaufkommen verantwortlich dafür, dass sich die Befragten oftmals belastet fühlen. Somit sehen sich die Befragten mit ständig geforderter Präsenz und Aufmerksamkeit konfrontiert, derer es bedarf, wenn in den Online-Netzwerken partizipiert wird. Sie geraten in Medien- und Kommunikationsstress. Im Zuge dessen wird Kritik geübt, dass man sich allzu leichtfertig dazu hinreißen ließe, die internetvermittelte Kommunikation der analogen vorzuziehen, insbesondere, weil die negativ konnotierten Aspekte wahrgenommen werden und sich für bestimmte Begebenheiten (analoge) Alternativen finden lassen würden.

13.6.4 Funktion: Nachrichtenmedium

Dass das Internet den Zugang zu ganz unterschiedlichen Informationen bietet, wurde bereits im Zuge der Analysekategorie H1 dargelegt. Dort wurde unter dem Aspekt der Informationsrecherche ebenfalls die Rezeption von Nachrichten subsummiert. Im Verlauf der Interviews wurde allerdings von den befragten Personen immer wieder auf die Relevanz des Internets für die Vergegenwärtigung der täglichen Nachrichteninhalte rekurriert. Aufgrund des Umstandes, dass die Befragten dies des Öfteren als gesonderten Aspekt kommunizierten, obliegt dieser Funktion des Internets ein eigener Subcode (H4). Definitorisch ist derselbe sehr eng gefasst – Definition und Inhalt des Codes sind in diesem Falle sehr ähnlich:

- *Medium der Nachrichtenrezeption.*
- *Onlinezeitungen.*
- *Ersatz/Alternative für analoge Medien?*
- *Lokale, regionale und überregionale Nachrichten.*

Die Auswertung ergibt, dass die Befragten die Printversionen der Tages- oder Wochenzeitungen in einigen Fällen durch die digitale Variante ersetzen. Dabei ändert sich für die Befragten zwar das Format der Zeitung, nicht aber die damit verbundene Routine. Es zeigt sich, dass die Onlinemedien einen immer größer werdenden Stellenwert im Zuge des Nachrichtenkonsums der Befragten darstellen.

> TAL: „[…] nicht mehr im Abo, das haben wir abbestellt, das machen wir auch nur noch online."

Allerdings werden auch gegenteilige Meinungen deutlich: so setzen sich die befragten Personen mit der Frage auseinander, ob die Onlineversion der betreffenden Zeitung tatsächlich als Alternative angesehen werden kann. Dies liegt neben der Betonung der besonderen Haptik und des eigentümlichen Konsum- und Leseerlebnisses auch daran, dass die Befragten der Meinung sind, dass die Online-Ausgaben vor allem inhaltlich keinen Mehrwert generieren – schon gar nicht in dem Falle der frei, ohne Abonnementbindung verfügbaren zugänglichen Artikel. Die vollumfänglichen Inhalte sehen einige der Befragten ausschließlich in der Printversion enthalten. Wieder andere empfinden das digitale Pendant, das E-Paper, als praktische und uneingeschränkt akzeptable Alternative zum eigentlichen Druckerzeugnis. Die Einstellungen zu der Funktion des Internets als Nachrichtenmedium sind eher ambivalent und rekurrieren ausschließlich auf die Schriftmedien. Audiovisuelle Nachrichten sind in den Überlegungen der Befragten nicht enthalten.

13.6.5 Funktion: Planen, Buchen, Banking

Die Funktion des Internets für die Informationssuche oder für die Recherche im Allgemeinen lässt sich weitergehend in die mit der Recherche verbundene Intention ausdifferenzieren. Um diese Ausdifferenzierung zumindest bruchstückhaft entlang der Darstellungen der Befragten vorzunehmen, werden im Rahmen dieser Untersuchungskategorie H5 die Funktionen Planen, Buchen und Banking dargelegt. Wie schon die vorangegangene Kategorie Funktion *Nachrichtenmedium* ist auch diese von deskriptiver Natur. So wird subsummiert und abgebildet, was die Befragten als genuine Funktionen des Internets benannt haben, die von der allgemeiner gehaltenen Funktion der Informationsbeschaffung und der der Kommunikation zu unterscheiden sind. Diese Codedefinition fällt mit dem Inhalt der Kategorie in großen Teilen zusammen:

- *Internet wird für Vorabinformation/Angebotssondierung genutzt.*
- *Über das Internet wird geplant.*
- *Reisebuchungen.*
- *Onlinebanking.*

Deutlich wird anhand der Aussagen der Befragten, dass der Vorteil des Internets darin liegt, dass dasselbe eine Fülle an verschiedenen Angeboten offeriert, welche sich hier dezidiert auf Reiseangebote beziehen. Betont wird zudem in diesem Zusammenhang die als vorteilig erachteten Vorabinformationen. Der Kunde und die Kundin sind in der Position, sich im Vorwege umfassend mit dem betreffenden Themenfeld zu befassen. Das selbstständige Buchen von Privat- und Dienstreisen ermöglicht den umfassenden Einblick in alle Reise- und Buchungsdetails und verschafft Kontrolle.

SSW: „Wenn ich zum Beispiel eine Reise buche, tue ich das eher im Internet. Aber nicht so sehr, weil ich es bequemer finde und auch nicht, weil es vielleicht schneller geht, sondern vor allem, weil ich das Gefühl habe, dass ich im Internet eine bessere Auswahl habe."

Konträr zu diesen Auffassungen stehen andere Einschätzungen in der Gruppe der Befragten: die Vorabrecherche sei (in vielen Bereichen) von den Angebotsanbietenden gewollt und kalkuliert. Durch die Reduktion von Serviceangeboten würden verschiedene Anbieter*innen aus unterschiedlichen Branchen (Tourismus, Finanzsektor, Einzelhandel) die Aktivität der Kund*innen zur notwendigen Voraussetzung machen und damit die Aktivität im Internet forcieren und implizit einfordern.

TAL: „Die Menschen werden zu diesem Selbstständigen also schon fast gezwungen ja auch, dass man diese Vorauswahl, diese Vorplanung schon alles selber macht und dann nur noch der letzte Schritt passiert."

Die (potenziellen) Kundinnen und Kunden sehen sich mit einer Angebotsfülle konfrontiert, die kaum zu überblicken ist und somit überfordern könne, so die Wahrnehmung der Kund*innen. Ein weiterer Faktor gesellt sich zudem dazu: die Befragten empfinden die Vorabauswahl als sehr zeitintensiv. Durch sie übernimmt der Kunde/die Kundin Serviceleistungen, die in der stationären Dienstleistung von den Angestellt*innen des jeweiligen Unternehmens/der jeweiligen Organisation realisiert werden würden. Diese Aufgabenstellungen werden durch die digital gestalteten Abläufe auf die Kundin und den Kunden ausgelagert. Die Angebotsselektion entlang der individuellen Wunschparameter obliegt den Kund*innen. Per se schätzen die Befragten die Unabhängigkeit und die Selbstbestimmung bei Konsum- und Buchungsentscheidungen im Internet – jedoch zeigen sich im Prozess als negativ wahrgenommene Attribute. Darüber hinaus geben die Befragten an, größere Banktransaktionen oder Finanzentscheidungen bevorzugt in einem direkten Kund*innen-Berater*innen-Gespräch führen zu wollen. Die Ausfertigung größerer Transaktionen erscheint den Befragten über das Internet nicht vertrauensvoll. Die gleiche Einschätzung haben die Befragten gegenüber bedeutenderen Konsumentscheidungen. Vor allem größere elektronische Geräte, Automobile und dergleichen wünschen sie vor der Kaufentscheidung direkt und unvermittelt wahrzunehmen.

Über das Internet getätigte Buchungen, Transaktionen oder Käufe benötigen in bestimmten Fällen die direkte Ansprache eines als kompetent bewertete/n Repräsentant*in. Trotz aller über das Internet vorfindlichen Möglichkeiten würden die Befragten nicht auf stationäre Service- und Dienstleistungen verzichten wollen. Allerdings geben sie an, im Internet bisweilen vorteiligere Angebote zu erhalten, als dies die stationäre Entsprechung vermag.

> TAL: „[…] ich habe mir irgendwas rausgesucht und möchte eine ganz bestimmte Jacke haben, da gucke ich im Internet. Die Vorauswahl findet im Netz statt. Und dann kann es natürlich sein, dass ich in mein Geschäft in der Stadt fahre und gucke, ob sie die haben und kaufe sie dann da, weil ich sie nochmal anprobieren kann. Aber das Große, dieses Sortieren und erstmal gucken, was gibt es überhaupt, das macht man über das Netz."

Es geht den Befragten bei dem Rekurs auf die stationären Repräsentanzen weniger um die Angebote an sich als um die Serviceleistungen der Selektion, Beratung, Aufklärung und einer als vertrauensvoll und kompetent eingeschätzten Instanz, welche als Absicherung und Unterstützung der (Kauf-)Entscheidung angesehen wird.

13.6.6 Funktion: Organisieren und Ordnen

Die Analysekategorie H6 referenziert auf eine Funktion des Internets, welche genuin mit den durch die Digitalisierung explizierten Möglichkeiten verwoben ist. Das Internet dient den Befragten als Speichermedium und Organisationstool. Das Aufbewahren digital aufbereiteter Informationen wird als überaus relevant für die (Arbeits-)Organisation der Befragten erachtet.

Codedefinition:

- *Das Internet fungiert als Ordnungssystem und Speichermedium.*
- *Internet als Organisationstool.*

Insbesondere in Verbindung mit dem E-Mail-Account kommt dem Internet als Speicherort eine große Bedeutung zu. So fungiert der E-Mail-Account gleichermaßen als Ordnungssystem für thematisch aufbereitete Informationen. Der Vorteil dieser Organisationsvariante besteht aus der Perspektive der Befragten vor allem darin, dass die in dem Account gespeicherten Informationen ohne großen Aufwand weitergeleitet und anderen zur Verfügung gestellt werden können und zudem ein Zugriff ortsunabhängig möglich ist.

> TAL: „[...] die eben nie wirklich abgeschlossen sind, wo man immer nochmal wieder reinguckt in alte Dinge und da ich nichts mehr ausdrucke, weil ich auch den Platz nicht mehr habe, um das alles zu sammeln in Ordnern, bleibt das eben alles irgendwo im Internet sitzen [...]. Ich benutze die Dropbox für Fotos, sei es aus Urlauben, von Klassenfahrten irgendwelche Sachen, Fotos, die man aufbewahrt. Man druckt nichts mehr aus."

Derlei Vorteile sehen die Befragten ebenfalls für andere digitale Speichersysteme (Clouds: Dropbox, icloud, Google Drive usw.). Darüber hinaus wird ein weiterer Mehrwert in den Speicherkapazitäten identifiziert: auf diese Weise gelingt es, die papierbasierte Dokumentation aufzubrechen, dies spart Ressourcen (Papier) und okkupiert keinen Platz (Raum) für Dokumentationssysteme (Hefter, Ordner).

13.7 Nutzungsintensität des Internets im beruflichen Kontext

Im Zuge dieser vorliegenden Auswertung wird der Code I der Untersuchungsgruppe der Kinder dargelegt. Derselbe hat die Nutzungsintensität des Internets im beruflichen Kontext zum Inhalt. Die Nutzungsintensität wird nicht anhand einer Quantifizierung gemessen, da die Intention dieser Analyse nicht darin liegt, den Einschätzungen und Wahrnehmungen der Befragten ein nummerisches Äquivalent anheimzustellen. Es geht vielmehr um die Nachzeichnung dessen, was die Befragten hinsichtlich der Internetnutzung im beruflichen Kontext explizieren. Eine Kategorisierung und Abgrenzung divergierender Intensität wird nicht abgebildet, sondern Auskunft darüber gegeben, wie die Befragten die Nutzung des Internets wahrnehmen.

Die Analysekategorie I ist wie folgt umrissen:

- *Welche Rolle spielt das Internet im Rahmen der beruflichen Tätigkeit?*
- *Allgemeine Aussagen.*
- *Allgemeinere Bewertungen.*
- *Deskription: Wie wird das Internet konkret genutzt.*

Die Auseinandersetzung mit den beruflichen Alltagsroutinen der Befragten und der Internetnutzung ist auf prägnante Weise mit der Computertechnik und der Computernutzung verbunden. Demnach geht eine intensive Computernutzung zumeist mit einer intensiven Internetnutzung einher – Selbiges gilt ebenfalls in entgegengesetzter Wirkrichtung.

> *TAL: „…so ist eigentlich ständig der Computer an und auch dadurch dann der Zugang zum Internet hergestellt."*

Eine Verquickung beider Bereiche ergibt sich notwendigerweise auch aufgrund digitalisierter Arbeitsprozesse. Für den Arbeitsalltag wird aus der Perspektive der Befragten eine hohe Belastung durch die parallel realisierte Mediennutzung generiert. Verschiedene Medien werden parallel und im Zusammenspiel genutzt. Daraus resultiert eine hohe Nutzungsfrequenz (jedes Medium wird häufig bedient/verwendet; verschiedene Medien werden häufig in Kombination eingesetzt). Alle Befragten geben an, dass der Computer und das Internet intensiv im Kontext beruflicher Handlungsroutinen zum Einsatz kommen. Zudem seien die Arbeitsaufläufe ohne den Computer- und Interneteinsatz nicht realisierbar. Das liegt vor allem an der internetbasierten Kommunikation, die zu einem allgegenwärtigen Instrument der Arbeitsroutinen gehört. Zu betonen ist an dieser Stelle, dass die Befragten im Hinblick auf ihren Arbeitsalltag und die typischen Tätigkeiten keinesfalls repräsentativ für die Arbeitsabläufe stehen sollen und können. Die Befragten sind durch ihre beruflichen Ausbildungswege, die mehrheitlich durch ein Studium charakterisiert sind, eher auf computergestützte Geistesarbeit fokussiert. Für Arbeitnehmende, die eher im produzierenden Gewerbe, der Industrie oder dem Handwerk (erwerbs-)tätig sind, spielt der Einsatz des Computers und des Internets eine weniger stark ausgeprägte Rolle als sich hier für die Personen der Untersuchungsgruppe erheben lässt.

Die intensive Computernutzung führt dazu, dass nicht nur die Internetnutzung problematisiert wird. Vielmehr wird die intensive Arbeit mit verschiedenen Computerprogrammen als herausfordernd bewertet. Dies liegt neben der Wahrnehmung, dass alle Arbeitsprozesse mit dem Computer zu realisieren sind und die Programme stetig an Komplexität gewinnen, hauptsächlich daran, dass die Befragten die Empfindung haben, dass der Mensch sich an die (Computer-) Technik anpassen müsse, dass das Primat der Technik vor dem Menschen gelte.

Als charakteristisch und besonders prägend für ihre Berufstätigkeit schätzen die Befragten die internetbasierte Kommunikation ein. Diese umfasst einen großen Teil der täglichen Arbeitsroutinen. Als belastend wir dabei wahrgenommen, dass sich aufgrund der flexiblen Kommunikationsmöglichkeiten die Grenzen zwischen dem Arbeitstag und der Freizeit/der Privatzeit verschieben. Insbesondere die Nutzung von mobilen Endgeräten macht es den Befragten möglich, auch zu Hause die Job-E-Mails zu lesen und zu bearbeiten. Dabei begleitet die Befragten die Empfindung, dass durch die gegebenen Möglichkeiten die ständige Erreichbarkeit von Kolleg*innen und Vorgesetzten erwartet wird.

> SAH: „Bei uns wird einfach erwartet, dass wir open end arbeiten und wenn man dann eben spät nach Hause kommt und dann ertappt man sich eben beim Abendbrot auf der Terrasse, dass man dann noch nochmal im Handy eine E-Mail liest anstatt, ja weiß ich nicht, die Gabel in den Mund zu schieben."

Hier wird das *Diktat der Möglichkeit* sehr deutlich. Im Hinblick auf die internetbasierte Kommunikation scheinen sich neue Kommunikationskulturen im Zuge verschiedener Unternehmenskulturen zu etablieren. Wenn Vorgesetzte ebenfalls außerhalb üblicher Geschäftszeiten E-Mail-Korrespondenzen forcieren, adaptieren die befragten Arbeitnehmenden dieses Verhalten für die eigene Arbeitsroutine.

> SAH: „[...] dann ist vielleicht was Wichtiges, was ihm eingefallen ist und dann liegt man im Bett und liest, was ansteht oder was schiefgelaufen ist. Und sonst hätte man das morgens um sieben gelesen, das wäre auch scheiß egal gewesen. Aber das für sich... Aber das ist alles System, das ist ja auch so gewollt. Sie sagen dir, dass man das ruhig privat nutzen kann. Dann hat man es ja in der Hand oder ich habe es am Bett liegen, weil ich einfach gucke, ob die Kinder, die unterwegs sind, noch eine WhatsApp schreiben. Und wenn dann nicht die WhatsApp vom Kind kommt, sondern die vom Chef, dann liest du die vom Chef."

Zudem schildern die Befragten, dass es im Zuge der E-Mail-Kommunikation schnell zu Missverständnissen und Konflikterlebnissen kommt, die dann erneut außerhalb der eigentlichen Arbeitszeit aufbereitet werden. Unbearbeitete E-Mails und die Erwartung von unbearbeiteten E-Mails stellen einen Aspekt mit erheblichem Stresspotenzial für die Befragten dar. So geben sie an, einen Urlaub, in dem sie keine Job-E-Mails bearbeiten, nicht vollends genießen zu können, weil ihnen die Vorausschau auf die unbearbeiteten E-Mails bei Dienstantritt Unbehagen bereitet. Trotz der ausgesprochen umfangreichen negativen

Konnotation der E-Mail-Korrespondenz dient dieselbe als präferiertes Kommunikationsinstrument.

> SAH: „Also, ich hatte eine Woche Urlaub und da lag dann auch viel an zum Aufarbeiten und ich habe fast eine Woche die Mails nicht gecheckt und ich fühlte mich nicht gut am nächsten Montagmorgen."

Die Auswertung dieses Codes I vergegenwärtigt, dass mit dem Internet im beruflichen Kontext vor allem die E-Mail-Korrespondenz assoziiert wird. Dieselbe erscheint als großer Teil der Arbeitsroutinen der Befragten. Gleichwohl wird deutlich, dass in diesem Aspekt ein großes Stresspotenzial verborgen liegt. Die Möglichkeiten der E-Mail-Korrespondenz werden positiv bewertet, allerdings wird die Art und Weise der Nutzung als überaus herausfordernd angesehen.

13.8 Zwischenfazit: Ergebnisse der Untersuchungsgruppe der Kinder

Die Interviews mit den sechs Personen, welche zu der Untersuchungsgruppe der Kinder gehören, wurden als offene, qualitativ ausgerichtete Leitfaden-Interviews geführt[89]. Die Kernelemente dieses Leitfadens tangieren die Themenfelder der eigenen Internet-Nutzungsroutine, die Nutzungsbiografie, Eckpunkte zu Kommunikation über das Internet, das Themenfeld der sozialen Ungleichheit in Verbindung mit dem Internet und damit verbundene Lebenschancen und Zukunftsaussichten. Überdies wurde die Internetnutzung der eigenen Eltern thematisiert und dabei auch die Gruppe der Senior*innen im Allgemeinen einer Betrachtung unterzogen.

Diese sechs Audiodateien wurden gemäß der in Kapitel 10.1 explizierten Transkriptionsregeln in eine Textdatei überführt und somit für die qualitative Inhaltsanalyse vorbereitet. Die qualitative Inhaltsanalyse wurde mittels des computergestützten Datenauswertungsprogramms MAXQDA regelgeleitet ausgewertet – Inhalt dieser Auswertung waren die Schritte der Paraphrasierung, der Reduktion I und II und der Generalisierung, die schlussendlich zu dem Analyseoutput in Form eines Kategorien- oder Codesystems führten. Das Kategoriensystem ist das Resultat der Analysetechniken Zusammenfassung und Kontextanalyse, wobei der Primat der Auswertung in der Technik der Zusammenfassung zu benennen ist und die Kontextanalyse eher ergänzend bei fraglichen Textteilen herangezogen wurde. Das Kategoriensystem bildet die Kern-

---

89 Der Leitfaden kann im Anhang eingesehen werden.

aussagen der Befragten ab und weist damit die Schwerpunktsetzungen aus, welche innerhalb der Interviews von den Befragten selbst gesetzt wurden. Es ist somit davon auszugehen, dass die Aspekte und Themen von den Befragten dann besonders intensiv behandelt werden, wenn dieselben eine (große) Relevanz für die Alltagsgestaltung oder die Wirklichkeit der Befragten entwickeln. Anhand des Kategoriensystems der Kinder ist nachzuvollziehen, dass besonders das Thema der Internetnutzung der Senior*innen relevant ist. Dabei wird die Internet- und in dem Zusammenhang auch die Mediennutzung (Computer, Smartphone etc.) aus der Sicht der Kinder im Zusammenhang mit den Senior*innen bewertet. Die Kinder beziehen sich dabei zuvorderst auf die eigenen Eltern, nehmen aber auch die Gruppe der Senior*innen in den Blick. Im Zuge der Kontrastierung der Erfahrungen und Erlebnisse, die die Kinder für den Komplex Senior*innen und Internet benennen, zeigt sich, dass der immer wieder der Dualismus der Onliner*innen und Offliner*innen benannt wird. Zu bedenken geben die Befragten im Zuge dessen vor allem, dass die Offliner*innen Schwierigkeiten haben, an gesellschaftlichen Prozessen zu partizipieren und es landläufig als nachteilig begriffen werden muss, das Internet nicht zu nutzen. Betont wird dabei jedoch der Aspekt, dass die Internetnutzung überaus voraussetzungsvoll ist und es dafür eine gute körperliche und geistige Konstitution braucht.

Die weitergehend in dem Kategoriensystem explizierten Codes beziehen sich vordergründig auf die Lebensumstände der Kinder und der damit verwobenen Internetnutzung. Deutlich tritt hervor, dass das Internet als steter Begleiter sowohl im Privat- als auch im Berufsleben gilt. Dabei wird der Einsatz digitaler Technik als notwendig und unerlässlich bestätigt, aber auch die als belastend und strapaziös empfundene internetbasierte und technikvermittelte Kommunikation angesprochen. Deutlich wird: der Alltag der Befragten ist durchdrungen von dem Einsatz von (internetfähigen) Medien. Diese Handlungsroutinen, welche im Wesentlichen eine technikvermittelte, schriftliche Korrespondenz (E-Mail) und zudem eine computerfokussierte Arbeitsweise meinen, werden in ihrer Notwendigkeit und der Vorteilhaftigkeit für die Strukturierungen der Arbeitsabläufe bestätigt – damit einher geht jedoch die Wahrnehmung der Überforderung und Überreizung, welche sich zentral in einem Zwang der Partizipation an Kommunikationsprozessen mittels der internetfähigen Geräte ausdrücken.

Interessant ist zu sehen, dass sie sich Senior*innen und die Kinder in vielen Einstellungen ähneln. Das nachfolgende Kapitel soll zum einen die Auswertungsergebnisse der Senior*innengruppe unter der besonderen Berücksichtigung der Kinder diskutieren und zum anderen die Ergebnisse mit den Fragestellungen dieser Arbeit zusammenbringen und dieselben zu einer Beantwortung führen.

14 Ergebnisse: Zusammenfassung und Schlussfolgerungen

Angekommen in diesem finalen Ergebniskapitel geht es darum, die eingangs aufgeworfenen Fragestellungen mit den aus den Interviews herausgearbeiteten Ergebnissen zusammenzubringen. Die beiden vorangegangenen Kapitel standen im Lichte der Ergebnisdarstellung und hatten zum Ziel, die durch die qualitative Inhaltsanalyse gewonnenen Kategoriensysteme für die Untersuchungsgruppe der Kinder und für die Seniorinnen und Senioren darzustellen und die dabei zu Tage geförderten Ergebnisse interpretativ-verstehend zu deuten. Diese gewonnenen Erkenntnisse gilt es nunmehr in Bezug zu den Forschungsfragen zu setzen, welche richtungsweisend und konzeptfestigend für die empirische Untersuchung dieser Arbeit fungierten. Die *leitende Fragestellung* dieser Dissertation lautet: *Wie wirken sich die Internetnutzung und die Internet-Nicht-Nutzung auf die Lebensgestaltung von Seniorinnen und Senioren aus?* Das Schlusswort dieser Arbeit soll eine Gesamtschau der Ergebnisse präsentieren und damit auf diese leitende Fragestellung eingehen. Folglich wird der Fokus der Ausführungen nachfolgend auf den ausgehend von der leitenden Fragestellung formierten forschungsrelevanten Fragen liegen. Das Kapitel erhält seine Systematik durch die einzelne Vergegenwärtigung der Forschungsfragen. Somit werden nacheinander die Forschungsfragen kontrastiert und mittels der aus den Interviews gewonnenen Erkenntnisse zu ihren jeweiligen Beantwortungen geführt. Im Zuge dessen werden sich einige Rückbezüge auf die grundlegend in der ersten Hälfte dieser Arbeit explizierten theoretischen Konzepte ergeben. Das nachfolgende Unterkapitel wendet sich dem Konzept der Lebenschancen zu, welches im Kontext der gewonnenen Ergebnisse diskutiert wird.

14.1 Lebenschancen im Kontext der Internetnutzung

Die Interviews mit den Seniorinnen und Senioren haben mannigfaltige Einblicke in deren Lebenswelten gegeben und gezeigt, wie die Befragten ihren Alltag mit Hilfe des Internets gestalten und wie sie ihr Leben ohne das Internet führen. Dabei ist es nicht nur interessant, den Blick auf verschiedene Aspekte zu richten. Vielmehr soll der Versuch unternommen werden, die Lebenschancen der Seniorinnen und Senioren im Kontext der Internetnutzung und der Nicht-Nutzung zu betrachten. Damit haben die nachfolgenden Ausführungen einen diskursiven Charakter, welcher sich dadurch begründet, dass nicht nur ein

Spotlight auf die Ausdifferenzierung der Lebenschancen an sich geworfen wird, sondern dadurch tangierte Aspekte ebenfalls beleuchtet werden müssen. Da weiter oben bereits die theoretischen Perspektiven von Dahrendorf und Bourdieu konzeptionelle Ergänzungen ergeben haben, werden diese Konzeptionen auch nachfolgend, sich gegenseitig stützend und ergänzend, die Ergebnisse der Befragung theoretisch unterfüttern. Für die Vergegenwärtigung der Lebenschancen – verstanden als mikrosoziologische Explikation – bleibt der Fokus, wie auch schon im Kapitel zur theoretischen Grundlegung, auf dem Dahrendorf'schen Konzept. Der Anteil Bourdieus wird abermals in der makrosoziologischen Perspektive liegen. Darüber hinaus werden kleinere Exkurse nötig, welche die Ergebnisse weitergehend verdichten und das Ziel haben, den Gesamtzusammenhang der betrachteten Thematik – Internetnutzung der Seniorinnen und Senioren – deutlich zu machen. Sodann wird nachfolgend die Ergebnisexplikation für die erste Forschungsfrage angestrebt: Selbige sei an dieser Stelle wieder ins Gedächtnis gerufen: *I: Wie gestalten sich die Lebenschancen der beiden Senior*innengruppen (online und offline) und welche Unterschiede ergeben sich?*

Lebenschancen, das wurde weiter oben gezeigt, sind im Dahrendorf'schen Sinne eine Funktion, die sich in zwei Elemente aufteilt: Das eine Element konstituiert sich als Optionen, das andere vergegenwärtigt sich als Ligatur. In ihrer Gesamtheit bilden beide Elemente „die Backformen menschlichen Lebens in Gesellschaft" (Dahrendorf 1979: 24). Konzeptuell vergegenwärtigt Dahrendorf die definitorischen Konturen beider Elemente, bleibt aber hinsichtlich einer konkreteren Ausformung eher zurückhaltend. Damit gleicht dieses Lebenschancen-Konzept einer Form, die mit Inhalt zu füllen ist. Der Inhalt der Dahrendorf'schen Lebenschancen-Kontur soll sich aus den Interviewergebnissen ergeben: Es soll aufgedeckt werden, welche Optionen und welche Ligaturen sich für das Leben der Onliner*innen und der Offliner*innen identifizieren lassen und wie sich diese im Zusammenspiel auf die Lebenschancen der jeweiligen Subgruppe (offline lebende Senior*innen und online agierende Senior*innen) übertragen lassen. Dahrendorfs Aussage, dass Lebenschancen „die Backformen menschlichen Lebens in Gesellschaft" (ebd.) seien, muss vervollständigt werden um den Passus: „sie bestimmen, wie weit Menschen sich entfalten können" (ebd.). Dies vergegenwärtigt die enge Verquickung des per se zunächst mikrosoziologisch konnotierten Terminus' *Lebenschance* mit der determinierenden Wirkung des Gesellschaftsgefüges. Lebenschancen sind zuvorderst ganz individuelle Angelegenheiten – so scheint es. Jedoch sind die Lebenschancen des Individuums auch die Lebenschancen der Gesellschaft und damit auf das beschränkt, was die Gesellschaft an sich hervorzubringen vermag. Dieser Aspekt spielt auf die historische Entwicklung von Lebenschancen an, welche sich, auch im Dahrendorf'schen Sinne, weiterentwickeln und, kollektiv betrachtet, ein höheres Niveau erreichen. Mehr Chancen für alle Gesellschaftsmitglieder, bedeuten, in Relation gesetzt, auch mehr Chancen für das Individuum – dazu finden sich einige Beispiele: die Einführung des Frauenwahlrechts, der für alle geöffneten (und nunmehr in weiten Teilen verpflichtenden) Schulbildung, das Wahlrecht – bereits anhand dieser Beispiele wird gewahr, dass die Chancen einer Gesellschaft mithin kulturell determiniert sein können, mitnichten parallel durch alle Kulturkreise und Nationen eine Veränderung durchlaufen und damit im besten Falle eine Verbesserung, damit ist auch ein Zugewinn an Freiheiten gemeint, erreichen. Lebenschancen sind jedoch nicht nur im Hinblick auf die historische Komponente determiniert und damit in deren Verlauf unterschiedlich – sie vergegenwärtigen sich, trotz historisch steigender kollektiver Chancen, *innerhalb* einer Gesellschaft äußerst disparat. Lebenschancen entfalten sich für die eine mehr, für den anderen weniger. Für den einen ergeben sich umfassendere Gestaltungs- respektive Wahlmöglichkeiten, für die andere bleiben bestimmte Optionen unerreicht. Nicht das Individuum zeichnet sich per se verantwortlich für die Realisierung sich bietender Optionen und die Ausgestaltung bestimmter Ligaturen: Die Gesellschaft ist es, die die Kontur, den Umfang und die Tiefe dieser, in der Dahrendorf'schen Lesart gestalteten, ‚Backform' bestimmt. Verkürzt könnte man sagen: Die Lebenschancen der/des Einzelnen enden da, wo gesellschaftlich relevante Mechanismen beginnen und greifen.

Lebenschancen, so die These, sind von unterschiedlichen gesellschaftlich relevanten Mechanismen abhängig und werden durch dieselben je nach Ausprägung unterschiedlich stark beeinflusst. Eine weitere These lautet, dass das Internet und dessen Nutzung auf die Ausprägung der Lebenschancen Einfluss nimmt. Mithin lautet eine weitere, damit in Verbindung stehende Annahme: Die Lebenschancen der Offliner*innen unterscheiden sich von denen der Onliner*innen. Diese These vergegenwärtigt, dass der Aspekt der Internetnutzung, dabei denke man nicht nur an die Art der Nutzung (Dauer, Inhalt, Zielsetzung etc.), sondern für die Gruppe der Senior*innen vor allem auch an die Tatsache der digitalen Spaltung (Nutzung oder Nicht-Nutzung des Internets; Partizipation oder Nicht-Partizipation am Prozess der Digitalisierung), von verschiedenen Faktoren ursächlich beeinflusst wird. Internetnutzer*innen, so eine weitere These, auf die im Verlauf der Arbeit mehrfach referenziert wurde und die durch die Ergebnisse der Untersuchung gestützt werden, werden in der Art der Nutzung von den Merkmalen Alter, Bildung, Beruf, Berufstätigkeit, dem Geschlecht, dem Wohnort und dem Faktor Kinder in ihrer Nutzungsroutine beeinflusst.

Aufgrund der Relevanz dieser benannten Einflussgrößen wird im Folgenden eine Diskussion dieser determinierenden Faktoren angeregt: Je nachdem, welche Merkmalskonstellation sich ergibt, lässt sich eine andere Art der Internetnutzungspräferenz extrahieren. Dass die Faktoren Alter, Bildung und Beruf einen herausragenden Einfluss auf die Internetnutzung haben, konnte anhand der statistischen Daten der Untersuchung der Initiative D21 offenkundig gemacht werden. Der Faktor Geschlecht, dies wurde statistisch ebenfalls eruiert und kann auch im Kontext dieser Untersuchung bestätigt werden, spielt für die Internetnutzung eine eher untergeordnete Rolle. Allerdings kann derselbe im Hinblick auf den Aspekt der Technikaffinität und der Techniksouveränität einen Einfluss ausüben – dieser Umstand verweist auf den Dualismus zwischen Internet und Computertechnik, welcher im weiteren Verlauf dieser Ergebnisdiskussion zu thematisieren ist. Als weitere Einflussgrößen sind hier der Wohnort und die Kinder genannt. Der Wohnort im Kontext der Differenzierung zwischen ländlichen und städtischen Gebieten kann als determinierend im Hinblick auf die Internetnutzung wahrgenommen werden, entfaltet allerdings im Zuge der flächendeckenden Infrastrukturmaßnahmen keine allzu große Wirkung mehr und erscheint für zukünftige Betrachtungen von lediglich marginaler Bedeutung. Der Faktor, der einen großen Stellenwert für die befragten Senior*innen einnimmt, ist der der eigenen oder fürsorgeverpflichteten Kinder. Kinder determinieren die Internetnutzung insofern, als dass sie einen wesentlichen Motivationsgrund für die Seniorinnen und Senioren darstellen, sich mit der Nutzung des Internets zu befassen. Für die Onlinerinnen und Onliner, die eigene Kinder haben und damit in eine übergenerationale Kernfamilie eingebunden sind, stellt die Nutzung des Internets ein Kommunikationsinstrument besonderer Art dar: Der Austausch über Messenger-Dienste wie WhatsApp vergegenwärtigt sich als einschlägige Routine und Kommunikationspraxis, in welcher dem Austausch von Fotos eine besonders große Bedeutung zukommt. Die Offlinerinnen und Offliner zeigen sich in Bezug auf den Motivationsgrund ‚Kontakt zu Kindern und Familienangehörigen' eher ambivalent, wobei hier ein entscheidender Faktor in den Enkelkindern zu erahnen ist. So geben alle befragten Offliner*innen zu bedenken, dass man, wenn Enkelkinder in der Familie sind, weniger die Wahl zwischen einem offline oder einem online gestalteten Alltag hat – bei Enkelkindern in der erweiterten Kernfamilie gehören die internetbasierten Kommunikationskanäle nach Auffassung der befragten Senior*innen zum selbstverständlich erachteten Handlungsrepertoire. Damit einher geht die Einsicht der Befragten, dass das Internet für die jüngeren Generationen notwendigerweise zum Alltag gehört und sich die Seniorinnen und Senioren an deren Kommunikationsgewohnheiten ein Stück weit anpassen müssten, um den Kontakt zu den Enkelkindern aufrecht erhalten zu können. So gibt beispielsweise der Befragte HF an, dass er und seine Frau mit hoher Wahrscheinlichkeit den Umgang mit dem Internet erlernt hätten, wenn sie Kinder (und Enkelkinder) hätten. Die Befragte FH eröffnet, dass das Internet für sie zwar keinen Mehrwert generiert, sie aber über eine Nutzung des Internets anders denken würde, wenn die Kinder und Enkelkinder nicht in direkter Nachbarschaft wohnen würden und Kommunikationsmedien für die Überbrückung räumlicher Distanzen genutzt werden müssten. Hier erscheint der Faktor

Wohnort aus einer anderen Perspektive relevant: Sowohl Onliner*innen als auch Offliner*innen erkennen Vorteile in der mobilen, internetbasierten Kommunikation, die sich im Wesentlichen entlang der Präferenz der befragten Personen in Form von E-Mail und Messenger-Diensten expliziert. Bei größeren räumlichen Distanzen zwischen den Wohnorten der Senior*innen und der Kinder scheint in der internetbasierten Kommunikation eine Möglichkeit der Kompensation der geringeren Face-to-Face-Interaktion gegeben.

Neben den bis hierher konsultierten Determinanten respektive Dimensionen der Internetnutzung spielt ein weiterer Aspekt eine Rolle, welcher mithin in den Studien zur Internetnutzung und Digitalisierung noch keine dezidierte Berücksichtigung gefunden hat: hierbei handelt es sich um die soziale Herkunft. Auch diesem Faktor kommt im Rahmen der Analysen sozialer Ungleichheit ein wesentlicher Einfluss zu. Folglich lässt sich dies auch auf die Internetnutzung übertragen, *wenn man die soziale Herkunft per se als eine Form des medialen Backgrounds begreift,* welcher zunächst in der Herkunftsfamilie zu verorten ist. Dann nämlich werden die Konzepte der Mediensozialisation relevant, welche einen Erklärungsbeitrag in Bezug auf die Art der Mediennutzung liefern können. Vordergründig ist damit die *Medienprägung*[90] über die drei Sozialisationsetappen hinweg gemeint und bedeutet die Prägung auf eine bestimmte Art der Mediennutzung. Antworten auf die Fragen, welche Kommunikations- und Verbreitungsmedien in der Herkunftsfamilie in der Phase der Primärsozialisation genutzt werden, welche Medien in der sekundären Sozialisationsphase relevant werden (welche Medien werden in den Bildungsinstitutionen genutzt, welche Medien finden sich präferiert in den Peer Groups?) und wie es sich im Hinblick auf die Phase der Berufs(aus)bildung und der Erwerbstätigkeit verhält, malen dann das Bild der Medien- respektive der Internetnutzung einer Person (tertiäre Sozialisation). Zu betonen ist, dass Medien in allen drei Phasen der Sozialisation des Menschen relevant werden und ihre ganz eigenen Anteile ausbilden (vgl. Hölscher 2008: 754 f.)[91].

---

90 Medienprägung kann hier auch in eine Art Medien-Agenda umformuliert werden, wobei das Konzept des Agenda-Settings eine Umdeutung erhält, die nicht per se die durch die Medien vermittelten und als relevant erachteten Themen meint, sondern darauf verweist, dass aufgrund der unterschiedlichen Referenzrahmen (Bildungsinstitutionen (Aus- und Weiterbildung), Arbeitsumfeld, private Peers) bestimmte Medien für die Individuen besonders präsent sind (vgl. Schweiger 2010: 61). Per se findet der Begriff Medienprägung im Rahmen von sozialwissenschaftlichen Auseinandersetzungen einen verschwindend geringen Einsatz. Wenn, dann wird damit auf identitätsbildende und -beeinflussende Effekte von Medien auf Individuen gesprochen, welche eher im Lichte der Mediensozialisation stehen. Hier soll jedoch dezidiert auf die Art der Medien rekurriert werden, die innerhalb des Sozialisationsprozesses relevant und folglich auch habitualisiert werden.
91 Hölscher greift hier die dreistufige Sozialisation des Individuums auf, welche explizit auf Berger und Luckmann zurückgeführt wird (2000: 139 ff.), wo grundlegend die dreistufige

Die untenstehende Abbildung 7 vergegenwärtigt die unterschiedlichen Phasen, in denen bestimmte Medien besonders sozialisierend und prägend auf die Rezipientinnen und Rezipienten wirken. Abgebildet ist vor allem aber auch der Umstand der Medienprägung, welcher bestimmte Medien als besondere Referenzgröße im Kontext verschiedener Sozialisationsphasen annimmt. Das vom Umfeld präferierte Mediennutzungsverhalten entwickelt seine Strahlkraft auf das Individuum und verknüpft Medien mit speziellen Attributen.

Abb. 7: Phasen der Medienprägung

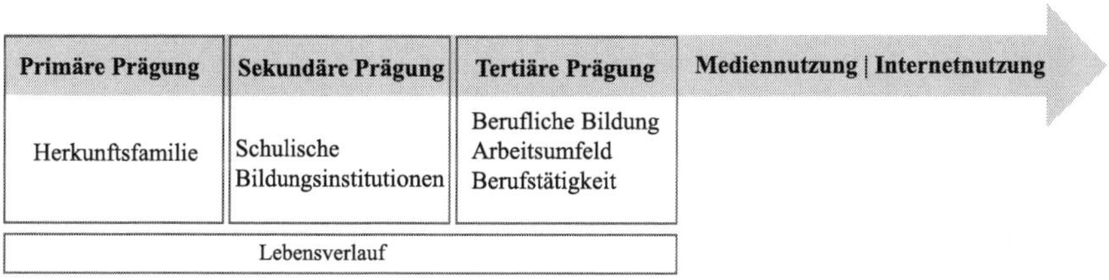

Primäre Prägung	Sekundäre Prägung	Tertiäre Prägung	Mediennutzung | Internetnutzung
Herkunftsfamilie	Schulische Bildungsinstitutionen	Berufliche Bildung Arbeitsumfeld Berufstätigkeit	
	Lebensverlauf		

Quelle: eigene Darstellung.

Mediensozialisation mitgedacht kann hier nicht nur begriffen werden als der Beitrag der Medien zur Menschwerdung, zur Ausbildung der Identität, sondern auch als die Prägung auf (besonders präferierte) Medien. Dem Sozialisations- und Enkulturationsprozess ist immanent, dass Kulturtechniken überliefert und dass das Individuum in der Nutzung derselben unterwiesen wird. Dies lässt sich auf die Nutzung der Übermittlungstechnik des Schreibens genauso übertragen wie auf die Verwendung bestimmter Verbreitungsmedien – hier denke man an die Zeitung, das Buch, den Rundfunk, den Fernseher, aber eben auch an das Smartphone, den Computer und das Internet: Die Herkunftsfamilie spielt dabei eine wesentliche Rolle. Stauff vergegenwärtigt die zweigestaltige Begriffsverwendung, die einen weiteren Aspekt aufwirft: Nicht nur die Medien und deren Einsatz prägen die Individuen, dieselben unterliegen selbst einer steten Beeinflussung durch die Rezipierenden (vgl. Stauff 2007: 40). Dieser Ansatz entfaltet insbesondere eingedenk der konzeptionellen Überlegungen zur Mediatisierung und der Digitalisierung seine Bedeutung. Digitalisierung meint gleichsam einen *gesellschaftlichen Wandlungsprozess* und eine *Umwandlung von analogen Informationen in die digitale Repräsentation* (wobei Informationen mithin digital generiert werden und nicht eine analoge Variante implizieren; sie fungieren in ihrer Digitalität als das Original, wenn die Informationen darin ihren Ursprung haben). Im Zuge der Digitalisierung, dies wurde in dem Kapitel zur Digitalen Revolution gezeigt, obliegen die traditionellen Medien einer Veränderung – das

---

Ausdifferenzierung angelegt ist. Dies stellt eine Abgrenzung zu anderen Autoren dar, welche von zwei Sozialisationsphasen ausgehen und die tertiäre nicht ausführen.

Buch verwandelt seinen Charakter im Zuge der Digitalität, bleibt aber in seiner Funktion und der eigenen Form erhalten, das gleiche lässt sich für Zeitungen annehmen, aber auch für das Fernsehen, welches sich neuen Gewohnheiten der Rezipierenden gegenübersieht.

Aufgrund der der Digitalisierung immanenten Besonderheit, dass die digital vorhandenen Informationen stets den Einsatz von Technik fordern respektive notwendig machen, findet eine gegenseitig wirkende Prägung statt. Die Medien prägen den Alltag der Menschen und werden wiederum von der zunehmenden Technisierung geprägt (vgl. Stauff 2007: 40). Die Medien in ihrem technisierten Charakter sorgen für den Prozess, der sich in dem Konzept der Mediatisierung widerspiegelt – die alles umfassende und alles durchdringende Einflussnahme und Etablierung technisch vermittelter, digital aufbereiteter Medien. Die untenstehende Tabelle (vgl. Tab. 9) expliziert Papsdorfs Gegenüberstellung von Offline- und Onlinemedien. Dieselbe fasst die vorangegangenen Ausführungen prägnant zusammen: Die Etablierung von Online-Medien bedeutet in großem Maße auch die Einbindung von Technik in den Kommunikations- respektive Interaktionsprozess.

Tab. 9: Übersicht On- und Offline-Medien

Kategorie	Offline-Medien	Online-Medien
Non- und Parasprache	Face-to-Face	Video-Telefonie, Emoticons, Inflektive in Schriftsprache
Gesprochene Sprache	Face-to-Face	Video-Telefonie, Instant Messaging, Webchat, Internet Relay Chat
Schriftsprachliche Medien	Zeitungen, Bücher, Plakate, Flugblätter, Briefe, elektronische Medien wie Pager und E-Book-Reader	Blogs, Foren, nicht echtzeitliche Chatsysteme, E-Mail
(Bewegt-) Bilder	Bilder, Filme, (Computer-) Spiele	Bilder, Videos, Spiele, Animationen
Auditive Medien	Rundfunk, Telefon, Citizen-Band-Funk	Podcasts, Web-Radios, Scrobbler-Dienste
Symbolisch generalisierte Kommunikationsmedien	Geld, Recht, Wahrheit	Geld, Recht, Wahrheit
Ergänzung		Dateiübertragung

Quelle: Papsdorf 2013: 111.

Deutlich wird anhand der Gegenüberstellung vor allem die zunehmende Abstraktion der digital vermittelten Botschaft von dem genuin gemeinten Inhalt. Digital vermittelte Kommunikation bedient sich in weitem Maße symbolischer Repräsentanzen, die die verschiedenen Ebenen der Kommunikation kompensatorisch mitliefern sollen. Die Installation und Implementierung von Emoticons kann als Kennzeichen des reduzierten Charakters der schriftsprachlich übermittelten Botschaften verstanden werden, welches die prominenteste Art der vermittelten Kommunikation ist. Mithin ist es so, dass die Sprachtelefonie hinter die schriftsprachlichen Kommunikationsformen zurückfällt (vgl. LEAD digital 2018).

Angemerkt sei an dieser Stelle, dass die Vergegenwärtigung der Medienprägung für die jüngeren Generationen auf die Art der Internetnutzung abzielt, welche Aspekte wie Medienkompetenz, Mündigkeit und Souveränität umfasst. Festzuhalten ist außerdem: Die Medien- und damit auch die Internetnutzung wird per se als Resultat verschiedentlich wirkender Faktoren (weiter oben offerierte Determinanten und Dimensionen) verstanden, die im Verlauf des Lebens der Individuen in unterschiedlicher Ausprägung wirken. Schlussendlich muss die Mediennutzung eingedenk der mediatisierten und digitalisierten Welten und im Zuge der bis hierhin explizierten Argumentation als Teil des *Habitus' eines Menschen* verstanden werden.

Das Debattieren der digitalen Spaltung erscheint für die junge Generation eingedenk der einhundert prozentigen Internetnutzungsquote obsolet. Dennoch sind die Medienprägungen im Durchgang durch die verschiedenen Sozialisationsphasen in ihrer Relevanz nicht von der Hand zu weisen: Dies vergegenwärtigt sich im Besonderen anhand der Bedeutung der Berufstätigkeit – und dies in zweierlei Hinsicht. Per se, dies eröffnet sich für alle Generationen und Personengruppen einer Gesellschaft, erscheint der Beruf, also das Tätigkeitsfeld und die genuin damit verbundenen als markant einzustufenden Arbeitsroutinen, als einflussnehmend auf die Internetnutzung. Die Erklärung dafür liegt auf der Hand und ist in den eben benannten besonderen Anforderungen zu suchen. Als Wissensarbeitende[92] bezeichnete Personen setzen sich in ihrer Erwerbstätigkeit hauptsächlich mit computergestützten Aufgaben auseinander. Auch hier zeigt die Digitalisierung ihre Wirkung: Je weiter eine Branche in Sachen Digitalisierung fortgeschritten ist, desto eher werden computergestützte Tätigkeiten relevant. Ohnehin wird ein Großteil der Arbeitsleistungen des tertiären Sektors über die Verwendung von Technik realisiert. Der Computer- re-

---

92 „Mit dem Begriff Wissensarbeit wird ein sich in den ökonomischen Beziehungen ausbreitender Typus von Wert schöpfenden Tätigkeiten umschrieben, der sich nicht nur auf die Nutzung, Aneignung und ökonomische Wertung von Wissen, sondern vor allem auch auf die Erzeugung neuen Wissens bezieht." (Ibert/Kujath 2011: 7).

spektive Techniknutzung kommt im Zuge der Internetnutzung eine bedeutende Rolle zu und zeichnet sich als einer der markanten Faktoren aus, die als Hemmnisse des Internetgebrauchs genannt werden: Wer das Internet nutzen möchte, muss es erst mit der Technik aufnehmen. Personen, die eher selten im Berufsleben mit dem Computer und dem Internet konfrontiert werden, erscheinen weniger geübt in diesem Bereich. Die Studienergebnisse der Initiative D21 und des Deutschen Instituts für Vertrauen und Sicherheit im Internet (DISVI) konnten anhand der Repräsentativbefragungen aufzeigen, dass der Beruf eine determinierende Rolle im Hinblick auf die Internetnutzung spielt. Dieser Punkt wiederum ist eng verbunden mit der Determinante Bildung und den dabei durchlaufenen Bildungsinstitutionen, die ihrerseits bestimmte Mediennutzungen forcieren. Es zeigt sich, dass die Mediennutzung einer Person auch die Summe der Einflüsse bzw. Nutzungsnotwendigkeiten in den verschiedenen Stadien der Sozialisation ist. Insbesondere der *Nutzungsnotwendigkeit* kommt für die Seniorinnen und Senioren in dieser Untersuchung eine besondere Rolle zu. Mit dem Terminus der Nutzungsnotwendigkeit kann die Veranlassung beschrieben werden, welche die Seniorinnen und Senioren angesichts der notwendigen Medien- und/oder Internetnutzung im beruflichen Kontext verspüren. Einige der befragten Senioren gaben im Hinblick auf die Skizzierung ihrer Internetnutzungsbiografie an, dass sie sich berufsbedingt mit dem Internet auseinandersetzen mussten, weil dasselbe zusehends zum Arbeitsinstrumentarium erhoben wurde. Demnach sahen sich die Senior*innen mit einer in der Phase der Erwerbstätigkeit neu aufkommenden Informations- und Kommunikationstechnologie konfrontiert, dessen Gebrauch unumgänglich war. Die Befragten geben an, dass sie diesen Aspekt als verunsichernd empfanden und sich mehr externe Hilfe und Unterstützung gewünscht hätten, da sie sich die neue Materie prozesshaft selbst erschließen mussten. Es zeigt sich, dass die Internetnutzung in ihrer Ausgestaltung per se von verschiedenen Faktoren beeinflusst wird. Für die Senior*innen wird dieser Umstand besonders deutlich gewahr, da sich für diese Personengruppe nicht nur eine divergierende Nutzungsroutine erheben lässt, sondern sich hier der Aspekt der digitalen Spaltung für die benannten Faktoren besonders deutlich hervortut. Die nachfolgende Abbildung 8 soll die Zusammenhänge der drei Element pointieren: Determinanten und Dimensionen, die Internetnutzung und die Lebenschancen. Die Auseinandersetzung mit diesen extrahierten Elementen dient dazu, die Verortung der Lebenschancen im Kontext gesellschaftlich relevanter Wirkungsmechanismen zu vollziehen.

Abb. 8: Zusammenhang: Internetnutzung und Lebenschancen

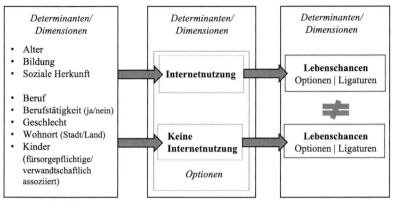

Quelle: eigene Darstellung.

In der linken Spalte des Schaubildes befinden sich die soeben explizierten Determinanten und Dimensionen, die auf die Internetnutzung einwirken. Übertragbar sind diese Determinanten und Dimensionen auch auf den Grad der Digitalisierung, welcher notwendigerweise mit der Internetnutzung verknüpft ist[93]. Die Termini der Determinante und der Dimension sind dem Vokabular der Theorien und Analysen sozialer Ungleichheit entlehnt (dies wurde anhand

---

93 Zum gegenwärtigen Stand der Entwicklung ist es so, dass die Nutzerinnen und Nutzer noch mehr oder minder bewusst respektive aktiv und selbsttätig das Internet anwählen müssen, um es entsprechend ihrer Intentionen/Zielsetzungen/Wünsche zu nutzen. Die aktive Internetnutzung impliziert hierbei auch das bewusste Öffnen einer Applikation (App) auf dem Smartphone. Um das Internet und derlei Dienste nutzen zu können, muss dies bewusst eingefordert werden. Da der Prozess der Digitalisierung aktuell auf die aktive Partizipation der Akteur*innen angewiesen ist, wird mit der Internetnutzung hier auch die Digitalisierung mitgedacht. Das Internet stellt den virtuellen Raum dar, in dem sich mittels des Prozesses der Digitalisierung immer mehr Aspekte aus der physischen Welt wiederfinden – um daran teilnehmen zu können, ist bislang langläufig noch der gezielt initiierte Zugang vonnöten. Diese Barriere, die sich aus der Nutzung des technischen Mediums und aus der Einwahl in das World Wide Web konstituiert, wird für zweckgebundene und internetgesteuerte Funktionen bereits in Form smarter Geräteverbindungen aufgehoben. Das Internet der Dinge umgeht quasi diesen Schritt des bewussten Einwählens und Steuerns durch die Nutzenden – dieselben werden in der Vernetzung von Objekten ausgeklammert. Smarte Objekte verschiedenster Couleur steuern ihre Funktionen internetbasiert selbst. Dies können smarte Häuser sein, die ihre Innentemperatur selbst regeln, das kann der Kühlschrank sein, der selbsttätig Milch nachbestellt, wenn das dafür vorgesehene Fach leer ist. Digitalität forciert aber auch andere Entwicklungen: So kann beispielsweise das Fahrverhalten eines/einer Versicherungsnehmenden aufgezeichnet und an die entsprechende Stelle geleitet werden – daraus generieren sich dann die Versicherungspolicen. Derlei Beispiele für digitale Vernetzung lassen sich viele finden. Doch die allumfassende Digitalisierung vergegenwärtigt sich aktuell (noch) durch die Nutzung des World Wide Webs mittels eines geeigneten Geräts.

des Schaubildes von Solga, Powell und Berger in dem Kapitel zum Konzept der Lebenschancen verdeutlicht) und deuten hier auf erworbene und zugeschriebene Merkmale einer Person hin, die sich je nach ihren Ausprägungen unterschiedlich auf die Lebensgestaltung eines Menschen auswirken. Die Auswirkungen unterschiedlich gearteter Merkmalskonstellationen führen zu unterschiedlichen Lebensgestaltungen. Hier lässt sich Bezug nehmen auf das Bourdieu'sche Habitus-Konzept (vgl. Bourdieu 2013): Die in einem Individuum zusammengeführten Merkmalsausprägungen führen in Bezug auf die Internetnutzung zu habitualisierten Handlungsroutinen. Aufgrund der immensen Strahlkraft der im Prozess der Digitalisierung stetig expandierenden Mediatisierung, was nicht weniger bedeutet als die Okkupierung jedes Lebensbereiches durch internetfähige Endgeräte und darüber rezipierte Onlinemedien, die Ausweitung digitaler Organisation und Strukturierung gesellschaftlicher Subsysteme, wird die Internet- respektive Mediennutzung ein Aspekt des Habitus' einer Person. Damit ist ein zirkulärer Prozess beschrieben, der im Wesentlichen die Interdependenzen zwischen dem Individuum und der Gesellschaft aufgreift. Die Konstellation verschiedener Ausprägungen der als Determinanten und Dimensionen identifizierten Merkmale (Alter, Bildung, Beruf, Einkommen usw.) bildet die Ausformungen der Bourdieu'schen Kapitalarten (vgl. Bourdieu 2012: 229 ff.; Jurt 2010). Die Ausprägung dieser Merkmalskonstellation eines Individuums markiert dessen Position im Sozialgefüge. Die Internetnutzung kann in diesem Gedankenspiel als die Position im Sozialgefüge beeinflussend wahrgenommen werden, allerdings selbst die beeinflusste Größe darstellen. Wenn das Internet in den Kanon der als determinierend im Hinblick auf die Position im Gesellschaftsgefüge wirkenden Prädiktoren aufgenommen wird, wird in der Bourdieu'schen Lesart die Implikation hergestellt, dass das Internet und dessen Nutzung in den Kapitalarten aufgeht. Diese These scheint aus verschiedenen Perspektiven nachvollziehbar zu sein: Digitalisierung meint das Vorhandensein jedweder Information in der Form des Digitalen. Damit sind Auskünfte über Fahrpläne und das Fernsehprogramm genauso gemeint wie die Repräsentanz von Büchern, Zeitungen und (Fach)Zeitschriften. Obliegt dem World Wide Web also die Speicherung als relevant und notwendig erachteter Informations- und auch Wissensquellen, ist der Umgang mit dem Internet genauso essessentiell wie das Lesen und das Schreiben und folglich ein Aspekt des kulturellen Kapitals. Dass die Diskussion um die digitale Spaltung für nachwachsende Generationen als obsolet zu bezeichnen ist, wurde an anderer Stelle ausgeführt. Hingegen ist die Reflexion der Art der Internetnutzung und der damit verbundenen Zielimplikationen überaus relevant für wissenschaftliche Betrachtungen. Denn anhand der Art und Weise der Internetnutzung entfalten sich Potenziale, ergeben sich neue Möglichkeiten, neue *Lebenschancen*. Die Position des Individuums im Sozialgefüge, so Dahrendorf, ist unmittelbar mit der Ausformung potenzieller Lebenschancen verknüpft, weil die Merkmalskonstellation der viel referenzierten Determinanten und Dimensionen ein Mehr oder ein Weniger an Chancen generiert. Das Internet wirkt im Zuge einer mündigen und souveränen Nutzungsroutine ebenfalls determinierend im Hinblick auf die sich bietenden Optionen. Das Internet ist gleichsam als Beeinflusstes und Beeinflussendes wahrzunehmen. Entsprechend der Position des Beeinflussten ist die Internetnutzung abhängig von der durch die verschiedenen Sozialisationsphasen initiierten Medienprägung, der Bildung und der Berufswahl. Je nach Sozialisationsphase ergeben sich neue und anders gestaltete Einflüsse auf die Internetnutzung. Somit wird das Internet selbst zur Option: Dies zeigt sich für die Gruppe der Seniorinnen und Senioren ganz deutlich. Je nach Merkmalskonstellation haben sie den Weg in das World Wide Web gewagt oder nicht. Das Internet stellt sich hier weiterführend als optionenerweiternd dar. Das Internet in der Position des Beeinflussenden eröffnet die Möglichkeit für neue Optionen, generiert neue Chancen. Dieser Aspekt wird weiter unten auszuführen sein – ohne die Pointe vorwegnehmen zu wollen: Onliner*innen erschließen sich neue und mehr Optionen im Gegensatz zu den Offliner*innen. Lebenschancen sind eng verknüpft mit der Position im Sozialgefüge, was die Implikation mit sich führt, dass eine höhere Position im Gesellschaftsgefüge mit einem als vorteilig zu bezeichnenden Zugang zu gesellschaftlich relevanten Ressourcen einhergeht. Je stärker die Merkmalskonstellationen ausgeprägt sind, desto ausgeprägter und vielgestaltiger zeigen sich die Lebenschancen. Es zeigt sich deutlich die makrosoziologische, aber auch die mikrosoziologische Verortung des Konzeptes. Dahrendorf vergegenwärtigt somit den Begriff der Lebenschancen an genau dieser Stelle: Lebenschancen sind zum einen die einzelnen Möglichkeiten, die sich für ein Individuum für die eigene Lebensgestaltung eröffnen, zum anderen sind sie auch die Summe dieser Optionen, die dann die Lebensführung eines Menschen an sich umfassen. Die sich potenziell bietenden Wege sind jedoch durch gesellschaftliche Attributionen und Wirkmechanismen determiniert. Jeder Determinante und jeder Dimension sind damit Chancen und damit Ursachen immanent. Die Merkmalskonstellationen weisen den Gesellschaftsmitgliedern Positionen im Sozialgefüge zu, die jeweils mit einem bestimmten Status und einem gewissen Prestige einhergehen. Diese Positionen sind die realisierten Lebenschancen.

Im Rahmen der nachfolgenden Abschnitte soll expliziert werden, wie sich die Lebenschancen eingedenk der Internetnutzung oder Nicht-Nutzung für die Gruppe der Seniorinnen und Senioren vergegenwärtigen. Die Ausgestaltung der die Lebenschancen konstituierenden Elemente Ligaturen und Optionen ist, wie in Kapitel sechs in der theoretischen Grundlegung aufgedeckt wurde, von Dahrendorf zwar konturiert worden, bleibt aber einer Konkretion schuldig. Diese Offenheit wurde als vorteilig für die qualitative Analyse und die verstehende, rekonstruktive Interpretation der Interviews gedeutet, weil somit mittels des induktiven Vorgehens die von den befragten Senior*innen als relevant erachteten Optionen respektive Möglichkeiten und die Ligaturen, also die sinnstiftenden Verbindungen, extrahiert werden können, ohne dass diesen Ergebnissen allzu dezidierte konzeptionelle Explikationen vorgelagert wären.

Auf den Folgeseiten sind zwei Ergebnistabellen dargestellt, welche das Extrakt der Interviewanalysen darstellen. Nach der inhaltsanalytischen Auseinandersetzung mit den Interviews wurde für die Gruppe der Senior*innen ein Kategoriensystem generiert. Im Rahmen des elften Kapitels wurden die einzelnen Kategorien interpretativ-verstehend ausgewertet und interpretiert. An dieser Stelle nun soll die Rückbindung an die eingangs explizierte Fragestellung vollzogen werden. Im Wesentlichen soll gezeigt werden, wie sich Optionen und Ligaturen für die Gruppe der Onliner*innen und für die Gruppe der Offliner*innen ausgestalten. Dafür wurden die Ergebnisse der Interviewanalysen verdichtet und im Hinblick auf die Elemente Optionen und Ligaturen betrachtet.

14.1.1 Optionen und Ligaturen: Onlinerinnen und Onliner

Der Untersuchung ist immanent, dass die befragten *Onlinerinnen* und *Onliner*, die in den Interviews geschilderten individuellen Lebenssituationen im Lichte der Internetnutzung betrachten, jedoch als Digital Immigrants den Rekurs auf ihre nicht digital organisierte Lebensführung vollziehen können. Die Erfahrungen, die die Befragten mitteilen, befinden sich in einer Referenzbetrachtung und offenbaren, welche *Zugewinne* im Hinblick auf die sich bietenden Optionen und im Hinblick auf die Ligaturen reflektiert werden. Die Aspekte, die sich durch diese Rekapitulation ergeben, sind im ersten Teil dieser Tabelle (vgl. Tab. 10) abgezeichnet. Der zweite Teil umfasst die im Zuge der Internetnutzung als Einschränkung wahrgenommenen Aspekte, was nicht per se einer Reduktion der Optionen und Ligaturen gleichkommt, allerdings eine Umdeutung impliziert.

Tab. 10: Optionen und Ligaturen: Onliner*innen

Onlinerinnen und Onliner (Senior*innen)		
Optionen Zugewinne im Kontext der Internetnutzung	**Ligaturen** Zugewinne im Kontext der Internetnutzung	**Einschätzung der Kinder**
– Anzahl der potenziellen Gelegenheiten wächst – Durch die Internetnutzung bieten sich bislang unbekannte Möglichkeiten – Handlungsrepertoire wird erweitert – Optionen umfassen im Wesentlichen die Elemente Information und Kommunikation	– Ligaturen drücken sich vor allem in umfangreicherer Kommunikation aus – Anbindungen an neue Personenkreise – Erweiterung bestehender Netzwerke – Anbindung an das familiale Netzwerk wird intensiviert	– Das Internet stellt für die Senior*innen einen Zugewinn an Lebensqualität dar – Die Internetnutzung ist notwendig, anderenfalls droht gesellschaftliche Ausgrenzung
Information a) Bequemlichkeit der Informationsrecherche b) Jedwede Information erscheint zugänglich c) Zugang zu analog nicht zugänglichen oder nicht erreichbaren Informationen d) Orts- und Zeitungebundenheit e) Vielfältigkeit der Informationen f) Weiterführende und vertiefende Informationen g) Vorabinformationen Relevant für: – Hobbies – Ehrenamt – Organisation von Alltagsbelangen – Reisen – Weiterbildung	Information Zugang zu Informationen verschafft: a) Unabhängigkeit b) Sicherheit c) Abbau von Hemmnissen d) Entscheidungsfähigkeit e) Selbstständigkeit f) Selbstbestimmung g) Förderung geistiger Fitness	Information – Egal für welche Information: das Internet ist notwendig für die Informationsbeschaffung – Es eröffnen sich viele Möglichkeiten für Senior*innen, die Vereinsamung entgegenwirken – Das Internet bietet Beschäftigung, fördert die geistige Fitness – Internet verschafft gesellschaftliche Partizipation – Unabhängigkeit – Selbstständigkeit

Onlinerinnen und Onliner (Senior*innen)		
Kommunikation a) Ortsunabhängig b) Zeitunabhängig c) Vielfältigkeit des Empfängerkreises (eine Person, mehrere Personen) d) Direkte Partizipation durch Echtzeitkommunikation e) Neue Qualität der Teilhabe (bspw. durch den Austausch von Fotos) f) Kommunikationskanäle sind funktionsspezifisch g) Organisation	Kommunikation a) Vereinfachte Kommunikation: Mitteilungen können technisch übermittelt werden und es braucht keine direkte synchrone Interaktion b) Es bilden sich durch die Internetnutzung mehr lose Beziehungen und Bekanntschaften heraus c) Kontakt zu neuen Personengruppen d) Interaktion mit Familienmitgliedern wird intensiviert e) Möglichkeit der Kommunikation mit jüngeren Generationen (Enkelkinder) f) Kompensation von nicht-persönlicher Interaktion und unvermittelter Partizipation g) Höhere Interaktionsfrequenz innerhalb der engen Bindungen h) Detailreichere Kommunikation möglich	Kommunikation – Internetbasierte Kommunikation intensiviert die Anbindung der Senior*innen an das familiale Netzwerk – Strategie für höheres Lebensalter: Kompensation von körperlichen Einschränkungen und reduziertem Aktivitätenradius
World Wide Web = Möglichkeiten – Bekanntes vertiefen, neue Facetten entdecken – Unbekanntes entdecken und erobern – Informationen sind allzeit zugänglich – Kommunikation ist divers und orts- sowie zeitunabhängig – Internetnutzung funktioniert bedarfsgemäß: Nutzung entlang der eigenen Bedürfnisse, Interessen	Internetbasierte Kommunikation = Partizipation – Kompensation und Überwindung von Interaktionsbarrieren: Zeit, Raum, körperliche Fitness – Dabeisein ohne dabei zu sein – Echtzeiterlebnisse – Intensivierte Kommunikation mit Familienangehörigen – Kann-Nutzung	Internet = Unterstützung und erweiterte Möglichkeiten – Die Internetnutzung verschafft den Senior*innen die Voraussetzung der Partizipation – Internetnutzung gemäß der Bedürfnisse der Senior*innen

Onlinerinnen und Onliner (Senior*innen)		
Optionen Einschränkungen im Kontext der Internetnutzung	**Ligaturen** Einschränkungen im Kontext der Internetnutzung	
Information und Kommunikation a) Verlagerung ins Digitale b) Möglichkeiten erschließen sich ausschließlich über das Internet c) Internet in der Nutzung voraussetzungsvoll: Wissen, Fertigkeiten, Fähigkeiten, körperliche und geistige Konstitution relevant d) Medienstress e) Nutzungsnotwendigkeit technischer Geräte f) Zwang des Wissens g) Nutzung ist voraussetzungsvoll	Information und Kommunikation a) Notwendigkeit der Aktivität b) Notwendigkeit der Partizipation c) Notwendigkeit der Selbstständigkeit d) Relevanz der Technik/Technikvermittlung e) Gesellschaftlich akzeptierte neue Organisation von Interaktion f) Gefahr der Exklusion im Alter g) Diktat des Digitalen h) Nutzungsnotwendigkeit i) Kompensation des Nicht-Anwesend-Seins nur partiell möglich: Vergegenwärtigung der Singularität	

Quelle: eigene Darstellung.

Die Optionen betreffend zeigt sich, dass sich die Onlinerinnen und Onliner einem Mehr und einer Ausdifferenzierung an Möglichkeiten gegenüberstehen: damit sind gleichsam neue Facetten bereits bekannter Gegebenheiten und gänzlich neue Momente, die bis dato unbekannt und unentdeckt waren, gemeint. Das Handlungsrepertoire wird zum einen theoretisch, aber auch ganz praktisch erweitert. Die Senior*innen sehen sich einer größeren Auswahl an Möglichkeiten gegenüber, die sie optional ergreifen könnten. Dies eröffnet die Wahrnehmung eines erweiterten Handlungsspielraumes, welcher positiv attribuiert wird. Implizit geht damit die Empfindung der Teilhabe einher, welche zum einen auf die Möglichkeit hindeutet, gestaltend und mitbestimmend aktiv sein zu können, die Wahl zwischen verschiedenen Möglichkeiten zu haben und diese Wahl entsprechend der eigenen Bedürfnisse und Befindlichkeiten treffen zu können. Die hier benannten Möglichkeiten sind aus der Perspektive der Seniorinnen und Senioren vielgestaltig und umfassen dabei die verschiedenen Teilsysteme respektive -bereiche der Lebensführung: Hobbies, Ehrenamt, Organisation von Alltagsbelangen, Reisen, Weiterbildung, soziale Netzwerke u. a. Die Realisierung etwaiger Möglichkeiten im Kontext der benannten Bereiche expliziert sich für die Internetnutzung anhand zweier als überaus relevant erachteter Elemente: Information und Kommunikation[94]. Die Senior*innen zeigen sich verblüfft, erstaunt und begeistert ob des sich durch die Internetnutzung bietenden Zugangs zu Informationen.[95] Betont wird neben der Bequemlichkeit der Informationsrecherche (die Recherche zu jedem Thema kann vom heimischen Sofa aus realisiert werden; es sind keine zusätzlichen Mühen notwendig) vor allem der Umfang der verfügbaren Informationen: Es erscheint so, als würde das Internet jedwede Information bereithalten. Besonders relevant erscheinen die Vorabinformationen: Seniorinnen und Senioren nutzen das Internet, um sich vorzuinformieren.[96] Das betrifft neben der Anschaffung von Konsumgütern und Produkten vor allem Veranstaltungen und Reisen. Das Internet bietet dabei eine Art Sondierungsfunktion, die den Senior*innen eine selbstinitiierte Recherche zu Themen erlaubt, die für sie besondere Bedeutung besitzen. Neben der Fülle an Möglichkeiten, welche sich durch die Informationsgenese darstellt, entfaltet das Internet besondere Relevanz in Sachen Organisation und Weiterbildung für die Befragten. Wenngleich sich diese Aspekte unter dem Analysepunkt *Information* subsummieren lassen, wohnt denselben ein besonderes Moment inne. So betonen die Senior*innen vor allem die Möglichkeiten der Weiterbildung: Weiter- respektive Fortbildung bezieht sich hier zuvorderst auf die Interessenlagen der Befragten. Somit können diese Weiterbildungen gänzlich unterschiedlich sein: Allen gemeinsam ist, dass sich durch die, über das Internet generierten, *weiterführenden* und *vertiefenden* Informationen neue Handlungsrepertoires eröffnen: Die Senior*innen lernen neue Dinge hinzu. Dies können Informationen sein, die ein politisches Thema differenzierter beleuchten, solche, die beispielsweise für das Hobby Fotografie neue Impulse generieren oder solche, die die Funktion mechanischer Haushaltshelfer erklären. Aus diesen als Zugewinne deklarierten Aspekten, die im Wesentlichen Informationen umfassen, lassen sich wiederum Ligaturen ab-

---

94 Die statistische Repräsentativbefragung des Deutschen Instituts für Vertrauen und Sicherheit im Internet (DIVSI) kommt in der Ü60-Studie ebenfalls zu diesem Ergebnis: Nach ihren Internetaktivitäten befragt, geben die über 60-Jährigen mit 87 Prozent das Versenden und Empfangen von E-Mails an (vgl. DIVSI 2016: 14). Diese Nutzungsaktivität spiegelt sich in der Untersuchung in der markant betonten Relevanz der Kommunikation als bedeutungsvolles Element der Internetnutzung wider. Das darüber hinaus im Zuge der Analyse als gleichsam bedeutungsvoll herausgearbeitete Element der Information erfährt ebenfalls eine repräsentative Unterfütterung in der Ü60-Studie des DIVSI: Dort geben 86 Prozent der Befragten an, das Internet für die Suche nach Informationen und Inhalten zu nutzen (vgl. ebd.).
95 Die oben dargestellten Erkenntnisse werden durch die Ergebnisse der Ü60-Studie ergänzt. Dazu sei explizit auf die Darstellung „Persönliche Relevanz verschiedener Aspekte des Internets" (DIVSI 2016: 19 f.) verwiesen.
96 Siehe zu einer weiter ausdifferenzierten und standardisierten Analyse der verschiedenen Informationsintentionen die Ergebnisse des (N)Onliner Atlas der Initiative D21 (2014: 38).

leiten. Ligaturen erfasst Dahrendorf als sinnstiftende Anbindungen/Bindungen. An dieser Stelle können dieselben in anderer Form ausgedeutet werden. Aus den vorgenannten Optionen ergeben sich für die befragten Onlinerinnen und Onliner besondere Attribute, die sich per se auf das Individuum beziehen und dasselbe in seiner Position stärken und unterstützen. Somit ergeben sich für die Senior*innen resultierend aus den durch die Internetnutzung generierten Optionen die Aspekte Unabhängig, Sicherheit (vor allem durch Vorabinformationen), Teilhabe, Entscheidungsfähigkeit, Selbstständigkeit, Förderung geistiger Fitness und Abbau von Hemmnissen. Diese Ligaturen ergeben sich in Form sinnstiftender Elemente durch die Internetnutzung für die Senior*innen. Aufgrund der stetigen Selbstaktualisierung der digital aufbereiteten Inhalte haben die Senior*innen die Empfindung, auf dem aktuellen Stand der gesellschaftlichen Geschehnisse zu sein. Darüber hinaus ermöglicht die Internetnutzung den Befragten eine distanzierte Informationsbeschaffung, die für die eigentlichen Entscheidungen und Begebenheiten eine Grundlage liefert. Diesem Umstand ist die Wahrnehmung immanent, dass sich der Wissensvorsprung von Meinungsführer*innen oder Expert*innen für den jeweiligen Bezugsrahmen verringert, wenn die Senior*innen sich vorab im Internet um die entsprechenden Informationen bemüht haben. Ihnen obliegt folglich eine Mitspracheoption, die eine gewisse Mündigkeit und Kompetenz mit sich führt. Die Onlinerinnen und Onliner identifizieren das Internet als Betätigungsfeld für ihre Ambitionen im Hinblick auf die eigene geistige Fitness. Aufgrund der Schnelllebigkeit des über das Internet generierten Contents besteht die Notwendigkeit, umzudenken, sich neu zu orientieren und anzupassen – dies alles sei nach Ansicht der Befragten förderlich für die geistige Fitness.

Die Senior*innen selbst geben an, dass das Internet umfangreiche Zugewinne für sie bereithält und sich *gänzlich neue* und andersartige Optionen im Gegensatz zu der nicht-digitalen Lebensführung ergeben. Die Befragung der Kinder ergab ein ähnliches Bild und zeigt, dass dieselben diese Einschätzung der Wirkung des Internets auf die Lebensführung der Eltern teilen. Neben der Tatsache, dass das Internet zu einem echten Zugewinn gereicht, stellt die Internetnutzung für die Kinder eine Notwendigkeit dar, welcher sich alle Senior*innen unterwerfen müssten, um gesellschaftliche Teilhabe[97] bewerkstelligen zu können. Darüber hinaus gehend entwickeln die Kinder bereits Zukunftsszenarien, in welchem das Internet als Tor zur Außenwelt fungiert, wenn die Mobilität der Senior*innen nachlässt und sich folglich der Aktionsradius verringert.

---

97 Die Ü60-Studie (2016) des Deutschen Instituts für Vertrauen und Sicherheit im Internet (DIVSI) quantifiziert den Wunsch der Älteren, daran teilhaben zu wollen, was im Internet passiert: 38 Prozent der Nutzenden geben dies als persönliches Motiv der Internetnutzung und des Teilhabewunsches an (vgl. DIVSI 2016: 12).

Das Internet in seiner Vielgestaltigkeit bietet dabei vor allem solche Angebote, die weit über das eindimensional gerichtete Unterhaltungsprogramm des Fernsehens hinausgehen. Vorteilig werden in diesem Zusammenhang ebenfalls, wie von den Senior*innen auch, die Möglichkeiten der Förderung der geistigen Fitness erachtet. Der Zugang zu mannigfaltigen Informationen mündet nach Auffassung der Kinder ebenfalls in einer ausgedehnten Unabhängigkeit der Senior*innen und fördert und erhält die Selbstständigkeit, weil mithin der Faktor der Körperlichkeit unterwandert wird. Internetnutzung kann in diesem Falle kompensatorisch wirken und dort Partizipation ermöglichen, wo anderenfalls im Kontext analoger Strategien physische Präsenz relevant ist. Resümieren lässt sich, dass die Nutzung des Internets Zugewinne für die Seniorinnen und Senioren generiert, die sich von denen unterscheiden, die sich ohne die Internetnutzung ergeben. Insbesondere die Onliner*innen, zu deren Nutzungsrepertoire das Internet noch nicht allzu lange gehört, stellen diese Zugewinne ganz deutlich heraus und können die Vergleiche zu der nicht-digitalen Lebensweise überaus prägnant ziehen. Allen Onliner*innen gemeinsam ist die Wahrnehmung, durch die Internetnutzung an etwas gesellschaftlich Relevantem teilnehmen zu können. Damit einher geht auch die Einschätzung, dass die Nicht-Nutzung des Internets bereits zum gegenwärtigen Stand des Digitalisierungsprozesses per se zu Benachteiligung führt. Dies führen sie auf die herausragende Bedeutung von Informationen zurück, welche als prominent gehandeltes Gut die Gesellschaft konstituieren. Wer sich Zugang zu den digitalen Informationen verschafft, kann partizipieren. Der Zugang und die Nutzung von Informationen bilden nach Auffassung der Senior*innen die Grundlage des gesellschaftlichen Organisationsprinzips. Im Zuge dieser Ausführungen explizieren die Senior*innen, dass der unterschiedlich gestaltete Zugang und der Umgang mit den Informationen zu einer vorteiligen oder aber nachteiligen Partizipation an gesellschaftlich relevanten Vorgängen führen. Das Internet wird als Organisationsprinzip der Gesellschaft wahrgenommen und von den Onliner*innen akzeptiert. Eingedenk dieses Umstandes offerieren die Senior*innen jedoch die Optionen respektive Zugewinne beschränkende respektive schmälernde Aspekte: Das Digitale als Instanz jedweder Organisation, jedweder Information und jedweden Austauschs führt zu einer *Nutzungsnotwendigkeit* internetvermittelnder Technologien: Das Individuum wird an die technische Vermittlung und an die betreffenden Medien gebunden. Die sich bietende Optionenvielfalt erschließt sich zum Großteil (beinahe ausschließlich) über das Internet. Die dadurch generierte Unabhängigkeit – und auch (Handlungs-)Freiheit – verkehrt sich in anderer Weise zum Gegenteil: Das Internet ist die vermittelnde Voraussetzung für die Realisierung der internetgenerierten Optionen. Dieser Zirkelschluss ist systemimmanent, unterwirft die Menschen jedoch dem Diktat, Nutzerin und Nutzer *werden zu müssen*, um partizipieren zu können. Er herrscht *das Diktat des Digitalen*, welches, wie bereits skizziert wurde, gleich mehrfach voraussetzungsvoll ist. Um das Internet nutzen zu können, ist der Umgang mit dem entsprechenden technischen Medium/Instrumentarium unerlässlich, darüber hinaus braucht es Medienkompetenzen verschiedener Art, um sich im World Wide Web zurecht zu finden. Die Internetnutzung fordert, so die Einschätzung der befragten Seniorinnen und Senioren, von den Nutzenden ein hohes Maß an selbstinitiierter Aktivität und zumindest geistiger Konstitution.

Die Befragten beschreiben ein hohes Maß an Aktivität, welches sich für die Nutzungsintentionen dahingehend vergegenwärtigt, dass Informationen selektiv für den Eigenbedarf eruiert werden müssen. Das World Wide Web und die sich darin abbildenden Onlinemedien können in Anlehnung an McLuhan als kühles Medium (vgl. McLuhan 1968: 29) beschrieben werden. Als kühle Medien begreift McLuhan all diejenigen, welche den Rezipierenden ein lediglich geringes Maß an Details offenbaren und damit „in hohem Grade persönliche Beteiligung oder Vervollständigung durch das Publikum" (ebd.) fordern. Der Rezipient und die Rezipientin benötigen umfangreiche Aufwendungen, um die Decodierung der Botschaft zu realisieren: Bei heißen Medien ist dieses Maß der Aufwendung mithin geringer, wohingegen die Reaktion auf kühle Medien mehrere Sinne aktiviert und für die Rezeption notwendig macht. Kühle Medien sind vor allem durch die Entschlüsselungsleistung der empfangenden Person gekennzeichnet: So wird eine Face-to-Face-Interaktion im McLuhan'schen Sinne als kühl etikettiert, da die angesprochene persönliche Beteiligung notwendige Voraussetzung für das Zustandekommen der Interaktion ist. Schriftsprachlich charakterisierte Medien wie das Buch oder die Zeitung sind in dieser Lesart als heiße Medien zu bezeichnen, weil sie „weniger zum Mitmachen" (ebd.: 30) anregen, sie bieten die Details, die es für die Rezeption braucht, wenn das Buch gelesen wird. Wird dasselbe als Grundlage oder Anlass einer Debatte genutzt, verliert es an Detailreichtum: Das Räsonieren über das Buch erfordert weitaus mehr persönliche Beteiligung als das Lesen. Für die Informationsgenese und die Realisierung von Kommunikation im Internet lassen sich Ausdifferenzierungen und Argumente dafür finden, dass Onlinemedien bisweilen heiße, aber auch kühle Medien sein können, dass sich Kommunikation ebenfalls in einer als heiß konnotierten oder aber in einer als kühl zu charakterisierenden Form vergegenwärtigt. Realisiert sich die Informationsgenese über die Rezeption eines Onlinemediums, welches im Riepl'schen Sinne (vgl. Riepl 1913) die digitale Repräsentanz eines Printmediums oder aber das genuin digitale Äquivalent bildet, ist das Onlinemedium (beispielsweise repräsentiert durch die Onlinezeitung oder das elektronische Buch) als heißes Medium zu klassifizieren. Betrachtet man hingegen den Akt der Informationssuche in diversen Quellen, erscheint dieser Aspekt argumentativ eher den kalten Medien zugehörig, weil der/die Rezipierende in hohem Maße für die Selektion der relevanten Informationen beteiligt sein muss. Ausschlaggebend ist hierfür die Intention der Rezipierenden. In ähnlicher Weise stellt sich diese Einteilung für die digital vermittelte Kommunikation dar. Schriftsprachlich übermittelte Botschaften sind entlang der Ausdeutung von McLuhan als heiße Medien zu erfassen, da sich die transportierte Botschaft quasi vor der empfangenden Person ausbreitet. Allerdings erscheint diese Auffassung ungleich komplexer zu sein. Hingewiesen wurde im Kapitel zur Grundlegung der Begriffe Kommunikation und Interaktion darauf, dass der Kommunikationsprozess aus einem Sendeimpuls auf der einen Seite besteht, welcher die Übermittlung einer bestimmten Botschaft intendiert, und sich zudem aus einer Empfangs- und Entschlüsselungsleistung (En- und Decodierung) konstituiert. Gezeigt wurde darüber hinaus ebenfalls, welche Relevanz der nonverbalen Kommunikation in einer Interaktion zukommt und durch die Interpretationsleistung auf Empfänger*innenseite dazu führt, dass die Botschaft entschlüsselt wird. Schriftsprachlich vermittelte Kommunikation schafft gewissermaßen eine Leerstelle, welche die verschiedenen Ebenen, die einem Kommunikationsprozess immanent sind (Sachebene und Beziehungsebene) nicht mitsendet – außer, diese Information wird im Rahmen der internetbasierten Kommunikation versucht, durch Emoticons mit zu senden und damit diese Leerstelle, die vermeintlich Fehlinterpretationen auf der Empfänger*innenseite provozieren könnte, in Teilen zu füllen. Digital vermittelte Kommunikation changiert hier fließend zwischen den beiden Polen, welche durch die heißen und die kühlen Merkmale markiert sind. Erhält man also eine E-Mail mit beispielsweise Reiseinformationen oder der Bestätigung eines Kaufgeschäfts, benötigen diese Informationen wenig persönliche Beteiligung und liefern in hohem Umfang Details, welche diese Kommunikationsart eher zu den heißen Medien tendieren lässt. Das digital übermittelte Zwiegespräch benötigt in hohem Maße die persönliche Beteiligung und zudem die Abstraktion, das vormals verbal geführte Gespräch schriftsprachlich zu *artikulieren*. Die En- und die Decodierung der auf diesem Wege kommunizierten Botschaft fordert sowohl sendende als auch empfangende Akteur*innen heraus. Die technische Vermittlung sowie die digitale Übermittlung erschaffen dabei mit der Form der Schriftsprache eine Herausforderung für die Nutzer*innen. Diese ist an verschiedene Faktoren geknüpft – im Wesentlichen sind das die technische Übermittlung (das technische Gerät), die Nutzung bestimmter Programme (internetbasierte Kommunikations-Dienste), das Verschriftlichen der Mitteilung (Tippen) und das De- und Encodieren der Botschaft. Diese Aspekte der Internetnutzung lassen die Partizipation am Digitalen für die befragten Senior*innen überaus voraussetzungsvoll erscheinen. Gekennzeichnet ist die Teilnahme am Prozess der Digitalisierung also neben einem wahrgenommenen Diktat der Aktivität auch durch die Besonderheiten, die mit den Onlinemedien einhergehen. Darüber hinaus lässt sich ein weiterer Punkt in diese Liste aufnehmen: Die Internetnutzung fordert nicht nur geistige Fähigkeiten heraus, auch die körperlichen Aspekte dürfen nicht unbeachtet bleiben. Körperliche

Gebrechlichkeiten, da sind sich die Befragten einig, lassen sich, sofern die Motorik gegeben und die Hände in einem gewissen Rahmen genutzt werden können, durch das Internet kompensieren: Gerade vor diesem Hintergrund werden dem Internet große Benefits zugesprochen. Jedoch verkehrt sich dieses Bild, wenn es um die geistige Konstitution geht: Die Senior*innen sind davon überzeugt, dass, gerade weil das Internet in seiner Nutzung so voraussetzungsvoll ist, ein gewisses Maß an geistiger Fitness für die Nutzung unerlässlich ist. Argumentativ gesellt sich hier der Punkt hinzu, dass die Internetnutzung durch körperliche Ressourcen im Alter determiniert ist. Die Senior*innen verknüpfen mit der Internetnutzung in hohem Maße den Aspekt der Teilhabe und rekurrieren damit auf den der Digitalisierung immanenten Kerngedanken: Alles wird über das Internet bereitgehalten, organisiert, strukturiert, verwaltet usw. Wer nicht (mehr) im Stande ist, das Internet zu nutzen, vergibt ein hohes Maß der Teilhabe. Die Senior*innen verknüpfen die Internetnutzung mit einem ständigen Bemühen, Aktiv-Sein – es gilt der Zwang des Informiert-Seins (und des Wissens). Damit geht ein zutiefst meritokratisches Verständnis der neuen Technologie einher. Wenngleich im Zuge der Digitalisierungsprozesse Vernetzung und Automatisierung Ziel bestimmter Entwicklungen sind (Internet der Dinge), spielt das für den Nutzungsalltag der Userinnen und User zum gegenwärtigen Zeitpunkt (noch) keine Rolle, weshalb das Internet die oben aufgeworfenen Attributionen erhält.

Nachdem die Optionen und Ligaturen in Form der Informationen beleuchtet wurden, soll nun das zweite als relevant eruierte Element kontrastiert werden, welches mit *Kommunikation* umschrieben ist. Auch im Kontext kommunikationsbezogener Aspekte wird dem Internet eine Bandbreite an positiven Attributen zugeschrieben, welche einhergehen mit mannigfaltigen Optionen. Zunächst wird die orts- und zeitunabhängige Entsendung einer Botschaft an eine/n Empfangende/n oder aber an einen größeren Empfänger*innenkreis herausgestellt. Internetbasierte Kommunikation entbindet die Beteiligten von der synchronen Partizipation an der Interaktion. Internetbasierte Medien forcieren die Verlagerung von Interaktion, welche eine bewusste synchrone Kommunikation von den Beteiligten notwendig macht, hin zu einer asynchronen Kommunikation, welche im Wesentlichen aus einer zeitversetzen Reaktion besteht (vgl. Papsdorf 2013: 111). Im Zuge der Digitalisierung haben sich verschiedene Kommunikationskanäle herausgebildet, die jeweils funktionsspezifisch und rezipient*innenabhängig angewendet werden. Neben den Vorteilen der asynchronen Kommunikation, welche die an der Kommunikation Beteiligten von der direkten Reaktion auf den Anspracheimpuls entbindet, wird die durch das Internet ermöglichte Echtzeitkommunikation positiv durch die Onlinerinnen und Onliner hervorgehoben. Vor allem die Video-Telefonie wird als immenser Zugewinn gedeutet, wenn es darum geht, räumliche Distanzen zu überbrücken und Zeitzonen zu egalisieren – allerdings wird diese Strategie in der tatsächlichen Nutzung eher rudimentär angewendet. Die Begründung für die überaus randständige Nutzung liegt, bei aller Bewunderung für die Möglichkeiten, darin, dass diese Form der Kommunikation a) Nutzungsherausforderungen (vor allem technischer Art) an die Senior*innen stellen und b) dieselben Aspekte wie bei einem Telefonat relevant werden: Es handelt sich um eine synchrone Kommunikationsform, welche die Anwesenheit der beteiligten Kommunikationspartner*innen fordert. Neben der Videotelefonie hat sich ein Kommunikationskanal hervorgetan, welcher sowohl für die nahezu synchron ablaufende Kommunikation positiv konnotiert ist als auch für asynchronen Austausch Vorteile birgt: Die Rede ist von Messenger Diensten – die Befragten rekurrieren explizit auf WhatsApp. Die Auswertung der Interviews der Onlinerinnen und Onliner bringt solche Aspekte hervor, die auch Papsdorf in seiner Publikation „Internet und Gesellschaft. Wie das Internet unsere Kommunikation verändert" (2013) erfasst hat. Die Interviewergebnisse können die Erkenntnisse von Papsdorf unterfüttern. Nachfolgend sind Papsdorfs Ergebnisse (vgl. Tab. 11) expliziert: deutlich werden die von den Senior*innen wahrgenommenen Attribute internetbasierter Kommunikation.

Tab. 11: Zusammenfassung der Merkmalskomplexe von Kommunikationsmedien

Merkmalskomplex	Ausprägungen	Forschungsfokus
Mediumsspezifische Eigenschaften	divers	(Dis-) Kontinuitäten zwischen klassischen und neuen Medien
Akteurskonfigurationen	one-to-one, one-to-many, many-to-many	Reichweite und Vervielfältigkeit der Informationen
	privat versus öffentlich	Zugänglichkeit der Kommunikation
	personalisierte versus massenhafte Ansprache	Individualisierungsgrad
Zeitlichkeit	synchron versus asynchron	hybride Medien und Nutzungsformen
	Aktualisierbarkeit	technische Taktung und Innovativität
	Archivierung	Öffnung zur Vergangenheit
	Additivität	Bezugnahmen und Komplexität
Interaktivität	Aktionsebene	Selektion, Modifikation und Transformation
	Situationsevaluation	technikbedingte Immersion
	Bedeutungsaustausch	Möglichkeit der De- und Enkodierung von Informationen

Quelle: Papsdorf 2013: 112.

Mittels der verschiedenen Kanäle und der diversen orts- und zeitunabhängigen Anwendungsoptionen lässt sich Kommunikation aus der Perspektive der Senior*innen völlig neu denken. Damit einher geht eine Vielzahl an Ligaturen. Entscheidend sind aus der Perspektive der befragten Onlinerinnen und Onliner vor allem der gesteigerte Umfang der Kommunikation und damit im Zusammenhang stehen die gesteigerte Anzahl der Kommunikationspartner*innen, aber auch die intensivere Anbindung an das familiale Netzwerk. Es zeigt sich, dass durch die Internetnutzung die im Dahrendorf'schen Sinne gemeinten sozialen Beziehungen und Anbindungen nicht nur zunehmen, sich also quantifizierbar ausweiten, sondern sich auch in qualitativer Hinsicht intensivieren. So bilden sich über die funktionsbezogenen Kommunikationskanäle bestimmte Rezipient*innenkreise heraus, die sich nach Granovetter in lose Beziehungen (weak ties) und enge Verbindungen (strong ties) unterteilen lassen (vgl. Granovetter 1983: 201 ff.). Die Herausbildung von nicht-verwandtschaftlichen Beziehungen hat insbesondere im Kontext sich auflösender Familienbande und im Zuge räumlich entfernter Lebensmittelpunkte an Bedeutung gewonnen. Böger, Wetzel und Huxhold verweisen auf die Relevanz „von Freundschaften, [...] alternativen Partnerschaftsmodellen" und auf „die Vielfalt persönlicher Beziehungsnetzwerke" (2014: 274). Die Etablierung dieser Beziehungsstrukturen und Netzwerke wird durch die Internetnutzung nicht nur unterstützt, sondern erst ermöglicht. Dabei bilden die Bindungen an soziale Netzwerke und die dauerhafte Intensivierung von Beziehungen die relevante Strategie, um Tendenzen der Vereinsamung entgegenzuwirken und nachhaltig Empfindungen wie soziale Exklusion und Einsamkeit wirksam zu begegnen (vgl. Böger/Wetzler/Huxhold 2014: 274). Die befragten Senior*innen geben an, durch die Internetnutzung Kontakt zum einen zu mehr Personen zu pflegen als ohne das Internet und darüber hinaus mit Personen zu kommunizieren, zu denen sie ohne das Internet keinen Kontakt aufgenommen hätten und halten würden. Dies liegt vor allem daran, dass sich mittels der elektronischen Mitteilungen ressourcenschonender operieren und sich die Ventilation von Informationen, wie von Papsdorf ausgewiesen, in den Formen „one-to-one", „one-to-many" und „many-to-many" (Papsdorf 2013: 112) realisieren lässt. So können Mitteilungen asynchron übermittelt werden, die *direkte, persönliche Interaktion* wird nicht notwendig. Neben dem Aspekt, dass sich Kommunikation und damit auch Beziehungen durch das Internet neuartig organisieren lassen, erweist sich die internetbasierte Kommunikation auch für die Anbindung an das familiale Netzwerk als überaus fruchtbar. Hier betonen die befragten Senior*innen die besondere Nähe, die durch die Kommunikation über Messenger-Dienste (WhatsApp) hergestellt wird. Die beschriebene Nähe und die intensivierte Interaktion resultieren zum einen aus der als kleinteiliger, detailreicher und alltagsbezogener wahrgenommenen Kommunikation und dem Austausch von Fotos. Trotz räumlicher Distanz haben die Seniorinnen und Senioren das Empfinden, näher am Geschehen dabei zu sein. Beschrieben wird eine neue Qualität der Interaktion und der Anbindung. Diese nähere Anbindung und damit auch Einbindung wird ebenfalls als überaus positiv vonseiten der befragten Kinder betont. Die internetbasierte Kommunikation vereinfache, so die Einschätzung der Kinder, die Kommunikation mit den Eltern. Dabei dient die internetbasierte Kommunikation insbesondere in der Form der Video-Telefonie und durch die Nutzung von Messenger-Diensten (und zudem über den Austausch von Fotos) der Kompensation persönlicher Treffen. Insbesondere die implizite Interaktion über das Bereitstellen und Teilen von Fotos generiert für die befragten Onlinerinnen und Onliner eine überaus positiv attribuierte neue Form der Kommunikation. Dabei steht das Miterleben der reellen Situation aus der Perspektive der fotografierenden Person im Vordergrund – die Senior*innen verweisen darauf, auf diese Weise die Begebenheit nachvollziehen zu können. Überdies empfinden die Befragten das Teilen von Fotoaufnahmen, welche eine individuelle Momentaufnahme abbilden und das Erleben der/des Fotografierenden festhalten, als Ausdruck von Wertschätzung, weil eben dieser Moment zu einem gemeinsam geteilten wird. Diejenige/derjenige, der das Foto übermittelt, gewährt einen Einblick und versetzt den Adressaten/die Adressatin in die erlebte Situation. Resümieren lässt sich, dass internetvermittelte Kommunikation für die befragten Onlinerinnen und Onliner per se mehr Partizipation bedeutet.

Resümierend: Als besonders bedeutsam gilt der intensivierte Kontakt mit dem familialen Netzwerk. Die Seniorinnen und Senioren zeigen sich überaus positiv gestimmt ob der sich bietenden, als neu erachteten Möglichkeiten, die in der Breite und der Varianz bislang unbekannt waren. Als große Errungenschaft werden die asynchrone Kommunikation sowie die Kommunikation über nicht schriftbildliche oder verbalisierte Formen angesehen: Der Austausch von Fotos wird als echter Zugewinn internetbasierter Kommunikation identifiziert.

Neben den neu generierten Optionen und Ligaturen ergeben sich auch hier *Einschränkungen* im Hinblick auf das Element der (internetbasierten) Kommunikation. So geben die Senior*innen zu bedenken, dass neben dem Diktat der Digitalität im Kontext der Informationsgenese ebenfalls das Diktat der Digitalität für die Kommunikation bestehe. Die Wahrnehmung ist, dass man, einmal in das System der internetbasierten Kommunikation eingedrungen, nach den sich dort bietenden Regelhaftigkeiten agieren müsse. Derlei Regelhaftigkeiten vergegenwärtigen sich anhand diverser *Notwendigkeiten:* Notwendigkeit der Aktivität (digitale Medien und digitale Kommunikation sind aktivitätsfordernd), Notwendigkeit der Partizipation (Nutzungsnotwendigkeit: Wer im System ist, muss nach der systemimmanenten Regelhaftigkeit agieren), Notwendigkeit der Selbstständigkeit (nutzer*innenintendierte und nutzer*innendeterminierte Partizipation). Kritisch beleuchten die Senior*innen das Diktat der Digitalität vor allem deshalb, weil die Aktivität, die für die Partizipation am Digitalen aufgebracht werden muss, zuvorderst abhängt von Fähigkeiten und Fertigkeiten, die zum einen Kompetenzen umfassen, darüber hinaus allerdings ebenfalls auf körperliche und geistige Fitness abstellen. Mit der digital organisierten Kommunikation geht eine Neuausrichtung des Handlungsrepertoires, der Kommunikationsroutinen und -arten einher. Die Seniorinnen und Senioren geben zu bedenken, dass der internetbasierten Kommunikation zwar allerlei positive Attribute innewohnen und sich umfangreiche Möglichkeiten und Anbindungen an soziale Netzwerke ergeben, dieser Systematik jedoch allzu viel Bedeutung beigemessen wird. Kommunikation und Interaktion werde zu umfassend in das Digitale übertragen, worunter Face-to-Face-Interaktion und (technisch) unvermittelte Kommunikation leiden würde. Wenngleich sich Begegnungen im virtuellen Raum schaffen lassen, fördern sie, wenn deren kompensatorische Funktion allzu stark überstrapaziert würde, Tendenzen der Singularisierung und der Vereinsamung. Digitale Kommunikation eröffnet nach Einschätzung der Befragten neue Dimensionen der Kommunikation und schaffen eine neue Form der Teilhabe, allerdings bestünde die Gefahr, dass dieser Aspekt überschätzt werde und die (technisch) vermittelte Kommunikation die direkte übervorteile. Wie im Falle der berühmten Medaille, gibt es im Kontext der Internetnutzung nicht nur Zugewinne: Es lassen sich aus den Interviews gleichsam solche Aspekte extrahieren, welche die Zugewinne in ihrer Wirkung für die Onliner*innen schmälern. Diese Aspekte werden als Einschränkungen bezeichnet und können als Begleiterscheinungen der Internetnutzung gelesen werden. Der nachfolgende Abschnitt fasst die Ergebnisse zusammen, welche sich für die Onlinerinnen und Onliner eingedenk der Internetnutzung im Hinblick auf die die Lebenschancen konstituierenden Elemente Optionen und Ligaturen feststellen lassen.

14.1.2 Zusammenfassung: Optionen und Ligaturen im Lichte der Internetnutzung

Die Seniorinnen und Senioren verknüpfen die Internetnutzung für sich mit mannigfaltigen Optionen und Ligaturen. Das Internet bereichert den Alltag, bietet Komfort und eröffnet gänzliche neue Optionen, darüber hinaus revolutioniert es die Art der Kommunikation und schafft intensivierte Anbindungen an soziale Netzwerke. Durch die Internetnutzung fühlen sich die Senior*innen am Puls der Zeit, integriert in gesellschaftliche Zusammenhänge und in ihrer Selbstständigkeit und Unabhängigkeit unterstützt. Das Internet wird auch für die Zukunft und für das steigende Lebensalter als Möglichkeit anerkannt, Partizipation beizubehalten. Dabei wird das World Wide Web als Fenster zur Welt beschrieben. Offline lebende Senior*innen sind aus der Perspektive der Onliner*innen benachteiligt und von gesellschaftlichen Prozessen ausgeschlossen. Die Nutzung des Internets birgt deutliche Vorteile und gilt als relevante Größe gesellschaftlicher Organisation. Die nachfolgende Tabelle (Tab. 12) enthält zusammenfassend die zentralen Zugewinne, welche sich *durch die Internetnutzung*, also für die Onlinerinnen und Onliner, in Form von Optionen und Ligaturen herausarbeiten lassen:

Tab. 12: Überblick Zugewinne: Optionen und Ligaturen

	Optionen	Ligaturen

Zugewinne (durch Internetnutzung)	Information
	• Fülle der potenziell verfügbaren Informationen
	• Zugang unabhängig vom Agenda-Setting
	• Zugang zu verschiedenen Informationsarten möglich:
	  – vertiefende,
	  – weiterführende,
	  – neue Informationen zu einem Themenfeld
	• Informationen zu gänzlich neuen Themen (neue Impulse)
	• Vorabinformationen
	  – Sondierungsfunktion
	  – Selektionsfunktion
	• Weiterbildung/Wissensgenese
	• Unterstützt geistige Fitness
		Information
		• Sicherheit
		• Informiert-Sein schafft Partizipation
		• Unabhängigkeit
		  – bei Entscheidungen
		  – bei der Meinungsbildung
		  – bei Problemlösungen
		• Selbstständigkeit
		• Selbstbestimmung
		• Inspiration
		• Neues Wissen
		• Inkorporiertes Kulturkapital dehnt sich aus

	Kommunikation • Vielgestaltige Kommunikationskanäle (bspw.: E-Mail; Messenger-Dienste, Video-Telefonie) • Vielgestaltige Kommunikationsformen: audiovisuell, auditiv, schriftsprachlich, bildlich • Multioptionale Kommunikationswege: Ventilation von Mitteilungen/Botschaften/Informationen one-to-one; one-to-many; many-to-many • Zeitlichkeit: asynchrone Kommunikation	Kommunikation • Soziales Kapital dehnt sich aus: • Quantitativ: Netzwerk vergrößert sich (strong ties I weak ties); mehr, neue Kontakte • Qualitativ: bestehende Kontakte werden intensiviert • Kommunikation dehnt sich auf Mitwelt aus • Kommunikation schafft Partizipation • Integration und Anbindung • Übergenerationaler Austausch

Quelle: eigene Darstellung.

Neben den Zugewinnen, die sich durch die Internetnutzung für die online lebenden Seniorinnen und Senioren ergeben, lassen sich im gleichen Zuge für die Elemente *Information* und *Kommunikation* Attribute finden, die die Senior*innen als einschränkend empfinden. Diese Einschränkungen können als Begleiterscheinungen der Optionen- und Ligaturenzugewinne gedeutet werden und beziehen sich auf die wesentlichen Charakteristika der Internetnutzung und der Digitalisierung.

Tab. 13: Überblick Einschränkungen: Optionen und Ligaturen

	Optionen	Ligaturen

Einschränkungen (durch Internetnutzung)	Information
	• Zugang zu Informationen erfordert Kompetenzen:
	  – Technisches Gerät (Computer, Laptop, Tablet, Smartphone)
	  – Systematik des Internets
	  – Selektionsfähigkeiten
	  – Lesekompetenzen
	• Techniknutzung ist Voraussetzung
	• Intensive und hochfrequente Nutzung von Technik
	• Techniknutzung als Hemmnis und Hürde
	• Es braucht Informationen/Hilfe, um an die Informationen zu kommen
	• Diktat des Digitalen
	• Nutzung abhängig von geistiger Fitness
		Information
		• Informationssuche ist aufwendig
		  – Zeit
		  – Mühe
		  – Übung
		• Geringe Nutzungskompetenzen = geringe Partizipation
		• Fordert stetes, aktives Sich-Bemühen
		• Zwang der Aktualität
		• Zwang des Wissens um Neues
		• Abhängigkeit:
		  – Informationen
		  – Technischen Geräten

	Kommunikation
	• Internetbasierte Kommunikation benötigt Kompetenzen:
	  – Technisches Gerät (Computer, Laptop, Tablet, Smartphone)
	  – Systematik des Internets
	  – Selektionsfähigkeiten
	  – Lesekompetenzen
	• Techniknutzung ist Voraussetzung
	• Intensive und hochfrequente Nutzung von Technik
	• Techniknutzung als Hemmnis und Hürde
	• Es braucht Informationen/Hilfe, um digital kommunizieren zu können
		Kommunikation
		• Mensch-Maschinen-Interaktion notwendig, um Kommunikation zu realisieren
		• Geringe Nutzungskompetenzen = geringe Partizipation
		• Reduktion von Face-to-Face-Interaktion
		• Reduktion von Serviceleistungen (vor Ort)
		• Schriftsprachliche Kommunikation fordert Mühe
		• Medienstress

Quelle: eigene Darstellung.

Zusammenfassend kann für die Onliner*innen gesagt werden, dass sich ein Mehr an Optionen und ein Mehr an sozialen Anbindungen im Zuge der Internetnutzung ergibt. Allerdings ergeben sich durch die Internetnutzung Aspekte, die die Nutzerinnen und Nutzer als wenig vorteilig ansehen.

14.1.3 Optionen und Ligaturen: Offlinerinnen und Offliner

Neben den Ergebnisinterpretationen entlang der Lebenschancen-Terminologie für die Gruppe der Onliner*innen sind nachfolgend die Ausdifferenzierungen in gleicher Weise für die Gruppe der Offliner*innen zu vollziehen. Zu diesem Zwecke ist ebenso wie im vorangegangenen Vorgehen eine Ergebnistabelle (vgl. Tab. 14) expliziert, welche die wesentlichen Erkenntnisse im Kontext der Lebenschancen-Thematik zusammenfasst. Die offline lebenden Seniorinnen und Senioren dieser Untersuchung referenzieren auf ihre Lebensgestaltung, gehen jedoch ebenfalls den Vergleich mit Onliner*innen ein. Dies ist ein markanter Punkt im Rahmen der Auswertung: Die Onliner*innen schließen die Offliner*innen zwar in ihre Überlegungen ein, tun dies jedoch nur in den Momenten, in denen sie über ein Leben ohne das Internet und die damit verbundenen Nachteile oder Umstände sinnieren. Die Offlinerinnen und Offliner hingegen nutzen die Personengruppe der Nutzer*innen häufig, um sich selbst abzugrenzen und auf die eigenen, als besser wahrgenommenen Lebensumstände zu verweisen. Sie empfinden sich gegenüber den Onliner*innen unabhängiger und in direkter Art mit der Umwelt verbunden, sie fühlen sich freier in ihrem Denken und Handeln. Die Einschätzungen, die die befragten offline lebenden Senior*innen in Bezug auf das Internet äußern, resultieren aus Annahmen und Vermutungen, aber auch aus Beobachtungen, welche sie in ihrem familiären Umfeld oder im Bekannten- oder Freundeskreis vollzogen haben. Die Ausführungen gleichen damit Erwartungen und Zuschreibungen, die die Offliner*innen dem Internet entgegenbringen.

Tab. 14: Optionen und Ligaturen: Offliner*innen

Offlinerinnen und Offliner (Senior*innen)		
Optionen – analog	Ligaturen – analog	Einschätzung der Kinder
– Offliner*innen bewerten ihre Lebensgestaltung als Referenz zu den Onliner*innen – Offliner*innen eruieren die Elemente Information, Serviceangebote, Partizipation und Kommunikation als relevante Aspekte	– Offliner*innen bewerten ihre Lebensgestaltung als Referenz zu den Onliner*innen – Offliner*innen eruieren die Elemente Information, Serviceangebote, Partizipation und Kommunikation als relevante Aspekte	– Die Internetnutzung ist für die Eltern nicht notwendig.
Information a) Relevante Informationen lassen sich auf analogem Wege in bedarfsgemäßem Umfang generieren b) Informationsbeschaffung als sinnliches Erlebnis -> Lesen von Zeitungen, Zeitschriften, Büchern c) Erhaltene Informationen = relevante/notwendige Informationen	Information a) Informationen werden verarbeitet, werden zu Wissen b) Wissensbestände c) Erleben = unvermitteltes Wahrnehmen	Information – Informationen können die Eltern über analoge Strategien generieren. – Analoge Strategien sind ausreichend. – Internetnutzung gilt als zeitintensiv und voraussetzungsvoll.
Kommunikation a) Primat der persönlichen Interaktion b) Kontaktmöglichkeiten über das Telefon	Kommunikation a) Interaktion in unverfälschter Weise b) Direktes Erleben c) Konfliktvermeidung d) Aufmerksamkeit e) Achtsamkeit f) Fokussierung	Kommunikation – Senior*innen verfügen über soziales Netzwerk; Internetnutzung bietet keinen Mehrwert. – Internet hinsichtlich der Möglichkeiten der Kontaktpflege anerkannt und für weniger mobile Personen antizipiert
– Potentielles Handlungsrepertoire der Offliner*innen unterscheidet sich nicht von den Onliner*innen – Fokussierung liegt auf der Informationsaufbereitung und des -zugangs. – Das Internet kann Zugang zu weiterführenden Informationen eröffnen (nicht grundlegend, eher optional)	– Technisch unvermittelte Erlebnisse sind sinnstiftend und können nicht durch die Internetnutzung kompensiert werden – Internetnutzung verwehrt den Zugang zu Wissensbeständen – Internet bietet eine abstrahierte Version der Realität	

Offlinerinnen und Offliner (Senior*innen)		
Optionen: Offliner*innen im Vergleich zu Onliner*innen (Selbsteinschätzung)	**Ligaturen:** Offliner*innen im Vergleich zu Onliner*innen (Selbsteinschätzung)	
– Optionen sind in analoger Form in ausreichendem Umfang und ausreichender Ausprägung gegeben – Onliner*innen haben breiteren Zugang zu Informationen, können tiefgehender recherchieren – In den relevanten Zusammenhängen haben Offliner*innen keine Nachteile – Internet schafft Benefits, aber beinhaltet keine relevanten Aspekte – Offliner*innen fühlen sich nicht benachteiligt gegenüber Onliner*innen im Hinblick auf Optionen – Offliner*innen erkennen Möglichkeiten der Informationsakquise durch das Internet an – Das Internet abstrahiert zu stark von der Realität – Internet vermittelt nur Meinungen, keine wertvollen Informationen – Selektionsnotwendigkeit verkompliziert die Informationsbeschaffung	– Offliner*innen erkennen Möglichkeiten der internetbasierten Kommunikation an – Offliner*innen empfinden technisch vermittelte Kommunikation als reizarm – Kommunikation zwischen den Menschen verändert sich im negativen Sinne aufgrund des Internets – Internet verfälscht Erlebnisse, verklärt Erfahrungen – Neue Erfahrungspraktiken – Distanz der Wahrnehmung – Das Leben wird imitiert und nur vermittelt gelebt – Internetnutzung setzt falsche Prioritäten und führt zu Zeitverschwendung – Fördert Unselbstständigkeit – Schafft Abhängigkeiten – Internet wird zum notwendigen Vehikel des Menschen – Gespräche und Diskussion werden durch das Internet und die darüber generierten Informationen torpediert – Allgegenwärtigkeit des Wissens – jede/r ist Expert*in – Internet schafft nur Information – Reduktion des gesellschaftlichen Wissensbestandes: Informationsbestände – Singularisierung und Vereinsamung – imitierte Interaktion	

Quelle: eigene Darstellung.

Die Offliner empfinden die Internetnutzung als nicht notwendig und in gewisser Hinsicht als überzeichnet. Dies lässt sich vor allem für die Informationsgenese beschreiben, welche aus der Perspektive der befragten Senior*innen mittels analoger Strategien ohne wahrnehmbare Einschränkungen funktioniert. Der Vorteil der analogen Informationsgenese läge vor allem darin, dass man sich dieselben bedarfsangepasst und zielgenau beschaffen könne, was sich für die Suche über das Internet weniger fokussiert realisieren lässt. Die Befragten assoziieren mit dem Internet etwas Unübersichtliches, was auf die Nutzenden eindrängt und von Denselben hohe Selektionsleistungen abfordert. Vor allem dieser Aspekt, welcher mit einer mühsamen, aufwendigen und zeitintensiven Informationsakquise verbunden wird, ist es, der die Offliner*innen von der Internetnutzung Abstand nehmen lässt. Somit suchen die Befragten bevorzugt in einem Buch nach der gesuchten Antwort. Die Nutzung von Lexika bietet die fokussierte Antwort auf die Frage – ohne unter verschiedenen Antwortvarianten auswählen zu müssen. Das vermeintliche Überangebot führt eher zur Fragmentierung des dargebotenen Informationsgehalts – der Nutzer/die Nutzerin muss sich die relevanten Informationen heraussuchen und dabei selektieren. Der Informationssuche ist ein hohes Maß an Aufwendungen immanent, dieselbe ist selbstinitiiert zu gestalten und mit einem hohen Maß an Aktivität voranzutreiben.

Daraus lässt sich folgern, dass sie für ihre Gestaltungsspielräume eher Einschränkungen durch die Internetnutzung befürchten denn Zugewinne oder die Ausweitung von Optionen. Zwar erkennen die Offlinerinnen und Offliner an, dass das Internet orts- und zeitunabhängig Informationen liefern kann und überdies der Ad-hoc-Zugriff bei spontanen Fragen möglich ist, jedoch erweisen sich diese Attribute als weniger lockend – die vermeintlichen Negativ-Aspekte übertrumpfen die positiven. Für die Offlinerinnen und Offliner ergibt sich schlicht keine Nutzungsrelevanz – es werden keine vorteiligen Benefits mit der Internetnutzung verknüpft. Per se stellt es sich so dar, dass die Senior*innen die Befürchtung hegen, dass das Internet sie um Gelegenheiten und Möglichkeiten bringt. Derlei Gelegenheiten bestehen im Wesentlichen aus der technisch unvermittelten Erfassung. Im Mittelpunkt steht das Bedürfnis nach sinnlicher Wahrnehmung. So ist das Lesen einer Zeitung oder eines Buches neben der Erfassung von Informationen und Botschaften auch ein sinnliches Erlebnis mit genuin charakteristischen Attributen und Eigenschaften. Im Hinblick auf die Optionen lassen sich für die Offliner*innen aus ihrer Selbstreflexion keine Einschränkungen ableiten. Nachteile scheinen sie aufgrund der Nicht-Nutzung gegenwärtig im Hinblick auf den Informationszugang und die Partizipation nicht zu verspüren. Digitalisierung führt gegenwärtig nicht zu eruierbaren Nachteilen. Dies liegt vor allem daran, dass die Handlungsroutinen (noch) nicht verändert werden mussten. Für die Offliner*innen stellt sich die Lebensführung durch die fortschreitende Digitalisierung nicht als verändert dar. Allerdings kommen die Senior*innen nicht umhin, die Veränderungen hin zur digitalisierten Gesellschaft wahrzunehmen. Sie geben an, dass das Internet in einigen Punkten praktische Aspekte bereithalten könnte, die Begleiterscheinungen jedoch negativer als der durch die Internetnutzung generiete Mehrwert angesehen werden. Die Kritikpunkte der Offliner*innen beziehen sich im Gros auf die Prinzipien der Digitalisierung. Mithin erscheinen ihnen nicht das Internet, die Vernetzungen und die Arbeitserleichterung problematisch: Es sind die etablierten Nutzungsroutinen, welche sich aus der Perspektive der Befragten als wenig vorteilig für ein gesellschaftliches Zusammenleben und -wirken erweisen. Adressiert werden mit diesen Bedenken vor allem die Elemente der Informationsgenese respektive der Wissensausformung und der Kommunikation.

Dargestellt wurde, dass die Senior*innen in der Nutzung digitaler Angebote eher eine Einschränkung ihrer Möglichkeiten sehen. Dies bezieht sich unter anderem auf die Eruierung von Information, aber auch auf die Wissensgenese. Den Vorteil analog aufbereiteter Informationen beziehen die Befragten in der eindeutigen Identifikation der Informationsurheberschaft und damit der Quellenidentifikation. Zudem empfinden die Seniorinnen und Senioren den Aspekt wichtig, Informationen zu erhalten und diese klar von Meinungen abgrenzen zu können. Damit einher geht die Einschätzung, dass das Internet eher Meinungen diffuser Art bereithält und Informationen schwerlich herauszuarbeiten sind. Daraus ist zu folgern: Die Offliner*innen setzen mit dem Internet eher die Aufbereitung respektive Vorhaltung von Informationen gleich. Aufgrund der uneingeschränkten Zugänglichkeit beinahe jedweder Information sehen die Senior*innen die Wissensgenese in Gefahr. Wissensbestände würden sich weniger differenziert ausbilden, Diskussionen und Debatten und damit auch Gesprächskulturen würden ersterben, da durch das Internet die Antworten auf jede erdenkliche Frage bereitstünde – ein Räsonieren würde obsolet, man verließe sich nur noch auf das Internet. Hinsichtlich der Ligaturen, die sich für die analogen Strategien der Informationssuche eruieren lassen, liegt das sinnstiftende Element in der sinnlichen Erfassung von Botschaften. Besonders betont wird das Lesen, welches ein Erlebnis bildet und dabei untrennbar mit der charakteristischen Haptik von Papier in Verbindung steht. Das Buch, die Zeitung, aber auch andere Druckerzeugnisse bieten den Lesenden mehr als nur die Aufnahme von Informationen. Die Vergegenwärtigung analog vorliegender Erzeugnisse erschafft für die Befragten eine Verbindung zu einem Anderen, welches sich durch Fantasie und Kreativität formen lässt, vor allem aber die eigene geistige Tätigkeit formt, den Menschen mit sich selbst in Verbindung bringt. Deutlich kommuniziert wird das Bedürfnis, Erlebnisse zu schaffen, Reelles wahrzunehmen – dieser Aspekt lässt sich ebenfalls auf das Element der Kommunikation anwenden. Sowohl für kommunikative Praktiken als auch für Strategien der Informationsakquise und Wissensgenese erscheint den Befragten die technische Vermittlung eher ungeeignet. Damit steht die Ausweitung technischer Geräte in der Kritik. Vor allem die damit einhergehende Abstraktion der Kommunikationsprozesse wird als nicht adäquat für Zwischenmenschliches angesehen. Daher liegt der Primat in der persönlichen Interaktion. Damit einhergehen aus der Perspektive der Seniorinnen und Senioren vielerlei sinnstiftende Momente. Die Interaktion vollzieht sich mit all seinen verbalen und nonverbalen Facetten. Diesem Umstand ist der des direkten Erlebens immanent. Personen, so die Einschätzung der Senior*innen, die unvermittelt interagieren, finden leichter Anbindungen an Netzwerke, werden anders wahrgenommen. Interaktion ist das taktgebende Element gesellschaftlicher Ordnung, daraus ergeben sich Fürsorge, Zusammenhalt und Wertschätzung. Durch die technisch vermittelte Kommunikation kommen diese Treibfedern zum Erliegen, die Menschen werden von sich selbst abstrahiert und ziehen sich mehr auf sich zurück. Darunter leiden Zivilität, Respekt und Wertschätzung im sozialen Miteinander. Wenngleich internetbasierte Kommunikation die Möglichkeit biete, Mitteilungen schnell, asynchron und ortsunabhängig zu ventilieren, sind die Befragten der Auffassung, dass all die Vorteile sich ins Gegenteil verkehren, weil sich die Menschen durch diese Form der Kommunikation weiter voneinander entfernen. Das Internet imitiere Erlebnisse, schaffe sie aber nicht.

Die befragten Offlinerinnen und Offliner setzen sich, wie die Ausführungen bereits aufzeigen konnten, überaus kritisch mit der Internetnutzung und deren Folgen auseinander. Erhebliche Einwände hegen sie aufgrund der umfassenden Präsenz technischer Geräte für die Internetvermittlung. Diese Nutzungsnotwendigkeit kommt den Befragten einer Einschränkung der Unabhängigkeit und der Entscheidungsfreiheit gleich. Wer an dem digitalen Prozess partizipieren möchte, muss sich notwendigerweise mit der diesem Prozess vorgeschalteten Technik auseinandersetzen. Damit ist die Nutzung überaus voraussetzungsvoll, impliziert aber auch eine stete Anbindung an die Geräte. Die Techniknutzung läuft dem Bedürfnis der direkten Erfahrung zuwider und leistet der zunehmenden Abstraktion Vormarsch.

14.1.4 Zusammenfassung: Optionen und Ligaturen in der nicht-digitalen Lebensgestaltung

Es zeigt sich, dass die Offlinerinnen und Offliner die Internetnutzung vor dem Hintergrund bestimmter Werte beurteilen. Diese Werte zielen eher auf die grundlegenden Prinzipien zwischenmenschlicher Kommunikation und Interaktion ab. Sie verweisen auf mögliche gesellschaftsrelevante Konsequenzen, die sie vor allem im Hinblick auf die Elemente Information und Kommunikation beziehen. Tatsächliche Einschränkungen nehmen sie im Zuge ihrer Nicht-Nutzung des Internets nicht wahr – eher Gegenteiliges ist der Fall, da sie die mit den Handlungsroutinen verknüpften sinnstiftenden Momente durch die Internetnutzung bedroht sehen. Im Zentrum der Kritik stehen nicht die Internettechnologie und die damit verbundenen Möglichkeiten der Vernetzung, des Wissenstransfers und der Arbeitserleichterung durch Automatisierung. Die Senior*innen sehen die Handlungspraktiken und die damit einhergehenden Priorisierungen durch die Nutzenden als ausschlaggebend für die zu kritisierenden Entwicklungen an. Für die befragten Offliner*innen und Offliner lassen sich für ihre Lebensgestaltung zum gegenwärtigen Zeitpunkt keine Einschränkungen der Optionen und Ligaturen herausarbeiten. Sie selbst empfinden sich keinesfalls benachteiligt gegenüber den Onliner*innen. Allerdings muss man anführen, dass sich der Grad der digitalen Organisation der Gesellschaft erhöhen wird, was bedeutet, dass das Aufrechterhalten analoger Strategien mit höherem Aufwand verbunden ist. Überdies kann die Internetnutzung für das höhere Lebensalter Vorteile erbringen, die gegenwärtig für die Befragten nicht zu ermessen sind. So verweisen die Offliner*innen darauf, dass sie das Internet (noch) nicht brauchen würden, da sie ja alles hätten, nämlich ein soziales Netzwerk, gute Anbindungen an Gemeinschaften, körperliche Fitness und die Möglichkeiten der selbstgestalteten Mobilität. Mit anderen Worten: Die Senior*innen sehen sich keiner Einschränkung ausgesetzt und haben nicht das Bedürfnis, einen Missstand zu beheben. Zu bedenken ist bei den hier dargelegten Interpretationen auch, dass die Befragten entweder keine eigenen Kinder haben oder aber die Kinder in unmittelbarer Nähe leben und somit keine räumlichen Distanzen überbrückt werden müssen, die (technisch) vermittelnde Kommunikationsstrategien notwendig machen. Die Internetnutzung ist für die Onliner*innen vor allem deswegen so bereichernd, weil sie eine intensivierte Anbindung an familiale Netzwerke feststellen. Dieser Aspekt ist für die Offliner*innen eher unterrepräsentiert. Deutlich herauszustellen ist, dass für die Onliner*innen durch die Internetnutzung ein Mehr an Optionen und Ligaturen ermittelt werden kann. Die Offliner*innen formulieren eher das Gegenteil: Sie würden erwarten, im Hinblick auf die sinnstiftenden Momente ihrer Handlungsroutinen Einschränkungen hinnehmen zu müssen.

Die Ergebnisse der Interviewauswertung wurden entlang der theoretischen Konzeption der Dahrendorf'schen Ligaturen und Optionen expliziert und entsprechend einer Verortung unterzogen. Im sich hier anschließenden Abschnitt sollen die Elemente Ligaturen und Optionen zusammengeführt werden.

14.1.5 Lebenschancen im Kontext der Internetnutzung und der Nicht-Nutzung

Optionen und Ligaturen werden in der Dahrendorf'schen Lesart als die konstituierenden Elemente des Lebenschancen-Konzeptes verstanden. Sowohl für die Gruppe der Onliner*innen als auch für die der Offliner*innen konnten im

Zusammenhang mit der Internetnutzung oder aber im Hinblick auf die Nicht-Nutzung Zugewinne und Einschränkungen herausgearbeitet werden. An dieser Stelle soll die für diese Auseinandersetzung forschungsleitende Fragestellung resümierend beantwortet werden: *Wie gestalten sich die Lebenschancen der beiden Senior*innengruppen (online und offline) und welche Unterschiede ergeben sich?*

Lebenschancen bilden ein Zusammenspiel aus Optionen und Ligaturen, die sich zwar gegenseitig nicht beeinflussen, in ihrer Gesamtheit aber das Ausmaß und die Ausgestaltung der Lebenschancen konstituieren. Wenngleich sich die beiden Elemente nicht gegenseitig bedingen, tragen die *jeweiligen Ausprägungen* erheblich zu der Wahrnehmung sich bietender Chancen eines Individuums bei. Bleibt eines der Elemente unerfüllt, bieten sich also beispielsweise keinerlei Optionen, wird die Ausprägung der Ligaturen ebenfalls egalisiert. Enthält eines der Elemente keine Ausprägung, erlischt jedwede Lebenschance eines Individuums.

Für die Senior*innen zeigt sich im Kontext der Internetnutzung in der Referenz zu ihrem vormalig analog gestalteten Lebensalltag ein Zugewinn sowohl an Optionen als auch an Ligaturen. Dieser Mehrwert wird, das muss deutlich betont werden, in Relation zu der offline gestalteten Lebensführung generiert. Die Onliner*innen erleben die Internetnutzung und damit auch die Digitalisierung als positiv. So bildet die Internetnutzung sowohl für den Zugang zu Informationen als auch für organisatorische Vorgänge und Kommunikationsroutinen ein Plus an Optionen und generiert überdies intensivierte Anbindungen an das familiale Netzwerk und verdichtet zudem die soziale Einbindung. Wenngleich die Senior*innen für sich eine Notwendigkeit der Internetnutzung erkennen und herausstellen, dass es sich um ein gesellschaftliches Organisationsprinzip handelt, entstehen zum gegenwärtigen Stand der Betrachtung (noch) keine Nachteile, die sich durch eine Nichtnutzung ergeben würden. Nachteile respektive limitierte Lebenschancen würden sich ergeben, wenn sie keinen Zugang zu relevanten Informationen erhalten, Weiterbildungen nicht vollziehen oder aber anderweitig ins Abseits gedrängt würden. Zumindest auf formaler Ebene lässt sich kein benachteiligter Zugang zu Ressourcen für die Offliner*innen herausarbeiten. Allerdings scheint es so zu sein, dass die Offliner*innen eher informell denn strukturell benachteiligt werden. Dieser Umstand ergibt sich aus den Ergebnissen für die Gruppe der Onliner*innen, welche die Zugewinne, die sie aufgrund der Internetnutzung für sich etablieren, als Handlungsmaxime anerkennen. Es ist also nicht per se der Zugang zu Informationen an sich, der beispielsweise die Offliner*innen in ihren Optionen beschneidet, es sind die anderen Individuen der Gruppe der Senior*innen, die hier restriktiv auf die Offliner*innen einwirken. Dies geschieht vor allem, indem sie die sich bietenden Möglichkeiten ausschöpfen (E-Mails verfassen, die Internetnutzung als Organisationsprinzip reproduzieren und damit bestätigen), aber auch, indem sie die Offliner*innen darauf hinweisen, dass sie bestimmte Dinge wissen müssten, bestimmte Informationen, die im Internet zu finden sind, kennen sollten. Darüber hinaus lässt sich aus den Ergebnissen extrahieren, dass sowohl die Onliner*innen als auch die Offliner*innen sich jeweils als Gruppe ansehen und sich bewusst über die ihnen eigenen Merkmale von der anderen Gruppe abgrenzen. Die Onliner*innen haben ein gruppeninternes Bild von den Offliner*innen kreiert, welches die Offliner*innen als abgeschnitten von Informationen, technikablehnend, fortschrittzurückweisend und in ihrem Denken und ihrer Haltung in Bezug auf die Digitalisierung als wenig zukunftsorientiert charakterisiert. Somit erscheint die Verknüpfung mit dem Bourdieu'schen Habitus vertretbar zu sein, indem argumentiert wird, dass die Onliner*innen die Internetnutzung habitualisiert haben und dieselbe Teil des kulturellen Kapitals ist. Folglich wird die Internetnutzung auch in der bewussten Intentionalisierung distinktiv genutzt. Über die Internetnutzung lässt sich eine Abgrenzung herstellen, die überdies für die Merkmalsträger*innen als vorteilig wahrgenommen wird. Damit gehören die Onliner*innen zu der Gruppe, deren Medienprägung durch die Nutzung von internetfähigen Endgeräten und der Partizipation an digitalen Prozessen und Produkten gekennzeichnet ist. Die Offliner*innen zeichnen sich durch die vordergründige Nutzung von analogen Medien aus. Hier lässt sich zusammenfassen: Es ist der informelle Druck, der für die Gruppe der Offliner*innen die Nicht-Nutzung des Internets zum Nachteil gereichen lässt, denn formal gesehen sind sie durch die analogen Strategien in der Lage, die Lebensführung zufriedenstellend zu organisieren.

Die Onliner*innen haben damit auch die Maxime der Digitalisierung für sich verinnerlicht, welche per se einen unbegrenzten Zugang zu jeder denkbaren Information postuliert und daraus eine *Nutzungsnotwendigkeit* ableitet. Im Zuge der Digitalisierung scheint sich herauszubilden, dass sich bietende Gelegenheiten und Optionen, die durch das Internet auf eine unüberschaubare Vielfalt expandiert werden, genutzt werden *sollten*. Der Konjunktiv erscheint hier wie ein Imperativ. Es konnte gezeigt werden, dass das Internet für die Senior*innen einen erheblichen Zugewinn für verschiedene Bereiche expliziert. Für die digitale Lebensführung lassen sich damit Zugewinne im Hinblick auf Optionen und Ligaturen zusammentragen. Die Lebenschancen steigen für die Gruppe der Onliner*innen im Gegensatz zu der analog gestalteten Lebensführung an. Somit ergeben sich für die online lebenden Seniorinnen und Senioren neue Möglichkeiten der Partizipation und neue Gestaltungsmöglichkeiten, weil das Internet durch seine vielfältigen Informationsdienste die Selbstständigkeit, die Unabhängigkeit und die Sicherheit der Senior*innen unterstützt. Darüber hinaus zeigt sich, dass nicht nur die Optionen erhebliche Zugewinne und Ausweitungen erhalten, auch die sinnhaften Anbindungen, die Ligaturen, erweisen sich als ausdifferenziert, intensiviert und ausgeweitet. Für die Onlinerinnen und Onliner ergibt sich durch die Teilnahme an der Digitalisierung das Empfinden der Partizipation an gesellschaftlichen Prozessen, die sich explizit durch Gestaltungsräume, aber auch durch die Chance, informiert zu sein, ergeben. Die Information avanciert auch in der Gruppe der Senior*innen zu der relevanten Größe der Digitalisierung, was erneut auf die Adaption der geltenden Prinzipien der Digitalisierung hindeutet. Die Onliner*innen haben zwei Aspekte bereits fest verinnerlicht, die unweigerlich mit den Benefits der Digitalisierung verknüpft sind: Es handelt sich um die der Aktivität und des Informiert-Seins. Es besteht eine neue Norm für die Mitglieder der digitalisierten Gesellschaft, welche implizit darin besteht, die eigenen Wissensbestände respektive den Stand der eigenen Information stetig zu überprüfen und zu aktualisieren.

In der Frage, wie es um die Lebenschancen der Gruppe der offline lebenden Senior*innen und der der online agierenden bestellt ist, kann gegenwärtig nicht davon gesprochen werden, dass im Hinblick auf den Zugang zu gesellschaftlich relevanten Ressourcen in Form von formaler Bildung, Berufsaussichten oder Einkommen Unterschiede oder im definitorischen Sinne Ungleichheiten herauszuarbeiten wären. Es ist also nicht so, dass die Position eines Seniors oder einer Seniorin im Sozialgefüge aufgrund der Internetnutzung beeinflusst wäre. Für die Untersuchungsgruppe kann dieser Aspekt zurückgewiesen werden. Zudem wurde herausgearbeitet, dass sich für die Gruppe der Offliner*innen per se (zum gegenwärtigen Stand der Digitalisierung) für diese Generation keine (systematische) Benachteiligung im formalen Sinne des gesellschaftlich als relevant erachteten Ressourcenzugangs vergegenwärtigt. Allerdings muss räsoniert werden, dass sich für die Onliner*innen sehr wohl *Zugewinne* in der individuellen Lebensführung ergeben und daraus Lebenschancen generiert werden, welche direkt auf die Internetnutzung zurückgeführt werden können. Dieses Mehr an Lebenschancen bezieht sich auf die Möglichkeiten, die sich für die individuelle Lebensführung der Seniorinnen und Senioren realisieren. Durch die Internetnutzung ist es den Senior*innen möglich, auf die Umstände, welche sich für die spezifische Lebenslage der Personen im Ruhestand explizieren, insofern zu reagieren, als dass sie möglichen Herausforderungen selbstbestimmt entgegentreten können. Somit zeigen sich die Senior*innen insbesondere im Hinblick auf die soziale Anbindung hoffnungsvoll und schreiben dem Internet damit besonders positiv konnotierte Einflüsse auf die Ligaturen zu – die Internetnutzung wird als Möglichkeit anerkannt, auch bei nachlassender Mobilität Kontakte aufrecht erhalten zu können, Beziehungen zu pflegen und am Weltgeschehen teilnehmen zu können. Darüber hinaus hält die Digitalisierung komfortable Lösungen für Herausforderungen bereit, die dann auftreten, wenn die Selbstständigkeit aufgrund körperlicher Defizite nur eingeschränkt aufrechterhalten werden kann. Dies sind Blicke in die Zukunft und es muss sich empirisch erst erweisen, jedoch deuten die Hoffnungen der Senior*innen darauf hin, dass das Internet daran beteiligt werden kann, die Selbstbestimmung möglichst lange aufrechtzuerhalten. Unabhängigkeit, Selbstständigkeit und

Selbstbestimmung sind die Assoziationen, die die Onliner*innen für ihr Leben im Alter mit dem Internet kommunizieren. Für die gegenwärtige Lebensphase der Untersuchungsteilnehmer*innen lassen sich keine tatsächlichen Benachteiligungen der Offlinerinnen und Offliner herausarbeiten – wohl aber ergeben sich für die Onliner*innen Mehrwerte. Davon ausgehend kann konzeptionell räsoniert werden, dass sich die ohnehin heterogen gestaltete Gruppe der Senior*innen aufgrund der Nutzungsdisparitäten weitergehend ausdifferenziert. Wenngleich sich für die Offliner*innen keine Reduktion ihrer Lebenschancen ergeben, scheinen sich für die Onliner*innen mannigfaltige Optionen herauszubilden. Die Nutzung des World Wide Webs kann folglich dazu beitragen, dass sich die Onliner*innen sehr wohl besserstellen, weil sie für sich bessere Lebensumstände erobern. Wie bereits deutlich gemacht wurde, werden die besseren Lebensumstände daran gemessen, welche Herausforderungen sich für die Gruppe der Senior*innen und Senioren eruieren lassen. Die Generali Altersstudie verweist darauf, dass die größten Themen des Alters drohende körperliche sowie kognitive Einschränkungen und Singularisierung und Vereinsamung sind (vgl. 2013: 43 ff.).[98] Lebenschancen können in diesem Zusammenhang solche sein, die einen besseren Umgang mit diesen Herausforderungen schaffen. Lebenschancen beziehen sich für die Gruppe der Senior*innen folglich weniger auf die Etablierung bestimmter Merkmale für die Orientierung im Sozialgefüge, sie verweisen eher auf Potenziale der individuellen Lebensführung. Damit in Verbindung stehend entfaltet Dahrendorfs Lebenschancen-Konzept überaus fruchtbare Anknüpfungspunkte. Im Kontext der genuinen Lesart, auch im Rekurs auf Weber, ist den Lebenschancen mithin der Aspekt des Wettbewerbs mit anderen um Positionen in Sozialgefüge inne, welche sich durch die vorteiligen oder nachteiligen Ressourcen und Akkumulationen vergegenwärtigen. Diese Konnotation kann auf die Untersuchungsgruppe der Senior*innen nicht übertragen werden. Jedoch zeigt sich sehr wohl, dass sich

---

98 Die Ergebnisse des Deutschen Alterssurveys (DEAS) (Datengrundlage 2014) vergegenwärtigen, dass das Thema der (wahrgenommenen) Einsamkeit und Exklusion im Verlauf der vergangenen 20 Jahre für die Älteren prozentual etwas an Schrecken verloren hat. So zeigt sich: „Die 40- bis 85-Jährigen fühlen sich im Jahr 2014 selten einsam oder gesellschaftlich ausgeschlossen" (Böger/Wetzel/Huxhold 2014: 273). Die Wahrnehmung sozialer Exklusion steht in enger Verbindung mit dem der Einsamkeit – Personen mit geringer formaler Bildung und in Armut lebend „haben ein deutlich höheres Risiko, sich aus der Gesellschaft ausgeschlossen zu fühlen" (ebd.). Zu betonen ist, dass die Befragten gegenwärtig nicht von Einsamkeit betroffen sind oder angeben, sich gesellschaftlich exkludiert zu fühlen – im Gegenteil: Die Internetnutzung verschafft das Gefühl der Anbindung. Die befragten Senior*innen beleuchten ihre gegenwärtige Lebenssituation und werfen zudem einen Blick in die Zukunft und skizzieren die für sie relevanten Aspekte. In diesem Kontext werden Themen wie Einsamkeit und Exklusion eher als befürchtetes Zukunftsszenario beschrieben.

durch die Internetnutzung für die Onlinerinnen und Onliner vorteiligere Möglichkeiten der Lebensgestaltung ergeben. Diese zielen zuvorderst auf eine optionenreiche Lebensführung ab, in der die Seniorin/der Senior entlang der eigenen Bedürfnisse in der Position ist, die Ausgestaltung zu beeinflussen, sich weiterzuentwickeln, geistig und körperlich möglichst lange fit und mobil zu bleiben. Innerhalb dieses Rahmens lassen sich durchaus Unterschiede im Hinblick auf die Gruppe der Offliner*innen ausführen. Die Vermutung liegt nahe, dass mit sich verändernden Rahmenbedingungen (zunehmendes Alter, Morbidität usw.) die Unterschiede zwischen den Offliner*innen und Onliner*innen deutlicher werden. Gegenwärtig fühlen sich die Offliner*innen in keiner Weise gegenüber dem Onliner*innen benachteiligt, die Onliner*innen fühlen sich jedoch gegenüber den Offliner*innen sehr wohl bevorteilt. Dies liegt vor allem an den benannten Zugewinnen in den Elementen Optionen und Ligaturen.

14.2 Lebenschancen im Vergleich: Kinder und Senior*innen

Im Rahmen des vorangegangenen Kapitels konnten (unter anderem) für die Gruppe der Onliner*innen die Optionen und Ligaturen herausgearbeitet werden, welche sich im Zuge der Internetnutzung (neu) ergeben. Die Herausbildung dieser Zugewinne geschah vor allem in der Kontrastierung der Erfahrungen, welche die Senior*innen sowohl mit analogen als auch mit digitalen Strategien gewinnen konnten. Es stellt sich heraus, dass die Senior*innen das Internet mit seinen verschiedenen Diensten und den mannigfaltigen Angeboten als bereichernd für ihre Lebensgestaltung wahrnehmen. Herausgearbeitet wurde bereits in der Analyse der Interviews, dass einige der befragten Senior*innen der digitalen Entwicklung zwar positiv zugewandt sind und die Vorteile anerkennen, die die Digitalität und die Vernetzung mit sich führen, die Nutzungsroutinen anderer und die sich daraus möglicherweise ergebenden Konsequenzen für das gesellschaftliche Leben jedoch als negativ einschätzen. Damit sind vor allem die Art der Kommunikation und Interaktion, aber auch die Fähigkeit der Wissensakkumulation gemeint. So geben die befragten Onliner*innen zu bedenken, dass das Internet und die darüber realisierten Handlungspraktiken (Kommunikation) qua der sich bietenden Möglichkeiten andere Regelhaftigkeiten der Nutzung mit sich führen als dies bei analogen Strategien der Fall ist. Sie betonen dabei vor allem die veränderte Kommunikationsfrequenz: Es wird mehr kommuniziert (Quantität), es wird häufiger kommuniziert, der Kontakt zu mehr Personen wird realisiert. Die Auffassung ist die, dass man, wenn man an der digital vermittelten Kommunikation partizipiert, im Grunde dem Diktat der Digitalität unterworfen ist, welches impliziert, dass die Möglichkeiten, die sich bieten – nämlich hochfrequente Kommunikation – auch genutzt werden *müssten*. Allerdings zeigt sich, dass die Mehrheit der Befragten die darüber generierten Zugewinne als zuvorderst positiv konnotieren. Sie fühlen sich in der Position, trotz der verspürten informellen Erwartung, die Kommunikationsmaxime der zeitnah gestalteten Reaktion zu erfüllen, bis zu einem gewissen Grade der Nutzungsnotwendigkeit zu entfliehen. Nach dem Ermessen der Senior*innen definieren sie, wie intensiv und wie oft sie sich in den Kommunikationsfluss begeben und deuten dies als eigene Herrschaft über das Diktat des Digitalen. Aufgrund dessen generieren die befragten Onliner*innen für sich ein Mehr an Optionen und ein Plus an Ligaturen.

Damit sind die Ligaturen und Optionen, die sich im Zuge der Internetnutzung für die Onliner*innen ergeben, bemessen. Zum Vergleich dazu sollen die Ligaturen und Optionen ebenfalls für die Gruppe der Kinder ermittelt und dann in einem Vergleich mit denen der Senior*innen angeführt werden. Damit wird auf die Fragestellung „*Welche Unterschiede hinsichtlich der Lebenschancen zeigen sich zwischen der Gruppe der Senior*innen und deren Kinder?*" eingegangen, die im Rahmen des Einleitungskapitels expliziert wurde. Anhand dieses Vorgehens soll ermittelt werden, inwiefern sich Unterschiede zwischen der Gruppe der Digital Immigrants (Senior*innen) und der Gruppe der Nutzungsroutinierten im Hinblick auf die Lebenschancen im Lichte der Internetnutzung ergeben. Die befragten Kinder kommen zu einem ähnlichen Schluss, was die Fülle an Möglichkeiten anbelangt, die sich durch die Internetnutzung für sich, aber auch für die Eltern generieren lassen. Aufgrund des Umstandes, dass die Kinder bisweilen deutlich länger versiert im Umgang mit dem Internet sind als die Eltern, lassen sich hier keine Zugewinne herausarbeiten, die aus dem direkten Vergleich analoger und digitaler Strategien erwachsen, aber es lässt sich das Internet auf den Prüfstand stellen. In diesem Kontext zeigt sich, dass die Kinder die vielfältigen Kommunikationskanäle in gleicher Weise schätzen, wie dies die online lebenden Senior*innen tun. Besonders für die innerfamiliale Kommunikation sei die Nutzung von Messenger-Diensten (auch hier wird zuvorderst WhatsApp benannt) ein großer Zugewinn; derselbe drückt sich auch darin aus, dass die Senior*innen so intensiver angebunden sind. Kommunikation und Beziehungspflege würden so vereinfacht, da sich durch das Versenden von Fotos die Gelegenheit ergibt, Momentaufnahmen des täglichen Lebens zu teilen. Auch für die Kinder zeigen sich die Vorteile der digital organisierten Kommunikation. Diese positiven Attribute lassen sich auch auf die Kommunikation im beruflichen Kontext übertragen, bedeutet doch die schriftsprachliche und asynchrone Kommunikation ein Mehr an Gestaltungs- und Vernetzungsmöglichkeiten. Allerdings zeigt sich, dass die befragten Kinder die Art, wie die Kommunikationsmöglichkeiten gelebt werden, überaus kritisch bewerten. Nach ihrer Meinung mangelt es in der Praxis an Disziplin und Fokussierung; damit ist vor allem gemeint, dass der E-Mail als Instrument der

Geschäftskommunikation allzu viel Bedeutung beigemessen und zu viel Zeit zugestanden wird. Der elektronische Briefverkehr wird nach Aussage der Befragten funktionsentfremdet. Demnach wäre derselbe eher für die Ventilation von Informationen gedacht, aber weniger für Korrespondenzen, welche häufig mit der Klärung von besonderen Anliegen betraut sind. So kommt es dazu, dass mit dem Auswerten von E-Mail-Korrespondenzen ein erheblicher Aufwand einhergeht. Stressoren sind dabei vor allem die Decodierung und das Abwenden von Missverständnissen bei der Encodierung. Hier zeigt sich die Problematik einer auf die Schriftsprache reduzierten Kommunikation, welche, in Anlehnung an McLuhan, ein erhebliches Maß an persönlicher Beteiligung fordert und dabei fordernd auf die Nutzer*innen einwirkt. Der E-Mail wird zu oft der Vorzug gewährt, weil aus Sender*innen-Perspektive das Argument der Asynchronität besticht: Erreicht man eine Person telefonisch oder persönlich nicht, sendet man eine E-Mail. Auf der Empfänger*innenseite generiert diese Kommunikationsform Reaktionszeit. E-Mail-basierte Kommunikation generiert Vorteile und Komfort, weil sich asynchron kommunizieren lässt, Informationen an bestimmte Empfänger*innenkreise versendet werden können und Bedenk- und Reaktionszeiten generiert werden. Aus diesen positiven Attributen ergeben sich für die Befragten ebenso negative Merkmale. Die Nutzung der E-Mail führt zu Kommunikationsstress, da mit der Bearbeitung einer E-Mail mehrere Anforderungen einhergehen. Auch hier gereichen die Möglichkeiten, die im Wesentlichen in einer schnellen, kostengünstigen, bequemen und orts- und zeitunabhängigen Kommunikation bestehen, zum Nachteil. Die Botschaft sendende Person geht per se davon aus, dass die Botschaft die empfangende Person erreicht und gelesen wird. Daraus entsteht die Erwartungshaltung einer Antwort, welche aufgrund der genannten Merkmale in einem überschaubaren Zeitrahmen vollzogen werden soll. Die mit der internetbasierten Kommunikation einhergehenden Erwartungen führen auf Seiten der Befragten zu einem Gefühl von Stress. Überdies schildern die Befragten die Wahrnehmung, in Medienstress zu geraten, weil sie im Berufsalltag über mehrere Kanäle (zuvorderst handelt es sich um solche, die schriftsprachlichen Austausch benötigen) kommunizieren (müssen). Insgesamt, so deren Resümee, sei der Aufwand, den sie mit der Bearbeitung von Kommunikation betreiben, immens angestiegen und herausfordernd bis überfordernd. Zudem geben sie an, dass sie nicht das Gefühl haben, an dieser Kommunikationspraxis etwas ändern zu können: Kolleg*innen und Vorgesetzte würden dieses Verhalten vorleben bzw. reproduzieren. Als negativ wird die Verlagerung der Kommunikation ins Digitale bewertet, weil dieselbe eben nicht funktionsgebunden genutzt wird. Die Einschätzung der Befragten ist, dass das persönliche Gespräch deutlich effektiver im Hinblick auf die Übermittlung des Anliegens und im Hinblick auf die zeitliche Komponente ist. Jedoch gilt die E-Mail als geeignetes Mittel der Kontaktaufnahme – insbesondere dann, wenn sich die beiden Kommunikationsparteien nicht bekannt sind. Hier fungiert die E-Mail-Korrespondenz als Sondierungsinstanz. Insgesamt, so die Befragten, scheint die Kommunikation, vor allem im beruflichen Kontext, an Komplexität gewonnen zu haben. Neben all den positiven Aspekten stehen negativ konnotierte Merkmale. Festzuhalten ist: Die Befragten generieren sowohl für die Informationsgenese als auch für kommunikative Routinen Zugewinne.

Negativ bewerten sie die wahrgenommene Nutzungsnotwendigkeit: Internetbasierte Kommunikation gehört zum Berufsalltag der Befragten dazu, sorgt aber auch dafür, dass die Bewertung dieser Kommunikation deutlich negativer ausfällt als bei den Senior*innen. Der Grund für diese unterschiedliche Bewertung ist darin zu suchen, dass die Senior*innen die digitale Kommunikation nicht berufsgebunden nutzen *müssen*. Wenngleich auch sie die Nutzungsnotwendigkeit verspüren, sind sie viel eher in der Position, die Nutzung aktiver zu gestalten und zu beeinflussen. Die Kinder hingegen sehen sich diesem Medienstress eher ausgesetzt, so dass sie insbesondere im Privaten die Nutzung internetbasierter Medien reduzieren oder sogar gänzlich ablehnen. Die Kinder erkennen die neuen Optionen der digitalen Kommunikation an, bewerten dieselben aber weniger positiv als die Senior*innen. All die Attribute, die die befragten online lebenden Seniorinnen und Senioren besonders betonen, sind aus der Sicht der Kinder eher beiläufig erwähnbar. Dies zeigt, dass die befragten Kinder die Prozesse der Digitalisierung bereits habitualisiert haben und eher die als einschränkend oder belastend empfundenen Merkmale benennen. Darüber hinaus zeigt sich, dass sich die Senior*innen und die Kinder mit den gleichen Herausforderungen konfrontiert sehen und Digitalisierung auch für diejenigen eine Aufgabe ist, die bereits länger mit den Nutzungsrelevanzen vertraut sind. Allerdings lässt sich resümieren, dass die Akzentuierung der positiven und der negativen Aspekte verschoben sind: Während sich die Senior*innen eher noch mit den neuen Errungenschaften vertraut machen und die Zugewinne für sich eruieren und erobern, setzen sich die Kinder, die bereits Etablierte der Digitalisierung sind, mit den hier negativ konnotierten Begleiterscheinungen auseinander. An der Gruppe der Kinder zeigt sich die gegenwärtige gesellschaftliche Aufgabe, welche zentral darin besteht, die Möglichkeiten der Digitalität und der Digitalisierung an die Bedürfnisse anzupassen und einen routinierten Umgang damit zu etablieren. Die geschilderten Szenarien der entarteten E-Mail-Korrespondenzen zeigen, dass die Möglichkeiten eher überschwänglich ausgenutzt werden. Auch wenn die Implikation, bereits versiert mit der Digitalisierung voran zu gehen, vorherrscht, zeigt sich, dass die Umsetzung in großen Teilen als herausfordernd und belastend wahrgenommen wird.

14.3 Der Prozess der Digitalisierung: Einschätzungen der Offliner*innen und Onliner*innen

Im Kontext der Frage, wie die Seniorinnen und Senioren ihr Leben anhand der Internetnutzung gestalten, stellt sich auch die nach der Einschätzung der Digitalisierung: *Wie nehmen Senior*innen den Prozess der Digitalisierung wahr und welche Unterschiede lassen sich hier für Nutzer*innen und Nicht-Nutzer*innen aufdecken?* Zum Zwecke der Beantwortung dieser Fragestellung sind die Interviewanalysen mit diesem besonderen Fokus vorangetrieben worden.

Die Haltung der Senior*innen gegenüber dem Digitalisierungsprozess ist eng verbunden mit der Haltung gegenüber der Internetnutzung, weshalb hier beide Aspekte beleuchtet werden. Diese Kontrastierung der Einschätzung des Digitalisierungsprozesses kann in gleicher Weise wie die Betrachtung der Lebenschancen als eine auf dem gesamten Kategoriensystem fußende Interpretation beschrieben werden.

Die schlussfolgernden Betrachtungen sind zum einen für die Gruppe der Onliner*innen und zum anderen für die Gruppe der Offliner*innen in tabellarischer Weise aufbereitet. Somit vergegenwärtigt die erste Darstellung (vgl. Tab. 15) die als positiv und als negativ bewerteten Merkmale des Digitalisierungsprozesses aus der Sicht der online lebenden Seniorinnen und Senioren.

Tab. 15: Internetnutzung und Digitalisierung: Onliner*innen

Internetnutzung und Digitalisierung	
Onlinerinnen und Onliner	
Positive Merkmale	Negative Merkmale
• Vorteile für Kommunikation • Zugang zu Informationen • Resultierende Zugewinne bei Optionen und Ligaturen • Vernetzung • Distanzen werden egalisiert • Eingebunden-Sein in gesellschaftlich Relevantes • Internet ist Instrument für (lebenslanges) Lernen und Wissensgenese • Partizipation	• Internetnutzung ist mehrfach voraussetzungsvoll (Kompetenzen sind vonnöten) • Es braucht Kompetenzen, um Informationen/Kompetenzen durch das Internet generieren zu können • Nutzungsnotwendigkeit der sich bietenden Gelegenheiten • Zwang des Wissens • Zwang zur Aktualität • Digitalisierung exkludiert (Alter, Bildung u. a.) • Umgang mit digitalen Kommunikationsmedien fordert Präsenz und Aufmerksamkeit

Quelle: eigene Darstellung.[99]

---

[99] Die Punkte *Information* und *Kommunikation* werden in ihrer umfassenden positiven Wahrnehmung nicht erneut dezidiert in dieser Darstellung ausdifferenziert. Für die detaillieren Einblicke sei auf die Darlegung der Ligaturen und Optionen der Onliner*innen im vorangegangenen Kapitel verwiesen.

Zuvorderst vergegenwärtigen sich positive Aspekte der Internetnutzung und der Digitalisierung für die Onlinerinnen und Onliner in Form der Optionen und Ligaturen, die sich für die Elemente *Information* und *Kommunikation* ergeben (da diese Punkte bereits umfassend in den vorangegangenen Kapiteln beleuchtet wurden, bleibt eine nähere Betrachtung hier aus). Die Befragten machen deutlich, dass das Internet die Quelle für gänzlich Neues sei, ein Tor zu anderen Welten biete und ein bisher ungekanntes Maß an Partizipation ermöglichen würde. Dabei bietet der Prozess der Digitalisierung umfassendes Vernetzungspotenzial, was zu Synergieeffekten ganz unterschiedlicher Art führen kann, Kommunikation erleichtert, Wissenstransfer fördert und Distanzen egalisiert. Insgesamt ermögliche die Digitalisierung transnationale Zusammenarbeit und forciere neue Formen des Austausches und der Zusammenarbeit. Überdies bietet Digitalität ganz neue Aspekte der Wissensgenese: Das Internet befördert das lebenslange Lernen und eröffne auch hier vielfältige Möglichkeiten. Zentral erscheint die Möglichkeit der Partizipation, welche sich auf verschiedene Teilbereiche bezieht. Neben der neuartig gestalteten Einbindung in familiale Netzwerke und der Organisation privater Kontakte erscheint den Befragten das Internet seine Vorteile vor allem darüber zu generieren, dass es Zugriff zu gesellschaftlich Relevantem bietet.

Trotz umfassend positiv konnotierter Merkmale warten die Befragten mit einigen negativen Aspekten auf, die sie der Internetnutzung und der Digitalisierung zuschreiben. Ein Aspekt, der überaus stark diskutiert wird, ist der der Kompetenzen, die es für die Internetnutzung braucht.

Aufgrund der Tatsache, dass die Internetnutzung nur technikvermittelt realisierbar ist, ergeben sich über diese Ebene Kompetenzanforderungen und gleichsam Zugangsbarrieren. Des Weiteren sind Kompetenzen in Form von Orientierung, Selektion, Erfassung notwendig, um sich im Internet zurecht zu finden. Zur detaillierteren Vergegenwärtigung der für die Internetnutzung zu passierenden (technologischen) Ebenen wird nachfolgend auf die Darstellung (vgl. Tab. 16) von Kubicek rekurriert[100].

---

100 Zu den unterschiedlichen Zugangsbarrieren und Ebenen des Internetzugangs sei auf Kling verwiesen, welcher zwischen einem technischen und einen sozialen Zugang unterscheidet, welche sich zwar nicht per se gegenseitig bedingen, aber doch aufeinander aufbauen: Ist der technische Zugang zum Internet möglich, heißt dies nicht konsistenter Weise, dass auch alle Bevölkerungsgruppen den Zugang realisieren und zu einer homogenen Nutzung gelangen. Die Internetnutzung, so Kling, sei sozial determiniert (vgl. Kling 2000: 226). Auf einen ähnlichen Zusammenhang rekurriert auch Attewell: Auch in seinem Modell gelten technologische Barrieren als voraussetzungsvoll, allerdings nimmt er in einem zweiten Schritt die Auswirkungen der Internetnutzung in den Blick und spricht dabei von einem „First Digital Divide" und einem „Second Digital Divide" (vgl. Attewell 2001: 253). Die verschiedenen Ansätze und Modelle zu den Zugangsbarrieren der Internetnutzung finden sich umfassend ausdifferenziert dargestellt bei Zillien (2009: 90 ff.).

Tab. 16: Zugangsregenbogen

Schicht	Dimension/ Beschreibung
1	Telekommunikationsnetz
2	Internetzugang
3	PC, Modem, Browser; Server, Tools zur Erstellung und Pflege von Angeboten; Spezielle Hilfen für Hör- und Sehbehinderte
4	Orientierungsinformationen (Suchmaschinen, Linksammlungen, Verweisdatenbanken)
5	(Selbst-) Schutzmaßnahmen (Elektronische Unterschrift, Verschlüsselung, Filtersoftware, Anonymisierungsmöglichkeiten etc.)
6	Zugang zu Informationen von öffentlichem Interesse; attraktive kommerzielle Angebote; verbesserter Zugang zu Leistungen der öffentlichen Verwaltung
7	Medienkompetenz (technische Nutzungskompetenz und inhaltliche Recherche-, Navigations- und Bewertungskompetenz)

Quelle: Kubicek 1999: 335.

Wie bereits angedeutet wurde, sind mehrere, systematisch aufeinanderfolgende Hürden zu überwinden, bis schlussendlich die Zielsetzung, nämlich die Nutzung internetbasierter Dienste, erreicht werden kann. Kubicek fasst diese aufeinanderfolgenden Schichten zu seinem Regenbogenmodell zusammen und lässt die einzelnen Schichten eines Regenbogens stellvertretend für die Zugangsebenen stehen. Seit der Etablierung dieses Regenbogenmodells sind knapp zwei Jahrzehnte ins Land gezogen, die jedoch der Wirkungsmechanismen dieser Zugangsbarrieren keinen Abbruch getan haben, wie diese Untersuchung (und zudem die bereits konsultierten Studien der Initiative D21 und des Deutschen Institut für Vertrauen und Sicherheit im Internet (DIVSI) nachweisen) zeigt. Kurzum: Es braucht Kompetenzen, um neue Kompetenzen über das Internet generieren zu können. Aus den unterschiedlich ausgeformten Kompetenzen resultieren für die Gruppe der Onliner*innen wiederum Unterschiede, die sich im Umgang mit den internetbasierten Diensten darstellen. Dies verweist darauf, dass die Nutzung des Internets in unterschiedlicher Weise gelingt und die entsprechenden Kompetenzen der Nutzung wieder die Art der Kompetenzen determinieren, die sich aus der Internetnutzung ergeben. Kim und Kim (hier zitiert nach Zillien 2009: 99) haben dazu ein dreistufiges Modell (vgl. Tab. 17) entwickelt, welches die Nutzungsunterschiede ausweist:

Tab. 17: Dreistufen-Modell Digital Divide

Stufe	Dimension	Beschreibung
1	„Opportunity Divide"	Auf der ersten Stufe werden die, die Zugang zu Informationstechnologien haben, von jenen unterschieden, die nicht die Möglichkeit haben, darauf zurückzugreifen. Hier spielen vor allem ökonomische Faktoren eine Rolle: „At this stage, whether users have opportunities for access to information depends mainly on their economic resources" (Kim/ Kim 2001: 84)
2	„Utilization Divide"	Auf der zweiten Stufe werden jene, die über einen Internetzugang verfügen, durch unterschiedliche Medienkompetenz, Hard- und Softwarekenntnisse unterschieden – besonders wichtig ist dabei die Verfügbarkeit persönlicher/technologischer Netzwerke: „In this differentiation process, the possession or lack of such network capital divides white-collar workers into either gold-collar workers or routine knowledge workers" (Kim/ Kim 2001: 84)
3	„Reception Divide"	Auf der dritten Stufe werden die, die Fähigkeiten haben, Informationsquellen richtig zu bewerten, von jenen unterschieden, [sic!] denen zu einer solchen Einordnung nicht in der Lage sind. Die hierzu erforderlichen Rezeptionsfähigkeiten hängen in erster Linie von der Verfügbarkeit kulturellen Kapitals ab.

Quelle: Kim/Kim 2001: 85; zitiert nach Zillien 2009: 99.

Mit diesen als Nutzungsvoraussetzungen identifizierten Kompetenzen gehen weitere, als negativ eingeschätzte Merkmale einher. So fühlen sich die Befragten stetig gefordert, informiert zu sein. Die als relevant erachteten Informationen beziehen sich dabei zum einen auf die benannten Nutzungsvoraussetzungen und umfassen derlei Aspekte wie neue Programme, Sicherheitskonzepte, Datenschutzfragen, technische Expertisen usw. und forcieren zum anderen die über das Internet generieten Informationen. Aufgrund der offenbarten Möglichkeit, sich stetig neue, aktualisierte Informationen beschaffen zu können, generiert sich eine durch gesellschaftlichen Druck als unerlässlich erachtete Notwendig. Diese Nutzungsnotwendigkeit ergibt sich nach Auffassung der Befragten aus der Fülle der Potenziale und der Schwierigkeit, sich abgrenzen und sich von der verspürten gesellschaftlichen Erwartung distanzieren zu können. Dieser Umstand kann als zirkulärer Prozess umschrieben werden: Ähnlich wie im Falle der benannten Systematik ‚*Kompetenzen sind Voraussetzung für Kompetenzen*', zeigt sich hier ein ‚Wissen über neue Informationen'. Die Notwendigkeit, sich aktuelle Informationen zu vergegenwärtigen, generiert aus der Perspektive der Befragten die Notwendigkeit der steten Aktivität. Die Informationen müssen durch die Befragten recherchiert oder der Zugang dazu erworben werden. Dabei wird deutlich, dass das Internet für die Senior*innen eher einer Art Potpourri gleicht, aus welchem man die relevanten Informationen heraussuchen muss. Die Aktivität, die aufgebracht werden muss, damit die relevanten Informationen gefunden werden, hängt auch damit zusammen, welche Kompetenzen die Nutzenden haben. Je besser das World Wide Web in seiner Systematik überblickt wird, je strategischer der Umgang mit demselben ist, desto weniger mühsam kann die Auseinandersetzung für die Nutzenden erscheinen. Überdies sind die Nutzungsintentionen relevant dafür, wie viel Zeit und Mühe die Erfüllung der Zielsetzung der Nutzung kostet. Per se kann man zu dem Schluss kommen, dass die Internetnutzung für die Senior*innen mit einem hohen Maß an Aktivität und Präsenz einhergeht. Dabei entfaltet das Internet eine eigene Regelhaftigkeit, von der einige Nutzer*innen fürchten, sich nicht konsequent genug abgrenzen zu können. Die Sorge, die Kontrolle über die eigene Zeit und über die Nutzungsmotive und -routinen zu verlieren, lässt die Seniorinnen und Senioren im Umgang mit dem Computer und den Internet-Diensten wachsam sein.

Als bedenklich empfinden die Onlinerinnen und Onliner, dass es ein bestimmtes Maß an körperlicher, aber vor allem geistiger Fitness bedarf, um das Internet nutzen und damit (in der benannten Vielfalt) partizipieren zu können. Die Befürchtung, die mit dem wachsenden Drang der Digitalisierung einhergeht, ist, mit zunehmendem Alter exkludiert zu sein. So sehr die befragten Senior*innen das Internet als Strategie für die Kompensation eines aufgrund verschiedener körperlicher Gebrechlichkeiten kleiner werdenden Aktivitätenradius anerkennen, umso frappierender sind die Befürchtungen, abgeschnitten und ausgegrenzt zu sein.

Die positiven Merkmale, die die Offlinerinnen und Offliner der Internetnutzung und der Digitalisierung zuschreiben, ähneln stark den Einschätzungen der Onliner*innen. Die Offliner*innen betonen vor allem den Austausch von Wissen und Informationen im Kontext von Wissenschaft und Forschung und befürworten die Nutzung der Netzwerktechnologie für unternehmerische Interessen. Darüber hinaus erscheint ihnen der Zugang zu Informationen als positiv. Die Befürwortung digital gestalteter Prozesse fällt eher gering aus. Die Auflistung der als negativ deklarierten Merkmale ist im Gegensatz zu den positiven Attributen eher umfassend. Die eher negative Haltung gilt weniger der technologischen Errungenschaft des Internet und der betreffenden Angebote; dass daraus vielerlei Vorteile entstehen, erkennen die Offliner*innen.

Tab. 18: Internetnutzung und Digitalisierung: Offliner*innen

Internetnutzung und Digitalisierung	
Offlinerinnen und Offliner	
Positive Merkmale • Vernetzung • Distanzen werden egalisiert • Transfer von Wissen • Zugang zu Informationen	Negative Merkmale • Diktat des Digitalen • Internet als Organisationsprinzip aller Lebensbereiche • Veränderung der Wissensbestände • Primat der Information • Es braucht Kompetenzen, um Informationen/Kompetenzen durch das Internet generieren zu können • Zwischenmenschliche Interaktion verliert an Relevanz • Tendenz zur asynchronen, technikvermittelten Kommunikation • Mensch-Maschinen-Interaktion • Entfremdung und Vereinzelung des Menschen vom Menschen • Überforderung des Menschen durch Medienpluralität und Reizüberflutung • Umgang mit digitalen Kommunikationsmedien fordert Präsenz und Aufmerksamkeit • Schnelllebigkeit • Internet beinhaltet bestimmte informelle Regelhaftigkeiten (Kommunikation; Informiertsein)

Quelle: eigene Darstellung.

Negativ bewerten sie eher den Umgang mit dem World Wide Web und daraus (vermeintlich) erwartete gesellschaftliche Konsequenzen. Hier geht es vor allem um eine wahrgenommene Verschiebung von Werthaftigkeiten, welche sich zentral auf den *Wert des Wissens* und den *Wert der zwischenmenschlichen Interaktion und Kommunikation* beziehen. Die Ausdifferenzierung der Werthaftigkeit kann anhand der Interviewanalysen nicht weiter vorangetrieben werden, allerdings kann extrahiert werden, dass die Offlinerinnen und Offliner einen generellen Verlust der Werthaftigkeit befürchten, welcher im Hinblick auf das Element des Wissens vor allem bedeutet, dass der Information eine das Wissen überflügelnde Bedeutung zugemessen wird. Daran fügt sich an, dass Wissen per se an Relevanz verliert, da die Informationen quasi permanent zum Zeitpunkt des Gebrauchs und immer wieder aus dem Internet herausgesogen werden können. In Bezug auf die zwischenmenschliche Interaktion hegen die Befragten Befürchtungen, dass dieselbe zunehmend vermittelt generiert wird, dass die direkte Interaktion leidet und damit eine gewisse Distanzierung einhergeht, welche die Gesellschaftsmitglieder eher auseinanderdriften lässt, was sich wiederum negativ auf den gesellschaftlichen Zusammenhalt auswirkt. Vermittelte Kommunikation, so die Auffassung der Befragten, birgt die Gefahr der abnehmenden Zivilität. Trotz umfangreicher Kommunikationskanäle und -wege würden die Menschen nicht reicher an Bedingungen und Erfahrungen, eher das Gegenteil sei der Fall. Daran anknüpfend zeigt sich eine als überaus negativ konnotierte Ausweitung der Mensch-Technik-Interaktion, welche die Nutzenden aus der Sicht der Offliner*innen um viele Erfahrungen beraubt und die Wissensbestände, aber auch das Portfolio von direkt Erlebtem schrumpfen lässt. Der umfassende Einsatz von Technik im Zuge der Digitalisierung führt zu einer beschleunigten Lebensweise, welche langfristig den Menschen überfordere. Der Mensch passt sich an die Potenziale der Technik an und bleibt damit stets defizitär, weil die Maxime technik- und nicht menschenreferenziert sind. Die Digitalisierung formt neue Gesetzmäßigkeiten, die zum Ordnungsprinzip gesellschaftlicher Teilsysteme werden, dieselben sind dabei systemimmanent.

Es zeigt sich, dass die Offliner*innen und Onliner*innen neben all den positiven Aspekten, welche das Internet bereithält, Bedenken ob der gesellschaftlichen Entwicklung vor diesem Hintergrund hegen. Die Offliner*innen beziehen sich dabei weniger auf die Auswirkungen, von denen sie selbst betroffen sein können: sie fungieren eher als teilnehmende Beobachter*innen. Die Onliner*innen formulieren ganz konkrete Aspekte, die als nachteilig gedeutet werden können und beziehen die negativ konnotierten Merkmale verstärkt auf sich selbst.

14.4 Informationsbeschaffung und Wissensgenese im Kontext der Internetnutzung

Bereits die vorangegangenen Analysen konnten auf die besondere Bedeutung der Internetnutzung für die Akquise von Informationen hinweisen. So zeigt sich, dass die online agierenden Seniorinnen und Senioren das Internet zuvorderst für neue Kommunikationsformen und für die Informationsrecherche gebrauchen. Die nachfolgenden Ausführungen sollen dazu dienen, die vierte der forschungsprägenden Fragestellungen zu beantworten: *Welche Bedeutung hat die Internetnutzung für die Gruppe der Senior*innen im Hinblick auf die Informationsbeschaffung und die Wissensgenese?*

In der Ausdifferenzierung der durch das Internet generierten Zugewinne für die Onliner*innen in Optionen und Ligaturen konnte dargestellt werden, dass die Internetnutzung Informationen mit verschiedenen Merkmalen und für diverse Funktionen bereithält. So wurde deutlich, dass die Senior*innen die schier unüberblickbare Fülle, das Vorhandensein beinahe jedweder Information als neue Qualität des Datenzugangs bewerten. Durch die Internetnutzung können die Befragten teilhaben an den Errungenschaften der Digitalisierung und erhalten einen Einblick in die Aspekte, die im Zuge der Entwicklung der

Informations- und Kommunikationstechnologien der Moderne die Charakterisierung als Informationsgesellschaft eingebracht hat. Die Senior*innen sehen sich in diesem Kontext der Internetnutzung mit zweierlei konfrontiert: zum einen treten sie in Interaktion mit dem, was diese Fortschritte erst ermöglicht und durch die (Computer-)Technik gekennzeichnet ist. Zum anderen erhalten sie durch die Auseinandersetzung mit den technischen Innovationen den Zugang zum World Wide Web. Die vielbesprochenen Informations- und Kommunikationstechnologien fallen für die Befragten gewissermaßen zusammen: auf einen Schlag sind sie mit beiden Komponenten der Digitalisierung konfrontiert. Die Bedienung des Computers oder eines anderen internetfähigen Endgerätes vergegenwärtigt sich für die Senior*innen selbst wie eine Revolution, weil sich dadurch ein Abbild des Analogen im Digitalen präsentiert und das Analoge im World Wide Web vervielfacht wird. Das Eintreten in den virtuellen Raum schafft eine beinahe unüberblickbare Fülle an Möglichkeiten für die Senior*innen. Mit einem Schlag öffnet sich eine neue, eine andere Welt, in der in Form der mannigfaltigen Informationen quasi alles greifbar, alles wahrnehmbar ist. Der Terminus Information ist, wie in Kapitel sieben dargelegt werden konnte, mithin inhaltsleer, wenn derselbe nicht in einem Referenzrahmen verortet, sprich von einer empfangenden Person eingeordnet wird. *Information* bietet damit einen Sammelbegriff für alles, was übermittelt wird. Die Sender*innenseite intendiert mit der Information eine bestimmte Botschaft (encodieren) und die Empfänger*innenseite deutet (decodieren) die Botschaft innerhalb des subjektiven Referenzrahmens, welcher den Deutungshorizont der Sender*innen erfasst, aber auch eine ganz neue Interpretation respektive Rezeption bieten kann. Informationen bieten damit den Inhalt von Kommunikation und vergegenwärtigen sich vielgestaltig. Informationen können mithin jede Gestalt annehmen und beziehen sich nicht nur auf solche Aspekte, wie die Explikation der nächsten Bahnfahrzeiten oder den Inhalt des Kinoprogramms, sondern sind auch Fotos von Inseln in der Karibik, Videobeiträge über einen Konferenzbeitrag, die Erinnerung an ein Sportereignis. Aufgrund der Digitalität der Daten, ist es den Senior*innen möglich, unabhängig von einem spezifischen Speichermedium den Zugang zu diesen vielgestaltigen Informationen zu erhalten. Über den Computer oder das Smartphone können Videos genauso geschaut werden, wie die Tageszeitung gelesen werden kann. Mit dem Öffnen des Browserfensters steht den Senior*innen eine Infrastruktur offen, die quasi alles zu übermitteln im Stande ist. Damit vergegenwärtigt sich für die Senior*innen eine nicht nur graduelle Veränderung in der Art des Informations*zuganges* oder des Informationsportfolios, es handelt sich um eine prinzipiell andere Art, Informationen zu erfassen. Während die analoge Strategie der Informationsrecherche darin bestand, gezielt die verschiedenen Informationsquellen zu konsultieren, folglich mal ein Lexikon aufzuschlagen, mal zum Servicecenter des Personenbeförderungsbetriebes zu gehen, mal die Veranstaltungsbroschüre des nächsten Theaters zu holen, können die Onliner*innen dies mit wenigen Handgriffen am heimischen PC umsetzen. Entsprechend groß ist die Verblüffung, aber auch die Begeisterung bei den Senior*innen, wenn sie sich den Zugang zum Internet erwirkt haben.

Das Internet dient den Befragten im Kontext der Informationsrecherche zu ganz unterschiedlichen Zwecken. So zeigt sich, dass Informationen neu, vertiefend oder weiterführend für ein bekanntes Themenfeld recherchiert, aber auch Informationen zu unbekannten Themen gesucht werden. Besonders relevant erscheint die Internetrecherche im Kontext der Vorabinformationen zu sein. Mit der Distanz zum eigentlichen Geschehen lassen sich Informationen beschaffen, Idee bestärken oder verwerfen und neue Optionen generieren. Insofern bietet die internetbasierte Informationsakquise die Gelegenheit, Informationen zu sondieren, Einblicke zu erhalten und damit Entscheidungsfindungen zu unterstützen.

Die Senior*innen treffen durch die Internetnutzung auf die Merkmale der Digitalisierung und der Informationsgesellschaft: jedwede Information ist zugänglich und nutzbar. Mit der Internetnutzung erleben die Senior*innen quasi eine Explosion an Informationen und daran geknüpfte Potenziale. Internetnutzung entfaltet für die Onlinerinnen und Onliner eine große Bedeutung im Zuge der Informationsbeschaffung. Dabei liegt der Zugewinn nicht per se in dem Zugang zu Informationen an sich, denn in diesem Kontext geben die Befragten an, sich durch die analogen Strategien ((Tages-)Zeitung; Nachrichten im Fernsehen) gut über das Tagesgeschehen sowohl regional als auch national sowie international informiert zu fühlen. Auch die Versorgung mit Informationen anderer Art stellt sich für die Senior*innen über die analogen Kanäle nicht minder gut dar. Die Zugewinne, welche sich explizit durch die Internetnutzung für das Element der Information ergeben, sind von anderer Qualität. Extrahiert werden konnte bereits im Rahmen der Analyse der Optionen und Ligaturen, dass sich gänzlich neue, und bis dato ungekannte Möglichkeiten ergeben. Das Internet eröffnet Einblicke, die die Senior*innen in der Gestalt für undenkbar hielten. Darüber hinaus bietet die Informationsrecherche im World Wide Web einen erheblichen Komfortzugewinn: vom heimischen Sofa aus lassen sich binnen kurzer Zeit (hypothetisch) Informationen zu völlig verschiedenen Anliegen und Themenfeldern akquirieren. Dieser Umstand verschafft den Onlinerinnen und Onliner das Empfinden der Unabhängigkeit und der Teilhabechance.

Allerdings bedeutet der Zugang zu den vielfältigen Informationen nicht, dass auch alle Nutzenden dieselben in gleicherweise rezipieren. Die Akquise von Informationen ist, auch nach Einschätzung der befragten Seniorinnen und Senioren, mit einem hohen Aufwand an Zeit und vor allem Kompetenzen verbunden. Beide Komponenten beziehen sich sowohl auf die Akkumulation der für die Internetnutzung notwendigen Kenntnisse und Fähigkeiten im Vorwege der Nutzung als auch auf den Prozess der Informationssuche selbst. Diese für die Nutzung, aber auch für die Informationsgenese notwendigen Kompetenzen lassen sich als Nutzungsunterschiede beschreiben, jedoch hier nicht dezidiert erfassen. Die Aussage, welche Senior*innen dieser Untersuchung besonders souverän oder kompetent die Informationssuche vorantreibe, und welche eher weniger geübt das World Wide Web durchsuchen, kann hier nicht getroffen werden. Die Wissensklufthypothese schwingt dabei als Konzeption zwar mit, aber es handelt sich hier um die Einschätzung der Befragten im Hinblick auf die Internetnutzung und nicht um die Eruierung der tatsächlich vorhandenen Kompetenzen oder Fertigkeiten. In einem vorangegangenen Analyseabschnitt wurde bereits auf das Modell nach Kim und Kim (zitiert nach Zillien 2009: 99) verwiesen – die Relevanz des Modells wird an dieser Stelle (vgl. Tab. 19) erneut betont: zu erkennen ist, dass nicht per se jede Nutzerin und jeder Nutzer die gleichen Informationszugänge hat. So spiegelt dieses Modell die Wahrnehmungen der Befragten im Kontext der Nutzungsvoraussetzungen wider. Folglich schätzen die Nutzerinnen und Nutzer den Aufwand, der mit der Recherche von (bestimmten) Informationen verbunden ist, unterschiedlich hoch ein.

Tab. 19: Dreistufen-Modell Digital Divide

Stufe	Dimension	Beschreibung
1	„Opportunity Divide"	Auf der ersten Stufe werden die, die Zugang zu Informationstechnologien haben, von jenen unterschieden, die nicht die Möglichkeit haben, darauf zurückzugreifen. Hier spielen vor allem ökonomische Faktoren eine Rolle: „At this stage, whether users have opportunities for access to information depends mainly on their economic resources" (Kim/ Kim 2001: 84)
2	„Utilization Divide"	Auf der zweiten Stufe werden jene, die über einen Internetzugang verfügen, durch unterschiedliche Medienkompetenz, Hard- und Softwarekenntnisse unterschieden – besonders wichtig ist dabei die Verfügbarkeit persönlicher/technologischer Netzwerke: In this differentiation process, the possession or lack of such network capital divides white-collar workers into either gold-collar workers or routine knowledge workers" (Kim/ Kim 2001: 84)
3	„Reception Divide"	Auf der dritten Stufe werden die, die Fähigkeiten haben, Informationsquellen richtig zu bewerten, von jenen unterschieden, [sic!] denen zu einer solchen Einordnung nicht in der Lage sind. Die hierzu erforderlichen Rezeptionsfähigkeiten hängen in erster Linie von der Verfügbarkeit kulturellen Kapitals ab.

Quelle: Kim/Kim 2001: 85; zitiert nach Zillien 2009: 99.

Die These lautet, dass die Internetnutzung für Personen mit bestimmten Merkmalskonstellationen vorteiliger wirkt: es wurde bereits darauf hingewiesen, dass die Art der Internetnutzung bildungsdeterminiert ist. Für die Beantwortung der Fragestellung führt die Kontrastierung der Nutzungsunterschiede (Wissenskluftypothese) jedoch zu weit, da im Rahmen der Interviews nicht erhoben werden konnte, ob und inwiefern die befragten Senior*innen die Informationsrecherche unterschiedlich souverän oder kompetent bewerkstelligen. Resümiert werden kann jedoch im Hinblick auf die Bedeutung des Internets für die Informationsgenese, dass die Onliner*innen vom World Wide Web als Informationsquelle intensiv Gebrauch machen und damit nicht nur die Mannigfaltigkeit der Informationen positiv bewerten, sondern vor allem die Vielfalt der Informationen und den Komfort des Zugangs schätzen. Allerdings muss betont werden, dass es sich bei dem Internet nicht um die alleinige Quelle an Informationen handelt, die die Senior*innen konsultieren. Sie geben an, dass sie durch das Internet keine analogen Strategien (bis auf Finanztransaktionen) ersetzt hätten und das Internet als Zugewinn ansehen, aber nicht als Ersatz. Der Vorrang wird somit dem Analogen gegeben – dasselbe wird durch digitale Strategien ergänzt. Die befragten Senior*innen begreifen jedoch das Internet als Strategie für die Bewältigung zukünftig an sie gestellte Herausforderungen, die zuvorderst durch die Abnahme der eigenen Mobilität und damit mit der Reduktion des Aktivitätenradius' gekennzeichnet sein werden – so die Voraussicht der Befragten. Dann, so die Vorstellung der Befragten, würden mehr Aktivitäten in das Internet verlegt respektive über das Internet organisiert. Damit würde die Nutzung des Internets kompensatorische Aufgaben erfüllen und unterstützend wirken. Die Realisierung des Erwerbs von Verbrauchsgütern und anderer Waren, die weiter intensivierte Kommunikation über das Internet und das Surfen im World Wide Web im Lichte des Teilhabewunsches erscheinen den Senior*innen als realistische Szenarien der Zukunft. Allerdings betonen sie die Entschlossenheit, die Bequemlichkeit, die das Internet bereits gegenwärtig für sie offeriert, nicht allzu stark auszuleben, weil sie ihre Mobilität und Aktivität erhalten wollen. Der Rückzug in digital gestaltete Prozesse bedeutet für die Senior*innen damit auch eine Abkehr von unvermittelt Wahrnehmbarem. Zentral ist hier der Wunsch nach persönlicher Präsenz in der eigenen Lebenswelt. Diese Art der Partizipation basiert auf inkorporierten Wissensbeständen, welche sich grundlegend von dem unterscheiden, was über das Internet vermittelt wird. Das World Wide Web bietet eine Fülle von Informationen und Inspirationen, das tatsächliche Erleben findet für die Senior*innen jedoch im Analogen und vor allem (technisch) unvermittelt statt. Dieser Aspekt leitet zu der Unterscheidung von Information(en) und Wissen über, denn für den überwiegenden Teil der befragten Seniorinnen und Senioren besteht der Reiz des Internets hauptsächlich in der Fülle an verfügbaren Informationen, Wissensgenese scheint jedoch für die Senior*innen eine eher untergeordnete Rolle zu spielen. Dies lässt sich insbesondere darauf zurückführen, dass dieselben in den Interviews im Zusammenhang mit dem Internet eher von *Informationen* sprechen und *Wissen* eher mit dem Nicht-Digitalen assoziieren. Grundlegend für diese jeweiligen Zuschreibungen sind die Aspekte, die die Senior*innen mit den Begrifflichkeiten in Verbindung setzen. Angemerkt werden kann, dass die Befragten selbst Wissen kategorisieren und damit zwischen Spezialwissen, Allgemeinwissen und Fachwissen unterscheiden. Diese Wissensarten sind mit unterschiedlichen Emotionen verbunden und verweisen in Anlehnung daran auf unterschiedliche Rezeptionsquellen. Formale Wissensbestände und solche, die eher fachlich spezifisch sind und damit auf Fachwissen im Kontext berufsspezifischer *Bildung* rekurrieren, können nach Einschätzung der Befragten über Online-Weiterbildungsangebote generiert werden. Es spielt folglich für die Befragten keine Rolle, ob die Fachbücher als digitale Versionen aufbereitet sind und Schulungsprogramme über den Computer abgerufen werden können. Für diese Art des Wissens konnte aus den Interviews keine besondere emotionale Assoziation extrahiert werden. Anders verhält es sich mit Wissensbeständen allgemeinerer Art, welche eher als Erfahrungen denn als konkretes Wissen von den Befragten deklariert werden. Erfahrungen, so die einhellige Meinung der Senior*innen (Offliner*innen und Onliner*innen), sind an Emotionen gebunden und bedürfen des unvermittelten Erlebens. Erleben ist nach Einschätzung der Senior*innen gekennzeichnet durch die mit allen Sinnen intendierte Wahrnehmung. Im McLuhan'schen Sinne kann von der Notwendigkeit der persönlichen Beteiligung gesprochen werden. Demnach sind medial vermittelte Ereignisse keine Erfahrungen, weil ihnen das Moment des direkten, unvermittelten Wahrnehmens fehlt. Damit vergegenwärtigt sich der vielbesagte Abstraktionsvorwurf, den die Senior*innen dem Internet und dem Technikvermittelten insgesamt entgegenbringen: der Rezipient/die Rezipientin nimmt das Gezeigte, das Gesendete zwar wahr, erlebt, verinnerlicht es aber nicht. Formal kann Wissen über das Internet generiert werden, aber *echtes Erleben* wird nicht möglich. Nach Einschätzung der Senior*innen geben sich die Internetnutzenden allzu oft der eigenen Täuschung hin, indem dieselben der Auffassung sind, über das Internet Dinge erleben zu können. Im World Wide Web vermittelte Botschaften sind stets aus der Perspektive eines/einer anderen verfasst – so wird das Erleben durch den Bildschirm lediglich simuliert, aber nicht realisiert. Weiter noch: Die Senior*innen hegen die Befürchtung, dass mit der zunehmenden Digitalisierung das Wissen an Wert verliert. Diese Prognose generiert sich aus der Einschätzung, dass das Wissen an sich, dabei sind sowohl soziale Wissensbestände als auch das subjektiv lebensweltlich orientierte Wissen des/der Einzelnen gemeint, an Relevanz verliert, weil Informationen aufgrund der steten Verfügbarkeit im Internet nicht intendiert werden müssten. Wissen ist damit eng verbunden mit einer Reflexionsleistung, welche verkümmert, so die Warnung der Senior*innen, wenn die Menschen den Informationen den Vorrang zuweisen. Das Wissen, das eine Person in sich trägt, wird durch Austausch und Interaktion mit Anderen genährt, geformt und gefestigt. Die intensivierte Nutzung des Internets und vermittelnder Technik im Zuge der Digitalisierung lässt den Wert des Wissens auf gleich zwei Arten schwinden: die technikvermittelte Akkumulation von Informationen auf der einen Seite und die verminderte soziale Interaktion auf der anderen führen zu einer Verlagerung von Wissensbeständen ins Internet. Die stete Verfügbarkeit von Informationen reduziert die Notwendigkeit des Gewussten. Dies habe zudem Auswirkungen auf das Gespräch, auf das Argumentieren: da jede Frage durch eine Konsultation des Internets beantwortet werden kann, werden im persönlichen Gespräch behandelte Themen weniger relevant und inhaltsleer.

Neben den vorgenannten Aspekten lässt sich in Bezug auf die Bedeutung des Internets im Hinblick auf die Wissensgenese explizieren, dass die Senior*innen Spezialwissen, welches sich im Wesentlichen auf freizeitgestalterische Aktivitäten bezieht, sehr wohl über das Internet generieren. Die Befragten sehen hier große Vorteile in der Internetnutzung – es kann als Quelle für fortwährendes Lernen fungieren und eröffnet für die Befragten stetig Neues. Die Zugewinne vergegenwärtigen sich zum einen für Hobbies und zum anderen für alltagspraktische Belange, für die die Senior*innen das Handlungsrepertoire erweitern (müssen). Über das Internet Generiertes diffundiert sehr wohl in das Handlungsrepertoire der Befragten, folglich generieren sie erfolgreich Wissen über das Internet.

Deutlich wird, dass die Senior*innen die Internetnutzung nicht per se mit der Genese neuen Wissens verbinden. Sie geben zwar an, dass über das Internet neue Kenntnisse und Fertigkeiten erlernt werden kann, allerdings ist das Internet nicht der vordringlich genannte ‚Ort' für das Erlernen von Neuem. Handlungsanleitungen, Inspirationen etc. generieren die Senior*innen über das Internet, kommunizieren im Interview dies jedoch nicht als Akt der Wissensaneignung. Lediglich eine befragte Onlinerin gab an, gezielt Weiterbildungsangeboten über das Internet zu nutzen. Mithin sei an dieser Stelle erneut betont, dass die Darstellung der Befragten, die mehrheitlich *Wissensgenese nicht* thematisieren, auf das Wissensverständnis der Befragten zurückgeführt werden kann. Herausgearbeitet werden konnte, dass die Senior*innen durch die Internetnutzung ihr Handlungsrepertoire erweitern und darüber hinaus Wissen kategorisieren.

Den Interviews ist zu entnehmen, dass die Befragten wahrnehmen, dass Wissen (ebenfalls) eine besondere gesellschaftliche Relevanz zukommt. So beschreiben sie den durch gesellschaftliche Mechanismen initiierten Druck, stets aktuell informiert zu sein, die Kenntnisse stetig an die Fortschritte anzupassen und fortwährend Wissen zu akkumulieren. Insbesondere der Zwang des Wissens im Hinblick auf den technischen Fortschritt scheint für die Senior*innen von besonders frappierender Bedeutung zu sein. Hinter diesem *Zwang des Wissens* steht die Befürchtung, von gesellschaftlichen Prozessen, die sich nunmehr im Digitalen vergegenwärtigen, exkludiert zu sein. Die Einschätzung ist, dass man sich stetig bemühen muss, um partizipieren zu können – die Maxime werden durch den Prozess der Digitalisierung geformt. Die Betonung der Vorteile der Digitalisierung für den Transfer von Wissen, der Verweis auf Weiterbildungsangebote im Onlineformat, aber auch der Hinweis, dass das Internet für den Austausch im Berufsleben positive Attribute generiert, zudem die Anerkennung der Relevanz von Wissen machen deutlich, dass die Befragten die Maxime der Digitalisierung und der Wissensgesellschaft verinnerlicht haben. Damit verbunden ist zentral die Einsicht, dass im Zuge des digitalen Zeitalters neue Regelhaftigkeiten die Organisation von Gesellschaft determinieren und dabei bestimmte Parameter in der Relevanz besonders, aber für die Senior*innen auch neu betonen. Das, was handlungsleitend wirkt und gesellschaftliche Informationsbeschaffung, Wissensgenese und zuvorderst Kommunikation formt, sind das Internet und das Digitale.

Zusammenfassung: Es wird deutlich, dass die befragten Senior*innen überaus ambivalent gegenüber dem Internet eingestellt sind. Widerstreitend zeigen sich hier der positive Nutzen des Internets aufgrund der vorhandenen Informationen und der Möglichkeit, Neues hinzuzulernen und die umfassende Einschätzung des Einflusses des Internets auf das Wissen im Allgemeinen. Es macht den Eindruck, als wären die Senior*innen hin- und hergerissen zwischen den Zugewinnen und dem Komfort, die sich durch die Internetnutzung generieren lassen, und den potenziell negativen Auswirkungen auf die Gesellschaft. Dabei scheinen sich die befragten Senior*innen dahingehend einig zu sein, dass gesellschaftliche Praktiken nachteilig verändert werden und diese Veränderung zu einer geringeren Werthaftigkeit des Sozialen und damit des Unvermittelten führen wird. Gleichsam identifizieren die Befragten Aspekte, die sich eingedenk des fortschreitenden Alters und damit in Verbindung stehender Gebrechlichkeit positiv auf die Lebensführung auswirken können. Das Internet, da sind sich alle einig, kann das *unvermittelte Erleben* nicht ersetzen, allenfalls imitieren. Es zeigt sich, dass die Internetnutzung für die Befragten vor allem im Kontext der Informationsbeschaffung eine immense Bedeutung entfaltet, aber auch für die Wissensgenese Vorteile einbringt. Tatsächliche Unterschiede zwischen den Befragten im Hinblick auf die Art der Internetnutzung mit dem Ziel der Informationsbeschaffung und der Wissensgenese konnten inhaltlicher Art nicht ermittelt werden. Folglich können keine Aussagen über Nutzungsdisparitäten im Zusammenhang mit bestimmten Parametern getroffen werden.

15 Abschluss

Eröffnet wurde diese Dissertation mit der Ankündigung, eine Expedition beschreiten zu wollen. Ähnlich wie die Leuchtfeuer vor der schleswig-holsteinischen Küste den Schiffen wies auch dieser Forschungsreise eine markante Landmarke das Ziel. Das Ziel hatte Bestand – trotz schwierig zu durchschiffender Passagen und enger Klippen – und offenbarte sich als forschungsleitende Fragestellung: *Wie wirken sich die Internetnutzung und die Internet-Nicht-Nutzung auf die Lebensgestaltung von Seniorinnen und Senioren aus?*
Da sich die Wegstrecke als überaus weit erwies, wurden aus der leitenden Fragestellung vier weitere Forschungsfragen abgeleitet:

> I: *Wie gestalten sich die Lebenschancen der beiden Senior*innengruppen (online und offline) und welche Unterschiede ergeben sich?*
> II: *Welche Unterschiede hinsichtlich der Lebenschancen zeigen sich zwischen der Gruppe der Senior*innen und deren Kinder?*
> III: *Wie nehmen Senior*innen den Prozess der Digitalisierung wahr und welche Unterschiede lassen sich hier für Nutzer*innen und Nicht-Nutzer*innen aufdecken?*
> IV: *Welche Bedeutung hat die Internetnutzung für die Gruppe der Senior*innen im Hinblick auf die Informationsbeschaffung und die Wissensgenese?*

Das Thema *Internetnutzung* ist aus forschungsrelevanter Perspektive mitnichten ein unbearbeitetes Feld: Das Medium Internet, wobei diese Attribution in der mediensoziologischen und kommunikationswissenschaftlichen Forschung divers diskutiert wird, hat weitreichende wissenschaftliche Beachtung gefunden und gehört zum Kanon der im Zuge der Mediatisierung Relevanz entfaltenden Elemente fest hinzu. Überdies hat sich das Internet zivilgesellschaftlich etabliert, liegt doch die Nutzungsquote für die jüngeren Generationen bei annähernd 100 Prozent. Einzusehen ist also, dass nicht das Internet die relevante Größe dieser Untersuchung ist, sondern das Hauptaugenmerk der Forschungsbestrebung auf die Gruppe der Seniorinnen und Senioren gelegt wird. Hier liegt die Nutzungsquote der über 60-Jährigen seit einem halben Jahrzehnt bei annähernd 50 Prozent. Damit handelt es sich bei dieser Personengruppe um die einzige, in der man tatsächlich eine als nicht marginal zu bezeichnende Gruppe der offline lebenden Personen eruieren kann. In der Gruppe der Senior*innen lässt sich die digitale Spaltung nachvollziehen und damit ermitteln, wie Digital Immigrants und digitale Außenseiter die fortschreitende Digitalisierung wahrnehmen, ob sich Nachteile für die Offliner*innen ergeben und welche Vorteile aus der Internetnutzung für die Onliner*innen resultieren. Für die Untersuchungsgruppe gilt eine besondere Situation: sie befinden sich am Übergang zu einem neuen Zeitalter, in welches die anderen Bevölkerungsgruppen bereits enteilt sind, in dem die Senior*innen zum Teil noch nicht angekommen sind. Internetnutzung – das bedeutet Digitalisierung und auf diese Weise vergegenwärtigt sich der Beginn einer neuen Zeitrechnung, der Eintritt und das digitale Zeitalter, es vollzieht sich der Digital Turn. Während insbesondere das letzte Jahrhundert geprägt war von dem wachsenden Einfluss und der durchdringenden Wirkung der Medien (Mediatisierung), sind die westlichen Gesellschaften dabei, nach dem Mediatic Turn, eine neue Wende zu durchleben, welche sich mit einer rasanten Geschwindigkeit vollzieht, die bisher in dieser drängenden Weise ungekannt ist. Die westlichen Gesellschaften befinden sich in der Digitalen Revolution, die nachhaltig die Art zu kommunizieren, zu arbeiten, zu lernen, zu leben verändern wird. Digitalisierung bedeutet eine Verlagerung von Steuerungs-, Verwaltungs-, Organisations- und Kommunikationsstrukturen und aller damit verbundenen Abläufe ins Internet. Dementsprechend dupliziert sich das physische Leben in der virtuellen Welt – mehr noch: es entstehen Angebote, Dienstleistungen, Informationen, die es ausschließlich digital im World Wide Web gibt. Digitalisierung bedeutet somit auch, dass jede denkbare Information, alle verfügbaren Daten unabhängig von einem physischen (und speziellen) Speichermedium vorhanden sind. Das Internet bildet das Netzwerk, die Datenautobahn für alle gesellschaftlich relevanten Informationen. Folglich wird mit dem Terminus Digitalisierung nicht nur die Transformation von analogen Daten in ein digitales, binäres Zahlensystem (Code) verstanden, vielmehr antizipiert dies eine Transformation gesellschaftlicher Organisationsprinzipien. Vorteile dieser Entwicklung sind hauptsächlich in der Vernetzung aller Gesellschafts-, Wissenschafts-, Verwaltungs- und Wirtschaftsbereiche auf regionaler, nationaler und internationaler Ebene zu suchen. Darüber hinaus eröffnet die internetbasierte Kommunikation gänzlich neue Formen des effizienten, effektiven, schnellen und ressourcensparenden Austauschs von Wissen. Pointiert kann man sagen: digitale Organisation beschleunigt und vereinfacht Prozesse. Für den Großteil der Gesellschaft sind diese Veränderungen, die sich vor allem in der Wirtschaft und Produktion zeigen, spürbar und durch eigene Teilhabe an der Digitalität durch die Internetnutzung nachvollziehbar. Wie aber empfinden diejenigen diesen rasanten Wandel, die als Außenstehende keine direkte Partizipation ausüben können?

Die Forschungsbemühungen hinsichtlich der Internetnutzung in der Gruppe der Senior*innen sind nur partiell vorhanden und werden eher in quantitativen Studiendesigns mitgedacht. Konzeptionell hat sich bislang ausschließlich eine weitere Untersuchung, die Ü60-Studie des Deutschen Instituts für Vertrauen und Sicherheit im Internet (DIVSI), mit der Internetnutzung von Senior*innen in qualitativer Weise beschäftigt.

Die Zielsetzung dieser Arbeit bestand darin, zu ermitteln, ob sich Offliner*innen im Kontrast zu Personen der gleichen Lebenslage, die aber das Internet nutzen, benachteiligt fühlen, ob sie das Gefühl haben, ausgeschlossen zu werden und ob die Internetnutzung in ihrem Umfeld als Voraussetzung für Kommunikation und Partizipation gilt. Wenngleich sich langfristig die Nutzungsquote auch für die Gruppe der Senior*innen an die Nutzungsgewohnheiten statistisch annähern wird, bleiben Herausforderungen womöglich ähnlich gelagert. Damit verfolgt diese Arbeit nicht die Abbildung der Nutzungsgewohnheiten der Seniorinnen und Senioren, vielmehr sollte eruiert werden, wie sich die Befragten im Zuge der Digitalisierung, also im Kontext der digitalen Revolution fühlen.

Um diese Unternehmung realisieren zu können, wurden 19 Interviews geführt, die sich aus 13 Senior*innen und sechs Kindern zusammensetzen. Die Kinder der befragten Senior*innen wurden deswegen in die Untersuchung aufgenommen, um in Anlehnung an die phänomenologische Forschungstradition die Erfassung des Untersuchungsgegenstandes möglichst detailliert vollziehen zu können. Nicht nur die Senior*innen sollen Auskunft über ihre lebensweltliche Auseinandersetzung mit dem Internet geben, auch deren Kinder sollen einschätzen, wie es um die Auseinandersetzung der Eltern mit dem Internet bestellt ist. Durchgeführt wurden die Interviews mittels eines rahmengebenden Leitfadens, per se stand die Datenerhebung unter dem Credo der Gestaltung durch die Interviewpartner*innen. Grundlegend dafür ist die Annahme, dass der Leitfaden zwar den Rahmen für das Interview konstituiert, die Befragten jedoch durch ihre Akzentuierung der Gesprächsthemen zum Ausdruck bringen, welche Aspekte für sie von besonderer Bedeutung sind. Neben den 19 leitfadengestützten Interviews mit den Senior*innen und deren Kinder wurden zwei weitere Interviews geführt, die schlussendlich in dieser Arbeit keine Berücksichtigung erfahren haben, an dieser Stelle jedoch kurz benannt werden sollen. Ein Interview wurde mit einem 18-jährigen Enkel eines Interviewpartners geführt, dessen Mutter, also die Tochter des befragten Seniors, ist ebenfalls im Sample repräsentiert. Die Befragung des Enkels wurde aus methodologischen Überlegungen angestrebt, um hier verdichtete Ergebnisse im phänomenologischen Sinne generieren zu können. Diese Befragung kann als Pre-Test gewertet werden: eruiert werden konnten keine anderen Erkenntnisse als die, die bereits die Mutter im Hinblick auf den Senior offenbart hatte. Wenngleich sich aus der Perspektive der Senior*innen eine intensivierte Kommunikation aufgrund der internetbasierten Medien mit den Enkelkindern ergibt, führt dies nicht im Gegenzug dazu, dass die Enkelkinder umfassend die Internetnutzung der Großeltern bewerten können. Aufgrund des nicht zu erwartenden Mehr an Erkenntnissen wurde diese Strategie verworfen. Neben diesem Interview mit dem Enkel fand ein Experten-Interview mit der Leitung eines der Bürger-Treffs der Wohlfahrtsverbände in Kiel statt. Dieses Interview wurde geführt, um herauszuarbeiten, wie sich der Bürger-Treff im Hinblick auf die Digitalisierung organisiert, welche Angebote im Hinblick auf die Computer- und Internetnutzung angeboten und wie diese nachgefragt werden. Zwar offenbarte dieses Interviews interessante Einblicke, generierte jedoch keine Erkenntnisse im Sinne der leitenden Fragestellung, weshalb auch dieses Interview im Rahmen der Ergebnisdarstellung nicht berücksichtigt wurde.

Die Datenauswertung ist ebenfalls, wie schon die Methode zur Datenerhebung, qualitativ geprägt: im Mittelpunkt stand die Genese eines Kategoriensystems, welches mittels der qualitativen Inhaltsanalyse nach Mayring in einem induktiven Analyseverfahren (Zusammenfassung und ergänzend Kontextanalyse) ermittelt wurde. Die Auswertungen wurden für die Gruppe der Senior*innen und für die der Kinder getrennt vollzogen, womit sich zwei Kategoriensysteme als Auswertungsgrundlagen ergeben, ausführlich wurden die einzelnen Codes interpretativ dargelegt. Die Auswertung und die Interpretation der Ergebnisse wurde entlang der forschungsleitenden Fragestellungen vorgenommen, welche in einem dreigliedrigen theoretischen Rahmen ihre Begleitung und Grundlegung erhalten haben. Umfassend und metatheoretisch wirksam, dies wurde zu Beginn dieses Kapitels angemerkt, ist das Konzept der Digitalen Revolution, welches der Implikation folgt, dass jeder gesellschaftliche Teilbereich von dem Prozess der Digitalisierung durchdrungen wird. Makrosoziologisch verortet, aber unter der Digitalen Revolution subsummiert, spannt sich das Konzept der Wissensgesellschaft auf, aus dem die zentralen Begriffe der Information und des Wissens als relevant für die Arbeit extrahiert wurden. Darin eingebettet, und als mikrosoziologischer Ansatz verstanden, vergegenwärtigt sich das Konzept der Dahrendorf'schen Lebenschancen, anhand dessen die Rolle des Internets für die Lebensgestaltung der Seniorinnen und Senioren ermittelt wurde. Besondere Berücksichtigung erhalten dabei die die Lebenschancen konstituierenden Elemente Ligaturen und Optionen. Dieselben dienen dazu, Zugewinne, die sich durch die Internetnutzung ergeben, zu ermitteln und zwischen den Offliner*innen und Onliner*innen zu vergleichen.

Es zeigt sich, dass die Senior*innen das Internet und das Digitale als gesellschaftliches Organisationsprinzip anerkennen und die Onliner*innen mannigfaltige Vorteile aus der Internetnutzung für die Lebensgestaltung ableiten können. Besonders prägnant stellen sich dabei die Elemente *Kommunikation* und *Information* dar. Beide Aspekte eröffnen den Onliner*innen gänzlich neue Optionen und verhelfen zu intensivierter Partizipation, zu mehr Gestaltungsmöglichkeiten, und zu selbstbestimmtem Handeln. Allerdings räsonieren die befragten Onliner*innen und die Offliner*innen sehr ähnliche Bedenken hinsichtlich der fortschreitenden Digitalisierung. Internetnutzung, da sind sich alle Befragten einig, ist in mehrfacher Hinsicht voraussetzungsvoll und fordernd. Damit adressieren die Befragten zuvorderst die mit der Digitalisierung einhergehende Technisierung und die intensivierte Mensch-Computer/Maschine-Interaktion. Es bedarf umfassender Fertigkeiten und Fähigkeiten, um die Anforderungen zu bewältigen, welche die Bedienung des technischen Geräts fordert. Darüber hinaus fühlen sich die Onliner*innen bei der Suche nach Informationen herausgefordert. Der positiv konnotierte Aspekt der mannigfaltigen Informationen verkehrt sich damit zum Gegenteil: die Senior*innen beschreiben die Informationssuche als mühsam und bisweilen zeitraubend. Überdies verspüren sie das Diktat der Aktivität: sie sind in der Position, sich selbstinitiiert um neue Informationen zu bemühen und dies ist eines der Maxime der Internetnutzung: das Diktat der Aktualität. Die Nutzenden sind der empfundenen Maßgabe unterworfen, stets aktuell informiert zu sein – im Zuge dessen geben die Senior*innen an, die Befürchtung zu haben, den Anschluss zu verlieren, wenn sie sich nicht beharrlich um neue Informationen bemühen. Gesellschaft, so die Auffassung der Befragten, transzendiere ins World Wide Web und würde in der physischen Welt dazu führen, dass Kommunikation einer Veränderung unterworfen ist. Dieselbe würde vermehrt geprägt von technischer Vermittlung und Asynchronität. Damit entfernen sich die Menschen voneinander, um dann im Internet zusammenzufinden. Die befragten Senior*innen fügen Kommunikation eine Hierarchisierung zu, welche ihre höchste Verbindlichkeit und Wertschätzung in der direkten, technisch unvermittelten Interaktion hat. Mit zunehmender Abstraktionsebene verliert die Kommunikation an Verbindlichkeit und an Wertschätzung. Gesellschaft wird aus der Perspektive unter den Auswirkungen der Digitalisierung granular, fragmentiert. Unter dieser negativen Entwicklung geraten nicht nur die kommunikationalen Strukturen und damit verbundene soziale Interaktionsparadigmen wie Zivilität und Respekt ins Wanken. Auch die (sozialen) Wissensbestände verlieren an Relevanz. Zurückgeführt wird diese Einschätzung auf den Umstand der stetig verfügbaren digitalen Informationen. Wenn jede Information im World Wide Web zu akquirieren ist, führt dies zum Ersterben von räsonierender Konversation und Argumentation. Die Prognose der Senior*innen lautet, dass die Gesellschaft im Verlauf der Digitalisierung internalisiertes Wissen einbüßt und verdummt. Dabei verweisen sie entschieden auf einen weiteren Umstand: durch die intensive Implementierung des Internets in den Alltag wird den darüber generierten Inhalten allzu viel Relevanz beigemessen und das tatsächliche, technisch unvermittelte Erleben tritt in den Hintergrund, verliert an Relevanz. Dabei sei das Wahrnehmen eines Konzerts über den Livestream im Internet in keiner Weise mit dem direkten, mit allen Sinnen erfassten Erleben vergleichbar. Diese Erfahrung, die bisweilen eine Körperlichkeit erfordert, wird weniger bedeutsam. Die Priorisierung und die Werthaftigkeit von Wissen drohen damit im Zuge der Digitalisierung in negativ konnotierter Weise neujustiert zu werden.

Die befragten Seniorinnen und Senioren generieren aus der Internetnutzung mannigfaltige Zugewinne, eruieren jedoch gleichsam Nachteile. Diese Nachteile erfassen damit nicht nur die individuelle Lebensgestaltung, sondern nehmen die Gesamtgesellschaft in den Blick. Als prägende Größen ermitteln sie die Aspekte *Technik*, und damit vor allem die intensivierte Interaktion mit Maschinen und die Abhängigkeit von technischen Prozessen, *Partizipation*, im Hinblick auf die Anbindung an Netzwerke und gesellschaftlich relevante Prozesse, und *Wissen*. Per se stellt sich heraus, dass sie mit der Digitalisierung trotz all der verbindenden und vernetzenden Elemente ein Auseinanderdividieren von Gesellschaft assoziieren, sozial relevante Prinzipien stehen auf dem Prüfstand. Dabei sind die Entwicklungen für den Menschen eher überfordernd – die Ubiquität von Informationen, die Verlagerung aller Prozesse in ein nicht greifbares Digitales und damit die Reduktion direkter Interaktion, das Diktat der Präsenz und der Nutzungsnotwendigkeit der Möglichkeit bilden ein eher negatives Bild der neuen Zeitrechnung. Hauptsächlich sehen die Senior*innen eine Gefahr darin, dass sich der Mensch bemüht, sich an die Fülle der Möglichkeiten anzupassen und damit mit der Technik Schritt zu halten versucht – diesen Wettlauf wird der Mensch immer auf dem zweiten Platz beenden.

Damit bleibt am Ende dieser Dissertation der Rekurs auf das Auftaktzitat dieser Arbeit: „*Das Internet ist keine Technologie. Das Internet ist eine Weltanschauung.*" (Joi Ilto, Direktor des MIT Media Labs). Damit hat Joi Ilto eingedenk der Ergebnisse dieser Arbeit mehr als recht: das Internet *ist* eine Weltanschauung – und davon gibt es immer mehrere. Wichtig wird für die Zukunft, dass auch die Anschauungen ein Gehör finden, die sich eher kritisch und damit *keinesfalls rückständig* zu den Entwicklungen im Lichte der Digitalen Revolution äußern. Vor allem darf Digitalisierung nicht aus privilegierter Sicht als leicht nachvollziehbar bewertet werden. Die Technisierung und die Digitalisierung werden weiter voranschreiten, Komplexität wird sich eher erhöhen denn verringern. Damit die Sorge der Senior*innen nicht Realität wird, dass sie von gesellschaftlich und sozial Relevantem exkludiert sind, wenn sie das Internet aufgrund körperlicher Gebrechen oder kognitiver Defizite nicht mehr selbsttätig nutzen können, ist es eine Aufgabe der Wissenschaft auf Exklusionsfaktoren entschieden hinzuweisen, verstehend die Sorgen zu ermitteln und aufklärend die Auswirkungen der Digitalisierung zu analysieren. Einen kleinen Beitrag dazu hat diese vorliegende Untersuchung geleistet, die ermittelt hat, wie Seniorinnen und Senioren die Digitale Revolution erleben – und damit hat die Forschungsexpedition ihr Ziel erreicht.

Literatur- und Quellennachweise

Literaturnachweis

Abels, Heinz/König, Alexandra (2010): Sozialisation. Soziologische Antworten auf die Frage, wie wir werden, was wir sind, wie gesellschaftliche Ordnung möglich ist und wie Theorien der Gesellschaft und der Identität ineinanderspielen, 1. Aufl., Wiesbaden: VS Verlag für Sozialwissenschaften.

Abels, Heinz (1975): Alltagswirklichkeit und Situation. In: Soziale Welt, Heft 26, S. 227–249.

Ad hoc Committee on the Triple Revolution (1964): The Triple Revolution, Online Paper: Santa Barbara/California.

Adler, Patricia A./Adler, Peter (1987): Membership Roles in Field Research, Vol. 6, Thousand Oaks, California: Sage.

Adolf, Marian/Stehr, Nico (2008): Medien in der Wissensgesellschaft: Auf der Suche nach Schnittstellen. In: Raabe, Johannes/Stöber, Rudolf/Theis-Berglmair, Anna/Wied, Kristina (Hrsg.): Medien und Kommunikation in der Wissensgesellschaft. Schriftenreihe der Deutschen Gesellschaft für Publizistik- und Kommunikationswissenschaft, Band 35, Konstanz: UVK, S. 62–73.

Adorno, Theodor W./Dahrendorf, Ralf/Pilot, Harald/Albert, Hans/Habermas, Jürgen/Popper, Karl R. (Hrsg.) (1989): Der Positivismusstreit in der deutschen Soziologie, 13. Aufl., Hamburg: Luchterhand-Literaturverlag.

Alheit, Peter (2009): Biographie und Mentalität: Spuren des Kollektiven im Individuellen. In: Völter, Bettina/Dausien, Bettina/Lutz, Helma/Rosenthal, Gabriele (Hrsg.): Biographieforschung im Diskurs, 2. Aufl., Wiesbaden: VS Verlag für Sozialwissenschaften, S. 21–45.

Andersen. Nicolai/Müller, Lea-Sophie (2017): Denkimpuls Digitale Ethik: Warum wir uns mit Digitaler Ethik beschäftigen sollten. Ein Denkmuster, Onlinepublikation, Initiative D21, AG Digitale Ethik.

Aner, Kirsten/Karl, Fred/Rosenmayr, Leopold (Hrsg.) (2007): Die neuen Alten – Retter des Sozialen?, 1. Aufl., Wiesbaden: VS Verlag für Sozialwissenschaften.

Apitzsch, Ursula/Fischer, Wolfram/Koller, Hans-Christoph/Zinn, Jens (2006): Die Biographieforschung – kein Artefakt, sondern ein Bildungs- und Erinnerungspotential in der reflexiven Moderne. In: Bukow, Wolf-Dietrich/Ottersbach, Markus/Tuider, Elisabeth/Yildiz, Erol (Hrsg.): Biographische Konstruktionen im multikulturellen Bildungsprozess. Individuelle Standortsicherung im globalisierten Alltag, 1. Aufl., Wiesbaden: VS Verlag für Sozialwissenschaften, S. 37–62.

Argyle, Michael (2013 [1975]): Körpersprache & Kommunikation. Nonverbaler Ausdruck und soziale Interaktion, 10., überarb. Neuaufl., Paderborn: Junfermann.

Atteslander, Peter (2010): Methoden der empirischen Sozialforschung, 13., neu bear. u. erw. Aufl., Berlin: Erich Schmidt.

Attewell, Paul (2001): The First and the Second Digital Divides. In: Sociology of Education 74, S. 19–32.

Aufenanger, Stefan (2008): Mediensozialisation. In: Sander, Uwe/Gross, Friederike von/Hugger, Kai-Uwe (Hrsg.): Handbuch Medienpädagogik, 1. Aufl., Wiesbaden: Verlag für Sozialwissenschaften, S. 87–92.

AWO Bundesverband e.V. (2010): Zusammenhalt mit Herz. Imagebroschüre Internet, Onlinepublikation, Berlin: AWO.

Bachleitner, Reinhard/Weichbold, Martin/Aschauer, Wolfgang (2010): Die Befragung im Kontext von Raum, Zeit und Befindlichkeit. Beiträge zu einer prozessorientierten Theorie der Umfrageforschung, 1. Aufl., Wiesbaden: VS Verlag für Sozialwissenschaften.

Bachmann-Medick, Doris (2006): Cultural Turns. Neuorientierungen in den Kulturwissenschaften, 1. Aufl., Reinbek bei Hamburg: Rowohlt.

Backes, Gerturd M./Clemens, Wolfgang (2008): Lebensphase Alter. Eine Einführung in die sozialwissenschaftliche Alternsforschung, 3., überar. Aufl., Weinheim und München: Juventa.

Bauman, Zygmunt (2005): Verworfenes Leben. Die Ausgegrenzten der Moderne, 1. Aufl., Hamburg: Hamburger Edition.

Beauvoir, Simone de (2000): Das Alter, 6. Aufl., Reinbek bei Hamburg: Rowohlt.

Becker, Klaus/Büser, Till/Schubert, Christiane (2016): Mediengenerationen. Biografische und kollektivbiografische Muster des Medienhandelns, 1. Aufl., Konstanz und München: UVK Verlagsgesellschaft.

Bell, Daniel (1979): The social framework of the information society. In: Dertouzos, Michael L./Moses, Joel (Hrsg.): The Computer Age. A Twenty-Year View, 1. Ed., Cambridge a. o.: The MIT Press, pp. 163–211.

Bell, Daniel (1976): The Coming of Post-Industrial Society. A Venture in Social Forecasting, 2. Ed., New York: Basic Books.

Berger, Peter L./Luckmann, Thomas (2000 [1980]): Die gesellschaftliche Konstruktion der Wirklichkeit, 17. Aufl., Frankfurt am Main: Fischer.

Berelson, Bernhard (1952): Content Analysis in Communication Research, 1. Ed., Glencoe, Ill.: Free Press.

Billerbeck, Ludwig Julius (1892): M Tullii Ciceronis Laelius sive de amicitia dialogus ad T. Pomponium Atticum, 1. Aufl., Hannover: Gale Ecco.

Bimber, Bruce (2000): The gender gap on the Internet. In: Social Science Quarterly, Volume 81 (3), pp. 868–876.

BITKOM Bundesverband Informationswirtschaft, Telekommunikation und neue Medien e.V. (2011): Netzgesellschaft. Eine repräsentative Untersuchung zur Mediennutzung und dem Informationsverhalten der Gesellschaft in Deutschland, Onlinepublikation, Berlin: BITKOM.

Blanz, Mathias (2014): Kommunikation: eine interdisziplinäre Einführung, 1. Aufl., Stuttgart: W. Kohlhammer.

Blumer, Herbert (1969): Symbolic Interactionism, 1. Ed., Englewood Cliffs, N. J.: Prentice Hall.

Böger, Anne/Wetzel, Martin/Huxhold, Oliver (2014): Allein unter vielen oder zusammen ausgeschlossen: Einsamkeit und wahrgenommene soziale Exklusion in der zweiten Lebenshälfte. In: Mahne, Katharina/Wolff, Julia Katharina/ Simonson, Julia/Tesch-Römer, Clemens (Hrsg.): Altern im Wandel. Zwei Jahrzehnte Deutscher Alterssurvey (DEAS), 1. Aufl., Wiesbaden: Springer VS, S. 273–285.

Boes, Andreas (2005): Informatisierung. In: Soziologisches Forschungsinstitut (SOFI)/Institut für Arbeitsmarkt- und Berufsforschung (IAB)/Institut für sozialwissenschaftliche Forschung (ISF)/Internationales Institut für empirische Sozialökonomie (INIFES) (Hrsg.): Berichterstattung zur ökonomischen Entwicklung in Deutschland, 1. Aufl., Wiesbaden: VS Verlag für Sozialwissenschaften, S. 211–244.

Bolt, David B./Crawford, Ray A. K. (2000): Digital Divide: Computers and Our Children's Future, New York: TV Books.

Bonfadelli, Heinz/Friemel, Thomas N. (2011): Medienwirkungsforschung: Grundlagen und theoretische Perspektiven, 4. Aufl., Konstanz: UVK.

Bonfadelli, Heinz (2008): Wissenskluft-Perspektive. In: Sander, Uwe/Gross, Friederike von/ Hugger, Kai-Uwe (Hrsg.): Handbuch Medienpädagogik, 1. Aufl., VS Verlag für Sozialwissenschaften, S. 270–273.

Bonß, Wolfgang/Hartmann, Heinz (1985): Konstruierte Gesellschaft, rationale Deutung. Zum Wirklichkeitscharakter soziologischer Diskurse. In: Bonß, Wolfgang/Hartmann, Heinz (Hrsg.): Entzauberte Wissenschaft. Zur Reaktivität und Geltung soziologischer Forschung, Soziale Welt: Sonderband 3, Göttingen: Schwartz, S. 9–46.

Bourdieu, Pierre (2013): Die feinen Unterschiede. Kritik der gesellschaftlichen Urteilskraft, 13. Aufl., Frankfurt am Main: Suhrkamp.

Bourdieu, Pierre (2012): Ökonomisches Kapital, kulturelles Kapital, soziales Kapital. In: Bauer, Ullrich/Bittlingmayer, Uwe H./Scherr, Albert (Hrsg.): Handbuch Bildungs- und Erziehungssoziologie, S. 229–242.

Bortz, Jürgen/Döring, Nicola (1995): Forschungsmethoden und Evaluation für Sozialwissenschaftler, 1. Aufl., Berlin: Springer.

Breinbauer, Ines Maria (2007): Bildung im Alter. In: Aner, Kisten/Karl, Fred/Rosenmayr, Leopold (Hrsg.): Die neuen Alten – Retter des Sozialen? 1. Aufl., Wiesbaden: VS für Sozialwissenschaften, S. 85–110.

Breuer, Franz (1991): Wissenschaftstheorie für Psychologen, 5., verb. Aufl., Münster: Aschendorff.

Bude, Heinz (2008): Die Ausgeschlossenen. Das Ende vom Traum einer gerechten Gesellschaft, 1. Aufl., München: Hanser.

Capurro, Rafael (1978): Information, 1. Aufl., München: Saur.

Carr, Nicholas (2010): Wer bin ich, wenn ich online bin...und was macht mein Gehirn solange? Wie das Internet unser Denken verändert, 1. Aufl., München: Karl Blessing.

Castells, Manuel (2017): Der Aufstieg der Netzwerkgesellschaft. Das Informationszeitalter. Wirtschaft, Gesellschaft, Kultur, Band 1, 2. Aufl., Wiesbaden: Springer VS.

Castells, Manuel (2005): Die Internet-Galaxie. Internet, Wirtschaft und Gesellschaft, 1. Aufl., Wiesbaden: VS Verlag für Sozialwissenschaften.

Castells, Manuel (1998): End of Millennium. The Information Age: Economy, Society and Culture, Bd. 3, Oxford: Blackwell.

Castells, Manuel (1997): The Power of Identity. The Information Age: Economy, Society and Culture, Bd. 2, Oxford: Blackwell.

Castells, Manuel (1996a): The Rise of the Network Society: The Information Age: Economy, Society, and Culture, Volume 1, 1. Ed., Oxford: Blackwell Publishers.

Castells, Manuel (1996b): The Network Society. The Information Age: Economy, Society and Culture, Bd. 1, Oxford: Blackwell.

Chalmers, Alan F. (2001): Wege der Wissenschaft. Einführung in die Wissenschaftstheorie, 5., völlig überar. u. erw. Aufl., Berlin u. a.: Springer.

Chatfield, Thomas (2013): 50 Schlüsselideen. Digitale Kultur, 1. Aufl., Berlin und Heidelberg: Springer Spektrum.

Clarke, Adele (2012): Situationsanalyse: Grounded Theory nach dem Postmodern Turn (Interdisziplinäre Diskursforschung) (German Edition), 1. Aufl., Wiesbaden: VS Verlag für Sozialwissenschaften.

Dahrendorf, Ralf (1979): Lebenschancen. Anläufe zur sozialen und politischen Theorie, 1. Aufl., Frankfurt am Main: Suhrkamp.

Deutsche Forschungsgemeinschaft (2013): Sicherung guter wissenschaftlicher Praxis. Denkschrift, erg. Aufl., Weinheim: WILEY-VCH.

Deutsches Institut für Vertrauen und Sicherheit im Internet (DIVSI) (2017): Digitalisierung – Deutsche fordern mehr Sicherheit. Was bedeutet das für Vertrauen und für Kommunikation?, Onlinepublikation, Hamburg: DIVSI.

Deutsches Institut für Vertrauen und Sicherheit im Internet (DIVSI) (2016): DIVSI Ü60-Studie. Die digitalen Lebenswelten der über 60-Jährigen in Deutschland. Eine Grundlagenstudie des SINUS-Instituts Heidelberg im Auftrag des Deutschen Instituts für Vertrauen und Sicherheit im Internet (DIVSI), Onlinepublikation, Hamburg: DIVSI.

Deutsches Institut für Vertrauen und Sicherheit im Internet (DIVSI) (2014): DIVSI U25-Studie. Kinder, Jugendliche und junge Erwachsene in der digitalen Welt. Eine Grundlagenstudie des SINUS-Instituts Heidelberg im Auftrag des Deutschen Instituts für Vertrauen und Sicherheit im Internet (DIVSI), Onlinepublikation, Hamburg: DIVSI.

Deutsches Institut für Vertrauen und Sicherheit im Internet (DIVSI) (2013): DIVSI Milieu-Studie zu Vertrauen und Sicherheit im Internet. Aktualisierung 2013. Eine Grundlagenstudie des SINUS-Instituts Heidelberg im Auftrag des Deutschen Instituts für vertrauen und Sicherheit im Internet (DIVSI), Onlinepublikation, Hamburg: DIVSI.

Deutsches Institut für Vertrauen und Sicherheit im Internet (DIVSI) (2012): DIVSI Milieu-Studie zu Vertrauen und Sicherheit im Internet. Eine Grundlagenstudie des SINUS-Instituts Heidelberg im Auftrag des Deutschen Instituts für Vertrauen und Sicherheit im Internet (DIVSI), Onlinepublikation, Hamburg: DIVSI.

Diekmann, Andreas (2006): Empirische Sozialforschung. Grundlagen, Methoden, Anwendungen, 15. Aufl., Reinbek bei Hamburg: Rowohlt.

Dilthey, Wilhelm (1894): Ideen über eine beschreibende und zergliedernde Psychologie, 1. Aufl., München: Verlag der Königlichen Akademie.

Dittmar, Norbert (2004): Transkription. Ein Leitfaden mit Aufgaben für Studenten, Forscher und Laien, 1. Aufl., Opladen: Leske + Budrich.

Ditton, Hartmut/Maaz, Kai (2015): VIII-4 Sozioökonomischer Status und soziale Ungleichheit. In: Reinders, Heinz/Ditton, Hartmut/Gräsel, Cornelia/Gniewosz, Burkhard (Hrsg.): Empirische Bildungsforschung, 1. Aufl., Wiesbaden: VS Verlag für Sozialwissenschaften, S. 229-244.

Dresing, Thorsten/Pehl, Thorsten (2015): Praxisbuch Interview, Transkription & Analyse. Anleitungen und Regelsysteme für qualitativ Forschende, 6. Aufl., Onlinepublikation, Marburg: Eigenverlag.

Dresing, Thorsten/Pehl, Thorsten (2010): Transkription. In: Mey, Günter/Mruck, Katja (Hrsg.): Handbuch Qualitative Forschung in der Psychologie, 1. Aufl., Wiesbaden: VS Verlag für Sozialwissenschaften, S. 723-733.

Drucker, Peter (1969): The Age of Discontinuity, 1. Ed., London: Heinemann.

Dyk, van Silke/Lessenich, Stephan (2012): Die Entdeckung der „neuen Alten". In: Karl, Fred (Hrsg.) (2012): Das Altern der „neuen" Alten. Eine Generation im Strukturwandel des Alters, 1. Aufl., Berlin: LIT, S. 11-15.

Dyk, van Silke/Lessenich, Stephan (Hrsg.) (2009): Die jungen Alten. Analysen einer neuen Sozialfigur, 1. Aufl., Frankfurt am Main und New York: Campus.

Eder, Klaus (Hrsg.) (1989): Klassenlage, Lebensstil und kulturelle Praxis. Theoretische und empirische Beiträge zur Auseinandersetzung mit Pierre Bourdieus Klassentheorie, 1. Aufl., Frankfurt am Main: Suhrkamp.

Ebers, Nicola (1995): „Individualisierung". Georg Simmel – Norbert Elias – Ulrich Beck, 1. Aufl., Würzburg: Königshausen & Neumann.

Eichhorst, Werner/Hinte, Holger/Rinne, Ulf/Tobsch, Verena (2016): Digitalisierung und Arbeitsmarkt: Aktuelle Entwicklungen und sozialpolitische Herausforderungen. IZA Standpunkte Nr. 85, 1. Aufl., Bonn: IZA.

Einspänner-Pflock, Jessica/Reichmann, Werner (2014): „Digitale Sozialität" und die „synthetische Situation" – Konzeptionen mediatisierter Interaktion. In: Krotz, Friedrich/Despotović, Cathrin/Kruse, Merle-Marie (Hrsg.): Die Mediatisierung sozialer Welten. Synergien empirischer Forschung, 1. Aufl., Wiesbaden: Springer VS, S. 53-72.

Eisenstadt, Shmuel N. (1966 [1956]): Von Generation zu Generation. Altersgruppen und Sozialstruktur, 1. Aufl., München: Juventa.

Emge, Richard Martinus (1982): Alter. In: Hillmann, Karl-Heinz (Hrsg.): Wörterbuch der Soziologie, 3., neu bear. Aufl., Stuttgart: Alfred Kröner, S. 18.

Endruweit, Günter (2015): Empirische Sozialforschung. Wissenschaftstheoretische Grundlagen, 1. Aufl., Konstanz: UVK.

Engelhardt, Anina/Kajetzke, Laura (Hrsg.) (2010): Handbuch Wissensgesellschaft. Theorien, Themen und Probleme, 1. Aufl., Bielefeld: transcript.

Erikson, Erik (1965 [1950]: Kindheit und Gesellschaft, 2., überar. u. erw. Aufl., Stuttgart: Klett.

Esser, Hartmut (2006): Affektuelles Handeln: Emotionen und das Modell der Frame-Selektion. In: Schützeichel, Rainer (Hrsg.): Emotionen und Sozialtheorie. Disziplinäre Ansätze, 1. Aufl., Frankfurt am Main: Campus, S. 143-174.

Esser, Hartmut (2001): Wie lebendig ist der Kritische Rationalismus? In: Soziologische Revue 24. 2001, S. 273-279.

Faulstich, Werner (2004): Das Buch im Zeitalter der digitalen Medien. Von den Anfängen bis in die Zukunft. In: Communication Socialis 37, Nr. 1, S. 41-56.
Filstead, William J. (1979): Zur Methodologie explorativer Forschung. Soziale Welten aus erster Hand. In: Gerdes, Klaus (Hrsg.): Explorative Sozialforschung, 1. Aufl., Stuttgart: Ferdinand Enke, S. 29-40.
Finnemann, Niels Ole (2011): Mediatization theory and digital media. In: Communications, Band 36, Heft 1, S. 67-89.
Fischer, Peter (2012): Phänomenologische Soziologie, 1. Aufl., Bielefeld: transcript.
Fischer, Wolfram/Kohli, Martin (1987): Biographieforschung. In: Voges, Wolfgang (Hrsg.): Methoden der Biographie- und Lebenslaufforschung, 1. Aufl., Opladen: Leske + Budrich, S. 23-50.
Flick, Uwe (2010): Gütekriterien qualitativer Forschung. In: Mey, Günter/Mruck, Katja (Hrsg.): Handbuch Qualitative Forschung in der Psychologie, 1. Aufl., Wiesbaden: VS Verlag für Sozialwissenschaften, S. 395-407.
Flick, Uwe (2007): Qualitative Sozialforschung. Eine Einführung, vollständig überar. u. erw. Neuausgabe, Reinbek bei Hamburg: Rowohlt.
Flick, Uwe/Kardorff, von Ernst/Steinke, Ines (Hrsg.) (2005): Qualitative Forschung: Ein Handbuch, 11. Aufl., Reinbek bei Hamburg: Rowohlt.
Frey, Carl Benedikt/Osborne, Michael A. (2013): The Future of Employment: How susceptible are jobs to computerisation? Online Paper.
Fuchs-Heinritz, Werner (2007a): Alter, soziales. In: Fuchs-Heinritz, Werner/Lautmann, Rüdiger/Rammstedt, Otthein/Wienhold, Hanns (Hrsg.): Lexikon zur Soziologie, 4., grundl. überar. Aufl., Wiesbaden: VS Verlag für Sozialwissenschaften, S. 29.
Fuchs-Heinritz, Werner (2007b): Vorklassische Wissenssoziologie. In: Schützeichel, Rainer (Hrsg.): Handbuch Wissenssoziologie und Wissensforschung, 1. Aufl., Konstanz: UVK, S. 13-22.
Fuchs-Heinritz, Werner (2005): Biographische Forschung. Eine Einführung in Praxis und Methoden, 3., überar. Aufl., Wiesbaden: VS Verlag für Sozialwissenschaften.
Fuchs, Werner (1978): Altersgruppe. In: Fuchs, Werner/Klima, Rolf/Lautmann, Rüdiger/Rammstedt, Ottheim/Wienhold, Hanns (Hrsg.): Lexikon der Soziologie, 2., verb. u. erw. Aufl., Opladen: Westdeutscher Verlag, S. 34.
Gehlen, Arnold (1997): Der Mensch: seine Natur und seiner Stellung in der Welt, 13. Aufl., Wiesbaden: Quelle und Meyer.
Geißler, Rainer (Hrsg.) (1994): Soziale Schichtung und Lebenschancen in Deutschland, 2., völlig neu bearb. u. aktual. Aufl., Stuttgart: Enke.
Geißler, Rainer (1987): Soziale Schichtung und Bildungschancen. In: Geißler, Rainer (Hrsg.): Soziale Schichtung und Lebenschancen in der Bundesrepublik Deutschland, 1. Aufl., Stuttgart: Enke, S. 111-159.
Geißler, Rainer (1987): Soziale Schichtung und Lebenschancen in der Bundesrepublik Deutschland, 1. Aufl., Stuttgart: Enke.
Giddens, Anthony (1979): Die Klassenstruktur fortgeschrittener Gesellschaften, 1. Aufl., Frankfurt am Main: Suhrkamp.
Girtler, Roland (2001): Methoden der Feldforschung, 4. Aufl., Wien: Böhlau.
Glaser, Barney G./Strauss, Anselm (2005): Grounded Theory: Strategien qualitativer Forschung, 2., korrigierte Aufl., Bern: Huber.
Glantz, Alexander/Michael, Tobias (2014): Interviewereffekte. In: Baur, Nina/Blasius, Jörg (Hrsg.): Handbuch Methoden der empirischen Sozialforschung, 1. Aufl., Wiesbaden: Springer Fachmedien, S. 313-322.
Godina, Bojan (2012): Die phänomenologische Methode Husserls für Sozial- und Geisteswissenschaftler. Ebenen und Schritte der phänomenologischen Reduktion, 1. Aufl., Wiesbaden: Springer VS.
Goffman, Erving (1970 [1963]): Stigma. Über Techniken der Bewältigung beschädigter Identität, 1. Aufl., Frankfurt am Main: Suhrkamp.

Goffman, Erving (1969): Wir alle spielen Theater. Die Selbstdarstellung im Alltag, 1. Aufl., München: Piper.
Göckenjan, Gerd/Hansen, Eckard (1993): Der lange Weg zum Ruhestand. Zur Sozialpolitik für das Alter zwischen 1889 und 1945. In: Zeitschrift für Sozialreform, 39, S. 725-755.
Granovetter, Mark (1983): The Strength of Weak Ties: A Network Theory Revisited. In: Sociological Theory, Volume 1, pp.: 201-233.
Groeben, Norbert/Scheele, Brigitte (2010): Das Forschungsprogramm Subjektive Theorien. In: Mey, Günter/Mruck, Katja (Hrsg.): Handbuch Qualitative Forschung in der Psychologie, 1. Aufl., Wiesbaden: VS Verlag für Sozialwissenschaften, S. 151-165.
Groeben, Norbert/Wahl, Diethelm/Schlee, Jörg/Scheele, Brigitte (1988): Forschungsprogramm Subjektive Theorien: Eine Einführung in die Psychologie des reflexiven Subjekts, 1. Aufl., Tübingen: Francke.
Gukenbiehl, Hermann L. (1986): Alter. In: Schäfers, Bernhard (Hrsg.): Grundbegriffe der Soziologie, 1. Aufl., Leverkusen: Leske + Budrich, S. 15-16.
Gutmann, Michael (2007): Erfahren, Handeln, Wissen. In: Schützeichel, Rainer (Hrsg.): Handbuch Wissenssoziologie und Wissensforschung, 1. Aufl., Konstanz: UVK, S. 345-352.
Habermas, Jürgen (1989): Analytische Wissenschaftstheorie und Dialektik. Ein Nachtrag zur Kontroverse zwischen Popper und Adorno. In: Adorno, Theodor Wiesengrund/Albert, Hans/Dahrendorf, Ralf/Habermas, Jürgen/Pilot, Harald/Popper, Karl Raimund (Hrsg.): Der Positivismusstreit in der deutschen Soziologie, 1. Aufl., München: Luchterhand, S. 155-191.
Häder, Michael (2015): Empirische Sozialforschung. Eine Einführung, 3. Aufl., Wiesbaden: Springer VS.
Haesner, Marten/Steiner, Anika/O'Sullivan, Julie Lorraine/Steinhagen-Thiessen, Elisabeth (2015): Analyse des Umgangs älterer Internetnutzer mit unerwarteten Situationen. In: Z Gerontol Geriat 2014, DOI 10.1007/s00391-014-0838-z, Volume 48, Onlinepublikation, S. 715-721.
Hannemann, Christine (2005): Klein- und Landstädte. In: Beetz, Stephan/Brauer, Kai/Neu, Claudia (Hrsg.): Handwörterbuch zur ländlichen Gesellschaft in Deutschland, 1. Aufl., Wiesbaden: VS Verlag für Sozialwissenschaften, S. 105-113.
Hans-Bredow-Institut für Medienforschung (Hrsg.): Medien von A bis Z, 1. Aufl., Bonn: Bundeszentrale für politische Bildung.
Hartung, Anja/Reißmann, Wolfgang (Hrsg.): Medien und höheres Lebensalter. Theorie – Forschung – Praxis, 1. Aufl., Wiesbaden: VS Verlag für Sozialwissenschaften, S. 31-50.
Haug, Sonja (2000): Soziales Kapital. In: Soziales Kapital und Kettenmigration. Schriftenreihe des Bundesinstituts für Bevölkerungsforschung, Vol. 31, Wiesbaden: VS Verlag für Sozialwissenschaften, S. 61-106.
Heidegger, Martin (2006 [1927]): Sein und Zeit, unveränd. Nachdr. der 15., an Hand der Gesamtausg. durchges. Aufl. mit den Randbemerkungen aus dem Handex. des Autors im Anh., Tübingen: Niemeyer.
Heidenreich, Martin (2003): Die Debatte um die Wissensgesellschaft. In: Böschen, Stefan/Schulz-Schaeffer, Ingo (Hrsg.): Wissenschaft in der Wissensgesellschaft, 1. Aufl., Wiesbaden: Verlag für Sozialwissenschaften, S. 25-51.
Helfferich, Cornelia (2011): Die Qualität qualitativer Daten. Manual für die Durchführung qualitativer Interviews, 4. Aufl., Wiesbaden: VS Verlag für Sozialwissenschaften.
Hepp, Andreas (2013): Medienkultur. Die Kultur mediatisierter Welten, 2., erw. Aufl., Wiesbaden: VS Verlag für Sozialwissenschaften.
Hepp, Andreas/Krotz, Friedrich (2012): Mediatisierte Welten: Beschreibungsansätze und Forschungsfelder, 1. Aufl., Wiesbaden: Springer VS.
Hepp, Rolf (2016): Einleitung oder das Drama des Prekären. In: Hepp, Rolf/Riesinger, Robert/Kergel, David (Hrsg.): Verunsicherte Gesellschaft. Prekarisierung auf dem Weg in das Zentrum, 1. Aufl., Wiesbaden: Springer, S. 1-34.

Hildenbrand, Bruno (1995): Fallrekonstruktive Forschung. In: Flick, Uwe/Kardorff, Ernst von/Keupp, Heiner/Rosenstiel, Lutz von/Wolff, Stephan (Hrsg.): Handbuch qualitative Sozialforschung, 2. Aufl., München: Psychologie-Verlags-Union, S. 256–260.

Himmelsbach, Ines (2009): Altern zwischen Kompetenz und Defizit. Der Umgang mit eingeschränkter Handlungsfähigkeit, 1. Aufl., Wiesbaden: VS Research.

Hitzler, Ronald/Honer, Anne (1997): Hermeneutik in der deutschsprachigen Soziologie heute. In: Hitzler, Ronald/Honer, Anne (Hrsg.): Sozialwissenschaftliche Hermeneutik. Eine Einführung, 1. Aufl., Wiesbaden: Leske + Budrich, S. 7–30.

Hitzler, Ronald (1988): Sinnwelten: Ein Beitrag zum Verstehen von Kultur, 1. Aufl., Opladen: Westdeutscher Verlag.

Höflich, Joachim R. (2016): Der Mensch und seine Medien. Mediatisierte interpersonale Kommunikation. Eine Einführung, 1. Aufl., Wiesbaden: Springer VS.

Hölscher, Barbara (2008): Sozialisation, Sozialisationskontexte, schichtspezifische Sozialisation. In: Willems, Herbert (Hrsg.): Lehr(er)buch Soziologie. Für die pädagogischen und soziologischen Studiengänge. Band 2, 1. Aufl., Wiesbaden: VS Verlag für Sozialwissenschaften, S. 747–771.

Hoffmann, Dagmar/Krotz, Friedrich/Reißmann, Wolfgang (2017): Mediatisierung und Mediensozialisation: Problemstellung und Einführung. In: Hoffmann, Dagmar/Krotz, Friedrich/Reißmann, Wolfgang (Hrsg.): Mediatisierung und Mediensozialisation. Prozesse – Räume – Praktiken, 1. Aufl., Wiesbaden: Springer VS, S. 3–20.

Holweg, Heiko (2005): Methodologie der qualitativen Sozialforschung. Eine Kritik, 1. Aufl., Bern u. a.: Haupt.

Hurrelmann, Klaus (2002): Einführung in die Sozialisationstheorie, 1. Aufl., Weinheim: Beltz.

Husserl, Edmund (2002): Die phänomenologische Methode. Ausgewählte Texte, 1. Aufl., Stuttgart: Reclam.

Initiative D21 e.V. (2018): D21-Digital-Index 2017/2018. Jährliches Lagebild zur Digitalen Gesellschaft. Eine Studie der Initiative D21, durchgeführt von Kantar TNS, Onlinepublikation.

Initiative D21 e.V. (2016): D21-Digital-Index 2016. Jährliches Lagebild zur Digitalen Gesellschaft. Eine Studie der Initiative D21, durchgeführt von Kantar TNS, Onlinepublikation.

Initiative D21 e.V./TNS Infratest: D21 – Digital – Index 2014. Die Entwicklung der digitalen Gesellschaft in Deutschland. Eine Studie der Initiative D21, durchgeführt von TNS Infratest, Konz-Könen: Schmekies Medien & Druck.

Initiative D21 (2009): (N)Onliner Atlas 2009. Eine Topographie des digitalen Grabens durch Deutschland, Onlinepublikation.

Initiative D21 e.V. (Hrsg.) (2012): (N)ONLINER Atlas 2012. Basiszahlen für Deutschland. Eine Topographie des digitalen Grabens durch Deutschland. Eine Studie der Initiative D21, durchgeführt von TNS Infratest, Onlinepublikation: viaduct b.

Iske, Stefan/Klein, Alexandra/Kutscher, Nadia (2004): Nutzungsdifferenzen als Indikator für soziale Ungleichheit im Internet. In: kommunikation@gesellschaft, Jg. 5, Beitrag 3, Onlinepublikation.

Jahoda, Marie/Lazarsfeld, Paul F./Zeisel, Hans (1960): Die Arbeitslosen von Marienthal, 1. Aufl., Allensbach und Bonn: Verlag für Demoskopie.

Jäckel, Michael (1996): Mediale Klassengesellschaft? In: Jäckel, Michael/Winterhoff-Spurk, Peter (Hrsg.): Mediale Klassengesellschaft? Politische und soziale Folgen der Medienentwicklung, 1. Aufl., München: Verlag Reinhard Fischer, S. 9–16.

Jakobs, Eva-Maria/Lehnen, Katrin/Ziefle, Martina (2008): Alter und Technik. Studie zu Technikkonzepten, Techniknutzung und Technikbewertung älterer Menschen, 1. Aufl., Aachen: Apprimus.

Janich, Peter (1998): Informationsbegriff und methodisch-kulturalistische Philosophie. In: Ethik und Sozialwissenschaften 9 (2), S. 169–182.

Jurt, Joseph (2010): Die Habitus-Theorie von Pierre Bourdieu, LiTheS Nr. 3, Universität Graz, Onlinepublikation.

Kaase, Max (1999): Deutschland als Informations- und Wissensgesellschaft: Konzepte, Probleme, Perspektiven. In: Kaase, Max/Schmid, Günther (Hrsg.): Eine lernende Demokratie, WZB Jahrbuch 1999, Berlin: edition sigma, S. 529–559.

Kampmann, Birgit/Keller, Bernhard/Knippelmeyer, Michael/Wagner, Frank (Hrsg.) (2012): Die Alten und das Netz. Angebote und Nutzung jenseits des Jugendkults. 1. Aufl., Wiesbaden: Gabler.

Kant, Immanuel (1998 [1787]): Kritik der reinen Vernunft, 1. Aufl., Hamburg: Felix Meiner.

Karl, Fred (Hrsg.) (2012): Das Altern der „neuen" Alten. Eine Generation im Strukturwandel des Alters, 1. Aufl., Berlin: LIT.

Kaufmann, Jean-Claude (2015): Das verstehende Interview, 2. Aufl., Konstanz und München: UVK.

Keen, Andrew (2015): Das digitale Debakel. Warum das Internet gescheitert ist – und wie wir es retten können, 2. Aufl., München: Deutsche Verlags-Anstalt.

Kehrbaum, Tom (2009): Innovation als sozialer Prozess: die Grounded Theory als Methodologie und Praxis der Innovationsforschung, 1. Aufl., Wiesbaden: VS Verlag für Sozialwissenschaften.

Keiter, Friedrich (1956): Die Lebensalter. In: Ziegenfuß, Werner (Hrsg.): Handbuch der Soziologie, 1. Aufl., Stuttgart: Ferdinand Enke, S. 257–258.

Kelle, Udo (2007): Die Integration qualitativer und quantitativer Methoden in der empirischen Sozialforschung. Theoretische Grundlagen und methodologische Konzepte, 1. Aufl., Wiesbaden: VS Verlag für Sozialwissenschaften.

Kelly, George A. (1955): The psychology of personal constructs (2 Bd.), 1. Ed., New York: Norton.

Kim, Mun-Cho/Kim, Jong-Kil (2001): Digital Divide: Conceptual Discussions and Prospect. In: The Human Society and the Internet, S. 78–91.

Kittler, Friedrich (1985): Aufschreibesysteme 1800/1900, 1. Aufl., München: Wilhelm Fink.

Kittler, Friedrich (1986): Grammophon Film Typewriter, 1. Aufl., Berlin: Brinkmann & Bose.

Kirk, Jerome/Miller, Marc L. (1986): Reliability and Validity in Qualitative Research, Vol. 1, Beverly Hills et al.: Sage.

Klaus, Georg (1965): Spezielle Erkenntnistheorie, 1. Aufl., Berlin: Deutscher Verlag der Wissenschaften.

Kling, Rob (2000): Learning about Information technologies and Social Change: The Contribution of Social Informations. In: The Information Society 16, S. 217–232.

Klix, Friedhardt (1971): Information und Verhalten – Kybernetische Aspekte der organismischen Informationsverarbeitung. Einführung in naturwissenschaftliche Grundlagen der Allgemeinen Psychologie, 1. Aufl., Berlin: Deutscher Verlag der Wissenschaften.

Klöpper, Rudolf (1995): Stichwort: Stadttypologien. In: Akademie für Raumforschung (Hrsg.): Handwörterbuch der Raumplanung. Hannover: Akademie für Raumforschung und Landesplanung (ARL), S. 911–916.

Knoblauch, Hubert (2017): Die kommunikative Konstruktion der Wirklichkeit, 1. Aufl., Wiesbaden: Springer VS.

Knoblauch, Hubert (2005): Wissenssoziologie, 1. Aufl., Konstanz: UVK.

Knoblauch, Hubert A. (2001): Erving Goffmans Reich der Interaktion – Einführung. Knoblauch, Hubert A. (Hrsg.): Erving Goffman. Interaktion und Geschlecht, 2. Aufl., Frankfurt am Main: Campus, S. 7–49.

Köcher, Renate/Bruttel, Oliver (2012): Generali Altersstudie 2013. Wie ältere Menschen leben, denken und sich engagieren, 1. Aufl., Frankfurt am Main: Fischer.

König, René (1984): Das Interview. Formen, Technik, Auswertung, 1. Aufl., Köln: Kiepenheuer & Witsch.

Kohli, Martin (1990): Das Alter als Herausforderung für die Theorie sozialer Ungleichheit. In: Berger, Peter, A./Hradil, Stefan (Hrsg.): Lebenslagen, Lebensläufe, Lebensstile. Sonderband 7 der Sozialen Welt. Göttingen: Schwartz, S. 387–406.

Kohli, Martin (1981): Wie es zur »biographischen Methode« kam und was daraus geworden ist. Ein Kapitel aus der Geschichte der Sozialforschung. In: Zeitschrift für Soziologie, Jg. 10, S. 273–293.

Kolland, Franz (2007): Qualität in der Altersbildung. Geragogik zwischen Bildungsorientierung und sozialer Integration. In: Aner, Kisten/Karl, Fred/Rosenmayr, Leopold (Hrsg.): Die neuen Alten – Retter des Sozialen?, 1. Aufl., Wiesbaden: VS für Sozialwissenschaften, S. 163–183.

Koller, Hans-Christoph (2006): Das Mögliche identifizieren? Zum Verhältnis von Bildungstheorie und Bildungsforschung am Beispiel der erziehungswissenschaftlichen Biografieforschung. In: Pongratz, Ludwig/Wimmer, Michael/Nieke, Wolfgang (Hrsg.): Bildungsphilosophie und Bildungsforschung, Onlinepublikation, Bielefeld: Janus Presse, S. 108–124.

Konietzka, Dirk (1995): Lebensstile im soziokulturellen Kontext. Ein theoretischer und empirischer Beitrag zur Analyse soziokultureller Ungleichheiten, 1. Aufl., Opladen: Westdeutscher Verlag.

Kossek, Brigitte/Peschl, Markus F. (Hrsg.) (2012): Digital Turn? Zum Einfluss digitaler Medien auf Wissensgenerierungsprozesse von Studierenden und Hochschullehrenden, 1. Aufl., Göttingen: unipress.

Kottmann, Andrea (2008): Alter als Kategorie sozialer Ungleichheit? In: Künemund, Harald/ Schroeter, Klaus R. (Hrsg.): Soziale Ungleichheiten und kulturelle Unterschiede in Lebenslauf und Alter. Fakten, Prognosen und Visionen, 1. Aufl., Wiesbaden: VS Verlag für Sozialwissenschaften, S. 31–70.

Krämer, Benjamin (2013): Mediensozialisation. Theorie und Empirie zum Erwerb medienbezogener Dispositionen, 1. Aufl., Wiesbaden: Springer VS.

Kraemer, Klaus/Bittlingmayer, Uwe H. (2001): Soziale Polarisierung durch Wissen. Zum Wandel der Arbeitsmarktchancen in der „Wissensgesellschaft". In: Berger, Peter A./Konietzka, Dirk (Hrsg.): Die Erwerbsgesellschaft. Neue Ungleichheiten und Unsicherheiten, 1. Aufl., Wiesbaden: Springer VS, S. 313–329.

Krämer, Sybille (2008): Medium, Bote, Übertragung: kleine Metaphysik der Medialität, 1. Aufl., Frankfurt am Main: Suhrkamp.

Kromrey, Helmut (2006): Empirische Sozialforschung, 11. Aufl., Stuttgart: Lucius & Lucius.

Krotz, Friedrich (2017): Sozialisation in mediatisierten Welten. Mediensozialisation in der Perspektive des Mediatisierungsansatzes. In: Hoffmann, Dagmar/Krotz, Friedrich/Reißmann, Wolfgang (Hrsg.): Mediatisierung und Mediensozialisation. Prozesse – Räume – Praktiken, 1. Aufl., Wiesbaden: Springer VS, S. 21–40.

Krotz, Friedrich (2014): Einleitung: Projektübergreifende Konzepte und theoretische Bezüge der Untersuchung mediatisierter Welten. In: Krotz, Friedrich/Despotivić, Cathrin/Kruse, Merle-Marie (Hrsg.): Die Mediatisierung sozialer Welten. Synergien empirischer Forschung, 1. Aufl., Wiesbaden: Springer VS, S. 7–32.

Krotz, Friedrich (2007): Mediatisierung: Fallstudien zum Wandel von Kommunikation. 1. Aufl., Wiesbaden: VS Verlag für Sozialwissenschaften.

Krotz, Friedrich (2001): Die Mediatisierung kommunikativen Handelns. Der Wandel von Alltag und sozialen Beziehungen, Kultur und Gesellschaft durch die Medien, 1. Aufl., Wiesbaden: Westdeutscher Verlag.

Kubicek, Herbert (1999): Was versteht man unter allgemeinem Zugang und worauf kommt es an? In: Kubicek, Herbert (Hrsg.): Multimedia@Verwaltung, 1. Aufl., Heidelberg: o. V.; S. 332–338.

Kuckartz, Udo (2014): Qualitative Inhaltsanalyse. Methoden, Praxis, Computerunterstützung (Grundlagentexte Methoden), 2. Aufl., Weinheim: Beltz Juventa.

Kuckartz, Udo/Dresing, Thorsten/Rädiker, Stefan/Stefer, Claus (2008): Qualitative Evaluation. Der Einstieg in die Praxis, 1. Aufl., VS Verlag für Sozialwissenschaften.

Kuckartz, Udo (2005): Einführung in die computergestützte Analyse qualitativer Daten, 1. Aufl., Wiesbaden: VS Verlag für Sozialwissenschaften.

Kübler, Hans-Dieter (2005): Mythos Wissensgesellschaft. Gesellschaftlicher Wandel zwischen Information, Medien und Wissen. Eine Einführung, 1. Aufl., Wiesbaden; VS Verlag für Sozialwissenschaften.

Kühne, Olaf (2017): Zur Aktualität von Ralf Dahrendorf. Einführung in sein Werk, 1. Aufl., Wiesbaden: Springer VS.

Lage, Dorothea (2007): Workshop: Unterstützte Kommunikation und Lebenswelt. Tagung: Unterstützte Kommunikation – Perspektiven in Wissenschaft und Praxis, Onlinepublikation, Universität Würzburg, Institut für Sonderpädagogik.

Lamnek, Siegfried (2010): Qualitative Sozialforschung, 5., überarb. Aufl., Weinheim: Beltz.

Landeshauptstadt Kiel. Amt für Wohnen und Grundsicherung (2014): Integriertes Entwicklungskonzept Kieler Ostufer 2014–2018 im Rahmen des Städteaufbauförderprogramms „Soziale Stadt", 2. Aufl., Kiel: kieldruck.

Laslett, Peter (1995): Das Dritte Alter. Historische Soziologie des Alterns, 1. Aufl., Weinheim und München: Juventa.

Latour, Bruno (2007): Eine neue Soziologie für eine neue Gesellschaft. Einführung in die Akteur-Netzwerk-Theorie, 1. Aufl., Frankfurt am Main: Suhrkamp.

Lenger, Alexander/Schneickert, Christian/Schumacher, Florian (Hrsg.) (2013): Pierre Bourdieus Konzeption des Habitus. Grundlagen, Zugänge, Forschungsperspektiven, 1. Aufl., Wiesbaden: VS Verlag für Sozialwissenschaften.

Leßmann, Ortrud (2006): Lebenslagen und Verwirklichungschancen (capability) – Verschiedene Wurzeln, ähnliche Konzepte. In: Vierteljahrshefte zur Wirtschaftsforschung 75, Heft 1, Onlinepublikation, S. 30–42.

Lienert, Gustav A./Raatz, Ulrich (1994): Textaufbau und Testanalyse, 5., neubear. u. erw. Aufl., Weinheim: Beltz.

Lienert, Gustav A. (1969): Testaufbau und Testanalyse, 3. Aufl., Weinheim: Beltz.

Liessmann, Konrad (2006): Theorie der Unbildung, 1. Aufl., Wien: Paul Zsolnay.

Loos, Peter (1998): Mitglieder und Sympathisanten rechtsextremer Parteien. Das Selbstverständnis von Anhängern der Partei „DIE REPUBLIKANER", 1. Aufl., Wiesbaden: Deutscher Universitätsverlag.

Lowe, Adolph (1971): Is present-day higher learning relevant? In: Social Research 38, Nr. 3, S. 563–580.

Luckmann, Thomas (2008): Konstitution, Konstruktion: Phänomenologie, Sozialwissenschaft. In: Raab, Jürgen/Pfadenhauer, Michaela/Stegmaier, Peter/Dreher, Jochen/Schnettler, Bernt (Hrsg.): Phänomenologie und Soziologie. Theoretische Positionen, aktuelle Problemfelder und empirische Umsetzungen, 1. Aufl., Wiesbaden: VS Verlag für Sozialwissenschaften, S. 33–40.

Luckmann, Thomas (2002): Wissen und Gesellschaft. Ausgewählte Aufsätze 1981–2002, 1. Aufl., Konstanz: UVK.

Luhmann, Niklas (2017): Die Realität der Massenmedien, 5. Aufl., Wiesbaden: Springer VS.

Luhmann, Niklas (2009): Die Realität der Massenmedien, 4. Aufl., Wiesbaden: VS Verlag für Sozialwissenschaften.

Luhmann, Niklas (1990): Die Wissenschaft der Gesellschaft, 1. Aufl., Frankfurt am Main: Suhrkamp.

Luhmann, Niklas (1981): Soziologische Aufklärung 3. Soziales System, Gesellschaft, Organisation, 1. Aufl., Wiesbaden: VS Verlag für Sozialwissenschaften.

Mackert, Jürgen (2010): Opportunitätsstrukturen und Lebenschancen. In: Berliner Journal für Soziologie, Vol. 10, Issue 3, S. 401–420.

Mai, Manfred (Hrsg.) (2014): Handbuch Innovationen. Interdisziplinäre Grundlagen und Anwendungsfelder, 1. Aufl., Wiesbaden: Springer VS.

Majerus, Mill (2008): Politik Lebensalter. In: Ferring, Dieter/Haller, Miriam/Meyer-Wolters, Hartmut/Michels, Tom (Hrsg.): Soziokulturelle Konstruktion des Alters. Transdisziplinäre Perspektiven, 1. Aufl., Würzburg: Königshausen & Neumann, S. 63–72.

Mannheim, Karl (1929): Ideologie und Utopie, 1. Aufl., Bonn: Cohen.

Marx, Karl (1968 [1867]): Das Kapital. Kritik der politischen Ökonomie. Erster Band, Neuausgabe, Hamburg: Europäische Verlagsanstalt.
Mayer, Horst O. (2004): Interview und schriftliche Befragung, 2., verb. Aufl., München: R. Oldenbourg.
Mayring, Philipp/Gläser-Zikuda, Michaela (2008): Die Praxis der Qualitativen Inhaltsanalyse, 2., neu ausg. Aufl., Weinheim und Basel: Beltz.
Mayring, Philipp (2010): Qualitative Inhaltsanalyse. Grundlagen und Techniken, 11., aktual. u. überar. Aufl., Weinheim und Basel: Beltz.
Mayring, Philipp (2007): Qualitative Inhaltsanalyse: Grundlagen und Techniken, 9. Aufl., Weinheim und Basel: Beltz.
McCall, George, J./Simons, John (Hrsg.) (1969): Issues in participant observation, 1. Ed., Reading, Mass: Addison-Wessley.
McLuhan, Marshall/Fiore, Quentin (1967): The Medium is the Message: An Inventory of Effects, 1. Ed., New York: Bantam Books.
McLuhan, Marshall (1968 [1964]): Die magischen Kanäle. Unterstanding Media, 1. Aufl., Düsseldorf und Wien: Econ-Verlag.
Mead, George Herbert (1978 [1934]): Geist, Identität und Gesellschaft aus der Sicht des Sozialbehaviorismus, Deutsche Ausgabe, 1. Aufl., Frankfurt am Main: Suhrkamp. (Mead, George Herbert (1934): Mind, Self, and Society. Edited and introduced by Charles W. Morris, Chicago: University of Chicago Press.).
Meder, Norbert (2000): Wissen und Bildung im Internet – in der Tiefen des semantischen Raumes. In: Marotzki, Winfried/Meister, Dorothee M./Sander, Uwe (Hrsg.): Zum Bildungswert des Internet, 1. Aufl., Wiesbaden: VS Verlag für Sozialwissenschaften, S. 33–56.
Meinefeld, Werner (1996): „Hypothesen" und „Vorwissen" – verdrängte Gemeinsamkeiten. Vortrag auf dem Soziologentag in Dresden, Dresden: Ms.
Merten, Klaus (2013): Konzeption von Kommunikation. Theorie und Praxis des strategischen Kommunikationsmanagements, 1. Aufl., Wiesbaden: Springer VS.
Merten, Klaus (1977): Kommunikation. Eine Begriffs- und Prozeßanalyse, 1. Aufl., Opladen: Westdeutscher Verlag.
Merton, Robert K. (1995): Soziologische Theorie und Soziale Struktur, Neuaufl., Berlin und New York: De Gruyter.
Merton, Robert K. (1949): Social Theory and Social Structure, 1. Ed., New York: Free Press.
Meulemann, Heiner/Apolinarski, Beate/Gilles, David (2013): Allgemeine Kulturtechnik oder digitale Spaltung? Die Verbreitung des Internet in Deutschland 1997-2009. In: Berli, Oliver/Endreß, Martin (Hrsg.): Wissen und soziale Ungleichheit, 1. Aufl., Weinheim und Basel: Beltz Juventa, S. 149–176.
Meyen, Michael/Löblich, Maria/Pfaff-Rüdiger, Senta/Riesmeyer, Claudia (2011): Qualitative Forschung in der Kommunikationswissenschaft, 1. Aufl., Wiesbaden: VS Verlag für Sozialwissenschaften.
Meyer, Thomas/Pöttker, Horst (2004): Rainer Geißler und das soziologische Konzept der Lebenschancen. In: Pöttker, Horst/Meyer, Thomas (Hrsg.): Kritische Empirie. Lebenschancen in den Sozialwissenschaften, 1. Aufl., Wiesbaden: VS Verlag für Sozialwissenschaften, S. 9–13.
Meyer, Thomas (2004): Kritische Empirie. In: Kritische Empirie. Lebenschancen in den Sozialwissenschaften, 1. Aufl., Wiesbaden: VS Verlag für Sozialwissenschaften, S. 17–41.
Mollenkopf, Heidrun/Doh, Michael (2002): Das Medienverhalten älterer Menschen. In: Sozialwissenschaften und Berufspraxis (SuB), 25. Jg., Heft 4, S. 387–408.
Mollenkopf, Heidrun/Meyer, Sibylle/Schulze, Eva/Wurm, Susanne/Friesdorf, Wolfgang (2000a): Technik im Haushalt zur Unterstützung einer selbstbestimmten Lebensführung im Alter. Das Forschungsprojekt „sentha" und erste Ergebnisse des Sozialwissenschaftlichen Teilprojekts. In: Z Gerontol Geriat, Volume 33, S. 155–168.
Mollenkopf, Heidrun/Wahl, Hans-Werner/Reichert, Monika (2000b): Neue Technologien im Alltag Älterer. In: Z Gerontol Geriat, Volume 33, S. 153–154.
Morris, Charles W. (1946): Signs, Language and Behavior, 1. Aufl., New York: Braziller.

Mortsiefer, Sandra (2008): Altern in Betrieben. Betriebsinitiative Demografischer Wandel. In: Ferring, Dieter/Haller, Miriam/Meyer-Wolters, Hartmut/Michels, Tom (Hrsg.): Soziokulturelle Konstruktion des Alters. Transdisziplinäre Perspektiven, 1. Aufl., Würzburg: Königshausen & Neumann, S. 53–62.

Müller, Hans-Peter (2008): Lebenschancen und Lebensstile. Die kulturellen Dimensionen sozialer Schichtung. In: Sigmund, Steffen/Albert, Gert/Bienfait, Agathe/Stachura, Mateusz (Hrsg.): Soziale Konstellation und historische Perspektive. Festschrift für M. Rainer Lepsius, 1. Aufl., Wiesbaden: VS Verlag für Sozialwissenschaften, S. 177–206.

Müller, Stefan (2016): Internet of Things (IoT). Ein Wegweiser durch das Internet der Dinge, 1. Aufl., Onlinepublikation: BoD – Books an Demand.

Münch, Richard (2002): Soziologische Theorie. Band 2: Handlungstheorie, 1. Aufl., Frankfurt am Main und New York: Campus.

Obermeier, Claudia (2018): Wege aus der Einsamkeit, soziale Interaktion innovativ denken. (Pflege)Roboter als Interaktionspartner älterer Menschen. In: Franz/Hans-Werner/Kaletka, Christoph (Hrsg.): Soziale Innovationen lokal gestalten, 1. Aufl., Wiesbaden: Springer VS, S. 149–163.

Ott, Sascha (2007): Information. In: Schützeichel, Rainer (Hrsg.): Handbuch Wissenssoziologie und Wissensforschung, 1. Aufl., Konstanz: UVK, S. 388–393.

Otten, Dieter (2008): Die 50+ Studie. Wie die jungen Alten die Gesellschaft revolutionieren, 1. Aufl., Reinbek bei Hamburg: Rowohlt.

Papsdorf, Christian (2013): Internet und Gesellschaft. Wie das Netz unsere Kommunikation verändert, 1. Aufl., Frankfurt am Main: Campus.

Parsons, Talcott (1962): The Aging in American Society. In: Law and Contemporary Problems 27, S. 22–35.

Parsons, Talcott (1964 [1945]): Systematische Theorie in der Soziologie. Gegenwärtiger Stand und Ausblick. In: Parsons, Talcott: Soziologische Texte, Hrsg. und eingel. von Dietrich Rüschemeyer, 1. Aufl., Neuwied am Rhein: Hermann Luchterland, S. 31–64.

Paus-Hasebrink, Ingrid (2009): Zur Relevanz von sozialer Ungleichheit im Kontext der Mediensozialisationsforschung. In: Medienpädagogik. Zeitschrift für Theorie und Praxis der Medienbildung, Themenheft Nr. 17: Medien und soziokulturelle Unterschiede, Onlinepublikation.

Pelizäus-Hoffmeister, Helga (2013): Zur Bedeutung von Technik im Alltag Älterer. Theorie und Empirie aus soziologischer Perspektive, 1. Aufl., Wiesbaden: VS Verlag für Sozialwissenschaften.

Ploder, Andrea (2014): Qualitative Forschung als strenge Wissenschaft? Zur Rezeption der Phänomenologie Husserls in der Methodenliteratur, 1. Aufl., Konstanz und München: UVK.

Popper, Karl R. (1994): Logik der Forschung, 10., verb. u. verm. Aufl., Tübingen: Mohr.

Pross, Harry (1970): Medienforschung. Film – Funk – Presse – Fernsehen, 1. Aufl., Berlin u. a.: Habel.

Pürer, Heinz (2015): Medien in Deutschland. Presse – Rundfunk – Online, 1. Aufl., Konstanz: UVK Verlagsgesellschaft.

Raab, Jürgen/Pfadenhauer, Michaela/Stegmaier, Peter/Dreher, Jochen/Schnettler, Bernt (2008): Phänomenologie und Soziologie. Grenzbestimmungen eines Verhältnisses. In: Raab, Jürgen/Pfadenhauer, Michaela/Stegmaier, Peter/Dreher, Jochen/Schnettler, Bernt (Hrsg.): Phänomenologie und Soziologie. Theoretische Positionen, aktuelle Problemfelder und empirische Umsetzungen, 1. Aufl., Wiesbaden: VS Verlag für Sozialwissenschaften, S. 11–32.

Regenbogen, Arnim/Meyer, Uwe (Hrsg.) (2005): Wörterbuch der philosophischen Begriffe, 1. Aufl., Hamburg: Felix Meiner, S. 30–31.

Reichert, Andreas (2001): Neue Determinanten sozialer Ungleichheit. Eine soziologische Analyse zur Bedeutung technischer Kompetenz in einer alternden Gesellschaft, 1. Aufl., Berlin: Mensch & Buch Verlag.

Reichwein, Roland/Brandt, Gerhard (1980): Ralf Dahrendorf, Lebenschancen. Anläufe zur sozialen und politischen Theorie. In: Soziologische Revue, Jahrgang 3, S. 375–388.
Riemann, Gerhard (1987): Das Fremdwerden der eigenen Biographie. Narrative Interviews mit psychiatrischen Patienten, 1. Aufl., München: Fink.
Riepl, Wolfgang (1913): Das Nachrichtenwesen des Altertums: mit besonderer Rücksicht auf die Römer, 1. Aufl., Leipzig und Berlin: Teubner.
Rohrbach, Daniela (2008): Wissensgesellschaft und soziale Ungleichheit. Ein Zeit- und Ländervergleich, 1. Aufl., Wiesbaden: VS Verlag für Sozialwissenschaften.
Przyborski, Aglaja/Wohlrab-Sahr, Monika (2014): Qualitative Sozialforschung, 4., erw. Aufl., München: R. Oldenbourg.
Rust, Holger (1980): Qualitative Inhaltsanalyse – begriffslose Willkür oder wissenschaftliche Methode? Ein theoretischer Entwurf. In: Publizistik, 25, S. 5–23.
Rust, Holger (1981): Methoden und Probleme der Inhaltsanalyse. Eine Einführung, 1. Aufl., Tübingen: Narr.
Saake, Irmhild (2006): Die Konstruktion des Alters. Eine gesellschaftstheoretische Einführung in die Altersforschung, 1. Aufl., Wiesbaden: VS Verlag für Sozialwissenschaften.
Sack, Fritz (1968): Neue Perspektiven in der Kriminologie. In: Sack, Fritz/König, René (Hrsg.): Kriminalsoziologie, 1. Aufl., Frankfurt am Main: Akademische Verlags-Gesellschaft, S. 431–476.
Sackmann, Reinhold (2007): Lebenslaufanalyse und Biografieforschung. Eine Einführung, 1. Aufl., Wiesbaden: VS Verlag für Sozialwissenschaften.
Scannell, Paddy (2011): Medien und Kommunikation, 1. Aufl., Wiesbaden: VS Verlag für Sozialwissenschaften.
Schäffer, Burkhard (2009): Mediengenerationen, Medienkohorten und generationsspezifische Medienpraxiskulturen. Zum Generationenansatz in der Medienforschung. In: Schorb, Bernd/Schnell, Rainer/Hill, Paul B./Esser, Elke (2005) Methoden der empirischen Sozialforschung, 7. Aufl., München: R. Oldenbourg.
Scheler, Max (1960 [1926]): Versuche einer Soziologie des Wissens, 1. Aufl., Bern und München: Francke.
Scheler, Max (1924): Versuch zu einer Soziologie des Wissens, 1. Aufl., München: Duncker & Humblot.
Schimank, Uwe (2004): Kämpfe um Lebenschancen. In: Pöttker, Horst/Meyer, Thomas (Hrsg.): Kritische Empirie. Lebenschancen in den Sozialwissenschaften, 1. Aufl., Wiesbaden: VS Verlag für Sozialwissenschaften, S. 43–60.
Schirrmacher, Frank (2010): Vorwort. In: Carr, Nicholas: Wer bin ich, wenn ich online bin...und was macht mein Gehirn solange? Wie das Internet unser Denken verändert, 1. Aufl., München: Karl Blessing, S. 9–13.
Schmidt, Eric/Cohen, Jared (2013): Die Vernetzung der Welt, 1. Aufl. Reinbek bei Hamburg: Rowohlt.
Schmiede, Rudi (1999): Informatisierung und Subjektivität. In: Konrad, Wilfried/Schumm, Wilhelm (Hrsg.): Wissen und Arbeit: neue Konturen von Wissensarbeit, 1. Aufl., Münster: Verlag Westfäl. Dampfboot. S. 134–151).
Schnell, Rainer/Hill, Paul B./Esser, Elke (2005): Methoden der empirischen Sozialforschung, 7., völlig überar. u. erw. Aufl., München und Wien: R. Oldenbourg.
Scholl, Armin (2009): Die Befragung, 2. Aufl., Konstanz: UVK.
Scholl, Armin (1993): Die Befragung als Kommunikationssituation. Zur Reaktivität im Forschungsinterview, 1. Aufl., Opladen: Westdeutscher Verlag.
Schröter, Jens (2008): Von Heiß/Kalt zu Analog/Digital. Die Automation als Grenze von McLuhans Medienanthropologie. In: Kerckhove, Derrik de/Leeker, Martina/Schmidt, Kerstin (Hrsg.): McLuhan neu lesen, 1. Aufl., Bielefeld: transcript.
Schroeter, Klaus R. (2000): Die Lebenslage älterer Menschen im Spannungsfeld zwischen „später Freiheit" und „sozialer Disziplinierung": forschungsleitende Fragestellungen. In: Backes, Gertrud M./Clemens, Wolfgang (Hrsg.): Lebenslagen im Alter. Gesellschaftliche Bedingungen und Grenzen, Opladen: Leske + Budrich, S. 31–52.

Schütz, Alfred (1982): Das Problem der Relevanz, 1. Aufl., Frankfurt am Main: Suhrkamp.
Schütz, Alfred/Luckmann, Thomas (2003 [1975]): Strukturen der Lebenswelt, 1. Aufl., Konstanz: UVK.
Schütz, Alfred (1971): Gesammelte Aufsätze. Das Problem der sozialen Wirklichkeit, Wiesbaden: Springer Science + Business Media Dordrecht.
Schütz, Alfred (1967): The Phenomonology of the Social World, New Ed., Evanston: Nortwestern University Press.
Schütz, Alfred (1932): Der sinnhafte Aufbau der sozialen Welt. Eine Einleitung in die verstehende Soziologie, Originalausg., Frankfurt am Main: Suhrkamp.
Schützeichel, Rainer (Hrsg.) (2007): Handbuch Wissenssoziologie und Wissensforschung, 1. Aufl., Konstanz: UVK.
Schulz, Wolfgang (1977): Zum Stellenwert qualitativer Untersuchungsmethoden in der empirischen Forschung. In: Österreichische Zeitschrift für Soziologie, 5, S. 63–68.
Schwaderer, Hannes/Wieland, Robert A. (2014): Vorwort der Initiative D21. Digitale Souveränität bedeutet Zugang, Kompetenz, Offenheit und Nutzungsvielfalt. In: Initiative D21 e.V./TNS Infratest: D21 – Digital – Index 2014. Die Entwicklung der digitalen Gesellschaft in Deutschland. Eine Studie der Initiative D21, durchgeführt von TNS Infratest, Konz-Könen: Schmekies Medien & Druck, S. 4.
Schwarze, Barbara (Kompetenzzentrum TeDiC Technik, Diversity, Chancengleichheit) (2005): Sonderauswertung des (N)ONLINER Atlas 2005. Internetnutzung von Frauen und Männern ab 50 Jahren in Deutschland 2005, Onlinepublikation.
Seale, Clive (1999): The Quality of Qualitative Research, 1. Ed., London: Sage.
Schweiger, Wolfgang (2010): Wie Medien genutzt werden und was sie bewirken. Mediennutzung – Medienwirkung. In: Bundeszentrale für politische Bildung (Hrsg.): Informationen 309 zur politischen Bildung. Massenmedien, 04/2010, Onlinepublikation.
Seeger, Peter (2008): Digitaler Medienalltag und soziale Differenzierung. Zur Aktualität der Digital-Divide-These. Forschungsbericht, Darmstadt: E-Paper.
Sen, Amartya (2002): Ökonomie für den Menschen. Wege zur Gerechtigkeit und Solidarität in der Marktwirtschaft, ungekürzte Ausgabe, München: Deutscher Taschenbuch Verlag.
SGB VI (2017): Gesetzliche Rentenversicherung. In: SGB Sozialgesetzbuch Bücher I – XII, 46. Aufl., München: dtv Beck.
Solga, Heike/Powell, Justin/Berger, Peter A. (2009): Soziale Ungleichheit – Kein Schnee von gestern! Eine Einführung. In: Solga, Heike/Berger, Peter A./Powell, Justin (Hrsg.): Soziale Ungleichheit. Klassische Texte zur Sozialstrukturanalyse, 1. Aufl., Frankfurt am Main und New York: Campus, S. 11–45.
Sprenger, Florian/Engemann, Christoph (Hrsg.) (2015): Internet der Dinge. Über smarte Objekte, intelligente Umgebungen und die technische Durchdringung der Welt, 1. Aufl., Bielefeld: transcript.
Stauff, Markus (2007): Technik plus X: Digitalisierung und die mediale Prägung der Gesellschaft. In: Hieber, Lutz/Schrage, Dominik (Hrsg.): Technische Reproduzierbarkeit: Zur Kultursoziologie massenmedialer Vervielfältigung, 1. Aufl., Bielefeld: transcript, S. 39–56.
Steinbicker, Jochen (2011): Zur Theorie der Informationsgesellschaft: Ein Vergleich der Ansätze von Peter Drucker, Daniel Bell und Manuel Castells, 2. Aufl., Wiesbaden: VS Verlag für Sozialwissenschaften.
Steinbicker, Jochen (2006): Das Wissen der Wissensgesellschaft – Anmerkungen zu ihrer Konzeptualisierung. Onlinepublikation, CIERA – Société du savoir et démocratie en Europe.
Steinke, Ines (1999): Kriterien qualitativer Forschung. Ansätze zur Bewertung qualitativ-empirischer Sozialforschung, 1. Aufl., Weinheim: Juventa.
Stehr, Nico (2015): Die Freiheit ist eine Tochter des Wissens, 1. Aufl., Wiesbaden: Springer VS.
Stehr, Nico (2003): Die gesellschaftliche Kontrolle neuer Erkenntnisse. In: Sociologica Internationalis, 41. Band, Heft 1, Berlin: Duncker & Humblot, S. 205–214.

Stehr, Nico (2001): Moderne Wissensgesellschaften. In: Aus Politik und Zeitgeschehen, B. 36, S. 7–14.
Stengel, Oliver/Looy, Alexander van/Wallaschkowski, Stephan (2017): Einleitung. In: Stengel, Oliver/Looy, Alexander van/Wallaschkowski, Stephan (Hrsg.): Digitalzeitalter – Digitalgesellschaft. Das Ende des Industriezeitalters und der Beginn einer neuen Epoche, 1. Aufl., Wiesbaden: Springer VS, S. 1–16.
Stengel, Oliver (2017): Zeitalter und Revolutionen. In: Stengel, Oliver/Looy, Alexander van/Wallaschkowski, Stephan (Hrsg.): Digitalzeitalter – Digitalgesellschaft. Das Ende des Industriezeitalters und der Beginn einer neuen Epoche, 1. Aufl., Wiesbaden: Springer VS, S. 17–50.
Stengel, Oliver (2017): Der Mensch im Digitalzeitalter: Sapiens 2.0. In: Stengel, Oliver/Looy, Alexander van/Wallaschkowski, Stephan (Hrsg.): Digitalzeitalter – Digitalgesellschaft. Das Ende des Industriezeitalters und der Beginn einer neuen Epoche, 1. Aufl., Wiesbaden: Springer VS, S. 63–88.
Ströhl, Andreas (2014): Medientheorien kompakt, 1. Aufl., Konstanz und München: UVK.
Tapscott, Don/Williams, Anthony D. (2007): Wikinomics: Die Revolution im Netz, 1. Aufl., München: Carl Hanser.
Tews, Hans Peter (1993): Neue und alte Aspekte des Strukturwandels des Alters. In: Naegele, Gerhard/Tews, Hans Peter (Hrsg.): Lebenslagen im Strukturwandel des Alters, 1. Aufl., Opladen: Westdeutscher Verlag, S. 15–42.
Thompson, Paul (1988): The voice of the past: oral history, 2nd Ed., New York: Oxford University Press.
Tokarski, Walter/Karl, Fred (2012): Die „neuen" Alten. Zur Einordnung eines ambivalenten Begriffes. In: Karl, Fred (Hrsg.) (2012): das Altern der „neuen" Alten. Eine Generation im Strukturwandel des Alters, 1. Aufl., Berlin: LIT, S. 17–20.
Tichenor, Philip J./Donohue, George A./Olien, Clarice N. (1970): Mass Media Flow and Differential Growth Knowledge. In: The Public Opinion Quarterly, Bd. 34, Nr. 2, S. 159–170.
Turkle, Sherry (2011): Alone together. Why we expect more from technology and less from each other, 1. Ed., New York: Basic Books.
Urs, Meier (2014): 100 Jahre Riepl'sches Gesetz. In: Kappes, Christoph/Krone, Jan/Novy, Leonard (Hrsg.): Medienwandel kompakt 2011–2013. Netzveröffentlichungen zu Medienökonomie, Medienpolitik & Journalismus, 1. Aufl., Wiesbaden: VS Verlag für Sozialwissenschaften, S. 11–17.
Vermesan, Ovidiu/Friees, Peter (2011): Internet of Things. Global Technological and Societal Trends, 1. Ed., Aalborg: River Publishers.
Vitt, Alexandra (2010): Zukunftsvision Cybergeld: Finanzdienste und ihre Netzerfahrung. In: Münker, Stefan/Roesler, Alexander (Hrsg.): Mythos Internet, 1. Aufl., Frankfurt am Main: Suhrkamp, S. 236–248.
Völter, Bettina/Dausien, Bettina/Lutz, Helma/Rosenthal (2009): Einleitung. In: Völter, Bettina/Dausien, Bettina/Lutz, Helma/Rosenthal (Hrsg.): Biographieforschung im Diskurs, 2. Aufl., Wiesbaden: VS Verlag für Sozialwissenschaften, S. 7–20.
Voges, Wolfgang/Bochert, Lars (2008): Soziale Ungleichheit und Heimkarriere bei Älteren. In: Künemund, Harald/Schroeter, Klaus R. (Hrsg.): Soziale Ungleichheiten und kulturelle Unterschiede in Lebenslauf und Alter. Fakten, Prognosen und Visionen, 1. Aufl., Wiesbaden: VS Verlag für Sozialwissenschaften, S. 195–220.
Vollbrecht, Ralf (2009): Der medienbiographische Ansatz in der Altersmedienforschung. In: Schorb, Bernd/Hartung, Anja/Reißmann, Wolfgang (Hrsg.): Medien und höheres Lebensalter. Theorie – Forschung – Praxis, 1. Aufl., Wiesbaden: VS Verlag für Sozialwissenschaften, S. 21–30.
Wagner, Elke (2014): Mediensoziologie, 1. Aufl., Konstanz: UVK Verlagsgesellschaft.

Waldenfels, Bernhard (1979): Sinnverstehen und mundane Intersubjektivität. Verstehen und Verständigung. Zur Sozialphilosophie von A. Schütz. In: Sprondel, Walter M./Grathoff, Richard (Hrsg.): Alfred Schütz und die Idee des Alltags in den Sozialwissenschaften, 1. Aufl., Stuttgart: Ferdinand Enke, S. 1–12.

Wang, Qian/Myers, Michael D./Sundaram, David (2013): Digital Natives and Digital Immigrants. Entwicklung eines Modells digitaler Gewandtheit. In: Wirtschaftsinformatik, Volume 55, Issue 6, pp. 409–420.

Watzlawick, Paul (2011): Man kann nicht nicht kommunizieren: Das Lesebuch, 1. Aufl., Göttingen: Hogrefe.

Wax, Rosalie H. (1979): Das erste und unangenehmste Stadium der Feldforschung. In: Gerdes, Klaus (Hrsg.): Explorative Sozialforschung, 1. Aufl., Stuttgart: Ferdinand Enke, S. 68–74.

Weber, Birgit (2004): Lebenschancen als Schlüsselbegriff sozialwissenschaftlicher Didaktik. In: Pöttker, Horst/Meyer, Thomas (Hrsg.): Kritische Empirie. Lebenschancen in den Sozialwissenschaften, 1. Aufl., Wiesbaden: VS Verlag für Sozialwissenschaften, S. 79–101.

Weber, Max (2006 [1922]): Wirtschaft und Gesellschaft, Neuaufl., Paderborn: Voltmedia.

Weber, Max (1999 [1922]): Wirtschaft und Gesellschaft. In: Worm, Karsten (Hrsg.): Max Weber im Kontext. Werke auf CD-ROM. Abschnitt: Wirtschaft und Gesellschaft – nach der ersten vollst. Ausgabe von 1922, Onlinepublikation.

Weizsäcker, Ernst von (1986): Erstmaligkeit und Bestätigung als Komponenten pragmatischer Information. In: Weizsäcker, Ernst von (Hrsg.): Offene Systeme I, 2. Aufl., Stuttgart: Klett-Cotta, S. 82–113.

Weiser, Mark/Brown, John S. (2015): Das kommende Zeitalter der Calm Technology. In: Sprenger, Florian/Engemann, Christoph (Hrsg.): Internet der Dinge. Über smarte Objekte, intelligente Umgebungen und die technische Durchdringung der Welt, 1. Aufl., Bielefeld: transcript, S. 69–72.

Welz, Frank (1996): Kritik der Lebenswelt: eine soziologische Auseinandersetzung mit Edmund Husserl und Alfred Schütz, 1. Aufl., Opladen: Westdeutscher Verlag.

Wilsmann, Stefan (2004): Lebenschancenkonzepte – von Theodor Geiger über Otto Neurath bis zu Amartya Sen. In: Pöttker, Horst/Meyer, Thomas (Hrsg.): Kritische Empirie. Lebenschancen in den Sozialwissenschaften, 1. Aufl., Wiesbaden: VS Verlag für Sozialwissenschaften, S. 61–78.

Wirth, Werner (1999): Neue Wissenskluft durch das Internet? Eine Diskussion relevanter Befunde und Konzepte. In: Medien Journal 3(Wissensgesellschaft), S. 3–19.

Witte, Daniel (2014): Auf den Spuren der Klassiker. Pierre Bourdieus Feldtheorie und die Gründerväter der Soziologie, 1. Aufl., Konstanz und München: UVK Verlagsgesellschaft.

Woll-Schuhmacher, Irene (2004): Geschlecht und Lebenschancen. In: Pöttker, Horst/Meyer, Thomas (Hrsg.): Kritische Empirie. Lebenschancen in den Sozialwissenschaften, 1. Aufl., Wiesbaden: VS Verlag für Sozialwissenschaften, S. 125–146.

Wottawa, Heinrich (1977): Psychologische Methodenlehre, 1. Aufl., München: Juventa.

Zillien, Nicole (2009): Digitale Ungleichheit. Neue Technologien und alte Ungleichheiten in der Informations- und Wissensgesellschaft, 2. Aufl., Wiesbaden: VS Verlag für Sozialwissenschaften.

Quellennachweis

ARD (2016): Das ist die ARD. Zehn Rundfunkanstalten: Eine erfolgreiche Geschichte. Inter.ARD.de.
  Verfügbar unter: http://www.ard.de/home/intern/die-ard/Das_ist_die_ARD__Uebersichtsseite/322496/index.html, Zugriff am 09.01.2017.
ARD-ZDF-Onlinestudie (2015):
  Verfügbar unter: „ARD/ZDF-Onlinestudie 2014": http://www.ard-zdf-onlinestudie.de/index.php?id=506, Zugriff am 02.12.2105.
  „Home": http://www.ard-zdf-onlinestudie.de/index.php?id=512, Zugriff am 02.12.2015.
  „Methodensteckbrief": http://www.ard-zdf-onlinestudie.de/index.php?id=480, Zugriff am 02.12.2015.
Arbeiterwohlfahrt (AWO) Bundesverband e.V. (2014):
  Verfügbar unter: http://www.awo.org/, Zugriff am 16.02.2016.
  „Wir über uns": http://www.awo.org/wir-ueber-uns/, Zugriff am 16.02.2016.
AWO Landesverband Hamburg e.V. (2016):
  Verfügbar unter: www.awo-hamburg.org, Zugriff am 01.03.2016.
AWO Schleswig-Holstein (2016):
  Verfügbar unter: http://www.awo-sh.de/de/, Zugriff am 09.02.2016.
AWO Kiel (2016):
  Verfügbar unter: www.awo-kiel.de, Zugriff am 09.02.2016.
  AWO Kiel. Stadtteiltreff Elmschenhagen (2016): http://www.awo-kiel.de/fileadmin/pics/Senioren/Programm_Elmschenhagen_1_2016.pdf, Zugriff am 29.02.2016.
  AWO Kiel. Bürgertreff Gaarden/Räucherei (2016): http://www.awo-kiel.de/aelteremenschen/burgertreffs/gaardenraeucherei/, Zugriff am 29.02.2016.
Barmer GEK (2015): Gesundheitsreport 2015 – Demografischer Wandel.
  Verfügbar unter: https://www.barmer.de/arbeitgeber/infothek-arbeitshilfen/infothek/gesundheitsreport/gesundheitsreport-2011-bis-2015-65524. Zugriff am 07.01.2017.
Barmer GEK (2014): Gesundheitsreport 2014 – Psychische Gesundheit im Erwerbsleben.
  Verfügbar unter: https://www.barmer.de/arbeitgeber/infothek-arbeitshilfen/infothek/gesundheitsreport/gesundheitsreport-2011-bis-2015-65524. Zugriff am 08.09.2015
Bendel, Oliver (2016): Gabler Wirtschaftslexikon. Das Wissen der Experten. Tablet.
  Verfügbar unter: http://wirtschaftslexikon.gabler.de/Archiv/-2046631395/tablet-v1.html. Zugriff am: 16.12.2016.
Bertelsmann Stiftung (2015): Demographischer Wandel verstärkt Unterschiede zwischen Stadt und Land.
  Verfügbar unter: https://www.bertelsmann-stiftung.de/de/themen/aktuelle-meldungen/2015/juli/demographischer-wandel-verstaerkt-unterschiede-zwischen-stadt-und-land/. Zugriff am 16.08.2017
Bitkom e.V. (2015): „Presseinformationen".
  Verfügbar unter: https://www.bitkom.org/Presse/Presseinformation/Digitalisierung-veraendertAusbildungsberufe.html, Zugriff am 04.11.2015.
  „Über uns". Verfügbar unter: https://www.bitkom.org/Bitkom/Ueber-uns/, Zugriff am 04.11.2015.
  „Tablets werden vor allem zu Hause genutzt". Verfügbar unter: https://www.bitkom.org/Presse/Presseinformation/Tablets-werden-vor-allem-zu-Hause-genutzt.html. Zugriff am 16.12.2106.
Bundesarbeitsgemeinschaft der Freien Wohlfahrtspflege (2016):
  Verfügbar unter: „Über uns > Mitgliedsverbände": http://www.bagfw.de/ueber-uns/mitgliedsverbaende/, Zugriff am 09.02.2016.
  „Über uns > Aufgaben des BAGFW": http://www.bagfw.de/ueber-uns/aufgaben-der-bagfw/, Zugriff am 09.02.2016.

Bundesministerium für Arbeit und Soziales (2017): Rentenlexikon. Altersgrenze.
Verfügbar unter: http://www.bmas.de/DE/Themen/Rente/Rentenlexikon/Functions/glossar.html?cms_lv2=75264, Zugriff am 20.02.2017.
Bundesministerium für Familie, Senioren, Frauen und Jugend (2017): Aktiv im Alter. Initiative „Neue Bilder vom Alter".
Verfügbar unter: https://www.bmfsfj.de/bmfsfj/themen/aeltere-menschen/aktiv-im-alter/initiative--neue-bilder-vom-alter-/77164, Zugriff am 20.02.2017.
Bundesministerium für Wirtschaft und Energie 2016: Digitale Strategie 2015.
Verfügbar unter: http://www.bmwi.de/Redaktion/DE/Publikationen/Digitale-Welt/digitale-strategie-2025.html, Zugriff am 19.09.2017.
Charta digitale Vernetzung 2014: Der Verein Charta digitale Vernetzung e.V.
Verfügbar unter: https://charta-digitale-vernetzung.de/verein/, Zugriff am 19.09.2017.
Der Paritätische Gesamtverband (2014): www.der-paritaetische.de, Zugriff am 16.02.2016.
Verfügbar unter: „Verband – Wir über uns": http://www.der-paritaetische.de/verband/wir-ueber-uns/, Zugriff am 16.02.2016.
„Verband – Unsere Mitglieder": http://www.der-paritaetische.de/verband/mitglieder/, Zugriff am 16.02.2016.
digitalcharta.eu 2016: Charta der Digitalen Grundrechte der Europäischen Union.
Verfügbar unter: https://digitalcharta.eu/hintergrund/, Zugriff am 20.09.2017.
Deutscher Caritasverband (DCV) (2016): www.caritas.de, Zugriff am 16.02.2016.
Verfügbar unter: „In Ihrer Nähe – Schleswig-Holstein": http://www.caritas.de/diecaritas/in-ihrer-naehe/schleswig-holstein/, Zugriff am 16.02.2016.
„Die Caritas – Wofür wir stehen": http://www.caritas.de/diecaritas/wofuerwirstehen/, Zugriff am 16.02.2016.
Deutsche Gesellschaft für Gerontologie und Geriatrie e.V. (2016): Zeitschrift für Gerontologie und Geriatrie.
Verfügbar unter: http://www.dggg-online.de/aktuelles-termine/zeitschriftfuergerontologie undgeriatrie/. Zugriff am 11.01.2017
Deutsches Institut für Vertrauen und Sicherheit im Internet (DIVSI) (2015): Das Institut.
Verfügbar unter: https://www.divsi.de/ueber-uns/das-institut/. Zugriff am 12.01.2017.
Deutsches Rotes Kreuz (DRK) (2016): www.drk.de, Zugriff am 16.02.2016.
Verfügbar unter: „Über uns – Auftrag – Leitlinien": http://www.drk.de/ueber-uns/auftrag/leitlinien.html, Zugriff am 16.02.2016.
„Über uns – Auftrag – Grundsätze": http://www.drk.de/ueber-uns/auftrag/grundsaetze.html, Zugriff am 16.02.2016.
„Über uns – Adressen – Landesverbände":
Verfügbar unter: http://www.drk.de/adressen/landesverbaende.html, Zugriff am 16.02.2016.
Deutsches Rotes Kreuz (DRK) Schleswig-Holstein e.V. (2016):
Verfügbar unter: https://www.drk-sh.de/startseite.html, Zugriff am 16.02.2016.
DRK-Kreisverband Kiel e.V. (2016):
Verfügbar unter: http://drk-kiel.de/startseite.html, Zugriff am 16.02.2016.
„Hilfe im Alter": http://drk-kiel.de/angebote/hilfe-im-alter.html, Zugriff am 16.02.2016.
Deutsches Institut für Vertrauen und Sicherheit im Internet (DIVSI) (2015):
Verfügbar unter: „Über uns": https://www.divsi.de/ueber-uns/das-institut/, Zugriff am 02.12.2015.
Die Deutsche Rentenversicherung (2017):
Verfügbar unter: http://www.deutsche-rentenversicherung.de/Allgemein/de/Inhalt/5_Services/01_kontakt_und_beratung/02_beratung/07_lexikon/Functions/Lexikon.html?cms_lv2=422944&cms_lv3=228138#lvl3, Zugriff am 04.08.2017

Diakonie Deutschland (2016): www.diakonie.de, Zugriff am 16.02.2016.
Verfügbar unter: „Über uns – Selbstverständnis":
http://www.diakonie.de/selbstverstaendnis-9005.html, Zugriff am 16.02.2016.
„Über uns – Verbandsstruktur – Landesverbände":
http://www.diakonie.de/landesverbaende-9286.html, Zugriff am 16.02.2016.
Diakonie Schleswig-Holstein (2016):
Verfügbar unter: www.diakonie-sh.de, Zugriff am 16.02.2016.
„Diakonie vor Ort – Senioren und Pflege": http://www.diakonie-sh.de/diakonie-vor-ort/neue-standardseite-3/, Zugriff am 16.02.2016.
Diercke (Bildungshaus Schulbuchverlage Westermann Schroedel Diesterweg Schöningh Winklers GmbH) (2016):
Verfügbar unter: http://www.diercke.de/content/bev%C3%B6lkerungsdichte-978-3-14-100753-4-8-1-0, Zugriff am 03.02.2016.
Gesundheitsberichterstattung des Bundes (2013):
Verfügbar unter: http://www.gbe-bund.de/oowa921-install/servlet/oowa/aw92/dboowasys921.xwdevkit/xwd_init?gbe.isgbetol/xs_start_neu/&p_aid=3&p_aid=32571841&nummer=397&p_sprache=D&p_indsp=-&p_aid=80120241, Zugriff am 05.11.2105
Initiative D21 (2016): D21-Digital-Index.
Verfügbar unter: http://www.bmwi.de/Redaktion/DE/Infografiken/Digitale-Welt/weissbuch-04.html, Zugriff am 19.09.2017.
Initiative D21 (2015):
Verfügbar unter: http://www.initiatived21.de/portfolio/d21-digital-index-2014/, Zugriff am 28.10.2015.
http://www.initiatived21.de/portfolio/nonliner-atlas/, Zugriff am 05.11.2015l.
Jugend- und Bildungswerk der Arbeiterwohlfahrt Hamburg GmbH (2016):
Verfügbar unter: http://www.jbw-awo.de/, Zugriff am 01.03.2016.
„IT-Sozialkaufhaus": http://jbw-awo.de/it-sozialkaufhaus.htm, Zugriff am 01.03.2016.
„PC & Sprache": http://www.jbw-awo.de/pc-sprache.htm, Zugriff am 01.03.2016.
Kompetenzzentrum Technik, Diversity und Chancengleichheit – TeDiC (2015):
Verfügbar unter: www.50plus-ans-netz.de/nonliner, Zugriff am 02.11.2015.
LEAD digital (2018): Text me if you can.
Verfügbar unter: https://www.lead-digital.de/smartphone-studie/; Zugriff am 02.07.2018.
Landeshauptstadt Kiel (2016):
Verfügbar unter: www.kiel.de, Zugriff am 29.02.2016.
Stadtteil Elmschenhagen: http://kiel.de/leben/stadtteile/elmschenhagen/index.php, Zugriff am 26.02.2016.
Mayring, Philipp (2000). Qualitative Inhaltsanalyse [28 Absätze] Forum Qualitative Sozialforschung / Forum: Qualitative Social Research, 1(2), Art. 20. Verfügbar unter: http://nbnresolving.de/urn:nbn:de:0114-fqs0002204, Zugriff am 02.05.2016.
Medienpädagogischer Forschungsverbund Südwest (2015):
Verfügbar unter: „JIM-Studie": http://www.mpfs.de/index.php?id=676, Zugriff am 02.12.2015.
„KIM-Studie": http://www.mpfs.de/index.php?id=462, Zugriff am 02.12.2015.
Ostufer Kiel (2016): Gaarden.
Verfügbar unter: http://www.kieler-ostufer.de/ostufer-entdecken/stadtteilportraits/gaarden/, Zugriff am 29.02.2016.
Poetzsch, Georg (2015): „Tippen tötet" – höchstwahrscheinlich.
Verfügbar unter: NDR.de: http://www.ndr.de/nachrichten/niedersachsen/Tippen-toetet-hoechstwahrscheinlich,handynutzung100.html, Zugriff am 05.02.2016.
Reichertz, Jo (2000): Zur Gültigkeit qualitativer Forschung. Forum Qualitative Sozialforschung/ Forum Qualitative Social Research, 1(2), Art.
Verfügbar unter: http://www.biat.uni-flensburg.de/datenbank/Materialien/Reichertz-Qualitative-Sozialforschung.pdf, Zugriff am 21.06.2016

Seniorenbeirat der Stadt Schwentinental (2013/2014): Mitten im Leben. Senioren in Schwentinental.
Verfügbar unter: http://senioren-schwentinental.proaktiv.de/, Zugriff am 05.02.2016
http://senioren-schwentinental.proaktiv.de/Seniorenbeirat.26.0.html, Zugriff am 05.02.2016.

SeniorenNet Kiel (2016):
Verfügbar unter: http://www.seniorennet-kiel.de/pages/neu/oeffentlicher-bereich/startseite.php, Zugriff am 01.03.2016.

Shell Jugendstudie (2015):
Verfügbar unter: http://www.shell.de/aboutshell/our-commitment/shell-youth-study-2015.html, Zugriff am 02.12.2015.

Siepermann, Markus (2016): Gabler Wirtschaftslexikon. Das Wissen der Experten. Tablet-Computer.
Verfügbar unter: http://wirtschaftslexikon.gabler.de/Archiv/576005972/tablet-computer-v3.html. Zugriff am 16.12.2016.

SocialMedia Institute (SMI) (2015):
Verfügbar unter: „Home": http://socialmedia-institute.com/, Zugriff am 02.12.2015.
„Die wichtigsten Social Media und Online Marketing Studien 2015": http://socialmedia-institute.com/die-wichtigsten-social-media-und-online-marketing-studien-2015/, Zugriff am 02.12.2015.

Spiegel Online; Steingart, Gabor (2006): Sozialer Verfall. Die neuen Proleten.
Verfügbar unter: http://www.spiegel.de/wirtschaft/sozialer-verfall-die-neuen-proleten-a-436351.html, Zugriff am 20.09.2017.

Stadt Schwentinental (2016):
Verfügbar unter: Stadtportait http://www.schwentinental.de/willkommen/stadtportrait/, Zugriff am 05.02.2016.
Wirtschaft http://www.schwentinental.de/wirtschaft/ostseepark/, Zugriff am 03.02.2016.

Statistisches Bundesamt:
Verfügbar unter: Destatis (2014): https://www.destatis.de/DE/ZahlenFakten/GesellschaftStaat/Bevoelkerung/Bevoelkerungsstand/Tabellen_/lrbev01.html, Zugriff am 05.11.2015
Destatis (2014): https://www.destatis.de/DE/ZahlenFakten/GesellschaftStaat/Bevoelkerung/Bevoelkerungsstand/Bevoelkerungszahl.html, Zugriff am 05.11.2015
Destatis (2014):
„IT-Nutzung):
https://www.destatis.de/DE/ZahlenFakten/GesellschaftStaat/EinkommenKonsumLebensbedingungen/ITNutzung/ITNutzung.html, Zugriff am 02.12.2015.

taz.de 2017: Soziologie Heinz Bude über Wahlkampf. „Ein großer Sack voll Hoffnung".
Verfügbar unter: http://www.taz.de/Soziologe-Heinz-Bude-ueber-Wahlkampf/!5447200/, Zugriff am 20.09.2017.

Zentralwohlfahrtstelle der Juden in Deutschland (2015):
Verfügbar unter: „Home": www.zwst.org, Zugriff am 16.02.2016.
„Senioren": http://www.zwst.org/de/senioren/, Zugriff am 16.02.2016.
„Treffpunkte für Überlebende": http://www.zwst.org/de/senioren/treffpunkte/, Zugriff am 16.02.2016.

ZDF (2016): Geschichte des ZDF.
Verfügbar unter: https://www.zdf.de/zdfunternehmen/geschichte-des-zdf-100.html, Zugriff am 09.01.2017.

Anhang

Untersuchungsgruppe Kinder

Tab. 20: Überblick Untersuchungsgruppe Kinder

Befragte Person (anonymisiert)	Beruf	Internetnutzung seit	Eltern nutzen Internet: ja/nein
SAH (Jg. 1965–1970) männlich	Architekt (technischer Dienst)	Phase der Erwerbstätigkeit; Nutzung zuerst im Privaten	Mutter: nein Vater: nein
TAL (Jg. 1971–1976) weiblich	Lehrerin	Phase des Studiums: Nutzung im Privaten und in der Ausbildung (parallele Entwicklung)	Mutter: ja Vater ja
SJSL (Jg. 1981–1985) männlich	Chemiker (promoviert)	Internetnutzung seit der Schulzeit: Nutzung zuerst im Privaten	Mutter: ja Vater: k. A.
TAS (Jg. 1965–1970) weiblich	Logopädin	Phase der Erwerbstätigkeit: Nutzung zuerst im Privaten	Mutter: ja Vater: k. A.
SSW (Jg. 1965–1970) männlich	Ingenieur (promoviert)	Phase des Studiums: Nutzung zuerst im Privaten	Mutter: ja Vater: ja
SFJ (1981–1985) männlich	Energieberater	Internetnutzung seit der Schulzeit: Nutzung zuerst im Privaten	Mutter: nein Vater: ja

Quelle: eigene Darstellung.

Untersuchungsgruppe Senior*innen

Tab. 21: Überblick Untersuchungsgruppe Senior*innen

Kürzel	Geschlecht	Internetnutzung im Ruhestand	Studium und Beruf	Internetnutzung während der Erwerbstätigkeit*	Kinder
HF	Männlich	nein	Studium: ja Architekt	sehr wenig	nein
FSL	Weiblich	ja	Studium: ja Lehrerin	mittel	ja
FS	Weiblich	nein	Studium: ja Juristin	mittel	nein
MA	Männlich	ja	Studium: ja Betriebswirt	intensiv	ja
HMA	Männlich	ja	Studium: nein Elektrotechniker	mittel	ja
UJ	Weiblich	nein	Studium: nein Apothekenhelferin	gar nicht	ja
FH	Weiblich	nein	Studium: nein Floristin	gar nicht	ja
CC	Männlich	ja	Studium: nein Erzieher	intensiv	nein
HW	Männlich	ja	Studium: nein Techniker	mittel	ja
FW	Weiblich	ja	Studium: nein Technikerin	intensiv	ja
GT	Männlich	ja	Studium: ja Software-Entwickler	intensiv	ja
WS	Weiblich	ja	Studium: nein Verwaltungsfachangestellte	wenig	ja
FN	Weiblich	nein	Studium: ja Lehrerin	sehr wenig	nein

Quelle: eigene Darstellung.

*Internetnutzung während der Erwerbstätigkeit
(Skalierung wird auf Grundlage der Selbsteinschätzung der befragten Personen vorgenommen):

„gar nicht": während der Erwerbstätig (im Arbeitsalltag) war keine Anwendung des/Auseinandersetzung mit dem Internet notwendig.

„sehr wenig"/„wenig": das Internet wurde marginal (sehr wenig) bis wenig (nur gelegentlich/vereinzelt) im Berufsalltag genutzt, weil das Internet in einer bereits fortgeschrittenen Phase/erst kurz vor der Verrentung in die Arbeitsabläufe integriert wurde; die Nutzungsintensität im Arbeitsalltag/die Relevanz des Internets war nur schwach bis sehr schwach ausgeprägt.

„mittel": das Internet war Teil des Arbeitsalltags/der Arbeitsabläufe, wurde jedoch nur vereinzelt eingebaut und nur mit mittlerer Intensität genutzt.

„intensiv"/„sehr intensiv": hohe Relevanz im Berufsalltag. Das Internet gehörte zum Repertoire der Arbeitsmittel und der Arbeitsroutinen, intensive Auseinandersetzung.

Leitfaden Senior*innenbefragung und Kinderbefragung

Leitfaden Senior*innenbefragung

Tab. 22: Leitfaden der Senior*innenbefragung

Interview-Intro:
Setting: Wohnraum der befragten Personen, Büroraum der Interviewerin, öffentliches Café.
Interviewende Person: Forscherin selbst.
Interviewpartner*innen: Seniorinnen, Senioren.
– Begrüßung, kurzer Small-Talk. – Aufklärung über den Ablauf des Interviews (Beginn, Pausen, ungefähre Dauer, Aufzeichnung durch Aufnahmegerät). – Aufklärung über den Zweck des Interviews (Analyse im Rahmen des Dissertationsprojektes; Veröffentlichung nach Fertigstellung und Begutachtung). – Aufklärung über den Umgang mit den Audiodateien (Anonymisierung, Verschriftlichung (Transkription), Audiodatei wird keinem Dritten ausgehändigt oder vorgespielt) – Aushändigung der Dokumente: 1) Einverständniserklärung, 2) Verschwiegenheitserklärung – Bitte um Unterschrift der Einverständniserklärung; erst nach der Unterzeichnung wird mit dem Interview begonnen. – Beginn des Interviews markant angezeigt, Beginn der Aufnahme deutlich kommuniziert.
Fragenblock 1: Internetnutzung im Ruhestand
Erzählaufforderung: Überall dreht es sich um Internet, Smartphone und Co. Welche Rolle spielt das Internet in ihrem Leben?
Steuerungsfrage: Würden Sie mir davon berichten, wie Sie das Internet aktuell nutzen? (Im Ruhestand)
Aufrechterhaltungsfragen: – Wie steht es konkret mit einem Mobiltelefon aus? – Viele nutzen sehr gerne ein Tablet oder einen Laptop: wie steht es da bei Ihnen? – Zu welchem Zwecke nutzen Sie das Tablet oder den Laptop?
Fragenblock 2: Nutzungsbiographie
Erzählaufforderung: Können Sie sich daran erinnern, wann Sie das erste Mal das Internet genutzt haben? In welchem Kontext fand dies statt?
Steuerungsfragen: – Wenn wir nun zurück in die Zeit Ihrer Berufstätigkeit springen: wie war es da? Haben Sie bereits im Job das Internet genutzt oder nutzen müssen? – Wie sah es mit dem Computer aus? Wie intensiv haben Sie den Computer nutzen müssen?
Aufrechterhaltungsfragen: – Wie haben Sie die Internetnutzung damals empfunden? – Mussten Sie sich selbst in die Materie einarbeiten?

Fragenblock 3: Kommunikation und Interaktion

Erzählaufforderung: Wie nutzen Sie das Internet zum Zwecke der Kommunikation mit Ihrer Familie, Ihren Freunden oder Bekannten?

Steuerungsfragen:
- Stellen Sie eine Veränderung fest? Telefonieren Sie weniger als früher?
- Haben Sie das Gefühl, dass persönliche Treffen weniger werden?

Aufrechterhaltungsfragen:
- Wenn Sie mit Freunden, der Familie oder Bekannten zusammenkommen, was beobachten Sie: wird das Handy viel genutzt? Schauen Sie sich Fotos auf dem Handy an; zeigen Sie eigene Fotos?
- Was stellen Sie in Ihrem Umfeld fest: Wie nutzen Ihre Freunde und Bekannte das Internet?
- Wann ist das Internet Fluch und wann ist es Segen?

Fragenblock 4: Lernen mit und vom Internet

Erzählaufforderung: Über das Internet kann man quasi über alles und jeden Informationen erhalten und anfordern. Wie steht es mit Ihnen? Wie informieren Sie sich im Internet?

Steuerungsfragen:
- Man kann sich sogar über das Internet neue Dinge aneignen, indem man sich bspw. Videos anschaut. Schauen Sie Videos?
- Wenn Sie Fragen zum Internet oder der Computertechnik haben: wen fragen Sie?
- Was empfinden Sie besonders gut im Umgang mit dem Internet?
- Was empfinden Sie als besonders hinderlich?

Aufrechterhaltungsfrage:
- Von wem erhalten Sie Informationen über Seiten im Netz oder neue, interessante Hinweise?

Fragenblock 5: Digitalisierung

Erzählaufforderung: Was fällt Ihnen zum Stichwort Digitalisierung ein?

Steuerungsfragen:
- Wo, würden Sie sagen, liegen die Vorteile davon, dass Daten digital gespeichert werden?
- Welche Attribute hat die digitale Vernetzung Ihrer Meinung nach? Was sind Vorteile und was sich Nachteile?

Aufrechterhaltungsfrage:
- In welchem Kontext fällt Ihnen Vernetzung besonders auf?
- Wie empfinden Sie die zunehmende Vernetzung von Personen, aber auch Organisationen?

Fragenblock 6: Internet und Ungleichheiten

Erzählaufforderung: Denken Sie, dass Personen, die das Internet nicht oder nur sehr eingeschränkt nutzen, in irgendeiner Form benachteiligt sind?

Steuerungsfragen:
- Stellen Sie Unterschiede zu anderen Seniorinnen und Senioren fest, die das Internet nicht oder aber in andere Weise nutzen als Sie?
- Denken Sie, dass die Nutzung des Internets gesellschaftliche Vorteile bringt?

Aufrechterhaltungsfrage:
- Denken Sie, dass das Internet eine Ressource ist, die allen zugänglich sein sollte?

Fragenblock 7: Lebenschancen und Zukunftsaussichten

Erzählaufforderung: Wie, denken Sie, geht es in Zukunft mit der Technik weiter? Was wird mit dem Internet möglich sein?

Steuerungsfragen:
-Wie denken Sie, wird das Internet in Zukunft Ihr Leben und das Leben von anderen Seniorinnen und Senioren bestimmen?
-Wie könnte es gelingen, Seniorinnen und Senioren, vom Internet zu überzeugen?

Interview-Abschluss:

- Rückfrage, ob alles aus Sicht der befragten Personen zur Sprache gekommen ist und ob noch Anmerkungen zu machen sind.
- Beendigung der Aufnahme.
- Dank für die Teilnahme.
- Nach Verlassen der Interview-Situation: Ausfüllen des Interviewbogens durch die Forscherin; Notizen zu demografischen Daten der Befragten, zu Besonderheiten und Auffälligkeiten des Interviews etc.

Quelle: eigene Darstellung.

Leitfaden Kinderbefragung

Tab. 23: Leitfaden der Kinderbefragung

Interview-Intro:
Setting: Wohnraum der befragten Personen, Telefoninterview.
Interviewende Person: Forscherin selbst.
Interviewpartner*innen: Kinder der Senior*innen
– Begrüßung, kurzer Small-Talk.   – Aufklärung über den Ablauf des Interviews (Beginn, Pausen, ungefähre Dauer, Aufzeichnung durch Aufnahmegerät).   – Aufklärung über den Zweck des Interviews (Analyse im Rahmen des Dissertationsprojektes; Veröffentlichung nach Fertigstellung und Begutachtung).   – Aufklärung über den Umgang mit den Audiodateien (Anonymisierung, Verschriftlichung (Transkription), Audiodatei wird keinem Dritten ausgehändigt oder vorgespielt)   – Aushändigung der Dokumente: 1) Einverständniserklärung, 2) Verschwiegenheitserklärung   – Bitte um Unterschrift der Einverständniserklärung; erst nach der Unterzeichnung wird mit dem Interview begonnen.   – Beginn des Interviews markant angezeigt, Beginn der Aufnahme deutlich kommuniziert.
Fragenblock 1: Internetnutzung im Privatleben und im Job
Erzählaufforderung: Wie sähe eine typische Woche aus, wenn Sie Ihre Internetnutzung beschreiben würden?
Steuerungsfragen: – Wie nutzen Sie das Internet in Ihrer Freizeit?   – Wie nutzen Sie das Internet in Ihrem Job?
Aufrechterhaltungsfragen: – Welche Geräte nutzen Sie?   – Welches nutzen Sie am häufigsten?
Fragenblock 2: Nutzungsbiografie
Erzählaufforderung: Können Sie sich daran erinnern, wann Sie das erste Mal das Internet genutzt haben? In welchem Kontext fand dies statt?
Steuerungsfragen: – Wie hat sich Ihre Internetnutzung entwickelt?
Aufrechterhaltungsfragen: – Welchen Stellenwert hat das Internet in Ihrem Leben?   – Wie bewerten Sie die Rolle des Internets im beruflichen Kontext?   – Wie wichtig ist Ihnen die Internetnutzung in Ihrer Freizeit?

Inhaltsanalytische Auswertung der Untersuchungsgruppe der Seniorinnen und Senioren

Tab. 24: Übersicht Kategoriensystem Seniorinnen und Senioren

(Ober)Codes	(Sub)Codes
	Nutzung: mobile Technik, mobile Geräte 1*
	Probleme mit internetfähigen Endgeräten 2
	Nutzung: Zweck und Funktion des Internets 3
Nutzung: Zweck und Funktion des Internets 3	Funktion des Internets: Kommunikation 3A
Nutzung: Zweck und Funktion des Internets 3	Funktion des Internets: Informationen 3B
Nutzung: Zweck und Funktion des Internets 3	Funktion des Internets: Organisation 3C
	Wissensgenese durch das Internet; Zwang zu wissen 4
	Werte, Wertesystem (früher und heute) 5
	Vorzüge des Internets 6
	Unterschiede Internetnutzung – resultierende Ungleichheit(en) 7
	Gesellschaftlicher Wandel 8
	Internetbasierte Kommunikation zwischen Generationen 9
	Einschätzung: Internetnutzung durch Senior*innen 10
	Bedeutung/Nutzung anderer/analoger Medien 11
	Bewertung Internet 12
	Gesellschaftliche Folgen Internetnutzung 13
	Kritik am Internet 13
	Ansprechpartner*innen bei Fragen/Problemen Internet/Technik 14
	Intensität Internetnutzung 15
	Kontra Internetnutzung 16
	Internetnutzung im Berufsleben 18
	Erste Annäherung an das Internet 19

Quelle: eigene Darstellung.
*Die Nummern hinter der (Sub)Code-Bezeichnung bilden die Chronologie der Kategoriengenese ab. Die Nummern 1, 2, 3... symbolisieren die nacheinander gewonnenen Kategorien. Dieselben entsprechen keiner spezifischen Reihung oder Priorisierung – vielmehr dienen die Nummerierungen der leichteren Zuordnung und Identifikation.

Inhaltsanalytische Auswertung der Untersuchungsgruppe der Kinder

Tab. 25: Übersicht Kategoriensystem Kinder

Obercode	Code
A* Senioren und das Internet A	A1 Relevanz Internetnutzung für den Alltag der Senior*innen A1
A Senioren und das Internet A	A2 Positive Attribute der Internetnutzung für Senioren A2
A Senioren und das Internet A	A3 Herausforderungen für Senioren
	B Lösungswege bei Frage- und Problemstellungen
C Herausforderungen Internet/ Internetnutzung/Neue Aufgaben	C1 Schwierigkeiten
C Herausforderungen Internet/ Internetnutzung/Neue Aufgaben	C2 Herausforderungen/Aufgaben in der Kindererziehung
D Digitalisierung	D Digitalisierung: negativ
D Digitalisierung	D Digitalisierung: positiv
	E Analoge Strategien
	F Wissen/Wahrnehmung/Bild über die Welt
	G Rolle des Internet im Alltag
H Funktionen des Internet im Alltag	H1 Informationsbeschaffung/Informationen
H Funktionen des Internet im Alltag	H2 Kommunikation mit der Familie J2
H Funktionen des Internet im Alltag	H3 Kommunikation
H Funktionen des Internet im Alltag	H4 Nachrichtenmedium
H Funktionen des Internet im Alltag	H5 Funktionen des Internet: Planen, buchen, Banking
H Funktionen des Internet im Alltag	H6 Organisieren, Ordnen
	I Nutzungsintensität des Internet im beruflichen Kontext
J Rolle des Internet im Rahmen der beruflichen Tätigkeit	J1 Beruflich genutzte Geräte
J Rolle des Internet im Rahmen der beruflichen Tätigkeit	J2 Funktion des Internet: Kommunikation
J Rolle des Internet im Rahmen der beruflichen Tätigkeit	J3 Arbeiten ohne das Internet
J Rolle des Internet im Rahmen der beruflichen Tätigkeit	J4 Funktion des Internet: Organisation
J Rolle des Internet im Rahmen der beruflichen Tätigkeit	J5 Funktion des Internet: Information
Berufliche Tätigkeit	Beruf

Quelle: eigene Darstellung.

*Die Zuteilung der Buchstaben zu den (Ober)Codes und den (Sub)Codes dient der leichteren Identifikation der Kategorien.

Inhaltsanalytische Auswertung der Untersuchungsgruppe der Kinder

Tab. 25: Übersicht Kategoriensystem Kinder

Obercode	Code
A* Senioren und das Internet A	A1 Relevanz Internetnutzung für den Alltag der Senior*innen A1
A Senioren und das Internet A	A2 Positive Attribute der Internetnutzung für Senioren A2
A Senioren und das Internet A	A3 Herausforderungen für Senioren
	B Lösungswege bei Frage- und Problemstellungen
C Herausforderungen Internet/ Internetnutzung/Neue Aufgaben	C1 Schwierigkeiten
C Herausforderungen Internet/ Internetnutzung/Neue Aufgaben	C2 Herausforderungen/Aufgaben in der Kindererziehung
D Digitalisierung	D Digitalisierung: negativ
D Digitalisierung	D Digitalisierung: positiv
	E Analoge Strategien
	F Wissen/Wahrnehmung/Bild über die Welt
	G Rolle des Internet im Alltag
H Funktionen des Internet im Alltag	H1 Informationsbeschaffung/Informationen
H Funktionen des Internet im Alltag	H2 Kommunikation mit der Familie J2
H Funktionen des Internet im Alltag	H3 Kommunikation
H Funktionen des Internet im Alltag	H4 Nachrichtenmedium
H Funktionen des Internet im Alltag	H5 Funktionen des Internet: Planen, buchen, Banking
H Funktionen des Internet im Alltag	H6 Organisieren, Ordnen
	I Nutzungsintensität des Internet im beruflichen Kontext
J Rolle des Internet im Rahmen der beruflichen Tätigkeit	J1 Beruflich genutzte Geräte
J Rolle des Internet im Rahmen der beruflichen Tätigkeit	J2 Funktion des Internet: Kommunikation
J Rolle des Internet im Rahmen der beruflichen Tätigkeit	J3 Arbeiten ohne das Internet
J Rolle des Internet im Rahmen der beruflichen Tätigkeit	J4 Funktion des Internet: Organisation
J Rolle des Internet im Rahmen der beruflichen Tätigkeit	J5 Funktion des Internet: Information
Berufliche Tätigkeit	Beruf

Quelle: eigene Darstellung.
*Die Zuteilung der Buchstaben zu den (Ober)Codes und den (Sub)Codes dient der leichteren Identifikation der Kategorien.

Inhaltsanalytische Auswertung der Untersuchungsgruppe der Seniorinnen und Senioren

Tab. 24: Übersicht Kategoriensystem Seniorinnen und Senioren

(Ober)Codes	(Sub)Codes
	Nutzung: mobile Technik, mobile Geräte 1*
	Probleme mit internetfähigen Endgeräten 2
	Nutzung: Zweck und Funktion des Internets 3
Nutzung: Zweck und Funktion des Internets 3	Funktion des Internets: Kommunikation 3A
Nutzung: Zweck und Funktion des Internets 3	Funktion des Internets: Informationen 3B
Nutzung: Zweck und Funktion des Internets 3	Funktion des Internets: Organisation 3C
	Wissensgenese durch das Internet; Zwang zu wissen 4
	Werte, Wertesystem (früher und heute) 5
	Vorzüge des Internets 6
	Unterschiede Internetnutzung – resultierende Ungleichheit(en) 7
	Gesellschaftlicher Wandel 8
	Internetbasierte Kommunikation zwischen Generationen 9
	Einschätzung: Internetnutzung durch Senior*innen 10
	Bedeutung/Nutzung anderer/analoger Medien 11
	Bewertung Internet 12
	Gesellschaftliche Folgen Internetnutzung 13
	Kritik am Internet 13
	Ansprechpartner*innen bei Fragen/Problemen Internet/Technik 14
	Intensität Internetnutzung 15
	Kontra Internetnutzung 16
	Internetnutzung im Berufsleben 18
	Erste Annäherung an das Internet 19

Quelle: eigene Darstellung.

*Die Nummern hinter der (Sub)Code-Bezeichnung bilden die Chronologie der Kategoriengenese ab. Die Nummern 1, 2, 3… symbolisieren die nacheinander gewonnenen Kategorien. Dieselben entsprechen keiner spezifischen Reihung oder Priorisierung – vielmehr dienen die Nummerierungen der leichteren Zuordnung und Identifikation.

Fragenblock 7: Senioren und das Internet

Erzählaufforderung: Welche Rolle spielt das Internet aus Ihrer Sicht für die Seniorinnen und Senioren?

Steuerungsfragen:
– Denken Sie, dass es für Seniorinnen und Senioren wichtig ist, das Internet zu nutzen?
– Wenn Sie die Internetnutzung Ihres Vaters/Ihrer Mutter bewerten sollten: wie gut geht er/sie mit dem Internet um?

Aufrechterhaltungsfrage:
– Denken Sie, dass offline lebende Senior*innen ohne das Internet benachteiligt sind?
– Wie kann es gelingen, bislang offline lebende Seniorinnen und Senioren an das Internet heranzuführen?

Interview-Abschluss:

– Rückfrage, ob alles aus Sicht der befragten Personen zur Sprache gekommen ist und ob noch Anmerkungen zu machen sind.
– Beendigung der Aufnahme.
– Dank für die Teilnahme.
– Nach Verlassen der Interview-Situation: Ausfüllen des Interviewbogens durch die Forscherin; Notizen zu demografischen Daten der Befragten, zu Besonderheiten und Auffälligkeiten des Interviews etc.

Quelle: eigene Darstellung.

Fragenblock 3: Kommunikation und Interaktion

Erzählaufforderung: Wie läuft die Kommunikation mit Ihren Eltern ab? Wie intensiv nutzen Sie Telefonate für den Austausch? Nutzen Sie gelegentlich auch WhatsApp oder SMS?

Steuerungsfragen:
– Stellen Sie eine Veränderung fest? Telefonieren Sie weniger als früher?
– Haben Sie das Gefühl, dass persönliche Treffen weniger werden?

Aufrechterhaltungsfragen:
– Wenn Sie mit Freunden, der Familie oder Bekannten zusammenkommen, was beobachten Sie: wird das Handy viel rausgeholt? Schauen Sie sich Fotos auf dem Handy an?
– Was stellen Sie in Ihrem Umfeld fest: Wie nutzen Ihre Freunde und Bekannte das Internet?
– Wann ist das Internet Fluch und wann ist es Segen?

Fragenblock 4: Lernen mit und vom Internet

Erzählaufforderung: Über das Internet kann man quasi über alles und jeden Informationen erhalten und anfordern. Wie steht es mit Ihnen? Wie informieren Sie sich im Internet?

Steuerungsfragen:
– Gibt es Dinge, die Sie sich über das Internet aneignen? Wenn ja, welche sind das?
– Wenn Sie Fragen zum Internet oder der Computertechnik haben: wen fragen Sie?
– Was empfinden Sie besonders gut im Umgang mit dem Internet?
– Was empfinden Sie als besonders hinderlich?

Aufrechterhaltungsfragen:
– Von wem erhalten Sie Informationen über Seiten im Netz oder neue, interessante Hinweise?

Fragenblock 5: Internet und Ungleichheiten

Erzählaufforderung: Wie denken Sie darüber: sind Personen, die das Internet nicht oder nur sehr eingeschränkt nutzen, in irgendeiner Form benachteiligt oder eingeschränkt? Hat das Internet Ausführungen auf die Lebensgestaltung?

Steuerungsfragen:
– Welche Unterschiede stellen Sie zwischen Personen fest, die das Internet auf andere Weise nutzen als Sie selbst?
– Wie ist Ihre Meinung: bringt die Nutzung des Internets gesellschaftliche Vorteile?

Aufrechterhaltungsfrage:
– Denken Sie, dass das Internet eine Ressource ist, die allen zugänglich sein sollte?

Fragenblock 6: Lebenschancen und Zukunftsaussichten

Erzählaufforderung: Wie, denken Sie, geht es in Zukunft mit der Technik weiter? Was wird mit dem Internet möglich sein?

Steuerungsfrage:
– Wie, denken Sie, wird das Internet in Zukunft Ihr Leben bestimmen?